História do corpo
3. As mutações do olhar. O século XX

Dados Internacionais de Catalogação na Publicação (CIP)
(Câmara Brasileira do Livro, SP, Brasil)

História do corpo : As mutações do olhar : O século XX / sob a direção de Alain Corbin, Jean-Jacques Courtine e Georges Vigarello ; tradução e revisão Ephraim Ferreira Alves. 4. ed. – Petrópolis, RJ : Vozes, 2011.
Título original: Histoire du corps : Les mutations du regard : Le XXe siècle.
"Volume dirigido por Jean-Jacques Courtine".
Vários autores.
Bibliografia.

7ª reimpressão, 2025.

ISBN 978-85-326-3627-0
1. Corpo humano – Aspectos religiosos – Cristianismo 2. Corpo humano – Aspectos sociais 3. Corpo humano – História 4. Figura humana na arte I. Corbin, Alain. II. Courtine, Jean-Jacques. III. Vigarello, Georges. IV. Título: As mutações do olhar : O século XX.

07-10677 CDD-306.4

Índices para catálogo sistemático:
1. Corpo humano : História : Aspectos sociais : Sociologia   306.4

História do corpo

Sob a direção de
Alain Corbin, Jean-Jacques Courtine, Georges Vigarello

3. As mutações do olhar. O século XX

Volume dirigido por Jean-Jacques Courtine

Stéphane Audoin-Rouzeau, Antoine de Baecque,
Annette Becker, Jean-Jacques Courtine,
Frédéric Keck, Yves Michaud,
Anne Marie Moulin, Pascal Ory,
Paul Rabinow, Anne-Marie Sohn,
Annie Suquet, Georges Vigarello

Tradução e revisão
Ephraim Ferreira Alves

Petrópolis

© Éditions du Seuil, 2006
Tradução do original em francês intitulado *Histoire du corps* –
3. Les mutations du regard. Le XXe siècle

Direitos de publicação em língua portuguesa:
2008, Editora Vozes Ltda.
Rua Frei Luís, 100
25689-900 Petrópolis, RJ
www.vozes.com.br
Brasil

Todos os direitos reservados. Nenhuma parte desta obra poderá ser reproduzida ou transmitida por qualquer forma e/ou quaisquer meios (eletrônico ou mecânico, incluindo fotocópia e gravação) ou arquivada em qualquer sistema ou banco de dados sem permissão escrita da editora.

CONSELHO EDITORIAL

Diretor
Volney J. Berkenbrock

Editores
Aline dos Santos Carneiro
Edrian Josué Pasini
Marilac Loraine Oleniki
Welder Lancieri Marchini

Conselheiros
Elói Dionísio Piva
Francisco Morás
Teobaldo Heidemann
Thiago Alexandre Hayakawa

Secretário executivo
Leonardo A.R.T. dos Santos

PRODUÇÃO EDITORIAL
Anna Catharina Miranda
Bianca Gribel
Eric Parrot
Jailson Scota
Marcelo Telles
Mirela de Oliveira
Natália França
Priscilla A.F. Alves
Rafael de Oliveira
Samuel Rezende
Verônica M. Guedes
Vitória Firmino

Editoração: Maria da Conceição Borba de Sousa
Diagramação: AG.SR Desenv. Gráfico
Capa: Juliana Teresa Hannickel

ISBN 978-85-326-3627-0 (Brasil – Vol. 3)
ISBN 978-85-326-3628-7 (Brasil – Obra completa)
ISBN 2-02-022454-2 (França – Vol. 3)
ISBN 2-02-022455-0 (França – Obra completa)

Este livro foi composto e impresso pela Editora Vozes Ltda

Sumário

Introdução (Jean-Jacques Courtine), 7

PARTE I: O ORGANISMO E OS SABERES

1. O corpo diante da medicina (Anne Marie Moulin), 15

2. Invenção e representação do corpo genético (Frédéric Keck e Paul Rabinow), 83

PARTE II: O DESEJO E AS NORMAS

1. O corpo sexuado (Anne-Marie Sohn), 109

2. O corpo ordinário (Pascal Ory), 155

3. Treinar (Georges Vigarello), 197

PARTE III: DESVIO E PERICULOSIDADES

1. O corpo anormal – História e antropologia culturais da deformidade (Jean-Jacques Courtine), 253

2. Identificar – Traços, indícios, suspeitas (Jean-Jacques Courtine e Georges Vigarello), 341

PARTE IV: SOFRIMENTO E VIOLÊNCIAS

1. Massacres – O corpo e a guerra (Stéphane Audoin-Rouzeau), 365

2. Extermínios – O corpo e os campos de concentração (Annette Becker), 417

PARTE V: O OLHAR E OS ESPETÁCULOS

1. Estádios – O espetáculo esportivo das arquibancadas às telas (Georges Vigarello), 445

2. Telas – O corpo no cinema (Antoine de Baecque), 481

3. Cenas – O corpo dançante: um laboratório da percepção (Annie Suquet), 509

4. Visualizações – O corpo e as artes visuais (Yves Michaud), 541

Índice de nomes próprios, 567

Os autores, 601

Índice geral, 607

Introdução

No momento de encerrar a vasta pesquisa histórica aqui encetada, põe-se uma questão e impõe-se uma constatação.

A questão é de natureza epistemológica e diz respeito aos fundamentos do próprio projeto: como é que o corpo se tornou, em nossos dias, um objeto de investigação histórica? A pergunta parece ainda mais legítima quando se sabe que, em uma tradição filosófica dominada pelo cartesianismo, tudo contribuía para lhe atribuir um papel secundário, até o fim do século XIX pelo menos. Na virada do século, entretanto, a relação entre o sujeito e o seu corpo começou a ser definida em outros termos: "Nosso século apagou a linha divisória do 'corpo' e do 'espírito' e encara a vida humana como espiritual e corpórea de ponta a ponta, sempre apoiada sobre o corpo [...]. Para muitos pensadores, no final do século XIX, o corpo era um pedaço de matéria, um feixe de mecanismos. O século XX restaurou e aprofundou a questão da carne, isto é, do corpo animado"[1].

O século XX é que inventou teoricamente o corpo. Essa invenção surgiu em primeiro lugar da psicanálise, a partir do momento em que Freud, observando a exibição dos corpos que Charcot mostrava na Salpêtrière, decifrou a histeria de conversão e compreendeu o que iria constituir o enunciado essencial de muitas interrogações que viriam depois: o inconsciente fala através do corpo. Este primeiro passo foi decisivo, dado que abriu a questão das somatizações, e fez que se levasse em conta a imagem do corpo na formação

---

1. MERLEAU-PONTY, M. *Signes*. Paris: Gallimard, 1960, p. 287.

do sujeito, daquilo que viria a ser o "eu-pele". Seguiu-se a este um segundo passo, que talvez se possa atribuir à ideia que Edmund Husserl fazia do corpo humano como o "berço original" de toda significação. Sua influência foi profundamente sentida na França, e conduziu, da fenomenologia ao existencialismo, à concepção elaborada por Maurice Merleau-Ponty do corpo como "encarnação da consciência", seu desdobramento no tempo e no espaço, como "pivô do mundo"[2].

A terceira etapa dessa descoberta do corpo emergiu do terreno da antropologia, da surpresa que Marcel Mauss experimentou, quando viu, durante a Primeira Guerra Mundial (1914-1918), a infantaria britânica desfilar num passo diferente do passo dos franceses e cavar buracos de maneira singular. Talvez nunca se frise bastante até que ponto a noção de "técnica corporal" – "as maneiras como os homens, sociedade por sociedade, de maneira tradicional, sabem servir-se do seu corpo"[3] – que ele formulou para explicar seu espanto alimentaria em profundidade toda reflexão histórica e antropológica dos nossos dias sobre a questão.

E assim aconteceu que o corpo foi ligado ao inconsciente, amarrado ao sujeito e inserido nas formas sociais da cultura. Faltava-lhe um derradeiro obstáculo a transpor: a obsessão linguística do estruturalismo. Esta, desde o pós-guerra até a década de 1960, ia, com efeito, enterrar a questão do corpo com a do sujeito e suas "ilusões". Mas as coisas começaram a mudar pelo fim da década de 1960: isto se deveu provavelmente menos, ao contrário do que muitas vezes se pensa, à iniciativa dos pensadores do momento que ao fato de que o corpo se pôs a desempenhar os primeiros papéis nos movimentos individualistas e igualitaristas de protesto contra o peso das hierarquias culturais, políticas e sociais, herdadas do passado.

---

2. MERLEAU-PONTY, M. *Phénomenologie de la perception*. Paris: Gallimard, 1945, p. 97.

3. MAUSS, M. "Les techniques du corps". *Sociologie et anthropologie*. Paris: PUF, 1950, p. 365. A comunicação fora apresentada à Sociedade Psicológica, em 17/05/1934.

"Nosso corpo nos pertence!" – gritavam no começo dos anos de 1970 as mulheres que protestavam contra as leis que proibiam o aborto, pouco tempo antes que os movimentos homossexuais retomassem o mesmo *slogan*. O discurso e as estruturas estavam estreitamente ligados ao poder, ao passo que o corpo estava do lado das categorias oprimidas e marginalizadas: as minorias de raça, de classe ou de gênero pensavam ter apenas o próprio corpo para opor ao discurso do poder, à linguagem como instrumento para impor o silêncio aos corpos. "De nada adiantou o Movimento das mulheres ter sido iniciado – como se disse – por intelectuais [...] confidenciou um dia Antoinette Fouque, uma das fundadoras do Movimento da Libertação Feminina (MLF), primeiro o que veio foi um grito, e o corpo com esse grito: o corpo tão duramente maltratado pela sociedade dos anos de 1960, tão violentamente recalcado pelos modernos da época, os mestres do pensamento contemporâneo"[4]. E é disso que o corpo foi investido no contexto das lutas travadas pelos direitos das minorias no decorrer da década de 1970: um lugar importante de repressão, um instrumento crucial de libertação, a promessa de uma revolução. "Eu dizia então que a revolução que o Movimento da Libertação Feminina iria realizar consistiria em levantar a censura sobre o corpo, tal como Freud [...] levantara a censura sobre o inconsciente"[5].

Passou o sonho. Mas ainda se vê como as lutas políticas, as aspirações individuais colocaram o corpo no coração dos debates culturais, transformaram profundamente a sua existência como objeto de pensamento. Ele carrega, desde então, as marcas de gênero, de classe ou de origem, e estas não podem ser mais apagadas. Terá sido, enfim, necessário passar, no plano teórico, por uma inversão nietzscheana do vínculo entre corpo e sujeito, que recebeu seu tratamento mais radical no *Anti-Édipo* e ganhou seu título de nobreza no trabalho de Michel Foucault, cuja presença explícita ou implíci-

---

4. "Femmes en mouvement: hier, aujourd'hui, demain". *Le Débat*, n. 59, mar.-abr./1990, p. 126.

5. Ibid., p. 127.

ta, reivindicada ou criticada, atravessa muitos dos estudos que compõem esta série. O mérito de Foucault, quer se subscreva ou não a sua maneira de conceber os poderes exercidos sobre a carne, consiste em a ter firmemente inscrito no horizonte histórico da longa duração. E a emergência do corpo como objeto na história das mentalidades, a redescoberta da importância do processo de civilização ontem elucidado por Norbert Elias, a ênfase posta nos gestos, nas maneiras, nas sensibilidades, na intimidade na investigação histórica atual refletem sem dúvida um eco de tudo isso.

Está posta a questão, mas continua de pé uma constatação, a de uma grande *reviravolta*: jamais o corpo humano conheceu transformações de uma grandeza e de uma profundidade semelhantes às encontradas no decurso do século que acaba de terminar. Situado no prolongamento dos dois primeiros, este terceiro volume ocupa, por isto mesmo, um lugar singular. A continuidade reside no fato de que, permanecendo atentas às ficções, às imagens, aos discursos que fazem do corpo um objeto cultural, as páginas que se vão ler conservam integralmente o propósito de *envolver um corpo material*: corpo orgânico, de carne e sangue, corpo agente e instrumento de práticas sociais, corpo subjetivo, enfim, eu-pele, envoltório material das formas conscientes e das pulsões inconscientes. Aqui se abordam novamente, portanto, muitos problemas no mesmo ponto em que o segundo volume os deixara, entre a virada do século e a Grande Guerra. Mas também se exploram questões que mal e mal haviam sido esboçadas, como o corpo do monstro, ou que estavam à espera, como a do soldado e a do criminoso, o que leva algumas vezes este volume terceiro a penetrar profundamente na segunda metade do século XIX. Ele se esforça, afinal, para devolver ao corpo a singularidade da sua presença no decorrer do século XX, pela ênfase que põe sobre as *mutações do olhar* que se lançou sobre ele, pois muitas delas não conhecem precedente algum: jamais o organismo foi tão penetrado antes como vai sê-lo pelas tecnologias de visualização médica, jamais o corpo íntimo, sexuado, conheceu uma superexposição tão obsessiva, jamais as imagens das brutalidades sofridas pelo corpo na guerra e nos campos de concentração tiveram equivalente em nossa cultura visual, jamais os espetáculos de que foi objeto se aproximaram das reviravoltas que a pintura, a fotografia, o cinema contemporâneos vão trazer à sua imagem.

Nesta perspectiva a obra examina sucessivamente a constituição dos saberes médicos e genéticos sobre o organismo, a tensão entre desejos do corpo sexuado e normas de controle social, a transformação das percepções do corpo anormal e as necessidades da identificação dos indivíduos perigosos, a soma incalculável dos sofrimentos infligidos pela sangrenta tragédia das violências do século XX e, enfim, os prazeres oferecidos aos olhares pelas imagens, as telas, as cenas, as tribunas de onde se contemplam as metamorfoses atuais do corpo. Este volume procura captá-las em seus pormenores, bem como na sua globalidade, cobrindo amplamente o espaço ocidental: a história do corpo faz pouco caso das fronteiras, sejam estas nacionais ou disciplinares.

Cada uma das etapas deste exame revela uma parte do complexo, processo das mutações históricas em cujo seio se constituiu a relação do sujeito contemporâneo com seu corpo: a eliminação das distinções entre são e enfermo, corpo normal e corpo anormal, da relação entre a vida e a morte em uma sociedade medicalizada de ponta a ponta; o afrouxamento de coerções e disciplinas herdadas do passado, a legitimidade outorgada ao prazer e, ao mesmo tempo, a emergência de novas normas e de poderes novos, biológicos e também políticos; a saúde que agora se tornou um direito e a ansiedade face ao risco, a procura do bem-estar individual e a extrema violência de massa, o contato das epidermes na vida íntima e a saturação do espaço público pela frieza dos simulacros sexuais. Aí estão alguns dos paradoxos e dos contrastes de que é feita a história do corpo no século XX.

Temos aqui, no entanto, sem sombra de dúvida, outro desafio: quem não percebe, com efeito, que interrogar o corpo neste século feliz e trágico é uma maneira de *pôr a questão antropológica do humano*? "Meu corpo não é mais meu corpo" – assim diz Primo Levi na simplicidade de um enunciado que lembra o que foi ontem o inumano[6]. Na hora em que se multiplicam os corpos virtuais, em que se aprofunda a exploração visual do ser vivo, em que se comerciam o sangue e os órgãos, em que se programa a reprodução da vida, em que se vai apagando a fronteira entre o mecânico e o orgânico mediante a multiplicação dos implantes, em que a genética se aproxima da replicação da individualidade, é mais que nunca necessário interrogar, experimentar o limite do humano: "Meu corpo será sempre meu corpo?" A história do corpo está apenas começando.

Jean-Jacques Courtine

---

6. LEVI, P. *Si c'est un homme* [1947]. Paris: Julliard/Pocket, 1987, p. 37.

Parte I

O organismo e os saberes

1
O CORPO DIANTE DA MEDICINA
Anne Marie Moulin

O século XIX havia reconhecido o direito à doença, assegurado pelo Estado providência. O século XX saudou um novo direito do homem, o direito à saúde, compreendida como a plena realização da pessoa, direito de fato compreendido, sobretudo, como o direito à assistência médica.

A história do corpo no século XX é a de uma medicalização sem equivalente. Ao assumir e enquadrar um sem-número de atos ordinários da vida, indo além daquilo que fora anteriormente imaginável, a assim chamada medicina ocidental tornou-se não apenas o principal recurso em caso de doença, mas um guia de vida concorrente das tradicionais direções de consciência. Ela promulga regras de comportamento, censura os prazeres, aprisiona o cotidiano em uma rede de recomendações. Sua justificação reside no progresso de seus conhecimentos sobre o funcionamento do organismo e a vitória sem precedentes que reivindica sobre as enfermidades, atestada pelo aumento regular da longevidade.

Esse domínio da medicina encontrou o seu limite em uma resistência da população a abdicar de sua autonomia. A multiplicação de suas intervenções, algumas delas tocando a integridade da pessoa, seus modos de reprodução e sua maneira de morrer, suscitou a inquietação na própria corporação, que permitiu a seu lado um lugar para a sociedade civil e para as autoridades políticas e religiosas. A história do corpo no século XX é a de uma expropriação e de uma reapropriação que talvez chegue um dia a fazer de cada um o médico de si mesmo, tomando a iniciativa e as decisões com pleno conhecimento de causa. Sonho encorajado pela ideia de uma transparência do corpo, um corpo totalmente exposto, explorado em suas profundezas e, afinal, diretamente acessível ao próprio sujeito.

I. O corpo no século XX: nem doente nem são

O nosso século XX se gaba de muitas vitórias sobre as doenças. Na verdade, diluiu as enfermidades mais que as eliminou, e modificou radicalmente a sua experiência.

"Não se sabe mais estar doente" – dizia o filósofo Jean-Claude Beaune em uma obra recente. Antigamente, a doença se desenrolava em tempo real, e o corpo era nesse caso o teatro de um drama repleto de majestade. Instalava-se um ritual que se estendia por dias, ritual que a família vivia com angústia, mas também na esperança da cura[1]. Um episódio importante era a "crise", tema favorito da literatura hipocrática, momento crucial em que estava em jogo a sorte do enfermo. Em caso favorável, a crise se resolvia propiciando uma descarga de suor e de urina, seguida de um rápido resfriamento. "O doente, eufórico e esgotado, adormece", diziam os manuais.

Aproximando-se do final do século XX, a experiência da doença e da morte mantida à distância, acompanhada de um sentimento de um novo nascimento e de gratidão para com a natureza e às vezes para com o médico, tornou-se menos frequente, como o tempo feliz da convalescência.

Hoje, a prática da antibioterapia sistemática, justificada pelas necessidades de uma pronta volta ao trabalho, abrevia a convalescença. Os antibióticos cansam, esta é a crença popular, que não quer mais admitir que a doença

---

[1]. BEAUNE, J.-C. "Ouverture: savoir être malade". "Cahiers de la Villa Gillet". *Maladie et Images de la Maladie, 1790-1990*, número especial, 1995, p. 6. Lyon: Circé.

desafie as forças do organismo. Embora preocupados com o estresse permanente que denunciam na sociedade, os médicos propõem tratamentos mais enérgicos para abreviar o sofrimento e mandar quanto antes o enfermo de volta para o *front*, para a escola, para a fábrica ou para o escritório[2].

A experiência da doença se torna sempre mais rara na infância. As crianças de hoje não conhecem mais a rubéola, nem a coqueluche ou a caxumba, prevenidas por uma vacinação sistemática e obrigatória. As mães passam muito menos tempo à cabeceira dos filhos pequenos. A experiência da doença é assim retardada na história individual, diluída sob a forma de uma angústia diante de males indecifráveis e diferida para o final da vida.

A doença se dilui também no espaço. Os hospitais urbanos cessaram progressivamente de representar potenciais focos de infecção. O número de leitos hospitalares tende a diminuir. O hospital, que antigamente se refugiava do mundo atrás de seus altos muros, abre-se à cidade e se organiza em torno de uma rua comercial onde se acotovelam profissionais de saúde e pacientes. As tentativas de hospital-dia, e depois de tratamento em domicílio, duzentos anos depois da reivindicação revolucionária da abolição dos hospitais, corroboram a ideia de uma coabitação fraternal, ou até de uma equivalência entre enfermos e saudáveis.

Saúde e doença, muito longe de constituírem valores opostos, combinar-se-iam de fato em graus diversos em cada indivíduo ou, melhor dizendo, a doença não seria senão uma vicissitude da saúde, ou quem sabe um elemento constitutivo desta. Georges Canguilhem é um epistemólogo dos tempos modernos ao sublinhar, pouco tempo antes de morrer[3], e no prolongamento direto de sua tese de 1943 sobre *O normal e o patológico*, que a enfermidade não é no fundo senão uma prova inevitável, visando em princípio

---

2. FERRO, M. *Les sociétés malades du progrès*. Paris: Plon, 1998.

3. CANGUILHEM, G. *La santé, vérité du corps*. Coll. L'Homme et la Santé. Paris: Du Seuil, 1992, p. 99-108.

testar e reforçar as defesas do organismo. A doença não é um estigma, muito ao contrário, ela caracteriza de certo modo o ser vivo.

Paralelamente, a preocupação com a saúde é superior taticamente à preocupação com a doença. Se a palavra-chave do século XVIII era a felicidade, e a do século XIX a liberdade, pode-se dizer que a do século XX é a saúde. Afirmando em 1949 o direito à saúde reconhecida como uma preocupação universal, a Organização Mundial da Saúde (OMS) dotou o século XX de um novo direito do homem. Ele aparece, nos dias de hoje, na maioria das constituições nacionais. A definição de saúde da OMS como estado de completo bem-estar físico, mental e social, tornou-se referência inevitável. Colocando a noção positiva de saúde no lugar da ausência de enfermidade ou de uma deficiência conhecida, a OMS propõe um novo ideal, mas um ideal dificilmente acessível[4]. A extensão dos fatores que intervêm na definição da saúde, que cobrem a totalidade do campo biológico e social, torna de fato improvável a posse desse estado de bem-aventurança, privilégio inatingível: não apenas a saúde no silêncio resignado dos órgãos, definição minimalista do fisiologista e cirurgião Leriche, mas a saúde exuberante, a grande saúde como proclama com eloquência Nietzsche. A saúde passou a ser a verdade e também a utopia do corpo, aposta da ordem social e de uma ordem internacional futura, mais equitativa e mais justa, no conjunto do mundo.

A ambição de uma definição deste tipo a situa, portanto, em uma órbita que ultrapassa a da pura medicina. Mas esse direito à saúde foi efetivamente monopolizado pela única corporação que possuía uma ideia precisa daquilo que queria dizer. A medicalização, encetada em meados do século XIX[5] e apoiada pelos poderes públicos, fez dos médicos os intermediários obrigatórios da gestão dos corpos presos em uma rede de obrigações em concordân-

---

4. KICKBUSH, I. "Cinquante années d'évolution des concepts de santé à l'OMS: d'une définition à sa reformulation. *Prévenir*, n. 30, 1995, p. 43-54.

5. FAURE, O. O olhar dos médicos. In: CORBIN, A. & VIGARELLO, G. (orgs.). *História do corpo*. Vol. II: Da Revolução à Grande Guerra. Petrópolis: Vozes, 2008.

cia com os grandes acontecimentos da socialização: entrada na escola, serviço militar, viagens, escolha de uma profissão. Na França, a Lei de 1902 inaugurou o século tornando obrigatórias a vacinação contra a varíola e a declaração de certas doenças. Para proteger a saúde pública, o Estado estabeleceu uma organização que pode suspender certas liberdades privadas (como no caso da vacinação). Já estamos tão acostumados a isto que não vemos mais imediatamente que aí se dá um caso de coerção sobre o corpo, enquanto repudiamos o conjunto das servidões corporais como indigna herança do passado.

Mas a medicalização não envolve um fenômeno jocosamente posto em cena por Jules Romains em *Knock*?[6] Se o médico se tornou um perito em todos os assuntos públicos e privados, é porque toda pessoa saudável é um doente que se ignora[7]. Cabia antigamente ao enfermo chamar a atenção do homem da arte para um distúrbio cuja causa desconhecia, mas cujos efeitos percebia. O conhecimento médico vai agora muito além dos sintomas englobando órgãos e funções silenciosos. Doravante não é fácil falar de normalidade, no máximo de média e de intervalo confiável, e os números levam à definição de um risco mais do que de uma patologia. Trazemos dentro de nós mesmos um novo pecado original, um risco multiforme que teve origem em nossos genes, modificado pelo nosso meio ambiente natural e sociocultural e pelo nosso modo de vida. Na sala de espera do médico, agora, há cinco bilhões de clientes aguardando pacientemente.

Aí está situado o paradoxo da grande aventura do corpo no século XX. O exibicionismo da doença não é mais admissível, reduzido pelo ideal de decência. O corpo é o lugar onde a pessoa deve esforçar-se para parecer que

---

6. CORVOL, P. & POSTEL-VINAY, N. *Le retour du Dr. Knock* – Essai sur le risque cardio-vasculaire. Paris: Odile Jacob, 1999.

7. ZAFRAN, M. "Écrire, soigner". *Agora*, n. 34, 1995, p. 74. • FOUCAULT, M. et al. *Les machines à guérir* – Aux origines de l'hôpital moderne. Bruxelles: Pierre Mardaga, 1979. • GOUBERT, J.-P. *La conquête de l'eau* – L'avènement de la santé à l'âge industriel. Paris: Robert Laffont, 1986. • LÉONARD, J. *Archives du corps* – La santé au XIXe siècle. Rennes: Ouest France, 1986.

vai bem de saúde. Em compensação, toda a arte da medicina, em particular da medicina preventiva, consiste em perturbar essa calma e em denunciar, em cada um de nós, uma desordem secreta. Inventa os exames periódicos, os *check-up* em intervalos regulares, cujo ritmo se acelera em casos de antecedentes familiares.

O desenvolvimento da medicina preventiva provocou um curto-circuito na experiência da doença, movimento amplificado ainda mais pelo último avatar da medicina preventiva, a medicina predictiva, que explora os genes. A medicina procura, agora, não apenas enunciar um prognóstico para os próximos dias, mas dizer o futuro. Será necessário limitar o recurso aos antibióticos, aceitar a introdução de organismos geneticamente modificados na alimentação, acelerar a circulação de substâncias biológicas, tecidos, diminuir ainda o peso dos prematuros reanimados, admitir a fabricação de embriões como reserva de órgãos (clonagem terapêutica), proibir o álcool e o fumo? A multiplicação das opções torna ao mesmo tempo urgente e incerta a definição de uma política que, passando sem transição da prevenção à predição e à precaução, ou melhor, conjugando ao mesmo tempo todas essas modalidades da temporalidade, termina por suspender a distinção entre saudável e enfermo.

A epidemiologia do século XX contribuiu grandemente para dissolver essa distinção. A doença assume as dimensões abstratas de uma probabilidade nas "coortes": este termo técnico, tomado de empréstimo das legiões romanas, designa os grupos seguidos pelos epidemiologistas. Milhares de médicos sem histórias foram acompanhados durante mais de dez anos, antes que o médico inglês Richard Doll pudesse concluir, em 1954, pela responsabilidade do tabagismo na ocorrência do câncer pulmonar. O tabaco, antigamente considerado uma panaceia, e que servia entre outras coisas para reanimar a pessoa depois de perder a consciência, foi posto no índex como um grande cancerígeno. Certamente centenas deles haviam sido grandes fumantes. Mas o modelo matemático permitia calcular um risco relativo de câncer, proporcional ao número de cigarros consumidos, ao tempo de intoxicação e ao modo de inalação da fumaça. A investigação sobre as relações entre o fumo e o câncer tornou-se um modelo que convida a repensar toda a patologia[8]. A noção de risco, que paira sobre certos grupos ou populações, mesmo distribuído de maneira desigual, concorreu para a diluição do patológico. Apoiando-se na experiência britânica, os médicos procuraram a partir daí não mais causas e sim fatores das doenças em que se conjugam predisposições genéticas pessoais e elementos ligados ao meio natural, sociocultural ou profissional.

Propõe-se ao homem de bem da modernidade, intimado a uma prestação de contas de seu corpo, tal como antigamente da alma, um cálculo de probabilidades. Como o Estado ocidental instituiu uma ordem dos corpos, cujas energias e competências contabiliza, pretende otimizar o seu funcionamento. Se a intervenção dos poderes em matéria de saúde pública comprova aquilo que Michel Foucault denominava a governamentalidade da vida, estimula também o cuidado consigo mesmo. O cidadão de bem não deve reformar seu comportamento em função dos decretos da ciência?

Tanto quanto pela diluição da enfermidade no espaço indefinido dos corpos, a modernidade se caracteriza pela solidão dos indivíduos, forçados a enfrentar aquilo que não sabem mais nomear, a doença e a potencialidade de morte que encerra. Os antropólogos constataram isto, integrando a doença sob uma nova rubrica, a infelicidade[9], estabelecendo padrões para uma comparação das culturas sob esse registro ampliado.

O triunfo do século XX sobre a doença, celebrado à porfia, é, portanto, em certo sentido, uma vitória de Pirro.

---

8. BERLIVET, L. *Controverses en épidémiologie* – Production et circulation de statistiques médicales. Rennes: Mire, 1995, p. 24.

9. AUGÉ, M. & HERZLICH, C. *Le sens du mal* – Anthropologie, histoire, sociologie de la maladie. Paris: Archives Contemporaines, 1990.

II. A contabilidade dos corpos

A vitória em questão se deve ao recuo das epidemias do passado. O historiador William O'Neill, autor de uma famosa suma sobre a peste, *Plagues and people*, em 1983 começava assim seu estudo: "Um dos elementos que nos separam dos nossos ancestrais, e torna a experiência contemporânea profundamente diferente daquela de outras épocas, é o desaparecimento das epidemias que afetavam gravemente a vida humana"[10].

O'Neill exprimia assim a convicção generalizada de que, ao menos nos países industrializados, a epidemia se havia tornado impensável. Antes de 1983, somente uma pandemia, a gripe espanhola de 1918, que provocou mais mortes que a Grande Guerra, assumiu a dimensão catastrófica das pestes do passado. Ela parece, aliás, curiosamente, ter deixado poucos traços na memória coletiva, talvez porque não atingiu os espíritos depois da grande carnificina da guerra.

A partir de 1895, a mortalidade epidêmica havia começado a declinar regularmente nos países da Europa. Esse declínio numérico é muitas vezes atribuído ao que se denomina, nos países de língua francesa, à revolução pasteuriana. Mas, *stricto sensu*, as duas grandes descobertas de Louis Pasteur, a vacina antirrábica (1885) e a soroterapia antidiftérica (1894), não tiveram um papel muito importante. Deve-se, antes, explicar esse progresso pelo respeito à antissepsia e, depois, à assepsia por ocasião das intervenções cirúrgicas e, sobretudo, por medidas gerais, apoiadas ou até impulsionadas pelo pasteurismo, como a distribuição generalizada de água potável ou a melhoria da coleta de lixo e do sistema de esgotos, que começaram desde o Segundo Império.

O século XX terá sido o do grande salto demográfico, tanto na Europa como no conjunto do mundo. Esse salto pode ser sentido através de três

---

10. O'NEILL, W. apud SONTAG, S. *La maladie comme métaphore* – Le sida et ses métaphores. Paris: Christian Bourgois, 1989, p. 189.

grandes indicadores que concordam: a mortalidade global, a esperança de vida na hora do nascimento e a taxa de mortalidade infantil[11].

A mortalidade global não cessou de declinar desde o começo do século, com dramáticas interrupções no momento dos conflitos mundiais. Globalmente, a frequência dos óbitos foi dividida por dois. A curva assumiu progressivamente o mesmo contorno em toda a Europa, que hoje conhece uma taxa inferior a 10%, com exceção dos países do Leste.

Da mesma maneira, a esperança de vida europeia passou de 46 para 70 anos, para os homens, e de 49 para 77, para as mulheres. Esta mudança se deve à diminuição sensível da mortalidade infantil e do fardo das doenças infecciosas. Aqui ainda, o grupo dos países nórdicos ocupa a primeira posição, enquanto os países meridionais seguem a mesma evolução, com uma geração de atraso.

O declínio da mortalidade infantil atingiu, sobretudo, as crianças com mais de um ano de idade. Deve-se esse declínio à eliminação das doenças infecciosas eruptivas ("com espinhas"), das diarreias e das afecções respiratórias. A mortalidade neonatal tem, com efeito, causas complexas, particularmente de ordem genética e obstétrica, sobre as quais os progressos médicos tiveram menos influência.

As causas da diminuição das doenças infecciosas devem ser examinadas doença por doença. Para algumas, as curvas traduzem de maneira eloquente a influência preponderante da vacinação[12].

Este é o caso da poliomielite. O número dos casos cai praticamente a zero depois da introdução da vacina em 1956, logo tornada obrigatória. É também o caso da gripe, que assola anualmente o conjunto da população com uma mortalidade estabilizada entre 1918 e 1975, até o momento em

---

11. CASELLI, G.; MESLÉ, F.; VALLIN, J. *Le triomphe de la médecine* – Évolution de la mortalité en Europe depuis le début du siècle. Paris: Institut d'Études Démographiques, 1995.

12. MOULIN, A.M. *L'aventure de la vaccination*. Paris: Fayard, 1994.

que a introdução da vacina quebra essa curva. O caso, em compensação, é mais discutível para a rubéola, cuja mortalidade declina a partir de 1930, talvez graças à diminuição da subnutrição, mas talvez também porque a transmissão diminuiu de intensidade em vista das modificações do habitat e do declínio da fecundidade.

O decréscimo das diarreias se deve à melhoria da higiene alimentar e ao desaparecimento da "funesta mamadeira": a mamadeira munida de uma tubuladura e deixada ao alcance do bebê no berço pelas mães obrigadas a trabalhar fora, fonte evidente de multiplicação microbiana: as condições melhores do aleitamento artificial foram decisivas. No Norte, o clima menos propício à multiplicação dos micróbios facilitou a tarefa, mas os outros países logo acompanharam o ritmo.

No que tange à tuberculose, a grande assassina do século XIX, sua mortalidade declinou desde o início do século, sob a provável influência das medidas de isolamento dos doentes e de certos processos terapêuticos (pneumotórax artificial que detinha o avanço da infecção em um pulmão artificialmente deixado em repouso). A vacina BCG de Calmette e Guérin, experimentada pela primeira vez em Paris, em 1921, em bebês expostos ao contágio, não parece ter afetado em grande escala a evolução da tuberculose. Entre as duas guerras, difundiu-se lentamente na Europa e foi principalmente experimentada nas colônias. Em 1943, a descoberta da estreptomicina, devida a Selman Waksman, nos Estados Unidos, representou o acontecimento mais importante, mas é possível que o efeito desse antibiótico tenha então coincidido com um impacto retardado da BCG (aplicada na hora do nascimento) sobre a mortalidade das crianças, alvo principal do flagelo.

Estamos passando, hoje, de um regime demográfico onde a probabilidade de morrer era quase igual para todas as classes de idade a um regime onde ela se concentra na etapa final da vida: em 80% dos casos a morte atinge agora as pessoas depois dos setenta anos. O enfraquecimento da morte em nossa civilização não é, portanto, o único efeito dos anseios do nosso inconsciente; resulta de sua decalagem objetiva. Vive-se hoje a morte de uma criança ou de um adolescente, na maioria dos casos em consequência de um acidente, como um escândalo, como um fato inaceitável que só pode despertar a revolta dos parentes[13].

O século XX inventou a categoria de "morte súbita do bebê"[14], para designar a morte inesperada de um neném por uma repentina parada respiratória, sem causa patológica previsível ou detectável na autópsia. Essa categoria vazia é chocante para um representante da modernidade, preocupado com explicações; constitui sempre um objeto de estudo e de especulação.

Na sociedade francesa dos nossos dias, a mortalidade infantil não passa dos 0,8%. A expectativa de vida atinge 80 anos para a mulher, 72 anos para o homem. E parece possível fazer a morte recuar ainda mais, intervindo particularmente sobre os distúrbios cardiovasculares e doenças cancerosas. Mas o problema da qualidade de vida se impõe agora com ênfase. Não se verificou nenhum verdadeiro progresso no que tange à deterioração na demência senil ou no que se refere ao Mal de Alzheimer, que atinge um em cada quatro idosos. Nossos idosos não estarão correndo o risco de conhecer a mísera sorte dos Imortais em um dos *Contos de Gulliver* de Swift, infelizes que não ouvem nem veem mais e são, no entanto, incapazes de morrer?

A mortalidade por morte violenta (excluindo as guerras) está, em compensação, aumentando e sofrendo uma mudança qualitativa. No começo do século, ela se repartia principalmente entre afogamentos e acidentes de trabalho. Está mais tarde ligada aos acidentes de trânsito e ao frenesi da velocidade. No começo dos anos de 1960, *Juventude transviada*, com James Dean, que se mata ao volante, torna-se um filme *cult*. Os acidentes rodoviários, primeira causa de óbito entre os jovens, diminuíram hoje em vista da repressão dos excessos de velocidade e da direção em estado de embriaguez, mas a

---

13. Cf., por exemplo, MIQUEL, A. *Le fil interrompu*. Paris: Flammarion, 1971.

14. BROCA, A. Mort subite du nourrisson. In: LECOURT, D. (org.). *Dictionnaire de la Pensée Médicale*. Paris: PUF, 2004, p. 757-762.

isso se acrescentaram os acidentes ditos de deslizamento, devidos aos patins de rodinhas, pranchas... e aos esportes radicais, com um risco assumido voluntariamente, detonando com a necessidade geral de segurança exibida na sociedade. Os suicídios são igualmente uma causa importante de mortalidade entre os jovens: as tentativas indicam uma propensão ao desespero nos adolescentes, que assume hoje uma extensão inédita.

No século precedente, as viagens haviam sido oneradas com pesada mortalidade. No século XX ocorreu a explosão do turismo, indústria que ocupa nos países desenvolvidos um em cada dez trabalhadores. Os turistas de todas as idades se espalham pelos quatro cantos do planeta. Paralelamente, a difusão dos seguros especializados e de um novo tipo de profissionais, os assistentes, atesta a preocupação moderna com a segurança encerrada no coração do sonho de exotismo. Poucos viajantes pagam a sua cota de sofrimentos à maneira de um René Caillié (e de tantos outros), que voltou pele e ossos de Timbuctu a Paris. Se as febres são sempre o espantalho dos viajantes, alimentado por uma literatura que vai de André Gide[15] à inesquecível *Voie royale* de André Malraux, as doenças infecciosas constituem de fato menos de 10% das causas de mortalidade[16], metade das quais devida ao paludismo. A traumatologia é que ocupa o primeiro lugar na patologia dos viajantes, devido aos acidentes rodoviários. Em seguida, vêm os acidentes vasculares e os quadros que surgem por distúrbios psiquiátricos, pouco presentes no imaginário dos *globe-trotters*, que provocam repatriações de urgência.

Será que esta evolução secular pode ser globalmente considerada como a vitória da medicina? Esta afirmação constituiu o objeto de desmentidos peremptórios da parte de um perito em saúde pública, como o britânico Thomas McKeown, e de um filósofo, como Ivan Illich, no decurso de uma

---

15. GIDE, A. *Voyage au Congo*. Paris: Gallimard, 1927.

16. MOULIN, A.M. "Cent ans d'histoire de la santé – La santé des voyageurs et des expatriés". *Bulletin de la Société de Pathologie Exotique*, vol. 90, n. 4, 1997.

polêmica cujos ecos se ouvem ainda hoje[17]. Continua aberto o debate, implicando ora os estilos de vida, ora a higiene alimentar, ora o impacto de novos tratamentos, ora a vigilância clínica e biológica. Vamos tomar, por exemplo, o infarto do miocárdio, apresentado muitas vezes como o mal do século, ligado ao sedentarismo e ao *stress*. Sua incidência teria declinado nos últimos anos com o avanço do tratamento preventivo da hipertensão, mas também com a queda no consumo do tabaco e com a adoção de um regime de vida mais equilibrado (*jogging* e dietética). Sua letalidade também diminuiu em decorrência da introdução de drogas mais eficazes e de sua aprendizagem tanto pelo doente como pelo especialista e pelo aperfeiçoamento de métodos cirúrgicos, como a desobstrução das artérias coronárias, proposta hoje ao primeiro sintoma de ameaça de infarto.

Um fenômeno inquietante se dá no que tange diretamente à percepção do corpo no século XX. Trata-se da persistência, neste balanço positivo, de dois tipos de desigualdade, a desigualdade dos sexos e a desigualdade social.

A primeira, em favor das mulheres, é uma característica geral, ao menos na Europa. Durante gerações, as mulheres pagaram com a própria vida o seu papel na procriação. No século XX, elas se beneficiaram do alívio do peso das gravidezes e dos progressos da obstétrica, da melhoria na alimentação e da extensão da escolaridade às jovens. Atualmente, o aumento da proporção das mulheres idosas na população sugere a possibilidade de um futuro matriarcado.

Mas a segunda desigualdade constitui uma surpresa, dada a extensão dos regimes de proteção social na maioria dos países da Europa e o livre acesso aos hospitais para todas as classes da sociedade. Em Paris, a mortalidade infantil passa ainda do simples para o dobro conforme as categorias profissionais, ou até de um distrito da cidade para o outro. Na Inglaterra, depois de vinte anos de medicina social, gratuita e acessível a todas as camadas

---

17. ILLICH, I. *Némésis médicale*. Paris: Du Seuil, 1977. • McKEOWN, T. *The Role of Medicine*: Dream, Mirage of Nemesis? Oxford: Blackwell, 1979.

da sociedade, as conclusões do relatório oficial denominado o *Black Report* (do nome de seu autor, e não por causa da tragicidade das conclusões!) foram um choque. As assim chamadas classes inferiores da sociedade continuam estando aquém dos esforços de saúde pública, que beneficiam em primeiro lugar os privilegiados. Esta constatação provocou um debate sobre a escolha que se deveria efetuar entre políticas tendo por alvo as populações ditas de risco ou políticas globais que visassem um efeito de treinamento da população em geral com relação a esses marginalizados. Na França, diante do aumento do número de doentes que perderam os direitos à seguridade social ou que nunca os tinham adquirido, foram instauradas consultas "de precariedade", adornadas com os nomes de artistas não conformistas, como Baudelaire ou Richepin, o autor da *Chanson des gueux* [Canção dos Mendigos]. Todavia, muitos militantes da saúde pública não querem que conjuntos específicos tornem a criar a barreira de classe do século XIX e prefeririam tornar mais amplamente acessível o sistema de saúde existente.

Com a aproximação do ano 2000, um outro elemento vem somar-se à preocupação das desigualdades que ainda persistem e vem atenuar o otimismo contemporâneo.

III. A volta das doenças infecciosas?

Na década de 1970, diversas pessoas bem-intencionadas tinham anunciado o final de um ciclo histórico, não somente o fim das epidemias, mas o das doenças infecciosas, nos países industrializados pelo menos. Da peste já quase nem se ouvia falar mais, a varíola, que havia imperado sobre o planeta, estava desaparecendo. Bastava arcar com o custo, pois este ia aumentando incrivelmente, é verdade, à medida que se começava a perseguir os últimos casos. A OMS se empenhava nisso ativamente, e efetivamente proclamou, em 1979, que a varíola fora erradicada.

O acontecimento, resultante de fato de uma batalha quase milenar e de dois séculos de vacinação jenneriana, foi naquela época considerado como o protótipo da vitória sobre as doenças infecciosas, ligada à revolução pasteuriana. Parecia possível reproduzir essa vitória a bel-prazer, contanto que se dispusesse da arma teórica, o conhecimento da "causa", e da arma preventiva, a vacina. O termo erradicação se inscreveu em letras de fogo nos projetos da OMS, tanto mais facilmente ao se perceber que a expansão econômica as tornava realizáveis financeiramente.

Mas não tardou que os primeiros fracassos sofridos a propósito do paludismo[18], cuja erradicação fora prevista para ocorrer por volta do ano 2000, lançaram uma sombra sobre o quadro. As esperanças depositadas na utilização de inseticidas em larga escala, confirmadas em um primeiro momento pela libertação de territórios como a Córsega (1944), a Argélia (1960), a Índia, a Venezuela, mudaram bruscamente de direção diante da resistência dos mosquitos a esses produtos e com a percepção de seus perigos. Ao mesmo tempo aumentou a resistência dos parasitas aos tratamentos habituais. Os especialistas em saúde pública pareciam, no entanto, capazes de concentrar seus esforços nas doenças hereditárias, cancerosas e degenerativas, quando a paisagem de súbito se recompôs com o aparecimento da Aids [em francês: Sida], cuja coincidência com o eclipse da varíola foi mais de uma vez destacada.

A chegada da Aids [Sida] e a "emergência" de novos tipos de vírus[19] puseram em xeque nossa certeza da vitória, ou quase, sobre as doenças infecciosas. A Aids inaugurou sua volta ao imaginário, se não à realidade: nos países industrializados, a mortalidade por doenças infecciosas, que oscilava em torno de 8%, não registrou senão um aumento de cerca de 1%. Mas diversas características dramatizavam a doença: sua rápida extensão e em grande escala pelos cinco continentes, sua feição rebelde a todo tratamento com antibióticos, sua evolução mortal reconhecida após uma fase de indeci-

---

18. COLUZZI, M. & BRADLEY, D. (orgs.). "The malaria challenges after one hundred years of malariology". *Parasitologia*, vol. 41, n. 1-3, 1999.

19. MORSE, S.S. *Emerging Viruses*. Nova York: Oxford University Press, 1993.

são prognóstica, o afluxo de testemunhos e de romances[20] sobre a Aids revelou, na década de 1980, a necessidade sentida pelos enfermos de comunicarem a sua experiência singular e de exprimirem o escândalo ligado à ressurreição do fato epidêmico, somada à impotência terapêutica. A arte sob todas as suas formas sentiu a necessidade de estilizar a epidemia, do filme *Les nuits fauves*, de Collard, às histórias em quadrinhos propagadas para a prevenção e aos quadros de um Matsushita.

Doença sexualmente transmissível, a Aids avançava na contracorrente da liberação dos costumes dos anos de 1960. À semelhança das epidemias do passado, era interpretada por algumas pessoas como vingança divina e ressuscitava a intolerância, e até a procura de bodes expiatórios. Epidemiologistas diziam que a multiplicação dos vírus ocorrera nos *backrooms* dos homossexuais ou nas redes de trocas, tirando de sua latência um vírus que saíra da profundeza das florestas. A hipótese da origem africana[21] despertava a cólera dos habitantes do continente negro. Eles mandavam a bola de volta para o Primeiro Mundo denunciando as manipulações secretas dos cientistas nos laboratórios militares e os ranços racistas da lógica científica que amalgamava o africano e o macaco, e se alimentava com o mito do insaciável apetite sexual dos negros. A concepção da África como um temível pandemônio não teria então mudado muito desde o célebre romance *No coração das trevas*, de Joseph Conrad, situado precisamente no Rio Congo, um dos focos da epidemia.

---

20. NAVARRE, Y. *Ce sont amis que vent emporte*. Paris: Flammarion, 1991. • PANCRAZI, J.-N. *Les quartiers d'hiver*. Paris: Gallimard, 1990. • BARBEDETTE, G. *Mémoires d'un jeune homme devenu vieux*. Paris: Gallimard, 1993. • DREUILHE, A.-E. *Corps à corps* – Journal de Sida. Paris: Gallimard, 1987. • DE DUVE, P. *Cargo vie*. Paris: Jean-Claude Lattès, 1992. • DETREZ, C. *La mélancolie du voyeur*. Paris: Denoël, 1986. • CAMUS, R. *Élégies pour quelques-uns*. Paris: POL, 1988. • GUIBERT, H. *À l'ami qui ne m'a pas sauvé la vie*. Paris: Gallimard, 1990. • GUIBERT, H. *Le protocole compassionnel*. Paris: Gallimard, 1991. • GUIBERT, H. *Cytomégalovirus*. Paris: Du Seuil, 1992. • GUIBERT, H. *L'homme au chapeau rouge*. Paris: Gallimard, 1992. • GUIBERT, H. *Le paradis*. Paris: Gallimard, 1992. • LÉVY, J. & NOUSS, A. *Sida-fiction* – Essais d'anthropologie romanesque. Lyon: Presses Universitaires de Lyon, 1994.

21. Sobre a construção da origem africana da Aids, cf. CUNNINGHAM, A. & ANDREWS, B. (orgs.). *Wester Medicine as Contested Knowledge*. Nova York: Manchester University Press, 1997.

É na África que teria aparecido o vírus Ebola[22], responsável por uma febre hemorrágica, que levava à morte em pouco tempo, provocando pequenas hecatombes. A difusão do vírus na Europa não parece muito provável, dada a sua fragilidade no meio ambiente. Mas os cenários de catástrofes que seu aparecimento acarretou, levados à tela do cinema com *Apocalipse*, contribuíram para a sensação de fragilidade do ser humano do século XX em confronto com o luxuriante mundo dos vírus. O livro de Stephen Morse, *Emerging viruses*, lançado em 1993, assim como a revista do mesmo nome, deram ampla publicidade à ameaça de vírus latentes, postos em cena pelas imprudências ecológicas. Laboratórios para manter os vírus isolados, cercados de precauções draconianas de segurança, denominadas de nível "P 4", foram construídos na Europa a fim de protegê-la dos germes sem fronteiras. Se os epidemiologistas haviam outrora aparecido como causadores de inquietação, pois denunciam os problemas sem propor soluções, os seus institutos foram promovidos, seguindo o modelo do CDC de Atlanta, EUA, ao grau de fortalezas sanitárias dos tempos modernos ou de novas defesas dos corpos. Por ocasião da epidemia de peste, que ocorreu na Índia em 2004[23], os países ricos esqueceram as boas maneiras humanitárias para de novo assumir os reflexos das quarentenas do passado: embargo imposto às mercadorias, revista indiscriminada dos viajantes indianos[24]. E isto quando bastaria, para curar a peste, o simples tratamento com antibióticos...

Um "espectro" veio contribuir para o desencantamento. Doença urbana, favorecida pela moradia insalubre e pela falta de higiene, a tuberculose parecia ter cedido a um conjunto de medidas que associavam BCG e diagnóstico por raios-X e teste de tuberculose. A "morte por inanição" romântica havia

---

22. GARRETT, L. *The Coming Plague*: Newly Emerging Diseases in a World out of Balance. Nova York: Farrat/Straus and Giroux, 1994.

23. PINELL, P. (org.). *Une épidémie politique* – La lutte contre le sida en France, 1981-1996. Paris: PUF, 2002.

24. GARRETT, L. *Betrayal of Trust*: The Collapse of Global Public Health. Nova York: Hyperion, 2000.

desaparecido da literatura e do cinema. Como acontecia com a sífilis, muitos franceses até duvidavam de que ainda houvesse tuberculose em nossos climas. Era considerada como doença tropical, que subsiste subrrepticiamente nos países pobres ou se revela em nossas regiões no migrante marginalizado. De fato, não houve uma volta barulhenta, mas o declínio que parecia irreversível na Europa teve uma parada. Na França, em 1992, o número de ocorrências mais baixo jamais atingido subiu de novo devagarzinho (essa mudança já havia ocorrido nos Estados Unidos desde 1986!).

Estigmatizada antigamente como doença social, hoje imagem sincrética do risco que envolve os grupos desfavorecidos, a tuberculose traz de novo à vida um medo social ainda mais irracional, visto que o tuberculoso não se deixa facilmente adivinhar nos transportes coletivos ou nos lugares públicos. As controvérsias sobre a origem do mal entre os imigrantes, infecção contraída no país de acolhida ou surto de um mal clandestinamente importado, refletem a inquietação diante do oceano de pobreza que abala as fronteiras da Europa.

A não observância do tratamento favorece não só as recaídas, mas o aparecimento de bactérias mais resistentes, difíceis de tratar. Os Estados Unidos, diante do aumento das tuberculoses que resistem aos antibióticos nos marginalizados, não vacilaram, em Nova York, em recorrer à força para tratar os doentes.

Quanto à BCG, vilipendiada por alguns, exaltada até o céu por outros, sempre em vigor na França, onde é obrigatória ao se entrar na coletividade e geralmente praticada por ocasião do nascimento, mas inexistente em certos países, ainda é a mais controvertida das vacinas. Se conseguiu fazer desaparecer a meningite tuberculosa infantil, não conseguiu vencer a tuberculose ordinária dos adultos. Poderia ter sido abandonada nos países industrializados, se a crise econômica não houvesse criado de novo as condições de uma época que logo se imaginara ter desaparecido. O debate em torno da obrigação da vacina reflete um conhecimento imperfeito da história natural das doenças. Como é que o corpo adquire uma resistência específica? A que remetem as diferenças individuais? O dilema do inato e do adquirido, formulado com os mais recentes conceitos científicos na moda e as técnicas do momento, volta de novo a intervalos regulares para exprimir a perplexidade diante da diversidade dos destinos biológicos e das dificuldades de uma política geral de saúde pública.

Duas histórias do século XX, portanto, opõem-se a de um progresso contínuo que se exprime em números demográficos, com o alongamento da expectativa de vida e a eliminação progressiva das doenças infecciosas, e uma segunda história, na qual o ser humano, com um aumento dos cânceres e a volta das doenças infecciosas, bem longe de ser o mágico triunfante, debate-se no seio de um mundo em equilíbrio instável, onde pululam micróbios, cuja complexidade ele tinha ignorado.

IV. A Aids (Sida, em francês)

A Aids ocupa um lugar à parte na história do corpo do século XX, embora só tenha marcado as suas duas últimas décadas. Tal como a sífilis, ligada à exploração do Novo Mundo, como a cólera, associada à aceleração dos transportes e à expansão colonial, infligiu um duro desmentido a um século que pretendia eliminar as doenças infecciosas. Projetou uma sombra sobre a liberdade sexual, abalou os usos e costumes dos eruditos e dos homens comuns, e mostrou claramente a grandeza e os limites da ciência.

A Aids ocupa um lugar à parte na história do corpo. Ela confirmou a medicalização cada vez maior da sociedade, enquanto assinalava uma virada essencial. Um dia, houve quem propusesse criar cadeias de televisão médicas, acessíveis somente aos profissionais. Na cena pública foram acompanhados os debates científicos mais esotéricos. No desvario provocado pela morte de muitos jovens, as barreiras tradicionais vieram ao chão, as associações pressionaram os médicos para que dissessem tudo e tudo fizessem, puseram as questões, exigiram respostas. Se o diagnóstico de Michel Foucault, falecido no início da epidemia, em 1984, foi durante algum tempo sonegado ao público, a doença e a morte, observáveis ao vivo, invadiram a telinha. A morte de artistas e o envolvimento de atletas famosos, como o jogador de basquete Magic Johnson, contribuíram para essa perda de intimidade.

A descoberta dessa enfermidade, que pôs a nu a falibilidade da ciência é, no entanto, obra sua. O "I" do seu nome lhe foi dado por uma ciência biológica surgida no século XX, a imunologia (imunidade significando inicialmente defesa contra os micróbios). Os primeiros casos de uma doença desconhecida não foram observados, mas deduzidos das estatísticas dos epidemiologistas. No final da década de 1970, os CDCs (Centros de Controle das Doenças) de Atlanta, nos Estados Unidos, foram alertados pela subida rápida do consumo de um tratamento excepcional destinado a bebês prematuros que tinham dificuldade para se defender contra os micróbios ou a pessoas submetidas a quimioterapias agressivas. Para esses "imunodeficientes" sem razão conhecida forja-se a hipótese de uma imunodeficiência "essencial", responsável pelos sintomas: febre, emagrecimento, diarreia. A afecção é designada como Síndrome de Imunodeficiência Adquirida (Sida, em francês e espanhol; Aids, em inglês e português), palavra que se difundiu por todo o mundo com a doença.

A concepção do sistema imunológico como aquele que garante a integridade do corpo havia permanecido como uma abstração do domínio do especialista, quando a nova doença surgiu para personificá-lo. Os estragos causados pela Aids mostraram o que significa a implosão da imunidade. Nas fotografias, a silhueta macilenta passa a ser sinônimo do diagnóstico na publicidade da prevenção. Desde a lepra e a sífilis, conhecidas por suas desfigurações, nenhuma enfermidade havia atingido o corpo de forma tão pública. A Aids constitui, em primeiro lugar, uma doença da pele. No filme *Les nuits fauves*, onde o rosto do ator se mantém intacto do início até o fim, é uma pequena lesão no antebraço que indica a corporeidade da Aids. Mostrar a pele é uma maneira de sugerir o desarranjo do sistema imunológico no interior do corpo.

Os maiores laboratórios do mundo combatem contra um micro-organismo que toma o nome da doença, HIV (vírus da imunodeficiência humana). Por toda parte a Aids provoca o terror da epidemia somado à angústia de um mal que é transmitido por contato sexual. O receio do contágio leva os profissionais da saúde a recusar-se a atender os enfermos; muitas famílias abandonam seus filhos. A seringa cheia de sangue contaminado torna-se uma arma para efetuar chantagens, ou para cometer suicídio[25].

No pânico dos anos de 1980, os militantes revoltados procuram redefinir uma gestão moderna do corpo atingido pela epidemia[26]. Nem quarentena nem isolamento dos soropositivos. Nem procura por bodes expiatórios. Mas estabelecimento de uma prevenção razoável com a participação de todos.

A Aids acarretou uma mobilização social inédita em face do poder médico, considerado medroso ou tradicionalista. Novos parceiros, as associações, impõem-se nas deliberações oficiais e nas reuniões científicas, dirigem-se aos meios de comunicação de massa. Congressos reúnem, nas grandes capitais, milhares de pessoas. Em telas gigantes se projetam cenas da vida sexual e o *safe sex* (*sexo seguro*) é pormenorizadamente discutido. A realidade dos corpos enfermos irrompe no meio do discurso científico, a um ponto que jamais se conhecera antes, e a experiência da Aids ricocheteia sobre outras doenças cujos representantes agora se organizam melhor, questionando sua dependência do corpo médico[27].

No decorrer dos últimos anos, os novos tratamentos antivirais que sucederam ao AZT transformaram a Aids em uma doença crônica grave, mas cuja ocorrência está recuando. Se ainda continua sendo um drama no Terceiro Mundo, onde a epidemia despovoa e desorganiza regiões inteiras, está se tornando, nos países industrializados, uma doença infecciosa ordinária. O corpo já não é uma cidade aberta: com o auxílio dos novos tratamentos antirretrovirais, ele é capaz, se não de ficar curado, ao menos de recuperar a

---

25. MASTORAKIS, M. "Zazie pas beau" [manuscrito].
26. ROZENBAUM, W. *Sida*: réalités et fantasmes. Paris: POL, 1984.
27. EPSTEIN, S.G. *Impure science, Aids, activism and the politics of knowledge*. Berkeley: Université de Californie, 1993.

iniciativa e manter ativamente a carga viral em um nível não detectável no laboratório. Eis o que dizia Albert Camus em *A peste*: "Todo mundo tem mais ou menos a peste, somos todos pestíferos, mas é necessário muito esforço para não transmiti-la; nós nos cansamos, então chega a peste". Dos contatos com a epidemia mortal volta-se a uma aprendizagem da doença crônica em que o sujeito ocupa o primeiro plano.

V. A invenção das doenças crônicas

Esta categoria nova é precisamente aquela que a diminuição das doenças infecciosas havia trazido à atenção da pesquisa e dos poderes públicos. Significativamente, depois da Segunda Guerra Mundial, a epidemiologia começou a deixar de lado as doenças infecciosas que lhe tinham dado seu nome, para se interessar pelas doenças crônicas: doenças cardiovasculares (hipertensão, arteriosclerose, perturbações do ritmo cardíaco), reumáticas, endócrinas, cancerosas. Sem dúvida, as doenças crônicas eram conhecidas dos séculos precedentes: Fontenelle, Voltaire e muitos outros foram doentes crônicos famosos e contribuíram para o sustento de seus médicos. Mas o saber médico as popularizou em grande escala. Mesmo no balcão dos herboristas e nos laboratórios das medicinas assim chamadas paralelas, a classificação das doenças, eclética, recorre agora a noções tais como infecção urinária, diabetes, hipertensão, bem como às noções comuns de fadiga, dor de cabeça ou... reumatismo (de origem erudita, mas que não tardou a cair no domínio público).

A doença crônica significa a longa convivência do paciente com a deficiência orgânica[28]. A identificação de um sem-número de anomalias, na fronteira de uma normalidade de contornos sempre mais frouxos, leva o enfermo a um grau de intimidade com a medicina que jamais se vira no passado. Quer se trate de uma doença detectada, por vezes mesmo descoberta até antes do

---

28. AÏACH, P.; KAUFMANN, A.F.; WAISSMAN, R. *Vivre une maladie grave*. Paris: Méridiens-Klincksieck, 1989.

nascimento, como a hemofilia[29], na primeira infância, como a mucoviscidose ou a maioria das miopatias ou mais tarde como a hipertensão e o diabetes, o diagnóstico instaura uma reorganização do dia a dia do paciente, uma medicação permanente, ao menos uma vigilância regular. O paciente aprende a integrar sua condição particular a seu projeto de vida e à sua autoimagem.

Um estilo de vida que comporta o recurso a técnicas e a drogas específicas possibilita a sobrevivência de portadores de doenças incuráveis. Dois exemplos: a insuficiência renal terminal e a hemofilia. Esta última é uma anomalia com distúrbios na coagulação, acarretando uma propensão às hemorragias que dificulta a vida cotidiana, capaz de abreviar a vida muito rapidamente. Antes do século XX, raramente os hemofílicos chegavam à idade adulta. A única solução para eles era evitar qualquer tipo de machucado em uma vida em câmara lenta. A prática de transfusão de fatores anticoagulantes transformou a existência deles, antes do dramático acidente de percurso constituído pela contaminação do sangue.

A insuficiência renal terminal, caracterizada pela destruição definitiva dos rins, assinala outro tipo de dependência em relação à medicina. Consequência rápida de uma hipertensão maligna, resultado de uma intoxicação aguda ou desenlace tardio de uma malformação congênita dos rins, era uma sentença de morte até 1940, data em que foi inventada uma máquina para depurar o sangue, construída por Kolff nos Países Baixos. A diálise crônica se desenvolve a partir de 1958 nos Estados Unidos e em outros países.

Em doenças tão diferentes, o ponto comum é a sujeição a procedimentos de sobrevivência. O doente se torna o parceiro do perito e completa um saber livresco por suas aprendizagens pessoais: o hemofílico aprende a detectar o espessamento do sangue em suas articulações antes do clínico; o insuficiente renal aprende, entre duas diálises, a organizar o próprio regime alimentar pobre em potássio. A aventura está na descoberta de um corpo

---

29. CARRICABURU, D. *L'hémophilie au risque de la médecine*. Paris: Anthropos, 2000.

submetido a condições limítrofes: um dialisado pode viver com cinco gramas de hemoglobina, ao preço de um simples esfalfamento, quando a taxa normal é de catorze a quinze gramas. A experiência de uma espécie de exceção vem acompanhada do desejo de ser como todo o mundo. O acesso aos esportes de competição, marca distintiva da estética do século XX, leva a cabo a integração social. Os jogos olímpicos dos portadores de deficiência física onde deficientes visuais batem na corrida homens comuns, as maratonas de transplantados cardíacos, a participação dos hemofílicos em atividades antigamente proibidas de esqui náutico ou de salto com paraquedas manifestam uma vontade de normalização pelas façanhas esportivas.

O corpo se torna o objeto de incessantes negociações com as normas proclamadas pelo poder dos médicos. Alguns doentes, submetidos regularmente à diálise renal, resolvem o problema de sua autonomia evadindo-se pelo sono durante todo o tempo da sessão, delegando a vigilância à equipe médica. Outros adotam uma atitude diametralmente oposta: vigiam os gestos da enfermeira, prontos a intervir em caso de erro, fazem perguntas sobre seus testes biológicos etc. São estes que escolhem "picar-se" a si mesmos, para fazer o sangue passar pela máquina que garante a depuração extracorporal.

A hospitalização em domicílio, organizada na maioria dos países, é outra manifestação dessa reivindicação de autonomia. A diálise renal em domicílio, que surgiu pela década de 1960, significou para cidadãos comuns a aprendizagem do manejo de uma aparelhagem complexa e a manipulação do sangue, para menoscabo das pusilanimidades correntes. Categorias cada vez mais numerosas de enfermos, encorajadas pelas autoridades desejosas de diminuir os custos, encarregam-se do tratamento domiciliar, como as perfusões de antibióticos na mucoviscidose[30], apesar de sua tecnicidade tão complexa.

---

30. BACHIMONT, J. *Entre soins spécialisés et soins profanes, gérer une maladie infantile chronique à domicile* – Le cas de la mucoviscidose. Villeneuve-d'Ascq: Presses Universitaires du Septentrion, 2002.

VI. O corpo e a máquina

O corpo se une mais estreitamente à máquina, ao autômato ao qual se assemelha. Afirmava Descartes, no século XVII: "Suponho que o corpo seja apenas uma estátua ou uma máquina de terra que Deus forma para esse fim"[31].

O século XX conheceu um salto sem precedente na utilização de máquinas automáticas que servem para compensar a falência de funções isoladas do corpo, quer se trate somente de passar por uma etapa difícil – insuficiência renal ou respiratória aguda, comas de origens diversas... – ou de conviver bem com a doença. Entra em cena um novo profissional, o engenheiro, que inventa ou aperfeiçoa máquinas, que acompanha também a patologia, pois as máquinas costumam enguiçar, gastam-se ou desregulam-se.

Os princípios da reanimação foram enunciados em meados do século XX. Sem dúvida, as grandes linhas das funções vitais já eram conhecidas há muito tempo, e também seus parâmetros tais como as taxas de oxigênio e de gás carbônico do sangue, e as leis de que depende a composição do "meio interno", caro a Claude Bernard. Os fisiologistas tinham aprendido com o animal a manter respiração e circulação artificiais, mas hesitavam em tratar até o fim o corpo humano como uma máquina. De que adianta intervir se a causa da insuficiência respiratória, cardíaca ou renal é desconhecida ou então está fora de alcance? O mecanismo inicialmente encontrou sua justificação moral e científica em sua aplicação a situações reversíveis, como a insuficiência respiratória em consequência da paralisia dos músculos (suscetível de regredir), no decorrer da poliomielite, por exemplo.

Apesar de suas ambiguidades, o termo reanimação foi escolhido de preferência ao de ressurreição, com forte conotação religiosa. O que é que se entende exatamente por isso? Prender o sopro (*animus*) ao corpo ou chamar de volta a alma (*anima*) que estava indo embora? A reanimação abrange todos

---

31. DESCARTES, R. Traité de l'homme. In: ADAM, C. & TANNÉRY, P. (orgs.). *Oeuvres completes*. Paris: Cerf, t. XI, 1910, p. 119.

os métodos de assistência ao corpo enfermo implicando uma dependência de máquinas e drogas que mantêm a pressão arterial, garantem a alimentação por via venosa etc. Repousa sobre esta descoberta: causas diversas – infecções, traumatismos, tumores – que vão dar no mesmo resultado, a suspensão provisória ou prolongada de uma função essencial. No caso de reanimação, não há mais enfermidade, no sentido em que a doença é um esforço do próprio organismo para solucionar um problema ou um conflito, e é a máquina que entra em ação no seu lugar e arrasta o corpo passivo.

Malgrado as boas intenções médicas, o leito de reanimação já foi até comparado a uma crucificação, pois nesta o corpo sofre os piores maus tratos: exibido ao olhar sob uma luz brutal, desnudado, atado de pés e mãos, amordaçado pela entubação, martirizado por cânulas e drenos. Por causa dessa perda de sentidos e de liberdade, houve associações que procuraram defender-se contra tratamentos considerados indignos. No entanto, o Prêmio Nobel Peter Medawar, reanimado depois de uma hemiplegia grave, que lhe ocorreu durante uma de suas conferências, testemunha que, afásico e incapaz de se comunicar com as pessoas que o cercavam[32], nem assim deixara de ouvir com gratidão a agitação daqueles que o ajudavam a combater a morte.

Inicialmente assimiladas a órgãos artificiais (como o "pulmão de aço" da década de 1960), as máquinas vão se tornando mais abstratas e cada vez mais se servem da informática e de seus programas. Com o avanço da inteligência artificial, baseada em grande parte na analogia entre o cérebro e o computador, a máquina melhora suas *performances*. Os "chips" implantados no sistema nervoso talvez consigam fazer os paralíticos andarem. A crescente intervenção do mecanismo médico assinala a extensão do laboratório de experimentação a toda a sociedade.

---

32. MEDAWAR, P.B. *Memoir of a Thinking Radish* – An Autobiography. Oxford: Oxford University Press, 1986.

VII. O corpo humano como objeto de experimentação[33] ou a sociedade-laboratório

Apresentada muitas vezes como um imperativo recente, a experimentação no ser humano está, de fato, inscrita na tradição médica. No século XVI, duelando com os seguidores dos Antigos, Ambroise Paré tinha preconizado a inovação terapêutica, argumentando em prol da necessidade da invenção para enfrentar flagelos inéditos. Em seu manifesto de 1847, Claude Bernard fez da experimentação um sinônimo de progresso médico. Sem dúvida, os cientistas dispunham, no laboratório, de um zoo que incluía espécies muito próximas do ser humano, como o símio. Mas era necessário, apesar de tudo, dar o salto e passar ao ser humano.

No início do século XX, um programa de experimentação humana, expressão que desperta hoje tanto mal-estar, foi então reivindicado pelos médicos como sinônimo de poder e não de abuso desse poder, como se ignorasse a importância de um consentimento. Os médicos se organizavam em tête-à-tête com o corpo de seus interlocutores, a portas fechadas, onde desconfiavam tanto do poder político como dos juízes, suspeitos de atentar contra a liberdade do cientista, e considerados incapazes de compreender os desafios intelectuais e humanitários de suas práticas. A experimentação, portanto, teve um grande impulso. Objeto dela foram principalmente os pobres, as minorias[34], os colonizados, as mulheres e as crianças, os militares, numa palavra, os mais dependentes. A investigação sobre a catástrofe de Lübeck, de 1929 (uma centena de crianças que faleceram depois da aplicação da BCG), mostrou que os médicos encarregados da campanha de vacinação, diante das reticências da burguesia, tinham começado por famílias pobres

---

33. LEDERER, S. *Subjected to Science* – Human Experimentation in America before the Second World War. Baltimore: Johns Hopkins University Press, 1995.

34. LEDERER, S. "The Tuskegee syphilis study in the context of American medical research". *Sigerist Circle Newsletter*, n. 6, 1994, p. 24.

que faziam menos perguntas sobre o produto inoculado, depois de receberem uma pequena soma de dinheiro[35].

Presente no gabinete do simples prático, a febre experimental se difundiu no privilegiado observatório das enfermidades, o hospital, que recebe contingentes cada vez maiores de aposentados e e se abre definitivamente entre as duas guerras, para as classes abastadas. Parasitologistas engolem seus parasitas, ou se deixam picar por insetos. Os seguidores de Pasteur dão o exemplo, absorvendo "sucos" de micróbios, sujeitando-se a toda espécie de experiências audaciosas, num sacrifício que os confirmava sem dúvida alguma no humor experimental em relação aos seus pacientes. Ainda acontece, hoje, que alguns biologistas injetem em si mesmos os seus preparados.

A literatura atesta, porém, uma resistência social recorrente à empreitada experimental dos médicos. Os temores e os fantasmas do público foram alimentados pelas revelações de ex-estudantes de medicina, como Léon Daudet, descrevendo em Les Morticoles (1894) a loucura assassina da corporação. O tema do cientista maluco fez muito sucesso de bilheteria até a Segunda Guerra Mundial nos espetáculos do Grand-Guignol, especializado nas cenas de horror, onde o sangue jorra aos borbotões. Em Une leçon à la Salpètrière, de André de Lorde (1908), um interno aproveita-se de uma hipnose para estimular o cérebro de uma moça que, em consequência de um acidente, apresenta uma abertura na caixa craniana. Ela acorda, paralisada, e se vinga desfigurando-o com vitríolo. Alfred Binet, pai do teste chamado de Binet-Simon (QI = quociente intelectual), apresenta um neurologista que sonha ressuscitar os mortos com a eletricidade. Quando sua filha falece, ele tenta instalar eletrodos no coração da filha e morre estrangulado nos braços da moça fechados por uma contração reflexa[36].

---

35. A história conservou a provável contaminação acidental da vacina pelo bacilo tuberculoso, e não a injustiça de classe (cf. BONAH, C.; LEPICARD, É.; ROELCKE, V. (orgs.). La médecine expérimentale au tribunal. Paris: Archives Contemporaines, 2004.

36. LORDE, A. & BINET, A. L'horrible expérience. Paris: G. Ondet/M. Viterbo, 1910.

Os juristas reagiram contra as intervenções abusivas dos médicos no "corpo" da sociedade e constantemente opuseram ao esoterismo da ciência o lembrete da lei: o Código Civil, que nada sabe de pesquisa científica, pode, no entanto, servir para qualificar as responsabilidades envolvidas no exercício ordinário e extraordinário de uma profissão, mesmo que seja a medicina.

No entanto, e isto é um paradoxo, é no século XX, em vista das esperanças geradas pelas novas terapias – vacinas e soros por volta de 1900, extratos de órgãos, como insulina e hormônios, depois de 1920, drogas anti-infecciosas, do salvarsan (contra a sífilis) às sulfanilamidas (1930) e aos antibióticos (penicilina, 1942, estreptomicina, 1947) – que os médicos vão conseguir que se adote oficialmente a doutrina legal de sua "obrigação de meios" e não de resultados. Eles frisavam, assim, a margem de incerteza de seus conhecimentos e a dificuldade de padronizar as suas práticas, em vista principalmente da variabilidade das reações do organismo, de uma pessoa para outra.

Depois que Pierre Louis, em 1830[37], tentou introduzir o cálculo numérico em medicina, os profissionais da área não haviam cessado de opor o primado da experiência singular bem feita sobre a coleta de dados considerados por definição incomensuráveis. Na segunda metade do século, o culto do "bom doente" ou do caso privilegiado acabou cedendo o lugar aos cálculos efetuados sobre populações dispostas em "coortes" e à epidemiologia modelizadora e matematizada. Hoje os médicos celebram o fim do pesadelo empírico e o advento de uma ciência baseada na evidência – *evidence-based*.

Considerada mais necessária que nunca, a experimentação no ser humano se desenvolve a partir de então no quadro dos experimentos clínicos, apresentados como o apogeu de um longo processo de objetivação do corpo[38]. Tais experimentos se caracterizam pela distribuição aleatória (por sor-

---

37. DESROSIÈRES, A. *La politique des grands nombres* – Histoire de la raison statistique. Paris: La Découverte, 1993.

38. MARKS, H. *La médecine des preuves* – Histoire et anthropologie des essais cliniques. Coll. Les Empêcheurs de Penser en Rond, 1999. • PORTES, L. *À la recherche d'une éthique médicale*. Paris: Masson, 1954.

teio) dos pacientes entre amostras que sofrem tratamentos diferentes e a assim chamada posição do duplo cego ou duplo desconhecido, do doente e do médico, com relação à realidade da droga administrada, de sua dosagem e de sua natureza (visto que, em geral, usa-se um placebo na amostra de controle). Assim, em nome da objetividade, o médico vê lhe fugir aquela singular relação que ele pusera no centro de sua prática, que valorizava sua intuição e seu carisma terapêuticos.

Para demonstrar um efeito, os estatísticos impõem critérios rigorosos: os experimentos clínicos são grandes consumidores de pessoas e se estendem para lá das fronteiras. Na sociedade-laboratório, os comitês encarregados de cuidar das pessoas que se prestam a serem objeto das pesquisas constituem o contrapeso imaginado pelo legislador. A doutrina do assim chamado consentimento esclarecido tende a restabelecer uma certa simetria e reciprocidade nas relações médico-doente, que Louis Portes, Presidente do Conselho da Ordem, havia definido, em 1947, como um encontro da confiança com uma consciência (como se o doente fosse qualificado de cego, passivo e dolente). O contrato substitui a confiança, o conhecimento é compartilhado e a responsabilidade melhor delimitada. Na França, uma sentença do Tribunal de apelação reverteu, em 1996, uma situação secular em que a prova do erro cabia apenas ao paciente: o médico, agora, tem de apresentar a prova que ele deu toda a informação necessária! A decisão pôs fim à impunidade do médico. Mas ela pode também culminar com o refúgio do médico por trás dos formulários, e com o abandono do paciente, confrontado, sozinho, com as opções da ciência do momento.

Consentimento esclarecido não significa somente transmissão de um saber que o médico, aliás, está longe de dominar totalmente, mas também reconhecimento de uma subjetividade, a do cliente, que vai se encontrar com outra subjetividade, a do médico. Diante dos processos de objetivação sempre maior e de mecanização do diagnóstico e do tratamento pelas instâncias decisórias, o espaço contemporâneo do corpo está ainda por construir. Não se trata de restabelecer a antiga relação assimétrica, que caducou pela difusão da informação e pelo fim do analfabetismo médico da população em geral, mas de inventar para o ser humano, presa da experimentação, os termos de um novo contrato. "O médico [...] trata, quer dizer [...] faz experiências...", declarava Canguilhem.

VIII. O corpo solitário – O indivíduo e a dor

Um exemplo interessante desse difícil diálogo em busca de um equilíbrio entre assistência e partilha de informação é propiciado pela história dos tratamentos da dor.

O tratamento da dor está longe de ter seguido uma progressão linear ao longo da história. A medicina antiga já conhecia o uso analgésico de certas plantas: o açafrão da terra (*hyosyamus niger*), a beladona, a mandrágora. A medicina árabe fazia um amplo uso dos opiáceos. Em contraste, é de se admirar a relativa indiferença quanto ao tratamento da dor em um passado recente. A cirurgia, e não somente a cirurgia de guerra, desenvolveu-se exigindo das pessoas operadas um verdadeiro estoicismo, inclusive no começo do século XX: "Eu me sentia como um servo pobre, diante desse grande banquete de sofrimento!" – exclama Georges Duhamel[39], ao sair da Primeira Guerra Mundial.

A dor parece tão fundamente cravada no corpo que abolir radicalmente a consciência parecia, durante muito tempo, o meio mais simples para neutralizá-la. O aparecimento sucessivo de novos anestésicos voláteis (clorofórmio, protóxido de azoto, cloreto etílico, mais perto de nós ciclopropano e diferentes produtos da família do iodo) manteve, depois, até meados do século XX, a discussão sobre os méritos, as indicações e os perigos de uns e de outros. A anestesia obtida com éter acarretava uma desagradável sensação de falta de ar, e as pessoas vomitavam ao despertar. O clorofórmio tinha um

---

39. DUHAMEL, G. *La peste des âmes*. Paris: Mercure de France, 1949, p. 47.

odor aceitável, mas era difícil obter um sono regular, e era pequena a margem de manobra entre o atroz despertar e o coma verdadeiro!

A busca por dispositivos de fácil administração suscitou a colocação no mercado de um sem-número de aparelhos de uso efêmero, e o nome do inventor logo cai no esquecimento. Uma exceção é o aparelho que é conhecido como Ombredanne, do nome do seu inventor que o concebeu e construiu em 1905. Colocado diante da boca e do nariz, funcionava simplesmente com o ar atmosférico veiculando o anestésico (geralmente o éter), era fácil de manejar e seus riscos se mostravam limitados mesmo nas mãos de um não profissional: teve de fato uma longa carreira na Europa até pouco depois da Segunda Guerra Mundial.

A anestesia, juntamente com a assepsia, permitiu um avanço espetacular da cirurgia no começo do século. Os cirurgiões estavam encantados pelo sucesso e acreditavam no super-homem. "A alta temperatura que reina nas salas de operação, a intoxicação pelos vapores anestésicos que pairam na sua atmosfera, outras causas ainda fazem que certas sessões matinais operatórias sejam esgotantes. O cirurgião possui uma evidente superioridade, e sua resistência física lhe permite continuar durante horas, sem cansaço aparente, um trabalho que deixa muitos outros aniquilados"[40]. A anestesia era compreendida como uma técnica de facilitação do ato cirúrgico, e ponto. Das angústias do paciente antes de adormecer, de seus sonhos e seus despertares prematuros ou por demais demorados, pouca coisa sabemos, e os arquivos da anestesia, enterrados sob os relatórios das operações, não dizem muita coisa.

Ao lado da anestesia geral pelas vias respiratórias, considerada "natural", outras maneiras de administração apareceram no começo do século XX, como a via intravenosa utilizada, sobretudo na Alemanha, com os barbitúricos do laboratório Bayer. O uso da via retal teve com os brometos (o Retanol) uma onda efêmera. Foi provavelmente abandonada antes de ser bem

---

40. FAURE, J.-L. *L'âme du chirurgien*. Paris: Jean Crès, 1935, p. 57.

desenvolvida: o gesto não evocava muito o suave adormecer graças ao acalanto da anestesia. A escolha da técnica e da droga se realizava, então, não só por razões culturais, mas também científicas. Para as anestesias locais, a cocaína, inaugurada pelo oftalmologista Carl Koller, em 1884, foi substituída por um derivado, a xilocaína (1948), amplamente utilizada ainda em odontologia e para as pequenas intervenções.

A revolução do pós-guerra veio de uma mudança radical na própria concepção da anestesia. Até então, uma mesma substância permitia obter simultaneamente a abolição da consciência e da sensibilidade (analgesia) e o relaxamento muscular indispensável na maioria das intervenções. Essas funções passaram então a pertencer a drogas diferentes: a morfina e seus derivados atenuam a dor; um barbitúrico (o pentotal, descoberto em 1934) garante a hipnose; e um veneno bem conhecido, o curare, natural ou sintético, proporciona o relaxamento muscular. Três famílias de drogas, conhecidas desde o começo do século e algumas vezes até há mais tempo! O anestesista modula a sua associação em função de cada situação: um curativo doloroso não necessita do mesmo protocolo que uma intervenção nos intestinos.

A esse tríptico de substâncias anestésicas vêm somar-se os neurolépticos (o largactil, descoberto em 1939) para assegurar a estabilidade do pulso e a pressão arterial. A preocupação em subtrair o organismo aos efeitos do choque operatório leva a propor a hibernação artificial: a refrigeração conhece uma certa moda e ilustra a entrada do corpo no terreno da ficção médica. Graças a um coquetel de drogas habilmente dosadas, tornam-se possíveis todos os intermediários entre o sono e o estado de vigília, como um prelúdio à ideia de anestesia sem anestésico, ou seja, manter a consciência dissociada da dor.

Entre as duas guerras, os cirurgiões não hesitavam em impor uma anestesia quando os pacientes se recusavam a uma intervenção, que os médicos consideravam ser urgente, e em fazê-los adormecer contra a vontade. Mesmo que se aceite voluntariamente, a perda da consciência é traumatizante, dado que o enfermo se sente entregue, indefeso, ao cirurgião, de pés e mãos atados. Alguns operados temem os efeitos de uma droga que os levaria a revelar segredos: um enfermo, outrora acusado do assassínio de sua mulher, estando para adormecer, pergunta ao anestesista: "Então, doutor, é o soro da verdade, não é?"

Sono anormal, sono sem sonhos, é o que imaginam raros estudos fisiológicos consagrados à anestesia. No entanto, uma das primeiras pacientes que adormeceram sob o efeito do éter se queixava "de ter acordado e voltado ao convívio humano, pois acreditava durante o sono que estava com Deus e com seus anjos que via a seu redor"[41]. Os operados experimentam às vezes alucinações no momento do despertar, que talvez sejam apenas a amplificação da passageira confusão observada durante o despertar comum. Assim, o ferido que teve o rosto lavado com um jato de água, para tirar as crostas de alcatrão, acorda gritando que querem afogá-lo. Na maioria das vezes, o sono parece a ocasião de uma visita ao outro mundo, e naturalmente o anestesista, quando o paciente acorda, é visto por ele como São Pedro.

A experiência da anestesia banalizou-se no século XX. Acompanha sempre com mais frequência pequenas intervenções, e sob formas ambulatoriais. A familiaridade com a anestesia reforça a não aceitação da dor operatória. Não demorou para que se esquecesse o risco, que não é, no entanto, nulo: ocorre uma morte a cada 8.000 intervenções. Os cirurgiões tendiam durante muito tempo a minimizar ou até a esquecer a dor de seus pacientes. Com mais razão ainda, a das parturientes, considerada uma dor fisiológica, se não ligada à maldição bíblica. Em 1847, assim se exprimia Magendie: "A dor tem sempre uma utilidade. Que aconteceria à mulher em trabalho de parto, se lhe fossem suspensas as dores necessárias para levar o parto a bom termo?"[42]

---

41. "Note adressée par M. Laugier, chirurgien de Beaujon, dans laquelle il décrit avoir réalisé une amputation d'une jeune femme sous éther". *Bulletin de l'Académie de Médecine*, lundi 25/01/1847.

42. François Magendie à l'Académie des sciences du 1er février 1847. *Gazette Médicale de Paris*, 3ª série, 1847, t. 6, 06/02/1847, p. 111.

Apesar da célebre anestesia da Rainha Vitória, a prática obstétrica não mudou muito até meados do século XX, quando o assim chamado método do parto sem dor marcou a dissociação da dor e da maternidade. O método fora concebido com base em um treinamento psicopedagógico que leva a mulher a conceituar e dominar o seu sofrimento sem a ajuda de medicamentos. Lançado na antiga União Soviética, o método se inspirava nos trabalhos de Ivan Pavlov sobre o condicionamento e se difundiu como instrumento de propaganda política e ideológica: sofria-se mais ou menos, conforme se votasse na direita ou na esquerda. As militantes feministas vibraram de entusiasmo, outras continuaram céticas sobre a possibilidade de eliminar "o mal bonito". Mas estava lançado o movimento.

Ao longo das duas últimas décadas, a anestesia peridural, que já se conhecia, aliás, desde a Primeira Guerra, foi utilizada para dissipar as dores ligadas à expulsão do recém-nascido. Consiste em injetar um anestésico no líquido céfalo-raquidiano entre duas vértebras, provocando a insensibilização eletiva da parte inferior do corpo. Constituiu o objeto de acalorados debates sobre a legitimidade de uma intervenção que visa exclusivamente a dor, indicando bem a escolha social subjacente à decisão. Hoje se difundiu a tal ponto que aparece como um parto "moderno", mesmo que algumas parturientes proclamem o seu apego ao tradicional modo heroico.

Nosso século também demorou a se ocupar com a dor quando ela se resume na doença, como enxaqueca ou certas nevralgias, como demorou ainda a explorar todos os métodos que permitiriam atenuá-la[43]. No decurso dos últimos vinte anos, o tratamento da dor foi objeto de um ensino mais atento na faculdade. Centros especializados nas dores rebeldes propõem uma gama de tratamentos que refletem diversas posições teóricas. Para uns, a dor deve ser aliviada, antes de tudo, por um coquetel de remédios, por uma combinação de posologias diversas. Para outros, ela exige que se assuma de modo

---

43. BASZANGER, I. *Douleur et médecine, la fin d'un oubli*. Paris: Du Seuil, 1995.

global o composto indissociável corpo-mente, com a participação ativa do enfermo no controle de seu sofrimento.

A gestão da dor completa o leque da medicalização e estende o poder-saber dos artistas até um domínio muito íntimo onde a dor pode ganhar ou não um sentido. Thérèse Martin (Santa Teresinha do Menino Jesus: Nota do tradutor), falecida de tuberculose em 1897 no Carmelo de Lisieux, foi canonizada em 1950 e proclamada Doutora em Teologia pela Igreja Católica por ter preconizado a acumulação de méritos pela aceitação do sofrimento de cada dia, a "pequena via". No entanto, quatro anos depois, numa alocução a um grupo de anestesistas, por ocasião de um Congresso em Roma, ao reconhecer a legitimidade do uso de analgésicos, mesmo que fosse para uma simples dor de cabeça, o Papa Pio XII pôs fim a uma inveterada atitude dolorista do cristianismo e abriu o caminho para a colaboração entre os profissionais da dor. Todavia, o desenvolvimento das seitas carismáticas bem como a diversificação dos caminhos terapêuticos permitem imaginar, hoje, que o público ainda vive pedindo o alívio de seus males a instâncias muito diferentes onde o elemento religioso não pode faltar.

As dores da agonia, até então presentes na literatura e na pintura, mais que no discurso médico, tornaram-se o objeto da mesma redescoberta da dor-doença. A criação de centros de cuidados paliativos, destinados exclusivamente aos assim chamados doentes terminais, coincidiu com o momento em que a medicina aceitou o luto da intenção curativa. A reivindicação do direito a "morrer com dignidade" assinala um tempo forte da reapropriação do corpo pelo indivíduo. Os profissionais aceitam esquecer a reanimação, facilitar, enriquecer os instantes do final da vida, e talvez descobrir as suas potencialidades. Um diálogo até então furtivo entre o enfermo e os médicos no limiar do incognoscível acha-se em curso de exploração.

IX. A singularidade do corpo reconhecida pela ciência

A gestão personalizada da dor ilustra a "estranheza legítima" (René Char) do indivíduo. Cada ser humano conhece um destino singular e não é igual a nenhum outro. O corpo toma parte nessa aventura. Não é apenas o "princípio de individuação"[44], como escrevia o sociólogo Émile Durkheim, parafraseando Aristóteles. Ele é um meio único de expressão, de ação e de *pathos*, de sedução e repulsa, vetor fundamental de nosso ser-no-mundo. Nossa alma não vive alojada no corpo como se fosse um capitão em seu navio, como bem percebera Descartes, mas entra com ele em uma relação de intimidade, diferenciando para sempre o "meu corpo" e o do Outro. Em 1935, testemunha da crise do pensamento europeu, Edmund Husserl[45] preconizava uma racionalidade que apreendesse a unidade do corpo e do pensamento e a explorasse em suas operações concretas. Os fenomenólogos contemporâneos desenvolveram a noção de "corpo próprio" para contrapô-la ao corpo objetivado e anônimo da ciência. O etnólogo Maurice Leenhardt narra, em *Do Kamo*, que, interrogando um velho canaque sobre o impacto dos valores sobre a sua sociedade, recebeu esta resposta sibilina: "Vocês nos trouxeram o corpo"[46]. Será que o fato da singularidade do corpo se inscreve na lógica cultural ocidental?

Uma de suas características, a cor da pele, havia retido a atenção a ponto de se chegar a admitir, contra toda a lógica, a existência de raças humanas, no entanto inegavelmente interfecundas. Ela é de fato apenas uma das manifestações contingentes da inesgotável variedade dos corpos. As núpcias da biologia e da medicina, celebradas por Claude Bernard, tiveram uma consequência: a biologia do século XX, durante muito tempo orientada pela zoologia para a consideração da espécie (e das raças), deu um substrato material àquilo que o médico sempre havia sabido, desde Hipócrates até Avicena, da singularidade do seu paciente.

---

44. DURKHEIM, É. *Les formes élémentaires de la vie religieuse*. Paris: PUF, 1968, p. 386.

45. HUSSERL, E. *La crise des sciences européennes et la phénoménologie transcendentale* [1954]. Paris: Gallimard, 1976.

46. LEENHARDT, M. *Do Kamo* – La personne et le mythe dans le monde mélanésien. Paris: Gallimard, 1947.

Em 1900, o médico austríaco Karl Landsteiner mistura em tubos os glóbulos vermelhos de alguns indivíduos e o soro (o sangue menos os glóbulos) de outros. Fenômenos de aglutinação análogos ao que se observa misturando soro e micróbios revelam diferenças entre glóbulos vermelhos, que permitem dividir os seres humanos entre diversos "grupos" sanguíneos, que nada têm a ver com a cor da pele ou a origem geográfica. A transfusão de uma pessoa para outra, como se descobre em seguida, só é possível dentro do mesmo grupo sanguíneo. A descrição dos grupos A, B, O é somente o começo de um inventário de uma inaudita riqueza, que sugere aquilo que o Prêmio Nobel Peter Medawar, em 1954, vai chamar de *the uniqueness of the individual*.

As impressões digitais já eram conhecidas desde o fim do século XIX, onde a Polícia as utilizava com frequência. No corpo humano, no sangue, nos tecidos, nas membranas, encontra-se um sem-número de moléculas que diferem como as impressões digitais. Não há dois seres humanos perfeitamente idênticos. Com exceção dos gêmeos idênticos, um caso que atraiu a atenção na maior parte das civilizações, onde foram ora glorificados ora estigmatizados. Daí a ambivalência manifesta, nos dias de hoje, quando se acena com a clonagem reprodutiva, compreendida (erroneamente, aliás) como se fosse a reprodução de indivíduos idênticos.

Se a genética humana, também ela, ilustra a singularidade da individualidade, é a imunologia que explora a sua gênese, descrevendo um "eu" que emerge do não eu ao longo de uma aprendizagem durante o período fetal. Passado esse estádio, é impossível qualquer transferência de órgãos entre indivíduos, apesar de pertencentes à mesma espécie. A rejeição dos enxertos de pele, tentados para tratar queimaduras muito extensas na Segunda Guerra Mundial, mostrou-o de maneira impressionante.

No século XX, o corpo singular fez, portanto, sua entrada na Ciência e também no Direito. Até então, somente o Código Penal abordava o corpo como tal. O Código Civil ignorava-o e não conhecia senão a pessoa abstrata. A partir de agora, a individualidade da pessoa se acha ligada à integridade de um corpo que o Direito procura definir, regulamentar e proteger. Proclamado extrapatrimonial, inalienável mesmo por seu possuidor, o corpo é reconhecido como sujeito de direitos e deveres, em relação com as técnicas que permitem dar-lhe novos usos.

Inscreve-se entre esses usos a possibilidade de realçar ou até fazer evoluir a aparência dele. Graças à descoberta de sua plasticidade relativa e aos avanços da cirurgia estética, passou-se da ideia de melhorar os contornos à de inventar um rosto, ou mesmo transformar um sexo, em busca de uma adequação maior da imagem corporal à verdade da pessoa. A maioria dos tribunais do Ocidente, outrora guardiães de uma ordem intocável e que se entrincheirava por trás do sexo cromossômico, acabaram por levar em consideração o direito de criar de novo um corpo a seu jeito.

O século XX, que consagrou tanta atenção à singularidade da pessoa encarnada e lhe aprofundou a autonomia e a solidão orgulhosa, é também aquele que terá tomado nota de sua solidão e tentado criar de novo o elo social com os corpos biológicos, fazendo circular os órgãos entre vivos e mortos, e mesmo entre vivos.

X. O espaço social dos corpos

A Renascença havia feito emergir o indivíduo, quebrando as solidariedades comunitárias e corporativas, usando da razão crítica para combater as tradições. As Luzes acrescentaram a essa emergência reivindicações de igualdade. O século XX dotou o indivíduo autônomo do lastro de um corpo singular. O penhor dessa evolução foi o aumento da solidão. A solidão é o mal do século, solidão dos doentes, solidão dos operados, dos moribundos[47], daqueles a quem de ora em diante compete decidir sobre a sorte de um corpo que não se assemelha a nenhum outro. Tudo concorre para intensificar essa solidão. Em nome da modernidade os hospitais fizeram desaparecer as

---

47. ELIAS, N. *La solitude des mourants*. Christian Bourgois, 1987.

salas comuns. A monitoração por câmeras eletrônicas substituiu o rosto tutelar da enfermeira.

Durante o crescimento econômico dos Trinta Gloriosos, o Estado se encarregou da grandiosa tarefa de substituir as solidariedades comunitárias antigas: o corpo de um indivíduo é uma letra de câmbio cobrada ao Estado que deve fornecer-lhe os meios disponíveis para melhorar sua qualidade de vida e prolongá-la (fala-se de "direitos-crédito"). Entre esses meios, há inovações médicas que fazem intervir as relações entre os corpos no espaço social, pondo de novo em jogo a definição de "si-mesmo como um Outro" (Paul Ricoeur).

Temos na transfusão um bom exemplo, cuja história se inscreve totalmente no século XX, caso excetuemos alguns episódios no passado. Fundamentada sobre a descoberta dos grupos sanguíneos, a transfusão foi celebrada por inúmeros países como um meio privilegiado de recordar a solidariedade dos corpos e das pessoas. A tal ponto que o sociólogo Richard Tittmuss, em um célebre ensaio de 1971, *The gift relationship*[48], quis ver na organização da transfusão do sangue um teste do caráter democrático e progressista de uma sociedade[49]. Mas o processo do sangue contaminado afetou o apego dos cidadãos a uma técnica médica altruísta, e fez que se pensasse em novas soluções, como a realização de uma poupança individual de sangue, depositada em um "banco" de sangue, em previsão das necessidades. Se essa proposta conheceu algumas aplicações, o Estado manteve o edifício abalado da transfusão, em benefício do símbolo da solidariedade, enquanto se apresentava como o fiador de uma seguridade perfeita, com indenização em caso de dano, mesmo que fosse verificada a ausência de falta da parte dos serviços.

A aventura dos transplantes, outro episódio relevante da história do corpo no século XX, estabeleceu também trocas materiais e simbólicas entre os corpos. Lembremos suas grandes etapas. No começo do século, diversos ci-

---

48. Publicado por Pantheon Books, Nova York.
49. HERMITTE, M.-A. *Le sang et le droit*. Paris: Du Seuil, 1996.

rurgiões tentaram os enxertos surrealistas de um rim instalado no nível do pescoço ou da coxa, com uma uretra implantada junto à pele. Os enxertos se configuram, portanto, como mecanicamente possíveis, mas o seu funcionamento tem curta duração: segundo o cirurgião Aléxis Carrel, o enxerto esbarra em um obstáculo intransponível, a individualidade biológica. O sistema imunológico se encarrega, efetivamente, de destruir com seus anticorpos e suas células o órgão estranho introduzido pela arte médica.

Os primeiros enxertos de rim coroados de êxito duradouro ocorreram, é lógico, entre gêmeos idênticos. Isto em Boston (1954). Para evitar que haja a rejeição entre eles, a maioria, que não dispõe de um gêmeo, apresentam-se dois métodos: retardar a rejeição mediante rádio- ou quimioterapia, e emparelhar doador e receptor, quanto possível, com base na analogia entre os seus grupos de tecidos (como ocorre para a transfusão).

Na França, a exploração desses grupos deu margem a uma experiência coletiva que serve para ilustrar o que se disse acima sobre a extensão da experimentação ao espaço social. Em 1955, os doadores de sangue, voluntários, reunidos no Cassino de Royan, foram convidados pelo biologista Jean Dausset a oferecer seu corpo à pesquisa, a fim de descobrir em quê certos indivíduos são biologicamente mais próximos que outros. As variações do prazo na rejeição do enxerto tinham, efetivamente, feito suspeitar que não seguia a lei do tudo ou nada: daí a ideia de selecionar os doadores para aproximar a identidade não encontrável. Enxertos de pele, do tamanho de um selo postal, efetuados entre uns e outros, permitem seguir *in vivo* as variações da rejeição. Os ferroviários, muito envolvidos na história da transfusão, constituem o grosso dos grupos. A oblação do sangue e o dom da pele, que se podem verificar pelas pequenas cicatrizes no antebraço de cada um, tomam as feições de um rito sacrifical que une firmemente uma comunidade. Dausset fez entrar na história o "doador anônimo" que levou consigo a Estocolmo, convidado de honra ao Prêmio Nobel[50].

---

50. DEGOS, L. *Le don reçu* – Greffe d'organe et compatibilité. Paris: Plon, 1990, p. 40.

Era, portanto, possível, emparelhar doador e receptor como acontecera com a transfusão. Mas onde encontrar os órgãos? Os primeiros rins enxertados pertenciam a parentes do enfermo, visto que é possível sobreviver com um só dos rins. Mas, sem mencionar as dificuldades de todo o tipo ligadas à utilização de doadores vivos, suas aplicações são, evidentemente, limitadas. Um reservatório de órgãos potenciais apareceu com o "coma induzido". O termo[51], cunhado em 1958 por dois neurologistas franceses[52], designa a manutenção artificial do corpo em vida, privado de consciência e de regulação espontânea, e sem esperança de recuperação: trata-se de uma "descida aos infernos" de onde o moderno Orfeu não volta mais[53]. Esses corpos, mortos para as relações sociais, mas biologicamente mantidos em vida, parecem exploráveis para o transplante.

Para os parentes, o corpo ainda quente conserva as aparências da vida: seu coração bate, o peito se ergue devido à respiração artificial, como se fosse despertar. Durante esta suspensão temporária, a lei impõe limiares de ruptura, definindo a morte legal, mas exige que se dê um lugar à medicina para a sua definição. Depois da Segunda Guerra, a morte era definida como a perda da capacidade de respirar espontaneamente de forma satisfatória e de garantir a circulação do sangue, bem como o desaparecimento da consciência. O estado de coma induzido exige que se aprofunde a questão. Em 1968, a Faculdade de Medicina de Harvard, nos Estados Unidos, refere-se ao critério da morte cerebral, confirmada por eletroencefalograma plano, autorizando a retirada de membros do corpo com o coração ainda batendo, o chamado cadáver quente[54]. A França adota essa definição no mesmo ano, me-

---

51. ERNY, P. & BOURDALLÉ-BADIE, C. "Émergence d'une technique médicale, la ventilation assistée mécanique". *Culture Technique*, n. 15, 1985, p. 321-329.

52. MOLLARET, P. & GOULON, M. "Le coma dépassé". *Revue Neurologique*, n. 11, 1959, p. 3-15.

53. OPPENHEIM-GLUCKMAN, H.; FERMANIAN, J.; DEROUESNÉ, C. "Coma et vie psychique inconsciente". *Revue Internationale de Psychopathologie*, n. 11, 1993, p. 425-450.

54. AD HOC COMMITTEE OF THE HARVARD MEDICAL SCHOOL. "A definition of irreversible coma". *Jama*, n. 205, 1968, p. 337.

diante uma circular e, três dias depois, o cirurgião Christian Cabrol realiza o primeiro enxerto de coração em um dominicano, o Padre Boulogne.

Aos primeiros critérios escolhidos vieram somar-se mais tarde outros, como a cessação de atividade do tronco cerebral, verificada pela ausência do piscar quando se tocava de leve na córnea, de contração das pupilas à projeção de uma luz, de careta ou reação ao beliscão etc.

Com o correr do tempo, a banalização da extração de órgãos fez renascer a inquietação. Os médicos eram os herdeiros de uma longa história que faz deles, a partir do Renascimento, os beneficiários dos executores públicos. Foram ladrões de sepulturas, amantes do cadafalso, saqueadores de cadáveres que compravam ou mesmo traficavam através da Europa, como vulgares objetos de coleção[55]. Para evitar qualquer ambiguidade, o direito separou a equipe encarregada da retirada dos órgãos da equipe que realiza o transplante. De maneira pouco surpreendente, as equipes encarregadas da retirada sentem amargamente por serem jogadas para o lado da morte, do trabalho "sujo"[56]. Para estas, sombras, fantasmas, rondam à noite pela sala das extrações. A definição científica dos critérios do óbito não satisfaz tampouco o público, que teme ver a morte decretada por ordem médica. O tema do cientista louco e do morto vivo revive no seu imaginário. Apesar dos anteparos colocados pela lei, insinua-se a obsessão de abandonar o corpo às manipulações dos médicos.

A retirada dos membros de um cadáver evoca o despedaçamento. Precisamente na década de 1960, a escola de pintura do "accionismo" vienense gosta de pintar práticas selvagens que tocam o corpo (atadura, evacuações, maculação). A arte de um Francis Bacon é influenciada pelas recaídas antropológicas das revoluções médicas. "Sem dúvida, somos carne, somos carca-

---

55. RICHARDSON, R. *Death, Dissection and the Destitute*. Nova York: Routledge & Kegan Paul, 1987.

56. POUCHELLE, M.-C. Transports hospitaliers, extra-vagances de l'âme. In: LAUTMAN, F. & MAÎTRE, J. (orgs.). *Gestion religieuse de la santé*. Paris: L'Harmattan, 1995.

ça em potência. Se vou a um açougue, acho sempre surpreendente eu não estar ali, no lugar do animal"[57]. O avanço da técnica dos transplantes, saudado inicialmente como uma façanha, acabou por revelar a persistência do apego ao respeito pelo cadáver e da crença na sobrevivência, quando se ia repetindo com o historiador Philippe Ariès que a morte fora evacuada do século XX[58].

Para permitir a retirada de órgãos do cadáver, hoje coexistem dois sistemas na Europa, conforme seja o consentimento implícito ou explícito. Na Suécia, os parlamentares escolheram de início um sistema de consentimento individual e explícito[59]. Na França, a Lei Caillavet, de 1976, autorizava a retirada de órgãos desde que o doador não tivesse em vida manifestado expressamente sua oposição. Assim a lei se afastou do direito romano, baseado na ideia de contrato, e enfatizou os direitos da comunidade. Como o haviam predito os juristas[60], multiplicaram-se os casos de oposição das famílias. Por ocasião do drama do sangue contaminado, descobriu-se que o sangue fornecido gratuitamente passava por circuitos comerciais ligados à sua transformação, fato que chocou o público, embalado há três gerações pela ideologia da troca dos sangues, símbolo da democracia e da solidariedade social, e teve sua repercussão sobre o transplante.

Ora, no decorrer dos anos de 1980, a procura de órgãos aumentou com o entusiasmo das indicações, estendidas a doenças incuráveis alcançando sempre mais pessoas. A idade não constitui mais uma limitação. Passou-se do rim ao fígado, ao pulmão, ao pâncreas, ao intestino ou até a "blocos", coração-pulmão, por exemplo. Os progressos técnicos fazem do trans-

---

57. BACON, F. *L'art de l'impossible* – Entretiens avec David Sylvester. Genève: Skira, 1976, p. 52.

58. ARIÈS, P. *L'Homme devant la mort*. Paris: Du Seuil, 1977.

59. MACHADO, N. "The Swedish Transplant Act. Sociological considerations on bodies and giving". *Social Science and Medicine*, n. 42, 1996, p. 159-168.

60. MOULIN, A.M. "La crise éthique de la transplantation d'organes – À la recherche de la compatibilité culturelle". *Diogène*, n. 172, 1995, p. 76-96.

plante um incansável devorador de órgãos. Praticamente é só o cérebro que é considerado totalmente não transplantável.

Daí uma "escassez de órgãos", por assimilação a bens raros no seio de uma sociedade de consumo, um termo que pode parecer quase obsceno, como a alegria de uma família ao receber a notícia de um "doador", que significa um luto para outra família. A escassez resulta, de fato, tanto da diminuição do número de acidentes de trânsito como do aumento das recusas e, sobretudo, do aumento das necessidades.

O transplante, baseado sobre a compatibilidade biológica dos grupos de tecidos do doador e do receptor revelou seu ponto fraco, a compatibilidade cultural. A transferência de órgãos rompe o silêncio observado por uma civilização que pretendia mobilizar-se contra a morte, enquanto esquivava a sua representação. Ilustra igualmente um traço da medicina contemporânea, para a qual tudo aquilo que é possível sobre o corpo deve logo ser executado, sem medir sempre as suas consequências. A experiência do enxerto pôs em evidência, além do desejo do indivíduo de prolongar a própria existência o máximo possível, a dificuldade de atender a esse desejo no seio do corpo social. As associações para a doação exaltam o que veem sem metáfora como uma redistribuição da energia vital comum a todo o corpo social. Mas até onde é que se pode ir na espoliação do cadáver e na reciclagem dos órgãos e dos tecidos, uma espécie de patrimônio comum que o Estado é levado a gerir?[61]

A escassez de órgãos trouxe como resultado uma busca ativa de novos fornecedores, como as crianças anencefálicas (cerca de mil por ano nos Estados Unidos), que a American Medical Association autorizou a utilizar em 1995. Mas um anencéfalo não é apesar disso um corpo humano, e não existe um grande risco de fabricar novas categorias de doadores, conforme forem crescendo as necessidades? Nas sociedades ocidentais, sem falar das outras onde o fenômeno é ainda mais flagrante,

---

61. DAGOGNET, F. *Corps réfléchis*. Paris: Odile Jacob, 1989, p. 84-85.

as reticências explicam em parte a "volta ao doador vivo" que se está esboçando na hora atual[62].

Quando os avanços da reanimação permitiram o transplante com retirada de órgãos dos cadáveres, em muitos países declinou a prática de mutilar doadores vivos. As equipes de atendentes manifestaram o seu alívio por não mais terem de gerir as relações interparentais no momento da decisão e na realização dos enxertos a seguir. Todavia, na Noruega, país pequeno e de forte solidariedade familiar, o transplante continuou funcionando com uma maioria de doadores vivos (para os rins). Por razões opostas (fraqueza dos sistemas de atendimento, admissão do risco no número dos valores), a sociedade americana tampouco nunca baniu o doador vivo. Ela acolheu com entusiasmo, em 1986, um novo medicamento, a ciclosporina, que, muito ativa no enxerto, torna menos crucial a proximidade genética entre o doador e o receptor. Ademais, o enxerto de rim custa no total menos que a diálise e reabilita mais completamente o doente, que pode voltar ao trabalho: o econômico se une ao científico para pleitear em favor do doador vivo.

O destino dos corpos se joga, então, à força de argumentos ao mesmo tempo sociais, econômicos e científicos. A última peripécia é a descoberta que o fígado, tal como o de Prometeu na mitologia grega, é capaz de se regenerar. Torna-se, então, possível para uma pessoa "partilhar seu fígado" e até doar o lobo direito, o mais volumoso, não sem risco, é verdade. Oportunamente os biólogos reexaminam as curvas de sobrevivência e percebem logo que os órgãos "vivos", comparados com os órgãos conservados, por mais rápida que seja a transferência, são de melhor qualidade. Se o imperativo da compatibilidade dos tecidos não é mais tão tirânico, por que então não usar os órgãos de alguém que não se acha tão próximo geneticamente, mas sentimentalmente, o cônjuge, ou a concubina, e por que não o amigo? As leis ha-

---

62. GABOLDE, M. & MOULIN, A.M. French response to "innovation" – The return of the living donor in organ transplantation". In: STANTON, J. (org.). *Innovations in Health and Medicine*. Londres: Routledge, 2002, p. 188-208.

viam mais ou menos restringido a prática do doador vivo ao caso do parentesco próximo para afastar a possibilidade de um comércio de órgãos disfarçado. Progresso científico e evolução dos costumes conspiram para se pedir maior flexibilidade. Os juristas, no entanto, hesitam, sobretudo tendo em vista os desvios no Terceiro Mundo onde o tráfico de órgãos entre os pobres e os refugiados acaba equivalendo a uma escravidão dos tempos modernos.

O enxerto de um órgão de cadáver não é uma experiência anódina. Houve um enxertado que não foi capaz de vivê-la, e chegou até a suicidar-se. No romance *Les mains d'Orlac*[63], o herói, pianista genial, recebe um enxerto das mãos de um assassino. Para então de tocar, e não recobra a paz de espírito enquanto não descobre que o assassino fora injustamente acusado, e que aquelas mãos são inocentes. A doação de um órgão vivo talvez seja ainda mais perturbadora, em vista da carga afetiva maior. No Ocidente, a doação mais frequente vai dos pais para os filhos, no sentido da sucessão das gerações, enquanto na China parece perfeitamente normal também que os moços devolvam aos ancestrais o dom que estes lhes permitiram. Os japoneses, em um país onde a doação ou *giri* está no fundamento da cultura, declaram-se perturbados por essa doação sem reciprocidade possível, censurável na medida em que vai criar um fardo psicológico insustentável e abalar a ordem social.

O enxerto de órgãos encarna as aspirações futuristas da medicina no ano 2000. Os transplantes levam seus concidadãos a entreverem a possibilidade de uma segunda ou mesmo de uma terceira vida de reposição. Ainda não é a imortalidade, mas parece aberto o caminho. Às interpelações do Estado pelos transplantadores misturam-se as vozes das associações de doentes e de enxertados, que denunciam o egoísmo individual e solicitam a intervenção do Estado para ativar a circulação dos órgãos na sociedade. A invocação de um "direito à vida", muitas vezes apresentada para qualificar esse direito de segunda geração na família dos direitos humanos discute-se aqui, na medida em que a

---

63. RENARD, M. *Les mains d'Orlac*. Paris: Nilsson, 1920.

escolha dispendiosa dessa terapia se efetua à custa de outras orientações em saúde pública que talvez pudessem economizar mais vidas humanas.

Na falta de transplante, é o enxerto de "células-tronco" que acena ao povo estupefato com a esperança de reparar a bel-prazer as deficiências do corpo. Essas células-tronco da eterna juventude, retiradas do embrião ou do cordão umbilical, seriam capazes, quando injetadas, de reconstituir os tecidos.

Além das realidades algumas vezes menos gloriosas do que parece, boatos de roubos de órgãos que atestam um "mal-estar na civilização" e escândalos muito reais nos países pobres, o século XX se encerra, assim, embalado ao sonho da imortalidade, sem ter, no entanto, particularmente progredido na compreensão, prevenção e gestão do inelutável envelhecimento.

Pois o envelhecimento, consequência direta da inflação da esperança de vida, tornou-se uma preocupação dominante dos países industrializados. A quarta idade, outrora excepcional e venerada como tal, atravanca potencialmente o espaço social com veteranos sem função reconhecida, cuja qualidade de vida diminui. Somente as companhias de seguro souberam tirar disso todas as consequências, prevendo instalar os idosos em apartamentos cobertos pelo seguro, permitindo uma sobrevivência sob supervisão integral, financiada por taxas exorbitantes.

Esse fantasma da imortalização segue *pari passu* com um outro, o da transparência de um corpo que teria escancarado todos os seus segredos. O desenvolvimento da produção de imagens da medicina, que hoje entraram na cultura popular, contribuiu para alimentar o mito do seu advento.

XI. Ver através do corpo – A história da produção de imagens

A história da anatomia ocupou um lugar considerável na do conhecimento do corpo. A anatomia parecia não somente uma etapa preliminar para toda aprendizagem médica, mas até o modelo do saber: anatomizar significa descrever. Durante os séculos precedentes, a autópsia didática teve como função liberar os médicos de um tabu, o de inspecionar o interior do corpo. O cirurgião Selzer chega a exclamar em suas Memórias: "Eu te compreendo, Vesálio, hoje ainda, depois de tantas viagens para o interior, experimento a mesma sensação de transgressão de um interdito, ao contemplar o interior do corpo, o mesmo temor irracional de cometer uma má ação pela qual serei castigado"[64].

Na Faculdade de Medicina de Paris, uma mulher desnuda os seios no *hall* de entrada. Os estudantes que vão passando diante da estátua nem sempre percebem que se trata de uma alegoria: a natureza forçada a descobrir-se diante dos médicos. Mas também remete à nudez do enfermo durante o exame, outrora percebida como condição necessária para o diagnóstico[65]. O despir-se permitia examinar cuidadosamente um corpo frágil ou atlético, notando logo a coloração da pele, as deformações, os vergões lastimáveis e as cicatrizes pós-operatórias. Tudo isto logo registrado, interpretado, para permitir os diagnósticos-relâmpago dos grandes mestres.

Vinha, a seguir, o tempo da auscultação, a procura de ruídos anormais respiratórios ou cardíacos, descritos pelos antigos autores em fórmulas feitas para impressionar a imaginação e irromper da memória em caso de urgência. O ruído da banha crepitando em uma bacia para indicar o do ar inspirado desfazendo as pregas dos alvéolos pulmonares inflamados. A maré enchente dos estertores úmidos para descrever como o pulmão se afogava sob o efeito da falência cardíaca: agora, é a água que atravessa a membrana dos vasos.

Hoje, porém, que importa a descrição do sopro ouvido quando se coloca o estetoscópio sobre o peito e seu ínfimo desvio com relação ao primeiro ou ao segundo ruído do coração, dado que o fonocardiograma, mais preciso que a audição humana, decompõe perfeitamente as mensagens auditivas?

---

64. SELZER, R. *La chair et le couteau* – Confessions d'un chirurgien. Paris: Du Seuil, 1987, p. 17.

65. HOERNI, B. *Histoire de l'examen clinique* – D'Hippocrate à nos jours. Paris: Imhotep, 1996.

As novas técnicas de exploração foram progressivamente derrubando para segundo plano a aprendizagem clínica do corpo do outro, um olhar articulando os dados dos cinco sentidos, baseado sobre uma proximidade física, um face a face, ao alcance da mão, ao alcance da respiração. "Ele nem me tocou", diz com tristeza uma criança enferma ao sair da consulta com um médico famoso[66]. O *know-how* do clínico, com sua competência sensorial específica, poderia ser inscrito no museu das tradições como tantos outros saberes artesanais, as voltas de mão do tamanqueiro ou do latoeiro. O enfermo, ou melhor, seu corpo circula entre as máquinas servidas por manipuladores mudos, olhos fitos no aparelho. Silêncio, é hora do exame... Seria a morte da "clínica", cujo "nascimento" Foucault havia celebrado?[67]

No primeiro plano dessas novas técnicas vem a exploração visual do ser vivo, que representa uma importante aplicação da física e da química modernas. Comparável à aventura espacial ou à exploração dos abismos dos oceanos, ela modificou a prática médica e instrui a imagem pessoal de cada um. Inaugurou também a era do virtual na gestão do corpo. O termo convivial de produção de imagens convém perfeitamente a uma técnica com a qual o público se familiarizou tanto que pode muito bem prescrevê-la a si mesmo. O saber anatômico do passado, extraído da morte, permanecia cercado de uma aura assustadora. A produção de imagens do corpo, no século XX, tem como primeira característica ser uma produção de imagens do ser vivo e oferecer a todos o meio para olhar sem violência para o interior do corpo.

XII. O corpo em sombras chinesas

No começo do século XX, a radiografia oferece o primeiro exemplo de produção de imagens do corpo com base em métodos físico-químicos tributá-

---

66. RAIMBAULT, G. & ZYGOURIS, R. *Corps de souffrance, corps de savoir*. Lausanne: L'Âge d'Homme, 1976.
67. FOUCAULT, M. *Naissance de la clinique*. Paris: PUF, 1960.

rios das ciências fundamentais. Sucedendo à descoberta por Wilhelm Roentgen dos raios-X, em 1895, a radiografia médica, que recebe no início diferentes nomes como, por exemplo, roentografia, skiagrafia, picnoscopia..., desenvolve-se rapidamente, fascinando os médicos e também o grande público.

A primeira radiografia foi a dos ossos da mão de Bertha Roentgen, identificável graças a um enorme anel: os românticos quiseram ver nessa mão o símbolo de uma paixão comum dos esposos pela ciência. A cirurgia não demora a se apossar do novo método para descobrir corpos estranhos, projéteis, objetos engolidos ou inalados pelas crianças, muitas vezes metálicos e, por conseguinte, opacos aos raios-X. Os sinais de fratura se mostram também facilmente visíveis, o osso é mais fácil de visualizar do que os órgãos internos[68].

Durante a Grande Guerra, Madame Curie não teve dificuldade em persuadir o Serviço de Saúde das Forças Armadas para equipar caminhões com aparelhos de raios-X para o diagnóstico de traumas. A radiografia localiza os projéteis alojados nas profundezas do corpo e até na cabeça, como no soldado que perdeu a memória, da peça de Anouilh, *Le voyageur sans bagages*.

O século XIX inventa o cinema. A adjunção de uma tela fluorescente ao aparelho de raios-X permite observar à vontade o movimento da caixa torácica e ver claramente os pulmões no momento da inspiração e da tosse. Em suma, espiar o funcionamento dos órgãos no interior do corpo.

Todavia, o saber de referência continua sendo por um tempo o cadáver. O pintor Chicotot quer expressar o progresso médico em 1900? Uma moça posa como para um retrato e a radiografia intercala um tórax de esqueleto, cercado de um quadrado como um quadro, entre a cabeça e o resto do corpo polposo. Ainda é o aspecto de esqueleto que certos desenhos humorísticos conservam, no começo do século, representando um "idílio de praia à la Roentgen" sob forma de uma dança macabra nos banhos de mar. O jogo com a

---

68. PASVEER, B. "The knowledge of shadows – The introduction of X rays in medicine". *Sociology of Health and Illness*, n. 11, 1989, p. 360-381.

morte faz parte do "charme" das "imagens em sombras chinesas", ao qual Roentgen se declara sensível[69]. A radiografia passa a ser um retrato de novo gênero, constitui o objeto de um fetichismo amoroso no jovem Hans Castorp de *A montanha mágica*, de Thomas Mann, que fica absorto na contemplação da chapa do pulmão que lhe deixou a sua amiga, a bela Cláudia.

No começo, a descrição das radiografias era balzaquiana: "As falanginhas e as falangetas [da mão de um acromégalo][70] são as mais curiosas, quando observadas minuciosamente. Suas *extremidades* se tornam totalmente irregulares e caprichosas na forma pelas gotinhas ou estalactites ósseas que transudam por assim dizer à maneira das 'velas que gotejam'"[71]. Os raios-X exigiam de seus adeptos que inventassem uma decodificação: "*Os raios-X nunca se enganam. Nós é que nos enganamos* ao interpretar mal a sua linguagem ou pedindo a eles mais do que nos podem dar"[72]. É necessário inventar tudo: a melhor distância entre a fonte de irradiação e o objeto, os ângulos de aproximação e, acima de tudo, apreciar a dose correta de irradiação, numa época em que não se dispunha ainda de métodos de medida.

Hoje, a radiologia é vista como o protótipo do exame *no touch*: o aparelho é comandado a partir de uma mesa situada a uma certa distância. O operador se refugia por trás de sua tela, em geral invisível e de poucas palavras. No começo do século, o radiologista mantinha a tela na ponta do braço, a poucos centímetros do paciente, e ele mesmo é que modificava a posição deste na cadeira ou no leito, prolongando o tempo de exposição, compartilhando os riscos da insidiosa irradiação.

---

69. CONRAD ROENTGEN, W. *Eine neue Art von Strahlen*, Würzburg: Stabel, 1896.

70. Neste tipo de gigantismo, provocado por um tumor cerebral, a mão se torna monstruosa.

71. PICARD, J.-D. "Bertha Roentgen ou la transparence de la main". *Bulletin de l'Académie de médecine*, n. 180, 1996, p. 36.

72. BÉCLÈRE, A. "Grandeurs et servitudes de la radiologie". *Journal de la radiologie*, 1936.

O método de decifração foi evoluindo por etapas sucessivas. A primeira etapa consistiu em comparar as chapas obtidas sobre os vivos e sobre os falecidos para os quais a autópsia havia determinado ou confirmado um diagnóstico. A seguir, os dados da radiografia eram comparados com os do exame clínico. Enfim, a leitura ganha autonomia, as radiografias passam a ser comparadas apenas entre si, à medida que se esboça uma semiologia específica, inventariando "claridades" e "opacidades", localizadas ou difusas, normais ou patológicas, O termo *eskiagrafia* (de *skia*, sombra em grego), que fora proposto no início, cede o lugar a uma terminologia menos equívoca. Um mundo de sombras tem acesso progressivamente à dignidade de representação do corpo, marcando o privilégio crescente concedido ao visual sobre os outros dados sensoriais.

A tuberculose dos pulmões é o primeiro diagnóstico visado. A partir de 1900, Antoine Béclère sugere uma radioscopia sistemática a todos os enfermos hospitalizados[73], na esperança de que as anomalias da mobilidade do diafragma deem precocemente o alarme. Decepção, e é a radiografia que é reservada para o diagnóstico. Instrumento de objetivação, que se pode opor à negação dos sintomas, ela cristaliza uma história que escapa ao sujeito. É a "mancha úmida" de Hans Castorp, descoberta casualmente por ocasião de sua visita a um primo tuberculoso, que se torna a testemunha de acusação, o ponto principal de acusação que o prende à montanha mágica.

Em 1914, o Sanatório de Davos (Suíça) era um estabelecimento de luxo[74]. Nos Estados Unidos, a radiografia é popularizada pelas companhias de seguro que a impõem a seus clientes. Na França, o radiodiagnóstico é sistematizado para as campanhas contra a tuberculose em atenção às diretrizes baixadas em

---

73. LALANNE, C. & COUSSEMENT, A. Histoire du radiodiagnostic. In: POULET, J.; SOURNIA, J.-C.; MARTINY, M. (orgs.). *Histoire de la médecine, de la pharmacie, de l'art dentaire et de l'art vétérinaire*. Paris: Albin Michel/Robert Laffont-Tchou, 1979, t. VI, p. 202-226.

74. MOURET, A. "Essor et déclin d'un modele de prévention – Le radiodépistage pulmonaire systématique en France (1897-1984)". *Culture Technique*, n. 15, 1985, p. 260-273.

outubro de 1945. Torna-se o protótipo do diagnóstico de massa. A obrigação da radiografia atinge as mulheres grávidas, os futuros esposos, os estudantes e todos os assalariados no momento da visita em vista de contratação. Ela antecipa de pouco o surgimento de um tratamento eficaz: a estreptomicina, anunciada desde 1942, mas aplicada à tuberculose apenas depois da guerra.

Na ausência de um tratamento eficaz, o princípio de investigação sistemática era contestado por alguns. A chegada dos remédios contra a tuberculose consolida uma medida que permaneceu durante meio século um modelo garantido de luta contra um flagelo social em escala nacional. No entanto, alguns iconoclastas haviam argumentado que o comentário lacônico "ITN" (imagem torácica normal), anexado rotineiramente a milhões de fotos, estava longe de ser uma garantia absoluta de ausência de tuberculose[75]. Tal como a vacina obrigatória, é claro que a radiografia universalizada tinha outras funções além da médica, lembrando simbolicamente a solidariedade dos corpos e das mentes diante do contágio que ultrapassa as barreiras de classe e de idade. O procedimento universal se opunha às medidas objetivadas, fator de estigmatização.

XIII. Corpos radioativos

Outros tipos de raios iriam fornecer o capítulo seguinte da história da produção de imagens do corpo[76]. Dizia Claude Bernard que nós penetraríamos os segredos do funcionamento do corpo "quando pudéssemos seguir uma molécula de carbono ou de azoto, fazer sua história e contar sua viagem da entrada até a saída"[77]. Em 1935, ao receber seu Prêmio Nobel, Frédéric Jo-

---

75. BARIÉTY, M. & COURY, C. "Le rendement médical de primodépistage radiologique systématique de la tuberculose pulmonaire". *Semaine des Hôpitaux*, 06/12/1950, p. 4.649-4.659.

76. FREEMAN, L. & DONALD BLAUFOX, M. (orgs.). "One hundred years of radioactivity (1896-1996)". *Seminars in Nuclear Medicine*, n. 26, 1996.

77. PLANIOL, T. "La médecine nucléaire: souvenirs d'une longue histoire". *Journal de Médecine Nucléaire et de Biophysique*, n. 14, 1990, p. 3-5.

liot-Curie sugeria que se introduzissem no organismo vivo elementos radioativos para efetuar essa famosa viagem e explorar órgãos até então difíceis de visualizar, como o fígado ou o pâncreas.

Os isótopos obtidos mediante o bombardeio de um alvo com nêutrons constituem a réplica de átomos presentes no corpo, mas distinguem-se deles por uma radiação proveniente da desintegração de um núcleo instável, que permite seguir sua pista nos meandros do organismo. Para poder ser utilizada na medicina, é necessário ainda que essa radiação seja ao mesmo tempo detectável e inofensiva, como acontece com o iodo 128.

Órgão superficial, situado no nível do pescoço, a tireoide não é visível numa chapa radiográfica. Ela serve para fixar o iodo, indispensável para fabricar hormônios envolvidos no crescimento. O iodo 128, com uma semivida de 25 minutos, permitia somente uma meia hora de trabalho para registrar a emissão de partículas. Graças a um contador mantido pelo próprio paciente contra o pescoço, os médicos acompanhavam a fixação do iodo na tireoide. A curva obtida não fornecia, mesmo assim, uma imagem. Em 1940, o primeiro ciclotron construído para fins médicos permitiu obter isótopos do iodo de vida menos efêmera. Em 1949, entrou em uso um contador em que a radiação emitida pelo corpo faz cintilar um cristal, daí o nome de cintilografia. Deslocando manualmente o aparelho munido de um colimador no nível da tireoide, o operador construía ponto por ponto a sua imagem. Eram indispensáveis não menos de duas horas para revelar, em uma grade de quatrocentas contagens, a "borboleta" tireoidiana: dois lobos separados por um istmo.

O procedimento se estendeu a outros órgãos com isótopos diferentes, mas as imagens continuaram por muito tempo de má qualidade. A partir de 1954, uma câmera permitiu deslocar-se rapidamente sobre a totalidade do campo ou de se fixar à vontade sobre a região desejada. Tal como no cinema, foi possível observar uma imagem que se modifica no decorrer do tempo e, por conseguinte, assistir ao funcionamento de um órgão. Diversamente da radiografia ou, mais tarde, do *scanner*, a cintilografia é impossível em um cadáver, dado supor células vivas capazes de fixar o rastreador radioativo. A imagem cintilográfica é, portanto, intimamente viva, mesmo, e eis aí o paradoxo, que seja obtida com moléculas potencialmente destrutivas.

Apareceram então imagens mais nítidas do fígado, do cérebro, do rim, dos pulmões. Graças ao aparelho era possível descobrir abscessos ou tumores situados em profundidades inacessíveis ao exame físico. Fazendo o aparelho girar em torno do paciente, foi possível multiplicar os planos de perfil e reconstituir órgãos em três dimensões.

Os ex-votos oferecidos aos santos, em casos de curas milagrosas, representavam tradicionalmente um braço, uma perna, com menos frequência um seio ou um olho. O povo já conhece há muito tempo o coração e o fígado, aos quais atribui de boa mente uma forma de trevo de quatro folhas, correspondendo de longe aos lobos dos anatomistas. Outros órgãos, todavia, como a tireoide, eram quase desconhecidos do público em geral. No século XX, os santos modernos recebem oferendas que refletem os novos conhecimentos. A estátua de um doutor em sua igreja de Nápoles domina no meio de placas votivas de prata, claramente inspiradas em imagens obtidas nos exames médicos, que passaram ao domínio comum: nelas é bem fácil de reconhecer a tireoide.

Em vista da demonização da radioatividade, a medicina que leva esse nome suscita, hoje, muita inquietação. Os pacientes tratados por substâncias radioativas são "segregados", escondidos em câmaras de chumbo, com canalizações especiais que evacuam os detritos de um corpo submetido a uma radiação que emana de seus próprios órgãos. Eles se perguntam sobre o perigo de contaminação para os que vivem com eles, quando saírem do hospital. Não é raro que alguém peça um aborto em caso de gravidez depois de uma cintilografia. A cintilografia óssea se tornou, aos olhos do público, sinônimo de detecção de um câncer[78]. A imagem da radioatividade canceríge-

---

78. Ninguém conhece suas outras indicações, como a investigação das fraturas múltiplas de uma criança surrada!

na e a do exame para descobrir um câncer se contaminam mutuamente em uma semântica de morte, embora hoje a exposição ligada a uma cintilografia seja da ordem da radioatividade natural no meio ambiente (da ordem de cinco mili-sieverts).

A cintilografia óssea utiliza uma molécula artificial estranha ao organismo (o tecnécio). Uma resposta parcial às angústias do público surge com a utilização de emissores de pósitrons, que correspondem a substâncias onipresentes no corpo, como o oxigênio e a glicose. Sua vida breve responde, ainda por cima, à exigência de observações particularmente fugazes, como a da ejeção da corrente sanguínea.

O interesse da medicina nuclear não reside somente na exploração fisiológica de órgãos dificilmente acessíveis, ela inventa novas formas no interior do corpo. A viagem de uma molécula que, levada por sua radiação, fixa-se em receptores específicos, desenha no corpo "compartimentos" que nada têm a ver com a anatomia de Vesálio. Assim se esboçam tantas imagens do corpo quantos são os marcadores escolhidos, que sugerem a complexidade das relações entre as partes do corpo e a existência de uma "linguagem" entre elas, associada à existência de mediadores e de receptores.

A noção de linguagem química do corpo serve de introdução ao ambicioso programa de estudo do cérebro e do sistema nervoso. Pode-se tomar o fluxo sanguíneo cerebral como um índice indireto da atividade neuronal. A glicose marcada que mostra as áreas ativas do cérebro em cores (a esta altura a cintilografia deixou os tons exclusivos de preto e branco) permite, se não compreender como é que se pensa, pelo menos "ver" o cérebro em atividade, não somente quando o sujeito executa um movimento, mas quando ele representa a si mesmo esse movimento: as áreas cerebrais ficam iluminadas em função do conteúdo do pensamento, conforme esteja relacionado a um movimento da cabeça ou da perna, por exemplo. Assim, forçando um pouco o traço, a cintilografia permite ver aquilo cujo nexo com o corpo permanece misterioso: o pensamento. A expressão "o cérebro pensa" passa a ser um atalho fascinante, "semanticamente intolerável, mas pragmaticamente aceitável"[79]. As neurociências esperam afinar sempre mais esses jogos de luz e comparar o repertório das imagens ligadas a diferentes emoções com o de outras espécies animais. Um rico leque de drogas, dos tranquilizantes aos alucinógenos, acha-se disponível para auxiliar a empreitada. Séculos de experiências feitas por artistas e poetas, dos comedores de ópio aos usuários de haxixe e de peyotl, traduzem-se em imagens. Mas, embora seja evidente que tudo isso permite ver algo das operações do corpo, ainda estamos longe de uma decodificação de nossas reflexões, de nossos amores, de nossas volições e de todas as pressões da alma.

A câmara de pósitrons[80] se tornou, todavia, o instrumento favorito das ciências cognitivas, fascinadas pela descoberta de uma geografia mental multicolorida, novo avatar da teoria das localizações cerebrais das funções motora e intelectiva. O termo de produção de imagens favoreceu o retorno subrreptício do vocabulário da imagem mental, associado antigamente ao paralelismo psicofisiológico, abominado pelos fenomenólogos.

A produção de imagens em medicina manifesta a ambivalência da imagem, ao mesmo tempo reprodução do real e fundamental ilusão, portadora de informação e de equívoco entre o objeto dado e o construído. O esquecimento de sua construção, somado ao fascínio prometeico da medicina e de seu público pelo seu objeto, faz que essas imagens, em lugar de oferecer pontos de vista que se devem integrar aos outros conhecimentos, tendem a se impor como dados irrefutáveis: alguns neurofisiologistas veem nas novas técnicas um autêntico detector de mentira. O corpo, tão influenciável em sua capacidade de desencadear, sofrer ou modificar a dor, seria afinal submetido a procedimentos que escapam a toda hermenêutica? Sempre a ideia

---

79. RICOEUR, P. & CHANGEUX, J.-P. *La nature et la règle*. Paris: Du Seuil, 1998, p. 31.

80. Esta câmara emite pósitrons, elétrons positivos característicos da "antimatéria". Assim que se encontram com os primeiros elétrons no corpo, desaparecem, mas dão origem a fótons de direção oposta, e estes identificáveis pelos aparelhos clássicos.

de uma janela aberta para o cérebro, desvelando o pensamento, ou até o inconsciente que ali estaria alojado, ao observador.

XIV. O corpo no radar

A ultrassonografia se difere completamente da medicina nuclear, embora tenha obtido seu progresso no seio dos mesmos meios, entre os radiologistas. No começo da década de 1950, a ultrassonografia utilizou com objetivos médicos a propriedade dos ultrassons (explorada durante a guerra) de se comportarem como radares e se refletirem com uma velocidade diferente em função da densidade dos objetos encontrados, fornecendo assim uma espécie de imagem do corpo. Será necessário lembrar que "guiar-se pelo radar", na linguagem popular, é movimentar-se nas brumas do despertar, orientando-se mais pelo choque do que por verdadeiras percepções?

Os "obstáculos" identificados pela nova tecnologia, evidentemente, eram chamados de tumor, quisto ou abscesso. As primeiras imagens não se pareciam com nada[81]: as áreas de transição entre os diferentes tecidos mandavam de volta ecos parasitas que confundiam os contornos. Era de novo necessário inventar a semiologia diante das imagens que não se podiam sobrepor às da anatomia clássica. Daí a fama da ultrassonografia de ser uma profissão difícil, reservada a técnicos altamente qualificados, não muito capazes de transmitir o seu saber e justificar racionalmente a sua impressão que haveria nas profundezas do corpo um processo equívoco.

A ultrassonografia, porém, não tardou a conquistar popularidade em vista de sua aplicação ao diagnóstico e ao acompanhamento da gravidez. O diagnóstico de uma gravidez extrauterina (onde o óvulo não fecundado não migra normalmente para a trompa) era muitas vezes feito muito tarde, no estádio de ruptura e de hemorragia. Pode agora intervir antes de qualquer

---

81. KOCH, E.B. "In the image of science? Negotiating the development of diagnostic ultrasound in the cultures of surgery and radiology". *Technology and Culture*, n. 34, 1993, p. 858.

sintoma, diante de uma opacidade anormalmente situada fora do útero, permitindo uma ação cirúrgica *a mínima* de expulsão do ovo aberrante.

No entanto, a indicação principal, de fato ou talvez de direito, da ultrassonografia foi o primeiro encontro da mãe com um feto até então percebido de dentro, a descoberta de seu filho antes do parto, visto como um outro dentro dela mesma. Encontro carregado de emoção, imagem logo colocada no álbum de família diante do qual os filhos poderão se encantar e procurar lembrar-se da sua vida anterior. Em face da inocuidade do método e de sua facilidade de emprego, tudo conspirava para tornar a técnica amável e indefinidamente reproduzível. Se o acompanhamento nos casos de inseminação artificial e de um "filho precioso" prevê até uma ultrassonografia a cada dois dias, a Seguridade Social na França restringiu os exames padrão a três ultrassonografias no decurso da gravidez. O fascínio geral comprova o entusiasmo das mulheres em participar de uma aventura científica mais acessível que os voos espaciais, bem como o sonho de um filho perfeito, ao alcance da imagem.

A ultrassonografia informa a futura mãe não apenas do bom andamento da gravidez, mas também do sexo do feto. Com a consequência perversa do controle da escolha deste último. Na China, por exemplo, onde por lei os casais só têm direito a um único filho, a ultrassonografia se desenvolveu de maneira explosiva, porque possibilita um aborto orientado, a fim de obter com certeza o filho do sexo masculino tão desejado.

Durante muito tempo, a data em que ocorria a gravidez tinha permanecido imprecisa, o período dos falsos partos maldelimitado, e o estatuto dos produtos abortados incerto. Uma misteriosa maturação precedia o momento em que a mulher sentia mexer-se o que trazia dentro do corpo. O século XIX se sentiu autorizado pelas luzes lançadas pela fisiologia e pela medicina sobre a formação do embrião para estabelecer um controle moral e teológico mais estrito que no passado e lutar contra o aborto e a contracepção. É o momento em que o termo *foetus*, empregado até então indiferentemente para os produtos da terra e das espécies animais, passa a designar exclusivamente a cria do ser humano. As imagens obtidas com a ultrassonografia transformaram ainda mais radicalmente a percepção da gravidez. As feministas descreveram esse acontecimento como a inauguração de uma vida pública para aquilo que antes estava mergulhado na obscuridade e no silêncio do útero grávido. Algumas viram nessa visibilidade imprópria uma nova espécie de espoliação, que implicava definir o feto como "vida", submetido como tal à jurisdição da Igreja e do Estado. Pode-se, efetivamente, afirmar o direito à vida a propósito do zigoto (célula resultante da fecundação) com tanto mais vigor quando se materializa por imagens apresentadas como "o início da vida" registrado ao vivo[82].

Enquanto o aborto é admitido na maior parte das legislações, a ultrassonografia sensibilizou o público quanto ao destino singular do feto, antigamente entregue a uma loteria silenciosa. Enfim, o aparecimento de embriões excedentes, postos de lado após a fecundação *in vitro*, levantou a questão do estatuto desses seres vivos, que ainda não são pessoas, mas podem ser considerados sujeitos de direito enquanto "pessoas potenciais", categoria inventada pelos juristas. A maioria das legislações da Europa preferem driblar as definições e os limites precisos, para não ficarem presas em contradições insuperáveis entre o direito ao aborto e a proteção da vida.

A produção de imagens fez surgir uma vida anterior do corpo, mediante a qual o embrião vai pender para o indivíduo. E é a esse ser que a sociedade e os pais tutores poderiam ter que prestar contas um dia. O direito norte-americano começa a admitir processos contra mães que tenham recusado o aborto terapêutico para os filhos com necessidades especiais que pedem ressarcimento por danos em nome do direito de simplesmente não existir[83], apropriando-se de um passado virtual ao qual a produção de imagens lhes deu acesso. Inspirando-se em precedentes norte-americanos, a sentença

---

82. DUDEN, B. "Visualizing 'life'". *Science as Culture*, n. 3, 1989, p. 562-599.
83. IACUB, M. *Penser les droits de la naissance*. Paris: PUF, 2002.

Perruche de 2000 despertou grande comoção e uma súbita mudança dos juízes diante das consequências previsíveis da noção de ressarcimento por "dano de vida".

XV. O corpo social sob imagem

Ao lado da radiografia e da cintilografia, surgiram outras modalidades de imagens digitalizadas, obtidas graças aos avanços da informática, como as da tomodensitometria denominada geralmente scanner, criada nos anos de 1970, e da ressonância magnética nuclear. Embora submeta a pessoa a uma radiação considerável, o scanner foi acolhido com favor particular pelo público por dois motivos: não envolve injeção e, sobretudo, de leitura mais fácil que a cintilografia, é percebido como uma espécie de superfotografia, particularmente fiel e, por conseguinte, mais segura. O scanner de "corpo inteiro" satisfaz a necessidade de uma segurança global da saúde oferecendo uma imagem do corpo em sua totalidade, o que corrobora a ideia de um domínio panóptico de todos os órgãos que revelam enfim, sem exceção, seus segredos.

A iconografia nova, dado o prestígio da ciência e da própria força da imagem, habita então daqui para a frente o inconsciente coletivo e participa de uma nova cultura de desvendamento e de inquisição dos corpos. Remodela tanto mais as percepções e as vivências quanto parece até mais verdadeira que a natureza. O Estado intervém de formas diferentes nesse processo de submeter à imagem a sociedade, quer o encoraje, no intuito de prevenir certos tipos de câncer (mamografia), quer ao contrário quando se preocupa com os efeitos perversos dessa explosão, como no caso da ultrassonografia. Mesma diversidade no público. Os angustiados aderem de bom grado a toda supervisão tranquilizadora, e a solicitam ainda com mais insistência reivindicando um "scanner de corpo inteiro" a intervalos regulares, ou para os mais em dia com a técnica a ressonância magnética funcional, a fim de se tranquilizar no dia a dia no espelho da integridade de seu próprio corpo. Se, porém, de modo geral, uma parte da população adere à supervisão (ou à seguridade!) do corpo pela imagem, uma outra parte permanece refratária a esse desvendamento forçado, como o provam certas sondagens de opinião, por exemplo, sobre a aceitação da mamografia sistemática entre as mulheres. Ao receio que o exame possa detectar uma doença insuspeita se associa a apreensão de uma exploração do corpo, percebida como uma perigosa intromissão. Certas mulheres explicam de modo muito claro que um corpo que não apresenta nenhum sinal não deve ser "tocado", pelo temor de tentar o destino e desencadear uma sequência incontrolável[84].

Com efeito, pode acontecer que a transparência do corpo se mostre mentirosa. O realismo aparente da imagem não dispensa uma hermenêutica. Com a diversificação dos procedimentos para obtenção de imagens e sua prescrição de bom grado anárquica, o problema dos artefatos ganhou dimensões sem precedentes: a multiplicação das explorações e dos exames sistemáticos implica a produção de imagens que mostram anomalias de significação equívoca. Às vezes se trata de uma variação anatômica atestando a diversidade dos corpos ou da sobrevivência de um vestígio embrionário que relembra a história da espécie. Às vezes é necessário suspender o juízo diante de uma imagem indecidível, que pode ser sentida como uma espada de Dâmocles suspensa acima da cabeça do paciente.

XVI. O corpo na internet

A produção de imagens do corpo, por mais esotéricos que sejam os seus instrumentos e as leis físico-químicas que os inspiraram, pôs as maravilhas do corpo ao alcance do público, e encorajou a ideia de uma onipotência da medicina. Ela adquiriu uma dimensão suplementar, a de uma produção-de-imagens-poder. Com o aperfeiçoamento de dispositivos óticos (fibras de vidro ultraflexíveis), setor em que se destacou a indústria nipônica, a espeleo-

---

84. DURIF, C. *Résistances de la population à l'information médicale* – Cancer du sein, 20 ans de progrès. Paris: Publications Médicales Internationales, 1994, p. 19.

logia da vida interior dos órgãos autoriza intervenções inéditas. A execução de gestos cirúrgicos no decurso de explorações com endoscópios adaptados aos órgãos ocos (bexiga, estômago) se configura sem limites e quase inofensiva, dado que explora sem efração passando pelos orifícios naturais. A cirurgia exaltada pelo verbo de Valéry – "Os senhores interrompem o curso de nossa fundamental ignorância de nós mesmos"[85] – se encolhe às dimensões de uma luneta. Em um grande número de afecções não se opera mais com o ventre aberto. O cirurgião resseca a próstata introduzindo-se pela uretra, extirpa os quistos do ovário pela abertura de uma celioscopia, praticada no umbigo. Algumas vezes não é ele quem opera, mas um simples médico habituado a fazer penetrar o seu tubo na luz intestinal e que extrai na passagem um tumor ou um cisto. Com a ablação do útero pela via vaginal, a cicatriz pouco estética cessa de assinalar o acontecimento. Só em caso de urgência reaparece o cirurgião clássico e, com uma incisão mediana de alto a baixo do abdômen, desdenha desta vez as prudências estéticas.

O reino da produção de imagens contribuiu assim para tornar irreal o corpo sofredor. A medicina atual não se reflete mais nas cenas sangrentas de sala de cirurgia tão apreciadas pelo cinema e pela literatura, mas se projeta em composições digitalizadas e desencarnadas, que podem daqui em diante viajar por e-mail. Podem os cirurgiões, aliás, doravante operar sob o controle de um robô ou mesmo por seu intermédio, em sinergia com equipes internacionais postadas na internet[86]. O corpo imerso no mundo virtual passa a ser o suporte das façanhas científicas.

Para substituir a aprendizagem da anatomia no cadáver, obsoleta e um tanto desagradável, os programadores norte-americanos construíram um modelo que oferece em imagens um equivalente digitalizado do corpo humano: planos sagitais e frontais de um conjunto interativo, para não dizer

---

85. VALÉRY, P. Sessão inaugural do Congresso Nacional de Cirurgia, 17/10/1938.
86. MARESCAUX, J. & MUTTER, D. Télémédecine. In: LECOURT, D. (org.). *Dictionnaire de la Pensée Médicale.* Op. cit., p. 1.122-1.126.

convivial, etiquetado e numerado, que centenas de estudantes podem analisar e dissecar à vontade, sem deixar a cadeira, contanto que tenham um computador[87].

O programa chamado *The Visible Man*, o homem visível, não é, todavia, completamente desencarnado. Esse homem, que em breve estará ao alcance de todas as mãos, tem uma história que une a tecnologia de vanguarda a uma longa tradição de angústia e de morte, uma tradição penal. O modelo não foi concebido de maneira abstrata, mas a partir de um homem muito real, um desses condenados norte-americanos que habitam as antecâmaras da morte durante anos, antes de serem finalmente executados por uma injeção de cianureto e despachados para o além. Este, um homem de trinta e cinco anos, tinha acreditado o tempo inteiro no deferimento de seu recurso. E, embora tenha aceitado de antemão doar o corpo à ciência, não havia jamais passado um só dia no presídio sem frequentar a academia local. De modo que se trata de um corpo perfeito, musculoso e sem um átomo de gordura, oferecido aos anatomistas do século XXI.

Trata-se de um homem: o sexo masculino teria ainda uma vez a prioridade? As feministas que se tranquilizem! *The Visible Woman*, a mulher visível, não vai demorar a ficar disponível na tela da mesma maneira. Mas a sua história é muito diferente: trata-se de uma paciente que faleceu por insuficiência cardíaca e longe de possuir as características estéticas do seu homólogo.

Conclusão – No alvorecer do século XXI: "conhece-te a ti mesmo!"

A história do corpo no século XX é a de uma intervenção crescente da medicina, enquadrando os acontecimentos comuns da vida, deslocando os prazos e multiplicando as possibilidades. No decorrer dos dois primeiros terços do século, a medicina, fiando-se em seus sucessos na exploração do

---

87. MENEGHELLI, V.; MACCHI, C.; LUPI, G.; PIERAZZOLI, F. "Dal tavolo anatomico all'anatomia per immagini". *Medicina nei Secoli*, n. 9, 1997, p. 121-139.

corpo e no prolongamento da vida, parecia estar a ponto de conquistar um quase-monopólio na gestão do corpo e no desvendamento de seus segredos. Seu domínio aumentou ainda mais com a extensão de suas intervenções fora do domínio da doença propriamente dita. Não há por assim dizer mais esterilidade masculina, as mulheres podem conceber mesmo depois de terem chegado à menopausa, os órgãos que estão falhando podem ser substituídos, os genes parecem estar ao nosso alcance. O saber médico se infiltrou no imaginário público, esclarecido por uma poderosa indústria da imagem, que concretizou os seus novos poderes. O próprio corpo foi profundamente remanejado pela medicina. Pessoas com necessidades especiais recebem novas próteses, muitas vezes fora do alcance do olhar. Talvez se possa, amanhã, substituir os vasos de pequeno calibre por enxertos sem que o sangue coagule dentro deles, irrigar órgãos de animais humanizados ou artificiais por um sangue sintético, levar a bom-termo o projeto de coração mecânico de Alexis Carrel. O implante de chips eletrônicos permitiria aos tetraplégicos movimentar braços e pernas.

A riqueza da informação acumulada, a gravidade das decisões que se devem tomar, a implicação dos comportamentos pessoais no ato de assumir riscos, com o reconhecimento do peso das suscetibilidades genéticas, junto com o desejo de transparência da sociedade civil e com a impaciência dos cidadãos diante da tutela médica[88] favoreceram, no entanto, o despertar das pessoas simples para o destino do corpo singular que está nas mãos deles. O aumento do saber-poder dos médicos suscitou a inquietação ao mesmo tempo na corporação e no público, e alimentou a exigência que o indivíduo participe mais nas decisões que lhe dizem respeito. Um duplo ideal de transparência veio à tona, transparência do corpo a si mesmo, e transparência nas decisões de sociedade.

---

88. THOUVENIN, D. *Le secret médical et l'information du malade*. Lyon: Presses Universitaires de Lyon, 1982.

Até então, havia um certo mal-estar, um certo embaraço popular para apreender um interior percebido como diferente daquilo que se oferece na superfície ao olhar dos outros, o eu-pele[89], o único verdadeiro portador da individualidade. O convite socrático à viagem interior, "Conhece-te a ti mesmo!", que marcou a filosofia ocidental, descartava o corpo, não somente como contingência, mas até como obstáculo ao trabalho reflexivo. Na virada do século XX, a exploração freudiana do inconsciente representou uma tentativa de introduzir novamente a pessoa em seu próprio corpo. Hoje, o corpo inteiro parece mais acessível e ligado à expressão de um *eu*[90].

Se muitas técnicas da indústria da imagem na medicina ainda são o monopólio do especialista, algumas saíram da sombra assustadora do hospital para se estabelecer em pequenas estruturas análogas aos outros locais de consumo, entre a farmácia e o ateliê do fotógrafo. É possível imaginar, no futuro, salas discretas semelhantes a *sex-shops*, onde, sem testemunhas, cada um poderá realizar uma descida ao próprio corpo. Assim começa a se esboçar um encontro entre os saberes científicos e os profanos e também a negociação para a distribuição de novos papéis entre médicos e pacientes potenciais, ou seja, a totalidade do gênero humano.

Os progressos da medicina desencadearam uma aventura menos espetacular que as viagens interplanetárias, mas igualmente portadora de questões sobre um futuro que se deve proteger e antecipar. Idealmente, o conhecimento preciso pelo indivíduo de suas potencialidades genéticas poderia um dia permitir-lhe modificar o seu estilo de vida e reescrever o próprio destino. Por conseguinte, vai aumentar a responsabilidade do indivíduo em face do próprio corpo. Em uma derradeira etapa, completamente pós-moderna, o

---

89. ANZIEU, D. *Le moi-peau*. Paris: Dunod, 1985.

90. CORBIN, J. & STRAUSS, A. "Accompaniment of chronic illness: changes in body, self, biography and biographical times". *Research and Sociology of Health Care*, n. 6, 1987, p. 249-281.

indivíduo, assumindo o conhecimento íntimo de seu corpo próprio, poderia assegurar totalmente a gestão desse corpo e realizar o projeto utópico formulado por Descartes: cada um vai ser o médico de si mesmo[91].

---

91. AZIZA-SHUSTER, É. *Le médecin de soi-même*. Paris: PUF, 1972.

2
INVENÇÃO E REPRESENTAÇÃO DO CORPO GENÉTICO

Frédéric Keck
Paul Rabinow

Em 1997, por sugestão de seu Comitê Internacional de Bioética, a Conferência Geral da Unesco adotou uma "Declaração Universal sobre o genoma humano e os direitos humanos", cujo princípio é o seguinte: "O genoma humano subentende a unidade fundamental de todos os membros da família humana, bem como o reconhecimento de sua dignidade intrínseca e de sua diversidade. Em um sentido simbólico, é o patrimônio da humanidade"[1]. Nove anos depois do lançamento do Projeto Genoma Humano, e três anos antes do anúncio do sequenciamento total do genoma, essa declaração humanista articula de maneira confusa os principais elementos da nova representação do corpo produzida pelo conjunto dos atores – cientistas, associações de doentes, juristas, comitês de Ética, Estados e empresas privadas – que se encontram na nova genética[2]. Será que se pode dizer que o genoma atua de maneira invisível como uma estrutura subjacente ao conjunto dos

---

1. Apud AUFFRAY, C. *Le génome humain*. Paris: Flammarion, 1996, p. 111.

2. Esses atores foram descritos por Paul Rabinow em *Le déchiffrage du génome* – L'aventure française. Paris: Odile Jacob, 2000.

comportamentos comuns à "família humana"? Se desse novo saber emerge uma nova imagem do corpo, em que permite ela conhecer o que liga entre si todos os corpos humanos? Vamos pôr a pergunta de maneira mais simples: se as recentes descobertas científicas nos oferecem uma representação de "nosso genoma", qual é o "nós" de "nosso genoma"? Noutras palavras, em que a maneira como a genética torna visível a identidade do "nosso corpo" nos leva a nos sentirmos envolvidos? Para dizer a mesma coisa de modo provocante: em que é que a genética nos diz respeito?

Diversas respostas foram aduzidas a essas perguntas no decorrer da última década, que será o quadro deste estudo. Para os cientistas que se dedicam a esse estudo, e para a maior parte do público que vai descobrindo seus resultados através dos *mass media*, a genética tem por objetivo elaborar um mapa desta estrutura subjacente que determina o desenvolvimento do corpo. Segundo uma relação sinedocal em que a parte exprime literalmente o todo em seu nível próprio, o mapa do ADN nos permitiria ver, em um modelo reduzido, aquilo que somos no mais profundo de nós mesmos[3]. A diversidade dos corpos humanos se acha então inscrita em um livro único, cujo produto são as suas histórias singulares[4]. Por outro lado, para as associações de doentes que se mobilizaram em torno da pesquisa sobre a descoberta dos genes responsáveis por suas enfermidades, a genética é um lugar de esperança, mas também muitas vezes de frustração, em que o destino pessoal pode assumir a forma de um gene detectável. Os corpos se expõem então coletivamente à investigação científica, na intimidade de seus sofrimentos e na publicidade de suas genealogias. Enfim, para aqueles que preparam ou receiam as consequências jurídicas e comerciais do conhecimento do genoma huma-

---

3. Cf. CANGUILHEM, G. "Le tout et la partie dans la pensée biologique". *Études d'histoire et de philosophie des sciences concernant le vivant et la vie*. Paris: Vrin, 1994.

4. Cf. GILBERT, W. Vision of the Grail. In: KEVLES, D.J. & HOOD, L. *The Code of Codes* – Scientific and Social Issues in the Human Genome Project. Cambridge, Mass.: Harvard University Press, 1992, p. 84: "Três milhões de sequências genéticas podem ser gravadas em um único CD, e então se poderá tirar um CD do bolso e dizer: Isto é um ser humano, sou eu!"

no, a genética constitui um conjunto de predisposições e de probabilidades que permitem prever os comportamentos futuros de indivíduos aparentemente saudáveis e normais. O corpo genético é então o corpo quadriculado da população, corpo atravessado por normas e regularidades, lugar do controle e da formação do "eu". Nestes três sentidos, ao menos, a genética transformou ou contribuiu para transformar, com outras mutações, o nosso olhar sobre o corpo: corpo digitalizado e programado do homem universal, corpo sofredor, exposto e, no entanto, ativo do enfermo, corpo quadriculado e normado da população. Todos esses corpos têm que passar pela estrutura genética, para se tornarem visíveis e chegarem a um conhecimento daquilo que age dentro deles. O genoma se configura, assim, como a cena em que atores muito diferentes, e muitas vezes antagonistas, representam ora comédias ora tragédias, sob o olhar atento e preocupado de um coro humanista.

Por isso, essas três representações do corpo se viram questionadas pelas recentes descobertas da genética. Longe de revelar o segredo daquilo que caracteriza o homem universal, o mapa do genoma humano mostra que há íntimas analogias entre o ser humano e o restante dos seres vivos: na maioria das vezes, a investigação dos genes humanos é efetuada usando-se moscas, vermes ou ratos. Por outro lado, depois de terem realizado testes que permitem descobrir com grande margem de certeza algumas doenças cuja transmissão genética era bem conhecida, os cientistas se interessam, agora, por todas as formas de doenças ou distúrbios possíveis. A genética das populações, enfim, depois do sequenciamento do genoma humano está conhecendo uma forma radicalmente diversa daquela que no começo assumiu na década de 1950, mais atenta às singularidades individuais. A cena genética está em constante reconfiguração, à medida que novos atores surgem em cena e os papéis se vão modificando: é um *Living Theater*.

Que estamos vendo, então, quando olhamos para a molécula em dupla hélice do ADN, o resultado de um teste genético ou uma porção do mapa do nosso genoma? Será uma duplicação do nosso corpo, pelo qual conseguimos ver o que somos de verdade, como através da sombra que nos acompanha ou através do reflexo de um espelho, ou será um fantasma que nos habita, mescla de concepções racionais e imaginárias, de representações tecnocientíficas e de fantasmas surgidos do fundo dos tempos? Pode ser que, por um estranho jogo de desdobramentos, enquanto produzimos os genes pelo olhar científico que lançamos sobre os componentes últimos de nossas células, agora seriam os genes que nos estão fitando, devolvendo-nos uma imagem de nós mesmos, e obrigando-nos, enquanto sujeitos, a assumir a vida de nossos corpos.

I. Da genética ao mapa do genoma humano

Coube a Mendel, em 1865, a descoberta das leis de transmissão dos caracteres visíveis dos organismos vivos, mas ela foi ignorada durante cerca de meio século. A palavra "genética" só foi introduzida por William Bateson em 1903, e a palavra "gene" apenas em 1909 por Wilhelm Johannsen. O termo gene designa, então, o equivalente para a biologia daquilo que o átomo representa para a química, o constituinte último da vida, cujas combinações explicam todos os fenômenos biológicos[5]. A primeira identificação de um gene em laboratório foi realizada por Thomas Morgan, em 1910. A utilização dos raios-X por Hermann Muller permitiu produzir as primeiras mutações genéticas, e estabelecer uma íntima relação entre os genes e as proteínas. Quando James Watson e Francis Crick descreveram, em 1953, a estrutura em dupla hélice da molécula de ADN, foi possível compreender como o ADN pode servir de matriz para sua própria cópia e transmitir-se hereditariamente. Veio a seguir, nas décadas de 1960-1970, o trabalho fundamental sobre o código genético, com a descoberta (em 1959) do papel dos genes reguladores por François Jacob e Jacques Monod e a do primeiro gene não ligado à reprodução sexuada, em 1968. No final da década de 1970, havia sido

---

5. Cf. FOX-KELLER, E. *Le siècle du gène*. Paris: Gallimard, 2002.

inventado um grande número de instrumentos que permitem manipular o ADN: a cultura das células-tronco, as enzimas de restrição e de reparação do ADN, a transcrição do ADN em ARN, o uso de bactérias e de vetores virais para transportar fragmentos de ADN para dentro das células. Nos anos de 1980, os biologistas moleculares desenvolveram a produção do ADN em série: a síntese e o sequenciamento do ADN, o gel de eletroforese, o uso de cromossomos artificiais das células (*Yeast Artificial Chromosomes*, YAC), a reação em cadeia à polimerase (Polymerase Chain Reaction, PCR). A técnica do *knock-out* permitiu, finalmente, identificar a função dos genes substituindo *in vitro* uma cópia normal por uma cópia anormal.

A imagem do gene resultante dessas descobertas científicas e tecnológicas é bastante diferente da unidade de código concebida por Mendel e seus primeiros sucessores. Em vez de "gene", ente que se tornou cada vez mais vago, os biologistas falam agora do "genoma", pelo qual compreendem o conjunto do material molecular contido nos pares de cromossomos de um organismo particular, e transmitido de geração em geração. A vantagem desta noção é permitir que se leve em conta o material molecular dos cromossomos cuja função é ainda desconhecida. O genoma humano é constituído por três bilhões de pares de bases, mas os biologistas pensam que 98% do genoma humano não têm função ainda identificada. Esse ADN suplementar (denominado *junk DNA*) pode ser conservado para um uso futuro, ou desempenhar um papel estrutural, ou resultar de um acidente, ou ser redundante. O genoma é, portanto, mais que os genes: é o conjunto organizado dos genes, cuja combinação influi sobre a ação de um gene particular. Os genes representam 2% do ADN que codificam para a produção de uma proteína cuja função é identificada. O tamanho de um gene varia entre dez mil e dois milhões de pares de bases, e é muitas vezes difícil saber onde começa e onde termina um gene. Não constitui uma unidade espacial contínua, mas uma sequência de porções codificadoras ou reguladoras (os *éxons*) separados por porções sem significação (os *íntrons*).

Nos anos em que predominava a euforia na biologia molecular, o gene deveria dar acesso à estrutura invisível do corpo[6]. Mas essa estrutura parece, hoje, em grande parte muito indistinta[7]. Para transformar essa indeterminação estrutural em campo de investigação e de experimentação foi lançado, em 1989, um projeto tecnocientífico de uma amplidão jamais alcançada em biologia: o Projeto Genoma Humano (*Human Genome Initiative*). Era o seguinte o raciocínio dos biologistas: se não é fácil identificar a função de cada gene, melhor seria mapear a totalidade do genoma humano, para identificar em seguida a expressão dos genes segundo a sua posição na estrutura global. Esta ideia foi lançada nos Estados Unidos, em meados da década de 1980, e, depois de numerosos debates sobre o seu código, sua eficácia, sua importância científica e seus riscos sociais, foi adotada pelo Congresso norte-americano. Cem milhões de dólares foram destinados ao primeiro ano de pesquisas, distribuídos entre os National Institutes of Health e o Departamento da Energia. A estratégia seguida foi o estabelecimento de múltiplos centros de pesquisas para o mapeamento dos cromossomos diferentes, seguindo o princípio da concorrência científica. Empresas privadas – entre elas, a mais famosa, a *Celera Genomics* – entraram no terreno da pesquisa no decorrer dos anos de 1990. Somas consideráveis de dinheiro se juntaram à abundância de material genético produzido pelas tecnologias de sequenciamento. Em 2001, o Estado norte-americano, a fundação britânica Wellcome Trust e a empresa de biotecnologia Celera Genomics anunciavam a realização do primeiro mapa completo do genoma humano.

Esse mapa veio abalar as concepções da diferença entre o ser humano e os outros animais. Descobre-se que o genoma humano possui tantos pares de bases como o da mosca, e que o milho e a salamandra têm ao todo trinta

---

6. Cf. JACOB, F. *La logique du vivant* – Une histoire de l'hérédité. Paris: Gallimard, 1970.

7. Cf. BRENNER, S. "The end of the beginning". *Science*, vol. 287, p. 2.173: "Caso se pergunte quantos genes são necessários para fabricar um bacteriófago ou uma bactéria ou uma mosca ou rato, não seria possível dar resposta alguma". Por isso Brenner sugere que se substitua a palavra "gene" por "lugar de cartografia genética" (*genetic lócus*).

vezes mais. Descobre-se que o "código genético" não mudou no curso da evolução, e que muitos genes são fundamentalmente os mesmos nos organismos mais simples e no homem. Como, por razões éticas e científicas, aqueles são mais fáceis de estudar, uma grande parte do nosso saber sobre o genoma humano vem da experimentação com a mosca (a drosófila de T. Morgan, escolhida por sua reprodução muito rápida), com o verme (o nematoide *C. Elegans* utilizado por S. Brenner para compreender o desenvolvimento do sistema nervoso), a levedura ou o rato (cujos genes são mais homólogos aos genes humanos que os de qualquer outro organismo). O gene *homeobox*, cuja função é considerada hoje como essencial na regulação do desenvolvimento do embrião, foi primeiro pesquisado na mosca[8]. A aparência visível do corpo humano fica assim ligada a uma estrutura invisível cujas ínfimas modificações produzem corpos radicalmente diferentes: fenótipos diferentes, genótipo análogo. Deste modo, já não há monstros nem lei: a mesma estrutura explica a norma e aquilo que parece desvio da norma – abrindo assim um campo para a análise das causas desse desvio[9]. Torna-se possível transferir um gene de um organismo complexo para um organismo mais simples, a fim de estudar o seu funcionamento ou produzir material molecular necessário[10]. Será que o animal pode dar a chave do conhecimento e da cura das doenças do ser humano?

II. As doenças genéticas e as associações de doentes

A cartografia do genoma humano tem por alvo, entre outros, identificar os genes responsáveis por doenças cuja transmissão hereditária já era conhecida sem que fosse possível uma intervenção. A descoberta da origem ge-

---

8. Cf. PROCHIANTZ, A. *La stragégie de l'embryon*. Paris: PUF, 1988.

9. Cf. JACOB, F. *La souris, la mouche et l'homme*. Paris: Odile Jacob, 1997.

10. Para uma representação estética e política das implicações dos animais transgênicos, cf. HARAWAY, D.J. *Modest_Witness@Second_Millenium.FemaleMan$^{©}$-_Meets_OncoMouse^{TM}* Nova York: Routledge, 1997.

nética de certas enfermidades acarretou, em consequência, um abalo no pensamento médico, dado que leva a situar "o mal" nas determinações últimas do corpo, embora dando a possibilidade de intervir sobre esse mal. O que até então era concebido como um destino hereditário passa a ser o lugar de uma possível mobilização sobre a cena do genoma para atores interessados, a títulos diversos, na doença: a tragédia se torna drama, o *Pathos* cede o lugar a um novo *Logos*, inscrito em ações singulares.

As descobertas da biologia molecular permitiram compreender melhor como se transmite hereditariamente uma doença. Longe do imaginário do agente maligno transmitido de um corpo a outro corpo pela concepção, tal como se formou no século XIX através de um resgate cientificista do tema do pecado original, a genética mostra agora que uma doença hereditária resulta da mutação casual de uma parte do ADN no decurso da duplicação, mutação que se transmite a seguir necessariamente, se for dominante ou, se for recessiva, quando encontra uma outra mutação análoga. Assim, a mucoviscidose (inglês: *cystic fibrosis*), que é a doença monogenética mais frequente na população europeia, resulta da mutação de um gene que produz um muco muito viscoso que bloqueia as vias respiratórias e os canais do pâncreas[11]. A investigação do gene responsável por uma doença consiste, na maioria das vezes, em estabelecer os vínculos entre esse gene e outros genes conhecidos, segundo a técnica da *linkage*, de maneira a determinar sua posição no mapa do genoma e, se possível, a detectá-lo por testes.

A descoberta de uma doença genética implica uma nova maneira de se relacionar com o corpo, dado que um paciente pode ter uma doença enquanto ela ainda não se manifestou. O caso mais dramático é a doença de Huntington, que se manifesta em geral depois dos quarenta anos, e provoca desordens da motricidade, crises de epilepsia, um humor depressivo, a demência e a morte dentro de alguns anos. Essa doença genética é dominante,

---

11. Cf. MORANGE, M. *La part des gènes*. Paris: Odile Jacob, 1998, p. 61s.

pois resulta da mutação de uma só das duas cópias dos genes envolvidos, que produz uma proteína tóxica para o sistema nervoso. Ela se transmite, portanto, geneticamente com uma probabilidade de um em dois. O diagnóstico dessa enfermidade é possível, com grande certeza, quando o indivíduo é adulto e goza boa saúde, e leva assim a anunciar o caráter inelutável de uma doença que vai aparecer vinte anos mais tarde. O teste genético aparece então como uma imagem do corpo em preto e branco: responde por sim ou não à questão da identidade pessoal, tornando visível a doença ou a ausência de doença. Uma mulher de trinta e cinco anos, cuja avó, a mãe e uma tia morreram com a doença de Huntington, quando fica sabendo que o teste da doença de Huntington deu para ela negativo, confia: "A doença é um pouco como o duplo de mim mesma. Com meu resultado passo de uma doença sofrida para a ausência de doença. Mas, então, quem sou?"[12] Viver com uma doença ganha um sentido diferente quando ela é representada na cena do genoma: a identificação com a doença e a todo um destino familiar produz um duplo do corpo, cujo teste genético mostra o caráter real ou fantasmático.

O diagnóstico genético estabelece uma relação particular entre o médico e o enfermo, dado que este dispõe de um tempo bastante longo para participar na investigação para a erradicação de sua própria doença. O corpo do enfermo se torna o lugar onde se projeta a doença futura e onde se exerce a pesquisa presente: pode estar dos dois lados do microscópio, como objeto e como sujeito. Assim, nos Estados Unidos, Nancy Wexler e seu pai, Milton Wexler, representaram um grande papel no estímulo e no apoio à pesquisa genética sobre a doença de Huntington, que permitiu a localização do gene responsável, em 1993, depois de se ter descoberto que sua mãe e esposa fora atacada por essa enfermidade[13]. Diante do caráter inelutável de uma doença, cujo destino parece programado, a mobilização da investigação científica pe-

---

12. *Libération*. Dossier "Maladie de Huntington – Journal d'une victoire", 30/11/2000, p. VII.
13. Cf. WEXLER, A. *Mapping Fate* – A Memoir of Family Risk and Genetic Research. Berkeley: University of California Press, 1996.

las associações de doentes introduz a urgência do tempo da cura na estrutura formal e aparentemente imutável do código genético. Deste modo, os cientistas trabalhando na doença de Huntington aliavam o estudo da progressão da doença nos corpos sofredores com a pesquisa em laboratório do gene determinante, enquanto essa investigação poderia cruzar outros setores da genética muito afastados da doença em questão.

A identificação das doenças genéticas foi, portanto, um poderoso motor da investigação genômica, como o comprova o caso francês da aliança entre o Centro de Estudos do Polimorfismo Humano (CEPH) e a Associação Francesa contra as Miopatias (AFM). O CEPH foi fundado em 1984 por Jean Dausset, professor no Collège de France e Prêmio Nobel de Medicina, por suas pesquisas sobre a função imunitária do sistema HLA, no intuito de estabelecer um mapa genealógico do genoma humano a partir de famílias mórmons de Utah e de pacientes que sofriam do Mal de Huntington[14].

Ele dispunha de um leque de quarenta famílias em cima das quais podia efetuar um estudo genealógico extensivo, e que constituiriam assim uma espécie de laboratório natural. Uma inflexão decisiva, porém, teve lugar quando Bernard Barataud, fundador da AFM, visitou o laboratório de Jean Dausset. Depois que seu filho morrera da miopatia de Duchenne ou degenerescência muscular, Barataud reagiu à arrogância e à opacidade dos médicos que havia inicialmente encontrado, sustentando de forma militante a investigação genética. É impressionante a maneira como ele narra o momento em que ficou sabendo da origem genética da doença de seu filho: "Brutalmente, recebo uma informação, espantosa, inesperada. 'Todos os membros da AFM no anfiteatro, dentro de três minutos!' No anfiteatro, um moço norte-americano de 26 anos, Anthony Monaco. De repente, faz-se um silêncio absoluto, quase mágico. Na parede, sobre os diapositivos azulados, quer se compreenda o inglês ou não, é evidente que o norte-americano está anunciando uma descoberta: cromossomo X, *Duchenne Muscular Dystrophy*, o gene se encon-

---

14. Cf. MOULIN, A.M. *Le dernier langage de la médecine* – Histoire de l'immunologie de Pasteur au Sida. Paris: PUF, 1991.

tra em XP21. O gene. A origem da doença de Alain, ali, diante de mim. Pela primeira vez a fera está à vista"[15]. A pesquisa genética torna assim visível um mal localizado no mais fundo do corpo. Mas, longe de obrigar a fitá-lo de modo trágico, incita à ação para intervir sobre o corpo.

A AFM desempenhou um papel crucial na sensibilização da opinião pública para a investigação genética, através da organização do Téléthon[16]. Seguindo o modelo criado por Jerry Lewis nos Estados Unidos, Barataud desencadeou um movimento de solidariedade de excepcionais dimensões para as assim chamadas enfermidades "órfãs", por atingirem uma parcela relativamente pequena da população[17]. A exposição televisiva dos corpos sofredores dos enfermos, em contraste com a imagem dos corpos vigorosos daqueles que se mobilizavam para auxiliá-los, foi um momento espetacular da política de compaixão midiática[18]. Teve, além disso, efeitos científicos diretos, através da criação do Généthon, centro de pesquisa de ponta instituído a partir dos laboratórios do CEPH na Genópolis de Évry. O Généthon foi apresentado por um de seus fundadores, Daniel Cohen, como "uma grande fábrica para encontrar genes envolvidos nas doenças hereditárias, que serviria a toda a comunidade científica"[19]. Seu financiamento provinha 70% da AFM. Empregava cerca de cem pesquisadores, mas também crianças e adultos jovens que sofriam de miopatia, que atendiam o telefone ou mantinham

---

15. BARATAUD, B. *Au nom de nos enfants*, n. 1, 1992. Paris.

16. Cf. CALLON, M. & RABEHARISOA, V. *Le pouvoir des malades* – L'Association Française contre les Myopathies et la Recherche. Paris: Presses de l'École des Mines, 1999.

17. Cf. DELAPORTE, F. & PINELL, P. *Histoire des myopathies*. Paris: Payot, 1998.

18. Cf. FASSIN, D. Le corps exposé – Essai d'économie morale de l'illégitimité. In: FASSIN, D. & MEMMI, D. *Le gouvernement des corps*. Paris: Ehess, 2004, p. 240: "A exposição de si, quer na dependência de um exercício narrativo ou de um desvelamento físico (mas um não exclui o outro) pertence às figuras contemporâneas do governo [...]. O corpo, doentio ou sofredor, é com efeito investido, nessas situações, de uma espécie de reconhecimento social em última instância, quando todos os outros fundamentos de legitimidade parecem ter-se esgotado".

19. COHEN, D. *Les gènes de l'espoir* – À la découverte du génome humain. Paris: Robert Laffont, 1993, p. 19.

o café. O Généthon foi a contrapartida técnica do espetáculo do Téléthon: de um lado corpos sofredores, do outro máquinas sofisticadas de sequenciamento do ADN. A energia revoltosa de Barataud deu lugar a um complexo híbrido de corpos e de técnicas em face da impotência dos médicos. Não um corpo técnico, mas um conjunto inovador de corpos e de técnicas em vista da cura. Escreve Barataud: "Não escolhi meu campo. Ele me foi imposto pelo acaso, por um dos inúmeros erros da natureza. Como todos os poderes nos haviam abandonado, não nos restou outra solução senão tentar uma brecha. Fizemos, então, o Téléthon. Mas de nada teria adiantado querer resolver o problema das miopatias enquanto não houvesse progresso nos conhecimentos de genética. E foi então que criamos o laboratório Généthon"[20]. Em 1993, o CEPH produziu o primeiro mapa físico do genoma humano, antecipando-se ao Projeto Genoma Humano dos Estados Unidos.

Barataud e a AFM queriam dedicar o dinheiro do Téléthon à pesquisa para a cura das enfermidades genéticas, mas este objetivo não foi na verdade alcançado. Com efeito, se o financiamento da cartografia do genoma produz necessariamente resultados pelo acúmulo indutivo de dados, o mesmo não acontece com a terapia gênica, cujo funcionamento se mostrou muito mais complexo. Em 2000, Alain Fischer, médico do hospital Necker, depois de pesquisas financiadas em parte pela AFM, conseguiu introduzir em uma célula um gene codificador contra a doença das "crianças-bolhas", de modo a corrigir o efeito do gene que sofrera a mutação. Essa técnica permitiu salvar crianças de uma morte certa, mas fez com que desenvolvessem a leucemia. Como a introdução de um gene produz efeitos indesejáveis, é o conjunto das relações entre o gene e o organismo que deve ser repensado, afastando-se do modelo segundo o qual um gene produz um único efeito.

Se a terapia gênica é ainda muito delicada quando se trata do corpo humano, foi tentada com mais sucesso em organismos mais simples. A segun-

---

20. BARATAUD, B. *Au nom de nos enfants*. Op. cit., p. 9.

da geração de terapia gênica consiste em alcançar o gene mutante na própria reprodução, intervindo diretamente no núcleo. Um rato foi assim tratado por causa de uma deficiência imunitária, em 2002, pela equipe de Rudolf Jaenisch em Cambridge (Massachusetts), combinando três técnicas: o desenvolvimento de células-tronco embrionárias, a recombinação homóloga de genes e a produção de clones por transferência de núcleo em um ovócito[21]. Essa técnica não foi aplicada ao ser humano: a produção de clones para uso terapêutico é ainda proibida na maior parte dos países, depois do protesto indignado pela clonagem da ovelha Dolly, em 1997, realizada por Ian Wilmut. O fantasma negativo de dois corpos idênticos (em grande parte infundado, dado que apenas o núcleo é transferido para um ovócito, enquanto a informação genética é também transmitida pelos mitocôndrios) lançou na sombra a imagem, talvez mais fantasmática ainda, e no entanto mais positiva, de um corpo curado pela terapia gênica.

Para lá dessas imagens futuristas, a realidade histórica da mobilização da AFM na produção do primeiro mapa do genoma humano assinala um ponto importante: a localização das doenças genéticas foi o motor da cartografia da totalidade do genoma. O patológico foi assim a via de acesso ao normal: a mobilização daqueles que se sabem atacados em seu corpo estimulou o conhecimento da estrutura genética dos corpos humanos. De maneira comparável a essas outras grandes doenças do século, como a Aids e o câncer, é por uma forma de biossocialidade, associando pessoas em torno de identidades biológicas singulares, que o saber médico veio a ser um problema público[22]. Apareceu uma problematização do corpo genético no movimento pelo qual alguns grupos assumiam, de maneira inventiva, sua própria enfermidade. A realidade histórica dessa biossocialidade, associação inovadora de corpos e

---

21. Cf. NOUVEL, P. La thérapie génique. In: DEBRU, C. *Le possible et les biotechnologies*. Paris: PUF, 2003.

22. Cf. RABINOW, P. "Artificiallity and enlightenment: from sociobiology to biosociality". *Essays on the Anthropology of Reason*. Princeton (NJ): Princeton University Press, 1994.

de técnicas genéticas em vista da boa "qualidade de vida", pode ser oposta ao discurso ideológico da sociobiologia, de acordo com o qual os corpos humanos não passam de meios utilizados pelos genes em vista da sua mais perfeita reprodução[23]. A sociobiologia retoma, com efeito, o esquema eugenista do século XIX, em que a genética é uma metáfora do corpo político que chegou à representação transparente de uma ordem racional; ora, a forma tomada pelo saber genético no decorrer do século XX contradiz esse sonho, dado que mostra claramente lugares particulares do genoma em torno dos quais grupos singulares podem constituir-se. Se o espectro do eugenismo pode retornar, é através de uma outra imagem do corpo genético: o corpo da população.

III. Genética das populações e prevenção dos riscos

As doenças genéticas que estimularam a pesquisa na primeira década do sequenciamento do genoma são doenças monogenéticas. Depois do sequenciamento, são principalmente as doenças poligenéticas, que envolvem vários genes, que constituem o objeto de novos estudos. Enquanto é possível prever com certeza uma doença monogenética (segundo o modelo do teste de identificação), uma enfermidade poligenética só pode ser conhecida com uma certa probabilidade, em função de correlações estatísticas entre diversos genes. Nesta perspectiva, qualquer doença é potencialmente de origem genética: a constatação da frequência hereditária de uma doença motiva a procurar a localização do gene, sem que se conheça ainda o papel do gene. É o que ocorre com o Mal de Alzheimer, com as doenças cardiovasculares, ou com alguns tipos de câncer. O conhecimento dos genes permite, então, descobrir predisposições para as doenças, e modificar o seu comportamento em função do conhecimento dessas predisposições: por exemplo, mudar de regime alimentar, caso se detecte uma predisposição para as doenças cardiovasculares; deixar de fumar, caso se descubra uma predisposição para o cân-

---

23. Cf. DAWKINS, R. *Le gène egoïste*. Paris: Odile Jacob, 1996.

cer do pulmão; decidir abortar, caso apareça com grande probabilidade uma doença grave no feto. É até possível imaginar – alguns cientistas o fazem, e trabalham para tornar essa imagem real – que a investigação descubra um dia predisposições para um corpo musculoso ou para um ouvido musical, que estimulará cada indivíduo a "cultivar seus talentos". O horizonte da investigação genética não é, deste modo, só a cura, mas também o reforço: a genética não vai produzir mais apenas um corpo protegido contra a doença, mas também um corpo mais forte, mais belo, mais inteligente.

O corpo que se forma assim já não é o corpo de um indivíduo em luta contra uma enfermidade cuja presença ele conhece com certeza. É um corpo coletivo, atravessado por normas de avaliação e por regularidades estatísticas: é o corpo da população. Estamos efetivamente assistindo ao cruzamento entre a genética molecular – que tem no mapeamento do genoma o desenvolvimento mais recente e mais espetacular – e a genética das populações, disciplina que surgiu por volta da década de 1930, fora de qualquer referência ao modelo molecular, no quadro do neodarwinismo. Os trabalhos de T. Dobzhanski sobre a drosófila, paralelos aos de Morgan, e publicados com o título *The genetics of natural population* (1938-1976), mostram a diversidade de formas de um mesmo gene (os "alelos"), em função dos ambientes ecológicos. Tendem a pôr em questão a seleção natural de um gene particular para sublinhar o papel do acaso na formação de um genoma particular, explicando deste modo a formação de um grande número de mutações genéticas imperceptíveis, cujas funções não são claramente identificáveis. A genética das populações mostra que uma enfermidade é relativa ao ambiente ecológico em que se exprime. O caso mais célebre é a drepanocitose, denominada também "sicklemia" (inglês: *sickle cell*) ou "anemia falciforme", caracterizada por um número insuficiente de glóbulos vermelhos e por sua forma de foice, e causada por uma mutação do gene codificador para a hemoglobina. Herdada de ambos os genitores, a doença é muitas vezes fatal, ao passo que, herdada de um só dos pais, protege parcialmente da malária. Em 1958, E.B. Livingstone partiu desse fato para estabelecer as relações entre o gene da drepanocitose, a taxa de malária e o aparecimento da agricultura na África Ocidental, ligando a resistência genética à malária com a formação de pântanos ricos em mosquitos devido ao fato do roçado do terreno. Uma doença genética pode assim aparecer como proteção contra certas evoluções ecológicas, e justamente por isso como um indício de certos movimentos das populações.

Ao mesmo tempo que mostra o caráter variável do seu objeto, a genética das populações introduz um aparelho e medida matemática: o estudo das populações permite reduzir o conjunto das formas humanas a um reduzido número de estruturas genéticas, de acordo com o modelo de funcionamento de um computador. Nesta perspectiva, as mutações genéticas correm o risco de serem consideradas como erros com relação a uma norma, o que iria contradizer a variabilidade descoberta no início. O corpo da população é um corpo em movimento que a ciência deve reduzir a um pequeno número de variáveis pela medida matemática: introduz-se assim o controle social na diversidade biológica dos corpos. Esta visão da sociedade foi representada pelo filme *Bem-vindo a Gattaca*, que retoma o cenário do *Admirável mundo novo* de Huxley, transpondo-o para o meio genômico. O herói do filme, condenado por seu perfil genético de nascença a um *status* inferior na divisão do trabalho, descobre um jeito de ludibriar, por sua aparência física, os testes genéticos que autorizam o acesso aos locais de trabalho dos "homens superiores". O controle social, que relega a uma posição inferior os indivíduos mais fracos, obriga a um permanente autocontrole, que permite ao herói alcançar seus objetivos. A visão pessimista da sociedade eugênica se vê assim compensada por uma visão otimista do papel do indivíduo.

Esse controle das populações, tantas vezes representado em obras de ficção, acontece em grande escala em uma evolução bastante real das sociedades ocidentais, que Robert Castel designou como "a gestão dos riscos"[24]. Esta substitui a abordagem direta das enfermidades no quadro da relação médico-paciente – que tem na psicanálise o seu modelo no nível específico

---

24. Cf. CASTEL, R. *La gestion des risques*: de l'anti-psychiatrie à l'après-psychanalyse. Paris: De Minuit, 1981.

das doenças mentais – por uma abordagem global em termos de administração das populações e de controle dos sujeitos, produzindo indivíduos flexíveis e adaptados. Ela faz passar do tratamento direto da doença, pelo ato de assumir o seu contexto global, a uma avaliação estatística dos riscos da doença. O risco não é um perigo imediato detectado pela supervisão minuciosa dos corpos, mas a probabilidade calculável de comportamentos anormais e desviantes. Os corpos dos indivíduos não passam então de meros portadores dessas tendências estatísticas que os superam, e às quais devem submeter-se por um comportamento adequado. Aparecem no cruzamento de lugares de periculosidade, correlações estatísticas detectáveis por meio de computadores e modelos biológicos.

Castel dá o nome de "gestão tecnocrática das diferenças" a essa abordagem objetiva das enfermidades, que não leva em conta a sua dimensão subjetiva. Assim, a pesquisa sobre o gene da esquizofrenia, iniciada nos anos de 1970, pôs em xeque a concepção psicanalítica dessa doença mental, redistribuindo os sintomas considerados como dependentes da esquizofrenia em função de suas ligações com determinações genéticas. Longe de achar "o gene da esquizofrenia", a investigação recente mostrou predisposições localizadas para sintomas que estavam até então reunidos sob a denominação geral de "esquizofrenia", em função dos neurotransmissores correspondentes a eles, das proteínas que são a sua causa e dos genes que codificam para essas proteínas. A genética efetua, assim, uma recomposição das relações entre o visível e o invisível: o que era até então percebido como uma enfermidade visível, com o conjunto das identificações subjetivas que lhe estão ligadas, deve agora ser recodificado através da estrutura invisível do genoma, produzindo então novos modos de identificação.

Essa "gestão dos riscos" deu margem a um discurso sobre a formação de uma medicina preventiva, cujo papel não é mais o de curar, mas o de prever de antemão as doenças, com certa probabilidade. Exercida pelos médicos, ela implica medir as consequências para o doente desse conhecimento sobre suas predisposições. Ora, a capacidade de adaptação subjetiva e de projeção no tempo da doença depende de competências socialmente adquiridas e diferenciadas[25]. Travaram-se debates sobre as consequências da posse de um conhecimento como esse para as companhias de seguro e as agências de recrutamento, mesmo que uma tal eventualidade não se tenha ainda realizado. Em todos os casos, é certo que o conhecimento sobre a genética é socialmente diferenciado, quer seja segundo a classe social, o sexo ou a idade, e que essa diferenciação produz e vai produzir efeitos de violência social.

Debates comparáveis cercaram, no nível internacional, a formação do "Projeto diversidade genética humana", lançado por biologistas e antropólogos em 1991, e que tem como objetivo estudar o perfil genético de 10.000 a 100.000 indivíduos distribuídos nas populações humanas mais diversas do planeta. Os promotores desse projeto esperam contribuir ao mesmo tempo para o conhecimento da origem dos povos e para a compreensão das bases genéticas das doenças hereditárias e de suas expressões em meios diferentes. Se a sua meta é lutar contra o racismo ao qual a genética parecia de início ligada, esse projeto suscitou, no entanto, vivas objeções: por um lado, a identificação das bases genéticas das doenças não constitui a prioridade para muitas populações, que devem primeiro enfrentar suas doenças mais urgentes e cuja etiologia é conhecida; por outro lado, a utilização do material genético dessas populações dá ensejo a uma apropriação dos corpos indígenas pelo Ocidente, de modo particular através do sistema das patentes, e reproduz os esquemas imperialistas da antropologia colonial,

---

25. Cf. BOLTANSKI, L. "Les usages sociaux du corps". *Annales ESC*, vol. 26, 1971, p. 221: "As regras de comportamento a que o indivíduo deve obececer e cuja reunião forma aquilo que habitualmente se denomina a 'medicina preventiva' são objetivamente portadoras de uma filosofia implícita e exigem daqueles que têm o dever de aplicá-las um certo tipo de atitude global em face da vida e particularmente diante do tempo. A medicina preventiva exige dos sujeitos sociais a adoção de uma conduta racional diante da doença que, reinserida a título de eventualidade possível em um plano de vida, pode então ser mantida sob controle ou superada pela previsão das leis de longo prazo".

segundo os quais seria necessário estudar e conservar etnias "puras" antes que desaparecessem[26].

Debates como esses produzem uma nova problematização do corpo político. Na Islândia, cuja população – 300.000 habitantes – é a mais homogênea etnicamente e sobre a qual se possuem as informações genealógicas mais precisas, um voto do Parlamento autorizou, em 1998, uma empresa de biotecnologia, a Decode Genetics, a adquirir os direitos exclusivos sobre os arquivos genealógicos da população durante doze anos, em vista de participar do mapeamento do genoma humano para o uso da pesquisa internacional[27]. A tradição democrática da Islândia propiciou uma resposta inventiva à questão posta pela nova genética das populações: como é que a objetivação genética dos corpos pode ser subjetivamente apropriada por aqueles envolvidos nela? Ora, esta questão tinha constituído anteriormente o objeto de elaborações jurídicas e éticas complexas, sob esta forma: quem é dono da informação genética sobre o corpo humano?

IV. Os debates jurídicos e éticos sobre a propriedade do genoma

Os debates em torno do Projeto Genoma Humano se entrecruzam com aqueles suscitados por outras questões de propriedade do corpo: clonagem humana, mães de aluguel, enxertos de órgãos, aborto[28]... No caso do genoma, esses debates se tornam ainda mais agudos quando se trata de saber se a propriedade do corpo humano se estende a partes ínfimas do corpo, como o material genético. Esse problema foi particularmente suscitado depois que as empresas de biotecnologia pediram para estabelecer patentes sobre as

---

26. Cf. LOCK, M. The alienation of body tissue and the biopolitics of immortalized cell lines. In: SCHEPER-HUGHES, N. & WACQUANT, L. *Commodifying Bodies*. Londres: Sage, 2002, p. 63-91 [Extraído de *Body and Society*, vol. 7, n. 2-3, 2001].

27. Cf. PÁLSSON, G. & RABINOW, P. "Iceland: the case of a national Human Genome Project". *Anthropology Today*, vol. 15, n. 5, p. 14-18.

28. Cf. CRIGNON-DE OLIVEIRA, C. & NIKODIMOV, M.G. *À qui appartient le corps humain?* – Médecine, politique et droit. Paris: Les Belles Lettres, 2004.

partes do genoma sequenciadas. Se as patentes foram criadas pelo final do século XVIII, para proteger as invenções mecânicas, foram aplicadas ao ser vivo a partir de Pasteur e do avanço da microbiologia. Nos anos de 1970 e 1980 se atribuíram patentes para as técnicas de biologia molecular, como a reação de PCR ou a utilização de marcadores fluorescentes para o sequenciamento do ADN. Foram mais tarde aplicadas aos organismos provenientes dessas técnicas, como os ratos transgênicos, em 1988 e 1992[29]. O corpo escapa, assim, à propriedade do indivíduo quando entra em um processo técnico e comercial: torna-se então visível no cenário da economia e do direito.

O caso paradigmático para a reflexão sobre esses problemas jurídicos é a sentença proferida pela Corte Suprema dos Estados Unidos, em 1990, na causa que opunha John Moore aos diretores da Universidade da Califórnia. John Moore movia um processo contra a Universidade da Califórnia por ter patenteado, em 1984, células imortais produzidas a partir de células extraídas de seu próprio corpo, no contexto de um tratamento bem-sucedido de seu câncer. Afirmou a Corte Suprema que John Moore não tinha o direito de reivindicar a propriedade das células patenteadas, mas lhe concedia o direito de pedir um ressarcimento pela traição da relação paciente-médico. A Corte Suprema seguia, assim, a linha que já estabelecera na questão Chakrabarty, em 1980, relativa ao patenteamento de uma bactéria capaz de degradar o petróleo: a modificação genética de uma célula produz um ser que não depende da natureza, mas que, se for útil e novo, pertence inteiramente àquele que o inventou. Esta decisão, tomada no contexto da era Reagan, marcava a entrada das biotecnologias na comercialização, e ao mesmo tempo fazia do consentimento informado a única regra jurídica enquadrando as transações entre os corpos: a propriedade do corpo deveria ser regulada por um sistema de partilha do lucro equitativo. Os juízes conservadores misturaram, de maneira contraditória, argumentos que visavam proteger a inves-

---

29. Cf. HERMITTE, M.-A. & EDELMAN, B. *L'homme, la nature et le droit*. Paris: Christian Bourgois, 1988.

tigação científica, inclusive suas possibilidades de comercialização, com um respeito pela dignidade do corpo humano, considerado como inviolável e sagrado. Um dos juízes fez a seguinte declaração: "O requerente nos pediu que reconhecêssemos e instituíssemos um direito de vender o seu próprio tecido celular para obter lucro. Pede-nos que consideremos o corpo humano – o sujeito mais venerado e o mais protegido em toda sociedade civilizada – como equivalente à mais baixa mercadoria comercial. Impõe-nos misturar o sagrado ao profano". Enquanto a comercialização do corpo produz partes de corpos fragmentadas, circulando de um corpo para outro, a concepção tradicional mantém a ideia de um corpo unificado, emergindo como fênix desses fragmentos de corpos: é impressionante, deste ponto de vista, que as células extraídas do corpo de John Moore se tenham tornado imortais, como a totalidade de um ser vivo pode ser reconstituída a partir somente de seu ADN[30]. A contradição entre essas duas visões do corpo, em um mesmo parecer jurídico, é o indício de um problema malformulado.

Na França, as transferências de partes de corpos foram por muito tempo consideradas como não problemáticas: o decreto de 7 de julho de 1949 autoriza a doação de órgãos, neste caso de olhos, sem despertar grandes polêmicas. A lei de 21 de julho de 1952 enquadra a doação de sangue no sentido de um esforço de solidariedade gratuito e desinteressado. A lei de 22 de dezembro de 1976 autoriza a retirada de órgãos de um cadáver, salvo em caso de proibição explícita pela pessoa quando ainda em vida. Mas a expansão crescente de uma indústria biotecnológica, animada pelo próprio Estado no contexto da DGRST, suscitou uma crescente inquietação. Essa inquietação se exprimiu pela criação do Comitê Consultivo Nacional de Ética para as ciências da vida e da saúde por François Mitterrand em 1983, cujo papel é o de apresentar pareceres sobre as implicações éticas da pesquisa científica sobre o ser vivo. Segundo Jean-Pierre Baud, que lhe reconstitui a genealogia, a

---

30. Cf. RABINOW, P. "Severing the ties – Fragmentation and redemption in Late Modernity". *Essays on the Anthropology of Reason*. Op. cit., p. 129-152.

doutrina jurídica do Comitê de Ética "declara na simplicidade de um axioma e na ambição de uma missão: *o corpo é a pessoa*. E um dos aspectos modernos da eterna missão civilizadora da França é fazer triunfar essa ideia contra o mercantilismo da sociedade industrial[31]. Dominique Memmi, que estudou os diferentes grupos científicos, políticos e religiosos representados no Comitê de Ética, observa: "Vivida como uma intromissão artificial e forçada, visto ser decidida por humanos, a investigação genética ou simplesmente médica é abordada paradoxalmente como se fosse mais ameaçadora que os golpes infligidos pela natureza (através da má formação ou da doença) ao corpo inteiro[32].

Foi proposta, no nível internacional, uma terceira solução: fazer do genoma humano o patrimônio comum da humanidade, pondo à disposição do público o mapa desse genoma[33]. Assim, em 1995, a Human Genome Organization emitiu um parecer que visa excluir do campo das patentes as sequências do genoma humano já produzidas e coordenar as investigações em curso. É neste contexto que o Comitê Internacional de Bioética da Unesco redigiu a "Declaração Universal sobre o genoma humano e os direitos humanos", sobre a qual levantamos a cortina e cujo sentido hoje compreendemos melhor na representação dos corpos genéticos e na política das patentes que a governa. O interesse da noção de patrimônio é confundir a fronteira entre as coisas e as pessoas: ela designa uma coisa cuja transmissão faz parte da personalidade. A ideia de um patrimônio da humanidade, já formulada no contexto do direito internacional para o mar, os astros e os bens culturais, ultrapassa o quadro do patrimônio individual ou familiar – definido no direi-

---

31. BAUD, J.-P. *L'affaire de la main volée*: une histoire juridique du corps. Paris: Du Seuil, 1993, p. 20.

32. MEMMI, D. *Les gardiens du corps*: dix ans de magistère bioéthique. Paris: Ehess, 1996, p. 18.

33. Cf. BELLIVIER, F. & BOUDOUARD-BRUNET, L. Les ressources génétiques et le concept juridique de patrimoine. In: LABRUSSE-RIOU, C. (org.). *Le droit saisi par la biologie*: des juristes au laboratoire. Paris: LGDJ, col. "Bibliothèque de droit privé", t. 259, 1996.

to privado – para se estender ao interesse comum da humanidade[34]. Por isso, neste quadro ainda ficcional, fica de pé a questão de saber quem seria o proprietário e gestor desse patrimônio: tratar-se-ia de um Estado particular ou de uma organização internacional?

Quer seja pela afirmação da autonomia do indivíduo ou pela da dignidade da pessoa, ou ainda pelo reconhecimento de um patrimônio da humanidade, tais concepções jurídicas e éticas não resolvem o problema da relação entre os corpos e a parte que lhes é comum, embora possa ser separada: o genoma. Talvez fosse necessário pôr o problema de outra maneira, histórica e antropologicamente, procurando compreender como o corpo se torna visível socialmente de maneira nova passando pelo palco do genoma, ao invés de traçar as fronteiras de uma pessoa inviolável. Um estudo como este poderia então recorrer à noção de pessoa, tal como a definiu Mauss[35]: máscara que a sociedade se dá a si mesma e cujos contornos dependem do conjunto das representações que ela organiza. O genoma seria o cenário no qual os corpos se tornam visíveis por máscaras que os transformam em pessoas. Mas então seria necessário renunciar a investigar se o genoma é uma coisa ou uma pessoa. Será talvez necessário colocar a questão nestes termos: o genoma é ou não é pessoa, estrutura anônima sobre a qual se podem constituir pessoas reais? Estamos prontos a nos deixar assim contemplar? Se a resposta é negativa hoje, resta ver que olhares serão inventados pelos novos atores da cena genética. A representação ainda não está escrita: há outros atos a representar.

---

34. Cf. OST, F. *La nature hors la loi*: l'écologie à l'épreuve du droit. Paris: La Découverte, 1995.

35. Cf. MAUSS, M. "Une catégorie de l'esprit humain: la notion de personne, celle de moi". *Sociologie et anthropologie*. Paris: PUF, 1950. Essa concepção foi proposta por J.-C. Cailloux em Essai de définition du statut juridique sur le matériel génétique, tese, Bordeaux, 1988, p. 54: "O material genético modela a máscara pela qual a sociedade e o direito reconhecem a pessoa: máscara não mais feita de traços familiares, submetidos aos caprichos do tempo, mas uma máscara imutável, uma marca interior, fiel e inalterável". Pode-se, no entanto, questionar o caráter "imutável" dessa máscara. Cf. THOMAS, Y. "Le sujet de droit, la personne et la nature – Sur la critique contemporaine du sujet de droit". *Le Débat*, n. 100, mai.-ago/1998, p. 85-107.

Parte II

O desejo e as normas

1
O CORPO SEXUADO
Anne-Marie Sohn

Nunca, antes do século XX, o corpo sexuado fora objeto de cuidados tão atenciosos. Cada um o exibe, o corpo está onipresente no espaço visual, ocupa igualmente um papel sempre maior nas representações tanto científicas como midiáticas. Chegou mesmo a se tornar um desafio médico e comercial. Seu lugar central no último quarto de século tende assim a fazer olvidar a história subterrânea da libertação do desejo até os anos de 1968 em que, pela primeira vez, práticas sexuais e discursos sobre a sexualidade se conjugam publicamente e impõem a irrupção da vida privada nas questões políticas. Foi, no entanto, necessário um longo processo para que o direito ao prazer para todos se impusesse, bem como o seu corolário: a recusa de uma sexualidade sob pressão. Liberdade de um lado e exigência de transparência do outro envolvem agora o dia a dia do corpo sexuado.

I. Mostrar os corpos

Se os corpos nus fazem parte, hoje, do nosso quadro cotidiano, isto se deve à erosão progressiva do pudor, durante muito tempo inculcado como virtude desde a primeira infância e reforçado para as filhas na adolescência. Mas o recuo do pudor está, ele mesmo, ligado à exigência de sedução imposta pelo casamento por amor. Homens e mulheres, com efeito, são reduzidos a isso, para encontrarem sozinhos um parceiro que outrora a família e as relações tiravam do ninho, a jogarem com seus trunfos pessoais e, entre eles, o primeiro de todos: o físico.

1. A erosão do pudor privado

Esboçado desde a *Belle Époque*, o recuo do pudor corporal vai se acelerando no período entre-guerras e se difunde durante os Trinta Gloriosos. Foi necessário, para tanto, superar a barreira de tradições seculares: proibição de mostrar as pernas, ou mesmo o calcanhar para uma mulher, proibição de urinar em público para um adulto e até para um menino, dissimulação do corpo da mulher na gravidez e no parto, recusar despir-se para fazer sua toalete, a fim de não despertar pensamentos pecaminosos em relação à moral religiosa. Recorde-se que no final do século XIX ainda se faz amor "totalmente nus, só com a camisola" e que a alcova é inimiga da luz. Esses interditos remetem a uma concepção cristã da sexualidade, circunscrita ao casal legítimo, destinada essencialmente à reprodução e inimiga da concupiscência.

O corpo, no entanto, vai progressivamente se desvelar sob o efeito combinado da moda e do turismo balneário. A evolução do maiô resume, por si só, os progressos alcançados. Sob o Segundo Império, homens e mulheres, separados, dirigem-se à praia de penhoar e se lançam na água fria para um banho vivificante em maiôs que envolvem o corpo: calções longos e mangas compridas, sobressaia para dissimular as curvas femininas permitem associar banho de mar e decência. Em 1900, é chegada a hora do conforto esportivo e do *jersey*, primeiro escuro para abafar as formas e, depois, mais claro e listrado, as listras obrigatoriamente azuis ou vermelhas com a função, novamente, de dissimular o corpo. Mas, ao mesmo tempo, o maiô começa a diminuir: descobre as pernas e, a seguir, os joelhos, abre-se na região do peito enquanto as mangas se tornam guarnições. Depois da Grande Guerra, o calção triunfa para os homens, e o maiô de uma só peça para as mulheres. O duas peças, com calção alto, chega mesmo a aparecer rapidamente na Cote d'Azur. Transformando-se na década de 1930 em lugar de ócio e de lazer, a praia, ainda por cima, convida a expor o corpo desnudo para apresentar um bronzeado perfeito, símbolo agora de boas férias[1].

Nesse meio-tempo, as mulheres tinham encurtado seus vestidos e mostrado as pernas sem maldade alguma. Tinham igualmente trocado o espartilho pelo sutiã, escolhido para um apoio natural, preconizado pelo costureiro Poiret já desde antes de 1914, e reduzido a *lingerie* à sua expressão mais simples. Sem dúvida, as mais idosas e as mais afetadas se haviam indignado e se recusaram a adotar uma moda que consideravam imoral e contrária à reserva feminina. Mas tudo isso não passava de combate de retaguarda. A partir dos anos de 1930, os ciclistas adotavam o calção de malha, as mulheres usavam o *short* longo para as caminhadas, e as sedutoras o *short* curto. O desvelar em público dos corpos femininos teve um impacto imediato na vida privada. Esse espetáculo inocente e tacitamente admitido pela opinião pública reabilitou o corpo em sua dimensão sexuada. Deste modo, a nudez foi naturalmente se desenvolvendo nas relações íntimas. As esposas mais recatadas, no entanto, não gostam de exibir o corpo em um ambiente muito iluminado, em parte por um resto de pudor e, fato novo, pelo receio de não poder mostrar uma plástica impecável. Desde então, com efeito, que homens e mulheres não podem mais trapacear com o corpo, os cânones da beleza física se mostram muito exigentes. A partir da *Belle Époque*, o modelo do homem e da mulher magros e longilíneos predomina. Com a nudez do verão, é necessário ainda por cima exibir músculos firmes. O recuo do pudor implica assim um novo trabalho sobre o corpo entre musculação e dietética incipiente. Mas é só depois, na década de 1960, que o regime passa a ser uma preocupação unanimemente compartilhada, dado que, segundo Luc Boltanski, três quartos dos franceses das classes altas, mas igualmente 40% dos operários,

---

[1]. Cf., entre outros, DÉSERT, G. *La vie quotidienne sur les plages normandes du second empire aux années folles*. Paris: Hachette, 1983. • URBAIN, J.-D. *Sur la plage* – Moeurs et coutumes balnéaires, XIX-XXe siècle. Paris: Payot, 1994.

consideram-se muito acima do peso². Inversamente, os homens muito magros ficam desolados e depositam as esperanças em sessões de musculação acelerada, ao passo que as moças gordinhas se deixam seduzir pelas promessas maravilhosas do tratamento "Oufiri". Surgida nos anos de 1930, a cirurgia estética vai progressivamente ganhando terreno, entre um público feminino, durante a época dos Trinta Gloriosos, mas é preciso ainda esperar o fim do século XX para que os homens também recorram a ela, a fim de corrigir, de modo particular, calvícies nada estéticas.

As audácias, por outro lado, não cessaram de se multiplicar na segunda metade do século XX. Em 1946, seis dias depois da explosão de uma bomba atômica no atol de Bikini, Louis Réaud lança um minúsculo duas peças que pode caber em uma caixa de fósforos: o "biquine". A roupa de banho, no entanto, é considerada tão escandalosa que é uma bailarina do cassino de Paris que apresenta a novidade na piscina Deligny, pois nenhum manequim se apresentara. Menos de vinte anos depois, em 1964, as banhistas de Pamplona a Saint-Tropez "tiram a parte de cima". O caso provoca escândalo, mas o exemplo logo se espalha por toda a parte, em nome da liberdade corporal e da luta contra "as feias marcas brancas" do maiô, que estragam o bronzeado. A mescla entre "têxtil" e "seios nus" põe, todavia, o problema da coabitação entre duas normas de pudor, bem como entre idades e sexos. Torna-se necessário, então, encontrar novas regras de convivência: escolha da praia onde a pessoa se mostra, gestos recatados e posturas graciosas para as mulheres, olhares discretos para os homens que não gostariam de parecer *voyeurs*³. Nada, afinal, é menos natural e espontâneo que a escolha de seios nus na praia. Mas o maiô brasileiro também contribuiu para a derrubada das últimas resistências. Fora do nu completo, reservado desde o período de entre-guerras a praias isoladas, nada mais fica escondido na praia. Compreen-

---

2. BOLTANSKI, L. "Les usages sociaux du corps". *Annales ESC*, vol. 26, n. 1, 1971.
3. KAUFMANN, J.C. *Corps de femmes, regard d'hommes* – Sociologie des seins nus. Paris: Nathan, 1995.

de-se então que a nudez tenha florescido nas representações, e sob formas sempre mais ousadas.

2. Varrem-se as formas da decência pública

O pudor oficial obedece a regras estritas até os anos de 1950. A lei se encarrega de ser sua guardiã, e floresce a autocensura. Mas esta última já não engana ninguém, pois muitos se exprimem através de linguagens cifradas, mas transparentes.

A publicidade não demora a se liberar. Desde 1900 ela não hesita em mostrar mulheres no toalete, usando espartilhos sedutores. Essas propagandas, aliás, contribuíram para a dessacralização do corpo feminino. Os cartões postais, um dos principais vetores da cultura de massa até a década de 1940, enfiam-se na brecha. Apontam em primeiro lugar no registro da alusão maliciosa, jogando com a retórica da "fortaleza conquistada" pelo valente soldado, pintando "a frente" discretamente enamorada ou "as costas" lânguidas e até a cama desarrumada. A partir da guerra, seguem a mesma linha do cinema, que contribui poderosamente para a normalização das atitudes e dos comportamentos amorosos. É nos anos de 1930 que a sexualidade não é mais somente sugerida, mas apresentada em cena, tanto nos filmes como nos cartazes: sedutoras em combinação e ligas, amantes desfalecidas sobre a cama, beijos cheios de paixão, tudo isso como prova do desejo e do prazer.

Em 1956, põe-se de lado toda hipocrisia. *E Deus criou a mulher*, de Roger Vadim, marca uma virada, não porque ele pinta os amores de uma moça livre – Bergman já o experimentara em 1953, em *Monika*, sem que o filme provocasse polêmicas –, mas porque a protagonista, Brigitte Bardot, aparece nua, embora moldada em um *collant* vermelho. Quanto ao banho depois do adultério, filmado por Louis Malle em *Os amantes*, em 1958, suscita a polêmica por sugerir o amor físico. A partir da década de 1960 afirma-se o direito à sexualidade na tela com *A colecionadora* (1967), de Éric Rohmer, que pinta os amores conjugados de uma moça comum, ou a infidelidade sem drama de

Antoine Doinel em *Domicílio conjugal* (1970). Vem depois a época do corpo a corpo amoroso, que faz recuar progressivamente os limites do impudor, da felação de Maruschka Detmers em *Com o diabo no corpo*, de Bellochio (1986) às ligações homossexuais de passagem, pintadas sem disfarce por Stephen Frears em *Prick up your ears* em 1987.

Diminuiu assim a diferença entre filmes eróticos e filmes classificados como pornográficos. O aumento da pornografia remete, no entanto, a um fenômeno mais amplo, o da comercialização do corpo sexuado[4].

3. Pornografia e comercialização do corpo

Na primeira metade do século XX, o romance se mantém sempre como o vetor dominante de uma pornografia com difusão ainda limitada e dissimulada no "Inferno" da Biblioteca Nacional, mas o cancioneiro, o panfleto, a literatura paramédica podem igualmente servir-lhe de suporte[5]. Os censores velam então ciosamente pela pureza dos costumes. *La garçonne*, que pintava, mas sem carregar nos gestos, os amores sucessivos e alguns até homossexuais, de uma moça liberada, valeu a seu autor, Victor Margueritte, ser riscado em 1922 da Legião de Honra. Por isso, alguns escritores, autores de textos eróticos ou pornográficos ao lado da sua literatura oficial, escondem essas obras inconfessáveis. Guillaume Apollinaire publica assim, sob anonimato, *As onze mil virgens*, ao passo que Louis Aragon se dissimula sob um pseudônimo. Quanto a D.H. Lawrence, *O amante de Lady Chatterley*, publicado em 1928, valeu-lhe o opróbrio da opinião pública. Os limiares de tolerância, no entanto, evoluem rapidamente nos anos de 1950. A *História de Ó*, que pinta cenas sadomasoquistas, é considerada em sua publicação,

---

4. A própria palavra só entra no vocabulário em 1830.

5. STORA-LAMARRE, A. *L'enfer de la IIIe Republique* – Censeurs et pornographes, 1881-1914. Paris: Imago, 1989. • KRAAKMAN, D. Pornography in Western European culture. In: EDER, F.X.; HALL, L.A.; HEKMA, G. (orgs.). *Sexual culture in Europe* – Themes in Sexuality (1700-1996). Manchester: Manchester University Press, 1999.

em 1954, como um romance pornográfico, apesar de seu estilo contido, ao passo que *Emmanuelle*, a estória de uma iniciação erótica em Bangkok, escapa à condenação. A esta altura, de resto, a pornografia literária já é um gênero moribundo. A força contestadora da ordem estabelecida, que a animava desde o século XVIII, sofreu efetivamente uma erosão a partir da *Belle Époque*, mesmo que os anos de 1960 correspondam a um breve renascimento, graças a alguns autores subversivos que desejam questionar a sociedade burguesa através do sexo. A imagem se torna, com efeito, o principal vetor da pornografia.

Já nos anos de 1900 são rodados os primeiros filmes pornográficos. São então projetados nas casas fechadas, nas passagens ou nos cafés. Uma prova do seu sucesso: desde 1920, o governo dos Estados Unidos pede a William Hays a definição de regras de decência às quais terão de conformar-se todos os filmes. Os produtores, no entanto, fazem malabarismos e, mediante a arte do subentendido, tornam a sexualidade tanto mais atraente quanto mais censurada. Na década de 1950, quebra-se um tabu com o aparecimento da "imprensa romântica" e a revista *Playboy* alcança uma tiragem, já em 1959, de 400.000 exemplares. A partir de 1960, em um contexto de liberalização dos costumes, o cinema erótico principia o seu desenvolvimento, com produções de *soft pornô*, como os *schoolgirls reports*. Nos anos de 1970, investem nesse gênero cineastas contestadores da ordem dominante e desejosos de abalar os tabus sexuais, mas logo vem a orientação para a produção de massa. O ano de 1975 assinala uma virada, visto que os filmes eróticos representam um quarto das entradas e que o primeiro filme pornográfico francês *Exhibition* é classificado, com 600.000 espectadores, entre os dez filmes mais vistos. Quanto a *Emmanuelle*, totaliza, entre junho de 1975 e julho de 1976, dois milhões de entradas. Em vista disso, a lei de 30 de dezembro de 1975 tenta limitar a difusão desse gênero em pleno avanço. Submetido a uma comissão classificadora, o cinema "X" (pornô) fica limitado a salas especializadas, proibido de fazer publicidade e gravado com pesadas taxas. Nem por isso é freado o seu desenvolvimento. Expulso das salas de projeção, aplica em um novo suporte: o videocassete. Com o cassete, o espetáculo penetra nos lares e se banaliza. Em 1992, uma sondagem sobre os comportamentos sexuais dos franceses revela que 52% dos homens e 29% das mulheres de 25 a 49 anos assistiram a filmes pornográficos.

O filme pornográfico introduz uma profunda ruptura nas representações da sexualidade e dos corpos. Pela primeira vez, ele reproduz atos sexuais não simulados, realizados de maneira estereotipada por profissionais e destacados de toda relação afetiva ou pessoal. A desrealização segue *pari passu* com a focalização sobre os órgãos e a fisiologia sexual[6]. Por outro lado, tendo passado da contestação à era comercial, o cinema pornográfico se transmuda em consumo de massa. Pode assim a oferta diversificar-se e ultrapassar os limites do aceitável. A felação, antigamente audaciosa, aparece hoje como um item obrigatório. A sodomia e as posições insólitas, de transgressivas, tornaram-se padronizadas. O filme pornográfico, enfim, descambou para o *hard crade* e integrou o sujo, o monstruoso, o bestial. Em assim agindo, impôs-se como um "mundo", de acordo com a fórmula de Patrick Baudry, com seus "Hors d'or", seus festivais, suas "estrelas do pornô". Reviravolta significativa, estas últimas passam da condição de prostitutas à de artistas. Dá-se assim mais um passo para a legitimação do pornô, como o atesta igualmente a classificação, em 1993, pelos *Cahiers du cinema* de *Rêves de cuir* (1971) nos "cem filmes para uma videoteca". Essa evolução contaminou os outros veículos. *Lui* ou *Playboy*, que haviam banalizado o espetáculo do corpo feminino desnudado, mas tinham proibido a imagem do ato e dos órgãos sexuais, viram-se forçados a ceder à pressão da procura e descambaram para o pornográfico. *Penthouse*, a mais audaciosa das revistas, em que ainda era proibido nos anos de 1980 o espetáculo da felação ou da sodomia, descambou a ponto de ser a partir de 1993 vendida em envelope de plástico. A imprensa feminina, até ela, começa a se alinhar por seus títulos e artigos com a onda do tempo. Quanto à publicidade, a partir do final da década de 1990,

---

6. BAUDRY, P. *La pornographie et ses images*. Paris: Armand Colin, 1997. • BAUDRY, P. "Le spectacle de la pornographie". *Ethnologie Française*, n. 2, 1996.

derivou para o "pornô-chic" de Dior ou Weston. A pornografia não é, portanto, nem mais transgressiva nem escondida. Ela se expõe abertamente e propõe referências. Sobretudo, vende muito, e até nos circuitos comerciais mais tradicionais. O material pornográfico não fica mais recolhido exclusivamente nos *sex-shops* que surgiram no fim dos anos de 1960 na Europa. Os catálogos das Três Suíças ou de Neckermann oferecem, hoje, aparelhos de massagem vibratória e cassetes. O Canal + apresenta, desde 1985, seu "pornô" mensal, que garantiria, sozinho, um quarto das assinaturas em 2002.

Tanto o historiador como o sociólogo encontram dificuldade para medir os efeitos de uma mutação concentrada no último quarto do século XX. Ignoram amplamente o impacto dos filmes pornô, que falam de "sexo" e não de sexualidade, enquanto põem em cena corpos jovens, perfeitos, de libido inexaurível. As sondagens de opinião, muito raras, parecem distinguir nos espectadores usos múltiplos: substitutivo sexual para os mais jovens, estimulação fantasiosa para os homens com mais de quarenta anos. Igualmente, o debate sobre o lugar atribuído à mulher, submetida ao desejo masculino, mas também administradora dos prazeres, não está encerrado. As feministas dos anos de 1970 combateram uma pornografia considerada fundamentalmente machista. No entanto, houve mulheres que se apropriaram do gênero, daí o debate em torno de *A vida sexual de Catarina M.*, lançado em 2001, ou da censura que atingiu em 2000 o filme de Virginie Despentes, baseado em seu romance *Beija-me*. Em contrapartida, a questão da importância na atividade sexual das figuras pornográficas e, sobretudo, do seu impacto sobre o imaginário das crianças permanece aberta, mas preocupa, como o atesta o relatório encomendado, em 2002, a Blandine Kriegel sobre o tema[7].

A cada etapa, o recuo do pudor e dos tabus visuais em matéria de sexualidade suscita interrogações sobre o futuro da sociedade e da moral. Por se-

---

7. BAS, F. & GERMA, A. "Montrer ce sexe que l'on ne saurait voir – Le cinema français à l'épreuve du sexe (1992-2002)". *Le Temps des Médias*, n. 1, outono de 2003.

rem menos polêmicos, os discursos científicos sobre o corpo vão culminar igualmente no questionamento das vulgatas e dos comportamentos.

II. Discursos e intervenções sobre o corpo sexuado

O século XX é marcado pela proliferação dos discursos sobre o sexo, os sexos e a sexualidade, como também pela intervenção médica sempre maior sobre o corpo sexuado, possibilitada na segunda metade do século XX pelos progressos científicos.

1. A proliferação dos discursos científicos: protossexologia e "ciência sexual"

A burguesia do século XIX, com sua "vontade de saber" e de controle dos corpos, havia definido uma biopolítica do sexo que tinha como intuito normalizar os comportamentos privados pelo controle das mulheres, das crianças e da sexualidade não reprodutiva[8]. Esse projeto permitiu que se constituísse a sexualidade em objeto de estudo. As análises, no entanto, tinham um cunho moralizante e se interessavam, antes de tudo, por aquilo que ameaçava a sexualidade ordinária: onanismo, doenças venéreas, "aberrações" sexuais[9]... Esta "protossexologia" advertia, portanto, contra os excessos que podiam esgotar o organismo e aconselhava uma sábia gestão espermática, mas não tinha objetivo terapêutico. É pelo final do século XIX que nasce na Alemanha e na Inglaterra, nos meios médicos e psiquiátricos, a

---

8. FOUCAULT, M. *Histoire de la sexualité* – Tomo I: La volonté de savoir. Paris: Gallimard, Col. "Bibliothèque des histoires", 1976. • CORBIN, A. O encontro dos corpos. In: CORBIN, A.; COURTINE, J.-J.; VIGARELLO, G. (orgs.). *História do corpo* – Vol. II: Da Revolução à Grande Guerra. Petrópolis: Vozes, 2008.

9. Existem algumas exceções, como o atestam os estudos precoces de Ambroise Tardieu sobre os atentados ao pudor e a prática do aborto: TARDIEU, A. *Étude médico-légale sur les attentats aux moeurs*. Paris: J.-B. Baillière, 1857 [Reed. sob o título *Les attentats aux moeurs*, com prefácio de Georges Vigarello. Grenoble: Jérôme Millon, 1995.

primeira "ciência sexual", com a publicação, em 1886, da *Psychopathia sexualis* de Richard von Kraft-Ebing, os *Estudos de psicologia sexual* de Havelock Ellis e os trabalhos de Magnus Hirschfeld[10]. Fundamentada em estudos de caso, ela tenta uma tipologia "científica" dos comportamentos e das perversões, que já não toma como base o pecado, mas critérios de normalidade e de anormalidade. O sodomita, fustigado pela Bíblia, transforma-se deste modo em um doente. A transgressão da clássica posição do missionário é interpretada não mais como atentatória aos preceitos religiosos, e sim como manifestação de sadismo ou de lesbianismo na mulher e de masoquismo no homem. Cada sexo vê, portanto, que lhe atribuem um papel exato e expressões autorizadas da sexualidade. No entanto, as mulheres, mais que os homens, focalizam os discursos científicos em nome da sua função materna. A teoria freudiana, tal como expressa pela primeira vez em 1905 em *Três ensaios sobre a sexualidade*, fazendo do prazer o motor da sexualidade, constitui uma considerável ruptura, visto que se passa de uma sexualidade reprodutiva a uma sexualidade hedonista. As categorias de análise são assim abaladas e se propõe uma nova definição das perversões, pulsões profundas que convém superar por um desenvolvimento psíquico harmonioso para desaguar em uma sexualidade normal, ou seja, heterossexual e genital. Suas consequências, no entanto, não são imediatas.

Já desde antes da guerra de 1914, feministas e socialistas como Stella Browne e Georges Ives, com o apoio de intelectuais como Bernard Shaw ou Bertrand Russell haviam, por outro lado, fundado a *British Society for the Study of Sex Psychology*. Também na Inglaterra, Maria Stopes publica um livro de sucesso, que alcançou a tiragem de mais de um milhão de exemplares até a década de 1950, *Married love*, onde ela defende o direito ao prazer se-

---

10. A obra de Krafft-Ebing só foi traduzida para o francês em 1931, prefaciada por Pierre Janet. Em compensação, a suma de Havelock Ellis já começa a ser publicada a partir de 1904 no *Mercure de France*. Magnus Hirschfeld, que publicou, a partir de 1896, mais de 30 volumes, só vê o seu primeiro livro traduzido em francês em 1908: *Les homosexuels de Berlin* – Le troisième sexe (Reed., Lille: Association Gai-Kitsch-Camp, 1990). Cf., sobre este ponto, CORBIN, A. "O encontro dos corpos". Art. cit.

xual da mulher casada. Torna-se assim, graças à abundante correspondência suscitada pela obra, a primeira conselheira conjugal moderna das mulheres como também dos homens[11]. Tendo então constatado como era enorme a angústia que suscitava nas mulheres o medo de uma gravidez indesejada, abre em 1921 a primeira clínica europeia de *birth control*. Quanto a Magnus Hirschfeld, pioneiro da descriminalização da homossexualidade na Alemanha, cria em 1919 o Instituto para a Ciência Sexual (*Institut für Sexualwissenschaft*) e, mais tarde, funda com Havelock Ellis e Auguste Forel a Liga Mundial para a Reforma Sexual, que tem como propósito, ao mesmo tempo, fomentar a educação sexual e a procriação consciente, prevenir a prostituição e as doenças venéreas, lutar contra a estigmatização das sexualidades marginais e promover a igualdade dos sexos. Quanto à sexologia francesa, ainda balbuciante, insere-se na mesma linha da Liga Mundial para a Reforma Sexual, com algumas revistas e organizações como a Associação de Estudos Sexológicos, criada em 1931 pelo Dr. Édouard Toulouse, ou a Sociedade de Sexologia, presidida pelo Professor Achard. Os italianos, por sua vez, publicam em 1932 um *Dizionario di Sessuologia*[12]. É, pois, no período entre as duas grandes guerras (1914-1939) que vai se desenvolver a sexologia e a palavra começa a ganhar espaço na linguagem corrente[13]. A problemática desses pioneiros ainda permanece, todavia, sempre fiel ao "modelo de dois gêneros", elaborado no século precedente[14]. Os autores, seja qual for o tema abordado, raciocinam através do binômio feminino/masculino e seus com-

---

11. As cartas recebidas por Marie Stopes (60 cartões), ou mesmo suas respostas e notas sobre essas cartas, foram conservadas no Wellcome Institute for the History of Medicine e foram usadas para o estudo da sexualidade masculina por HALL, L.A. *Hidden Anxieties* – Male Sexuality, 1900-1950. Cambridge: Polity Press, 1991.

12. WANROOIJ, B.P.F. *Storia del padre* – La questione sessuale in Italia, 1860-1940. Venise: Marsilio, 1990.

13. Em sua forma inglesa, *sexology* vai aparecer a primeira vez em 1867, sob a pena de Elizabeth Osgood Goodrich Willard, em *Sexology as the philosophy of life*. Chicago: J. Walsh, 1867. Cf. tb. BÉJIN, A. *Le nouveau tempérament sexuel* – Essai sur la rationalisation et la démocratisation de la sexualité, Paris: Kimé, 1990.

14. LAQUEUR, T. *La fabrique du sexe* – Essai sur le corps et le genre en Occident. Paris: Gallimard, 1992.

plementos implícitos: passiva/ativo, iniciada/iniciador, conquistada/conquistador. A sexualidade feminina é a principal vítima dessa leitura distorcida. O clitóris, percebido como uma anomalia "viril", vê-se assim permanentemente desvalorizado, sobretudo entre os adeptos da psicanálise. Freud, com efeito, define a libido como masculina, e conclui que rapazes e moças devem organizar a sua sexualidade em torno do pênis. Na ausência do pênis, a menina adota a princípio, por uma masturbação clitoridiana, o mesmo comportamento que o garoto. No entanto, na idade adulta, a mulher deve recusar esse prazer infantil, interpretado até por alguns como um sinal de frigidez. Deve ela privilegiar o coito vaginal, submeter-se a ele por sacrifício e masoquismo, sublimar, enfim, o desejo do pênis na criança. A psicanálise vai, no fim das contas, mas sob uma forma renovada, acabar justificando os papéis prescritos às mulheres pela sociedade. Houve, sem dúvida, nos anos de 1930, um debate no seio da comunidade freudiana. A escola inglesa, com Melanie Klein, Ernest Jones, Karen Horney, relativizou o prazer vaginal e também a inveja do pênis, propondo a ideia de uma libido feminina. Na França, todavia, Marie Bonaparte e Hélène Deutsch ainda se mantêm em posições tradicionais e bastante rígidas. Somente Wilhelm Reich rompe com este esquema e é o primeiro, efetivamente, a pôr a ênfase sobre "a potência orgástica"[15]. Mas, se ele realiza entre 1927 e 1935 uma pesquisa original, ela continua confidencial, particularmente na França, onde apenas uma de suas obras, *A crise sexual*, é traduzida em 1934.

Não se conhecem muito bem os efeitos dos primeiros discursos sexológicos. Estes, no entanto, contribuíram sem dúvida para tirar a sexualidade do silêncio e da vergonha. Progressivamente, por outro lado, legitimaram o prazer. Balizaram assim o terreno da sexologia científica da segunda metade do século XX, cujo momento fundador foi o Relatório Kinsey[16].

---

15. La fonction de l'orgasme, publicada em 1942, só se torna acessível na França em 1970.
16. Cf. BRENOT, P. *La sexologie*. Paris: PUF, "Que sais-je?", 1994. • BÉJIN, A. *Le nouveau tempérament sexuel*. Op. cit. • GIAMI, A. "De Kinsey au Sida: l'évolution de la construction du comportement sexuel dans les enquêtes quantitatives". *Sciences Sociales et Santé*, n. 4 [especial: Sexualité et santé], 1991.

2. Sexologia moderna e intervenções sobre o corpo

Alfred Kinsey, zoólogo de formação, e sua equipe, que trabalham no quadro do *Institute for Sex Research* da Universidade de Indiana, situam-se em um terreno diferente dos seus predecessores. Não têm como projeto efetuar uma classificação dos comportamentos em normais e desviantes. Limitam-se a traçar um quadro das práticas sexuais dos seus contemporâneos, graças a uma sondagem que repousa em uma ampla amostragem de 10.000 pessoas. A primeira obra, publicada em 1948, é dedicada à sexualidade masculina. A segunda, que toma por objeto a sexualidade feminina, é publicada em 1953 e pretende ser acessível a um público maior[17]. Os norte-americanos imediatamente percebem a novidade radical da empreitada e o seu alcance subversivo. Sem qualquer preocupação conjugal ou reprodutiva, a sondagem de opinião se interessa apenas pelo prazer, pela produção de orgasmos e pelos meios de alcançá-lo: sonhos eróticos, relações extraconjugais e homossexuais, relações com animais etc. Sob o rigor científico transparece uma liberdade sexual em contradição com o arsenal repressivo ainda em vigor nos Estados Unidos[18]. A masturbação surge como algo universal para os meninos desde a idade dos onze-doze anos, e Kinsey sublinha que ela em nada é prejudicial para a saúde. As relações pré-conjugais são igualmente corriqueiras. Quanto aos homens casados, praticam uma sexualidade polimorfa, combinando relações conjugais, onanismo,

---

17. Diversamente do que aconteceu com as obras da primeira sexologia, esses dois livros não demoraram a ser traduzidos na França. KINSEY, A.C. et al. *Le comportement sexuel de l'homme*, é traduzido no ano de sua publicação, em 1948, nas Éditions du Pavois; *Le comportement sexuel de la femme* é publicado na França em 1954 pelas Éditions du Livre contemporain. Sobre a recepção na França, cf. CHAPERON, & "Kinsey: les sexualités féminine et masculine en débat". *Le Mouvement Social*, n. 198 [especial: Féminin/masculin], jan.-mar./2002.

18. A sedução sem casamento é, então, punida com vinte anos de prisão em certos Estados.

prostituição e adultério[19]. Kinsey arruína, deste modo, as normas da moral da castidade e da heterossexualidade conjugal. Ele propõe, com efeito, uma visão radicalmente nova da homossexualidade, uma experiência corriqueira, segundo ele, porém mais ou menos intensa e classificada em uma escala que vai de 0 a 6. Sublinha assim que 37% dos homens tiveram pelo menos uma vez uma experiência homossexual; 4% não tendo tido senão relações sexuais só com uma pessoa do mesmo sexo[20]. A maioria das pessoas navega, deste modo, entre heterossexualidade e homossexualidade, o que proíbe qualquer explicação pela patologia ou pelo desvio. Mas, acima de tudo, Kinsey raciocina sobre um comportamento indiferenciado e não aceita a concepção freudiana da sexualidade feminina. É o primeiro a negar a hierarquia dos órgãos femininos, embora reabilitando o prazer clitoridiano, conclui que são poucas as mulheres que jamais conheceram o orgasmo. Segundo Kinsey, a sexualidade feminina é, portanto, bem semelhante à sexualidade masculina. As fases fisiológicas – excitação, acme, e detumescência – são idênticas para os dois sexos. Por isso, as diferenças de comportamento não podem ser imputadas, segundo ele, a não ser a uma socialização diferente. Preconiza assim a igualdade no prazer e concorda, à sua maneira, com *O segundo sexo*. Os Relatórios Kinsey inauguram a época das sondagens de opinião. É necessário, no entanto, esperar 1972, para que o Doutor Simon publique o primeiro relatório sobre a sexualidade dos franceses[21]. Em 1977, o trabalho da sexóloga Shere Hite, elaborado a partir de uma sondagem que cobriu 3.000 mulheres, põe em xeque a vulgata freudiana. Segundo ela, as mulheres raramente alcançariam o orgasmo recorrendo só ao coito e teriam

---

19. O adultério é crime, exceto em quatro estados.

20. Os números são mais baixos para as mulheres: 6% a 14% de experiências homossexuais.

21. *Rapport Simon sur le comportement sexuel des français*. Paris: P. Charra/R. Julliard, 1972.

necessidade de uma estimulação clitoridiana. O clitóris é reabilitado e contesta-se a submissão da mulher a uma sexualidade vaginal e reprodutiva.

A partir da década de 1960, a sexologia se apresenta igualmente como terapêutica. Dois autores norte-americanos, William Masters, médico, e Virginia Johnson, psicóloga, propõem então um projeto terapêutico fundado sobre uma observação laboratorial das reações sexuais[22]. Sua descrição das fases do orgasmo – excitação, platô, orgasmo e resolução – se impõe como dado clássico e lhes permite tratar os pacientes detectando facilmente as disfunções. Se Masters e Johnson separam a sexualidade da reprodução, trabalham, em contrapartida, para o bom sucesso conjugal, restaurando a função erótica que é, segundo eles, a base de toda união bem-sucedida. Em sua clínica de São Luís (Missouri) propõem, então, aos casais terapias comportamentais muito diretivas. Com a duração de duas semanas, e posta sob a autoridade de dois terapeutas, um homem e uma mulher, a cura comporta quatro fases: a coleta da informação, a construção do tratamento, uma reeducação dos sentidos pela exploração dos corpos, seguida de uma reeducação aprofundada que vai culminar com o coito. Fica, no entanto, proibida a perseguição prematura do orgasmo. Fundadas sobre o prazer e centradas na heterossexualidade conjugal, essas terapias seduziram pelo seu bom-senso e por suas promessas de satisfação plena.

Suscitaram igualmente a criação de um corpo de especialistas: os sexólogos. Em 1974 é fundada a Sociedade Francesa de Sexologia Clínica. Em 1975, os doutores Jacqueline Kahn-Nathan e Albert Netter organizam o Primeiro Congresso Mundial de Sexologia que vai culminar, em 1978, com a criação da World Association of Sexology. Esses pioneiros, na maioria médicos, são também, como Gilbert Tordjman, os mais ardorosos defensores da educação sexual. Constituem hoje, na França, um grupo estruturado, ho-

---

22. MASTERS, W. & JOHNSON, V. *Les réactions sexuelles*. Paris: Robert Laffont, 1967. • MASTERS, W. & JOHNSON, V. *Les mésententes sexuelles et leur traitement*. Paris: Robert Laffont, 1971.

mogêneo, e que desfruta em cerca de 90% de uma sólida formação em sexologia, ministrada em universidades a partir dos anos de 1980. Além disso, 68% são médicos e 12% psicólogos diplomados. Os sexólogos, que não tratam anomalias, e sim disfunções do orgasmo, sugerem terapias muito diversificadas, que têm por base o descondicionamento e o recondicionamento dos pacientes: psicoterapias em primeira instância, abordagens psicossomáticas, em particular o relaxamento e a sofrologia, terapias comportamentais e sexoterapias na linha de Masters e Johnson[23]. Seu notável sucesso se explica pela rapidez da cura prometida e levou a uma relativa desvalorização do tratamento psicanalítico, cuja longa duração – de cinco a sete anos – e a ausência de resultados palpáveis desanimaram muitos clientes.

O próprio recurso ao sexólogo, médico do prazer, foi beneficiado com a solvabilidade da demanda, pelo nível de educação crescente e também pela vulgarização dos discursos da ciência. As revistas femininas tipo *Elle* servem para isso para muita gente, tanto como os programas de rádio. Menie Grégoire desempenhou, nessa matéria, um papel pioneiro em RTL. De 1967 a 1981 ela se põe à escuta dos ouvintes, e principalmente das ouvintes que lhe expõem seu "problema", por carta ou por telefone. Ela lhes dá conselhos e propõe, a cada um, um conselho ou uma solução. Os casos abordados se referem essencialmente a temas de ordem privada e familiar. A sexualidade irrompe assim nas transmissões através de gravidezes não desejadas, mas também do adultério e da frigidez, que se torna pela primeira vez assunto público. O tema é tão solicitado que Menie Grégoire lança, em 1973, um segundo programa, *Responsabilidade sexual*. Ela aí oficia com "peritos", padres, psicanalistas, sexólogos. O Doutor Michel Meignant desempenha nesse programa um papel-chave e contribui para que se deslizasse da cura analítica, que gozava no entanto das preferências de Menie Grégoire, para a sexoterapia à

---

23. GIAMI, A. & COLOMBY, P. "Profession sexologue?" *Société contemporaine*, n. 41-42 [especial: Les cadres sociaux de la sexualité], 2001. Eles realizaram uma sondagem em 1999 abrangendo 1.000 sexólogos.

americana[24]. Falar publicamente de sexualidade e de desentendimento sexual a partir de agora é lícito. Mas também se propõe a todos um novo objetivo: o orgasmo que, como condição de boa saúde e de equilíbrio mental, torna-se obrigatório. Muitos programas, tanto radiofônicos como televisivos, exploraram desde essa época esse filão, mas os anos de 1960 de RTL marcaram época. Introduziram uma nova normalização dos comportamentos pela imposição do bom desempenho sexual[25].

3. Medicina e gestão do corpo sexuado

Inserida no quadro de crescente medicalização da sociedade, a medicalização da sexualidade é multiforme[26]. Ela abrange tanto os "*scripts* sexuais", os cenários e representações sexuais dos indivíduos, quer reais ou fantasiosos, como a reprodução ou o controle da fecundidade. Ela põe em campo especialistas diversos e vai acompanhada por uma bateria de exames e tratamentos. Pode culminar em políticas de saúde pública. Efetua-se, porém, de forma diferente para os homens e para as mulheres.

A atenção dedicada à maternidade explica que as mulheres sejam desde muito cedo controladas em uma rede de prescrições médicas. O ginecologista, aliás, não tem equivalente masculino. O corpo feminino é em primeiro lugar, para os médicos, um corpo grávido que se deve conduzir até o parto seguro e, depois, colocar ao serviço do bebê. O começo do século XX está então principalmente centrado na proteção materna e infantil. Os médicos, neste quadro, têm o dever de combater o aborto e impor o aleitamento, de

---

24. O Doutor Meignant também contribuiu para a tradução da obra de Masters e Johnson.

25. CARDON, D. "Droit au plaisir et devoir d'orgasme dans l'émission de Menie Grégoire. *Le Temps des Médias*, n. 1, outono/2003.

26. GIAMI, A. "La médicalisation de la société – Aspects sociologiques et historiques". *Andrologie*, n. 4, 1998. • GIAMI, A. Médicalisation de la sexualité et médicalisation de la société. In: JARDIN, A.; QUENEAU, P.; GIULANO, F. (orgs.). *Progrès thérapeutique* – La médicalisation de la sexualité en question. Paris: John Libbey Eurotext, 2000.

preferência à mamadeira. Começam também os primeiros tratamentos contra a infertilidade. Quanto aos pesquisadores, estão na estrita dependência da linha obstétrica, que lhes fornece as amostras retiradas da placenta, necessárias para seus trabalhos. Afinam deste modo seus conhecimentos sobre os hormônios femininos e negligenciam, por conseguinte, o sistema hormonal masculino. Nessas condições, era lógico que a contracepção química tivesse como único alvo as mulheres[27].

Desde que a pílula é legalizada, nos Estados Unidos em 1957 e na França, pela Lei Neuwirth, em 1967, as mulheres sofrem um acompanhamento médico muito mais rigoroso do que antes[28]. A contracepção hormonal abala o poder reprodutivo em relação ao segundo sexo. É, de resto, significativo que sua invenção se ache estreitamente ligada ao *birth control*. Gregory Pincus havia começado a trabalhar, na década de 1930, com os hormônios sintéticos e tinha observado que se poderia bloquear a ovulação usando um medicamento. Mas não havia tirado dessa descoberta conclusões contraceptivas. Margaret Sanger, uma norte-americana convertida já desde 1913 à limitação dos nascimentos por Emma Goldman, é a primeira que entrevê, em 1950, o alcance revolucionário de seus trabalhos e consegue que Katherine MacKormick, feminista rica e decidida, financie suas pesquisas. Pincus descobre em 1951 que a progesterona bloqueia a ovulação. Depois de experimentação em Porto Rico, a pílula é comercializada a partir de 1960. Ela abala a vida das mulheres. Implica, todavia, maior vigilância médica. A primeira visita ao ginecologista e a prescrição da pílula marcam em geral, para uma jovem, o começo da vida sexual. O acompanhamento ocasional obstétrico é substituído por uma gestão que dura toda a vida, da contracepção ao aborto, sem esquecer as ecografias de gravidez que modificam a percepção do corpo

---

27. Cf. GARDEY, D. & LÖWY, I. *L'invention du naturel* – La science et la fabrication du féminin et du masculin. Paris: Archives Contemporains, 2000.

28. GONZALÈS, J. *Histoire naturelle et artificielle de la procréation*. Paris: Bordas, 1996.

grávido e os tratamentos hormonais de substituição[29]. Estes últimos, que fizeram sua irrupção de umas duas décadas para cá, revelam de resto o desejo novo de preservar ao mesmo tempo sua qualidade de vida e sua feminilidade. A vontade de vencer a esterilidade levou, por outro lado, a fazer do corpo da mulher um campo de experimentação científica. Se a inseminação com doador vai se desenvolver a partir de 1970 com a criação dos Cecos[30], a fecundação *in vitro*, inaugurada em 1978 ao ensejo do nascimento de Louise Brown em Manchester provoca intervenções mais sérias, como estimulação ovariana, retirada de óvulos, reimplante de embriões múltiplos, o que pode levar a gravidezes múltiplas e patológicas. Essas façanhas da técnica suscitaram, por outro lado, problemas éticos inesperados: inseminação *post mortem*, direito dos celibatários e dos homossexuais à procriação médica assistida, "barrigas de aluguel" e, portanto, separação entre filiação natural e legal. Com a promessa da clonagem vislumbra-se a possibilidade de procriação sem genitores, mas não sem células reprodutoras e úteros femininos. Ficariam assim conjugadas duplicação humana e sujeição do corpo das mulheres.

Muito antes, todavia, os médicos não haviam hesitado em modificar radicalmente a identidade sexual de seus pacientes. Certamente no começo do século XX eram pouco numerosos os candidatos à mudança de sexo, mas pediam intervenções cirúrgicas profundas e irreversíveis que a lei durante muito tempo assimilava a mutilações. Essa virada histórica resulta de um processo complexo que articula psiquiatria, endocrinologia e genética. É na *Belle Époque* que psiquiatras alemães e anglo-saxões começam a se interessar pelo travestismo – a palavra é inventada por Magnus Hirschfeld em 1910 – e

---

29. Sobre a gravidez e as sonografias, cf. nesta obra a contribuição de Anne-Marie Moulin, I Parte, cap. 1.

30. Centros de Estudos e de Conservação do Esperma.

pelo transexualismo[31]. Krafft-Ebing o define então como "uma metamorfose sexual paranoica", ao passo que Havelock Ellis o interpreta como uma identificação invertida no heterossexual. A partir do período de entre-guerras, os psiquiatras devem também levar em conta os progressos da biologia que, com a descoberta dos cromossomos e dos hormônios sexuais, permitem compreender melhor as funções da sexuação e de suas disfunções. Alguns médicos, por outro lado, defrontando-se com os sofrimentos de seus clientes e desejando aliviá-los, começam a recorrer à cirurgia para pôr em conformidade corpo e sexo psicológico. Em 1912 é realizada a primeira mastectomia em uma jovem, que a consegue com a chantagem do suicídio. Em 1921, "Rodolfo", que se tornou "Dora" graças a uma operação realizada por Felix Abraham, aluno de Hirschfeld, é o primeiro transexual masculino tratado pela cirurgia e sofre uma penectomia seguida da construção de uma pseudovagina. Mas é a biografia de Einar Wegener, no qual o médico berlinense Erwin Gohrbandt praticou a ablação dos testículos e implantes ovarianos, que leva à praça pública uma questão até aí circunscrita a um pequeno círculo de especialistas. Traduzida em 1933, sob um pseudônimo – *Man into woman. An authentic record of a change of sex* – torna-se o livro *cult* dos transexuais. A esta obra se segue, em 1946, o manifesto de Laura, depois Michael Dillon, *Self. A study in ethics and endocrinology*. Laura, que consegue fazer com um cirurgião britânico uma mastectomia, seguida de uma faloplastia, advoga de maneira provocadora a livre escolha do próprio sexo e a retificação cirúrgica do "erro da natureza"[32]. Os progressos da endocrinologia e a síntese dos hormônios, em particular do estradiol em 1936, permitiram pa-

---

31. Cf. *Clio*, n. 10 [especial: Femmes travesties – Un "mauvais genre"?] 1999. • CHILARD, C. *Changer de sexe*. Paris: Odile Jacob, 1997. • MERCADER, P. *L'illusion transsexuelle*. Paris: L'Harmattan, 1994. • CASTEL, P.H. *La métamorphose impensable* – Essai sur le transsexualisme et l'identité personnelle. Paris: Gallimard, 2003, que oferece uma bibliografia e uma cronologia quase exaustiva.

32. As primeiras faloplastias foram realizadas em 1916 por um médico militar britânico em mutilados de guerra.

ralelamente aos transexuais masculinos administrar a si mesmos hormônios femininos, antes que fossem normalizadas as prescrições na década de 1950[33]. A partir daí, multiplicam-se os métodos de tratamento, quer cirúrgicos quer farmacêuticos, e são progressivamente descriminalizados: a partir de 1935, na Dinamarca, para a castração; em 1967, na Grã-Bretanha; em 1969, na República Federal Alemã. O custo do tratamento chega até a ser coberto pela Seguridade Social neerlandesa em 1972, data na qual a American Medical Association recomenda a cirurgia como o tratamento normal para a mudança de sexo. Em contrapartida, a primeira operação de retificação sexual só é praticada na França em 1970, e somente se torna lícita em 1979. A Ordem dos Médicos, de fato, havia protestado, escandalizada, quando uma cantora e *stripper* de cabaré, Arthur Jacques Duquesnoy, que se tornou depois de uma operação em Casablanca "Coccinelle", havia conseguido em 1962 uma mudança de estado civil em La Seine, e depois se casara. No alvorecer da década de 1980, em compensação, já se contam nos Estados Unidos vinte *Gender Identity Clinics*, tendo tratado entre 3.000 e 6.000 transexuais, e cerca de dezenas de milhares de clientes potenciais. Só falta então para estes últimos vencer a batalha do sexo social e do estado civil. Trata-se de um ponto pacífico na Europa, depois que a França foi condenada em 1991 pelo Tribunal Europeu dos Direitos Humanos por ter indevidamente negado uma mudança de estado civil. De doença e sofrimento na *Belle Époque*, a transexualidade se tornou uma reivindicação e contribuiu para ampliar o debate sobre a determinação de sexo, entre biologia, internalização das normas sociais e transformação radical do corpo sexuado.

Mas só depois de algum tempo é que a medicina vai se ocupar com as funções sexuais masculinas. A comercialização do Viagra em 1997 surgiu de uma estratégia industrial que não teria sido possível sem uma nova maneira

---

33. Os hormônios sexuais foram também utilizados desde o tempo de entreguerras, para tratar os distúrbios mentais e "curar" os homossexuais. Os contraceptivos femininos são também usados para feminilizar transexuais masculinos.

de abordar a impotência[34]. Obsessão dos homens a ponto de a terem durante muito tempo atribuído a "coisa feita" por feiticeiros, a impotência se vê então redefinida como um simples distúrbio da função erétil. A abordagem psicopatológica dá lugar a uma explicação puramente orgânica, logo midiatizada. Restava então à indústria farmacêutica apresentar o medicamento como o único tratamento possível. Quanto à escolha da administração por via oral, isto lhe permitia entrar no campo da medicina geral e aumentar a clientela potencial. A procura do produto fez então que aumentassem os casos de disfunção. O declínio da atividade sexual, relacionado à idade, foi cada vez menos tolerado, como tudo aquilo que altera, de resto, o bem-estar corporal. O Viagra acabaria culminando, *in fine*, em uma nova percepção do corpo. A atividade sexual foi pensada em perspectiva mecânica e dissociada do parceiro. Não era mais o tempo da terapia conjugal, mas do prazer sexual e do lucro.

Com o surgimento da Aids [Sida], doença mortal, a sexualidade se torna de novo um problema de saúde pública e motiva os médicos a tentarem modificar as práticas sexuais. Fora de dúvida, a luta contra as doenças venéreas que, devemos frisá-lo, não haviam jamais inquietado as classes populares no século XIX e no século XX, sempre havia associado prevenção, vigilância sobre os "agentes" contaminadores e cuidados com a saúde. Dito isto, a erradicação da sífilis com o uso dos antibióticos havia levado ao mesmo tempo ao fim de uma obsessão burguesa secular e a um relaxamento na vigilância. Com a Aids, os epidemiologistas se colocam, desta vez, na primeira linha. As grandes sondagens então lançadas para identificar os comportamentos de risco modificam o discurso sobre a sexualidade que, de hedonista, passa a ser sanitário. Diante desse novo flagelo, cada sociedade reagiu à sua maneira e modulou a própria política de prevenção em função de seus valores. Na

---

34. BAJOS, N. & BOZON, M. "La sexualité à l'épreuve de la médicalisation: le Viagra". *Actes de la Recherche en Sciences Sociales*, jun./1999. • BOZON, M. *Sociologie de la sexualité*. Paris: Nathan, 2002.

França, as primeiras campanhas em prol do preservativo são lançadas na segunda metade dos anos de 1980. Se visam particularmente as populações mais ameaçadas – jovens, dependentes de drogas, homossexuais – não preconizam a continência, única solução recomendada pelo Vaticano, por exemplo. A partir dos anos de 1990, esses conselhos dão em parte seus frutos: generaliza-se o uso do preservativo entre os jovens, os homossexuais com múltiplos parceiros, e os homossexuais com relações ocasionais. As relações do casal, todavia, quer homossexual quer heterossexual, continuam fundadas sobre a confiança e não são protegidas como o esperavam os médicos. Com o aparecimento das triterapias em 1996, que dão à Aids a imagem de uma doença crônica, vai declinar a vigilância. Em sociedades democráticas, a injunção médica referente à intimidade significa, com efeito, um atentado à liberdade dos indivíduos.

Nesse ínterim, o mundo viveu, entre a pílula e a Aids, o direito ao prazer associado à liberdade para procriar. Esses *trinta anos gloriosos* (*Trente Glorieuses*) da sexualidade, entretanto, são o fruto de um longo processo de liberação, esboçado desde o fim do século XIX, mas reivindicado somente nos anos de 1960.

III. Libertar os corpos e as sexualidades

A "liberdade dos costumes", como se diz no princípio do século XX, passa ao mesmo tempo pela liberação da palavra e dos gestos, pela transgressão da moral conjugal tradicional e, enfim, pela suspensão dos tabus. Mas o direito ao prazer tem uma contrapartida: a recusa das violências sexuais e de uma sexualidade sob coerção.

1. Libertar a palavra e os gestos

Durante séculos a sexualidade foi mantida sob silêncio ou despachada para o registro de coisas "sujas" e pecaminosas. O primeiro terço do século

XX rompeu com essas táticas de escamoteamento e de dissuasão adotando a princípio expressões anódinas, embora explícitas: "relações" e "partes íntimas" e, mais tarde, "sexuais". Por outro lado, a linguagem anatômica vai ganhar terreno no período entreguerras. Agrada, porque é precisa, científica e assexuada. Duas palavras ganham a preferência em todos os sufrágios: "vara" (*verge*) e "vagina". Termos mais técnicos, por exemplo, ereção, ejaculação ou útero, não são dominados tão bem. Alguns relatórios de polícia civil ou de policiais militares abundam, de resto, no período entreguerras, de saborosos erros de linguagem como "vasin" (em vez de "vagin") ou "pénisse" (em vez de "pênis"). O sucesso do vocabulário fisiológico deve muito à medicalização da sociedade e ao avanço das práticas abortivas. A irrupção da linguagem anatômica, muito apreciada pelas mulheres até por sua neutralidade, constitui um novo progresso que permite nomear de maneira distanciada órgãos e gestos. Essas evoluções linguísticas tiram a sexualidade da clandestinidade e favorecem audácias sempre maiores na alcova.

Mas o casamento por amor também se viu muito envolvido por essa onda. Amor rima efetivamente com amor físico. A partir daí, o pudor recua na alcova – não sem alguma resistência e incompreensão, como o atesta, na virada do século, este alusivo testemunho de uma mulher casada, chocada com as perguntas de seu confessor: "As coisas vergonhosas de que ele me falou não se realizam nunca entre duas pessoas casadas, a não ser cometendo, quanto eu saiba, as mais infames orgias. E quanto a mim, só conheço a natureza"[35]. Portanto, trata-se de progressos lentos e difíceis de se medir, por falta de sondagens estatísticas antes de 1970. Os corpos se desnudam a partir da época entreguerras, como já frisamos, mas fazer amor num quarto bem iluminado ainda não se banalizou. As proibições lançadas pela Igreja e pelo corpo médico, em compensação, rapidamente caem em desuso. Ocorrem assim relações sexuais

---

35. Carta s.d. [entre 1899 e 1903], escrita por uma mulher casada, antiga pensionista do Bom Pastor de Nancy. A carta está conservada nos arquivos do bispado (Archives Départementales, Meurthe-et-Moselle, 50J165/32) e amavelmente comunicada por Laurence David, autor de uma tese de mestrado sobre o Bom Pastor (Universidade de Paris I, 1994).

durante a gravidez ou nos dias das regras, submetidas agora somente aos preceitos da saúde e da higiene. A posição do missionário ["papai-mamãe"] continua sendo com certeza majoritária, mas amantes e esposos se mostram cada vez menos contrários a experimentar novas posições.

As carícias, da mesma forma, tornam-se mais inventivas e algumas, durante muito tempo reservadas somente às mulheres mais experientes e às prostitutas, banalizam-se. Vejamos, por exemplo, o beijo na boca que constituía por si só, ainda em 1881, crime de atentado ao pudor, mas na década de 1920 já se tornara a expressão obrigatória da paixão amorosa, vulgarizada ao mesmo tempo pelo cartão postal e pelo cinema. O flerte, constitutivo desde os anos de 1950 da identidade e da cultura juvenis, favorece uma aprendizagem precoce e progressiva[36]. A masturbação, que as classes populares, indiferentes às ameaças do Doutor Tissot sempre haviam praticado sem remorsos e evocavam mais na base da brincadeira que por angústia, sai do opróbrio científico desde 1917 graças a Magnus Hirschfeld e Wilhelm Steckel, discípulo de Freud. Embora desordenada, alternando tenazes resistências, remorsos e contradições, a evolução não é menos notável, dado que, em três décadas, faz a masturbação passar da categoria de vício perigoso à de um hábito de adolescentes "sem inconveniente sério" e que se deve a todo o custo banalizar, para evitar que a criança sinta vergonha e culpa[37]. A masturbação se torna assunto aberto para todos, mas somente na segunda metade do século XX. A partir da década de 1970, chega até a ser vista pelos sexólogos como passagem obrigatória para chegar ao orgasmo[38]. As carícias orais progridem no mesmo ritmo, a partir do período entre-guerras. A esta altura,

---

36. Sobre o flerte e para a França, cf. SOHN, A.-M. *Âge tendre et tête de bois* – Histoire des jeunes des années 1960, Paris: Hachette, 2001. • CASTA-ROSAZ, F. *Histoire du flirt*. Paris: Grasset, 2000.

37. Dicionário *Larousse* de 1924. Apud STENGERS, J. & VAN_NECK, A. *Histoire d'une grande peur, la masturbation*. Bruxelles: Université de Bruxelles, 1984.

38. Em 1970, 73% dos homens declaram que se masturbam, em comparação com 19% das mulheres. Em 1992, a taxa é de 84% para os homens, e de 42% para as mulheres.

todavia, as mulheres e moças bem comportadas se deixam acariciar deste modo, sem tomar a iniciativa. É depois de 1975 que a sexualidade oral perde a sua aura sulfúrea, dado que 75% das mulheres nascidas entre 1922 e 1936 a experimentaram, e 90% das mulheres nascidas entre 1958 e 1967. Em compensação, a "sodomização", como é designada até os anos de 1940, suscita durante muito tempo nas mulheres profundas reservas, ainda mais que, para alguns maridos, ela se insere em um processo de dominação brutal que pode chegar ao estupro. Com o passar do tempo, ela se torna aceitável, embora permanecendo minoritária, visto que em 1992 somente 30% dos homens e 19% das mulheres a haviam praticado, e no máximo só 3% com regularidade[39]. Mudaram, todavia, os critérios de apreciação. A moral já não se põe a proibir gestos durante muito tempo considerados como "a última obscenidade". Eles são de ora em diante avaliados em conformidade com o prazer, a dor ou a repugnância física.

2. Dissociar sexualidade e reprodução

O século XX também efetuou uma inaudita mutação no que tange à história da sexualidade: a dissociação definitiva entre sexualidade e reprodução. É no período entre as duas guerras mundiais que a Europa realiza a sua revolução demográfica e vê sua natalidade declinar rapidamente. A mutação, todavia, era muito mais antiga na França[40]. Desde o século XVIII, com efeito, um número sempre maior de camponeses havia optado por uma limitação dos nascimentos. No século XX, o desejo de limitar a descendência se tornou coisa evidente, para enorme desespero dos repopulacionistas de todos os graus. Melhor, é partilhado pelos dois sexos e a propaganda neomal-

---

39. Em 1970, 19% dos homens e 14% das mulheres tinham experimentado o coito anal.

40. BARDET, J.-P. & DUPÂQUIER, J. "Contraception, les Français, les premiers, pourquoi?" *Communications*, n. 44, 1996.

tusiana só veio reforçar convicções profundas[41]. Nos anos de 1930, um sexto dos casais na França não tem filhos. Longe de impor à esposa, em nome da dominação masculina, maternidades não desejadas, os homens são algumas vezes até mais maltusianos que suas companheiras. Maridos e esposas se põem de acordo, portanto, sobre o número de filhos que desejam – o "casal" de filhos parece o modelo familiar, mas alguns, por exemplo, no Sudoeste, aderem desde a *Belle Époque* ao filho único, e não julgam necessário, se ganham uma menina, ter a glória de pôr no mundo um menino. O desejo de educar bem filhos pouco numerosos, a aspiração dos meios populares a gozar de um certo conforto, a recusa de viver em estado de perpétua gestação para as mulheres se conjugam para explicar um comportamento muito difundido. Acrescente-se que, a partir de 1900, a opinião pública já não vê com bons olhos os casais prolíficos e que, na fase de entre-guerras, a "família-coelho" parece repulsiva e bestial. Somente uma pequena fração de franceses católicos convictos, ou vindos de ambientes modestos, mantém uma forte natalidade[42].

Sem dúvida, os meios "contraceptivos" são ainda grosseiros, mas de incontestável eficácia. A partir do século XIX, o coito interrompido se configura como o método real. Está de resto, a esta altura, tão integrado à cultura aldeã, que suscitou uma retórica agrária e muito imaginosa. A retirada é "o golpe do moleiro", é "bater na granja e joeirar à porta"[43]. No começo do século XX, em dois casos por três, a retirada serve sempre como método de contracepção, seguida, muito de longe, pelo preservativo, que é o preferido

---

41. Cf. RONSIN, F. *La greve des ventres* – Propagande néo-malthusienne et baisse de la natalité en France, XIXe-XXe siècles. Paris: Aubier, 1980.

42. Sobre a Inglaterra e o *birth control*, cf. SOHN, A.-M. Entre deux guerres, les rôles féminins en France et en Angleterre. In: DUBY, G. & PERROT, M. (orgs.). *Histoire des femmes* – Tomo V: Le XXe siècle. Paris: Plon, 1992. • McLAREN, A. *Histoire de la contraception*. Paris: Noésis, 1996.

43. STENGERS, J. "Les pratiques anticonceptionnelles dans le mariage aux XIXe et XXe siècles". *Revue Belge de Philologie et d'Histoire*, n. 2 e 4, 1971.

só de 10% dos casais⁴⁴. O mesmo ocorre na Grã-Bretanha na década de 1930. Durante a primeira metade do século XX, a contracepção continua sendo, portanto, uma questão de homens. Os processos se diversificam, no entanto, sobretudo depois da Grande Guerra, quando as mulheres procuram cada vez mais controlar a própria fecundidade. As duchas vaginais, as esponjas intrauterinas, poucas vezes os pessários, preconizados, porém, pelos neo-malthusianos, começam a ser utilizados na França. O diafragma, em contrapartida, goza de maior apreço na Grã-Bretanha, onde Maria Stopes o promove, e nos Estados Unidos, onde vai irromper nos anos de 1930. Nesse país, da mesma forma, as geleias e os cremes espermicidas conhecem um enorme sucesso, embora a qualidade de tais produtos comerciais deixe muito a desejar⁴⁵. O método Ogino-Knaus, descoberto em 1929, e que tem por base a abstinência no período fecundo do ciclo, teve, ao contrário, e embora tolerado pela Igreja Católica, um impacto limitado devido a uma taxa muito alta de insucesso.

Mas é principalmente com o abortamento que as mulheres resgatam a iniciativa. Não que o abortamento seja considerado na França como um método de regulação dos nascimentos. Mas constitui, em compensação, uma rede de segurança quando falha a "prudência" masculina. É necessário esperar a *Belle Époque* e o debate aberto sobre o despovoamento para que os médicos, os moralistas e os políticos descubram, consternados, as dimensões do problema. Nessa data, com efeito, contam-se já 30 mil abortos, mas o seu número duplica entre 1900 e 1914. Dobra, sem dúvida, ainda no período entre as duas guerras, mas não deve ultrapassar a cifra de 200 mil, hipótese baixa então do corpo médico, e avaliação próxima do número médio de inter-

---

44. Segundo uma comparação entre os informadores do Dr. Bertillon (*La dépopulation de la France*: ses conséquences; ses causes; mesures à prendre pour la combattre. Paris: F. Alcan, 1911) e a base de dados que estabeleci para a minha tese doutoral (*Chrysalides* – Femmes dans la vie privée: XIXᵉ-XXᵉ siècle. Paris: Publications de la Sorbonne, 1996).

45. O montante anual do comércio dos espermicidas chegaria, nos anos de 1930, a 250 milhões de dólares anuais.

rupções voluntárias da gravidez após a legalização de 1975[46]. Noutras palavras, o abortamento se banaliza enquanto a repressão se endurece. O fracasso das leis "celeradas" revela, aliás, que o abortamento se tornou um fenômeno social. Atinge todas as mulheres, citadinas e camponesas, celibatárias em primeiro lugar, mas também mulheres casadas em mais de um terço dos casos, sem esquecer as viúvas, divorciadas e concubinas[47]. Certamente, só as mulheres mais bem-informadas podem abortar, e a ignorância continua sendo o principal obstáculo para se passar ao ato, mas muitas sabem informar-se no quadro da sociabilidade cotidiana, junto à família, com seus amigos e companheiros de trabalho, sem contar os boatos ou as ofertas obsequiosas das "fazedoras de anjos". A primeira metade do século XX assiste, com efeito, à emergência do abortamento racional. Se as mulheres se deixam seduzir pela farmacopeia moderna, e em particular pelos produtos que provocam a menstruação, muito em voga a partir de 1900, elas acreditam sempre menos nas virtudes da medicina popular, das tisanas, do absinto ou dos cataplasmas de farinha de linho. Optam então por manobras intrauterinas, que se mostram muito eficazes: 26% abortam depois de uma perfuração das membranas e um terço graças a uma injeção, processo que vai progredir rapidamente depois de 1914. Esses métodos exigem, todavia, em mais de 80% dos casos, o auxílio de terceiros, profissionais de saúde e "fazedoras de anjos" lado a lado[48]. Com esse corpo de especialistas, entram as mulheres na era do abortamento seguro: a operação se faz cada vez mais precoce, e inter-

---

46. DUPÂQUIER, J. "Combien d'avortements en France avant 1914?" *Communications*, n. 44, 1996. • SOHN, A.-M. *Chrysalides*. Op. cit.

47. 44,1% das mulheres que abortam são celibatárias; 37%, casadas; 11,2%, viúvas; 3,8%, divorciadas; 2,4%, concubinas; 34,4% moram no campo; 44% numa cidade pequena ou média, 21,6% em uma cidade grande. Esses números são tirados de um *corpus* de 77% de abortos cometidos durante a III República e em 81,4% dos casos depois de 1890. Sobre o abortamento, cf. SOHN, A.-M. *Chrysalides*. Op. cit., cap. XII, p. 828-908.

48. Em 45,1% dos casos, a ajuda vem de um profissional de saúde, e em primeiro lugar (dois terços desses casos) das parteiras; vêm a seguir as fazedoras de anjos (um terço dos casos), e depois a família (16,4% dos casos).

vém poucas vezes depois do terceiro mês, a agulha cede o lugar à sonda fina, a cânula inglesa facilita as injeções, ao passo que os instrumentos são sempre melhor esterilizados para evitar uma infecção mortal. Se o abortamento é assunto de mulheres, os homens são geralmente informados a seu respeito, mas deixam toda a liberdade à companheira para enfrentar o que é sempre uma prova dolorosa, se não mortal. A recusa do filho é, no entanto, mais forte que o medo dos sofrimentos ou da enfermidade. Sem ir, como Angus McLaren, até ver no abortamento um feminismo do cotidiano, as mulheres abortando afirmam sua rejeição das tutelas, tanto conjugais como médicas ou religiosas, sobre seu corpo[49]. De resto, e ao contrário da França que, da lei de 23 de março de 1923 ao Código da Família de 1939, e mais tarde, sob Vichy, à lei de 15 de fevereiro de 1942 fazendo do aborto um crime contra a segurança do Estado, sujeito à pena de morte, não cessa de aliviar a sua repressão, a Inglaterra, consciente de sua difusão irreversível, opta pela tolerância e o autoriza em 1938 em caso de "doença física e mental".

Se a sexualidade e a reprodução já se acham separadas no período de entre-guerras, mesmo assim a ameaça da gravidez continua onerando a vida amorosa. As mulheres vivem, entre ansiosas e aliviadas, ao ritmo do calendário menstrual. Os homens, informados sobre uma eventual paternidade, exprimem ruidosamente o seu descontentamento. Refreiam-se os impulsos espontâneos. Quanto às relações extraconjugais, sofrem mais ainda com o risco reprodutivo. A invenção da pílula, se não mudou um desejo antigo de dominar a fecundidade, levantou a hipoteca de um eventual acidente, que é também corrigido, hoje, pela interrupção voluntária da gravidez[50]. Ela beneficiou em primeiro lugar às mulheres. Permitiu-lhes viver a sua sexualidade sem medo e de maneira mais gratificante. "Um filho quando eu quiser, se

---

49. McLAREN, A. *Sexuality and social order* – The Debate on the Fertility of Women and Workers. Nova York/Londres: Homes and Meier, 1983.

50. Sobre o itinerário que levou à legalização da IVG na França, cf. MOSSUZ-LAVAU, J. *Les lois de l'amour* – Les politiques de la sexualité en France, 1950-1990. Paris: Payot, 1991.

quiser" traduziu, por outro lado, a inversão da mão em matéria de reprodução. Embora os homens não tenham nunca abusado do seu poder sobre a fecundidade feminina, hoje perderam o controle sobre ela. Mas foram igualmente liberados da obrigação de controlar seus corpos. Se algumas feministas veem na contracepção química uma ameaça para as mulheres, escravas de ora em diante dos desejos masculinos, porque sempre disponíveis, mesmo assim é sempre verdade que a contracepção é um progresso decisivo para os dois sexos.

3. Rumo à sexualidade para todos e o direito ao prazer

O século XX, por outro lado, permitiu que a sexualidade não ficasse mais confinada no campo estritamente controlado do casamento. Essa mutação permaneceu na clandestinidade durante muito tempo. Por isso, quando, na sequência de 1968, alguns militantes homossexuais, simpatizantes da Frente Homossexual de Ação Revolucionária [FHAR], proclamam: "Gozemos sem barreiras!", essa reivindicação parece uma ruptura ao passo que consagra somente um estado de fato. Os franceses, com efeito, haviam sabido conquistar, mas silenciosamente, liberdades que não ousavam defender publicamente. Os discursos e escritos oficiais foram, por seis décadas, unânimes em louvar a virgindade feminina e uma sexualidade conjugal prudentemente regrada. Foi necessário, portanto, transgredir a moral religiosa, os preceitos médicos e a pusilanimidade dos políticos, preocupados em não escandalizar seus eleitores, que se achavam, no entanto, mais avançados que seus representantes.

A mulher infiel é a primeira a se beneficiar com essa inversão, já que o marido fujão tinha há muito tempo, em nome da dupla moral, gozado da indulgência pública[51]. Desde então, o Código Penal é abertamente calcado aos

---

51. Quanto à questão do adultério, cf. SOHN, A.-M. *Chrysalides*. Op. cit. • SOHN, A.-M. "The golden age of male adultery: The Third Republic". *Journal of Social History*, vol. 28, n. 3, 1995, p. 469.

pés, enquanto pune mais severamente o adultério da mulher[52]. A justiça vai se tornando cada vez mais compreensiva, dado que não se acha mais um magistrado para ousar encarcerar uma mulher depois de 1890. O adultério em curso de descriminalização vai acabar assim, na maioria das vezes, em uma multa simbólica que o queixoso solicita para fundamentar um processo de divórcio. A lei de 1884, ainda por cima, restabeleceu a igualdade no civil entre os sexos, dado que o adultério constitui para os dois cônjuges uma falta grave. Vai paralelamente evoluindo a atitude da opinião pública. As expressões, correntes antes de 1900, de "relações culposas" ou "ilícitas", tinham o valor de condenação moral. A denúncia de um desvio de comportamento se propagava, sobretudo na França rural e nas cidadezinhas, pelo boato, pelas cartas de delação e algumas vezes, embora raramente, por manifestações públicas de desaprovação, como o tumulto. Esse controle social se desintegra no começo do século, ainda que a maledicência continue sempre correndo. Melhor, a opinião desculpa a mulher "infeliz" que, maltratada ou enganada, se consola fora de casa. Os próprios maridos não se entregam mais, como no século XIX, a violências em relação às quais o Código Penal se mostrava, todavia, indulgente[53]. Se, em 1840-1860, um quinto dos assassínios era atribuído ao adultério, o seu número se estabiliza em 5% a partir de 1880. Aliás, maridos e mulheres são cada vez mais motivados pelos mesmos móveis. Invocam, para se desculpar, a ruptura da vida comum ou queixas graves, como o alcoolismo, os maus-tratos para as mulheres. Concedem, sobretudo, ao "desentendimento conjugal" um lugar cada vez maior, entre disputas, desamor e desgaste nas relações conjugais. Todavia, por trás dos discursos justificativos pode-se ver igualmente a dimensão hedonista do adultério: 64% das esposas infiéis arranjam assim um amante mais jovem que o marido e 39% o escolhem até mais moço que elas! Igualmente, em 80% dos casos, a amante do marido adúltero é mais moça que sua mulher. Em suma – mas até

---

52. Ele prevê inicialmente para a mulher penas que se escalonam entre três meses e dois anos de prisão.

53. O homicídio da mulher adúltera e do seu cúmplice tem o benefício, desde que os amantes sejam pegos em flagrante delito pelo marido, de circunstâncias atenuantes.

a década de 1960 os contemporâneos não têm coragem de confessá-lo – o prazer ocupa um papel importante nas ligações extraconjugais.

Quanto aos jovens, seguindo o exemplo dos mais velhos, souberam aproveitar-se também do direito a uma vida sexual fora do casamento[54]. O alívio da tutela parental e o triunfo do matrimônio por inclinação aceleram, contudo, o processo a partir da *Belle Époque*. É mister seduzir seu futuro par ou sua futura parceira, e o deslizar das palavras carinhosas para as relações sexuais se torna inelutável. Deste modo, desde antes de 1914, 15% a 20% dos casais não mais esperam as núpcias para "consumar" a união. No período entre as duas guerras mundiais, mais de um terço já se incluem neste caso, dado que 20% das moças casadas estão grávidas e 12% já são mães de um filho. Em 1959, 30% das mulheres confessam ter tido relações pré-nupciais e 12% se negam a responder! A partir dos anos de 1960, o amor tudo desculpa e, de ora em diante, até fora de qualquer projeto de casamento. A partir de 1972, 90% das jovens já não são virgens aos 18 anos[55]. Assim, viram-se subvertidas as condições da aprendizagem sexual. Os jovens se iniciam entre si. Em 1970, 25% dos jovens são ambos virgens por ocasião de sua primeira relação sexual, enquanto 43% dos rapazes e 51% das moças são iniciados por um parceiro mais experiente, mas da mesma idade que eles. Deste modo, a prostituição, que durante muito tempo nutriu a sociabilidade e o imaginário masculinos, recua rapidamente. Em 1970, apenas 9% dos rapazes são iniciados sexualmente por uma profissional contra 25% dos ho-

---

54. Sem dúvida, o exercício da sexualidade antes do casamento já progredira nos séculos XVIII e XIX, dado que os nascimentos ilegítimos, indício indireto, tinham se multiplicado por cinco de 1760 a 1860, passando na França de 1,8% em 1760-1769 a mais de 7% em 1860. Cf. SOHN, A.-M. "Concubinage and illegitimacy". In: STEARNS, P.N. (ed.). *Encyclopedia of European Social History*. New York: Charles Scribner's Sons, 2001.

55. Números tirados de uma enquete de 1972, citada por MOSSUZ-LAVAU, J. *Les lois de l'amour* – La politique de la sexualité en France (1950-1990). Op. cit.

mens da geração precedente. Em 1992, esse número tinha caído para 5%[56]. A liberação dos costumes, que permite levar uma vida sexual sem entraves, reduziu, por conseguinte, o terreno dos amores tarifados. Por outro lado, os contemporâneos ousam, afinal, defender a sexualidade fora do matrimônio para homens e mulheres. Durante muito tempo haviam divergido discursos e práticas. Ainda em 1961, 66% dos jovens na faixa de 16-24 anos julgam que as relações pré-nupciais são "normais" ou mesmo "úteis" para os rapazes, mas 83% as consideram "perigosas" ou "censuráveis" para as moças[57]. Mas em 1970, 80% dos homens e 74% das mulheres abaixo dos trinta anos as consideram normais. A Inglaterra segue no mesmo comprimento de ondas da França. As relações pré-nupciais lá progridem rapidamente: 16% das mulheres nascidas em 1904 as experimentaram, e 36% para a geração nascida em 1904-1914[58]. Em compensação, nos países onde persiste a influência da religião, o esquema é diferente. Nos Países Baixos, onde os partidos religiosos têm um papel importante e sua influência é reforçada pela prática das coalizões governamentais, o contexto pudibundo freia a liberalização dos costumes, de sorte que é em 1955 que a taxa de ilegitimidade atinge o seu nível médio, mas, de 1965 a 1980, o país oscila brutalmente na permissividade. Na Irlanda, país de identidade católica, a taxa de ilegitimidade estagna em torno de 2% e chega até a cair em seu nível mais baixo, 1,6%, em 1961, enquanto a contracepção continua tabu.

Ocorrem, todavia, exceções. Com efeito, não só a sexualidade fora do matrimônio é desculpabilizada, mas os seus riscos declinam rapidamente.

---

56. Números colhidos no *Rapport Simon sur le Comportement Sexuel des FRANÇAIS* (Op. cit.) e na "Analyse des comportements sexuels en France" (ACSF), realizada em 1992. Cf. BAJOS, N.; BOZON, M.; FERRAND, A.; GIAMI, A.; SPIRA, A. *La sexualité aux temps du Sida*. Paris: PUF, 1998.

57. *Les 16-24 ans* – Ce qu'ils sont, ce qu'ils pensent d'après une enquête de l'IFOP. Lyon: Centurion, s.d., 1961.

58. Se a taxa de ilegitimidade permanece estável de 1840 a 1960: em torno de 3,4%-5,4%. A das concepções pré-matrimoniais é mais elevada que na França: nunca desce abaixo de 16%.

Sem dúvida, o espectro de uma gravidez indesejada só desaparece com a pílula, mas os jovens celibatários conseguiram muito antes, na França, limitar os "acidentes", combinando "coito interrompido" e aborto como o último recurso. As classes populares, vilipendiadas pela burguesia bem-pensante, desbravaram o caminho. Uma sondagem sobre a III República confirma que 35% das moças que haviam tido uma ligação são operárias, 29% domésticas e 22,7% diaristas na lavoura ou empregadas de estabelecimentos rurais. A partir dos anos de 1960, os secundaristas e sobretudo os universitários assumem a vanguarda e são os primeiros entre os jovens a teorizarem a liberdade sexual. Não se contentam mais em defender as experiências em nome da harmonia conjugal, mas reivindicam igualmente o direito de satisfazer sem remorso e fora de toda afetividade desejos e pulsões sexuais[59].

Nestas circunstâncias, sexualidade e casamento vão progressivamente divergir. O concubinato se torna, assim, a partir da década de 1970, o modo de entrada na vida do casal. Na França, 12% dos futuros cônjuges já viviam juntos no momento das núpcias em 1965, 17% em 1968, 43% em 1977, e 87% em 1997. A vida comum serve agora de quadro para as relações pré-nupciais, e o casamento que não é mais socialmente obrigatório, só intervém muitas vezes depois do primeiro nascimento. A Dinamarca e a Suécia estão na vanguarda do movimento, seguidos pela Grã-Bretanha, mas também pela França, onde é brutal a ruptura: em 1991, 25% dos nascimentos se efetuaram fora do matrimônio, 37,6% em 1997, e a metade a partir do ano 2000. A lei, de resto, acabou endossando essa evolução, considerando o filho natural igual ao filho legítimo, e dando ao concubino o direito à seguridade social. Mais de dois milhões de casais, um em dez, vivem assim sem vínculos legais.

Se a sexualidade juvenil adquiriu direito de cidadania, a das pessoas mais idosas, ao contrário, foi durante muito tempo ocultada. O alongamen-

---

59. Cf. SOHN, A.-M. *Âge tendre et tête de bois*. Op. cit.

to da expectativa de vida e os progressos da saúde favoreceram, no entanto, uma nova abordagem, paralelamente ao progressivo recuo dos limites traçados para a atividade sexual. Deve-se recordar que na época do *Lírio no vale* as mulheres se aposentam das lides amorosas aos trinta anos. Durante a *Belle Époque* jogam a data fatídica para os quarenta. No período de entre-guerras, L'Oréal lhes sugere que mesmo nessa idade podem ser ainda sedutoras, contanto que tinjam os cabelos! Os homens são igualmente convidados, mesmo tendo passado dos cinquenta, a controlar seus impulsos. O interdito permanece muito forte, sobretudo para o segundo sexo, dado que, em 1970, só 28% das mulheres acima de cinquenta anos declaravam ter tido relações sexuais nos últimos dozes meses contra 55% dos homens. Em 1992, todavia, elas já constituem 50% reivindicando uma vida sexual ativa depois dos cinquenta, e até 80% para as mulheres que vivem em casal, contra 89% dos homens[60]. Diminuiu assim a distância entre os dois sexos. Mas as mulheres, negando-se em geral a contrair uma nova união depois da viuvez, tendem então a pôr um termo à sua vida sexual. Inversamente, nada atesta melhor a recusa de renúncia sexual para os homens do que o sucesso do Viagra, que deve preservar até uma idade muito avançada as proezas amorosas.

Últimos tabus transgredidos no derradeiro quartel do século XX, o voyeurismo e a troca de casais. Sem dúvida, as "trocas de casais" não haviam esperado as sessões de filmes eróticos na TV e os classificados para existir, mas eram limitadas a pequenos círculos de pessoas emancipadas. Por outro lado, ninguém fazia a sua apologia como fundamento da relação amorosa. Essa "multissexualidade comercial", como a denomina Daniel Welzer-Lang, agora se realiza à vista de todos, em locais públicos e pagos: clubes, restaurantes, saunas. Resulta por uma parte da recomposição da demanda prostitucional por homens que preferem posar de "libertinos" ao invés de clientes. Envolve igualmente o casal. É necessário, neste caso, perguntar-se quanto a

---

60. DELBÈS, C. & GAYMU, J. "L'automne de l'amour – La vie sexuelle après cinquante ans". *Population*, n. 6, 1997.

uma prática que surge sempre como demanda masculina, suscita a resistência das mulheres, mesmo se estas últimas tentem negociar seus limites, e tem por meta principal permitir aos homens conseguir novas parceiras em troca da própria companheira. Sob o manto da liberdade sexual se esconderia, assim, uma nova forma de dominação masculina[61].

4. Da sexualidade para todos a todas as sexualidades?

A homossexualidade também se beneficiou com a liberação dos costumes e com o recuo da norma heterossexual, imposta pelo casamento. A trajetória histórica dos homossexuais não é, no entanto, linear, pois alterna avanços e recuos, da mesma forma que a repressão continua na ordem do dia ao longo de todo o século XX. As legislações alemã e inglesa, em particular, autorizam as perseguições contra os homossexuais adultos e consensuais, inclusive em local privado. A ab-rogação do § 175 na Alemanha é assim a primeira reivindicação do movimento homossexual sob a República de Weimar. Os anos de 1930 e de 1940 veem igualmente numerosas cidades e Estados norte-americanos adotarem diretrizes repressivas que vão até a prisão e a exclusão do serviço público. A França, por contraste, parece uma terra onde corre leite e mel. A homossexualidade não é reprimida enquanto tal e a luta contra a criminalidade sexual trata de maneira igual homossexuais e heterossexuais, excetuando o parêntesis de Vichy. Em toda a parte, porém, a homossexualidade feminina permanece impune. A sociedade ignora as lésbicas e, no começo do século XX, os homossexuais as englobam na maioria das vezes, salvo na Alemanha, em uma rejeição misógina. Reprimir o lesbianismo significava, ainda por cima, admitir que as mulheres poderiam ter uma sexualidade autônoma. Ademais, se a sua função reprodutora não sofresse alteração, acreditava-se que elas fossem reeducáveis.

---

61. WELZER-LANG, D. "L'échangisme – Une multisexualité commerciale à forte domination masculine". *Sociétés Contemporaines*, n. 41-42, 2001.

A partir dos anos de 1920, começa uma primeira idade de ouro que confere à homossexualidade uma visibilidade até então desconhecida. Para tanto contribui a literatura, com a publicação dos dois volumes póstumos de Marcel Proust, *Sodoma e Gomorra*, as confissões de André Gide em *Corydon* e, na Inglaterra, o romance de educação sentimental lésbico de Radclyffe Hall, *The well of loneliness* [*O poço da solidão*]. Por outro lado, os homossexuais passam a se organizar e uma "cena" homossexual é apresentada em Londres, Paris, Nova York, em Berlim sobretudo, que, com seus bares, seus clubes, suas associações e sua imprensa permite aos homossexuais encontrar-se, distrair-se, viver às claras[62]. Cada país, todavia, tem sua própria cultura homossexual, elitista na Grã-Bretanha, individualista na França, comunitária e militante na Alemanha, que é o primeiro país a organizar um movimento de defesa dos homossexuais o WhK, o "comitê científico e humanitário", fundado já em 1897 por Hirschfeld. Na Grã-Bretanha, a homossexualidade chega mesmo a estar na moda nos anos de 1920. Essa moda fica limitada, sem dúvida, a um círculo restrito, a uma elite abastada e educada onde predominam artistas e intelectuais, mas neste círculo homogêneo configura-se como um comportamento natural. Repousa, com efeito, em duas instituições fundadas sobre uma masculinidade exclusiva: a *public school* e a universidade. Depois da reorganização de Rugby e a multiplicação dos pensionatos na década de 1840, a *public school* se torna o lugar de formação obrigatória dos filhos das classes superiores entre dez e dezoito anos. Em um recinto sexuado fechado onde os mais velhos, com a instituição dos *prefects* dominam os mais jovens, são constantes os trotes e sevícias, mas também as *romantic friendships* [amizades românticas] e as práticas homossexuais. A homossexualidade, ademais, embora periodicamente reprimida pelos responsáveis, é tolerada, visto que a função primária das *public schools* é formar uma elite dirigente, forjada por valores comuns e uma lealdade-amizade de forte conotação homófila. Fica assim bana-

---

62. TAMAGNE, F. *Histoire de l'homosexualité en Europe*: Berlin, Londres, Paris, 1919-1939. Paris: Du Seuil, 2000. • CHAUNCEY, G. *Gay New York (1890-1940)*. Paris: Fayard, 2003.

lizada e considerada como uma prática juvenil que em nada prejudica a futura orientação sexual. Quase todos os alunos, de resto, casam-se, mas para aqueles que confirmam a sua homossexualidade, a passagem ao ato é desculpada. A universidade se limita a sancionar os usos e costumes da *public school*. Cambridge em primeiro lugar e, depois, Oxford, no período de entre-guerras, são os santuários da homossexualidade do corpo discente e do corpo docente. O círculo de Bloomsbury, entre amizades, relações familiares e passado universitário, deste ponto de vista é exemplar. A Alemanha e, sobretudo, a França, onde o externato não cessa de progredir desde o século XIX, não têm, em compensação, o equivalente da *public school*. Aí reside, sem dúvida, uma das explicações da especificidade francesa, país onde a homossexualidade é não organizada e fragmentada. A emergência de um "cenário" comunitário favoreceu, por outro lado, a afirmação de uma primeira identidade homossexual. É assim significativo que Christopher Isherwood, uma das grandes figuras da homossexualidade inglesa no entre-guerras, tenha militado nos anos de 1970 no seio do movimento *gay* norte-americano, garantindo a passagem do bastão.

A tolerância à homossexualidade parece progredir a partir da década de 1920. Esta se torna mesmo um símbolo de modernidade. Pintores heterossexuais como Otto Dix ou Georg Grosz ficam assim fascinados por Berlim e suas garotas de monóculo. Com certeza, também aí, trata-se de um grupo de intelectuais, mas a imprensa é de modo geral favorável a essas obras. Dito isso, e na ausência de sondagens, é difícil avaliar a atitude da opinião pública. A homofobia ainda continua muito forte, ao que parece, na pequena e média burguesia, bem como nas classes populares. No entanto, é necessário perguntar sobre os trabalhadores, que constituem o essencial dos homossexuais perseguidos assim como das prostitutas, cujo número crescente, é verdade, muito deve à crise econômica. O amante operário se torna mesmo o ideal de muitos ingleses que aliam fascínio pelo homem viril e defesa dos oprimidos. Embora se fale mais favoravelmente dos homossexuais que antes de 1914, não se deve, todavia, exagerar a evolução das opiniões, como o comprova o exemplo da Alemanha. As conquistas são frágeis, efetivamente, como o atesta a repressão que se abate sobre os homossexuais alemães a partir de 1933. A ideologia nacional-socialista, que os vê como "inimigos" da nação, é sem dúvida decisiva, mas a opinião pública se mostra indiferente à sorte deles. A ditadura pode assim efetuar a castração dos homossexuais, depois prendê-los sem julgamento em campos de concentração, eliminá-los fisicamente, num crescendo que começa com a Noite dos longos punhais. Traço significativo, o estudo da perseguição contra eles só muito mais tarde havia de interessar aos historiadores.

Depois da Segunda Guerra Mundial, a discriminação passa a ser científica. Na classificação da OMS, oficialmente adotada pela França em 1968, a homossexualidade é definida como uma doença que os psiquiatras procuram curar recorrendo aos meios mais brutais: eletrochoque, e mesmo lobotomia. De resto, em 1954, 36% dos homossexuais, vítimas dessas representações, consideram-se doentes. Nestas condições, a homossexualidade mergulha na clandestinidade e, quando a revista francesa *Arcadie* (1954) defende uma conscientização coletiva, esta permanece discreta, confinada a um círculo convivial. É em 1969, com os tumultos consecutivos a uma batida policial no *Stonewall Inn* de Nova York, um bar frequentado por homossexuais, que a questão *gay* se impõe a toda a sociedade. Os progressos, desde então, são fulgurantes. Em 1974, a Associação Americana de Psiquiatria exclui a homossexualidade da lista das doenças mentais. Paralelamente, um vigoroso movimento reivindicativo surge, primeiro nos Estados Unidos, depois na Europa, na França, afinal, com associações como a Frente Homossexual de Ação Revolucionária, criada em 1971, seguindo a onda contestadora de maio de 1968. Desmontam-se então as legislações repressivas. Na França, a lei contra as discriminações, de 1985 inscreve, deste modo, a preferência sexual ao lado da religião, do sexo ou da nacionalidade. As "saídas do armário" se multiplicam e se, em 1979, a primeira *parada do orgulho gay* reúne em Paris apenas 800 participantes, são 250.000 a desfilar em 1999, lésbicas e *gays* misturados agora aos homossexuais. A tolerância da opinião pública progride então rapidamente – na França, aliás, mais que nos Estados Unidos. Em 1975, 42% dos franceses viam na homossexualidade uma doença e

22% uma perversão. Em 1996, 67% dos sondados consideram que é "uma maneira como qualquer outra de viver a própria sexualidade"[63]. A epidemia de Aids que atingiu pesadamente a comunidade homossexual, longe de produzir um novo ostracismo, foi combatida por uma forte mobilização das associações *gays*. A legislação, enfim, concedeu novos direitos, como o atesta, na França, a lei de 15 de novembro de 1999 sobre o pacto civil de solidariedade. Os homossexuais reivindicam agora a indiferença e recusam, em parte, a lógica separatista e consumista do "gueto" à americana. Melhor, influenciam hoje a sociedade inteira. Deste ponto de vista, é significativa a explosão da prostituição masculina exercida sob a forma do travesti feminino. Em Lyon, o recuo geral da prostituição a partir de um quarto de século é acompanhado de sua recomposição, dado que se passa de uma quinzena de travestis em 1975 para uma centena hoje, ou seja, um terço dos efetivos. Essa mutação revela as novas procuras de clientes que se declaram heterossexuais, mas vão à procura de uma sexualidade da qual as mulheres são excluídas[64]. A banalização da homossexualidade e a liberalização dos costumes favoreceram, deste modo, comportamentos e representações "não conformistas". O corpo masculino, por exemplo, sofre cada vez mais a influência das imagens sugeridas pelos *gays*. O homossexual viril, esportivo e musculoso, importado da Califórnia nos anos de 1990, contaminou a moda e a publicidade. Ousando, por provocação, bancar "as grandes loucas", para cobrir de ridículo a estigmatização do homossexual efeminado, e se travestir de *drag kings* para brincar com a imagem das lésbicas *butch*, os *gays* também liberaram a componente feminina da masculinidade e a componente masculina da feminilidade, desestabilizando ao mesmo tempo as divisões clássicas de gêneros[65].

---

63. Mesmo que uns 20% se atenham sempre à perversão.

64. Cf. MATHIEU, L. "Le fantasme de la prostituée dans le désir masculin". *Panoramiques*, número especial: Le coeur, le sexe, et toi et moi, 1998.

65. Cf. BOURCIER, M.-T. "Des 'femmes travesties' aux pratiques transgenres: repenser et queeriser le travestissement". *Clio*, n. 10 [especial: Femmes travesties: un "mauvais genre"?], 1999.

5. Direito ao prazer, consentimento e rejeição da violência

A liberdade sexual caminha, todavia, *pari passu* com um consentimento esclarecido. É acompanhada, por conseguinte, de uma rejeição crescente das violências sexuais, beneficiando principalmente os menores de idade. Trata-se de um movimento de muito longa duração. Os atentados ao pudor sem violência não eram punidos até 1832, enquanto os atentados ao pudor com violência sobre crianças só eram punidos se as vítimas fossem menores de onze anos. A lei de 1832 introduz duas modificações importantes: cria o delito de atentado ao pudor sem violência sobre as crianças menores de onze anos e eleva o limite de idade para treze anos para os atentados ao pudor com violência. A reforma de 1863 faz passar de onze para treze anos o limite de idade dos menores vítimas de atentados ao pudor sem violência. A oportunidade de uma nova ampliação para os menores de quinze anos é rapidamente debatida, mas só se adota essa medida em 1945. O recuo do limiar de tolerância se esboça na opinião pública a partir da década de 1870 e a imprensa se apodera da questão pouco depois. A justiça, durante muito tempo laxista, afina-se com o diapasão na virada do século. Depois de um eclipse nos meios de massa, consecutivo à guerra de 1914, o tema ressurge nos anos de 1970, mas sob um outro ângulo, muito diferente. Na efervescência dos anos de 1960, alguns escritores, como Gabriel Matzneff ou Tony Duvert, pintam com cores complacentes suas relações com menores e reabilitam a pedofilia. A imprensa apresenta resenhas elogiosas das obras destes autores. *Libération* critica abertamente "a tirania burguesa que faz do amante das crianças um monstro legendário". O jornal concede até a palavra a Jacques Dugué, todavia acusado de atentado ao pudor. Este último se aproveita do ensejo para denunciar as leis que oprimem a sexualidade das crianças e gabar a família liberada onde o padrasto se deita tanto com as enteadas como com os enteados, "o de onze anos" também, e "não às escondidas, no leito conjugal"[66]. Esse zunzum midiático, no entanto, não conseguiu influenciar a opinião pública que continua profundamente hostil ao que considera como um crime.

Mas a questão volta ao primeiro plano com os debates sobre a repressão do estupro. Durante todo o século XX, os magistrados se mostraram mais compreensivos para com os estupradores que em relação às vítimas. Por muito tempo, com efeito, o estupro foi desculpado, interpretado como uma clássica manifestação da masculinidade e as vítimas consideradas como tendo consentido ou sendo responsáveis pelos desejos que despertaram[67]. O processo de Aix-en-Provence, que põe frente a frente em 1978 duas excursionistas belgas e três agressores corsos, constitui uma ruptura, ao apresentar o estupro como intolerável atentado ao direito das mulheres a dispor do próprio corpo. A lei de 24 de dezembro de 1980 propõe, nessa trilha, uma definição lata e assexuada do estupro: uma penetração, seja qual for a sua forma, obtida por coerção, surpresa ou violência. Ela não sanciona mais o ultraje ao pudor e à honra, mas o atentado à integridade corporal, às defesas do eu. A lei é completada, em 1992, pela penalização do assédio sexual. Mas é necessário esperar até 1996, para que dois detidos apresentem queixa, levantando o véu sobre os estupros masculinos e a opressão sexual por trás das grades[68]. Neste clima, a indulgência para com os pedófilos não tinha mais cabimento. O incesto é que focaliza primeiro a atenção. Crime dos mais hediondos, por ser cometido no recinto familiar, autoriza todos os excessos e não permite à criança, submetida ao domínio parental e sexual, falar. Crime monstruoso também, pois acarreta traumatismos irreversíveis e a "morte psicológica" do

---

66. Libération, 10/04/1979. Apud AMBROISE-RENDU, A.-C. "Un siècle de pédophilie dans la presse". *Le Temps des Médias*, n. 1, outono/2003.

67. VIGARELLO, G. *Histoire du viol, XVIe-XXe siècle*. Paris: Du Seuil, 1998.

68. WELZER-LANG, D.; MATHIEU, L.; FAURE, M. *Sexualités et violences en prison*. Lyon: Aléas, 1996. São os primeiros que abordam o tema na França.

sujeito. Por isso, a lei de 1989 prolonga de dez anos após a maioridade da criança a prescrição do incesto, a fim de que a vítima possa apresentar queixa. As violências sexuais sobre todos os menores são em seguida vigorosamente denunciadas. O caso Dutroux, que tem repercussão na Europa, pôs fim a toda complacência. Tudo é lícito na alcova, mas apenas entre adultos com livre consentimento. A inviolabilidade dos corpos constitui assim a nova barreira do desejo. Essa evolução atesta o lugar sempre maior concedido ao corpo sexuado no decorrer do século XX nos discursos, no espaço público, mas também na construção do eu.

Conclusão – Liberação dos costumes e libertação das mulheres

Os corpos são portadores de valores, inculcados pelos gestos, mas também pelos discursos científicos que proliferam desde a *Belle Époque*. São igualmente lugar de poder e muito especialmente o corpo das mulheres, que é "um forte trunfo de gestão e de controle coletivo"[69]. Nesse "jogo", as mulheres têm saído ganhando. Controlaram pela primeira vez na história a própria fecundidade e tiveram acesso ao prazer sem escândalo nem perigo. Apesar de uma indiferenciação sempre maior, os comportamentos masculinos e femininos, todavia, não ficaram totalmente alinhados. As mulheres concederiam maior espaço à dimensão afetiva do seu envolvimento sexual que os homens. A maternidade as levaria, por outro lado, a uma certa reticência sexual que as induziria a responder aos avanços masculinos mais que a solicitá-los.

Ademais, não se há de confundir liberação dos costumes e libertação das mulheres. A pílula pode ser interpretada por alguns homens como uma disponibilidade feminina sem limites a seus desejos. Comprova-o, assim, a má

---

69. PAGÈS, M. Corporéités sexuées: jeux et enjeux. In: BLÖSS, T. (org.). *La dialéctique des rapports hommes-femmes*. Paris: PUF, 2001.

sorte das moças do *baby-boom* diante do comportamento de certos rapazes que exploraram a nova permissividade sexual e implantaram uma "dupla moral renovada"[70], caracterizada pela rapidez das abordagens masculinas, primeiro sinal de instrumentalização do corpo feminino. Quando esbarra com um não, o jovem não se obstina, aliás, e tenta achar uma parceira mais complacente. Enfim, mesmo que as relações sejam mais duradouras, as moças têm que enfrentar uma tática nova: a chantagem do rompimento. Não lhes resta escolha: ou cedem ou são abandonadas. Melhor, uma vez obtida a satisfação, alguns rapazes rompem a ligação e se afastam sem nenhum abalo emocional. Trinta anos mais tarde, a troca de parceiros, a liberação aparente das regras da moral tradicional, esconde muitas vezes a mesma manipulação das mulheres. A dominação masculina sabe, portanto, como se renovar e avançar, disfarçada, sob a bandeira da liberdade sexual. Quanto às façanhas da medicina reprodutiva, correm o risco de desembocar em uma inesperada dominação do corpo das mulheres, produtor de óvulos para a clonagem terapêutica e receptáculo de gravidezes *in vitro*. Emancipação sexual e igualdade dos sexos não rimam ainda senão imperfeitamente. Deste modo, convém ler também a dinâmica dos corpos sexuados perpassando de um extremo ao outro as "relações sociais de sexo".

---

70. Cf. SOHN, A.-M. *Âge tendre et tête de bois*. Op. cit., cap. V: "Les voies sexuées du bonheur". Cf. tb., para a Inglaterra: ROLLAND, J.; RAMAZNOGLU, C.; SHARPE, S.; THOMPSON, R. "Le mâle dans la tête – Réputation sexuelle, genre et pouvoir". *Mouvements*, número especial: Sexe: sous la révolution, les normes, mar.-abr./2002.

2
O CORPO ORDINÁRIO
Pascal Ory

O ordinário dos corpos humanos acha-se, por definição – entenda-se, por delimitação –, submetido à influência do movimento geral das sociedades. Esse movimento, ao longo do século XX, é dominado, mais que por qualquer outra tendência, pelo recuo da configuração rural diante da urbana, um recuo que, no conjunto do período, pode ser assimilado a um desmoronamento. Essa relação de forças se mede seguramente em termos demográficos, mas ainda mais em termos econômicos e culturais: o modo de vida urbano, que já desempenhava um papel de referência no seio das elites tradicionais, impõe de ora em diante os seus valores à massa da população, ou diretamente, no seio de aglomerações em contínua expansão, ou indiretamente, pelo duplo aspecto da "rurbanização" dos ritmos de vida nas zonas periféricas urbanas das cidades ou da imposição, pelas culturas científicas como também pelas culturas populares, dos modos de comportamentos "da cidade" a comunidades rurais em contínuo processo de desvitalização e desestruturação. Como toda tendência dominante, esta sofre algumas exceções, que não serão levadas em conta neste nível de síntese. Esta parte, sobretudo, de um espaço-tempo original, redutível quase exclusivamente – evocar-se-á, à margem, a existência de uma corrente, inversa, de orientalização – ao Ocidente: um grande Ocidente, é verdade, partindo de suas bases da Europa ocidental e da América do Norte para influenciar diretamente, desde após a Primeira Guerra mundial, com uma exceção quase (os wahabitas, que vão fazer a Arábia Saudita), as elites dirigentes de todos os outros países, do Negus ao Xá da Pérsia, dos Haquemitas ao Guo Min Dang.

A esse movimento social profundo que, como é fácil de se adivinhar, não deixará de produzir seus efeitos ao mesmo tempo sobre as representações e sobre as práticas dos corpos assim reunidos e redistribuídos, acrescem, aliás, tendências tão massivas e decisivas que concernem o ambiente econômico, técnico e político dessas mesmas populações. Enquanto agente econômico, o humano do século XX será, em seu relacionamento com o trabalho e com a empresa, cada vez menos um "primário" – de resto, ele o será também, com decalagem, no plano da formação –, cada vez mais um "terciário" com, na sequência, uma relação ao espaço e ao mesmo tempo consideravelmente modificada. Em termos técnicos, uma das grandes revoluções do século atingiu tanto os moradores da zona rural como os da cidade, e atinge diretamente o corpo, visto tratar-se dos progressos decisivos dos serviços de água e esgoto[1]. Mas também se pode ligar ao sistema técnico a melhoria do domínio médico, que se traduz, concretamente, por uma capacidade maior de ação química (farmacopeia) e mecânica (cirurgia) e, no fim de contas, por um considerável aumento da expectativa de vida. Essa pesada tendência terá que ser levada em conta, ainda mais que será acompanhada por uma política pública que terá como objetivo administrar um tempo – portanto, um espaço – especificamente dedicado ao não trabalho (limitação do tempo de trabalho), ao "feriado" (ponto de vista do que governa), uma vez que é "pago", enfim, à "organização dos lazeres"[2]. Não que as sociedades anteriores tenham ignorado o *otium*, as *férias* ou o descanso dominical, mas a novidade se acha aqui na laicização, a

---

1. GOUBERT, J.-P. *La Conquête de l'eau: l'avènement de la santé à l'âge industriel*. Paris: Robert Laffont, 1986. • GUERRAND, R.H. *Les Lieux*: histoire des commodités. Paris: La Découverte, 1985. • PIZON, C. *Le service d'eau potable en France de 1850 à 1995*. Paris: Cnam, 2000.

2. Em 1936, uma das novidades estruturais do governo francês da Frente Popular, dirigido por Léon Blum, consistiu na delimitação de um subsecretariado de Estado para os esportes e para a "Organização dos Lazeres", fórmula asperamente discutida, que vinha da reflexão do sindicalismo reformista e da Organização Internacional do Trabalho, dependente da SDN.

oficialização e a compensação financeira desse espaço de tempo, condições necessárias, embora não suficientes, para o nascimento, se não de uma "civilização do lazer"[3], pelo menos de uma cultura do lazer.

Deter-se nesta etapa seria, no entanto, insuficiente, ao menos superficial. Onde situar, efetivamente, a determinação decisiva? Uma leitura culturalista tenderá, deste modo, a inverter a ordem dos fatores e a atribuir, por exemplo, os progressos da ablução, da ducha e do banho, não aos do fornecimento de água, mas a uma exigência higiênica, se não maior ao menos nova, dominada pela revolução desencadeada por Pasteur, que inventou, em todos os sentidos da palavra, o micróbio como novo inimigo do gênero humano[4]. Que seja necessário certamente levar em consideração fatores múltiplos, esta história da mobilização da água, só para ficar nesta, prova-o muito bem, dado que, ao lado das preocupações com a higiene corporal de certa maneira exteriores, não se deve esquecer o papel que a ramificação pode desempenhar também à margem, em outra perspectiva higiênica, em uma outra perspectiva higiênica, a da luta contra o alcoolismo, diante do crescimento do consumo popular das bebidas alcoólicas – este é o ponto de vista adotado pelos militantes dessa batalha, em particular os anglo-saxões, grandes promotores das "fontes" de água potável nos lugares públicos.

É claro, em todos os casos, que a conjuntura cultural pesou, e com muita intensidade, sobre este ordinário dos corpos que está funcionalmente situado no cruzamento do máximo de determinações, das mais intelectuais até as mais materiais, porém todas mais ou menos mediatizadas por uma vulgarização, uma imprensa, uma publicidade e uma ficção consideradas aqui como outros tantos modos de difusão de representações, portanto de

---

3. A fórmula é lançada, em 1962, pelo sociólogo – e militante da educação popular – Joffre Dumazedier (*Vers une civilisation du loisir?* Paris: Du Seuil, 1962).

4. LATOUR, B. *Pasteur, guerre et paix des microbes*, seguido de *Irréductions*. Paris: La Découverte, 2001. A grande enquete pluridisciplinar referente à comuna de Plozever confirmou a importância desta revolução da água corrente nas sociedades rurais (cf. a síntese de BURGUIÈRE, A. *Bretons de Plozever* Paris: Flammarion, 1975, e os documentos da própria enquete).

valores. Deste modo, mais que a escola ou que a literatura científica e muitas vezes antes delas, as revistas femininas, as revistas de moda, as revistas dos tratamentos de beleza, a literatura médica popular[5] e, pelo fim do século XX, as novas revistas masculinas, tanto hétero como homossexuais, foram, ao lado de alguns romances, filmes, emissões de rádio e depois de televisão, provocando escândalo ou tendo sucesso, os principais canais através dos quais ganhou raízes toda uma vulgata científica, quer referente à fisiologia (uma certa cultura dietética, por exemplo) quer à psicologia (uma certa cultura psicanalítica, por exemplo) e, indo mais além ainda, novas concepções do universo, que os historiadores reuniram, em um primeiro momento, sob o termo um tanto indefinido ou preguiçoso, de "mudança das mentalidades". Vamos propor a este respeito uma especificação um pouco mais precisa em fim de percurso, depois de ter lembrado como puderam exprimir-se, por aproximadamente um século, as mencionadas mudanças – de corporalidade, se não de mentalidade –, sucessivamente no nível, de certa maneira elementar, mas essencial – do corpo tal como em si mesmo (Paul Valéry: "O que há de mais profundo é a pele!"), depois ao do jogo dos corpos, em sua exibição social, enfim nas circunstâncias particulares dos corpos submetidos a alguma prova, seja qual for a origem dessa prova.

I. Modelagem ou modelização?

Quer seja ele reduzido aos setenta e cinco anos que separam, e unem, o atentado de Sarajevo e a queda do Muro de Berlim – acepção coerente, mas regida essencialmente pelo político – ou então se distenda entre, por exemplo, as datas de abertura, por volta de 1900, dos primeiros "Institutos de beleza", e o começo, um século depois, da série de tevê norte-americana *Nip/Tuck*, em que todas as intrigas se desenrolam no impiedoso universo da cirurgia estéti-

---

5. Na França, a *Revista Guérir*, lançada em 1931, monopolizará esta última função durante cerca de duas gerações antes de desaparecer, em 1986, devido à concorrência de novas mediações do conhecimento paramédico.

ca, o corpo do homem do século XX – que vai ser durante muito tempo, em primeira linha, um corpo de mulher – será submetido às incertezas de um tríplice regime, cosmético, dietético e plástico, considerado aqui em uma ordem crescente de novidade em comparação com as práticas antigas.

1. A eterna renovação da cosmética

No que tange ao tratamento direto da pele e, em primeiro lugar, da pele do rosto e das mãos, o século não assiste tanto a uma revolução, e sim a uma permanente modernização. Esta combina alguns reais avanços, ao mesmo tempo científicos, relativos ao conhecimento da derme e da epiderme, e técnicas que possibilitam a síntese das moléculas supostamente ativas, com uma oscilação estratégica menos rigorosa, determinada pela evolução dos critérios do "belo" e do "sadio".

Esses critérios fazem recuar a noção de maquiagem, incriminada por sua falta de autenticidade, diante das noções de proteção, purificação e revitalização[6]. O vigoroso retorno, a partir dos anos de 1980, da sedução e da sensualidade vai ser traduzido sem dúvida, tanto aí como em outros setores, por uma nova preferência pelos artifícios, não porém a ponto de reabilitar os arrebiques ou produtos de cor da pele, dominantes por volta de 1900, reduzidos à parte conveniente um século mais tarde. A luta contra o envelhecimento pelo recuo dos limites da "terceira idade" confere, em compensação, o máximo de terreno às operações que têm por objetivo eliminar, atenuar ou retardar as rugas, manchas e outros sinais de decrepitude. Quanto ao *peeling* – cuja modernidade é marcada pela formulação anglo-saxônica –, que se impõe no período entre-guerras, as gerações posteriores tenderão a substituí-lo por métodos de "remoção" menos invasivos, com produtos assim chamados descamantes. A evolução dos próprios produtos atesta, certamente, um domínio sempre maior da síntese, quer se trate de utilizar, a partir da década de 1970, o coláge-

---

6. DROUARD, C. *Mystiques cosmétiques*. Paris: Hachette, 2004.

no dos bovinos, modificado e purificado para se tornar aceitável à pele humana, ou de produzir totalmente em laboratório poliglóis estáveis, imputrescíveis, não alergênicos, à base de novas ceras, novos cremes, novas glicerinas, mas o sucesso recente das algas, por exemplo, deve com certeza menos à confirmação que sua mucilagem se mostrou interessante para a fabricação de géis do que à carga simbólica do componente lançado no mercado, em um tempo fortemente marcado pela preocupação ecológica[7].

Talvez, no fundo – quer dizer, na forma –, a principal mudança aqui seja, na escala do século, de ordem econômica, portanto social, com a constituição de redes de empresas especificamente dedicadas aos tratamentos de beleza, desde a produção até a comercialização. Se, nos últimos trinta anos do século XX, uma referência do Extremo Oriente, primeiro japonesa e mais tarde coreana, tende a impor uma concepção despojada, às vezes minimalista, que seduz o Ocidente, são até então a França e os Estados Unidos que têm dominado o mercado, simbólico ou econômico. A síntese francesa, a partir de Poiret e de Chanel[8], entre os dois prestígios – e os dois tipos de sensualidade –, da costura e do perfume dá o tom a todo o século, mas é do mundo anglo-saxão que vem a modernidade empresarial, que se pode resumir em um contínuo processo de popularização dos "tratamentos de beleza", pela dos lugares públicos *ad hoc*, os *beauty parlors*/institutos de beleza, de nome que impõe respeito.

Neste setor, como em todos os demais, a profissionalização vai gerar a especialização – assim, deve-se esperar até 1916 para que surja o primeiro tratado francês de "manicure"[9]. Desde essa época aparecem redes comerciais

---

7. Cf. os "estudos de vendagem" dos produtos cosméticos franceses nos Estados Unidos, realizados pelo Centro Francês do Comércio Exterior em 1987, 1992, 1994 e 2003.

8. Cf. DESLANDRES, Y. *Poiret*. Paris: Du Regard, 1985. • CHARLES-ROUX, E. *Le temps Chanel*. Paris: Chêne/Grasset, 1979. • GIDEL, H. *Coco Chanel*. Paris: Flammarion, 1999.

9. A própria palavra só vai aparecer no fim do século XIX, no contexto de um movimento de profissionalização no espaço público de uma atividade até ali exercida em um quadro doméstico: tendência socioeconômica fundamental da qual toda a época contemporânea é portadora, em particular no que se refere ao que se poderia denominar as "profissões do corpo", da revista de prêt-à-porter ao restaurante.

em escala internacional, baseadas em uma verdadeira indústria do cosmético. Helena Rubinstein alicerça a sua fortuna sobre a combinação de um novo discurso de pretensão – e realidade – dermatológica (o creme Valaze, primeiro de uma longa linhagem), de um agudo senso da publicidade (seu companheiro, durante seu período ascendente, é um jornalista que se consagra a este ofício, Edward Titus, depois do qual ela se casará com um príncipe da Geórgia) e de um uso sistemático do *beauty parlor*. Experimentada em Melbourne a partir de 1902, implanta-se essa fórmula em 1908 em Londres e em Paris, onde Helena se estabelece em 1912[10]. Com o auxílio da concorrência internacional – principalmente com os grupos norte-americanos lançados por seu lado por Elizabeth Arden ou Charles Revson –, a oferta de cosméticos não deixará de se diversificar (desde 1923, o Catálogo Rubinstein pode sugerir oitenta produtos diferentes). Ainda que todas essas empresas atuem no duplo plano do embelezamento (o mesmo catálogo apresenta cento e sessenta referências de maquiagem) e da saúde da pele é, significativamente, este segundo eixo que garante a perenidade de uma casa como Rubinstein através de uma série ininterrupta de inovações reais ou anunciadas: para nos limitarmos aos anos de 1950, vamos citar, respeitando a terminologia, o primeiro "limpador em profundidade" (*deep cleanser*) em 1950, o primeiro creme "enriquecido com vitaminas" em 1954, a primeira "emulsão hidratante" em 1956.

As novas fortunas da indústria para o cuidado com os cabelos – outro fenômeno sem precedentes – aproveitam-se também, pela mesma época, da argumentação sobre a higiene e a saúde. Na Alemanha, a casa alemã Schwartzkopf (fundada em 1898) introduz a inovação em um terreno novo, identificado por um termo de origem indiana retomado pela sociedade britânica, o *shampooing*;[11] em pó hidrossolúvel em 1903, líquido em 1927, não

---

10. LEVEAU-FERNANDEZ, M. *Helena Rubinstein*. Paris: Flammarion, 2003.

11. A introdução da palavra e da coisa na língua e na sociedade francesas, situável pelos idos de 1870, é um sinal entre outros desse movimento identificado pelos contemporâneos: a moda inglesa como vetor da preocupação com a higiene.

alcalino em 1933 etc.; e o império L'Oréal se articula a partir da década de 1920 em torno da associação entre produtos "de beleza" (tintura para os cabelos, da primeira sociedade criada pelo francês Eugène Schueller em 1907) e de saúde (sabonete Monsavon, xampu Dop...). No fim do século, esse império controla tanto Lanvin como Biotherm e, claro, Rubinstein[12].

2. Nascimento e triunfo da dietética moderna

Enquanto discurso que centra a conservação da boa saúde e a cura das enfermidades em torno da obediência a uma "dieta" que, etimologicamente, constitui todo um estilo de vida, todo um modo de relacionar-se com o cosmos, a dietética não é apenas tão antiga quanto a medicina, em particular sob as suas formas gregas e medievais: confunde-se plenamente com ela. Mas basta dizer também que ao se ver relegada à periferia pela constituição de um novo saber médico, fundado sobre um conhecimento cada dia mais íntimo dos componentes físicos e químicos dos organismos, ela havia perdido o essencial de sua legitimidade e de sua autonomia. O século XX, particularmente em sua segunda metade, iria ao contrário ver nascer de novo um discurso dietético autônomo, a partir de uma normalização das iniciativas atípicas das "medicinas naturais" de seus primórdios. Estas, de origem predominantemente germânica (Alemanha, Áustria-Hungria, Suíça alemã...) tinham contribuído, na contracorrente da doutrina dominante, para reabilitar a fisioterapia ou conferir ao vegetarianismo um caráter científico (na França, em torno do onipresente Doutor Carton)[13].

Nasce então a dietética moderna no seio do sistema estabelecido, a partir de um discurso novo sobre as "vitaminas" (na Suíça, em torno do Doutor

---

12. DALLE, F. *L'aventure L'Oréal*. Paris: Odile Jacob, 2001. Sobre algumas dimensões ideológicas desse império, na época de seu fundador: BAR-ZOHAR, M. *Une histoire sans fard*: L'Oréal des années sombres au boycott árabe. Paris: Fayard, 1996.

13. Partidário de uma medicina que leve em conta os "temperamentos", Paul Carton, que se reporta a Pitágoras e a Sêneca, preconiza igualmente a grafologia, a helioterapia – e o ocultismo.

Bircher-Brenner). O movimento já se acha bem individualizado em terreno anglo-saxão no período entre-guerras, em uma perspectiva de racionalidade nutricional. No entanto, muitos países desenvolvem a sua via específica, por exemplo, a França a partir do Instituto de Nutrição, criado em 1937 sob a direção de André Mayer, e do seu laboratório de fisiologia, no qual Lucie Randoin lança um programa pioneiro de informação sobre a "composição dos alimentos", de uma parte, e sobre as práticas reais dos consumidores, de outra. A partir da Libertação, o ativismo do Doutor Jean Trémolières, a cujo respeito vale a pena ressaltar que ele havia passado, ao lado do Padre Godin, pela militância da Ação Católica, acentuará essa identidade[14].

Além do voluntariado, o movimento ganhou ainda maiores dimensões nos países ocidentais, dado que havia a esta altura surgido uma nova profissão, a de dieteticista – ou melhor, de médica dieteticista, dado que a profissão foi inicialmente de maioria feminina, e assim continuou sendo. Na França, o meio do século assiste à organização de uma formação autônoma, sancionada por um diploma. Na geração seguinte, a competência dietética vai penetrar ainda um pouco mais no coração das práticas sociais, suscitando duas estratégias de implantação, a dos médicos formados nessa nova especialidade "nutricionista", e a das primeiras dieteticistas como profissionais liberais.

Esta oferta dietética converge com a sempre renovada, de personalidades independentes do sistema médico ou, pelo menos, à margem com relação a ele, propondo ao público uma dieta de resultados supostamente rápidos e decisivos. Além de uma análise, que ainda está por fazer, dos imaginários convocados um dia pelo "método Montignac", um outro pelo "regime cretense", basta destacar, aqui, o constante sucesso dessas propostas, que comprovam uma procura em larga escala, jamais cansada, senão sempre sa-

---

14. BOUTET DE MONVEL, A.; BRINGUIER, J.-C.; DUFRESNE, J.; HÉRAUD, G. et al. *Jean Trémolières*. Paris: Société Test, 1980. Diferença significativa, quanto a Carton, pois este estava próximo de Léon Bloy.

tisfeita[15]. Essa preocupação crescente das sociedades desenvolvidas, tendendo em certos indivíduos à ansiedade, ou até à obsessão, ainda mais quando combinada com o diagnóstico complexo, e de difícil tratamento, da anorexia, alimenta, logo, uma vulgata dietética sempre mais difundida e, em função dos avanços do conhecimento biológico, sempre mais sofisticado, como o comprova a passagem da temática da "celulite" à do "colesterol", depois à da distinção entre o colesterol "bom" e "mau" etc.

Esse saber dietético, que se escalona do mais científico ao mais heterodoxo, encontra um terreno social caracterizado por um aumento sensível da obesidade, nas representações negativas e depois na realidade. O segundo fenômeno remete principalmente a uma mudança cultural, e o primeiro a uma mudança econômica. Em uma sociedade na qual desaparecem a fome e a penúria, a distinção pode passar pela exibição da silhueta esguia, que diz respeito em primeiro lugar às classes dominantes e às classes médias, enquanto a mesma emancipação da dependência nutricional leva seus membros, cada vez mais "situados", tanto na fábrica como nos escritórios, a tarefas que necessitam cada vez menos de grandes esforços físicos (coisa que, como se verá, não suprime de modo algum o seu caráter penoso nem violento eventualmente), a consumir proteínas, glicídios e lipídios em excesso. Mesmo nos países que, como a França, terão visto durante algum tempo o peso médio dos homens e, mais ainda, das mulheres estabilizar-se, ou até diminuir, o sobrepeso vai se tornar, na aurora do século XXI, uma preocupação ao mesmo tempo da "autoimagem" individual bem como de saúde pública, *a fortiori* em países precocemente hipercalorizados, como os Estados Unidos, ou em outros que recentemente passaram em uma única geração da

---

15. O sucesso deste ou daquele regime deve ser analisado em relação com os desafios sociais contemporâneos. Assim o "Método Montignac", que tem grande sucesso nos anos de 1990 (MONTIGNAC, M. *Je mange, donc je maigris*. Paris: Artulen, 1987), dirige-se prioritariamente a dois públicos estratégicos: as mulheres e os "managers" (*Comment maigrir en faisant des repas d'affaires* etc.).

frugalidade mais ou menos forçada ao superconsumo calórico, como aconteceu no Japão e depois na China[16].

De resto, o começo de popularização desse novo saber dietético, perceptível com a chegada das rubricas *ad hoc* nas revistas femininas[17], corresponde ao apogeu do modelo da magreza extrema, trazido para cá pela moda da boneca Barbie – modelo europeu para adultos transformada pela estratégia da empresa Mattel, a partir da década de 1960, em ícone norte-americano para meninas[18] –, lá, por volta da mesma época, pelos manequins tipo Twiggy[19]. Mesmo que os cânones tenham se movimentado em sentido inverso posteriormente, o critério do esguio continua predominante, apoiado por um discurso médico melhor equipado para estabelecer o nexo entre o que se torna, em termos eufêmicos, "sobrecarga ponderal" e doença, particularmente vascular. Em sua forma extrema, essa iniciativa dietética vai culminar, para um número sempre maior de pacientes, tanto homens como mulheres, em um recurso à manipulação física (corrente galvânica com ionização de um princípio ativo, mesoterapia, *laser*...), ou mesmo em um ato estritamente cirúrgico (lipoaspiração), convergindo aí o domínio, agora muito amplo e típico do século XX, da cirurgia plástica.

3. Cirurgias plásticas

Vamos compreender aqui, não a cirurgia propriamente dita reparadora, justificada pela vontade de "limitar os danos" de uma agressão do corpo por

---

16. CASSEL, D.K. *The Encyclopaedia of Obesity and Eating Disorders.* Nova York: Facts on File, 1994; A Pan-EU Survey on Consumer Attitudes to Physical Activities, Body Weight and Health. Luxembourg: Office for Official Publication of the European Communities, 1999. • BRAY, G.A. *An Atlas of Obesity and Weight Control.* Boca Raton: Parthenon, 2002.

17. Cf. os trabalhos de Natacha Frot sobre as seções de dieta das revistas em questão.

18. Cf. os trabalhos de Marianne Debouzy sobre as origens – alemãs, adultas e maliciosas – da boneca que, depois de se tornar norte-americana e ser "infantilizada", sairá à conquista do mundo.

19. Sobre a história do mundo dos manequins, cf. QUICK, H. *Catwalking* – A History of the Fashion Model. Courbevoie: Soline, 1997.

motivo de guerra ou de acidente, mas a sua irmã propriamente falando *estética*, que não responde a nenhuma outra demanda a não ser psíquica, mesmo havendo uma enorme distância entre um *lifting*, que paira sobre o esticar da pele, e uma remodelagem das nádegas, do busto ou do rosto, fazendo algumas vezes intervir implantes, para não mencionar próteses, do rosto, todas estas operações, no pleno sentido da palavra, às quais a farmacopeia traz no fim do século o seu reforço mediante aqui o Botox, e lá a Dhea[20].

Vamos propor a hipótese que uma das principais razões pelas quais essa cirurgia faz esses progressos, ao mesmo tempo em termos técnicos e em visibilidade social – portanto em termos de peso econômico –, deve-se sem dúvida ao progressivo desnudamento dos corpos e, em primeiro lugar, do corpo feminino, que relativiza o papel concedido à cosmética e parece justificar o recurso a tipos de intervenção mais profundas, dado que se trata de exigir uma parte crescente, ou mesmo a totalidade, da própria anatomia. Onde se verificaria a pertinência da leitura culturalista, que não pode satisfazer-se com a resposta clássica segundo a qual a cirurgia plástica seria simplesmente resultado dos experimentos e dos progressos da cirurgia reparadora da Grande Guerra (na França, com as iniciativas do Doutor Raymond Passot, a partir de 1919). Com efeito, se as representações do corpo, em particular do corpo da mulher, tinham imposto uma cobertura quase completa deste, não se vê em quê a habilidade dos cirurgiões de volta do fronte teria inventado converter-se em outra coisa, a não ser no equivalente civil dos "rostos deformados". Em contrapartida, do ponto de vista do paciente "sadio" é válido, mas em busca de beleza ou de rejuvenescimento, os avanços da anestesia ou o surgimento, no fim da década de 1930, dos antibióticos desempenharão, atenuando os riscos, um papel decisivo na difusão do que não se hesita em se apresentar, desde 1907, nos Estados Unidos como cirurgia cosmé-

---

20. ROMM, S. *The Changing Face of Beauty*. St. Louis: Mosby Year Book, 1992. • HALKEN, E. *Venus Envy*: A History of Cosmetic Surgery. Baltimore: Hohns Hopkins University Press, 1997. • GILMAN, S.L. *Making the Body Beautiful*: A Cultural History of Aesthetic Surgery. Princeton: Princeton University Press, 1999.

tica (Charles Conrad Miller, *Cosmetic Surgery. The Correction of Featural Imperfections*). Não é casual se a modelagem plástica se populariza, efetivamente, em primeiro lugar nesse país: não porque tivesse sido particularmente atingido pela guerra, mas por se achar, muito pelo contrário, mergulhado antes dos demais nas angústias da prosperidade moderna, mensurável em termos de nível de vida e, sobretudo, do individualismo conquistador e de espetacularização (imprensa ilustrada, cinema e todas as formas de show). A tudo isso vai somar-se o dinamismo de uma indústria da matéria plástica que, por exemplo, tendo inventado o silicone líquido (empresa Dow Coring), consegue depois adaptá-lo à técnica da prótese "estética". Em 1926, a francesa Suzanne Noël tentava ainda promover essa nova cirurgia, mal-compreendida e mal-amada, em nome do seu suposto *papel social*. Um meio século mais tarde, se do lado da oferta o tempo do charlatanismo está amplamente superado, é com uma concepção estritamente individualista que os países ocidentais têm que defrontar-se da parte dos pacientes, conscientes de disporem agora dos meios práticos que lhes permitem satisfazer dois sonhos de dominação tão antigos como a humanidade, o da conformidade com os cânones da beleza, em particular no que tange aos atributos sexuais (lábios, seios, nádegas...), e ao da luta contra o envelhecimento ou, pelo menos, da sua aparência corporal.

II. Novas regras do jogo dos corpos

Como se pode pressentir, essas reformulações da demanda social definem regras quanto à parte corporal do jogo social profundamente modificadas no espaço de duas ou três gerações, quer se trate da "representação do eu", para usar a noção experimentada por Erving Goffman[21], da configuração sensual da aparência física ou ainda do sistema dos adereços.

---

21. GOFFMAN, E. *La Mise en scène de la vie quotidienne* – Tomo I: La présentation de soi; Tomo II: Les relations avec le public. Paris: De Minuit, 1973.

1. Apresentação, representação, de si mesmo e dos outros

De novo, a tecnologia, entretanto profundamente perturbadora em si, como um Walter Benjamin o havia precocemente formulado em 1935, matéria de produção e de mediação artísticas[22], só ganha todo o seu sentido como vetor de uma nova representação do sujeito. A popularização da fotografia, que alimenta o costume do "álbum de família", acha-se amplificada pelo seu uso crescente pelas instâncias oficiais (fotografia de identidade). Mas ela é prolongada, mais ainda, pelo lugar e pelo domínio crescente da autoapresentação familiar, como o comprova a chegada sucessiva ao espaço privado primeiro do cinema amador, sempre limitado a uma pequena elite, de resto tanto técnica como econômica[23] e, em seguida, do vídeo, e finalmente da fotografia digital, tanto uma como a outra difundidas ao mesmo tempo que mais interativas, pelo seu manejo direto e pela sua manipulação ao infinito.

A mudança técnica foi menos aqui uma causa do que um efeito, quando muito um acelerador, é o que se pode constatar pela multiplicação, no espaço privado, desses dispositivos mais ordinários, em todo o caso mais antigos, que são a balança pessoal ou, para começar, o espelho. Este, inicialmente imobilizado na porta do armário com espelho e, em seguida, sempre mais móvel, afirma a sua presença no seio das sociedades modernas, enquanto continua sendo olhado com desconfiança por todo o tipo de puritanismos – se uma criança ficasse muito tempo parada em frente de um espelho, isto seria ainda julgado severamente, se não punido, de acordo com os regulamentos dos pensionatos religiosos cristãos do período entreguerras. A verdadeira determinação reside, aqui, na autorização da atenção a si mesmo, como o comprova – ao mesmo tempo que a gera – a evolução dos meios de comunicação de massa.

---

22. BENJAMIN, W. *L'oeuvre d'art à l'époque de sa reproductibilité technique*. Paris: Allia, 2003.
23. ODIN, R. (org.). *Le film de famille*: usage privé, usage public. Paris, Méridiens-Klincksieck, 1995. • ODIN, R. (dir.). *Le cinéma en amateur*. Paris: Du Seuil, 1999.

Deste modo, é a uma análoga mudança dos valores morais que se podem relacionar os inúmeros sinais de uma tendência global dos corpos a se desprender das restrições puritanas que lhes impunham uma *atitude* composta de rigidez na postura ("fique direito"), de modéstia no olhar ("conserve os olhos baixos"), de lentidão no andar ("não corra"), e de manter distância do corpo dos outros ("mantenha distância"). Deste ponto de vista, toda a história do século XX é a da inversão, mais ou menos rápida, mais ou menos completa, desses valores[24].

A ofensiva do costureiro de luxo Paul Poiret, a partir de 1906, contra o espartilho só atinge de início um meio muito restrito. Mesmo assim já está anunciando toda a evolução ulterior, a que introduz a cinta em substituição ao espartilho, e, na segunda metade do século, elimina por sua vez a cinta. Por um movimento análogo mais tardio, o homem das classes médias, que se distinguia do camponês e do operário, entre outras coisas, pelo uso da gravata, começa a livrar-se desta no último terço do século XX, como o atesta a iconografia dos indivíduos e dos grupos.

O valor de flexibilidade, declinado em outros planos da vida em sociedade, da tolerância intelectual à flexibilidade econômica, leva a melhor sobre toda uma postura que é agora assimilada a uma rigidez antipática. Na mesma ordem de ideias, o olhar direto, "olho no olho", ganha livre curso. A "invenção da velocidade"[25], que transporta os corpos em velocidade sempre maior dentro de aparelhos terrestres ou aéreos, também se reflete nos modos de locomoção pedestre do *homo sapiens*, proveniente desse contexto particular: o espaço do citadino, mas, ainda mais, seu tempo – sua agenda – produzem um corpo que de móvel tende a tornar-se bólido, enquanto as distâncias entre os locais de residência, de trabalho e de serviço não cessam de alongar-se. Da mesma forma, não é à promiscuidade urbana que se deve atri-

---

24. Evolução que se pode relacionar com as hipóteses de um Michel Foucault, nos anos de 1970, ou de um Thomas Laqueur, na década de 1990.
25. STUDENY, C. *L'invention de la vitesse*. Paris: Gallimard, 1995.

buir a possibilidade maior dada aos corpos de se aproximarem, às epidermes e às mucosas de se tocarem: já existia uma promiscuidade especificamente rural que podia ir de par com uma atitude moral reservada. Tanto no espaço público como no privado, os corpos dos amantes manifestam mais do que em qualquer outra época, e de muitas maneiras, a sua proximidade – ao ponto de tornar correlativamente mais raro, dado que quase não se pode distinguir do contato erótico, o contato de camaradagem.

Que não se possa resumir essa tendência profunda a um simples "relaxamento", negativamente conotado pelos adeptos do antigo sistema de valores, é o que tenderiam a provar as transformações contemporâneas dos códigos da expressividade[26]. Estes já não valorizam, nas mímicas do rosto ou na gestualidade, uma "teatralidade" considerada dali em diante ostentatória e confinada principalmente aos espaços-tempos festivos. Mas que se deve tratar, em contrapartida, de um processo de igualitarização ou de indiferenciação das identidades, é o que viria confirmar o recuo universal do sistema de cortesia das sociedades tradicionais, fundado na distinção, na hierarquia e no formalismo (homens/mulheres, moços/idosos, pais/filhos, irmãos mais velhos/caçulas, superiores/subalternos...). Em seu lugar se estabelece um novo sistema de bases democráticas, tendendo para a igualdade, ou mesmo para a indiferenciação.

Aqui como em outros setores, mas talvez mais que noutros, o retrocesso é relativo, na medida em que é muitas vezes num terreno como o do código de civilidade, da postura física e da gestualidade que continuam durante muito tempo se exprimindo certas identidades culturais, mesmo ali onde a adoção de modos de vida ocidentais parece ter penetrado mais fundo, como nas sociedades do Extremo Oriente, marcadas pelo confucionismo ou pelo shinto (China, Coreia, Japão).

---

26. COURTINE, J.-J. & HAROCHE, C. *Histoire du visage*: exprimer et taire ses émotions du XVIe au début du XIXe siècle. Paris: Rivages, 1988.

2. Novo higienismo

Esta ambiguidade de uma eventual equivalência entre a igualdade e a indiferenciação encontraria sem dúvida a sua ilustração mais clara na sensível progressão de um modo de conceber o corpo resolutamente higienista. Desde o período de entre-guerras, está claro que uma faixa capital da aparência física masculina está sendo abalada com o recuo, por enquanto definitivo, dos sinais do barbudo com respeito aos do imberbe. De ora em diante, os indivíduos ou os grupos que escolhem a barba o farão por reação a uma tendência dominante e em sinal de dissidência, mais ou menos radical, como será o caso de um lado para os libertários hippies dos anos de 1960, do outro, em todas as épocas, para certos religiosos fundamentalistas.

Mas o movimento que atinge o maior número é o referente à nova forma de organizar a concepção da limpeza pessoal que é, correlativamente, uma nova organização da sensibilidade olfativa. As estatísticas do equipamento dos lares, quanto a banheiros e toaletes, como de seu consumo de água corrente, aquelas, já se viu, da comercialização dos produtos de aplicação dermatológica, inclusive xampus, permitem aproximar-se de práticas ordinárias cada vez mais "limpas"[27]. Mas o traço mais distintivo desse período é o novo passo transposto no sentido da evolução observada por Alain Corbin a partir do final do século XVIII: a de uma desodorização corporal que tende ao absoluto[28]. Até então, excluindo dispositivos atmosféricos derivados do incenso, tipo papel da Armênia, o trabalho de desodorização se confundia em grande parte com o do perfume. Haverá, de agora em diante, uma categoria específica de produtos sudorífugos (à base, em particular, de sais de alumínio) e antissépticos, cujos excipientes e condicionamentos seguirão uma

---

27. VIGARELLO, G. *Le propre et le sale*: l'hygiène du corps depuis le Moyen Âge. Paris: Du Seuil, 1987.

28. CORBIN, A. *Le Miasme et la Jonquille*: l'odorat et l'imaginaire social, XVIIIe-XIXe siècle. Paris: Aubier, 1982.

curva de sofisticação crescente, onde os talcos se veem aos poucos substituídos por nebulizadores ou desodorantes roll-on.

Será que é a esta mesma onda higienista que se deve ligar a maior revolução corporal do século XX, à qual a língua francesa aplicou a metáfora do "bronzeado" [*bronzage*], tomada de empréstimo à linguagem enobrecedora das belas-artes e da educação?[29] Antes da Primeira Guerra Mundial, os dicionários não conheciam efetivamente essa palavra, a não ser em sua acepção escultural e galvanoplástica: ação de cobrir um objeto com uma camada que imita o aspecto do bronze. Um século depois, tratar-se-á sempre de cobrir com uma camada e de cuidar de uma aparência, mas a carne terá tomado o lugar do gesso ou do estuque. Ora, essa mudança radical terá exigido menos de um século. Da literatura técnica dos tratamentos de beleza à literatura romanesca dos estados de alma tudo concorda: no início dos anos de 1930, a palidez, até a brancura da "lividez", do "colo de cisne" etc., reina sempre como senhora, ou melhor, como a negação do bronzeado. Em 1913, o manual de beleza de *Fémina-bibliothèque* recomenda sempre uma pomada que mescla pepinos e óxido de zinco, enquanto saúda de passagem as virtudes da farinha de favas e, "para um belo decote", suco de alho-porró. Nesse mesmo ano, o Doutor Mestadier, "médico especialista", denuncia ainda, com as palavras da sintomatologia, "o aspecto amarelado característico", assumido por uma pele bronzeada de maneira desastrada. Cerca de trinta anos mais tarde, depois da Segunda Guerra Mundial, o discurso médico médio continua advertindo contra os perigos da exposição ao sol, mas vem acompanhado de uma constatação radicalmente nova, o "desta moda nova que é praticada, nas praias, por nossos ultramodernos", essa "mania de brunidura" que entrega as mulheres de vanguarda aos "técnicos da mestiçagem para se bronzearem a pele, devidamente untadas com um óleo especial"[30].

---

29. ORY, P. "L'invention du bronzage". *Autrement*, n. 91, 1987, p. 146-152.
30. LA MAGDELEINE, P. *Les dangers de quelques modes actuelles*. Nice: Chez l'Auteur, 1949.

Que se passou então entre essas duas datas? Cedendo ao culto da personalidade e ao fascínio do anedótico, alguns observadores destacaram o nome de Coco Chanel, presente nessa frente de combate como também no do corte curto dos cabelos femininos, em algum lugar entre o seu Deauville de 1913 e o seu Roquebrune de 1929. Mais sensíveis às grandes massas que às minorias atuantes, geógrafos relacionaram essa moda aos G.I. de 1944, desembarcando na velha Europa com suas bagagens o "óleo especial" em questão. Uma série de sondagens nos três corpos estratégicos dos estudos médicos, dos livros de beleza e das revistas femininas permite situar lado a lado as duas hipóteses. Mesmo supondo "Mademoiselle" como vanguardista da nova moda, nada indica, tanto de um lado como do outro do Atlântico, um movimento em profundidade antes dos anos de 1930. E, simetricamente, mesmo se a americanofilia da Libertação tenha podido acelerar a passagem à exposição dos corpos balneários, o movimento decisivo se acha bastante bem esboçado antes e, portanto, na convergência de outros caminhos. Uma última sondagem fornece o elo faltante, ao mesmo tempo que um elemento importante para a compreensão do processo. Situa-se em 1937, na volta do outono, nas colunas do novo título de referência da imprensa feminina francesa, o semanário *Marie-Claire*, e atesta uma situação de transição, quase esquizofrênica. De um lado, a vida ao ar livre exigia "essa tez queimada de sol, essa pele sem arrebique, esses cabelos soltos"; e, do outro lado, a volta à vida citadina gera "um começo de desconforto" diante "desse rosto demasiado natural". Numa palavra, "você logo se pergunta se convém ficar bronzeada". Resposta do novo oráculo da mulher moderna: "seu gosto pessoal o decidirá". No entanto, como sem dúvida ainda uma maioria silenciosa – e talvez o autor deste artigo – têm uma preferência pela tradição, a continuação vai ser: "Se você prefere tornar-se de novo uma mulher branca [sic], faça um peeling"[31].

Vê-se que seria necessário, para explicar essa reviravolta, mobilizar todas as ordens de interpretação. A ordem do político, que deixa o "corpo so-

---

31. *Marie-Claire*, 17/09/1937.

cial" expor-se ao ar livre da educação física e, depois, dos feriados remunerados; a ordem do econômico, mais ainda, que induz uma sociedade sempre mais urbanizada e industrializada a inverter seu critério epidérmico de distinção – a elite vai agora se distinguir não mais do rústico bronzeado, mas do operário ou do empregado pálido –; mas sobretudo a ordem do cultural, como forma epidérmica do grande movimento naturista que vai agitar o século[32]. O corpo se bronzeia porque se desnuda cada vez mais, por instigação de uma minoria ativa que, no começo do século, preconiza *A cultura do nu* (obra de sucesso de Heinrich Pudor, 1906, seguida de perto pelos ensaios, que vão no mesmo sentido, de um Richard Ungewitter), e reúne tanto vitalistas de extrema-direita, a partir do modelo alemão da Aliança Nudo-Natio (1907) como libertários "naturistas", que dão origem a experiências comunitárias como a de Monte Verità, na Suíça neutra da Primeira Guerra Mundial, passando por pedagogos da libertação dos corpos como o ritmista Émile Jacques-Dalcroze. Mas, sem ir até o nudismo, a exposição ao sol é posta ao mesmo tempo como sinal de saúde, mais ou menos associada ao exercício esportivo e, muito simplesmente, como fator terapêutico. A expressão "banho de sol", popular ainda nos anos de 1950, está ligada em linha reta à ideia de helioterapia, surgida a partir dos meados do século XIX (Arnold Rikkli), mas sistematizada cerca de meio século depois pela *Sunlight League* do britânico Saleeby. Este novo tropismo solar preside a abertura na Suíça, durante o inverno de 1903-1904, da primeira clínica especializada. É em virtude do mesmo princípio culturalista que a inversão de tendência, perceptível no final do século, será ao mesmo tempo efeito e causa de todo um discurso especializado (dermatologia, cancerologia...), apresentando dali em diante os perigos da exposição prolongada a um sol que se continua, por outro lado, procurando em massa.

---

[32]. TOEPFER, K. *Empire of Ecstasy*: Nudity and Movement in German Body Culture, 1910-1935. Berkeley: University of California Press, 1997. • BAUBÉROT, A. *Histoire du naturisme* – Le mythe du retour à la nature, Rennes: Presses Universitaires de Rennes, 2004.

3. Novos adereços

A importância do investimento social na pigmentação da pele nos recorda, ao mesmo tempo, que estamos lidando aqui com a forma mais elementar dos adereços. E, olhando por este ângulo, é justamente da cabeça aos pés que o corpo do século vai mudar, e num ritmo cada vez mais intenso. Aqui se falará, claro, em primeiro lugar do corpo que está na moda. No entanto, neste terreno, como em tantos outros, continua de pé o esquema de uma fração avançada dos grupos dominantes, em termos econômicos, aliada a certas "vanguardas" culturais – aqui se impõe esta terminologia militar, tal como ela começa a se impor na época – lançando modas que, por múltiplas mediações, acabam influenciando, de maneira mais ou menos duradoura, largas parcelas da sociedade. Essa penetração em profundidade é facilitada pela elevação progressiva das profissões que lidam com esses adereços até ao reconhecimento estético. É todo o sentido da ambiguidade terminológica que impõe as categorias profissionais do "esteticista" (homem ou mulher) e do/da "estilista" como identificando um especialista respectivamente nos cuidados corporais e no arranjo do ambiente cotidiano, começando pelo vestuário. É, por via de consequência, o da legitimidade progressivamente adquirida pelo "grande figurinista" – um homem, significativamente, em contraste com a simples costureira, bem como o "grand chef" se opõe à simples cozinheira – em relação ao qual não se discutirá mais, na segunda metade do século, o qualificativo, para não dizer o título honorífico, de criador.

Outra vez, é porém no nível mais elementar, o mais epidérmico, que se vai situar a mudança mais radical, quando volta a estar na moda, no fim do século XX, a prática da tatuagem e da perfuração dos corpos[33]. Que um meio bem específico tenha conservado ou reencontrado anteriormente essas práticas – o meio dos marinheiros, daí o *status* particular da tatuagem – talvez

---

33. LE BRETON, D. *Signes d'identité*: tatouages, piercings et autres marques corporelles. Paris: Metailié, 2002. • ZBINDEN, V. *Piercing*: rites ethniques, pratique moderne. Paris: Favre, 1997. • GILBERT, S. *Tatoo History*: A Source Book [...]. New York, Juno Books, 2000.

resgatada dos contatos com os "nativos" da Oceania, na prestigiosa Royal Navy –, em nada diminui a constatação da ausência global de legitimação dessas duas práticas no seio das sociedades ocidentais modernas, onde o único tipo de perfuração reconhecido, quase ritualizado, é o das orelhas da mulher. O movimento geral é, tanto para uma como para a outra, análogo no que tange ao espaço de sua origem (as sociedades anglo-saxônicas) e o seu tempo (o começo da década de 1970). A primeira loja consagrada ao *piercing* é aberta em 1975, a primeira revista especializada, *Piercing Fans International Quarterly*, começa a circular cinco anos depois. O primeiro congresso dos adeptos da tatuagem se realiza em Houston em 1976, seguido em 1982 da primeira grande exposição sobre o tema. A saída do gueto se mede economicamente pela multiplicação das lojas especializadas que, muitas vezes, associam as duas coisas: na França, o seu número passa de uma quinzena em 1982; vinte anos depois, passa de quatrocentos.

Além desses pontos comuns, os sistemas de referência não se superpõem. Tendo-se difundido a partir dos Estados Unidos, a moda da tatuagem é essencialmente lúdica e acabou desembocando em uma prática de excelência aspirando obter reconhecimento como arte plástica de pleno direito (Ed Hardy, Phil Sparrow, Jack Rudy...). Proveniente do Reino Unido, o *piercing*, associado antigamente (segunda metade dos anos de 1970) à estética e à ética *punk*, foi visto como uma provocação agressiva contra a cultura e a moral estabelecidas – e em grande parte pretendia ser isto mesmo –, embora não tivesse demorado muito a ser resgatado pelas redes habituais da moda, coisa atestada pela evolução de uma empresa como a de Vivienne Westwood. No fundo, deve ser relacionado com a exteriorização crescente de toda uma cultura do fetichismo erótico e, em particular, do sadomasoquismo, até então reservado a práticas confidenciais.

A periodização dessa revolução epidérmica se acha confirmada em todos os outros planos dos adereços e dos enfeites. Entra-se em uma fase de democratização, amplificada pela indústria, antes que o final do século perturbasse os seus esquemas estabelecidos, quer se trate das fronteiras entre os sexos ou do sentido geral da tendência, supostamente indo desde a Primeira Guerra Mundial sempre mais em direção ao "natural". Essa sucessão se verifica no domínio da maquiagem, que a vê sofisticar a sua oferta e difundi-la em todas as camadas da sociedade, preconizando ao mesmo tempo uma discrição cada vez maior, antes de, aí também, impor-se o cada-um-por-si das maquiagens de "tribos"[34]. Ela se faz ainda mais evidente no domínio do penteado, que se vê secionado profundamente pela grande ruptura simbólica dos cabelos femininos cortados, situável, com efeito, como o quer o mito, no coração da Grande Guerra, graças ao papel desempenhado, não por Coco Chanel, mas por alguns cabeleireiros de referência, como Antoine, cuja tesourada fatídica dataria da primavera de 1917 – e cuja publicação na imprensa corporativa se situa no momento da volta à paz (1º de maio de 1919)[35]. Talvez se deva então ligar essa ruptura a uma tomada do poder pelo cabeleireiro, mensurável na difusão do "salão de cabeleireiro" e a corrida correlativa à inovação técnica. Só na França, por exemplo, o número dos salões passa de um pouco mais de 7.000 em 1890 (a metade deles em Paris) para cerca de 40.000 em 1935, paralelamente a um movimento ininterrupto que começa na década de 1890, com a aplicação da ondulação a ferro pelo francês Marcel Grateau. A época dos artesãos, ainda representados pelos inventores britânicos da ondulação permanente (1906), será sucedida aqui também pela dos industriais e de seus laboratórios, os da L'Oréal, por exemplo, lançando sucessivamente após a Segunda Guerra Mundial a primeira permanente a frio (1945) ou a primeira coloração direta (1952). A única grande etapa de importância análoga se situa após o meio do século, com a emergência de uma moda capilar masculina, proveniente das jovens gerações norte-americanas marcadas com a cultura "rock". A partir daí, dá-se a

---

34. YTZAK, L.B. *Petite histoire du maquillage*, Paris: Stock, 2000.

35. AMIOT, P. *Coiffeur*: histoire, publicité, traditions, collections. Dinan: P. Amiot, 1992. • GERBOD, P. *Histoire de la coiffure et des coiffeurs*, Paris: Larousse, 1995.

explosão, com uma mistura nova de sucessão por moda e de coexistência por estilo (*beatnik, Beatles, afro, punk...*)[36].

A uma leitura análoga, mas que não se deixa enganar pela superfície das modas arbitrárias e efêmeras, dever-se-ia submeter a costura, forma suprema do adorno do século: assim como a comercialização, em 1957, do primeiro laquê por aerosol tem influência mais duradoura que os penteados, a partir da mesma época, do britânico Vidal Sassoon, assim também, se o estilo desta ou daquela época passa diante dos nossos olhos através das formas desenhadas e cortadas por Chanel, Dior ou Yves Saint Laurent, a verdadeira ruptura simbólica se situa na exibição das pernas femininas, contemporânea do corte mais curto dos cabelos, e depois, a partir dos anos de 1960, da adoção da calça por um número sempre maior de mulheres. Quanto à verdadeira mudança social, consiste na difusão do *prêt-à-porter*, já sensível na sociedade dos Estados Unidos no período entre-guerras. Após a fase da popularização dos padrões de moda de referência, que tinha feito o sucesso das lojas femininas no século XIX, a industrialização do vestuário acelera a difusão dos modelos elaborados no seio das classes e das regiões dominantes, mas não se traduz de modo algum por uma uniformização. Como o comprovará, no fim do período, a popularidade da "costumização" (individualização de um objeto de série por sinais específicos) dos vestidos e do calçado, o adorno tende a singularizar-se cada vez mais, mesmo que os fenômenos da moda suscitem sempre, em sua esteira, comportamentos conformistas.

Que não se trata somente de um processo tecnoeconômico, pode-se depreender da leitura comum que se fez, tanto de imediato como *a posteriori*, das "revoluções" formais em questão, quer se trate do corte mais curto dos cabelos ou das saias, da moda da calça entre as mulheres ou da calça justa nos dois sexos, do bronzeado, da tatuagem ou da perfuração das peles: a de uma

---

36. JONES, D. *Haircuts*: Forty Years of Style and Cuts [Trad. Francesa: *Coups et looks*: 50 ans de cheveux passés au peigne fin. Paris: Robert Laffont, 1990. Sobre um cabeleireiro identificado nos anos de 1960: SASSOON, V. *Vidal Sassoon*: art, coiffure et liberté. Paris: Plume/ Calmann-Lévy, 1992.

erotização explícita do adorno[37]. Pois essa leitura se acha confirmada pela impressionante inversão de tendência do final de século no que tange à *lingerie* feminina, vista com suspeita pelas vanguardas dos *sixties* e espetacularmente reabilitada a partir dos anos de 1990. "O debaixo fica por cima" ["Les dessous prennent le dessus"] passa a ser um clichê da mídia. Aqui, como em outros setores, a leitura estética, raciocinando com empréstimos da história da arte, porá em evidência o papel desempenhado por alguns "criadores" – que, significativamente, serão daqui para a frente muitas vezes criadoras (Chantal Thomass); mas o motor essencial ultrapassa essas iniciativas individuais, que poderiam ter permanecido confinadas, se a sociedade não houvesse seguido – ou seja, precedido – o movimento, e ainda mais porque esse movimento se ampliou e esclareceu pelo seu simétrico, mais imprevisível ainda: o interesse pela *lingerie* masculina, sua exibição e, por via de consequência, sua sofisticação crescente. Não que a valorização dos atributos sexuais esteja ausente do sistema de adorno dos anos de 1900, mas ela ainda continua implícita, indireta, deslocada, entre anquinhas, cintas e cabelos habilmente suspensos. A trajetória do século tende a reduzir os adereços sempre mais à imediatidade do corpo, sem a ocultação de dispositivos materiais. O artifício está sempre ali, mas para ao mesmo tempo realçar as zonas erógenas e insensivelmente – se assim se pode dizer – erotizar todo o corpo. Que a economia tenha a seguir impulsionado a roda, ou que novos materiais sintéticos tenham facilitado a democratização de todo um antigo luxo erótico, isto não significa que o motor inicial tenha estado lá: a economia e a técnica se limitaram a acompanhar, possibilitar e ampliar uma tendência da qual não eram as fontes.

III. Os corpos submetidos à prova

Todos esses progressos, a partir do espaço ocidental, de uma concepção hedonista e de uma prática autônoma do corpo não devem fazer esquecer a

---

37. Quanto à lingerie feminina, cf. SIMON, M. *Les dessous*. Paris: Du Chêne, 1998.

manutenção simultânea – ou até, em certos espaços-tempos, a volta – de relações corporais colocadas sob o signo da prova, que supõe, por pouco que seja, a imposição de uma coerção externa ao agente, quer se traduza essa coerção em termos de "despesa" ou de "violência".

1. *Despesa corporal*

As mesmas causas precedentemente identificadas, que concedem à exibição do corpo uma importância capital nas sociedades modernas, deram origem a práticas de despesa, algumas das quais são apenas a transformação, embora significativa, de formas anteriores da autocoerção lúdica, porque mesmo o jogo, longe de ser um lugar de desrecalque sem freios nem limites, é inseparável da existência de regras. Algumas dessas formas podem ser diretamente ligadas à tradição da festa ou do exercício gímnico, modernizado em "ginástica", outras só muito de longe se ligam à genealogia do antigo jogo, na medida em que são ao mesmo tempo "esportes", noção cristalizada no século XIX, e esportes de um tipo relativamente novo, típico do final do século XX.

A despesa corporal festiva atravessa o século em um lugar específico que não cessa de mudar, mas sempre a partir de elementos de base comuns, centrados em torno do agrupamento dos corpos na dança. Esse agrupamento supõe um mínimo, e às vezes até um máximo, de música, e é acompanhado em geral, mas não obrigatoriamente, de outras despesas corporais, todas relacionadas com a desinibição, a euforização e a excitação: expressão vocal e gestual, uso de todo o tipo de substâncias psicoativas, jogos eróticos diversos, que vão da exibição ao consumo. O próprio local é geralmente fechado e coberto, não porém necessariamente. Se a tendência geral é de se ficar num recinto fechado (salões de baile, dancings, discotecas...), como o atesta em língua francesa a metáfora da "boîte" (= caixa), extensão e popularização da "boîte noturna" do tempo entre as duas guerras, destinada a princípio às classes dominantes – com esta figura de linguagem falsamente paradoxal "sair para a boîte" –, o modelo do concerto de rock ou o da festa folclórica aí estão para nos lembrar que a lógica do agrupamento dos corpos desinibidos passa às vezes pela escolha do ar livre. Em comum entre essas diferentes formas persiste a festividade musical, geralmente dançada, não porém necessariamente (cf. a linha do concerto de música amplificada, do pop dos anos de 1960 à *rave-party* da década de 1990, onde a expressão corporal dinamita a forma "dança"). A própria temporalidade evolui em função das regras do jogo social geral, a institucionalização e a generalização do tempo livre ao mesmo tempo multiplicando e delimitando as ocasiões dessa despesa, que não se acha mais exclusivamente ligada a certas datas do calendário social ou familiar (festas religiosas, festas nacionais, casamentos...). Agora ela é ritmada pela "semana inglesa" ou *week-end*, com o deslocamento tendencial do sábado – única noite disponível e, por muito tempo, noite da primeira despesa do salário semanal – para a sexta-feira, ou mesmo quinta-feira, pelos períodos de férias remuneradas, acarretando a revivescência – ou até a reinvenção ou invenção – de "festas populares" destinadas em primeiro lugar ao turista (por exemplo, na Bretanha, o *fest-noz*, na segunda metade do século XX).

Quanto à dança que, ao se tratar de considerar apenas a sua dimensão corporal, está no centro do dispositivo festivo, o século experimentou novas formas suas sempre novas, mas indo globalmente na mesma direção[38]. A exceção a esta regra se acha, precisa e necessariamente, na dança das festas neotradicionais, onde se continua a praticar a dança em grupo. A regra consiste no triunfo sucessivo da dança de casal, partindo no século XIX das classes superiores e urbanas e, depois, a partir da década de 1960, da dança individual, procedente da "cultura jovem" anglo-saxônica. A dança de casal reina, absoluta, nos salões de dança ocidentais do período de entre-guerras. Com a ajuda do exotismo – aquele que difunde por todo o Ocidente, no começo do

---

38. MALNIG, J. *Dancing till Dawn*: A Century of Exhibition Ballroom Dance. Nova York/Londres: Greenwood Press, 1992. • DORIER-APPRILL, E. (org.). *Dances "latines" et identités, d'une rive à l'autre...* Paris: L'Harmattan, 2000.

século XX, o tango argentino, e depois de outras danças de origem latino- ou afro-americanas, do maxixe à bossa nova passando por todas as danças de "jazz"[39], de início compreendido principalmente como música para dançar – os corpos aproximam-se, apertam-se cada vez mais um contra o outro, sob o olhar desaprovador dos guardiães da moral estabelecida.

Aparentemente, o movimento de individuação que, a partir do twist dos anos de 1960, desloca o casal dançante inverteria a tendência. Nada disso: ele permite, ao contrário, precisar de que tendência se trata. Como se pode relacioná-la a um reconhecimento, portanto a uma exibição, cada vez mais explícita da sensualidade, compreende-se melhor a subsistência do *slow*, assim como é agora fácil interpretar a dança do fim do século XX como sendo ao mesmo tempo despesa dionisíaca e parada sexual. Claro que essa tendência pesada provoca os comentários de muitos observadores que não deixam de sublinhar o paradoxo de uma erotização narcísica, remetendo o dançarino a um prazer solitário. Persiste a evidência, aí também, de uma exibição do *eros*, mesmo que fosse aos olhos daqueles que, enquanto eles mesmos se exibem, nem por isso ficam de olhos fechados para aqueles que os cercam.

Mas a despesa corporal pode se moldar em um quadro mais coercitivo, desde que se reconstrua sob forma esportiva. Ainda que o alpinismo, a escalada em rocha e a caminhada remontem ao século romântico, e a equitação à noite dos tempos, essas atividades conhecem um surto todo particular no fim do século XX, e este pode ser ligado a uma moda mais geral, a daquilo que aqui será chamado os "esportes do meio ambiente". Seu ponto comum é o de se exercerem fora do quadro artificial do estádio, do ginásio, da praça de esportes, em um espaço-tempo integrado à "natureza". Os esportes em terreno delimitado são, eles mesmos, tocados, à margem, por essa evolução, sobretudo os que tinham uma origem mista, como o voleibol (vôlei de praia...), mas os esportes do meio ambiente se desenrolam, às vezes sem es-

---

39. Anaïs Fléchet e Sophie Jacotot estudam a aculturação das danças "exóticas" na França no período entre as duas guerras.

pírito de competição, no contato direto com os quatro elementos dos quais constituem também, por pouco que seja, uma celebração.

Podem eles, na sua maioria, ser interpretados como outras tantas transfigurações esportivas, noutras palavras codificadas e jogadas, de atividades que há pouco tempo ou antigamente eram utilitárias. Assim a prática não competitiva da caminhada, do esqui nórdico, da equitação, do ciclismo (cicloturismo), da navegação por prazer remete a um mundo passado onde reinavam o andar a pé, o deslocamento a cavalo e a navegação a vela, um pouco como se as sociedades pós-industriais não tivessem cessado de transmudar suas antigas coerções em outros tantos prazeres. A aplicação de um esforço extremo, a mobilização extraordinária da força, da resistência ou da coragem não estão, porém, ausentes das formas mais arriscadas dessas atividades, como o alpinismo, e o final do século vê florescer de uma parte os "desafios" que misturam resistência e velocidade, em um crescendo de proezas (volta ao mundo velejando, remando...), da outra "esportes" novos, que apostam no gozo de um risco dominado (ULM, salto na corda elástica...), assimilado pelo antropólogo David Le Breton a uma forma moderna de ordálio[40].

Esta mistura de libertação das coerções coletivas herdadas do século precedente e de adoção, na escala individual, de novas coerções justificadas pela saúde do organismo e pela exibição de um corpo sem dúvida saudável mas, sobretudo, conforme aos cânones da beleza da época se acha no sucesso, localizado, mas bem distinguível, do culturismo. Esse espetáculo da musculatura em todo o seu esplendor, de aparato antigo ("Mister Olímpio", o peplum...), encontra sua origem moderna nas práticas (e no comércio) da musculação. Após a Segunda Guerra Mundial, o movimento se beneficia com a entrada em cena do espetáculo popular e, em primeiro lugar, do cinema de aventuras exóticas ou históricas (Johnny Weissmuller, Steve Reeves, Arnold Schwarzenegger...), a partir de dois países que parecem ter domina-

---

40. LE BRETON, D. *Passions du risque*. Paris: Metailié, 1991. • LE BRETON, D. *Conduites à risque*: des jeux de mort au jeu de vivre. Paris: PUF, 2002.

do o campo, a Itália e os Estados Unidos. Camadas muito mais amplas da população, em particular femininas, encontrar-se-ão a seguir empenhadas em um movimento mais geral, menos fechado em guetos, mais legítimo, transformando a velha ginástica em aeróbica, *stretching, jogging*...: toda uma série de termos que indicam a origem norte-americana desses projetos de "construção do corpo" (*body-building*) por modos variados de oxigenação, analisados por Jean-Jacques Courtine como "puritanismo ostentatório"[41].

2. O corpo no trabalho

Esta economia do corpo, submetido, por uma vontade de conformidade às normas sociais, a um tipo de exercício livremente consentido, não deixa então de apresentar alguns pontos comuns com a nova corporalidade que teve origem no universo do trabalho, tal que as incessantes transformações dos modos de produção e de troca o remodelam ao longo do século. Esta é totalmente dominada pelo projeto de certas elites de garantirem para si o controle dos corpos submetidos por um recurso sistemático a dispositivos técnicos. O caso extremo não pertence na verdade à economia nacional, mesmo que alguns de seus membros nele participem, à margem, e não pode ser relacionado com o "ordinário", a não ser por um jogo de palavras: é o caso do prisioneiro, que passou do tradicional registro de entrada, que continua predominando, a todas as formas de vigilância eletrônica do começo do século XXI: da pulseira ao chip diretamente implantado sob a pele, enquanto não houver coisa melhor[42]. Mas é coerente com o caso central, aquele sobre o qual tinham começado a debruçar-se, um século antes, muitos eco-

---

41. COURTINE, J.-J. "Les stakhanovistes du narcissisme – Body-building et puritanisme ostentatoire dans la culture américaine du corps". *Communications*, n. 56, 1993, p. 225-251.

42. O aparecimento do termo "biometria" explica essa evolução, mas ela mesma deve ser recolocada em uma história longa da identificação corporal dos indivíduos – poder-se-ia dizer em todos os sentidos da palavra, dos "sujeitos" –, que remonta antes mesmo do *bertillonage*.

nomistas, engenheiros, especialistas em organização ou sociólogos: o do trabalho industrial.

A fórmula da racionalização paira por cima de todo o conjunto, em nome de uma concepção fenomenológica do trabalho, resumido a um quadro de gestos e suscetível, então, a uma estrita programação. O projeto tem, desde o início, uma pretensão científica ("a organização científica do trabalho"). Teorizado no começo do século pelo engenheiro norte-americano Fraderick W. Taylor, aproveitado e desenvolvido em vários países por diversos adeptos das ciências aplicadas (na França, Henry Le Châtelier) é, principalmente, adotado e adaptado por grandes empresários portadores de um projeto social explícito, a começar por Henry Ford, e daí muitas vezes a assimilação que se faz do taylorismo ao fordismo e de ambos à simples cronometragem[43]. As diversas tendências do movimento operário, bem como o individualismo libertário de alguns artistas (cf. os filmes Metrópole, de Fritz Lang, À nous la liberté, de René Clair, e Tempos modernos, de Charles Chaplin) logo porão em cena essa inovação sob a sua faceta mais negativa, como uma forma moderna de escravidão, noutras palavras, de desumanização. Na prática, esta nova ordem corporal vai aos poucos impor sua lei à indústria do mundo inteiro. E os países emergentes do século XXI a adotam em grande escala no mesmo tempo em que ela é aliviada, corrigida ou abandonada nos países ocidentais.

As implicações dessa forma de calcular a energia corporal vão ultrapassar o espaço da empresa, como o confirma a elaboração, a partir do período entre as duas guerras e do modelo tayloriano, de uma reflexão e de uma ação específicas em torno da noção de *artes de administração doméstica*. O movimento parte, aí também, dos Estados Unidos (Christine Frederick) e rapidamente se espalha para as vanguardas femininas das camadas médias ociden-

---

43. MONTMOLLIN, M. & PASTRÉ, O. (orgs.). *Le taylorisme*. Paris: La Dévouverte, 1984. A década de 1920 assiste ao surto do modelo taylorista na Europa ocidental (na França, *Science et industrie*, de Henry Le Châtelier, é publicada em 1925).

tais, através das mediações *ad hoc*, como na França, a partir de meados da década de 1920, a Liga de Organização Doméstica de Paulette Bernège ou o Salão das artes de administração doméstica de Jules-Louis Breton[44]. Como o mostram as estatísticas de comercialização de aparelhos domésticos, no conjunto, os países anglo-saxões ou germânicos passam muito mais depressa à era dessa tecnologia doméstica[45]. "Ironia"[46] ou não: esta "libertação" da mulher é, num primeiro momento, a de um tempo disponível para trabalhar fora de casa e não põe em xeque de modo algum a distribuição de papéis no seio do casal.

Mas ainda persiste a preocupação quanto ao que fazer para se gastar menos energia nos deslocamentos e nos gestos do corpo no trabalho, quer seja em casa ou fora de casa, não somente justificada pela racionalidade, mas também por uma consideração, de ordem moral, com a limitação do caráter penoso, não ausente, aliás, em Taylor. Todo o sentido, a este respeito, do longo século que se vai estender do primeiro *Factory Act* britânico de 1833 até a invenção, por volta de 1950, no mesmo país, do termo *ergonomia*, consiste então na progressiva tomada de consciência da necessidade de estudar, prevenir, ou mesmo curar os males causados pelas condições de trabalho. O debate – e, para alguns filantropos ou militantes socialistas, o combate – tem como alvo principal a proteção dos mais fracos, com a limitação ou a proibição do trabalho em fábrica (pois o mundo agrícola escapa em grande parte a

---

44. Cf. o "ensaio de biossociologia dirigida" de BERNÈGE, P. *Explication, essai de biossociologie dirigée*. Toulouse: Didier, 1943. Deve-se observar que Henry Le Châtelier prefacia a tradução, desde 1918, de *La tenue scientifique de la maison*, de Christine Frederick (Paris: H. Dunod/E. Pinard). Para uma história cultural dos aparelhos eletrodomésticos: DELAUNAY, Q. *Société industrielle et travail domestique*: l'électroménager en France, XIXe-XXe siècle. Paris: L'Harmattan, 2003.

45. Para um quadro epistemológico: *Le travail domestique*: essai de quantification. Paris: Insee, 1981. Testemunhos orais em DOAN, D. et al. *Des femmes dans la maison*: anatomie de la vie domestique. Paris: Nathan, 1981.

46. Cf. COWAN, R.S. *More Work for Mother*: The Ironies of Household Technology from the Open Hearth to the Microwave. Nova York: Basic Books, 1983.

essa legislação) para os mais jovens ou para as mulheres. Permite, a partir dos textos prototípicos dos idos de 1830 e 1840 (leis inglesas de 1833, prussiana de 1839, francesa de 1841 etc.) estabelecer o princípio de uma intervenção do poder público na limitação da jornada de trabalho, que vai aos poucos estender-se à "higiene" e à "segurança" nos locais de trabalho, sendo que a criação da Organização Internacional do Trabalho (OIT) acelerou por seu lado a internacionalização do fenômeno.

No caso da França, por exemplo, essa passagem, facilitada pela criação em 1874 de um corpo de inspetores do trabalho, situa-se na década de 1890 (Lei de 12 de junho de 1893): em 1905 é fundada no Conservatório de Artes e Ofícios uma cátedra de "higiene industrial". Será necessário, no entanto, aguardar ainda a geração seguinte, marcada pela experiência da Grande Guerra, para que se elaborem as primeiras doutrinas da acidentologia, em torno do politécnico Pierre Caloni, autor, em 1928, de *A estatística dos acidentes e a organização para a prevenção*, fundador da "prevêntica". A própria noção de medicina do trabalho emerge dessa conjuntura, por volta dos anos de 1930, que é ao mesmo tempo a época do primeiro congresso e do primeiro periódico especializados. O princípio das comissões de segurança do trabalho na escala das grandes empresas não é fixado oficialmente a não ser em 1941 e realizado, na prática, sobretudo a partir de 1947 (comissões de higiene e de segurança), precisamente após a obrigatoriedade dos serviços de medicina do trabalho (1946), e só no final dos Trinta Gloriosos é que se criam, na instância mais alta, uma Agência Nacional para a melhoria das condições de trabalho (1973) e um Conselho Superior da prevenção dos riscos profissionais (1976), e que é introduzida explicitamente na regulamentação e na legislação, além da higiene e da segurança, a noção de "condições de trabalho"[47].

---

47. VALENTIN, M. *Travail des homes et savants oubliés*: histoire de la médecine du travail, de la sécurité et de l'ergonomie. Paris: Docis, 1978. BOISSELIER, J. *Naissance et évolution de l'idée de prévention des risques professionnels*. Paris: Institut National de Recherché et de Sécurité, 2004.

Antes de receber seu nome, em 1949, por iniciativa do psicólogo britânico Murrell, a ergonomia foi de fato experimentada no quadro da Segunda Guerra Mundial na US Air Force. Ela se torna, no tempo do crescimento, que é, entre outros, aquele onde se desenvolve uma concepção funcionalista do objeto cotidiano, um dos critérios de uma nova atividade, o *design*[48]. Localmente, ela poderia invocar uma outra genealogia, aquela que, aplicada à aparelhagem escolar, havia levado em conta o corpo do aluno no contexto de uma reflexão pedagógica respeitadora de seus interesses corporais.

Todas essas tendências convergem, mesmo sem o terem assim projetado, para levar sempre mais em conta a dimensão psicológica do *Trabalho humano* (título de uma revista francesa criada em 1933). Ainda que esta psicologia aplicada seja, a partir dos trabalhos de Hugo Münsterberg, prontamente utilizada pelos dirigentes da empresa, através, particularmente, da prática dos "testes" de aptidão e de *performance*, provoca também uma reflexão menos imediatamente instrumentalizada em torno da noção de orientação profissional, que impõe seus procedimentos no período entreguerras, embora a longo prazo tivesse falhado em desempenhar na formação o papel decisivo que alguns desses promotores (na França, um Jean-Maurice Lahy, um Henri Laugier...) haviam sonhado para ela[49]. Seja como for o caso, o encontro de todas essas tendências contribui para relativizar as normas corporais (por exemplo, nos trabalhos de Ascher sobre a escoliose de postura, desconecta-

---

48. Sobre a reflexão na Alemanha de Weimar: RAEHLMANN, I. *Interdisziplinäre Arbeitswissenschaft in der Weimarer Republik*. Opladen: Westdeutscher, 1988. Sobre a dimensão técnica e econômica da história do *design*, geralmente abordada de um ponto de vista estético: RAZMAN, D.S. *A History of Modern Design:* Graphics and Products since the Industrial Revolution. Londres: Laurence King, 2003.

49. Jean-Maurice Lahy, diretor do laboratório de psicologia experimental, na Escola Prática dos Altos Estudos, que preconizava já em 1922 a psicologia experimental como "base da orientação profissional" (*Bulletin medical*, 24-27/05/1922), já lançara em 1916 um trabalho pioneiro sobre *O Sistema Taylor e a fisiologia do trabalho profissional* (Paris: Masson).

da nele da escoliose estrutural) e leva a raciocinar, de modo menos fisiologista, em termos de "esquema corporal"[50].

No fim de contas, todavia, os evidentes progressos de todas essas atenções pelas condições de trabalho não modificam sensivelmente a classificação corporal correspondente, *grosso modo*, à distinção do assim chamado trabalhador manual, agrícola, industrial ou mesmo comercial (encarregados da manutenção em geral), e de todos os outros, pertencentes ao universo não exatamente dos "serviços" ou do setor terciário (onde há empregos braçais), mas dos "escritórios" (que também se encontram nos setores primário e secundário). Submetidos a constrições e, muitas vezes, adeptos de lazeres diferentes, os corpos dessas duas categorias não se assemelham muito, em média, nem pela estatura, nem pela corpulência, nem pelo porte. Claro, essa dicotomia se encontra em escala planetária também, mas a submissão estrita dos corpos econômicos a condições de produção penosas e muitas vezes mutiladoras é mais frequente no Terceiro Mundo que no Ocidente.

3. *Violências corporais*

Existe, fora de dúvida, alguma ambiguidade em isolar – e, portanto, reunir – as violências feitas ao corpo ordinário durante um século que se estende sob o olhar da "Grande história" – ou, para falar como Georges Perec, da "História com seu Grande Machado" –, de um atentado a outro (Sarajevo, 28 de junho de 1914 – Nova York, 11 de setembro de 2001) ou, caso se prefira, de uma expedição punitiva a outra (Boxers, 1900 – Talibans, 2001). Onde é que passa, de fato, nestas condições, a fronteira entre o corpo ordinário e seu extraordinário? Vamos então propor, aqui, uma delimitação bem nítida, mas que se fundamentará sobre um outro tipo de critério, o da institucionalização: apenas serão consideradas, nas páginas seguintes, as violências corporais postas pela autoridade legal – investida, conforme a definição

---

50. LHERMITTE, J. *L'image de notre corps*. Paris: Nouvelle Revue Critique, 1939.

weberiana, do monopólio da violência legítima – fora da mencionada legitimidade[51]. Aí se achará aquilo que essa autoridade, acompanhada no todo ou em parte pela mídia, portanto, da *vox populi*, qualificará indistintamente de "violência gratuita", "sem controle", "desencadeada" – epítetos, todos estes, significativos.

Assim a constrição física – que pode, no entanto, chegar até à agressão –, e sobre a qual se fundamentam todas as aprendizagens, não pode enquadrar-se nesta épura, ao passo que nela se vão inserir, para tomar o exemplo das aprendizagens escolares e militares – aprendizagens sempre aparentadas –, as práticas rituais de iniciação reunidas na França sob o termo de "bizutage" (trote de calouros), mas cuja existência se verifica em muitas sociedades[52]. Não que a autoridade não tenha tido a seu respeito uma indulgência constante, que confinava a um reconhecimento oficioso, fundado na convicção do caráter no fim de contas positivo para o "esprit de corps" dessas práticas, algumas vezes ligadas a "ritos", onde o excesso de dependência do iniciado legitimaria a sua pertença ulterior à classe dos dominadores. Mas está claro que o espírito do século foi justificar um discurso condenatório dessas práticas que, de fato, recuaram ou se atenuaram, como o mostram certos indícios (decisões oficiais, processos) sem, no entanto, desaparecer completamente. De resto, a dureza de certos exercícios oficialmente integrados ao plano de estudos, por exemplo, dos quadros militares – dureza lembrada pela frequência dos acidentes, que chegam em alguns casos até as páginas dos jornais –, comprova a condição ambígua de certas formas de aprendizagem que se assemelham a um jogo com os limites.

---

51. Para uma leitura pluridisciplinar, cf. os estudos reunidos e apresentados por PORRET, M. *Le corps violenté*: du geste à la parole. Genève: Droz, 1998.

52. DAVIDENKOFF, E. & JUNGHANS, P. *Du bizutage, des grandes écoles et de l'élite*. Paris: Plon, 1993. • CORBIÈRE, M. *Le Bizutage dans les écoles d'ingénieurs*. Paris: L'Harmattan, 2003. • RANDALL, P. *Bullying in Adulthood*: Assessing the Bullies and their Victims. Hove/Nova York: Brunner-Routledge, 2001. • ELIAS, M.J. & ZINS, J.E. *Bullying, Peer Harassment and Victimization in the Schools*: the Next Generation of Prevention. Nova York: The Haworth Press, 2003.

O nexo entre violência exercida sobre o corpo e iniciação ao mundo dos adultos, procedente da noite dos tempos, continua sendo estabelecido pelos próprios grupos sociais, além de toda instituição legal. Ao lado desse tipo de marcação identitária, típica da escola ou do exército, o "bando" e a "tribo" funcionam de modo semelhante. Os historiadores, sociólogos ou antropólogos desses grupos de jovens, cuja existência os adultos parece que teriam descoberto no tempo do *baby-boom*, mas que já existiam antes, sob outras formas, destacaram o lugar e o papel dessas operações. Mas já havia e continua havendo da mesma forma grupos do crime organizado, especificados em máfia a partir do modelo norte-americano da década de 1920, este mesmo proveniente de uma realidade italiana anterior. A dimensão ritual vai insensivelmente desaparecer, mas nem sempre a dimensão identitária, no tecido fragmentado das sociedades urbanas do fim do século XX, marcadas pela migração internacional, a exclusão dos vencidos da economia e a reafirmação das identidades comunitárias, tudo tendo como pano de fundo o declínio das solidariedades familiares tradicionais, quer sejam antigas (famílias de imigrantes de origem não ocidental) ou modernas (famílias ocidentais). Os observadores sociais, algumas vezes também no papel de peritos em *marketing* das "tendências", apontam a cristalização de estilos de vida, alguns dos quais vão encontrar na violência corporal um sinal de pertença (particularmente na França do ano de 2000, como o atesta o debate em torno das "desordens" da periferia).

Aqui estamos na fronteira do comportamento ordinário, do qual já não participa aquilo que o antigo olhar sobre o "povo" qualificava, com plena razão, de emoções populares, que sublevam episodicamente toda uma população ou parte dela, transformada em "massa" em situação de tumulto ou canalizada, de pogrom. Mas o exemplo do estupro coletivo aí está para nos recordar que, mais uma vez, tudo é questão de olhar: o ordinário é o que está na ordem, e aquilo que muda consiste na maneira como os valores dominantes do espaçotempo considerado desenham as fronteiras entre o honrado, o tolerado e o condenado. Eis todo o sentido da recente evolução ao mesmo tempo da legislação do estupro e de sua aplicação nos países ocidentais, estudada por Georges Vigarello[53], evolução no sentido de maior severidade para com o estuprador, que passa, por exemplo, por uma definição e uma punição do estupro entre adultos. À mesma lógica intelectual vão pertencer o aparecimento do delito de assédio – que entra, por exemplo, em 1992 no Código Penal da França – ou a mudança de discurso e de prática da sociedade intelectual, da mídia e dos juízes no tocante àquilo que em 1925 recebeu o nome de pedofilia.

Conclusão – Qual tendência?

Como não é tanto o "fato" supostamente em si que importa, e mais a imagem dele, dada, difundida e apropriada pela sociedade contemporânea, será necessário então distinguir, ao se fazer o balanço das mudanças específicas ocorridas no século XX, o que será do domínio das práticas daquilo que vai traduzir principalmente uma mudança das representações. Mas sob a condição de não exagerar o alcance dessa distinção: representação e prática se determinam uma à outra e, de modo muito amplo, confundem-se. Assim a imagem de um reforço dos "direitos das mulheres" ou dos "direitos das crianças" gera, com efeito, uma vigilância e uma severidade maiores quanto ao que será julgado como atentado contra esses direitos etc.

Mas basta dizer que em imagens e em práticas o século se move e, até, não cessou de se mover em sua relação com o corpo. Numa palavra, o século assistiu certamente à maior reviravolta que o corpo humano jamais tenha conhecido em tão pouco tempo, a tal ponto que se pode propor a hipótese que não há corpo potencialmente autônomo antes do século XX. E essa hipótese, evidentemente assustadora e discutível, é o exame, mesmo superficial, do corpo no dia a dia que no-la sugere.

---

53. VIGARELLO, G. Histoire du viol, XVIe-XXe siècle. Paris: Du Seuil, 2000.

A um substrato econômico pode-se ligar o forte movimento de individuação que põe no centro do universo, portanto antes da sociedade, um indivíduo em busca de sua autonomia, aqui objeto e sujeito de uma economia do entretenimento e da cultura do corpo, lá objeto e sujeito de um discurso hedonista – que pode, algumas vezes, entrar em conflito com o precedente. Qualificar essa tendência de "narcísica" (é o diagnóstico de Christopher Lasch e de muitos filósofos ou ensaístas do final do século)[54] explica bem a importância dos dispositivos especulares em jogo, mas também encerra, mais ou menos explicitamente, um juízo de valor que, no caso, comprova, sobretudo, a importância da oscilação. Claro que é legítimo associar por analogia uma configuração política a uma evolução que, no plano da exibição exterior, aproxima os dois sexos e, no plano da realidade social, aproxima as múltiplas etnias, nos dois casos até a mestiçagem. Das calças das mulheres aos *dreadlocks* dos adolescentes ocidentais: as identidades, mais do que se "embaralham", se misturam em profundidade. Ainda que as exigências econômicas possam desempenhar seu papel na aceleração do fenômeno, limitar-se a elas não basta para esse duplo movimento de mistura, que é também um movimento de igualização. Não se vê por que o esquema explicativo da história política, pouco contestado, que destaca a aculturação dos valores democráticos modernos nas sociedades até então submetidas a sistemas sociais de autoridade tradicional – aculturação que esclarece ao mesmo tempo os movimentos de libertação nacional e de libertação social, muitas vezes associados – não seria aplicável do mesmo modo à história dos corpos: há também algo de político nessa libertação de algumas constrições corporais antigas.

Ainda mais que, como sempre, a tendência se alimenta de seu próprio movimento. Assim o lugar sempre maior concedido ao feminino, de um lado, ao homossexual, do outro, contribui para "feminilizar" as práticas cor-

---

54. LASCH, C. *The Culture of Narcissism*: American Life in an Age of Diminishing Expectations. Nova York: W.W. Norton, 1979 [Trad. Francesa: *La culture du narcissisme*: la vie américaine à un âge de déclin des espérances. Castelnau-le-Lez: Climats, 2000.

porais do sexo masculino, agora sensível a discursos e induzido a práticas de cuidados corporais reservados, na sociedade burguesa do século precedente – mas também na maioria das sociedades assim chamadas tradicionais – ao sexo feminino. Sem dúvida o intercâmbio entre sexos foi desigual, conforme os domínios e as épocas. No entanto, a adoção pelo homem – que é algumas vezes, na longuíssima duração antropológica, uma recuperação – de acessórios femininos, da bijuteria ao perfume – não deixa de ser significativa, profundamente significativa.

Mas certamente, a duração, a extensão e a profundidade do fenômeno não seriam tão grandes se este não estivesse ligado a um substrato cultural, caracterizado pelo recuo dos antigos sistemas religiosos. Uma cultura que se reconstitui, bem ou mal, na imanência é, sem surpreender, uma cultura do especular e do espetacular. Aqui é que os meios de comunicação de massa – inclusive a publicidade – e as artes desempenham seu papel tanto, de resto, na representação do corpo gozando, cada vez menos censurada, malgrado alguns impulsos ou mesmo passos atrás, como na do corpo maltratado. Vai no mesmo sentido a evolução, a partir da Segunda Guerra Mundial, da literatura, do espetáculo ao vivo, da fotografia ou do cinema, por um lado, e do cinema, pelo outro, ou ainda resultante da mídia e das artes, da televisão. A esse respeito, a incontestável erotização dos adereços e dos comportamentos das últimas décadas do século nas sociedades ocidentais deve certamente ser posta em relação com o recuo das amarras puritanas inerentes a todos os sistemas religiosos.

Objetar-se-á que, neste mesmo impulso, o higienismo progrediu, que leva, por exemplo, ao mesmo tempo a censurar a representação e a prática do consumo das substâncias psicoativas, a começar pelo fumo e o álcool[55].

---

55. Cunhada em meados do século XIX, a noção de alcoolismo se viu unida à de "tabagismo" por volta de 1891. Cf. NOURRISSON, D. *Le tabac en son temps*: de la séduction à la répulsion. Rennes: Ensp, 1999. • GATELY, I. *Tobacco*: A Cultural History of How an Exotic Plant Seduced Civilization. Nova York: Grove Press, 2001.

Não se dá, porém, contradição: além do fato de que a mesma sociedade tende a descriminalizar o uso das assim chamadas drogas "leves", sempre se trata, de um lado, de acariciar o corpo e, primeiramente, o próprio corpo e, por outro lado, de fazê-lo em uma perspectiva teoricamente igualitária – visto que, por exemplo, "fumar mata" é uma advertência que se dirige não só ao fumante, mas a todos os que o rodeiam. Permanece-se no esquema democrático liberal.

Segundo a expressão consagrada, "o futuro dirá" se esse movimento vai se intensificar, estabilizar-se ou inverter-se – como ficará, por exemplo, para nos limitarmos ao substrato ecológico desta questão, a utilização da água pela humanidade do século XXI? À margem deste, seu limite consiste menos em um "retrocesso" rigorista, de origem tradicionalista ou neotradicionalista (islâmicos fundamentalistas, neoconservadores norte-americanos...), do que a uma delimitação geográfica e social que continua fazendo de todo o passado um atributo das categorias dominantes ocidentais ou ocidentalizadas. Além das razões econômicas, graças às quais existem na mesma cidade, proporcionalmente, mais institutos de beleza nos bairros residenciais que nos bairros populares, permanece a distância cultural. Todas essas evoluções vêm do Ocidente, inclusive quando tomam de empréstimo ou pretendem tomar de empréstimo do Oriente. Todas essas evoluções vêm das "classes superiores", mas necessitam mais que nunca de uma adesão das "massas", a cujos interesses devem atender.

3
TREINAR
Georges Vigarello

A revista *Véloce-Sport*, apresentando em 1885 "os dez mandamentos do ciclista", publica a imagem de um corredor pedalando no seu apartamento. A máquina está fixa, suportada por cabos de aço, arrimada a um pranchão. Seu papel é limitado, a roda só faz mover uma engrenagem colocada em uma chaminé. O comentário é sugestivo: "Ao pé do fogo, procurarás utilizar o treinamento"[1]. Ironia, sem dúvida, vago deslocamento também. O treinamento pode continuar sendo uma cultura "curiosa" em 1885, surdamente contestável: iniciativa que desvia do útil, esforço muito egoísta em suma, enquanto se deveriam privilegiar outras eficácias. Daí essa engrenagem lembrando a necessidade do "real".

É a legitimidade do treinamento, em contrapartida, que vai se impor com o século XX, com uma organização sempre mais exigente: seu "desenvolvimento metódico"[2] a ponto de se tornar a palavra-chave das pedagogias e das formações físicas. É sua insensível transformação mais ainda: o interesse dedicado primeiro à vontade e a seus efeitos, o interesse voltado, a seguir, para as regiões mais obscuras do corpo, às resistências, aos obstáculos es-

---

1. *Le Véloce Sport*, 1885, p. 57.
2. HÉBERT, G. *Leçon-type d'entraînement*. Paris: Vuibert, 1913, p. 1.

condidos. A passagem da simples expectativa de força, por exemplo, a um objetivo mais profundo, mais complexo, o de um interminável e íntimo desabrochar pessoal. Daí a ideia de um domínio sempre maior, mas também de um conhecimento mais interiorizado. Daí essa constatação, sobretudo, de um treinamento físico e de um desenvolvimento pessoal que se desvia com a própria imagem do corpo, que se tornou, com o século, uma jogada sempre mais evidente e central de identidade.

Trata-se do jogo com o limite, enfim, que parece perfilar-se hoje: o sentimento de um corpo maleável às mudanças indefinidas, se não perigosas.

I. Programas para corpos "atléticos"

Os "esportes atléticos", inventados com o final do século XIX, assemelham-se a princípio a muitas outras práticas físicas: ginásticas de solo, movimentos de dança, exercícios "naturais", jogos diversos. As ênfases da "modernidade", porém, congregam num todo único o conjunto dessas práticas. Uma dupla originalidade até as transformou: uma visão sempre mais técnica e mecânica do movimento, uma visão sempre mais rigorosa e ordenada do treinamento. Um desafio não tarda a esboçar de outro modo a sua visada, reforçado sem dúvida pelas novas potencialidades do lazer e do tempo "disponível": a promessa de um impacto psicológico, perfilando algum fortalecimento totalmente voluntário, a certeza de ganhar em segurança e em tenacidade. Daí esta constatação marcante, para os anos de 1900-1910, de um investimento muscular que vai estendendo insensivelmente seus horizontes aos efeitos ainda balbuciantes de uma psicologia.

1. Profusão de práticas

As enciclopédias domésticas, os livros para o lar, os dicionários da vida prática se enriquecem de súbito na virada do século XX com inúmeros exemplos de práticas físicas. Seus métodos se fragmentam como nunca, prometendo "um corpo mais flexível, mais harmonioso, mais belo"[3]. Proliferam até conflitos, opondo diversos meios de adquirir a excelência corporal. Philippe Tissié publica quatorze artigos na *Revue Scientifique* entre 1896 e 1907, para exaltar uma "ginástica sueca" feita de movimentos tão rígidos quanto rigorosos[4]. Georges Hébert, capitão de navio encarregado dos recrutas da marinha, opõe-se a isto, com a pretensão de codificar os únicos movimentos "naturais", os da caminhada, da corrida, do salto, do lançamento..., para melhor "desenvolver metodicamente todas as partes do corpo"[5]. Edmond Desbonnet, a esta mesma altura, atém-se ao uso exclusivo dos extensores (os "*exerciseurs*") e dos halteres, para "fabricar atletas completos"[6]. Mas a todas essas referências vai se opor ainda Pierre de Coubertin, que privilegia as técnicas dos esportes e das competições para prometer uma total "perfeição corporal"[7]. Oposições dispersas sem dúvida, querelas pessoais também, mas que revelam o triunfo definitivo do exercício "construído", o de movimentos sistematizados, mecânicos e precisos, controlados com o único objetivo de aumentar os recursos físicos: neles, o corpo seria educado de acordo com um código analítico de progressão, músculo após músculo, parte após parte. É, aliás, pelo triunfo dessa maneira de ver que puderam surgir conflitos de "método", parcialmente marginais com relação ao seu universo primeiro.

Uma palavra se impôs, atravessando o conjunto desses métodos, uma palavra durante muito tempo reservada ao trabalho de preparação dos cavalos de corrida: a palavra "treinamento". Esta prática "consiste em corridas seguidas de cuidados que têm por objetivo livrar o cavalo de seu supérfluo e

---

3. MOLL-WEISS, A. *Le livre du foyer*. Paris: Armand Colin, 1910, p. 390.

4. Cf. TRAVAILLOT, Y. & TABORY, M. *Histoire de l'éducation physique*: genèse d'une discipline scolaire. [s.l]: [s.e.], 2002, p. 91.

5. HÉBERT, G. *Leçon-type d'entraînement*. Op. cit., p. 1.

6. DESBONNET, E. *Comment on devient athlète*, Paris: Berger-Levrault, 1911, p. 36.

7. COUBERTIN, P. Amélioration et développment de l'éducation physique – Rapport présenté à S.E.M. le Ministre de l'Instruction Publique (Lausanne, 1915). In: MÜLLER, N. & SCHANTZ, O. (orgs.). *Textes choisis*. Zurique: Weidman, 1986, t. III, p. 418.

ensiná-lo a correr"⁸. A banalização das ginásticas no final do século XIX, a da *performance* esportiva, a de sua preparação estenderam, em compensação, essa palavra ao conjunto dos métodos de exercício. Daí a unidade de projeto malgrado as diferenças, seu próprio efeito de síntese, esta procura comum de lento desenvolvimento e de crescimento pessoal: "Realizar todos os dias e sem muita fadiga um esforço maior que na véspera"⁹, esta vontade de repetições sempre mais numerosas, graduadas, pormenorizadas. E isto mistura ao mesmo tempo progressão e resultado, dosagem e esforço. E isto vai também levar a classificações por pontos, inclusive entre aqueles que não desposam o esporte. As tabelas de Georges Hébert, por exemplo, em 1911: "*Performances* inferiores", "*Performances* médias", "*Performances* superiores", "*Performances* atléticas", "*Performances* próximas dos limites da capacidade humana", "*Performances* máximas ou recordes"¹⁰.

Oposições mais reais, em contrapartida: as que confrontam, desde o fim do século XIX, os pesados movimentos de conjunto das velhas sociedades de ginástica às práticas mais abertas dos clubes e associações esportivas. Já se disse tudo sobre seus respectivos horizontes¹¹. *La Vaillante*, por exemplo, a sociedade de ginástica de Périgueux, pretende em 1889 "desenvolver a força física, para dar ao exército contingentes de homens robustos, ágeis, preparados"¹², pondo soldado e combate no centro do desafio. Enquanto o Clu-

---

8. LAISNÉ, N.-A. *Dictionnaire de Gymnastique*, Paris: Picard-Bernheim, 1882, p. 56. Cf. tb. PEARSON, N. *Dictionnaire du Sport Français*. Paris: O. Lorenz, 1872: "A palavra treinamento aplica-se apenas aos cavalos de corrida" (p. 254).

9. TISSIÉ, P. *La fatigue et l'entraînement physique*. Paris: Alcan, 1897, p. 3.

10. HÉBERT, G. *Le code de la force*. Paris: L. Laveur, 1911, p. 53.

11. Cf. ARNAUD, P. (org.). *Les athlètes de la république* – Gymnastique, sport et idéologie républicaine, 1870-1914. Toulouse: Privat, 1987. Cf. tb. VIGARELLO, G. A disciplina ou os jogos? In: CORBIN, A.; COURTINE, J.-J.; VIGARELLO, G. (orgs.). *História do corpo* – vol. II: Da Revolução à Grande Guerra. Petrópolis: Vozes, 2008, p. 471s.

12. Cf. GARRIGOU, A. La naissance du mouvement associatif sportif sous la IIIᵉ République en Dordogne. In: ARNAUD, P. & CAMY, J. (orgs.). *La naissance du mouvement sportif associatif en France*. Lyon: Presses Universitaires de Lyon, 1986, p. 248.

be Atlético de Périgueux, criado alguns anos mais tarde, fixa-se "por objetivo favorecer e desenvolver o gosto e o uso de todos os esportes em geral"[13], situando a prática lúdica no centro do desafio, ainda que não se esqueça a referência às Forças Armadas. Já se disse tudo sobre a importância das sociedades de ginástica depois da derrota de 1870, sua sedução para as representações de massa, sua vontade de se destacar, suas práticas claramente disciplinadas, ligadas ao ascendente da cultura militar, tanto quanto, aliás, quanto a uma muito lenta emergência do lazer popular[14]. Também se disse tudo sobre a insensível progressão das sociedades esportivas com o início do século XX, os clubes de adeptos do velocípede, de futebol, de atletismo ou de remo, seus jogos praticados ao ar livre, seu gosto pelo recorde, tomando de ano para ano o lugar das sociedades de ginástica fixadas em seus alinhamentos sincrônicos e seus nomes de combate, A Bandeira, A Marselhesa, A Dragona, ou O Estandarte. O esporte agrada ainda mais com o século, ainda que o número de praticantes permaneça, por algum tempo, equivalente entre as sociedades de ginástica e as sociedades esportivas, 470 mil para as primeiras, 400 mil para as segundas por volta de 1910[15], embora em muitas regiões a porcentagem das sociedades de ginástica se aproxime no mesmo momento dos 70%[16], cifra que não balança claramente em favor do esporte a não ser depois do primeiro conflito mundial. O esporte agrada mais também porque a sua organização "democrática", fundada sobre um dispositivo de mandatários e mandantes, é animada por "dirigentes" eleitos, à imagem das associações instauradas definitivamente na França com a lei de 1901: "Em sua asso-

---

13. Ibid.

14. Quanto a este ponto, cf. THIESSE, A.-M. Organisation des loisirs des travailleurs et temps dérobés (1880-1930). In: CORBIN, A. *L'avènement des loisirs*. Paris: Aubier, 1995.

15. Cf. LE ROY, G. *Éducation physique gymnastique*. Paris: P. Lafitte, 1914, p. 361.

16. Cf. CHOVAUX, O. "Origine et entraînement du football-association dans le Pas-de-Calais (fin XIXe-1914)". *Revue du Nord*, vol. 86, abr.-jun./2004, p. 346. Cf. tb. TICHIT, P. Politiques sportives municipales – Genèse, structuration et enjeux, 1900-1980. In: LOUDCHER, J.-F. & VIVIER, C. (orgs.). *Le sport dans la ville*. Paris: L'Harmattan, 1998.

ciação esportiva, o adolescente cursa a escola da vida e do cidadão. Aprende a obedecer a chefes eleitos por ele, livremente, a dar ordens a iguais"[17]. Um primeiro *Anuário Geral dos Esportes Ilustrado*[18], publicado com mais de mil páginas, em 1904, confirma a definitiva tomada de consciência de uma identidade, uma acumulação de práticas e de nomes de associações.

Uma das sondagens pioneiras efetuadas entre os jovens, em 1913, por Alfred de Tarde e Henri Massis leva a conclusões bem nítidas: "A mania dos esportes arrasta toda a juventude, que lê com paixão as folhas esportivas"[19]. Expressão exagerada, certamente, enganadora mesmo, mas sugere a efervescência do jogo, o sentimento de uma liberdade sempre maior. Ainda mais que há um contexto que o favorece e o acompanha: esportes e competições não poderiam se implantar sem a divisão dos terrenos[20], bem no fim do século XIX, a aceleração das comunicações, o maior rigor institucional unificando encontros e regulamentos. Nem poderiam se implantar tampouco sem uma instrumentação maior dos espaços, tanto quanto uma concretização maior da democracia nos clubes e nas associações. Coisa que reforça o sentimento de conquista e de mobilidade. O que orienta a fraseologia dos pais fundadores, persuadidos da conveniência de uma moral para tempos novos, convencidos de conciliarem, na balança do século, o declínio da religião, a força do coletivo, o triunfo do indivíduo; noutras palavras, de misturar "o esforço dos músculos e o do pensamento, a assistência mútua e a concorrência, o patriotismo e o cosmopolitismo inteligente, o interesse do campeão e a

---

17. FABENS, R. *Les sports pour tous*. Paris: Armand Colin, 1905, p. 27.

18. *Annuaire Général des Sports Illustré* – Commerce et Industries Sportives. Paris: [s.e.], 1904-1905.

19. AGATHON [pseudônimo de Alfred de Tarde e Henri Massis]. *Les jeunes gens d'aujourd'hui*: Le goût de l'action; la foi patriotique; une renaissance catholique; le réalisme politique. Paris: Plon-Nourrit et Cie., 1913.

20. Cf. WEBER, E. *La fin des terroirs* – La modernisation de la France rurale, 1870-1914. Paris: Fayard, 1983, p. 337 e 499.

abnegação do membro da equipe"[21], segundo a eclética fórmula de Pierre de Coubertin. O esporte pretende inventar uma moral que promova a competição e ao mesmo tempo o respeito ao outro, a autoafirmação na solidariedade universal. Jogar significaria ser moral, competir significaria ser exemplar, deferente para com o outro em particular, tanto quanto enérgico ou apaixonado. Imensa ideologia da época, que chega a configurar uma visão ética, quase pedagógica, associando à excitação dos concursos físicos a sua pacificação e a sua exemplaridade. Projeto imenso, que instala mais que nunca a *performance* como um índice de aperfeiçoamento.

2. O "treinamento"

O treinamento se codifica, seja como for: menos ligado aos antigos regimes alimentares ou ao trabalho suarento dos cavalos, dos boxeadores e dos jóqueis[22], mais ligado aos gestos e a seus efeitos, engrandecendo técnicas e tabelas. O tempo, sobretudo, divide-se em pedacinhos: Desbonnet acumula em longas colunas, em 1901, "o número de movimentos de cada espécie que é preciso efetuar todo dia durante um mês"[23], para adquirir força, antes de encarar outros patamares, outros movimentos sobre outros meses a fora. Descreve ele instrumentos novos também, integrando em sua própria organização o princípio da progressão, como os "halteres de carregamento automático"[24]: aqueles que se pode com um simples gesto carregar com pesos suplementares. E isto instala o incremento físico no dispositivo do próprio aparelho, transformando o treinamento em cultura material: projeto inscrito no ajustamento dos objetos.

---

21. COUBERTIN, P. "L'apport de la VIIe olympiade". *La Revue Sportive Illustrée*, 1920.
22. Cf. RAUCH, A. "La notion de training". *Études et recherches* – Annales de l'Insep, 1980.
23. DESBONNET, E. *La force physique, culture rationnelle*. Paris: Berger-Levrault, 1901, p. 67.
24. DESBONNET, E. *Comment on devient athlète*. Op. cit., p. 121.

A exigência se intensifica também na evocação das práticas, sua precisão, seu inevitável nexo com o treinamento. Objetivo: "permitir ao corpo esforços impossíveis normalmente [sic!]"[25]. A exigência cresce ainda mais nos clubes, como os de futebol, por exemplo, no começo do século XX, onde não se admite mais o jogo sem o treinador, nem sem uma preparação prévia. Fixa-se um programa. É minucioso, ocupa uma semana toda, inspirando outras práticas. É editado também, difundido, discutido, como aquele sugerido por *La vie au grand air* [A vida ao ar livre], em 1914, previsto, na verdade, para profissionais.

Terça-feira

- Pela manhã (10:30h): cinco minutos de movimentos respiratórios, quatro corridas de 50 metros, depois uma de 100 metros. A seguir, quinze minutos de cultura física geral e, no fim, ducha.

- À tarde (15h): duas corridas de 50 metros e uma de 200 metros. Depois quinze minutos de *punching-ball* e, no fim, banho de chuveiro.

Quarta-feira

- À tarde: trabalho com bola começando por cobranças de pênaltis...

Quinta-feira

- Pela manhã: mesmo trabalho da terça de manhã, algumas vezes com uma caminhada de sete a oito km no campo...

- À tarde: mesmo trabalho da terça.

---

25. "L'hygiène des sports". *Annuaire général des sports illustré...* Op. cit., p. 127.

Sexta-feira
* Descanso, o peso dos jogadores é registrado e vigiado[26].

As intensidades variam, é claro, segundo os clubes e os projetos. Os programas, em compensação, instalam-se como um requisito obrigatório de toda preparação, e esta como fórmula comum de toda prática física. Também se misturam os métodos, deve-se repeti-lo, nessas práticas solicitadas: o "método natural" de Hébert, por exemplo, é solicitado, em 1913, para preparar os esportistas em um grande conjunto construído em Reims, pensado como um "colégio de atletas", com estádio e ginásio coberto. *L'Illustration* propõe a esse respeito uma evocação simplesmente lírica, associando poesia, natureza e modernidade: "Esses lugares, onde tudo exalta o culto da força, têm como cenário calmas colinas que sobem lentamente rumo ao horizonte"[27].

3. Fascínio técnico

Se as sociedades de ginástica tendem a se apagar, a ginástica, esta não. Como método preparatório e repertório de conjunto, a ginástica não se apaga. Continua mesmo sendo prática primeira, arsenal de movimentos que mantêm a imagem dos aprendizados progressivos e calculados. Ela triunfa nas escolas, principalmente. E isto é confirmado pelos participantes no Congresso Internacional de Educação Física de 1913, em Paris, com seus modelos de lições que multiplicam gradações e níveis[28]. Confirmam-no ainda as convicções de Pierre de Coubertin, ao propor a ginástica na escola pri-

---

26. *La vie au grand air*, 14/03/1914. Cf. tb. sobre este tema WAHL, A. (org.). *Les archives du football*: sport et société en France, 1880-1980. Paris: Gallimard, "Archives", 1989, p. 140-141.
27. "Parmi les athlètes". *L'Illustration*, 20/09/1913.
28. Cf. "Modèles des leçons d'éducation physique". *Congrès International de l'Éducation Physique* – Paris, 17-20/03/1913. Paris: J.-B. Baillière, 1913, t. III, p. 299s.

mária para "desembaraçar, dar flexibilidade ou força ou rigidez"[29]. Ela vai ainda triunfar nas práticas privadas, as dos ginásios ou dos espaços domésticos: os ginásios aumentam de 18 para 48 em Paris, entre 1870 e 1914, enquanto a ginástica se banaliza nas referências à manutenção da forma pessoal. Um livro de "ginástica de quarto" podia alcançar uma vendagem de 21.000 exemplares entre o público francês em 1905 (40.000 exemplares para a quarta edição em 1908) e 376.000 exemplares, nesse mesmo ano, para o público de uma dezena de países europeus[30].

A diversidade dos "exercícios" físicos se estendeu como nunca, no começo do século XX justapondo, em um recenseamento que desafia qualquer categorização exaustiva, os "jogos ao ar livre", os "esportes pedestres", os "exercícios corporais" (entre estes, a ginástica), o "ciclismo", o "automobilismo", a "aviação", os "esportes náuticos", os "esportes hípicos", os "esportes de inverno", o "turismo e as viagens", segundo a laboriosa classificação da *Encyclopédie de la vie pratique* [Enciclopédia da vida prática] em 1910[31]. "A lista é longa e variada", vai dizer ainda em 1903 um livro de "jogos e esportes" que se dirige aos "jovens leitores": "Fazei vossa escolha. Eis vinte e cinco esportes, pelo menos, que se dirigem a vossos músculos e à vossa inteligência"[32].

Muito mais profundamente, o fascínio técnico domina esses inventários de gestos. Um fascínio pelos instrumentos, em primeiro lugar, como o mostram os comentários provocados pela bicicleta: a insistência nos cromados, o aço, os pivôs dentados, as "têtes de fourche à plaquettes", as "correntes

---

29. COUBERTIN, P. *Amélioration et développement de l'éducation physique...* Op. cit., t. III, p. 417.

30. Cf. DEFRANCE, J. *L'excellence corporelle* – La formation des activités physiques et sportives modernes, 1770-1914. Rennes: Presses Universitaires de Rennes, 1987, p. 135. Trata-se do livro de MÜLLER, J.P. *Mon système, 15 minutes de travail par jour pour la santé.* Copenhague: H. Tillge, 1905. Cf. tb. os números indicados em MÜLLER, J.P. *Le livre du plein air.* Copenhague: H. Tillge, 1909, p. 1.

31. COMTESSE DE GENCÉ (pseudônimo de Marie Pouyollon). *Encyclopédie de la Vie Pratique.* Paris: Librairie des Beaux-Arts, [s.d.] [c. 1910], t. II, p. 268-390.

32. FLEURIGAND, C. *Jeux, sports et grands matchs.* Paris: Firmin-Didot, 1903, p. 7s.

com rolamentos duplos", as "rodas com linguetas oscilantes"[33]. A bicicleta provoca as referências imaginárias, multiplicando esses "rolamentos praticamente sem atrito, que reduzem o corpo humano a uma fórmula algébrica"[34]. Penhor de eficiência, de mobilidade tal como de perfeita mecanização, ela é também o primeiro objeto de consumo da França industrial, passando de 50 mil máquinas em 1890 a mais de um milhão em 1901: um "benefício social"[35], dizem os jornalistas do princípio do século. Um testemunho de velocidade, acrescenta Colette, vendo passar o *Tour de France* (Volta da França) de 1912: silhuetas de corredores mal e mal entrevistas, seres sem face, de "olhos fundos em cílios de gesso", dissimulados debaixo de uma máscara de suor e de poeira, "dorsos negros e amarelos com números vermelhos, com a espinha arqueada. Logo desapareceram, sozinhos, só eles mudos no meio do tumulto"[36]. "Treinar", ou seja, praticar esses exercícios seria mais que nunca entrar na modernidade.

As práticas físicas desposam as máquinas de sua época neste começo do século XX, e os materiais novos também, a passagem da madeira ao aço, por exemplo, que já tinha começado para o esporte no final do século anterior: o recurso aos canos de ferro para a base dos aparelhos de ginástica, ao aço alongado para a elasticidade das barras fixas, ao duralumínio para diminuir o peso dos motores de competição. E isso transforma ainda as motricidades, entregues mais às velocidades, aos impulsos, às agilidades. Coisa que aproxima ainda mais práticas físicas e modernidade, a convergência exaltada pelo Manifesto Futurista do princípio do século XX, evocando "o borbulhar

---

33. MOREAU, P. & VOULQUIN, G. (orgs.). *Les sports modernes illustrés*. Paris: Larousse, 1905, p. 127.

34. ROZET, G. *Défense et illustration de la race française*. Paris: Alcan, 1911, p. 95.

35. GIFFARD, P. [diretor do *Vélo* em 1902]. Apud MARCHAND, J. *Pour le tour de France*. Paris: Gonthier, 1967, p. 31.

36. COLETTE. Dans la foule [1918]. In: *Oeuvres complètes*. Paris: Flammarion, 1949, t. IV, p. 443.

vertiginoso do mundo", este universo "plástico, mecânico, esportivo"[37]. É o argumento de Henri Desgrange, aliás, o inventor da Volta da França, em 1903, na convicção de metamorfosear seus corredores em "mensageiros do futuro", protagonistas "de uma nova vida"[38], portadores dos sinais industriais ao mais profundo da ruralidade.

O fascínio vai também se voltar para a própria tecnicidade dos gestos: os textos de esporte acumulam, no começo do século XX, os inventários minuciosos, os dispositivos calculados. As descrições das "pegadas e golpes" em luta, por exemplo, no primeiro *Larousse* consagrado ao esporte em 1905, demoram-se sobre uma variedade infinita de "giros de quadris", de 'braços enrolados", de "pegadas simples" e "duplas", de "cinturas para frente", "atrás", "de lado", "com flexibilidade", "para trás"[39]. As imagens concebidas para patinação no gelo na primeira enciclopédia britânica dedicada ao esporte, em 1898, compreendem 28 "grupos" somente para a seção B da primeira classe desses movimentos[40]. Quanto ao *Book of Athletics* do começo do século XX nos Estados Unidos, declara assimilar a uma "ciência" matemática a habilidade necessária para o jogo de beisebol como a velocidade necessária para transpor um obstáculo[41]. Coisa que Gaston Bonnefont já observava para a canoagem alguns anos antes: não mais "bater a água com seus remos, bem ou mal", e sim "adquirir uma verdadeira ciência com suas regras fixas e seu código particular"[42].

O corpo se vê aqui, da cabeça aos pés, "tecnicizado", sempre mais atravessado pelos modelos da sociedade industrial. Daí esta relação inédita com

---

37. *Manifeste futuriste*, 1913.

38. DESGRANGE, H. In *L'auto*, 09/07/1903.

39. MOREAU, P. & VOULQUIN, G. (orgs.). *Les sports modernes illustrés*. Op. cit., p. 208-216.

40. HOWARD, H.C.; PEEK, H.; AFLALO, F.G. *The Encyclopaedia of Sports*. Londres: Lawrence and Bullen, 1898, t. II, p. 371.

41. WITHINGTON, P. *The Book of Athletics*. Boston: Lothrop/Lee & Shepard Co., 1914. Cf. "The science of hurdling", p. 189, e "The science vs skill in base-ball", p. 253.

42. BONNEFONT, G. *Les exercices du corps*. Paris: Jouvet, 1890, p. 186.

a motricidade, este paradoxo mesmo, já por demais estudado: submissão às regras máximas de eficácia biomecânica em primeiro lugar, segundo um cálculo sofisticado de vetores, de forças, de durações, mas também atenção sempre mais viva aos erros e aos imprevistos em seguida, aqueles que a prática lúdica não pode evitar totalmente. Nenhuma outra coisa senão a originalidade do prazer nos atores, esta excitação toda particular que vem do confronto entre a previsão intencionada extrema e a surpresa, igualmente extrema, desencadeada pelo inevitável caráter aleatório do jogo.

4. Profusão de medidas

Este corpo técnico, deve-se insistir neste ponto, é um corpo medido. Seus progressos, como seus treinamentos, são "maquinados". Proclamam-se as eficácias, calculam-se as potencialidades. Os aparelhos se multiplicam no começo do século XX, prolongando um conjunto de dispositivos de avaliação que os trabalhos de Marey inauguraram no final do século precedente[43]. Ao "espirômetro" que há muito tempo indicava a capacidade respiratória[44], ao "pneumógrafo" que há muito tempo indicava o ritmo respiratório, vêm juntar-se, no começo do século XX, o "duplo conformador" de Demenÿ, que desenha os perfis conjuntos das curvas das vértebras e do tórax, o "raquígrafo" do mesmo Demenÿ que desenha a linha reta vertebral, o "toracógrafo" de Dufestel que desenha tanto a amplitude como as simetrias ou dissimetrias do contorno torácico, o "ergógrafo" de Mosso que mostra os limiares de fadiga e de atenção[45].

---

43. Cf. MAREY, É.-J. *La machine animale*. Paris: G. Baillière, 1873.

44. Cf. as "experiências espirométricas" lembradas por LÉVY, M. *Traité d'hygiène publique et privée*. 3ª ed. Paris: J.-B. Baillière et fils, 1857, t. I, p. 237.

45. Cf., quanto a estes últimos aparelhos, "La préparation physique". *La vie au grand air*, jun./1907, prancha central.

Os cursores são avivados. O motor é avaliado. Preveem-se os recursos. O exercício não é mais considerado fora dos seus efeitos sobre "as mensurações dos alunos que seguiram os cursos em comparação com alunos que servem de testemunhas"[46]. Multiplicam-se os registros, objetivando sempre mais o progresso e suas previsões: três meses de lições, por exemplo, para aumentar o perímetro do peito de 10cm, o perímetro do pescoço, ou as barrigas das pernas de 4,5cm, o perímetro das espáduas de 15cm, segundo a Escola de Cultura Física em 1903[47]. O tema do rendimento é o que predomina nesses dados: pulmões colocados no centro dos cálculos, energia no centro das representações. Os números privilegiados pelo *sportsman* perfeito[48]. O perímetro do meu peito mede 99cm na expiração, 124cm na inspiração, e meu fôlego avaliado no espirômetro atinge 600cm cúbicos. E isto especifica desde o início o perfil esperado das posturas físicas, os resultados diretamente visíveis do treinamento: tórax lançado para a frente, espáduas forçadas para trás, a parte superior do corpo desnudada para melhor destacar seu desenvolvimento. E isto unifica também os métodos, malgrado suas diferenças: "Os peitos mais estreitos, os mais fraquinhos se alargam, desenvolvem-se por assim dizer à vista d'olhos [...], as costas se endireitam, as espáduas se fixam para trás"[49], afirmam em uníssono textos dependentes de teorias as mais distantes. O tórax não é "o fole da lareira animal"[50], ou ainda "a capacidade da máquina humana cujo foco de combustão constitui"?[51] Daí a invenção de tipos morfológicos quase hierarquizados: o "tipo torácico" pre-

---

46. "Modèles de leçons d'éducation physique et résultats des mensurations sur les élèves ayant suivi les cours et comparaison avec des élèves servant de témoins". *Congrès International de l'Éducation Physique...* Op. cit., p. 299.

47. Apud FLEURIGAND, C. *Jeux, sports...* Op. cit., p. 27.

48. MÜLLER, J.P. *Le livre du plein air.* Op. cit., p. 107.

49. COSTE, É. *L'éducation physique en France, ce qu'elle est, ce qu'elle devrait être.* Paris: H. Charles Lavauzelle, 1907, p. 50.

50. MOLL-WEISS, A. *Le livre du foyer.* Op. cit., p. 390.

51. DESBONNET, E. *La force physique, culture rationnelle.* Op. cit., p. 32.

ferido por Demenÿ ao "tipo abdominal"[52], em 1902, o "tipo respiratório" preferido por Sigaud, em 1910, ao "tipo digestivo" ou ao "tipo cerebral"[53]. Enquanto uma comissão médica multiplica as fotos de participantes previamente "desnudados" dos jogos olímpicos de Paris, em 1900, para melhor mostrar seus "caracteres morfológicos"[54].

Não que outros modelos sejam ignorados no começo do século XX. Uma fisiologia do sistema nervoso sublinha, faz muito tempo, o papel desempenhado pelo alerta sensível. Impossível sem ela controlar posturas e movimentos. Impossível sem as informações "profundas", as que vêm dos músculos ou dos tendões, obter alguma precisão nos gestos. O influxo é tanto ascendente como descendente. Instrui e ao mesmo tempo comanda. Tanto ajusta como constringe. E isto se pode ver por doenças bem precisas: é a degenerescência do nervo sensível raquidiano, por exemplo, e somente ela, que pode explicar o mal do "ataráxico", incapaz de controlar seus deslocamentos[55]. Motricidade e sensibilidade estão acopladas. Daí a sugestão, desde o final do século XIX, de educar o "sentido muscular" para melhor educar os "músculos antagonistas"[56]: treinar para melhor "perceber", melhor sentir músculos e movimentos. Daí, também, a sugestão de inventar um modelo de corpo que integre esses dispositivos intricados. Alguns se entregam a isso no começo do século XX, assimilando a unidade orgânica "à regulamentação científica de uma rede de linhas telegráficas"[57], pondo no centro da ima-

---

52. DEMENŸ, G. *Bases scientifiques de l'éducation physique*. Paris: Alcan, 1902.

53. SIGAUD, C. & VINCENT, L. *Les origines de la maladie*: essai sur l'évolution des figures du corps humain. Paris: Maloine, 1910. A classificação de Sigaud é retomada por Thooris e aplicada ao campo da "cultura física". Cf. THOORIS, A. "Les applications de la 'morphologie humaine' à l'éducation physique". *Congrès International de l'Éducation Physique...* Op. cit., t. III, p. 132.

54. Cf. MÉRILLON, D. *Concours internationaux d'exercices physiques et de sports* – Rapports. Paris, 1902, t. II, section XIII: "Comité d'hygiène et de physiologie", p. 387.

55. RETTERER, É. *Anatomie et physiologie animales*. Paris: Hachette, 1896, p. 235.

56. LAGRANGE, F. *Physiologie des exercices du corps*. Paris: Alcan, 1888, p. 19.

57. DEMENŸ, G. *Bases scientifiques...* Op. cit., p. 258.

gem a ida e a volta entre o comando e o sensível: não mais a máquina de combustão, mas a máquina de informação, não mais o fogo, mas o influxo.

A imagem do motor de combustão, no entanto, resiste, ainda dominante no começo do século XX. O peito capta a atenção, pode-se repetir, obrigando a educação física a continuar sendo a dos torsos amplificados. Os esportistas fotografados em La vie au grand air [A vida ao ar livre] do começo do século XX se mantêm rígidos, como na parada: cintura firme e peitos lançados para frente. Os reformadores dos exercícios na escola visam, aliás, essa parte do corpo propondo seus projetos: "A tarde deve ser reservada aos pulmões; a manhã, ao cérebro"[58]. Os engenheiros do trabalho visam da mesma forma essa parte do corpo apresentando seus cálculos: quanto às "medidas dinâmicas da máquina humana"[59], estudadas por Amar em 1914 nas situações profissionais, todas elas se limitam, com enorme precisão, aos gastos de ar trocado. A máquina energética ainda é o modelo primeiro.

5. Conversões do "treinamento" pessoal

Um dado psicológico vem ainda acrescentar-se a tudo isso no começo do século, dado ligado às estratégias de medidas e de cálculos. Meticulosidade e decisão teriam ainda seus efeitos de comportamento, transformando a "vontade" em trabalho[60], sugerindo o aumento, cultivando o sucesso: os grandes temas das sociedades de concorrência e de competição. O treinamento muda de alma. É o que dizem as palavras novas ou as imagens desses textos que aparentemente se limitam à força e à saúde. Gebhardt, evocando

---

58. TISSIÉ, P. "L'esprit clinique en éducation physique". Congrès International de l'Éducation Physique... Op. cit., p. 66.

59. AMAT, J. Le travail humain. Paris: Plon-Nourrit et Cie, 1923.

60. RAUH, F. & D'ALLONNES, G.R. Psychologie appliquée à la morale et à l'éducation. Paris: Éducation de la Volonté, 1900, p. 303.

um programa numérico, promete uma "atitude que se impõe"[61]. Loti, gabando as lições de Desbonnet, oferece um aumento de segurança por um pouco de "inteligente esforço"[62]. Sandow, propondo em pormenores um ensino por correspondência, sugere um "mapa anatômico"[63], enaltecendo a obstinação e suas promessas íntimas. Os "métodos" que visam a aparência, seu "volume", seus contornos, dizem-no mais que outros, multiplicando espelhos e fotos, códigos e planos, observações minúsculas e ganhos personalizados: "cultura racional"[64], para Edmond Desbonnet em 1901; "body building"[65], para Bernart Macfadden em 1906.

A visada, deve-se demorar um pouco mais nisso, estendeu-se: não mais somente a higiene ou a moral, mas a afirmação, não mais só a força, mas o aumento, a obstinação pelo treinamento calculado. A atitude adquirida deveria, então, "impor-se". O exercício seria muito simplesmente psicológico, metamorfoseando a determinação em sucesso, ajudando seu autor a "tornar-se alguém"[66]. Poder-se-ia mesmo configurar uma "vitalidade suprema", prometida por alguns textos norte-americanos para transformar "a fraqueza em força"[67]: resistir melhor às vicissitudes da vida.

Não, com certeza, que o tema da ascensão social seja original no começo do século XX. Mas uma ampla categoria de personagens de Balzac já compõem variadas versões desse tema na França romântica. Mas a orientação

---

61. GEBHARDT, W. *L'attitude qui en impose et comment l'acquérir*. Paris: Librairie de Nouveautés Médicales, 1900.

62. LOTI, P., prefaciando o livro de DESBONNET, E. *Comment on devient athlète*. Op. cit., p. X.

63. "Sandow's anatomical chart". Cf. SANDOW, E. *Strenght and How to Obtain It*. Londres: Gale & Polden, 1900, p. 38.

64. DESBONNET, E. *La force physique, culture rationnelle*. Op. cit.

65. MacFADDEN, B. *Muscular Power and Beaty*. Nova York: Physical Culture Publishing, 1906: "Previous investigation in the field of body building", publicidade do final da obra.

66. BONNET, G. *Précis d'auto-suggestion volontaire*. Paris: J. Rousset, 1910, p. 11.

67. MacFADDEN, B. *Muscular Power and Beauty*. Op. cit.

das obras sobre o treinamento físico, seu jeito de manual, sua tonalidade personalizada, suas referências práticas, tudo isto é inédito: "Os exercícios devem ser feitos descontando tempo de suas horas de escritório"[68], diz um deles em 1900, designando de saída os grupos sociais envolvidos. Devem ser feitos, diz um outro, "ao anoitecer, na hora em que se encerra o expediente"[69]. Uma pequena burguesia em expansão encontra aí um bom terreno a seu dispor, uma forma de se "catapultar": é melhor trabalhar sobre si mesmo para melhor progredir na vida. E isto corresponde a uma renovação da paisagem social em numerosos países do Ocidente. A Companhia das Estradas de Ferro do Norte é o melhor exemplo desse fato, na França de 1900, ostentando uma enorme gradação de posições intermediárias, na maioria galgadas ano após ano pelo empregado consciencioso: 28 escalões de qualificação ou de tratamento no setor "trabalhos e vias", 43 no setor "materiais e trações", 64 na exploração, coisa que diversifica como nunca os escalões, os graus, acentuando a esperança de bom êxito ou de promoção[70]. Simultaneamente, dobra o número de funcionários franceses entre 1870 e 1911.

Essas aprendizagens vão convergir com os projetos de desenvolvimento pessoal em uma sociedade que enfrenta sempre mais competição e igualdade. Convergem com a literatura, igualmente nova no princípio do século XX, prometendo a "autoconfiança"[71], detalhando a maneira de "tornar-se mais forte"[72], a de "abrir seu próprio caminho na vida"[73]. Convergem ainda com uma literatura toda psicológica que se aventura, alguns anos depois,

---

68. GEBHARDT, W. *L'attitude qui en impose...* Op. cit., p. 3.

69. MÜLLER, J.P. *Le livre du plein air*. Op. cit., p. 138-139.

70. LEQUIN, Y. Les chances inégales d'une nouvelle société. In: LEQUIN, Y. (org.). *Histoire des français, XIXe-XXe siècle* – Tome. II: La société. Paris: Armand Colin, 1983, p. 329.

71. O primeiro desses textos é norte-americano, traduzido recentemente para o francês: EMERSON, R.W. *La confiance en soi et autres essais*. Paris: Payot-Rivages, 2000 [1ª ed. norte-americana, 1844].

72. LERNE, J. *Comment devenir fort*. Paris: J.-B. Baillière et Fils, 1902.

73. ROUDÈS, S. *Pour faire son chemin dans la vie*. Paris: Bibliothèque des Ouvrages Pratiques, 1902.

pelo terreno das técnicas mentais para melhor cultivar a autoafirmação: "Pode-se praticar uma espécie de autossugestão durante as sessões de educação física"[74], afirma um texto de 1930.

II. Lazeres, esportes, vontade

O modelo atlético se reforça e se diversifica ainda após o primeiro conflito mundial. Ganha novos horizontes: natureza e nudez têm uma outra presença; força e musculatura, um outro valor. O mundo do trabalho e da indústria com seus ritmos acelerados, o ambiente das repartições e dos escritórios com seus códigos de adaptabilidade orientam cada vez mais o tônus e a esbeltez. O mundo do lazer com novas ocasiões de fuga valoriza mais o dia claro e o movimento. Da mesma forma vão mudando as grandes referências culturais com o triunfo do "citadino", com, sobretudo, o aumento do "tempo livre", do turismo, dos passeios; a musculatura perde os seus antigos traços operários, o bronzeado perde suas antigas feições camponesas[75]. Pode o corpo se pensar "atlético", mobilizar mais investimentos, ocupar um tempo de que não dispunha.

De modo muito mais profundo, o treinamento implica, durante o período entre-guerras, um primeiro trabalho sobre o íntimo, o domínio não somente da musculatura e dos movimentos, mas também do sensível, se não da interioridade.

1. O corpo do lado "de fora"

Um critério muito "exterior" em primeiro lugar é o que sugere o tempo livre: o das férias e o dos passeios: a marca totalmente física deixada pelas

---

74. ROUGES, J.V. *La gymnastique de la volonté*. Paris: J. Oliven, 1935, p. 34.

75. Cf. BAUBÉROT, A. *Histoire du naturisme* – Le mythe du retour à la nature. Rennes: Presses Universitaires de Rennes, 2004, p. 286.

atividades "do exterior", os valores intensos atribuídos ao ar, ao mar, ao sol. A luz invade as fotografias de moda, o espaço dá vida aos perfis: "Os corpos ficam dourados como as frutas que amadurecem"[76], insiste *Vogue* em 1934. A praia, entre outras coisas, não é mais apenas o cenário, mas um meio: menos pessoas passeando e mais corpos estirados na praia, menos roupa e mais maiôs[77]. O "coup de soleil"[78] entra na literatura. As descrições avivam as mobilidades. A garota de *Votre beauté*, por exemplo, em 1936: "Ela caminha a passos largos, arrastando em seu encalço um como estranho apelo de ar, de ar livre"[79]. O corpo deve sugerir "recordações de férias"[80]. O corpo deve sugerir o "ar livre" que, ele somente, faz "triunfar a verdadeira beleza"[81].

Essa imagem do "exterior" é canônica. Ela glorifica os bronzeados, transformando profundamente as receitas de entretenimento, com todos os territórios renovando o objeto do trabalho sobre si mesmo: as férias fabricariam o estético[82], o sol seria uma fábrica de energia[83]. Imensa revisão pedagógica, também, onde cada um se tornaria melhor, se "embelezaria", procurando a despreocupação e o prazer. Jamais a vontade de conservação da for-

---

76. *Vogue*, jul./1934.

77. *Votre Beauté*, a revista que sucede, em 1933, a *La Coiffure et les Modes*, é, neste aspecto, característica: as fotografias misturam as imagens de corridas ou de saltos às de corpos estendidos na areia das praias ou na relva dos campos.

78. MONTHERLANT, H. *Coups de soleil*. Paris: Gallimard, 1950 [escrito entre 1925 e 1930].

79. *Votre Beauté*, jan./1936.

80. Ibid.

81. *Marie-Claire*, 06/05/1938.

82. E isto estende o tema da grande cruzada higiênica às férias, reiniciada após a Primeira Guerra Mundial: cf. HÉRICOURT, J. "La question des vacances". *Hygiène Moderne*. Paris: Flammarion, 1919, p. 204.

83. Cf. o tema do "sol que cura" em *Votre Beauté*, jul./1937.

ma física havia sugerido tal "licença": efetuar uma "verdadeira trégua"[84], "entregar-se aos raios" para melhor obter com isso uma "nova sedução"[85]. Primeira grande afirmação do indivíduo moderno que se estende à escala de uma população, esse abandono faz dominar a posse de si mesmo, o tempo para si. Ainda mais marcante por acompanhar os dias de repouso remunerado[86], que se tornaram, para alguns, "o ano 1 da felicidade"[87].

O exemplo do bronzeamento é modesto, com certeza, neste início do século XX; mas é decisivo. As palavras exprimem as referências hedonistas, a certeza espontânea do engrandecimento pela ruptura, pelo distanciamento, pelo gosto do espaço e dos climas[88]: os "esponsais com o verão"[89], os "prazeres agrestes e violentos"[90], o "corpo primaveril"[91]. Toda uma série de cenas estivais que Mac Orlan transpõe em gesto poetizado: "Um corpo jovem e novo renasce nas tardes perfumadas frente ao mar"[92].

2. Manter a aparência

A imagem do exercício em particular e a da "apresentação descontraída"[93], que se considera como a sua acompanhante, banalizaram-se. Como

---

84. *Marie-Claire*, 05/08/1938.

85. Publicidade de Helena Rubinstein em *Femina*, 1928.

86. Cf. KERGOAT, J. *La France du front populaire*. Paris: La Découverte, 1986, p. 336.

87. LÉO-LAGRANGE, M. "L'an 1 du bonheur". *Janus*, n. 7: "La révolution du loisir", jun.-ago./1965, p. 83.

88. Cf. tb., além do tema das férias, o do "week-end" e sua importância nos anos de 1930: RYBCZYNSKI, W. Les pionniers du week-end. In: *Histoire du week-end*. Paris: Liana-Levi, 1992, p. 123.

89. *Femina*, 1931.

90. *Vogue*, 1935.

91. *Femina*, 1931.

92. MAC ORLAN, P. "L'été". *Vogue*, 1935.

93. *Vogue*, jul./1925.

também se banalizou o tema de uma transformação da silhueta pelo movimento e pela conservação da forma física: "faça o seu corpo"[94], insiste uma ampla literatura atlética. "Modela-se" a aparência, cultiva-se "o ar livre", e todas essas palavras se tornam evidentes durante o período entre-guerras, apesar de o público que elas atingem continuar ainda "limitado", não comparável com certeza ao de hoje.

O peso, por exemplo, mais que nunca, é declarado sinal de saúde. Seu excesso constituiria um perigo: curvas de mortalidade e curvas de peso se cruzam para sublinhar os riscos de doença a que se expõem os "gordos". É o que pretende mostrar a tabela publicada por *Votre beauté* com cinco séries de casos de óbitos:

Doenças e peso do corpo

Causas de óbitos	Magros	Normais	Gordos
Apoplexia	112	212	397
Doença cardíaca	128	199	384
Doença do fígado	12	33	67
Doença dos rins	57	179	374
Diabetes	6	28	136
Total	315	651	1.358

(*Votre beauté*, setembro de 1938)

Para os mesmos gêneros de doenças, os óbitos dos "magros" seriam, noutras palavras, quatro vezes inferiores aos óbitos dos "gordos". Daí a transformação de uma obesidade, que ficou durante muito tempo à margem da patologia, em um risco "muito grave"[95], uma doença séria, declarada. Todas as funções estariam implicadas: da "bomba engordurada" do coração à

---

94. DURVILLE, A. & DURVILLE, G. *Fais ton corps*. Paris: Naturisme, 1936.
95. *Votre Beauté*, mar./1937.

"drenagem obstruída"⁹⁶ do fígado. Daí, ainda, a apresentação graduada do mal, a vigilância mais cuidadosa dos limiares. Oito categorias, por exemplo, são levadas em conta pelas companhias norte-americanas de seguro de vida, desde os anos de 1910, aumentando suas tarifas à medida que seus clientes se distanciam da norma: de doze quilos abaixo até vinte e três quilos acima da norma. Essa grade vai repercutir, com certo atraso, nas revistas francesas, mas ela familiariza com as progressões, instalando o tema dos números e dos graus⁹⁷.

Uma mudança das representações a partir dos anos de 1920, privilegiando a silhueta feminina, é igualmente profunda, convertendo em imagem a interminável passagem do "magro" para o "gordo". Os defeitos contínuos do "engordar", por exemplo, são transpostos em curvas por Paul Richer: o crescimento progressivo das bolsas sob os olhos, o aumento progressivo do tamanho do duplo queixo, a perda progressiva do perfil arredondado dos seios, os pneuzinhos dos quadris, o engrossamento das coxas, o afundamento do sulco das nádegas⁹⁸. O desenho anatômico converte o tempo em figura, detalhando os momentos decisivos da queda: não mais somente as diferenças graduais entre as espécies animais, mas as diferenças graduais entre o aumento do peso das carnes, a queda insensível das peles, o desmoronamento insensível dos traços. A linha caída suscita, em outras palavras, o investimento numérico. As curvas mais pesadas, até aqui negligenciadas pela ciência, tornam-se objeto de suas prospecções: curiosidades de anatomista e de médico.

Aparecem sintomas, aliás, que não existiam, claramente listados no livro diversas vezes reeditado de Georges Hébert, *Músculo e beleza plástica fe-*

---

96. Ibid. Cf. tb. VIGOUROUX, H.-D. "Le pronostic est sérieux". *Traité complet de médecine pratique*. Paris: Letouzey et Ané, 1937, t. III, p. 633.

97. Cf. STEARNS, P.N. *Fat History* – Bodies and beauty in the Modern West. Nova York: Nova York University Press, 1997. Sobretudo "Fat as a turn-of-the-century target: why?", p. 48.

98. RICHET, P. *Nouvelle anatomie artistique du corps humain* – Tomo III: Morphologie, la femme. Paris: Plon-Nourrit et Cie, 1920.

minina⁹⁹, em 1919. Os tipos de aumento de volume do ventre, por exemplo: o "ventre inflado ou inflado em toda a volta", o "ventre em forma de balão e arredondado embaixo", o "ventre pendente ou caído"¹⁰⁰. As áreas de "depósito gorduroso" também: a "cintura gorda superior", a "cintura gorda inferior", a "cintura gorda umbilical"¹⁰¹ somente para o abdômen, ao passo que são identificados "três estádios de queda"¹⁰² dos seios. E isto transforma a carga adiposa em volumes de camadas regulares com suas imperceptíveis quedas que permitem melhor observar quando se começa a engordar.

3. O corpo do lado "de dentro"

Isto equivale a dizer que essa exigência de "modelagem" do próprio corpo reforça o tema do trabalho, o da vontade aplicada ao corpo: constância e tenacidade apesar das férias e do tempo passado ao ar livre, obstinação e teimosia apesar do repouso e das escapulidas. O projeto vai, aliás, aprofundar-se a partir das empresas do século XX, as das primeiras iniciativas para a aquisição de força e de "autoconfiança"¹⁰³. O tema se tornou mais psicológico nas décadas de 1920 e 1930, mais interiorizado, variando os procedimentos de "domínio"¹⁰⁴, explorando as sensações e as referências internas, avivando as referências e os indícios provenientes de dentro. Vai emergir lentamente um universo, pouco evocado até então nas práticas do corpo: o dos músculos testados, interrogados, "conscientizados". O corpo se "psicologizou", à imagem de um indivíduo que se reivindica mais senhor de si com a modernidade. Daí a proposta de exercícios inéditos: "concentre o pensa-

---

99. HÉBERT, G. *Muscle et beauté plastique féminine*. Paris: Vuibert, 1919.
100. Ibid., p. 197.
101. Ibid., p. 198.
102. Ibid., p. 211.
103. Cf. acima, p. 214.
104. Cf. VIARD, M. *La maîtrise de soi*. Paris: Vivre, 1930.

mento na respiração"[105], por exemplo, ou "concentre a atenção no músculo que trabalha, pense nele e procure senti-lo desempenhar sua função"[106]. Tornar-se "escultor da [própria] silhueta"[107] supõe novas prospecções internas, acentuando a densidade do sentido íntimo, especificando um trabalho inédito sobre o espaço de si. A condessa de Polignac, a filha de Madame Lanvin, evoca em 1934 os exercícios feitos nos momentos mais inesperados, sempre vigiados e suficientemente interiorizados para serem quase invisíveis: "Durante o dia, no carro, durante uma conversa, eu me exercito sem que ninguém desconfie. Giro os punhos, levanto-os lentamente, e como se pesassem um peso insuportável. Graças a esse método, adquiri músculos de aço"[108]. *Votre bonheur* sugere, em 1938, um programa de "ginástica invisível" realizado nos momentos perdidos, "à espera do ônibus", "no metrô", sem que ninguém perceba, mas com extrema concentração mental: "Para fortalecer os músculos dos joelhos e das coxas, das nádegas, contraia e relaxe alternadamente cada um deles [...], durante alguns minutos você pode fazer toda uma série de movimentos perfeitamente invisíveis"[109]. Mesmo procedimento para evocar as formas do corpo que se desejam, aquelas que são visadas por alguns exercícios indefinidamente repetidos: "É necessário continuar a pensar em seu ventre e na linha reta musculosa que se deseja"[110]. Todas essas psicologias práticas inventam uma nova arte de pôr à prova a vontade interior, mesmo que elementar, discreta se não marginal. Elas difundem também uma nova representação do corpo, mais refinada, mais interiorizada, centrada na mentalização: "escutar" as sensações para melhor poder controlá-las, imaginar as formas físicas para melhor adquiri-las.

---

105. "Respirez la santé". *Marie Claire*, 1939.

106. *Votre Beauté*, jan./1934.

107. *Vogue*, 1930.

108. *Votre Beauté*, set./1934.

109. *Votre Bonheur*, 27/03/1938.

110. *Votre Beauté*, jan./1934.

O universo gestual muda, aliás, com elas, orientando a evocação das práticas, aquela das impressões percebidas, a maneira de dizê-las e procurá-las. Atenta ao registro sensorial como nunca até então, a literatura esportiva do período entre as duas guerras não sugere de outro modo os seus objetos. Jean Prévost, por exemplo, em 1925, faz do sensível uma prova quase intelectual: "Esses sinais e esses pesos de músculos perduravam como uma linguagem, embora sutil, estranha – como notícias telefonadas de província. Mais curiosa e mais idêntica a mim mesmo, uma nova vida orgânica se elevava com o vigor do exercício, até no nível dos meus pensamentos"[111]. Ou Dominique Braga, misturando imaginário do espaço e imaginário do corpo: "Essas voltas, essas dez, nove, oito voltas de que se compõe sua corrida partem dele, do centro de suas forças, de seu umbigo, por assim dizer: vão se desenrolando em um movimento intestinal, peristáltico, nascido de si mesmo e gerando aquilo que lhe vem a seguir"[112]. Emerge um universo, original, ainda que não central, aquele que Proust soube explorar com o máximo de verdade no começo do século XX[113], o universo que os psicólogos objetivaram desde o fim do século XIX, ao evocarem o "sentido muscular" ou o "sentido interno"[114], aquele que essa literatura esportiva quer "prático", misturando, mais que nunca, o indivíduo contemporâneo ao registro imediatamente sensível de seu corpo.

---

111. PRÉVOST, J. *Plaisir des sports*. Paris: Gallimard, 1925, p. 25.

112. BRAGA, D. *5000 m*. Paris: Gallimard, 1924, p. 46.

113. Cf. CHARRETON, P. *Les fêtes du corps* – Histoire et tendances de la littérature à thème sportif en France, 1870-1970. Saint-Étienne: Cierec, 1985, p. 120.

114. Cf. BEAUNIS, H.-É. *Les sensations internes*. Paris: Alcan, 1889. • FÉRÉ, C. [-Samson]. *Sensation et mouvement* – Étude expérimentale de psycho-mécanique. Paris: Alcan, 1887. • CLAPARÈDE, É. *Avons-nous des sensations spécifiques de position des membres?* Paris: Schleicher Frères, 1901.

4. Da organização dos espaços à criação dos certificados

Além das atividades naturais, além dos controles da silhueta e das experiências sensíveis, a prática esportiva se difundiu com muita força depois da Primeira Guerra Mundial, constituindo uma quarta originalidade dos anos de 1920-1930. *L'Encyclopédie de la jeunesse* já o sugere: seus artigos de 1914 ou 1917, expondo em pormenores uma ginástica quase militar, são muito simplesmente suplantados em 1919 por artigos que interrogam o "espírito esportivo", os "esportes renascentes", os "esportes em progresso"[115]. O *Grand Mémento Encyclopédique Larousse* insiste mais ainda nos anos de 1930: "Não há um pequeno povoado que não tenha o seu time de futebol, sua sociedade ciclista, ou sua equipe de atletas; não há cidade que não tenha seus campos de tênis"[116]. Mostram-no os números locais: 16 sociedades na Dordogne de 1889, esporte e ginástica confundidos, 92 em 1924, 117 em 1932[117]; 19 sociedades criadas todo ano nos distritos de Rouen e do Havre em 1912, 52 em 1938[118]. Paralelamente vão recuando as sociedades de ginástica, como o mostra Gabriel Désert para a Normandia, de 49 em 1921 a 15 em 1939, ao passo que vai crescendo o número dos clubes de atletismo e de futebol, 38 em 1921, 50 em 1939 para Caen e sua periferia[119]. Os números nacionais o mostram com uma orientação de cunho sempre mais esportivo:

---

115. Cf. *L'Encyclopédie de la Jeunesse. Qui? Pourquoi? Comment?* Paris: [s.e.], 1914-1919 [t. I, 1914, p. 313; t. VI, 1919, p. 1, 9, 17, 25].

116. AUGÉ, P. (org.). *Grand Mémento Encyclopédique Larousse.* Paris: Larousse, 1937, t. II, p. 975.

117. GARRIGOU, A. "La naissance du mouvement associatif sportif sous la IIIe République en Dordogne". Art. cit, p. 244.

118. MANNEVILLE, P. Création d'associations sportives en Seine-Inférieure (fin XIXe-première moitié du XXe siècle). In: *Jeux et sports dans l'histoire* – Actes du 116e Congrès National des Sociétés Savantes, Chambéry, 1991. Paris: CTHS, 1992, t. I, p. 133.

119. DÉSERT, G. "Les activités sportives en Normandie, 1900-1940". Ibid., p. 123.

**Número de inscritos nas federações de atletismo,
De basquetebol e de futebol (1921-1939)**[120]

	1921	*1939*
Atletismo	15.084	32.000
Basquetebol	900	23.158
Futebol	35.000	188.664

E a isso se somam comentários e constatações: "Campos de esporte, estádios e pistas abrem-se agora às portas de Paris para o descanso de nossos cérebros, o relaxamento de nossos nervos e a cultura de nossos músculos", pretende *L'Illustration* de 10 de julho de 1920[121]. E isso transforma os debates locais, os projetos de equipamento. E isso transforma ainda mais as subvenções: aquelas concedidas às sociedades esportivas passam, em Lyon, de 5% a 18% do orçamento global entre 1913 e 1923[122]. As atribuídas por Besançon, minuciosamente estudadas por Nathalie Mougin, mostram a mesma progressão, bem como, por outro lado, uma renovação em seus objetivos: a atenção dedicada ao antigo ginásio e aos banhos de rio dos habitantes de Besançon na década de 1910 se eclipsa por volta da década de 1920, diante da atenção concedida à criação de um estádio e de um salão de esportes[123]. Nada mais que uma nova extensão da cultura da *performance*.

E a isso responde uma extensão do espectro social de praticantes. Um universo separa os que fazem a caminhada Paris-Estrasburgo em 1931 e os

---

120. Cf. a série de tabelas da *Encyclopédie Générale des Sports et Sociétés Sportives*, publicada sob a direção de DENIS, G. Paris: Ardo, 1946.

121. "Plein air". *L'Illustration*, 10/07/1920.

122. LE GERMAIN, E. Le paysage sportif associatif à Lyon (1905-1929). In: LOUDCHER J.-F. & VIVIER, C. (orgs.). *Le sport dans la ville*. Op. cit., p. 49.

123. MOUGIN, N. Développement des installations sportives et politique municipale à Besançon (1900-1939). In: LOUDCHER, J.-F. & VIVIER, C. (orgs.). *Le sport dans la ville*. Op. cit., p. 65.

campeões do "golfe Saint-Germain" fotografados no mesmo ano: roupa desalinhada de um lado com pernas e malhas sujas, vestes muito bem compostas do outro, com capa leve e calçados bem engraxados. Aqui se distinguem dois modos de ser: aos gestos precisos e soltos do jogador de golfe respondem os gestos repetitivos e fatigados do caminhante. Oposições reproduzidas ainda pelo halterofilista e pelo cavaleiro: o homem da força operária e do peso de um lado, o homem da elegância e da leveza do outro. As práticas esportivas, no próprio momento em que se vão desenvolvendo, repercutem no seu estilo e na sua diversidade o conjunto do espectro social[124]. Isso especifica e incrementa as práticas populares, que vão ter como símbolo o futebol: um dentista, um politécnico, um *centralien* pertencem ainda à equipe do *Stade Français* em 1930, mas *Le Miroir des Sports* já constatava, em 1926, que "os melhores futebolistas franceses pertencem a uma classe social modesta"[125].

Balbuciar das práticas femininas enfim. A "Festa dos músculos", no dia 13 de julho de 1919, nas Tulherias, apresenta mulheres com roupas curtas, pernas nuas, boné preto, maiô bem justo[126]. Lançamentos de peso, corridas de obstáculo, saltos em altura oferecem fotos inéditas: competições onde os gestos que exprimem esforço se tornam tanto femininos como masculinos. A "Festa da primavera" vai reeditar as mesmas provas em maio de 1921, desta vez na presença do Presidente da República. Tudo isso dando ocasião a oposições e debates, nessa década de 1920, onde o consenso médico que dita as normas físicas pode se fixar na tradição: "Em nenhum caso ousaremos afirmar a utilidade das competições esportivas para a mulher"[127], garante em 1922 Maurice Boigey, o médico da escola militar de Joinvile. *L'Illustration* acrescenta às reticências: "Vocês não acham que se pede muito a esses orga-

---

124. Cf., entre vários exemplos de sociologia do esporte, CLÉMENT, J.-P. & LACAZE, L. "Contribution à l'histoire de la lutte en France". *Histoire Sociale des Pratiques Sportives* – Travaux et recherches en E.P.S., n. 1, dez./1985.

125. Apud WAHL, A. *Les archives du football*: sports et société en France (1880-1980). Op. cit., p. 209.

126. Cf. *L'Encyclopédie de la Jeunesse. Qui? Pourquoi? Comment?*, jul./1919.

127. BOIGEY, M. *Manuel scientifique d'éducation physique*. Paris: Payot, 1922, p. 218.

nismos delicados lançando-os em competições como estas"?[128] Ao contrário. Alice Milliat, organizadora dessas manifestações, sabe precisamente associá-las a uma metamorfose do feminino: "A educação física e o esporte dotam as meninas e as moças de uma saúde e de uma força que, sem causar dano à sua graça natural, tornam-nas mais aptas a cumprirem no futuro o dever social que delas se espera"[129].

O mundo escolar do período entre-guerras, em compensação, sugere o quanto a pedagogia dos pátios cobertos ou não ainda está desconfiada a respeito do esporte e das competições. As testemunhas desse tempo insistem sobre as lições exclusivamente gímnicas feitas de conjuntos mecanizados, de "marchas cadenciadas", de "movimentos para ganhar flexibilidade", de "comandos imperativos"[130]. Os espaços escolares vão prioritariamente para os exercícios preparatórios e para os movimentos forçados. As didáticas vão para as aprendizagens isoladas: "Deixar a cultura física para o benefício do esporte seria agir como um pedreiro que desejasse começar a construir uma casa começando pelo telhado"[131]. O receio de um excesso de especialização dos gestos pelo esporte, com seus "inconvenientes sem fim"[132], povoa a mente desses pedagogos da década de 1920, projetando a ginástica como se fosse um indispensável e interminável alfabeto. O temor de uma "sobrecarga física" pelo esporte os aflige ainda mais, multiplicando disciplina e moderação: "Que os adolescentes corram, sem dúvida: são construídos para a corrida.

---

128. "Le cross féminin de Saint-Cloud". *L'Illustration*, 22/02/1930.

129. Apud ARNAUD, P. "Le genre ou le sexe? Sport féminin et changement social (XIXe-XXe siècle)". In: ARNAUD, P. & TERRET, T. (orgs.). *Histoire du sport féminin*. Paris: L'Harmattan, 1996, t. II, p. 164.

130. THIBAULT, J. Itinéraire d'un professeur d'éducation physique – Un demi-siècle d'histoire de l'éducation physique en France. Paris: Afraps, 1992. Apud TRAVAILLOT, Y. & TABORY, M. *Histoire de l'éducation physique*. Op. cit., p. 158.

131. ANDRÉ, G. "Les rapports de la culture physique et du sport". *Le miroir des sports*, 19/05/1921.

132. Cf. *L'Encyclopédie de la Jeunesse. Qui? Pourquoi? Comment?*, 01/10/1919.

Mas corram apenas em jogos entrecortados de frequentes descansos"[133]. A isso vai somar-se o sucesso pedagógico de Georges Hébert e sua escola dos pupilos da Marinha[134], contestando depois de 1920 um esporte que se tornara "feira internacional dos músculos"[135], prática de excessos, mania desenfreada de *performances* e de *recordes*. Hébert "inventou", como se viu, um "método natural"[136], baseado nos movimentos corporais mais "primitivos", criando ginásios e colégios de atletas cuja ênfase antitécnica podia agradar a alguns, como o naturismo, aliás, diante de um maquinismo considerado rasteiro.

Renova-se, no entanto, ainda que modestamente, o espaço escolar, por volta dos anos de 1930: temos um exemplo disso no Certificado esportivo popular, criado pelo subsecretariado dos Esportes e da Organização do Lazer em 1937, sob o governo de Léon Blum. O dispositivo é esportivo. As provas são aí combinadas, as cotações escalonadas. A meta: fazer uma avaliação das qualidades físicas diferentes, aquelas objetivadas pelos fisiologistas do "motor humano" a partir do começo do século XX[137]. Um coeficiente calculado por Bellin du Coteau (o "Varf", para "velocidade, destreza [*adresse*, em francês], resistência, força") serve como referência. Seu princípio é a estatística, a "tabela" harmonizada sua tradução: a "robustez"[138] teria assim suas *performances* e suas declinações. Todo o conjunto de uma nação poderia ser avaliado em suas forças "físicas" e em suas "qualidades". Ocorre um fascínio: 400 mil certificados são entregues em 1937 a 500 mil candidatos[139]. A velha meta de uma educação física para todos ainda está de pé, sem dúvida: aquela

---

133. BOIGEY, M. Physiologie de l'éducation physique. In: *Encyclopédie des Sports*, t. I. Paris: Librairie de France, 1924, p. 290.

134. Cf. acima, p. 199.

135. HÉBERT, G. *Le sport contre l'éducation physique*. [s.l.]: [s.e.], 1925, p. 88.

136. O que equivale dizer que, para se tornar "pedagógico", o método do Tenente Hébert não deixa de ter nem rigor, nem exigência técnica. Seus gestos "naturais" são tão precisos como codificados. Como escapar ao próprio tempo?

137. Cf. acima, p. 209s.

138. BELLIN DU COTEAU, M. La valorisation humaine. In: LABBÉ, M. (org.). *Traité d'éducation physique*. Paris: Gaston Doin et Cie, 1930, t. II, p. 544.

139. Cf. TRAVAILLOT, Y. & TABORY, M. *Histoire de l'éducation physique*. Op. cit., p. 164.

que favorece aptidões diferentes e comuns, não aptidões especializadas. Mesmo assim, o esporte se tornou princípio de avaliação, campo de provas, maneira de testar recursos e potencialidades. É o que sugere Henri Sellier, instalando o Conselho Superior dos Esportes em 20 de julho de 1936: "A juventude francesa se orientou para os esportes [...]. O esporte tem um grande papel a cumprir tanto do ponto de vista nacional como do ponto de vista social"[140].

A tomada de consciência dessa orientação e de seu crescimento é suficientemente clara para que se constitua, nos anos de 1930, um "método esportivo"[141] que se acredita deva ser aplicado desde tenra idade, propor "lições-tipo", combinar "programas de treinamento". Isso renova as proximidades entre o esporte, as ginásticas de desenvolvimento, as atividades na natureza, tendo tudo isso aproximando a sua visão do exercício e do progresso.

5. Desvios da vontade

Mas existe ainda uma opção perversa dessas iniciativas que têm por meta o treinamento e a vontade. O Certificado nacional de esporte, criado na Alemanha em 1933, orquestra-se em torno da arregimentação: provas coletivamente preparadas e obrigatórias[142]. Como também orquestram-se em torno da arregimentação as atividades corporais das juventudes fascistas italianas regidas por uma "Carta dos esportes" desde 1928. A "educação física higiênica" deveria servir aqui para "a saúde física da raça"[143], prometendo

---

140. Ibid.

141. BELLIN DU COTEAU, M. La méthode sportive, gymnastiques et sports. In: LABBÉ, M. (org.). *Traité d'éducation physique*. Op. cit., t. II, p. 305.

142. Cf. SOLCHANY, J. La jeunesse embrigadée, enthousiasme et rejet. In: *L'Allemagne au XXᵉ siècle*. Paris: PUF, 2003, p. 250.

143. Mussolini, citado por GENTILE, L'Homme nouveau du fascisme – Réflexions sur une expérience de révolution anthropologique. In: MATARD-BONUCCI, M.-A. & MILZA, P. (orgs.). *L'Homme nouveau dans l'Europe fasciste (1922-1945), entre dictature et totalitarisme*. Paris: Fayard, 2004, p. 49.

uma certa solidariedade quase carnal do coletivo, fabricando uma antropologia até pretender metamorfosear o orgânico. O "homem novo" dessas ficções nacionalistas seria um "ser fisicamente transformado", insiste Carlo Scorza em suas "notas" sobre o fascismo e "seus chefes"[144]. Exercícios de ginástica e esportes deveriam prioritariamente contribuir para isso.

Uma vertente obscura dos impulsos voluntaristas e esportivos foi bem captada pelas empreitadas totalitárias: é o que mostra o "triunfo da vontade" exaltado por Leni Riefenstahl nas apresentações nazistas, a explosão de seus corpos bronzeados e musculosos[145], as poses esportivas, as linhas rijas. Ou as ginásticas promovidas em larga escala, mobilizando toda uma população: alistamento subitamente radicalizado contra o avanço das democracias sentidas como insuportável ameaça[146], mobilização contra a "decadência", o "fim" das igrejas, a fragmentação dos coletivos. Tentativa extrema, eminentemente física, de reprimir o "desencantamento do mundo" evocado por Max Weber[147]. Os exercícios de vontade, a promessa de temperamentos vigorosos e quadrados (*derb und rauh*[148]) são simplesmente instrumentalizados. Daí esse refinamento físico pensado para melhor "enrijecer" os corpos, essa imagem louca de uma nação que se quer forjada na força e no sangue: o "homem novo"[149], transformado em mito de vigor e de vontade. Permanece

---

144. SCORZA, C. *Brevi note sul fascismo, sui capi, sui gregari*. Florence: Bemporad, 1930, p. XIX.

145. Cf. TASCHEN, A. *Leni Riefenstahl, cinq vies*. Nova York: Taschen, 2000. • Filme de RIEFENSTAHL, L. *O triunfo da vontade*. Berlim, 1935.

146. Cf. GAUCHET, M.; AZOUVI, F.; PIRON, S. *La condition historique – Entretien*. Paris: Stock, 2003: "Esta vai ser a tola ambição dos totalitarismos: enfiar o diabo democrático na garrafa religiosa" (p. 292).

147. Cf. BURRIN, P. *Fascisme, nazisme, autoritarisme*. Paris: Du Seuil, Col. "Points", 2000, p. 42.

148. Männliche Literatur. In: DIERSCH, M. (org.). Kritik in der Zeit. Halle/Leipzig: Mitteldeutscher Verlag, 1985, p. 249. Apud MOSSE, G.L. *L'image de l'Homme, l'invention de la virilité moderne*. Paris: Abbeville, 1997.

149. Cf. MOSSE, G.L. Ibid., capítulo "O homem novo fascista", p. 177.

somente o sonho de encarnar o povo no corpo: "O corpo é dom de Deus; ele pertence ao *Volk* [povo] que se deve proteger e defender. Quem endurece a vontade serve ao seu povo"[150].

"Beleza, força e destino são a mesma coisa"[151], garantem esses projetos que mitificam a força coletiva dos corpos. É necessário olhar demoradamente esses contornos formais, esses ginastas uniformemente alinhados em *Os deuses do estádio*[152], de Leni Riefenstahl, esses mármores enormes e torneados na estatuária de Arno Breker[153]: aparência impassível, rostos rígidos, transpõem a beleza em referência teórica, reduzindo a simples signos abstratos os corpos gregos em que pensam inspirar-se. Seu olhar está ausente, sua postura "ideologizada": nada de erotização e personalização. "Como tornar-se belo?" perguntam a homens e mulheres as publicidades dos jornais alemães dos anos de 1930: na resposta, poder e vigor têm prioridade sobre qualquer outra qualidade[154]. "Inevitável" tema guerreiro ainda: esta "postura" ou [...] distinção militar, contava mais que qualquer outra coisa: uma aparência nítida, dura, sob controle era indispensável[155]. Trágica ambivalência do empenho da vontade.

---

150. KLUHN, F.J. "Von Sinn des SA-Wehrabzeichens". *Nationalsozialistische Monatshefte*, vol. 108, n. 10, mar./1939, p. 189.

151. RIEFENSTAHL, L. Apud MOSSE, G.L. *De la Grande Guerre au totalitarisme* – La brutalisation des sociétés européennes. Paris: Hachette, Col. "Pluriel", 1999, p. 135.

152. RIEFENSTAHL, L. *Olympiad* – Os deuses do estádio. Berlim, 1936.

153. ZAVREL, B.J. & BREKER, A. *The Divine Beauty in Art*. Nova York: West Art Pub., 1986.

154. Cf. KRACAUER, S. *Die Angestellten*. Francfort-sur-le-Main: Frankf. Societät-Druckerei, 1930, recomendando ginástica e beleza aos empregados.

155. MOSSE, G.L. *De la Grande Guerre au totalitarisme*. Op. cit., p. 211.

III. Entre "tônus" e corpo "íntimo"

O triunfo definitivo do esporte é ponto pacífico no universo do pós-guerra. Sucesso dos clubes, dos seus modelos de heroização, de seus dispositivos pedagógicos: o esporte se integra definitivamente nas fileiras escolares, servindo de padrão para todas as etapas das pedagogias.

Mudança mais importante ainda é aquela que se refere aos efeitos esperados do treinamento e do desenvolvimento físicos: uma psicologia de conquista levou a se imaginar descobertas íntimas. O trabalho sobre si, a prospecção de "mensagens internas", a exploração do sensível transformaram amplamente, nas décadas recentes, as vias do exercício como também muitos de seus desafios. Além do esporte, com ele, paralelamente a ele, o "treinamento" se tornou um mundo, um recurso especialmente particular onde se pensa que o sujeito ganha mais do que antes em domínio, mas também em "elucidação" de si mesmo, se não em pleno desabrochar pessoal. Miragem de uma transparência a si mesmo, onde o corpo desempenharia um papel de protagonista.

1. A via esportiva

France Illustration recorre à linguagem aparentemente mais convencional ao realizar uma enquête sobre a juventude norte-americana, no dia 9 de fevereiro de 1946, evocando "a alegria de ser forte", a "vontade de ter um corpo sadio", insistindo quanto ao "lugar ocupado pelos esportes nas escolas e universidades"[156]. Apenas fórmulas feitas, imagens banais. Um tema domina, todavia, discreto e decisivo, simplista e ainda assim singular: o esporte pode constituir a única educação do corpo. Os exercícios da escola podem então modificar-se, não porém os exercícios físicos ou a "cultura física", não as lições indefinidamente preparatórias, mas os jogos de competição, os confrontos regulamentados, as práticas ensinadas há muito tempo nas fede-

---

156. "La jeunesse américaine". *France Illustration*, 09/02/1946.

rações e nos clubes. Rompe-se uma tradição: a dos velhos conjuntos disciplinares, os coletivos de geometrias sempre repetidas.

Essa ideia se impõe na França, pelos anos de 1950-1960, depois de ter sido discutida, matizada, contestada. Não que as oposições tenham se calado: as dos pedagogos que censuravam a "lógica esportiva" que, segundo eles, faziam "a dosagem do esforço impossível", ou estigmatizavam o caráter nocivo de uma *performance* exercida "em detrimento da saúde"[157]. Mas eram mais numerosas as vozes que pretendiam estabelecer uma continuidade entre as práticas da escola e as dos clubes, substituir os velhos "exercícios analíticos" dos pátios cobertos por uma "prática polivalente dos esportes"[158]. E até autoridades notáveis, como a do Presidente da República, depois dos Jogos Olímpicos de 1952, declaram-se favoráveis a "provocar um grande movimento de massa para a educação esportiva", visar os mais jovens, empreender a ação "a partir das escolas"[159].

Iniciativas marcantes ou puramente retóricas, elas acompanham um esporte que não para de crescer após a Segunda Guerra Mundial:

Efetivos de inscritos em atletismo, basquete e futebol entre 1944 e 1968[160]

	1944	*1949*	*1968*
Atletismo	34.800	35.214	77.463
Basquete	60.100	95.801	133.099
Futebol	277.332	440.873	602.000

---

157. Cf. SEURIN, P. "L'éducation physique et le sport". L'Homme sain, n. 1/2, 1956. Apud TRAVAILLOR, Y. & TABORY, M. *Histoire de l'éducation physique*. Op. cit., p. 184.

158. BAQUET, M. "Esquisse d'une doctrine d'éducation sportive". *INS*, 1947, p. 4.

159. AURIOL, V. "Discours de réception des champions olympiques à l'Élisée", 13/11/1952. *Revue EPS*, n. 13, 1952, p. 44.

160. Para o conjunto dos números de inscritos antes de 1950, cf. a *Encyclopédie Générale des Sports...* Op. cit. Para o conjunto dos números de inscritos após 1950, cf. HERR, L. Quelques indications chiffrées sur les fédérations sportives françaises. In: POCIELLO, C. (org.). *Sports et société. Approche socio-culturelle des pratiques*. Paris: Vigot, 1981.

Os números totais praticamente duplicam entre 1944 e 1950 antes de passar de 2.081.361 inscritos em 1950 a 2.498.894 em 1958[161] e dobrar ainda entre 1958 e 1968. Esse aumento é maior nas décadas de 1950 a 1970: não mais simples prática de grande número, mas prática massificada. Os inscritos no futebol, por exemplo, passam de meio milhão a um milhão entre 1950 e 1975, os tenistas de 50 mil a meio milhão, os praticantes de judô de poucos milhares a perto de meio milhão. Com uma significação claramente social no movimento de alguns desses números: os inscritos no boxe, por exemplo, diminuem entre 1950 e 1975, ao passo que os praticantes de esqui passam de 48 mil a 620 mil, número multiplicado por mais de 12. Rejeição de violências muito claras de um lado, aumento de práticas de espaço e de vertigem do outro. O crescimento mais revelador é, sobretudo, o de uma prática das classes médias: conquista das antigas terras elitistas do tênis ou do esqui, em particular, pelos assalariados dos Trinta Gloriosos, aqueles que Yves Lequin reúne sob o nome de "camadas médias assalariadas" ("de alguns quadros superiores aos empregados de escritório"), estimados em 3,5 milhões em 1962 a seis milhões em 1975[162]. E a isso se soma uma explosão da prática feminina: a proporção das praticantes de basquete, por exemplo, passa de 20% em 1960 a mais de 40% em 1975, a das inscritas no atletismo de 12% a mais de 30%.

Muito além das práticas, no entanto, é o espetáculo esportivo que se impõe, instalando a imagem dos esportes como uma evidência e também como ideal compartilhado. Eis aí uma mudança notável do pós-guerra: estádios exibindo mais que nunca a cultura popular, campeões irradiando mais que nunca entusiasmo e identidade. A morte de Cerdan é vivida como um luto nacional, no dia 29 de outubro de 1949: 600 mil pessoas acompanham o cortejo fúnebre, no qual os governantes do país se misturam à multidão dos

---

161. Cf. TRAVAILLOR, Y. TABORY, M. *Histoire de l'éducation physique*. Op. cit., p. 188.

162. LEQUIN, Y. De la croissance à la crise, commerçants, ouvriers, employés. In: LEQUIN, Y. (org.). *Histoire des Français, XIXe-XXe siècle*. Op. cit., t. II, p. 583.

simpatizantes. O domínio de Louison Bobet é vivido como um "orgulho" maior no começo dos anos de 1950: um sucesso bem francês, triunfo da elegância e do trabalho. Dizem-no algumas sondagens de opinião da época. Os moradores de Annecy, interrogados por Joffre Dumazedier em 1953 sobre "os homens que são notícia", dão preferência aos esportistas: 92 citações para o esporte, 89 para os artistas de cinema, 47 para os políticos[163]. Nessa época, Bobet ainda é mais cotado que o Abade Pierre ou Édouard Herriot como "personagem preferida"[164] dos franceses. A "evidência" triunfou: "O espetáculo esportivo é, e esta existência desafia todos os censores"[165]. Investimento idêntico, deve-se dizê-lo, para o conjunto dos países do Ocidente. É o que mostra Dominique Jameux para a Itália dos anos de 1950 com a imagem de um Coppi "acompanhando uma Itália em plena mutação"[166]. É o que mostra também Richard Holt para a Grã-Bretanha da década de 1950, com "o nome mágico"[167] de Stanley Matthews, irresistível artista do drible. A "cultura esportiva" se identificaria com a "manifestação mais alta da cultura corporal"[168]. A própria especialização iria se tornar um "agente de vida"[169], longe das ambiguidades mantidas por muito tempo em relação à criança. A *Encyclopédie des Sports* se demora no tema, em 1961: "Quanto mais adiante se for, tanto mais a orientação esportiva estará na ordem do dia"[170].

---

163. Cf. Amar, M. *Nés pour courir: sport, pouvoirs et rébellions, 1944-1958*. Grenoble: Presses Universitaires de Grenoble, 1987, p. 77.

164. Ibid.

165. Ibid., p. 75.

166. JAMEUX, D. *Fausto Coppi*: l'échappée belle, Italie 1945-1960. Paris: Austral/Arte, 1996.

167. HUNTINGTON-WHITELEY, J. (org.). *The Book of British Sporting Heroes*. Londres: National Portrait Gallery, 1998, p. 164.

168. DUMAZEDIER, J. "Le sport devient-il un fléau social?" *La Vie de la FSGT*, 01/02/1952, p. 3.

169. QUEVAL, J. Le sport et les athletes. In: CAILLOIS, R. (org.). *Jeux et sport*. Paris: Gallimard, Col. "Encyclopédie de la Pléyade", 1967, p. 1.225.

170. MANCERON, L. Les effets physiologiques du sport. In: DAUVEN, J. (org.). *Encyclopédie des Sports*. Paris: Larousse, 1961, p. 15.

A civilização do lazer[171], de fato, segregou sua própria cultura. O tempo livre selecionou seus objetos: valorização do espetáculo esportivo, identificação com suas representações. A televisão chegou mesmo a reforçar essa convergência: as três horas e meia por semana de programação esportiva em 1958 são acompanhadas por 72% dos telespectadores[172]. Aumento decisivo dos praticantes, corroboração decisiva do universo legendário, o esporte entrou definitivamente, com a década de 1950, nas representações e na mitologia de nosso tempo. Daí a insistência sempre maior nos efeitos de imagem e a súbita "consternação" suscitada pelos resultados dos atletas franceses nos Jogos Olímpicos de Roma, em 1960: cinco medalhas, nenhuma de ouro. *Le Figaro* considera esse resultado uma "débâcle"[173]. *L'Équipe*, uma "vergonha nacional", um "desastre para a França"[174], antes de lançar uma sondagem de opinião sobre "o esporte francês humilhado"[175]. Há uma convicção definitivamente consolidada, retomada com vigor pelo governo gaullista da V República: "O lugar da França no esporte mundial se acha ligado, fora de qualquer dúvida, ao desenvolvimento de uma consciência esportiva na formação dos jovens franceses"[176]. O Estado-providência legitima o objetivo esportivo, e isso reforça e oficializa uma administração, a criação de uma secretaria de Estado e, por fim, um Ministério dos Esportes. A sequência é conhecida[177]: votação de uma lei-programa integrada ao plano quadrienal sobre os equi-

---

171. DUMAZEDIER, J. *La civilisation des Loisirs*. Paris: Du Seuil, 1964.

172. AMAR, M. *Nés pour courir*. Op. cit., p. 81.

173. *Le Figaro*, 01/12/1960.

174. *L'Équipe*, 31/08/1960.

175. *L'Équipe*, 19-20/09/1960.

176. Resolução de 13/12/1960 (*Bulletin officiel de l'éducation nationale* (*Boem*), que cria o Conselho Nacional dos Esportes.

177. Cf. Les activités physiques et le sport face à l'État. In: CLÉMENT, J.-P.; DEFRANCE, J.; POCIELLO, C. *Sport et pouvoirs au XXe siècle*. Grenoble: Presses Universitaires de Grenoble, 1994, p. 33s.

pamentos esportivos em 1961-1965[178], criação de "conselheiros esportivos" e, ainda, de "educadores esportivos", encarregados de uma seleção dos jovens, coorte de instruções ministeriais para que a escola se torne um lugar de "iniciação esportiva" e a meia-jornada de esporte se torne um local de "aperfeiçoamento esportivo"[179]. O esporte se imporia definitivamente na escola como aprendizagem prioritária[180].

2. Pluralidade ou convergência cultural?

Além dessa certeza pedagógica, a massificação das práticas chega ao auge, definitivamente, com os anos de 1970: os futebolistas alcançam o milhão e meio de praticantes em 1980, os jogadores de tênis se aproximam dos 800 mil, os adeptos de esportes de combate e de lutas marciais chegam perto do milhão[181]. Números que enchem de orgulho alguns presidentes de federações em 2005: a de futebol amador, por exemplo, com seus "dois milhões de jovens, seus 20 mil clubes, seus 50 mil jogos por semana, emoldurados por 350 mil adeptos e 27 mil jovens árbitros"[182]. Multiplicidade das práticas e, sobretudo, multiplicidade dos praticantes. Daí o sentido novo de uma extrema diversificação dos gestos: sua heterogeneidade a multiplicar os modos de ação, os tempos, os lugares, os estilos, os efeitos. E a isto se soma uma extrema diversificação dos espaços. O objeto do treinamento se tornou extremamente variegado, aberto para as mais diversas motricidades. Uma "poéti-

---

178. Cf. de modo particular a Lei de 28/07/1961 (*Boem*).

179. Cf., de modo particular, a Circular de 21/08/1962 (*Boem*), com "instruções para a organização das atividades esportivas".

180. COMBEAU-MARI, É. "Les années Herzog et la sportivisation de l'éducation physique (1958-1966)". *Spirales*, n. 13-14, 1998.

181. Cf. POCIELLO, C. (org.). *Sports et société*. Op. cit., p. 100.

182. THIRIEZ, F. "Cinq vérités sur le 'foot-business'". *Le Monde*, 27-28/02/2005.

ca material"[183], também, que multiplica os registros de relações e de confrontos: os "corpos vazios", mais receptivos, atuando com as fintas e a fluidez, os "corpos cheios", mais agressivos, atuando com os contatos e os choques, as mobilizações de um imaginário do ar, as de um imaginário da água, as das vertigens, as das constrições, dos enraizamentos, a extrema diversidade das velocidades e das lentidões, das flexibilidades e da rigidez, das forças e dos impulsos. As escolhas, os gostos definitivamente ficaram "soltos": um fenômeno de costumes se afirmou onde parecem multiplicar-se as inclinações individuais e as sensibilidades.

Com polos privilegiados, sem dúvida alguma, onde entram em jogo ainda as diferenças de gênero: os homens, por exemplo, hoje representam 52% dos "esportistas", mas 82% dos "competidores", números que lembram de maneira muito sugestiva a questão da igualdade[184]. Enquanto persistem, claro, as distinções sociais. Os esportes de combate, por exemplo, ou a caminhada, contrapõem-se aos "esportes de rico" que são ainda a vela ou o golfe, que se tornaram seletivos pelas restrições de espaço ou de material[185]. As motricidades, mais ainda, aprofundam as divisões: os adeptos do aikido não se opõem socialmente aos praticantes da luta, reivindicando uma prática mais acrobática e estética, um confronto mais ágil também, "eufemizando" a violência, afastando a distância de guarda e transformando o sentido dos golpes, como sublinha o belo estudo de Jean-Paul Clément[186].

É necessário ainda examinar um pouco mais detidamente as tendências pesadas, as possíveis convergências recentes. Uma "efervescência criati-

---

183. Cf. POCIELLO, C. *Les cultures sportives.* Paris: PUF, 1995, p. 89s.: "Esboço de uma antropologia dos gestos esportivos".

184. Cf. *Les pratiques sportives en France* – Résultats de l'enquête menée en 2000 par le ministère des Sports et l'Institut National du Sport et de l'Éducation Physique. Paris: Insep, 2002, p. 105n.

185. Cf. Ibid., p. 109.

186. CLÉMENT, J.-P. "L'aïkido et le karaté". *Esprit*, abr./1987: Le nouvel age du sport, p. 114.

va"[187], em particular um abalo dos gestos e dos jogos provocaram o aparecimento de mais de quarenta "esportes" desde 1970 (triatlo, VTT, parapente, funboard, canyoning, monoesqui, surfe das neves, freeride, nado em água viva, ultramaratona, roller-blading, street football, sambo...). Profusão que confirma, sem dúvida, a mobilidade das modas na sociedade de consumo do final do século, o privilégio concedido à mudança, o sucesso das publicidades e das renovações que elas provocam. Isso confirma também a acelerada plasticidade das técnicas: materiais sempre mais diversificados, investimentos sempre mais fortes nos equipamentos e nos instrumentos. Nunca, como atualmente, as máquinas lúdicas proliferaram tanto. Nunca, como nos dias de hoje, elas significaram com tamanha força hedonismo e consumo.

Trata-se, no entanto, de mudança mais profunda. Muitas práticas novas, desde as décadas de 1970 e 1980, desenvolveram-se à margem dos esportes tradicionais. Muitas delas reivindicam uma "contracultura", uma pertença específica, essa resistência às instituições que a sociedade mais individualista parece manifestar nos dias de hoje. Os "surfistas do Atlântico" interrogados por Jean-Pierre Augustin, por exemplo, declaram "uma singularidade de estilo de vida e um sentimento de diferença"[188], que os afasta da rede esportiva tradicional; os esquiadores do freeride, um esqui radical, ávido de "extrapista" e de vertical, designam também a sua prática como "um modo de vida, um fenômeno de sociedade"[189] que se mostra mais sensível à natureza que às competições organizadas; ou ainda corredores de estrada que não cessam de lutar por corridas que escapam às estruturas federais, privilegiando a aventura coletiva, um imenso *happening* onde cada um buscaria uma *performance* pessoal e não tanto um desafio lançado aos melhores. Enquan-

---

187. Cf. BOZONNET, J.-J. L'apparition de nouvelles pratiques. In: *Sport et société*. Paris: Le Monde, 1996, p. 41.

188. SOULTRAIT, G. Le surf et l'autre. In: AUGUSTIN, J.-P. (org.). *Surf Atlantique, les territories de l'éphémère*. Bordeaux: La Maison des Sciences de l'Homme d'Aquitaine, 1994, p. 220.

189. *Le Monde*, 28/04/2000.

to as associações de esqueitistas multiplicam as iniciativas urbanas para um pouco mais de "liberdade de movimento"[190].

A mudança é mais profunda também porque a maioria das novas máquinas para as práticas de esporte, prancha de surfe, asa-delta, esqui, surfe a vela, rodas de todo tipo dão sempre mais espaço aos esportes que favorecem a informação sensorial. É o triunfo das atividades de pilotagem e de deslizamento, onde o trabalho dos sentidos pode predominar sobre o dos músculos, práticas novas que se tornaram informacionais: o investimento do surfista, o do surfista a vela ou do paraquedista se concentra totalmente na vigilância das informações que vêm do corpo ou do meio, e não tanto no exercício de uma força diretamente aplicada sobre este meio. A atividade consiste totalmente na "retro-ação", sua velocidade, sua precisão: "Essas máquinas para a prática de esportes concentram em sua fabricação as últimas conquistas do progresso tecnológico e na sua utilização os dados dos conhecimentos racionais mais teorizados"[191]. A corrente de informação vai predominar sobre a corrente de energia antes predominante. É o que os esqueitistas urbanos traduzem ao insistirem sobre "a vertigem e a tontura"[192]. É o que os adeptos do *jogging* urbano combinam a seu modo, pois muitos deles confessam que misturam o sensível e o gasto de energia, a escuta e a intensidade: "Quando estou correndo basto-me a mim mesmo, não é necessário ir por um terreno ou esperar companheiros de equipe; concentro-me na mecânica de meus músculos e no ofegar de minha respiração"[193]. Ou Dyveke Spino, ao pretender engajar seus *joggers* em uma vigilância diretamente íntima: "Po-

---

190. WASER, A.-M. Les randonnées parisiennes: la rue comme lieu d'expression du changement. In: LORET, A. & WASER A.-M. (orgs.). *Glisse urbaine, l'esprit roller*: liberté, apesanteur, tolerance. Paris: Autrement, 2001, p. 85.

191. POCIELLO, C. "Lês éléments contre la matière, sportifs glisseurs et sportifs rugueux". *Esprit*, fev./1983, p. 30.

192. Introduction. In: LORET, A. & WASER, A.-M. (orgs.). *Glisse urbaine, l'esprit roller*. Op. cit., p. 20.

193. Jogger entrevistado em *Le Point*, 06/07/1981.

nho, hoje, toda a atenção no ruído de meus pés"[194]. Instrumento que prolonga essa tendência até ao caricatural, a "palmilha inteligente" propõe hoje, graças a "sensores colocados sob o calcanhar", adaptar sua "elasticidade" e seu poder "amortecedor" à "superfície do chão, ao peso do corredor e ao ritmo de suas pisadas"[195].

3. *O progresso do sensível*

Noutras palavras, é justamente o conjunto das práticas esportivas que saiu ganhando com o tema da informação e do controle sensorial. O que está em jogo é então decisivo. Treinadores e comentaristas privilegiam a "autovigilância" dos sentidos. O campeão deve, prioritariamente, "encontrar" ou "resgatar suas sensações"[196]. Deve obter "uma imagem de todas as partes de seu corpo"[197]. O maquinário corporal se tornou, então, precisamente um sistema de alerta. Não que a busca de uma tomada de consciência dos gestos ou o perguntar pelo espaço interno do corpo sejam a princípio originais. Os exercícios propostos no período entre-guerras haviam já explorado a "sensação" do movimento, seus efeitos "impressivos". A ligação entre as duas vertentes do "motor", a do comando e a do sensível, já tinha sido prospectada[198]. A novidade, porém, deve-se ao papel de repente maior dado a essa conexão. Os métodos de acumulação, que propõem, desde os anos de 1960, a

---

194. Apud CROSSMAN, S. "Ô corps, mon amour..." *Autrement*, nov./1981: Californie, p. 93.

195. "Des semelles intelligentes pour chaussures de course". *Le Monde*, 29/03/2005.

196. Cf. GREENE, M., ex-campeão de Sydney, entrevistado por *Libération* em 25/02/2005: "É verdade, estava cansado, mas reencontrei minhas sensações. Meu corpo está bem de novo e me sinto em forma".

197. FELDENKRAIS, M. *La conscience du corps*. Paris: Robert Laffont, 1971, p. 57.

198. Cf., nesta mesma obra, o subtítulo II.3 (O corpo do lado "de dentro") do capítulo 3.

busca de um "perfeito conhecimento das tensões do próprio corpo"[199], a busca de uma total "percepção de seu corpo"[200], a de uma "perfeita imagem de si"[201]. Inventam palavras como "atenção interiorizada"[202], "criação de imagem mental"[203], "repetição mental"[204]. Inventam igualmente imagens associadas à sensibilidade motora: "a subida de um líquido na proveta"[205], por exemplo, imagem sugerida por Orlic para melhor "guiar" cada contração muscular ou a "visualização" de partes do corpo "envoltas em uma cor particular"[206], para melhor aguçar a tomada de consciência. Perseguem, simplesmente, a vontade de uma percepção exaustiva da interioridade: "É mister que todas as sensações, venham de que parte do corpo vierem, sejam integradas em um todo coerente"[207]. O trabalho sobre si próprio pretende, mais que nunca, tornar-se um trabalho mental.

Afirmações ambiciosas, elas aplicam de modo muito direto as pesquisas neurofisiológicas contemporâneas que mostram o papel só do imaginário da ação: ajudar a abrir caminho para as vias nervosas, contribuir para o controle dos músculos e dos movimentos[208]. Afirmações também irrealistas, às ve-

---

199. AUCOUTURIER, B. "La relaxation en rééducation de l'attitude". *Éducation Physique et Sport*, n. 83, 1966, p. 39.

200. PICQ, L. & VAYER, P. *Éducation physique et arriération mentale*. Paris: Doin, 1968, p. 24.

201. FELDENKRAIS, M. *La conscience du corps*. Op. cit., p. 57.

202. RAMAIN, S. *Structuration mentale par les exercices*, Paris: Épi, 1975, p. 95.

203. SYER, J. & CONNOLLY, C. *La préparation psychique du sportif* – Le mental pour gagner. Paris: Robert Laffont, 1988, p. 57.

204. Ibid., p. 70.

205. ORLIC, M.-L. *L'éducation gestuelle, méthode de rééducation psychomotrice*. Paris: Esf, 1967, p. 5.

206. SYER, J. & CONNOLLY, C. *La préparation psychique...* Op. cit., p. 34.

207. LE BOULCH, J. *L'éducation par le mouvement*. Paris: Esf, 1966, p. 18.

208. As primeiras pesquisas desse gênero são as de Edmund Jacobson na década de 1930. Cf. *Progressive Relaxation – A Physiological and Clinical Investigation of Muscular States and Their Significance in Psychology and Medical Practice*. Chicago: The University of Chicago Press, 1929.

zes, já que se trata, sobretudo, de manter o princípio e a visada: a certeza de comandar o conjunto do corpo controlando o conjunto das sensações, a certeza de obter uma extrema habilidade na exploração de uma inexaurível sensibilidade. Triunfo do sujeito "hipermoderno", descrito por um sem-número de análises contemporâneas, visando uma transparente escuta de si mesmo: esta nova era da sensibilidade outra não é senão uma nova era do indivíduo. Sua tradução pode ser "esportiva", e torna-se assim magnífica. A foto de um esgrimista, publicada em 1993 em *L'Équipe magazine*, sugere claramente os novos referenciais: "Graças a um alvo dotado de sinais luminosos, que brilham de forma inopinada, Éric Sreck, campeão olímpico de esgrima, pode estudar, *via* um computador adaptado, seus tempos de reflexão e de reação. E, com certeza, melhorar, na medida do possível, seu rendimento[209]. São pensados "programas motores" que levam em conta "esquemas memorizados"[210] de movimento e sua complexidade progressiva. São também concebidos "programas de treinamento mental", com exercícios sucessivos, apreendidos no espaço e na duração. *Input* e *output* ligados às posições no espaço, às sensações de movimento, às sensações externas, assimilam "a aquisição das habilidades motoras" a um "tratamento da informação"[211]. A imagem dominante da comunicação transformou o modelo ideal do corpo: não mais apenas a força ou a estética, mas a informação exaustiva e imediatamente disponível.

Consequência impressionante: a aparência "esportiva", o efeito do treinamento, é também transformada. A manifestação pessoal já não tem os mesmos perfis. A atitude física perde seus "traços fortes", aqueles que, pelo que se pensava durante muito tempo, seriam reflexo da musculatura e do

---

209. *L'Équipe Magazine*, número especial: Sport et techno, 08/05/1993, p. 38.

210. WILMORE, J.H. & COSTILL, D.L. *Physiologie du sport et de l'exercice*. Bruxelles: De Boeck, 2002, p. 77 [1ª. ed. americana, 1994].

211. Cf. DURAND, M. Traitement de l'information dans l'acquisition des habilités motrices. Apud CLÉMENT, J.-P. & HERR, M. (orgs.). *L'identité de l'éducation physiqe scolaire au XXe siècle*. Paris: Clermont-Ferrand/Afraps, 1993, p. 293.

trabalho: os torsos orgulhosamente exibidos dos primeiros competidores. Não vai mais designar a robustez, nem mesmo fixar uma imagem forçada: não mais um tônus crispado, e sim o controle; não mais a amplidão da robustez, e sim a distensão das flexibilidades. Dizem-no os textos: "Pedimos, não que se 'façam exercícios respiratórios todo dia por três ou dez minutos', mas que se fique atento às necessidades dos pulmões que sabem por si mesmos o que devem fazer"[212]. As fotos o confirmam, eliminando qualquer tensão aparente dos bustos: os braços, por exemplo, não ficam mais cruzados sobre os peitos, em sinal de determinação obrigatória, mas ficam alinhados ao longo do corpo, favorecendo as posições móveis e esbeltas. Fica esquecido o "empertigamento", destronado por silhuetas que o afinamento perceptivo desejaria mais disponíveis e melhor dominados. Há uma enorme diferença entre os bustos fortemente salientes da primeira equipe francesa de rugby, fotografada antes de seu *match* de *Newport* aos 25 de março de 1912[213] e os times recentes que cultivam uma distensão e um sorriso quase estudados[214].

4. A crença no corpo "profundo"

Essas vias do sensível se aprofundam ainda mais com as práticas bem contemporâneas, as dos anos de 1970 e 1980: as sensações ganham uma outra profundidade, os exercícios outro objetivo. As "informações" se tornariam mensagens, o corpo se tornaria desvelamento. A interioridade física deixaria emergir as "feridas", as doenças, os afetos, levada por uma psicologia clínica que se dá objetos mais acessíveis que o inconsciente evocado pelos cientistas. A busca despertaria os traços de uma história íntima, traumas enterrados nos refolhos de um corpo limitado até então à motricidade. Daí

---

212. EHRENFRIED, L. *De l'éducation du corps à l'équilibre de l'esprit*. Paris: Aubier, 1956, p. 28.

213. Cf. MEYER, G. & LAGET, S. *Le livre d'or du sport français, 1845-1945*. Paris: Chêne, 1978, p. 189.

214. Cf. A Equipe de Rugby da França. *L'Équipe*, 04/07/1994.

esses bloqueios físicos reveladores de um sentido que vai além deles mesmos: esses conflitos denunciam sua vertente tônica, essas resistências confessam o seu destino corporal. Há uma profusão de textos, nas décadas de 1970 e 1980, sugerindo que a pessoa procure se descobrir a si mesma pela "consciência profunda do corpo"[215], "libertar o espírito ligando-se diretamente ao corpo"[216], "eliminar as contrações poluentes", a fim de melhor "encontrar a própria verdade"[217]. Etapa nova, sem dúvida alguma, na história do indivíduo: o trabalho sobre o íntimo se tornaria uma prática de massa, aventura disponível, empreitada ainda mais acessível quando se pensam seus dados como objetos tangíveis e concretos.

De modo insensível, essa visão difundida nas revistas de saúde, nos tratados que preconizam um maior "bem-estar"[218], nos tratados de beleza[219], sugere uma vulgata onde o corpo desempenharia um papel novo, a saber, o de "parceiro"[220], que se deveria tranquilizar, presença que se deveria re-serenar para melhor fazê-lo coerente com o sujeito, substituto enfim atingível de áreas do ego com toda a certeza fugidias ou mesmo dissimuladas. A ponto de fazer até do corpo uma instância quase psicológica: o representante de vertentes obscuras, de mundos fora de controle, aqueles que se deve liberar, para "melhor viver" e existir. Projeto simplificador, é claro, caricatural, mas que se pode difundir, facilmente compreensível, atribuiria um substrato enfim detectável ao espaço íntimo que nossas sociedades psicologizadas vão aprofundando sempre mais.

---

215. HOUREAU, M.-J. Les techniques du corps. In: *L'Encyclopédie Pour Mieux Vivre*. Paris: Retz, 1978, p. 405.

216. DREYFUS, C. *Les groupes de rencontre*. Paris: Retz-CEPL, 1975, p. 127.

217. BERTHERAT, T. *Le corps a ses raisons*: auto-guérison et anti-gymnastique. Paris: Du Seuil, 1976, p. 71.

218. Cf. PIANTA, J.-P. *La révolution du mieux-être*. Paris: Ramsay, 1998.

219. Cf. BERTIN, S. & MACHET, B. *Forme santé beauté*. Paris: Aubanel, 2003.

220. Cf. "Mon corps, adversaire ou partenaire?" *Psychologies Magazine*, nov./2000.

Um imenso percurso levado pela individualização teria assim transposto de ponta a ponta o velho modelo da "autoconfiança", o que se esperava do investimento "muscular", no começo do século XX, para um modelo de "autorrealização integral", aquele ao qual conduz um trabalho físico "interior", um século mais tarde.

As práticas de "manutenção" da forma e de treinamento se deslocaram, como é confirmado pelos *slogans* das novas academias de ginástica, nos anos de 1980, feitas para abrir um parêntesis no coração da vida ativa, reencontrar um oásis de frescor, o tempo para se ocupar consigo e com o próprio corpo[221]. Enquanto vai bruscamente aumentando o seu público[222], o projeto dessas academias se orquestra em torno de um tema indefinidamente repetido: o da "volta a si mesmo"[223]. Todas sugerem um tempo "colocado entre parêntesis" ou um espaço "posto fora do tempo"[224], para melhor garantir a "redescoberta do próprio corpo"[225], ou melhor, "entrar em harmonia com o próprio corpo"[226]. Ginástica sem dúvida, mas o projeto é com certeza o de "tomar consciência do próprio corpo", ficar à sua escuta[227], postular a partir dele um bem-estar tanto psicológico como interiorizado.

---

221. Publicidade dos clubes Vitatop em 1981, cf. BESSY, O. "Les salles de gymnastique, un marche du corps et de la forme". *Esprit*, abr./1987: Le nouvel âge du sport.

222. Cf. BESSY, O. Op. cit., p. 82. O número só dos Gymnase clubs passou de um para dez entre 1980 e 1985: recebiam mais de 50 mil pessoas em 1985.

223. *Vital*, out./1981.

224. Publicidade dos Ken Clubs em 1981, cf. BESSY, O. "Les salles de gymnastique..." Art. citado.

225. *Vital*, nov./1981.

226. Publicidade dos Gymnase Clubs em 1981, cf. BESSY, O. "Les salles de gymnastique..." Art. cit.

227. *Vital*, out./1981.

As práticas de consumo explicam também este sucesso recente, essas "ginásticas suaves", esses "parêntesis verdes"[228], esses projetos de "reconstituições corporais"[229]. A publicidade orienta as solicitações: "bons de experiência"[230] para os produtos, "jogos saúde"[231] sobre as marcas, concursos oferecendo estadas gratuitas em talassoterapia ou em "escolas das costas"[232], bônus para os "health clubs"[233], os "clubes para entrar em forma", as "curas pernas rápidas"[234], os "centros de cuidados marinhos"[235], os estágios "plena vitalidade"[236]. Não que a visada seja claramente teórica. Não que a busca seja desde o começo transparente. A tentativa surda de compreender-se "pelo" corpo, a tentativa de "aproximar-se [por ele] de sua verdade interior"[237] são mesmo assim fortemente acentuadas.

Sem dúvida, existe um amplo espectro, seja como for, de práticas diferentes, é possível até que se cave um abismo entre a volta "à calma interior e às verdadeiras sensações"[238], proposta pelas "ginásticas suaves", aquelas das salas para entrar em forma, e o "adestramento imposto por alguns treinadores esportivos "muitas vezes pressionados pela obtenção de bons resulta-

---

228. Publicidade Vitatop, 1981.
229. BESSY, O. "Les salles de gymnastique..." Art. cit., p. 85.
230. *Top santé*, 1992, p. 81.
231. "Divertissez-vous avec nos jeux santé". *Le Journal des Français: Santé*, set.-out./1992, p. 25.
232. "Gagnez des séjours dans des écoles du dos". *Santé Magazine*, ago./1992, p. 38.
233. Ibid., p. 70.
234. *Santé Magazine*, set./1992, p. 16.
235. Ibid., fev./1992, p. 99.
236. *Vrai Santé*, n. 3, 1992.
237. *Vital*, nov./1981.
238. ROUSSELET-BLANC, J. (org.). *Mieux être en 1.000 questions*. Paris: Flammarion, 1992: "Le sport", p. 344.

dos"²³⁹. Busca indefinida de interiorização de um lado, sucessão de repetições mecânicas do outro, trabalho de exploração de um lado, trabalho de "absentização" do outro. Uma reconciliação, no entanto, vem se configurando há muito tempo, onde o treinamento para a *performance* não pretende mais esquivar a "memória do corpo"²⁴⁰, onde o desenvolvimento "físico" da pessoa não é mais independente de um certo "trabalho mental" sobre si mesmo. Daí essas combinações presentes nas palavras do campeão de nossos dias, esses temas indefinidamente repetidos como outras tantas evidências: "Um dia, é minha cabeça; o outro, meu corpo"²⁴¹. Esse corpo, não se pode negar, tornou-se lugar de interminável exploração.

5. Experiências últimas

No entanto, recentemente avivaram-se de outra maneira as questões. É também de outro modo que se intensificou recentemente um risco. É impossível, por exemplo, ignorar o "extremo" a que levam certos treinamentos: o jogo com o limite, em particular instalado no coração da *performance* e do seu motor, essa contradição presente há muito tempo entre a tensão subjacente a inúmeras *performances* e o abandono prometido pelo trabalho sobre si mesmo. Nada mais, aliás, senão uma das contradições aparentes de nossas sociedades: distender-se, relaxar para melhor aumentar o bem-estar e testar-se, mas também obrigar-se, manter o esforço para melhor sair-se e afirmar-se, comportamentos opostos e, todavia, consubstanciais ao conhecimento mais profundo de si mesmo²⁴². A *performance*, enaltecida no mundo coubertiniano, esse "excesso" que dá "sua primeira razão de ser ao espor-

---

239. CARRIER, C. *Le champion, sa vie, sa mort, psychanalyse de l'exploit*. Paris: Bayard, 2002, p. 321.

240. Ibid., p. 320.

241. ARRON, C., diálogo. *Le Monde*, 06-07/03/2005.

242. Cf. O clássico por excelência: BELL, D. *Les contradictions du capitalisme*. Paris: PUF, 1979 [1ª ed. americana, 1976].

te"[243], poderia aqui recordar o velho princípio dos treinamentos feitos para resistir aos contratempos da vida: uma autossuperação feita para tornar a pessoa mais aguerrida, um esforço intenso feito para tranquilizar.

Hoje a questão se desloca, no entanto, e ao mesmo tempo se desloca também o olhar sobre o corpo. O treinamento pode beirar o risco, brincar com o fora de limite, comprometer com o ilícito[244]. A presença quase escancarada do doping, sua difusão em larga escala, sua presença no universo dos "pequenos" praticantes, "adolescentes de liceu ou mesmo de colégio"[245], são hoje práticas que pretendem estabelecer o "desvio" como coisa normal. Além do seu perigo, elas revelam em primeiro lugar uma nova certeza nas consciências de hoje, o sentimento compartilhado por muitos atores em uma sociedade individualista: a convicção de poder agir indefinidamente sobre seu próprio corpo, a de poder escapar a seu enraizamento físico, inventar para si mesmo um organismo de possibilidades ainda imprevisíveis. É o que afirmavam, pelo fim dos anos de 1980, os autores de *300 medicamentos para se superar física e intelectualmente*, expondo as fórmulas que deviam "aumentar as possibilidades" de cada pessoa: "No quadro da existência de indivíduos perfeitamente saudáveis, o recurso transitório a estimulantes, a tonificantes, é não só perfeitamente lícito, mas pode ser útil e até às vezes indispensável"[246]. Alusão anódina à convicção de uma legitimidade, a saber, a do "direito" de deslocar as normas físicas ou de agir sobre elas, a do "direito" de "manipular" o próprio organismo. Trata-se apenas de um dos efeitos do lento movimento de emancipação da esfera privada com suas possíveis ilu-

---

243. COUBERTIN, P. "La bataille continue..." *Bulletin du Bureau International de Pédagogie Sportive.* Lausanne, 1935, p. 7.

244. Cf. QUEVAL, I. *S'accomplir ou se dépasser* – Essai sur le sport contemporain. Paris: Gallimard, 2004: "O doping", p. 243.

245. WADLER, G.I. & HAINLINE, B. *L'athlète et le dopage* – Drogues et médicaments. Paris: Vigot, 1993 [1ª ed. ingl., 1991].

246. *300 médicaments pour se surpasser physiquement et intellectuellement.* Paris: Balland, 1988, p. 18.

sões e ingenuidades. Não se trata também senão de um dos riscos de des-simbolização da integridade corporal ali onde as instituições, que haviam por muito tempo ditado os referenciais coletivos, eclipsaram-se amplamente[247]: "O *doping* não é afinal senão a fórmula mais corrente dada a essas práticas muito difundidas no intuito de modificar e melhorar a si mesmo"[248].

Mas o *doping* pode ser pensado como um gesto que prolonga o treinamento e ao mesmo tempo o banaliza, o "desenvolvimento" progressivo da pessoa: o trabalho sempre mais científico exercido sobre os cuidados e os regimes dos esportistas como também sobre as formas e as cargas lícitas de treinamento não difere muito do trabalho cada vez mais exigente exercido sobre o uso ilícito de produtos dopantes. Treinar é dar a si mesmo os meios que "naturalmente" não se impõem; ter sucesso é inventar instrumentos, aplicar astúcias, desenvolver procedimentos, tanto uns como os outros pacientemente construídos e calculados.

Será necessário dizer que as práticas de *doping* revelam mais ainda? A vontade, por exemplo, de explorar sem fim limites, a vontade de experimentar os "outros lugares" no espaço mais imediato – o corpo, seus invólucros, sua interioridade – de melhor se testar, de descobrir o oculto, se aumentar sem fim o registro das sensações. Uma outra prática também concretiza essa mudança até a caricatura: a das façanhas do extremo que fabricam o infinito a partir da experiência do corpo. O fascínio pela não limitação das normas físicas é, neste caso, decisivo: o confronto com o último presente nos triatlos, os reides, as velocidades verticais, as descidas de corredeiras ou as aventuras sempre mais "desproporcionais", a originalidade do fenômeno não é, aliás, tanto o sentido do extremo como tal e sim a sua diversidade, sua extensão a públicos sempre mais amplos, o sentimento do ilimitado transformado em

---

247. Parece que está aqui atuando a mesma ingenuidade que a lembrada por Irène Théry quanto à "paixão de dessimbolização" em torno das noções de gênero e de filiação: *Le contrat d'union sociale en question*. Paris [Nota da Fundação Saint-Simon, out./de 1997, p. 22].

248. EHRENBERG, A. "Tous dopés!" *Le Nouvel Observateur*, 19-25/11/1998.

projeto de massa. O corpo explorado em todos os sentidos tomaria assim a vez de outras "infinitudes": aquelas projetadas, não faz tanto tempo assim, pelo universo religioso ou mesmo pelo universo político. Estabeleceu-se um jogo interminável com o corpo em um mundo que se desencantava: o fascínio do extremo com suas impressões multiplicadas, essa busca incessante totalmente física agora cultura de multidões.

O corpo atual e seu treinamento acentuam de modo extremo em última análise uma dupla experiência da identidade, uma dupla maneira também de se "encontrar" a si mesmo em uma sociedade que enaltece a realização pessoal. Buscar no primeiro caso o que constitui o potencial próprio de cada um, no segundo o que possibilita estender o território de si mesmo. O "desenvolvimento" do corpo se tornou de fato para muitos, hoje, o coração de uma experiência íntima: o exemplo privilegiado de uma exploração da identidade.

Parte III

Desvio e periculosidades

1
O CORPO ANORMAL
História e antropologia culturais da deformidade

Jean-Jacques Courtine

No dia 25 de dezembro de 1878, um certo Alfred Claessen, diretor de um circo no além-mar, solicita ao Chefe de Polícia de Paris autorização para exibir "uma moça-macaco (*microcephalus*) da Albânia". Segundo ele argumenta, "este fenômeno vivo não representa nada de repulsivo para os espectadores". "Ela vai ser apresentada ao público em local conveniente, e de maneira que não ofenda os bons costumes"[1]. O local em pauta não passava de um pequeno circo situado no boulevard de Clichy: pertencia ao domador Bidel, que havia conquistado o público dos Boulevards arremedando ali combates ferozes com leões furiosos.

I. A exibição do anormal

1. Prólogo: entra e sai e fenômenos vivos

Passados alguns anos, pedido idêntico chega à mesma autoridade. Quem faz desta vez o pedido é um italiano, que solicita no dia 7 de abril de 1883 permissão para "exibir em uma das praças de vossa cidade e [ou] em

---

1. Arquivos da Diretoria de Polícia da Prefeitura de Paris [APP], DA 127. Dossiê: exibição da mulher-macaco (Claessen).

uma barraca ou [em um] salão, um fenômeno dos mais extraordinários. Trata-se de duas crianças unidas no mesmo tronco. Têm cinco anos de idade e estão vivas, e possuem duas cabeças, quatro braços e um único tronco, e duas pernas. As criaturas jamais foram exibidas em Paris, mas já visitaram as maiores cidades da Itália e da Áustria, a Suíça, e algumas cidades da França"[2]. A carta é assinada por Battista Tocci, que se apresenta como o pai de Giacomo e Giovanni, esses dois "meninos-fenômenos". No ano seguinte, em Lyon, no palco do Cassino das Artes, lugar de diversão situado bem no coração dos bairros católicos e burgueses da cidade, apresenta-se em uma fantasia musical Eugène Frédéric Boudou. Sua ficha de identificação, estabelecida pela polícia local, traz, na rubrica para "sinais particulares", estas menções: "fronte: baixa; tez: manchada de vinho; boca: com o formato de focinho; rosto: disforme"[3]. Nesse mesmo ano, 1884, enfim, Sir Frederick Treves, cirurgião no Hospital de Londres, arrisca-se a entrar no cenário esverdeado de poeira e detritos de uma antiga mercearia situada em Mile End Road. Ali percebe, pela primeira vez, "o mais repulsivo espécime humano"[4] que jamais havia contemplado: John Merrick, "o homem-elefante".

Deste modo, na virada da década de 1880, procura-se exibir uma criança microcéfala entre macacos e leões do Atlas; um pai peregrina pela Europa nas feiras ganhando dinheiro com o espetáculo de sua monstruosa progênie: um indivíduo de queixo deformado se põe a cantar, para distrair o público sonolento de uma austera cidade da província; um médico reputado e logo famoso frequenta os *bas-fonds* londrinos à procura de exemplares teratológi-

---

2. APP, DA 127. Dossiê: Tocci, peça 1.

3. Arquivos municipais de Lyon [AML], 1.129 WP 13. Dossiê: Boudon, Eugène.

4. TREVES, F. *The elephant man and other reminiscences*. Londres: Cassel, 1926, p. 4. • Do mesmo autor, a observação médica do caso: "A case of congenial deformity". *Transactions of the Pathological Society*, 1886, vol. XXXVI, p. 494-498. • MONTAGU, A. *The elephant man* – A study in human dignity, Nova York: Ballantine Books, 1971. • DRIMMER, F. *Very special people* – The struggles, loves and triumphs of human oddities. Nova York: Amjon, 1973. • FIELDER, L. *Freaks* – Myths and images of the secret self. Nova York: Simon & Schuster, 1978.

cos. Pouco mais de um século nos separa desses acontecimentos. Parece, contudo, que chegam a nós de um passado muito mais distante, de uma época passada da diversão popular, de um exercício arcaico e cruel do olhar curioso. Essas sensibilidades não são mais as nossas: o carrinho de saltimbancos da mulher barbada está vazio na feira do Trône, e os espectadores desertaram as atrações onde se apinhavam as multidões de ontem, nos "entra e sai" ("entre-sorts") do passeio público de Vincennes. *Entre-sort*: "Este é o nome que se dá – diz-nos Jules Vallès, incansável observador das estranhezas anatômicas que povoam as feiras e ruas parisienses, o teatro, numa cortina numa viatura ou barraca, onde se colocam os monstros, bezerros ou homens, ovelhas ou mulheres. A palavra é característica. O público sobe, ergue-se o fenômeno, emite um balido ou fala, muge ou estertora. Entra-se, sai-se, é isto aí"[5]. Não se poderia comprovar melhor o fato de que a visita feita aos monstros das feiras possuía a banalidade rotineira dos divertimentos familiares[6]. Nessas festas do olhar, as grandes aglomerações de povo do final do século XIX, a curiosidade dos basbaques corria solta, e os olhares faziam um inventário sem limites da grande exibição das bizarrices do corpo humano: "fenômenos vivos", deformações humanas ou animais extraordinárias das barracas; espécimes teratológicos em frascos de vidro ou patologias sexuais dos museus de cera anatômicos; morfologias exóticas e rituais selvagens dos "zoos humanos"; truques e ilusões de ótica: "decapitados falantes",

---

5. VALLÈS, J. La rue [1866]. In: *Oeuvres complètes*. Paris: Livre Club Diderot, t. I, p. 459. A obra de Vallès constitui uma importante fonte de informações sobre o universo dos monstros exibidos em parques de diversão na segunda metade do século XIX. As descrições, algumas vezes quase etnográficas, que ele consagrou ao mundo dos parques de diversão, dispersas em artigos que ele publicou em *Le Figaro, La Parodie, Le Cri du Peuple, Gil Blas, L'Épopée, L'Événement...* acham-se de forma sintética em "Os saltimbancos" (La rue. Op. cit.), "O bacharel gigante" (Les réfractaires [1866]. In: *Oeuvres completes*, t. I. Paris: Gallimard, 1975, p. 264-310) e *Le tableau de Paris* [1883]. Paris: Éditeurs Français Réunis, 1971, p. 83-103.

6. Sobre isso há inúmeros testemunhos. Assim Flaubert, entre muitos outros, de passagem pela Bretanha: "Há também em um garrafão de vinho dois leitõezinhos unidos pelo ventre e que, agachados nas patas traseiras, levantando a cauda e piscando os olhos, são, palavra!, muito engraçados" (*Par les champs et les grèves* [1847]. Paris: Pocket, 2002, p. 69).

"mulheres-aranhas" ou "mulheres lunares"; museus realistas com seus *fatos do dia* sangrentos, ou seus episódios da vida no banho. Nos confins de uma antropologia ingênua, de uma feira de órgãos e de um museu dos horrores, o espetáculo dos monstros rendia muito dinheiro.

A história dos monstros é, portanto, não só aquela dos olhares postos sobre eles: a dos dispositivos materiais que inscreviam os corpos monstruosos em um regime particular de visibilidade, a história também dos sinais e das ficções que os representavam, mas também a das emoções sentidas à vista dessas deformidades humanas. Levantar a questão de uma história do olhar diante desta última deixa entrever uma mutação essencial das sensibilidades diante do espetáculo do corpo no decorrer do século XX.

2. Diversões exóticas, prazeres mórbidos

De fato é umas duas décadas antes, por volta de 1880, que se entra nesta história. É então, com efeito, que atinge o ponto máximo *a exibição do anormal*, elemento central de um conjunto de dispositivos que fazem da exposição das diferenças, estranhezas, deformidades, enfermidades, mutilações, monstruosidades do corpo humano o suporte essencial de espetáculos onde se experimentam as primeiras formas da indústria moderna da diversão de massa. Não é fácil tomar consciência, hoje, a tal ponto está mudado nosso olhar, de qual poderia ter sido a extensão dessa forma de cultura visual no espaço urbano europeu e norte-americano. Como compreender que a figura do monstro tenha podido situar-se no âmago dessa teatralização do anormal, que ela tenha podido constituir-lhe ao mesmo tempo a origem, o princípio de inteligibilidade e o modelo último? O lugar singular que ocupava então entre os "anormais" não havia, no entanto, escapado a Michel Foucault.

O monstro é o modelo poderoso, a forma desenvolvida pelos jogos da natureza de todas as irregularidades possíveis. Neste sentido, pode-se dizer que o monstro é o grande modelo de todos os pequenos desvios. É o princípio de inteligibilidade de todas as formas, circulando – sob a forma de moeda miúda – da anomalia. Procurar qual é o fundo de monstruosidade que há por trás das pequenas anomalias, dos pequenos desvios, das pequenas irregularidades: eis o problema que vai se encontrar ao longo de todo o século XIX[7].

E percebe-se, com efeito, quando se entreabre a porta dos locais de diversão onde se acotovelam as massas das últimas décadas do século, que há mesmo um "fundo de monstruosidade" atuando por trás dessas pequenas anomalias, mas também das enormes diferenças do corpo humano. Seja, por exemplo, a apresentação da diferença racial, esta discriminação fundamental na percepção dos corpos, à qual os "zoos humanos" e as "aldeias indígenas" convidam os frequentadores dos jardins de aclimatação e os visitantes das Exposições universais[8]. Muito antes da modernização dessas exibições "antropozoológicas" por Carl Hagenbeck, a partir de 1874 em Hamburgo, ou antes que a imagem do "selvagem" dê lugar à do "indígena", pacificado pelos benefícios da civilização nos anos de 1920, não resta dúvida de que é no palco dos entra e sai, lado a lado com os monstros humanos, que as diferenças raciais foram a princípio objeto de espetáculo, diante de olhares prontos a adivinhar a anomalia monstruosa sob a estranheza exótica. Deve-se ver nisso a subsistência de um fundo antropológico extremamente tenaz, uma antiga confusão entre o disforme e o distante, que faz da monstruosidade corporal a medida do distanciamento espacial e a marca da alteridade racial. Para Plínio, afinal de contas, as fronteiras do mundo conhecido eram povoadas de raças monstruosas, e as feiras do Antigo Regime assim como as festas de feiras do século XIX regurgitavam de verdadeiros ou falsos "selvagens" a exibir para o prazer de multidões "civilizadas" o grotesco das aparências, a animalidade das funções corporais, a crueza sangrenta dos costumes, a barbárie da linguagem, ao passo que no palco do Egyptian Hall de Londres danças frenéticas e batalhas tribais se sucedem sem parar desde a

---

7. FOUCAULT, M. *Les anormaux* – Cours au Collège de France, 1974-1975. Paris: Gallimard/Du Seuil, Col. "Hautes Études", 1999, p. 52.

8. *De la Vénus Hottentote aux reality shows*. Paris: La Découverte, 2002.

primeira metade do século, na feira do Trono a mulher "antropófaga" tritura pedras e engole cobras[9]. Só resta então à antropologia teratológica vulgarizada de Debay selar nos seguintes termos a legitimidade do parentesco entre o animal, o monstro e o selvagem.

O hotentote ocupa ainda hoje o último grau da escala antropológica. Acocorados dias inteiros na sujeira, sem pensar em nada, fazendo caretas, coçando-se, devoram, como símios, os vermes de que estão cobertos. Sua preguiça, sua estupidez e sua feiura repugnante não têm igual na espécie[10].

A proximidade do monstro e do selvagem era ainda o primeiro dos espetáculos oferecidos ao visitante que transpunha o limiar do museu de imagens de cera anatômica que o "doutor" Spitzner havia aberto em 1856 na praça do Château-d'Eau em Paris[11]. As seções de "etnologia" e de "teratologia" ficavam ali face a face: os bustos de cera do núbio, da hotentote, do cafre e do asteca conservavam assim, com um molde dos irmãos Tocci, um feto monstruoso em seu frasco de vidro, a criança-sapo e o hermafrodita de estranhos parentescos. Mas o "fundo de monstruosidade" perpassava toda a coleção, e conferia seu princípio de inteligibilidade e sua unidade à coleção heteróclita de raças e espécies, de deformidades e patologias. E na seção "reservada" do museu, aquela onde reinavam discretamente as doenças venéreas, é ainda a monstruosidade que atiçava a perturbadora atração do espetá-

---

9. FOURNEL, V. *Ce qu'on voit dans les rues de Paris*. Paris: A. Delahays, 1858, p. 171.

10. DEBAY, A. *Histoire des métamorphoses humaines et des monstruosités*. Paris: Moquet, 1845, p. 50-51.

11. Sobre os museus de cera de anatomia, cf. PY, C. & VIDART, C. "Les musées anatomiques des champs de foire". *Actes de la Recherche en Sciences Sociales*, n. 60, nov./1985, p. 3-10. • LEMIRE, M. *Artistes et mortels*. Bayonne: Chabaud, 1990: Fortunes et infortunes des préparations anatomiques, naturelles et artificielles. In: CLAIR, J. (org.). *L'âme au corps* – Arts et sciences, 1773-1993. Paris: Réunion des Musées Nationaux. Paris: Gallimard/Electa, 1993, p. 70-101. • Cf. tb. *Catalogue de la ventespitzner*. Paris: Hôtel Drouot, 10/06/1985. Quanto ao Museu Grévin, cf. SAËZ-GUÉRIF, N. *Le Musée Grévin, 1882-2001* – Cires, histoire et loisir parisien. Paris: Université Paris I, 2002 [Tese de doutorado].

culo: catástrofes patológicas, feridas e chagas das carnes, desaparecimento gradual do humano nos corpos sob o inchaço das deformações mórbidas.

3. O poder de normalização

Poderoso modelo, com efeito, o modelo do monstro, que reina então sem contestação sobre o campo das percepções da anomalia corporal. Em sua presença se apaga toda outra distinção. O "homem-elefante", a "mulher-camelo", a criança sem braços, o "negro-branco" deixam de ser vistos segundo o seu sexo, sua idade, sua enfermidade ou sua raça: ficam todos confundidos na monstruosidade. Mas o seu poder de difusão entre as representações do anormal parece praticamente ilimitado, pois coloniza, além dos corpos, o universo dos signos. Nesse fim de século, presa dos tormentos da degenerescência física e moral da espécie, é ele que apõe sua assinatura ao retrato do homem criminoso esboçado pela antropologia das periculosidades[12], aquele que dá seu sinete físico ou moral às grandes figuras do crime que enchem as crônicas judiciárias e alimentam os temores sociais[13]; e é ele ainda cujos sangrentos crimes são representados no teatro do Grand-Guignol ou imortalizados nos objetos de cera do Museu Grévin ou de Madame Tussaud. Foco de curiosidade universal, origem de toda estranheza corporal, unidade de medida de periculosidade social, o monstro concentra as an-

---

12. A enumeração dos traços monstruosos no homem ou na mulher acusados de crimes é praticamente infinita na antropologia criminalística do fim do século XIX, em particular a que se inspira nos trabalhos de Cesare Lombroso. Em uma literatura crítica extremamente abundante sobre a questão, vamos nos limitar, aqui, a mencionar o quadro recente e completo, esboçado na tese de CHÂLES-COURTINE, S. *Le corps criminel* – Approche socio-historique des représentations du corps criminel. Paris: Ehess, 28/02/2003.

13. De um amplo conjunto crítico sobre essas questões, vamos citar apenas: CALIFA, D. *L'encre et le sang* – Récits de crime et société à la Belle Époque. Paris: Fayard, 1995. • CALIFA, D. *Crime et culture au XIXe siècle*. Paris: Perrin, 2005. • CHAUVAUD, F. *Les experts du crime* – La médecine légale en France au XIXe siècle. Paris: Aubier, 2000. • DEMARTINI, A.-E. *L'affaire lacenaire*. Paris: Aubier, 2001. • PERROT, M. (org.). *Les ombres de l'histoire* – Crime et châtiment au XIXe siècle. Paris: Flammarion, 2001. • RENNEVILLE, M. *Crime et folie* – Deux siècles d'enquête judiciaire. Paris: Fayard, 2003.

gústias coletivas e conserva nas mentalidades muitos dos traços do lugar que ontem ainda lhes cabia. E ainda que tenha perdido, em um lento desencantamento[14], a radical alteridade que nele a sociedade tradicional temia ou venerava, ganhou um poder maior de disseminação ao se banalizar na infinidade ordinária das pequenas delinquências criminosas e desvios sexuais:

> Digamos numa palavra que o anormal (e isto até o fim do século XIX, até o século XX, talvez) é no fundo um monstro cotidiano, um monstro banalizado. O anormal vai continuar sendo por muito tempo algo como *um monstro pálido*[15].

Aquilo que Foucault procura caracterizar, discernindo assim a sombra do monstro por trás das figuras múltiplas e mutáveis do anormal é, como nos diz, a emergência e mais tarde a extensão a toda a sociedade do "poder de normalização"[16]. Uma límpida fórmula de Georges Canguilhem elucida o laço entre o monstro e a norma: "No século XIX, o louco está no asilo, onde serve para ensinar a razão; e o monstro está na redoma do embriologista onde serve para ensinar a norma"[17].

Na redoma do embriologista, mas, sobretudo, deve-se logo acrescentar, na cena do entra e sai. Porque, caso se aceite deixar um instante o terreno da ciência para se aventurar nos locais de espetáculo popular, logo se vai perceber o poder interpretativo da fórmula: por trás das grades do zoológico humano ou no cercado das aldeias indígenas das Exposições universais, o selvagem serve para ensinar a civilização, para lhe demonstrar os benefícios, ao mesmo tempo que funda esta hierarquia "natural" das raças, reclamada pela

---

14. Cf. COURTINE, J.-J. "Le désenchantement des monstres". *Histoire des monstres, de l'Antiquité jusqu'à nos jours* [1880]. Grenoble: Jérôme Million, 2002.

15. FOUCAULT, M. *Les anormaux*. Op. cit., p. 53 [grifo nosso].

16. "Esta emergência do poder de normalização, a maneira como se formou, a maneira como se instalou, sem que jamais se apoiasse em uma única instituição, mas pelo jogo que chegou a estabelecer entre diferentes instituições, estendeu a sua soberania em nossa sociedade – é isto que eu queria estudar" (FOUCAULT, M. *Les anormaux*. Op. cit., p. 24).

17. CANGUILHEM, G. *La connaissance de la vie* [1952]. Paris: Vrin, 1965, p. 228.

expansão colonial. Por trás das vitrinas do necrotério, o cadáver que recebe a visita dominical dos basbaques reforça o medo do crime. Na penumbra do museu de moldes anatômicos de cera, os moldes de carnes devastadas pela sífilis hereditária inculcam o perigo da promiscuidade sexual, a prática da higiene e as virtudes da profilaxia.

Esta foi, portanto, uma das formas essenciais da formação do poder de normalização na virada do século: a extensão do domínio da norma se realizou através de um conjunto de dispositivos de exibição do seu contrário, de apresentação da sua imagem invertida. Sem necessidade alguma de meios coercitivos, no entanto, para essa pedagogia de massa, bem o contrário de um espaço panóptico e de uma vigilância de Estado: uma rede frouxa e disseminada de estabelecimentos de espetáculo, privados ou públicos, permanentes ou efêmeros, sedentários ou nômades, primícias e, depois, a formação de uma indústria da diversão de massa que distrai e fascina. Ela inventa dispositivos que atuam sobre o olhar, fabrica um estímulo a ver que terá nas espécies anormais do corpo humano – ou das ficções, dos substitutos realistas deste último – a sua matéria-prima[18].

Esta curiosidade quase universal pelo bizarro e pelas catástrofes anatômicas, este tipo de teratologia ao alcance de todos os olhares têm, no entanto, uma origem mais antiga, e levam a explorar em profundidade a segunda metade do século XIX. A história contemporânea dessa forma de cultura visual principia, na verdade, como se verá, com a instalação por Barnum do seu Museu norte-americano em Nova York, por volta de 1840. Ela não conhecerá mudanças de monta até a Grande Guerra, dará depois desta, sinais

---

18. Pode-se encontrar no trabalho de Tony Bennett um estudo sobre o papel desses dispositivos de exibição na canalização das multidões para o recinto das Exposições universais ou dos museus: The exhibitionary complex. In: DIRKS, N.B.; ELEY, G.; OTTNER, S.B.(orgs.). *Culture/Power/History* – A Reader in Contemporary Social Theory. Princeton: Princeton University Press, 1994, p. 123-154. • *The Birth of the Museum* – History, Theory, Politics. Nova York: Routledge, 1995. E na obra de Vanessa Schwartz uma análise da constituição de uma cultura visual de massa que leva à formação de uma sociedade de espectadores consumidores das ficções realistas do real (*Spectacular Realities* – Early Mass Culture in Fin-de-siècle Paris. Berkeley: University of California Press, 1998).

de cansaço, para entrar enfim, nos anos de 1930, em um esgotamento que levará a seu desaparecimento progressivo a partir do fim da década de 1940. É a história do sucesso, do declínio e, depois, do desaparecimento das exibições de monstros humanos que estas linhas desejam principalmente traçar. Tentam apreender aí uma fundamental mutação dos olhares sobre o corpo, olhares dos quais o século XX foi o teatro ambíguo e complexo: aquela da difícil libertação do corpo anormal da exceção monstruosa e da sua lenta e paradoxal inclusão na comunidade dos corpos, transformação essencial para quem deseja apreender as formas de constituição da individualidade moderna, através dessa parte fundamental da identidade relacionada com o corpo.

Mediante qual transformação do olhar pousado sobre o corpo, que só via antigamente monstruosidade, percebe-se hoje enfermidade? Qual foi a mudança de perspectiva que ensinou, desde então, a ver a deformidade como *handicap*? Mediante qual evolução das sensibilidades parecemos hoje determinados a não distinguir senão a disseminação infinita das diferenças no espetáculo das pequenas e das grandes anomalias do corpo humano?

4. O comércio dos monstros

Voltemos, no entanto, às primícias desta história. A versatilidade cultural dos monstros era indissociável da intensidade do comércio cujo objeto constituía. Assim a historiografia da antiga Paris[19] concede a esses "fenômenos vivos um lugar considerável entre as distrações dos parisienses. A capital acaba se destacando como a capital mundial da curiosidade, uma encruzilhada do singular e do bizarro, *o imenso bazar das monstruosidades*:

> Tudo o que há de belo, de singular, de raro ou de único na superfície do globo não tarda a voar para Paris, como flecha rumo

---

19. Extremamente prolífica no decorrer das três últimas décadas do século, ela constitui uma importante fonte de informação sobre os espetáculos da capital. Muito abundante para ser aqui integralmente citada, propiciou a Walter Benjamin o essencial da documentação de *Paris, capitale du XIXe siècle*. Sobre isso se achará um quadro muito completo na bibliografia da excelente obra de BERNARD, J.-P.A. *Les deux Paris* La représentation de Paris dans la seconde moitié du XIXe siècle. Seyssel: Champ Vallon, 2001.

ao alvo [...]. Nasce algures um desses fenômenos que fazem a natureza recuar diante de sua obra: um bezerro de duas cabeças, um homem sem braços, uma criança monstruosa capaz de sufocar uma hidra no berço, ou tão pequena e tão mirrada que poderia caber inteirinha no sapatinho de Cinderela, isto é Paris! Um ciclope de um só olho no meio da testa, uma mulher de barba, um rato do tamanho de um boi, um melro branco, um homem com rabo, um homem-cão todo coberto de pelos, vamos, vamos a Paris! [...]. Sigam a multidão! Uma ária de clarineta, um toque de tambor, está feito! Olhem agora dentro dessa tina, sobre essa mesa, nessa gaveta, e ali encontrarão o monstro procurado[20].

E os barracões se multiplicam, com efeito, de forma astronômica na feira do Trono, desde 1850 até a última década do século. Essa feira antiga não reunia em 1806 mais que uma vintena de forasteiros diante do Hospital Santo Antônio, pela época da Páscoa. Serão 300 em 1852, 1.600 em 1861, 2.424 em 1880[21], enquanto os entra e sai, progressivamente expulsos do centro da capital, realizam uma vagarosa migração para a periferia. As exposições teratológicas, que aí prosperam, extrapolam rapidamente o recinto da feira e se espalham pelos bulevares. Ameaçam invadir a cidade. Os monstros invadiram Paris: são expostos no salão dos fundos dos bares, são produzidos na cena dos teatros, são convidados algumas vezes aos salões particulares, para representações privadas. Não raro, conta Alphonse Daudet nessa mesma época, dá-se de cara casualmente, nas ruas, com "os monstros, acidentes da natureza, com todo o tipo de excentricidade, com as coisas mais bizarras [...], abrigadas somente por dois grandes lençóis suspensos a uma corda, com um cofre, em cima de uma cadeira, para pôr o dinheiro da renda do espetáculo"[22].

---

20. FOURNEL, V. *Le vieux Paris*: fêtes, jeux et spectacles. Tours: Alfred Mame et fils, 1887, p. 361-362.

21. APP DB 202, recenseamento realizado em 1900 por E. Gréard, encarregado do controle das feiras na Diretoria de Polícia.

22. "La foire aux pains d'épices". *Le Réveil*, 12/01/1880.

A monstruosidade humana se torna, então, um objeto comercial como qualquer outro. Mas essas exibições, excetuando sua aglomeração periódica nos parques de diversão ambulantes, na província ou na capital, continuam extremamente dispersas, a despeito de novas formas de concentração e de mecanização das distrações que veem, na virada do século, desaparecer muitos pequenos "charlatães" que perdiam espaço para grandes industriais dos parques de diversão. Decididamente nômades, em geral precários, os espetáculos de curiosidades humanas nunca foram na França verdadeiramente integrados aos grandes circos itinerantes ou aos museus de curiosidades estabelecidos no coração das cidades. Continuarão sendo o que sempre foram: um artesanato da curiosidade, uma forma de comércio da deformidade, o bizarro no varejo. Os franceses ainda estão esperando o seu Barnum.

Vamos encontrar o mesmo fervor comercial na Inglaterra, embora sob formas sensivelmente diferentes. Na primeira metade do século XIX, todos os *penny shows* que, no passado, atraíam os basbaques a Bartholomew Fair e ainda prosperavam nas tavernas de Charing Cross[23]. A procura não enfraquece na segunda metade do século XIX, muito pelo contrário: é sempre em massa, mas desta vez pela estrada de ferro que os londrinos vão, durante o dia, contemplar as estranhas criaturas exibidas nos parques de diversão de Croydon e de Barnet[24]. Em Londres, assim como em Paris, a proliferação das

---

23. Sobre as antigas feiras londrinas, cf. de modo particular MORLEY, H. *Memoirs of Bartholomew Fair*. Londres: Chapman and Hall, 1859.

24. A propósito da exibição dos monstros humanos em Londres, nos séculos XVIII e XIX, cf. o insubstituível trabalho de ALTICK, R. *The Shows of London*. Cambridge (Mass.): Harvard University Press. Londres: Belknap, 1978. Quanto às diversões urbanas na Inglaterra do século XIX, cf. MELLER, H.E. *Leisure and the Changing City, 1870-1914*. Londres: Routledge & Kegan Paul, 1976. • WALVIN, J. *Leisure and Society, 1830-1950*. Londres/Nova York: Longman, 1978. • BAILEY, P. *Leisure and Class in Victorian England*. Londres: Routledge & Kegan Paul, 1978. • CUNNINGHAM, H. *Leisure in the Industrial Revolution, 1780-1880*. Londres: Croom Helm, 1980. • WALTON J.K. & WALVIN, J. (orgs.). *Leisure in Britain, 1780-1939*. Manchester: Manchester University Press, 1983. • STALLYBRASS, P. & WHITE, A. *The Politics and Poetics of Transgression*. Ithaca: Cornell University Press, 1986. Sobre a constituição da esfera da diversão urbana nos séculos XIX e XX, cf. CORBIN, A. (org.). *L'avènement des loisirs*. Paris: Aubier, 1995.

curiosidades humanas é tal que fica impossível um censo. A capital vê passar seu contingente de mulheres barbadas, a seguir um desfile de gigantes, acompanhado de um regimento de anões que desfilam atrás do "General" Tom Polegar, cuja chegada triunfal é orquestrada em 1844 por Barnum. As atrações monstruosas vão mudar de escala ao se internacionalizarem: depois que Chang e Eng Bunker, os irmãos siameses originais, ali desembarcaram em 1829, Londres se tornará a passagem obrigatória da *tournée* europeia dos hóspedes de Barnum que vão ali se apresentar, principalmente no cenário do Egyptian Hall, o primeiro dos grandes museus de curiosidades, fundado em 1812 por William Bullock[25]. Tiveram assim os ingleses o privilégio de serem os primeiros a receber Tom Polegar, mas também Henry "Zip" Johnson, aliás "What is it?", ou o "elo perdido", mas ainda Harvey Leech, "o anão-mosca" e, enfim, Julia Pastrana, cujo pelo cobria o rosto e que acabou fixando definitivamente residência ali: falecida na cama em Moscou, quando estava em uma *tournée*, voltou para lá, devidamente embalsamada, para divertir *post mortem* as multidões britânicas. Os despojos do monstro compartilham com os do santo o antigo privilégio de alimentar como relíquia a curiosidade das multidões.

5. Barnum e o Museu Americano

Mas isso ainda não era nada. Phineas Taylor Barnum funda, em 1841, o seu *American Museum*, bem no coração de Manhattan. Ele vai se tornar a atração mais frequentada da cidade, e do país inteiro: de 1841 a 1868, data em que um incêndio destruiu o museu, estima-se que chegou a 41 milhões o número de visitantes[26]. "Foi esta, proclamava seu criador, a escada graças à

---

25. Cf. ALTICK, R. *The Shows of London*. Op. cit., p. 235-267.
26. Cf. BARNUM, P.T. *The Life of P.T. Barnum, Written by Himself*. Nova York: Redfield, 1855. • BARNUM, P.T. *Struggles and Triumphs, or Forty Years 'Recollections of P.T. Barnum, Written by Himself*. Nova York: American News Company, 1871. • SAXON, A.H. (org.). *Selected Letters of P.T. Barnum*. Nova York: Columbia University Press, 1983. Sobre Barnum,

qual pude me erguer até a fortuna"[27]. Havia, sem dúvida, nas cidades norte-americanas de antes da Guerra da Secessão, museus de curiosidades que apresentavam coleções de história natural com o objetivo de educação popular. Coexistiam com *freak shows* que percorriam, por sua parte, toda a gama das anomalias do corpo humano em uma grande desordem taxonômica[28]. Barnum soube fundir os dois tipos de estabelecimento em um só lugar de diversão, capaz de saciar a sede de distração de uma população nova-iorquina em pleno crescimento, onde se acotovelavam imigrantes recém-chegados e nativos da terra, classes laboriosas e estratos médios, homens e mulheres, habitantes da cidade e visitantes que vinham do interior da América

---

cf. particularmente HARRIS, N. *Humbug* – The Art of P.T. Barnum. Chicago: The University of Chicago Press, 1973. • SAXON, A.H. *P.T. Barnum* – The Legend and the Man. Nova York: Columbia University Press, 1989. • ALDERSON, W.T. (org.). *Mermaids, Mummies and Mastodons* – The Emergence of the American Museum. Washington (D.C.): American Association of Museums, 1992. • KUNHARDT III, P.B. & KUNHARDT, P.W. *P.T. Barnum* – America's Greater Showman. Nova York: Alfred A. Knopf, 1995. • STULMAN DENNETT, A. *Weird and Wonderful* – The Dime Museum in America. Nova York: New York University Press, 1997. • ADAMS, B. *E Pluribus Barnum* – The Great Showman and the Making of US Popular Culture. Minneapolis: University of Minnesota Press, 1997. • REISS, B. *The Showman and the Slave Race* – Death and Memory in Barnum's America. Cambridge (Mass.): Harvard University Press, 2001. • COURTINE, J.-J. "De Barnum à Disney". *Cahiers de Médiologie*, n. 1, 1996, p. 72-81.

27. BARNUM, P.T. *Barnum's Own Story* [1927]. Gloucester: Peter Smith, 1972, p. 120.

28. Sobre a história dos *freak shows* nos Estados Unidos, cf. principalmente a obra fundamental de BOGDAN, R. *Freak Show* – Presenting Human Oddities for Amusement and Profit. Chicago: The University of Chicago Press, 1988. • GARLAND THOMPSON, R. (org.). *Freakery* – Cultural Spectacles of the Extraordinary Body. Nova York: New York University Press, 1996. • ADAMS, R. *Sidewhow USA Freaks and the American Cultural Imagination*. Chicago: The University of Chicago Press, 2001. Para um repertório das monstruosidades antigamente exibidas nos espetáculos norte-americanos e no mundo anglo-saxão em geral, cf. STEELCROFT, F. "Some peculiar entertainments". *Strand Magazine*, vol. 6, mar.-mai./1896, p. 328-335 e 466-474. • FITZGERALD, W.G. "Side-Shows". *Strand Magazine*, vol. 13/14, mar.-dez./1897, p. 320-328, 407-416, 521-528, 776-780, 91-97 e 152-157. • GOULD, G.M. & PYLE, W.L. *Anomalies and Curiosities of Medicine*. Philadelphie: W.B. Saunders, 1897. • ODELL, G.C. *Annals of the New York Stage* [1801-1894], 15 vol. Nova York: Columbia University Press, 1927-1949. • THOMPSON, C.J.S. *The Mystery and the Lore of Monsters* – With Account of Some Giants, Dwarfs and Prodigies. Londres: Williams & Norgate, 1930 [Reed. Londres: Senate Books, 1996]. E, mais recentemente HOWARD, M. *Victorian Grotesque*. Londres: Jupiter Books, 1977. • JAY, R. & PIGS, L. *Fireproof Women*. Nova York: Villard Books, 1986.

rural[29]. E, nas cenas e nas galerias do *American Museum*, são precisamente os monstros que constituem a maior atração do espetáculo. No prédio da Broadway, muita gente vai passar o domingo em família e fazer piquenique em companhia dos fenômenos vivos, para a grande alegria das crianças e a edificação geral.

Aquilo que Barnum havia inventado – a aclimatação dos monstros humanos em um centro de lazer que oferecia conferências, apresentava demonstrações "científicas" de mesmerismo ou de frenologia[30], exibia espetáculos de magia, de dança ou peças de teatro, permitia contemplar dioramas e panoramas, organizava o concurso do bebê mais bonito[31], enquanto os animais selvagens rugiam e tribos indígenas dançavam, esta concentração em um só lugar de atrações, que antes só se encontravam dispersos –, tudo isso não era senão o deslanchar de uma nova época na história dos espetáculos, a entrada no período industrial da diversão: a inauguração da primeira coleção de curiosidades da era das massas, de uma espécie de *Disneylândia da teratologia*, se for permitida aqui esta formulação propositalmente anacrônica que tem, todavia, o mérito de indicar entre que mãos repousa hoje uma boa parte da herança de Barnum. Pois este é um empresário capitalista moderno, o pioneiro de uma longa linhagem de industriais do espetáculo. Antes dele, o corpo monstruoso é pouco mais que uma coisa bizarra celibatária que possibilita um lucro marginal em uma microeconomia da curiosidade. Depois dele, torna-se um produto que dispõe de um considerável valor agregado, comercializável em um mercado de massa, que satisfaz uma demanda cres-

---

29. Com exceção, talvez, das "pessoas de cor", simplesmente toleradas na única sessão que lhes foi reservada antes dos anos de 1860 (anúncio publicado no *New York Tribune*, 27/02/1849).

30. Sobre a frenologia na cultura popular e erudita nos Estados Unidos, cf., p. ex., COLBERT, C. *A Measure of Perfection* – Phrenology and Fine Arts in América. Chapel Hill: University of North Carolina Press, 1997.

31. Sobre a invenção barnumiana dos *baby shows*, cf. "Diapers and dimples". *US Democratic Review*, abr./1855. • "The baby show". *New York Times*, 18/06/1855. • "The baby bazaar". *Vanity Fair*, 14/06/1862. • ADAMS, B. *E Pluribus Barnum*. Op. cit.

cente e desperta sem cessar novos apetites do olhar[32]. É necessário insistir neste ponto uma última vez: o espetáculo e o comércio dos monstros, muito longe de serem atividades ambíguas ou marginais, serviram de campo de experimentação para a indústria da diversão de massa na América do Norte – e em proporção menor na Europa – do final do século XIX.

II. O crepúsculo dos monstros

É notável o legado de Barnum. Ele permanece como um dos inventores das formas modernas da publicidade, e o *freak show* serviu incontestavelmente para isso como um dos primeiríssimos laboratórios. Mas o seu nome evoca igualmente o talento para o ilusionismo (*humbug*, em inglês = tapeação, fraude, engano), e a habilidade com a qual conseguia impingir, como verdadeiros, monstros falsos – inventar para George Washington, por exemplo, uma ama de leite de cento e sessenta e um anos, ou fazer da improvável combinação de um corpo de peixe e de uma cabeça de símio a verdadeira "sereia das ilhas Fidji"[33]. Barnum era um mestre da ilusão de ótica, um precursor dos "efeitos especiais". Tinha assim concebido apresentações do corpo monstruoso que iriam servir de modelo para a exibição das deformidades até o século seguinte. Porque as curiosidades humanas não eram simples destroços corporais, que caíram por acaso nos parques de diversão, despojados de todo artifício e oferecidas, cobertas somente com sua miséria anatômica, para a estupefação das massas. O teatro da monstruosidade obedecia a

---

32. "Trata-se de uma mudança de porte. Antes de sua absorção pelos museus, as curiosidades humanas flutuavam de modo precário, sem raízes. Ligando-se aos museus, e mais tarde aos circos, os expositores e suas curiosidades se incorporavam a uma indústria em pleno desenvolvimento, a indústria da diversão popular" (BOGDAN, R. *Freak Show*. Op. cit., p. 34).

33. BARNUM, P.T. *Barnum's Own Story*. Op. cit., p. 47-67. • REISS, B. *The Showman and the Slave*. Op. cit. • BONDESON, J. "The Feejee Mermaid". *The Feejee Mermaid and Other Essays in Natural and Unnatural History*. Ithaca: Cornell University Press, 1999. • COOK, J.W. "The Feejee mermaid and the market revolution". *The Art of Deception* – Playing with Fraud in the Age of Barnum. Cambridge (Mass.): Harvard University Press, 2000.

dispositivos cênicos rigorosos e a montagens visuais complexas. Exceção natural, o corpo do monstro é também uma construção cultural.

O bizarro morfológico estava, portanto, submetido a modos de apresentação canônicos que satisfaziam a funções precisas[34]. Em primeiro lugar, atrair o olhar, manter cativo o olhar, e dirigir os passos hesitantes do basbaque para o limiar do entra e sai. Este oferecia aos desocupados, literalmente, "atrações", onde os monstros figuravam como "diversão" ou "distração", isto é, dando crédito à etimologia, aquilo que "desvia de seu caminho", e a seguir "rouba" o espírito do passante. Mas as representações e as ilusões de ótica respondem a uma necessidade mais antiga e mais profunda. Os cenários onde se planta o corpo dos monstros, os sinais com que é coberto têm uma outra função: preparar o olhar do espectador para o choque perceptivo provocado pelo face a face com as figuras extremas do anormal.

1. A batida do olhar

Ficam de pé, deste modo, algumas perguntas essenciais: qual o efeito produzido sobre os olhares pelo espetáculo dos monstros? Como apreender os mecanismos psicológicas do fascínio que a exibição dos fenômenos vivos exercia sobre aquele público?

Vamos parar alguns instantes, para começar a responder a essas perguntas, diante do cartaz que, fora do barracão, convidava à exibição dos irmãos Tocci[35]. Os gêmeos ocupam o centro do cartaz. Suas duas pernas, solidamente plantadas no chão, sustentam sem esforço os dois troncos que se separam acima do tórax, os quatro braços e as duas cabeças. O corpo é perfeitamente simétrico, segundo uma linha que o divide de alto abaixo. De

---

34. Por "modo de apresentação" quero referir-me a um conjunto padronizado de técnicas, de estratégias e de estilos, dos quais os empresários de espetáculos se serviam para construir monstros (BOGDAN, R. *Freak Show*. Op. cit., p. 104-105).

35. APP. DA 127, Arquivo Tocci, peça n. 2.

cada lado os órgãos correspondem um ao outro, inteiramente semelhantes: dois rostos de traços similares, cabelos que escorrem segundo a mesma dobra, espáduas e braços que se inclinam segundo o mesmo ângulo. Como se estivéssemos não diante de dois bustos, mas de um só, cuja imagem se refletisse em um espelho. O cartaz exibe e apaga a monstruosidade, perturba e tranquiliza o olhar: basta o olho seguir o eixo vertical das simetrias, e esse corpo duplo poderia muito bem, no fim das contas, ser um só, confrontado com sua própria imagem. Da mesma forma, tudo no cenário concorre para tranquilizar a percepção. Aí se acham reunidos os elementos canônicos de um estúdio de fotografia ou de pintura: a tela de fundo com dupla coluna, o inevitável feto, o lado confortável e burguês do interior, o terno azul-marinho de colarinho largo com que se vestem ridiculamente as moças e os rapazes nos rituais fotográficos daquela época. O corpo perturba, mas o cenário tranquiliza. A morfologia é bizarra, mas os rostos angélicos; a aparência bem cuidada, os tons pastel; o tema respeitável, o espetáculo decente: pode começar a visita.

Não demora muito, no entanto, e uma outra imagem se superpõe à dessa banalização de um corpo tão estranhamente perturbador. O olhar que percorre a representação se vê de súbito capturado pela linha de um outro eixo de leitura, horizontal desta vez. Divide o corpo na altura do tórax, separando a parte de cima da de baixo. A monstruosidade surge de novo, então, da união desses dois troncos sobre essas duas pernas. As partes superior e inferior do corpo parecem dissociar-se: à maneira de utensílios desaparelhados, parecem ter sido atarraxadas na cintura para compor uma grotesca boneca, concebida a partir dos órgãos separados de brinquedos desmontados. E o olho de novo se inquieta: Que estão fazendo aí esses quatro braços suspensos sobre duas pernas, esses quatro olhos onde se veem só dois pés? A perturbação aumenta e com ela o desejo de ver: sob esse traje *unissex*, essas feições de boneca, meio-menina, meio-garoto, qual é o sexo que se esconde então? E o monstro, aliás, tem um só sexo, como o desejaria a parte inferior do corpo, ou então dois, como o exigiria a parte superior? O olhar se desnorteia diante do enigma anatômico. Porque os dois eixos de leitura que organizam a representação, e aqui foram separados durante o tempo da análise, são-lhe com toda a certeza dados simultaneamente. O olhar oscila, então, até o infinito, deslocando-se sem conseguir se deter, percebendo ora dois corpos, ora um só: às vezes dois corpos em um, às vezes um corpo dividido em dois. Essa *batida do olhar* constitui o fundamento da curiosidade pelas monstruosidades corporais. Pelo fato de saber desencadeá-la, manter seu movimento e prometer satisfazer o desejo que a anima dependia o bom êxito do comércio dos monstros e o lucro que se poderia com eles auferir nos parques de diversão.

Compreender a atração que a exibição dos fenômenos vivos exerce sobre o público exige, então, que se lhe oponha resistência, para deslocar a atenção destes para o ato de ver como tal. Aí se pode dar conta da onipresença dessa perturbação do olhar, provocada pelo cartaz que convida à contemplação dos irmãos siameses.

Veja-se o caso de Jules Vallès, que uma mistura de curiosidade e compaixão, de gosto do insólito e de identificação com os marginais, refratários e excluídos sociais levava sempre de novo ao limiar dos entra e sai: "Entrei, e entro sempre: a vida toda tive amor pelos monstros"[36]. Teria assim topado ao longo da existência com diversas mulheres barbadas desde aquela que, em sua tenra idade, presidia a educação sentimental de seus condiscípulos de classe do grau médio[37]. Vallès compartilhava, sem dúvida, essa paixão com seus contemporâneos: de Madeleine Lefort a Madame Delait, a mulher barbada é uma figura central da imaginação erótica e teratológica do século XIX. Um belo dia, sua criada avisa Vallès, e diz que está lá fora um velho, que o aguarda:

---

36. VALLÈS, J. *Les réfractaires*. Op. cit., p. 264.

37. "Os estudantes marcavam encontro no barracão, havia conciliábulos, apostas, falava-se de amor e de conformação... O grande Coisa dizia que seu primo o tinha visto sem véu, e nos mantinha sem fôlego, respiração presa enquanto ele narrava sua visita. Ah! Sua perna trotava em nossa cabeça; seu queixo e seu peito fizeram na classe do segundo ano muitos se apaixonarem e se enciumarem. Sozinho, talvez, ávido de verdade, eu tomava notas e esperava a hora da visita em que eu poderia de maneira segura tirar a calça que cobria este mistério" (VALLÈS, J. *La rue*. Op. cit., p. 489).

E, levantando o rosto, *ele* me fitou, e a seguir *ela* acrescentou:

- Sou a MULHER BARBADA.

Eu esperava há alguns dias essa visita, mas não acreditava que iria topar com alguém de calças, e me achar diante de um homem. Olhava com uma espécie de pavor essa mascarada fúnebre; não ousava reconhecer um coração de mulher – que me diziam ser apaixonada – sob a camisa desse velho [...]. Era ELA! Podia-se adivinhar, apesar de tudo, o seu sexo pelo som fraco de sua voz, e a mão que acariciava a barba era ainda gorda e bela [...]. Levei o monstro para dentro de casa. *Ele* ou *ela* (como dizer?), *ela* ou *ele* se sentou diante de mim e me contou em três palavras sua história[38].

Ele ou *ela*? *Ela* ou *ele*? A oscilação do enunciado, o caráter indecidível do gênero gramatical traduzem a profundidade da perturbação que se apodera do olhar de Vallès, seu pavor de estupefação diante da "mascarada fúnebre" da confusão dos sexos. As réplicas desse abalo ótico se fazem sentir em toda a parte onde o olhar está diretamente exposto ao corpo do monstro. "Uma criatura espantosa que parecia ter saído somente de um pesadelo": Sir Frederick Treves confessa a sua "repugnância" quando lhe aparece a primeira vez, meio-homem meio-animal, John Merrick, o homem-elefante[39]. Confusão perceptiva semelhante em Victor Fournel, ao ver um garoto exibido em companhia de um carneiro de oito patas em um parque de diversão: oferecia alternativamente aos olhares a sua pele branca que lhe cobria um dos lados do rosto, e "a verdadeira pele de negro" que adornava o outro. A exibição leva Fournel a uma conclusão alucinante: ele acabou reconhecendo na visão "a cabeça de um javali"[40].

---

38. Ibid., p. 488-489.
39. TREVES, F. *The elephant man*...Op. cit., p. 13.
40. FOURNEL, V. *Ce qu'on voit...* Op. cit., p. 158-159.

2. Apresentações teratológicas

Dois irmãos siameses, uma mulher barbada, um homem-elefante, um negro-branco: essas curiosidades humanas mesclam as identidades, confundem os sexos, condensam as espécies, misturam as raças. O teatro dos monstros apresentava uma transgressão – real ou imitada – das leis da natureza[41]. Exceção às normas biológicas, instabilidades do processo vital, falhas da geração; irregularidade das formas humanas, precariedade da sua estrutura física, fragilidade de seus envoltórios: os curiosos que acorriam para fazerem a experiência do monstro viam surgir diante de si o inventário de uma desordem radical do corpo humano e assistiam, na cena do entra e sai, ao drama da ordem diante da vida. Fenômenos "vivos": deve-se entender isto aqui, com certeza, de maneira literal.

> A existência dos monstros questiona a vida no poder que ela tem de nos ensinar a ordem. Deve-se, portanto, compreender na definição do monstro a sua natureza de ser vivo. O monstro é o ser vivo de valor negativo [...]. É a monstruosidade, e não a morte, que constitui o contravalor vital[42].

Perturbadora diversão e paradoxal espetáculo, no entanto, este que é oferecido por esses seres "vivos de valor negativo". Sem que se faça necessário voltar, aqui, aos pormenores de uma história das sensibilidades diante da deformidade humana[43], não é o caso de se ficar muito espantado diante do

---

41. "O monstro é o misto [...]. Transgressão, portanto, dos limites naturais, transgressão das classificações, transgressão do quadro, transgressão tanto da lei como do quadro. Disto, com efeito, é que se trata na questão da monstruosidade" (FOUCAULT, M. *Les anormaux*. Op. cit., p. 58-59).

42. CANGUILHEM, G. A monstruosidade e o monstruoso. In: *La connaissance de la vie*. Op. cit., p. 171-172. Encontrar-se-ão, aliás, na obra de Canguilhem indicações sobre a monstruosidade em *Le normal et le pathologique* (Paris: PUF, 1991, 2ª parte, II, p. 77-117 [1ª ed. intitulada *Essai sur quelques problèmes concernant le normal et le pathologique*, 1943]) e em *Idéologie et rationalité dans l'histoire des sciences de la vie* (2. ed. Paris: Vrin, 1981, 2ª parte, III, p. 121-139.

43. Cf. COURTINE, J.J. "O desencantamento dos monstros". Art. cit.. • COURTINE, J.J. O corpo inumano. In: CORBIN, A.; COURTINE, J.-J.; VIGARELLO, G. (orgs.). *História do corpo* – Vol. I: Da Renascença às Luzes. Petrópolis: Vozes, 2008, p. 487ss.

fato de que certos pavores e fascínios que a perpassam ainda se possam sentir no choque perceptivo causado pelas distrações teratológicas da virada do século: para comprová-lo, aí estão o "espanto" sentido por Vallès, a "repugnância" experimentada por Treves, a estupefação quase alucinada de Fournel.

Mas também se conhece como era banal para o público de ontem o encontro com os internos desses entra e sai. E isso põe a nós, que agora nos tornamos espectadores, uma série de questões: como é que se podia fazer do espanto uma diversão, da repugnância um entretenimento, do medo um gozo? O que iam procurar no circo de Barnum ou no parque de diversão do Trono essas multidões inumeráveis? Essas perguntas nos são familiares, mas é a propósito da percepção *de signos* – *o gore*, o terror cinematográfico, certas formas de abjeção televisiva –, *e não de corpo* que nos ocorre em geral no-las colocar hoje. Há precisamente, nessa decalagem das épocas, dos objetos e das sensibilidades, um começo de resposta. Porque é colocando pouco a pouco à distância a perturbadora proximidade do corpo monstruoso, tentando dissimular sob signos a sua alteridade radical, inventando para ele encenações próprias para atenuar a perturbação de que é portador, que se apresentam esses corpos "cavilhas"[44] entre os dos primeiros atores contemporâneos da diversão de massa. É, portanto, crucial separar o momento do face a face com o corpo do monstro, a presença deste último no campo imediato da observação, sua proximidade corporal com o espectador, de todas as formas comuns ou científicas, de sua representação. Faz-se necessário, em outros termos, *distinguir o monstro do monstruoso*[45], e ser capaz de achar a singularidade do corpo sob a proliferação dos signos.

---

44. Segundo a expressão de Georges Canguilhem, "A monstruosidade e o monstruoso". Art. cit., p. 221.

45. Esta articulação foi detalhada alhures (cf. COURTINE, J.-J. "O corpo inumano". Art. cit.). Suspensão da linguagem, tremor do olhar, desestabilização da experiência perceptiva resultante do súbito encontro com o corpo monstruoso, *o monstro* é algo da ordem do real, isto é, algo de não representável. *Quanto ao monstruoso*, este é produção de discursos, circulação de imagens, consumo atento e curioso de signos, inscrição do monstro no campo imaginário da representação.

É perfeitamente compreensível o interesse que há em observar, na segunda metade do século XIX e nas primeiras décadas do século XX, o teatro da monstruosidade humana: os monstros sem dúvida ainda aparecem, em carne e osso, nos espetáculos do entra e sai, mas já se adivinha, no cenário que os cerca, nas roupas que são confeccionadas para eles e nos papéis que devem representar, que se está ampliando cada vez mais a distância e que se vão interpondo signos sempre mais numerosos entre os corpos e os olhares. Vislumbra-se em sua obsessiva presença a filigrana do seu próximo desaparecimento.

Multiplicam-se, então, as representações. Os monstros aí estão, primeiro nos palcos dos teatros. Em Bowery, em Picadilly ou nos Grands Boulevards, em toda a parte onde o burlesco campeia, desempenham seu próprio papel nos espetáculos de vaudeville[46]. Além disso, inventam-se representações especialmente dedicadas a eles. Geralmente se reconhecem dois tipos de espetáculo: o modo "exótico", e o modo "prestigioso"[47], sem que se veja sempre bem até que ponto essas formas lhes são necessárias.

Florestas de papelão e outras ficções exóticas expõem a estranheza anatômica pela distância geográfica e pela diferença racial. Quando Chang e Eng Bunker, "oitava maravilha do mundo", vanguarda dos siameses no século, desembarcam em Boston em 1829, na bagagem de um caçador de monstros que regressava de um "safári" no antigo reino do Sião, não lhes bastou exibir a singularidade anatômica que os aflige: tiveram ainda, para "explicá-la", de desdobrar toda a panóplia do orientalismo e ter a compa-

---

46. A tradição, que vem dos espetáculos ambulantes, remonta ao século precedente (cf. COURTINE, J.-J. "O teatro dos monstros. As exibições teratológicas no século XVIII". *Cahiers de la Comédie Française*, n. 33, out./1999, p. 49-59). A teatralização dos monstros se difunde no século XIX: Claude-Ambroise Seurat, "o esqueleto vivo" inspira em 1825, em Londres, uma peça epônima; Harvey Leech, "o anão-mosca", desempenha sucessivamente os papéis de um gnomo, de um babuíno e de uma mosca no Bowery Theatre, em 1840, enquanto Tom Polegar vai triunfar pouco tempo depois nos palcos de Paris sob os traços de Pequeno Polegar.

47. Cf. BOGDAN, R. *Freak Show*. Op. cit., p. 104.

nhia de uma píton engaiolada⁴⁸. Logo se percebe a monstruosidade pelo seu cenário selvagem.

3. Castrações burlescas

Para cada infortúnio há uma representação: fantasmagorias principescas "ampliam" o corpo do anão e dissipam o desconforto causado sobre o olhar por essa encarnação da fraqueza e da diminuição humanas. Barnum foi o estrategista inquestionável dessa apoteose do nanismo, visto que havia perfeitamente compreendido que, quanto menor o ser, tanto mais alto se pode colocá-lo. Como o Antigo Mundo [Ancien Monde] era o único que podia outorgar títulos de nobreza, o *showman* exporta então suas curiosidades para o velho continente: Charles Stratton se torna o "General" Tom Polegar, e percorre a Europa de carruagem ao ensejo de uma *tournée* triunfal em que se vê recebido pelas mais prestigiosas cortes europeias, celebrado pela imprensa popular e aclamado pelas massas trabalhadoras⁴⁹. E seus obscuros confrades do entra e sai também se esforçam, com maior humildade, para "reparar" a seu modo uma imagem do corpo cuja incompletude fascina, mas ao mesmo tempo inquieta. Nicolai Wassiliewitsch Kobelkoff, "o artista-tronco", repetindo todos os meneios de uma tradição multissecular⁵⁰, atua tão bem no palco de um teatro do boulevard Saint-Martin que chega a fazer

---

48. Em uma literatura prolífica sobre os primeiros dos siameses, cf. particularmente WALLACE, I. & WALLACE, A. *The Two*. Nova York: Simon & Schuster, 1978. E de uma forma romanceada, STRAUSS, D. *Chang and Eng* – A Novel. Nova York: Plume Books, 2001.

49. Cf. BARNUM, P.T. *Barnum's Own Story*. Op. cit., p. 133-190. Tom Polegar foi recebido uma vez na corte da Bélgica, três vezes na corte da França, três vezes no Palácio de Buckingham. A família real inglesa, provavelmente por causa da nostalgia dos tempos remotos em que os reis acolhiam os anões no palácio, acolheu pouco depois os dois irmãos e a irmã Mackinlay, anões escoceses, e mais tarde os "liliputianos astecas", inventados por Barnum em 1853.

50. Sobre a teatralização dos "homens-tronco", cf. COURTINE, J.-J. Curiosidades humanas, curiosidade popular. O espetáculo da monstruosidade no século XVIII. In: JACQUES-CHAQUIN, N. & HOUDARD, S. (orgs.). *Curiosité et libido sciendi de la Renaissance aux Lumières*. Fontenay-aux-Roses: ENS, 1998, t. II, p. 499-515.

o público esquecer o mal-estar que lhe provoca o espetáculo dos membros ausentes.

> Os homens-troncos são, portanto, não só curiosos exemplos destas singulares anomalias que se encontram às vezes na espécie humana, mas também mostram como certos indivíduos, graças à paciência, ao trabalho e à engenhosidade, chegam a suprir os órgãos que lhes faltam[51].

Um cartão postal, vendido à saída do espetáculo, conclui a demonstração: no cartão, o homem-tronco aparece cercado de sua abundante progenitura, ou seja, ali encontra, literalmente, os "membros" de sua família. Um último caso de figura, uma espécie de fantasia anatômica universalmente apreciada pelos entra e sai dos *freak shows*, confirma o sentido desses dispositivos: o "casamento dos extremos" acopla deformidades "complementares" e propõe resgatar assim uma imagem "normal" do corpo mediante a sugestão de uma espécie de média morfológica: o homem-esqueleto se casa com a mulher mais gorda do mundo, o gigante cai perdidamente apaixonado pela anãzinha, o homem sem pernas segura o guidão do cabriolé enquanto o maneta vai empurrando seus pedais... Ficava então garantido o efeito burlesco.

Quer se trate assim em um imaginário do distanciamento selvagem, do prestígio social, do mérito laborioso ou do acoplamento grotesco, em toda a parte *o fantasma do corpo normal* paira sobre a exibição teratológica. Percebem-se então, de modo mais distinto, as molas psicológicas da curiosidade fascinada pela monstruosidade humana: se o corpo do monstro vivo provoca esse bater do olhar, ocasiona-se um tal choque perceptivo, é pela violência que faz ao corpo próprio daquele que volta seu olhar para ele. A incorporação fantasiada da deformidade perturba a imagem da integridade corporal

---

51. DAUBÈS, G. "N.-W. Kobelkoff ou o homem-tronco". *La Nature*, n. 660, 23/01/1886, p. 113-115.

do espectador, ameaça-lhe a unidade vital[52]. A pessoa que assiste à exibição do "artista-tronco" do *boulevard* Saint-Martin é assim levada, diante do corpo sem braços nem pernas de Kobelkoff a fazer, na intimidade de sua carne, algo como a experiência de um *membro-fantasma invertido*; sentir no seio da imagem do corpo próprio, não pela presença de um membro ausente, mas a ausência de um membro presente. Os exercícios encenados pelo homem-tronco "dissimulam" então a monstruosidade do corpo debaixo de simulacros compensatórios e se esforçam por dissipar a angústia em uma restauração imaginária da totalidade corpórea. O espectador do entra e sai vai, diante do monstro, perder uma parte de seu corpo, e depois resgatá-la. É concebível que essa representação burlesca da castração não possa culminar a não ser no alívio da hilaridade. Quando ressoam as explosões de riso, do cômico grotesco, a inquietante estranheza não está nunca muito longe.

4. *Voyeurismo de massa*

A cultura visual de massa, que tinha na exibição do anormal seu coração, não se limitava aos espetáculos dos parques de diversão e dos museus de curiosidades. O caso de Barnum é, aqui, novamente exemplar: ele havia compreendido desde o começo que o desenvolvimento da imprensa popular iria fornecer uma caixa de ressonância incomparável para comercialização do bizarro. Ele mesmo e seus confrades inundaram os jornais com histórias edificantes do infortúnio e da redenção dos monstros. Contavam com pormenores sua vida sentimental, combinavam e celebravam uniões matrimo-

---

52. Tomamos por base, aqui, os trabalhos de Paul Schilder sobre a imagem do corpo: "A unidade da imagem do corpo reflete assim a tendência vital à unidade biológica" (SCHILDER, P. *L'Image du corps* – Étude des forces constructives de la psyché. Paris: Gallimard, 1968, p. 207. Deve-se lembrar, a este propósito, a importância do trabalho ulterior de Didier Anzieu (*Le Moi-peau*. Paris: Dunod, 1985). Este é, enfim, todo o interesse da tese de Pierre Ancet, por ter sabido colocar no mecanismo fenomenológico da sua percepção a questão das representações comuns e científicas da monstruosidade (*Représentations communes et scientifiques à l'époque de la tératologie positive*. Paris: PUF, 2005).

niais para eles, debruçavam-se, enternecidos, sobre seus berços. Solidamente apoiados nas estruturas narrativas do conto popular, secularizavam, na era da formação da sociedade de massa, a antiga tradição dos milagres e dos prodígios: o monstruoso garantia a irrupção do extraordinário na banalidade do cotidiano. Essas histórias vinham acompanhadas por imagens que proporcionavam, elas mesmas, a sensação do insólito na paisagem de impressões visuais do leitor e do espectador urbanos. Ficções transformavam os monstros em signos e punham para circular "a moedinha da anomalia". Desenvolviam-se, então, práticas singulares.

Pois os espectadores do entra e sai raramente saíam dali de mãos vazias. Conservavam sob a forma de cartões postais a recordação de seu breve encontro com os fenômenos dos parques de diversão. Deve-se dizer que essas imagens não tinham naquela época nada de uma raridade de colecionador. Todas as barracas da feira do Trono e os *side shows* na América as ofereciam aos seus clientes em formato cartão postal, ou cartão de visita ilustrado, sobretudo depois que os progressos da tecnologia fotográfica permitiram, a partir de 1860, a sua produção em massa. Logo alguns estúdios se especializaram no retrato bizarro: para ir do Museu norte-americano de Barnum ao estúdio de Matthew Brady, célebre por seus clichês de Lincoln e suas crônicas fotográficas da Guerra da Secessão, os monstros só tinham que atravessar a rua. E ali, entre as celebridades literárias e políticas da época, o "general" Tom Polegar, Chang e Eng, Annie Jones, a mulher de barba e Henry "Zip". Johnson ("What is it"?) descansavam em palácios ou selvas de pano[53]. Fenômeno idêntico na França ou na Inglaterra: estúdios e empresários do cartão postal não desdenhavam realizar essas imagens, quer estas lhes fossem encomendadas ou fossem produzidas por sua iniciativa própria.

---

53. Além de Brady, o outro grande fotógrafo de monstros nos Estados Unidos dos últimos vinte anos do século XIX foi Charles Eisenman. Seu estúdio da Bowery, epicentro do teatro das deformidades na capital dos monstros, a Nova York daquela época, viu desfilar os *freaks* mais célebres (cf. MITCHELL, M. *Monsters of the Gilded Age*. Toronto: Gage, 1979. • BOGDAN, R. *Freak Shows*. Op. cit., p. 12-16).

É que estas possuíam um valor comercial que confirma que a curiosidade pelas bizarrices do corpo humano não se satisfazia somente frequentando ocasionalmente os parques de diversão e com a contemplação furtiva dos pensionistas do entra e sai. Quase sempre comprados por ocasião da visita, os retratos de monstros iam ocupar seu lugar nos álbuns de fotografias da virada do século, entre as lembranças de excursão: no fim do álbum, sucedendo ao desfile das gerações, modestos campanários de igrejas do campo e maravilhas dos monumentos da capital ficavam assim pertinho dos "erros da natureza". A tal ponto que lugarejos que ninguém seria capaz de distinguir puderam se orgulhar de possuir, na falta de uma igreja em estilo romano, uma curiosidade humana: quem é que ouviria falar de Thaon-les-Vosges no começo do século XX, a não ser pela série amplamente difundida de cartões postais que exibiam em seu salão, sua calèche ou montada em uma bicicleta, Madame Delait, a mulher de barba?[54] Nem todas as municipalidades da França poderiam dispor do Mont-Saint-Michel.

A questão posta aqui é a da exploração das formas materiais de uma cultura visual de massa. Os modos de difusão desses singulares cartões postais demonstram de novo que a exibição do anormal tem precisamente por alvo a propagação de uma norma corporal. O monstro é sempre uma exceção que confirma a regra: é a normalidade do corpo urbanizado do cidadão que o desfile dos estigmatizados diante da objetiva convida a reconhecer no espelho deformador do anormal. O exemplo francês é aqui particularmente esclarecedor. A percepção das excentricidades do corpo, ilustrada por esses cartões, tinha parentesco, de fato, com o deslocamento da viagem, com uma exploração da periferia do território nacional, com um mergulho na profundeza dos campos distantes, com a constatação de uma parada ou um recuo do tempo biológico e social que ali reinava: à exceção das representações nos parques de diversão, da produção de imagens médicas e de um exotismo etnologizado, a

---

54. Série tão numerosa e popular que ainda hoje se encontram muitos exemplares dela nos sebos. Impressos em Nancy, os cartões trazem a menção: "Exijam o carimbo de Madame Delait".

iconografia fotográfica da deformidade corporal se acha intimamente ligada, desde a segunda metade do século XIX até os anos de 1930 do século XX, aos deslocamentos do turismo interior. Basta ir aos Altos Alpes, e aí se pode adquirir a imagem de um "cretino do Pelvoux"; na Bretanha, uma centenária selvagem; na Auvergne, um eremita hirsuto; quase em qualquer lugar, um idiota da aldeia. A estranheza anatômica, o atraso no desenvolvimento mental, a aparência grosseira são elementos esperados do pitoresco rural, ao qual vão trazer seu toque indispensável de autenticidade humana. A curiosidade por essas representações fotográficas de enfermidades, de patologias, ou muito simplesmente da postura corporal camponesa "teratologizada" era legítima, ordinária, amplamente compartilhada, e o gesto banal que consistia em mostrar tudo isso aos amigos ou enviá-las aos parentes. Os amantes dos cartões postais assumiam assim, em face de seus vizinhos, uma atitude no fim de contas muito parecida com a do expositor de curiosidades em face dos seus clientes. Noutras palavras, discreta, mas poderosamente transmitida pela infinita disseminação das práticas ordinárias, a curiosidade pelo espetáculo das deformidades humanas ultrapassava de longe o recinto dos parques de diversão e dos museus para funcionar em cadeia, para se espalhar em rede. O século XIX havia inventado, com perfeita inocência, o *voyeurismo de massa*. Quase em toda a parte circulavam, para falar como Foucault, os monstros "pálidos" da anomalia. O mais espantoso, para terminar, talvez seja, para o olhar contemporâneo, a total ausência de comentário sobre a excentricidade dos indivíduos nas poucas palavras que acompanhavam a maioria das correspondências. Envia-se o clichê de um cretino dos Alpes: "Beijos afetuosos de Briançon"... A França do interior também tinha suas aldeias indígenas[55].

---

55. Eis o que narra, a propósito, um viajante de volta de uma expedição à Borgonha: "O viajante, mesmo um tanto familiarizado com Cooper ou Gustave Aimard, que percorria o Morvan apenas há um par de anos, poderia com razão perguntar-se, à vista dos 'wighams' que compunham essas aldeias, se não havia caído por acaso no meio de algumas tribos indígenas perdidas em plena França; e um guerreiro comanche ou apache saindo dessas tendas, pintado e armado para a guerra, não o teria deixado grandemente espantado" (Apud URBAIN, J.-D. *L'idiot du Voyage*: histoires de touristes. Paris: Payot, 1993, p. 210).

A comercialização sistemática dos últimos cartões postais de monstros data do final dos anos de 1930. Quase não se encontrará mais depois disso a não ser um gigante esporádico ou um anão extraviado. Ironia da história: a última série editada tomou como objeto o "Império de Lilliput", uma aldeia de anões instalada na Praça dos Inválidos ao ensejo da Exposição universal de 1937[56]. Tinham ido ocupar, com toda a naturalidade, o lugar que fora deixado vago pelo desaparecimento das aldeias indígenas. Lyautey tinha considerado inoportuna, desde 1931, a presença das exibições raciais nesses lugares. Sobre a questão de saber quem, entre o anão ou o selvagem, iria conservar durante mais tempo a prerrogativa de servir de escoadouro para o espetáculo do progresso em andamento, os monstros tiveram, pelo menos nessa ocasião, a última palavra. Triste privilégio...

5. Pornografia do *handicap*

Examinemos, para concluir quanto a este ponto, um cartão postal deste tipo, uma imagem dos irmãos siameses que Battista Tocci apresentava aos clientes da barraca[57]. O saltimbanco não mentiu: quatro braços, duas

---

56. Sobre as exposições universais em Paris, cf. particularmente ORY, P. *Les expositions universelles de Paris*. Paris: Ramsay, 1982.

57. Sobre os Tocci, cf. MARTIN, E. *Histoire des monstres...* Op. cit. MARTIN, E. *Scientific American*, 12/12/1892. • MARTIN, E. *A View of Human Nature* – Tocci, The Two-Headed Boy (Giovanni and Giacomo) – The Greatest Human Phenomenon Ever Seen Alive. Boston: Charles F. Libbie, 1892. • MARTIN, E. "Some human freaks: the Tocci". *The Million*, 22/10/1892. • ODELL, G.C. "The Tocci twins". *Annals of the New York Stage, 1801-1894* – Vol. XV: 1891-1894. Nova York, AMS Press. • DRIMMER, F. *Very Special People* – The Struggles, Loves and Triumphs of Human Oddities. Nova York: Amjon, 1973. • HOWARD, M. *Victorian Grotesque*. Op. cit. • FIELDER, L. *Freaks*. Op. cit. • MONESTIER, M. *Les monstres* – Le fabuleux univers des oubliés de Dieu. Paris: Tchou, 1978. E também o romance que inspirou Mark Twain: *Pudd'nhead Wilson and Those Extraordinary Twins* [1894]. Nova York: Bantam, 1984. Os Tocci também tentaram a sorte no Novo Mundo, onde desembarcaram em 1892. Tendo feito fortuna no país de Barnum, acabaram se instalando perto de Veneza, onde, segundo se conta, desposaram duas irmãs e se retiraram do mundo para gozar de dias felizes longe dos olhares curiosos.

cabeças, dois bustos, duas pernas, um sexo. É um fenômeno "natural". Não é o resultado de uma dessas "barnumizações" tão frequentes nos parques de diversão do século XIX, um "albino" da Austrália que havia nascido em Nova Jersey ou um "selvagem de Bornéu" originário de Pantin. A apresentação do monstro rompe, aqui, com as ficções selvagens, os devaneios exóticos ou as fantasmagorias principescas: o uso das convenções do retrato de estúdio vai se tornar cada vez mais frequente na exibição fotográfica das deformidades no decorrer das duas últimas décadas do século XIX e das duas primeiras do seguinte. Este é um dos sinais de um desejo de normalização das monstruosidades humanas: fazer a sua inscrição no quadro banal que acolhe na maioria das vezes a imagem dos indivíduos ordinários. É terrivelmente paradoxal, no entanto, ver transformar os monstros em indivíduos iguais aos outros. Muito longe de obedecer às leis de um gênero, o corpo monstruoso contamina a ordem das coisas e não demora a tornar estranho o mais familiar dos cenários.

Pois importa acrescentar aqui que Tocci não disse tampouco toda a verdade: os braços exteriores dos dois meninos estão apoiados sobre cada uma das duas poltronas. Sem estes, eles cairiam: Giacomo e Giovanni Tocci não podiam se deslocar, nem mesmo ficar de pé. Percebe-se então brutalmente o que o cartaz se apressava a escamotear: as duas pernas, inúteis e dissimétricas, pendem dos bustos, e estes mesmos fixados a seus suportes. O "fenômeno vivo" é doente. De fato, é toda a representação que, desequilibrada, vacila: as poltronas, de súbito despojadas de seu uso ordinário nos rituais fotográficos, aparecem como o que são, duas enormes muletas, próteses de salão. O cenário, da mesma forma, também se desnuda e se dobra totalmente à natureza da exibição: desnudado de sua respeitabilidade convencional, não passa de um álibi da coisa mostrada, um balcão anatômico.

Eis uma das propriedades do corpo monstruoso: subverter os contextos de sua aparição, tornar instáveis os quadros de referência da sua apresentação[58]. Debaixo de seu efeito, um outro gênero fotográfico se superpõe insensivelmente ao do retrato: a fotografia médica[59]. Tal como nesta última, o plano de trás parece recuar e abstrair-se diante da presença maciça do sintoma teratológico: a superexposição do corpo desnudado intensifica a visibilidade dos sinais; os olhos dos gêmeos, fixos na objetiva traduzem a melancolia resignada de muitos pacientes que foram o objeto da curiosidade fotográfica dos médicos do século XIX, um século que "faz de tudo para naturalizar os monstros"[60].

Mas a representação escorrega de novo, escapando ao quadro perceptivo imposto pela produção médica de imagens naquela época. Um pormenor insólito o assinala: o buquê de flores oferecido ao espectador pelos braços estendidos dos gêmeos não teria lugar na clínica fotográfica dos hospitais. Pois é justamente à curiosidade do basbaque que se dirige o espetáculo dos parques de diversão. Uma luz crua oferece então ao olhar deste aquilo que ele jamais havia, no fundo, cessado de querer contemplar desde o momento em que, atraído pela piscadela do cartaz, seus passos o haviam levado à soleira do entra e sai. A fotografia, com efeito, toma o maior cuidado para exi-

---

58. "De modo geral, o horror e a monstruosidade não têm por vocação integrar-se no quadro da representação. Resistem às categorias pelas quais o olhar comum se reconhece entre os seres vivos e as coisas [...]. É monstruosa toda forma que produz sua própria regra de aparição" (PUJADE, R. A catástrofe e o fenômeno. In: PUJADE, R.; SICARD, M.; WALLACH, D. (orgs.). *À corps et à raison* – Photographies médicales, 1840-1920. Paris: Marval, 1995, p. 92).

59. Cf. BURAIS, A. *Applications de la photographie à la médécine*. Paris: Gauthier-Villars, 1896. • LONDE, A. *La photographie médicale, applications aux sciences médicales et physiologiques*. Paris: Gauthier-Villars, 1893. • DIDI-HUBERMAN, G. *Invention de l'hystérie* – Charcot et l'iconographie photographique à la Salpêtrière. Paris: Macula, 1982. • BURNS, S.B. *Early Medical Photography in America (1839-1883)*. Nova York: The Burns Archive, 1983. • LEMAGNY, J.C. & ROUILLÉ, A. (orgs.). *Histoire de la photographie*. Paris: Bordas, 1986. • ROUILLÉ, A. & MARBOT, B. *Le corps et son image* – Photographies du XIXe siècle. Paris: Contrejour/Bibliothèque Nationale, 1986. • FOX D.M. & LAWRENCE, C. *Photographing Medicine* – Image and Power in Britain and America since 1840. Nova York: Greenwood Press, 1988. • CLAIR, J. (org.). *L'ame au corps* – Arts et sciences 1793-1993. Op. cit. • PUJADE, R.; SICARD, M.; WALLACH, D. *À corps et à raison*. Op. cit.

60. CANGUILHEM, G. "A monstruosidade e o monstruoso". Art. cit., p. 178.

bir aquilo que o cartaz procurava logo insinuar veladamente: *o sexo de um monstro*. O olhar do espectador é, sem demora, conduzido para um outro lugar da representação: esse duplo olhar que o fixa. A batida do olhar ganha então maior intensidade, os olhos percorrem, e não conseguem deter-se, esse triângulo que, do olhar de um ao do outro, o leva de volta inexoravelmente ao sexo exposto. E se acontecesse que a curiosidade ficasse cansada, se um repentino pudor ou uma perturbação tardia viesse afastar o olhar saciado, a disposição da imagem logo o levaria de volta para lá: o buquê de flores brandido por cima das cabeças pelos braços interiores dos meninos, simétrico do sexo com relação ao eixo dos olhares, não tem outra função.

Dois corpos desnudos e confundidos, um sexo exposto, um duplo olhar que fixa o espectador, uma oferenda estranhamente deslocada: misturados, no cartão postal, à apresentação do retrato e às alusões a uma semiologia médica, estavam aqui reunidos[61] os elementos essenciais de um dispositivo pornográfico. Eis aí, portanto, o espetáculo ambíguo para o qual Battista Tocci requeria autorização de o apresentar ao público parisiense. Hoje não se pode mais contemplá-lo sem repugnância nem tampouco escrever a seu respeito sem experimentar desconforto. Sua natureza, a nossos olhos, deixa pouco espaço à dúvida: uma exploração comercial da enfermidade, monstruoso *strip-tease*, uma verdadeira *pornografia do handicap*.

Não se deveria, no entanto, entender mal a questão: esta não era a percepção das multidões que acorriam às barracas da feira do Trono da segunda

---

61. É precisamente na presença à imagem de um olhar que fixa o observador e de uma focalização realista sobre os órgãos sexuais que Abigail Solomon-Gerdeau vê, nessa mesma época, os indícios de uma modernização dos dispositivos pornográficos que apresentam o corpo feminino: "Mesmo que um dos polos da representação seja concernente à eliminação de tudo aquilo que não é o sexo feminino, o outro privilegia a especificidade do olhar. São essas fotografias – em que o modelo feminino fixa a objetiva do aparelho, indo assim ao encontro do olhar do espectador – que se destacam de modo tão espetacular dos modos tradicionais da pornografia" (The legs of the countess. In: APTER, E. & PIETZ, W. [orgs.]. *Fetichism as Cultural Discourse*. Ithaca: Cornell University Press, 1993, p. 297). Mas o exemplo das exibições teratológicas mostra que esse dispositivo estava longe de reportar-se exclusivamente ao sexo feminino apenas.

metade do século XIX até a década de 1920. Para os olhares daquela época, a fatura da exibição proposta por Tocci era "clássica": era deste modo que os empresários de espetáculos revestiam os monstros com seu valor comercial, assim como os basbaques dos parques de diversão os consumiam às vezes com os olhos, assim como também suas imagens eram ainda compradas, conservadas, oferecidas ou despachadas pelo público dos curiosos. Aquilo que sentimos da obscenidade do espetáculo, da degradação de seus atores, do caráter pornográfico da solicitação visual, tudo o que nessa forma de exibição choca nossa sensibilidade atual, tudo isso era justamente o que atraía outrora os parisienses à procura de distração. Durante muito tempo, frequentaram esses espetáculos, não apesar de, mas principalmente *por causa* disso, movidos por uma curiosidade despreocupada ali onde só percebemos um *voyeurismo* doentio. A substituição progressiva, no decurso dos séculos XIX e XX, da primeira forma de sensibilidade pela segunda constitui assim a interrogação central deste trabalho.

O epílogo da permanência em Paris de Battista Tocci e de seus filhos permite situar um dos primeiros momentos em que atua essa mudança de sensibilidade, precisar-lhe as formas e as condições. Ao requerimento de Tocci a autoridade municipal vai opor um "não" categórico. "A meu ver, essas monstruosidades não devem ser expostas ao público. Trata-se de um assunto que interessa unicamente à faculdade de medicina", declara sem meias palavras o funcionário responsável[62].

Temos aí todo o interesse do caso Tocci: indica o momento em que a exposição das monstruosidades humanas deixa de ser trivial, para se tornar chocante; mostra que se transpôs um limiar na tolerância para com o espetáculo das deformidades corporais; que mudou a definição dos objetos, dos atores e dos meios do exercício da curiosidade pelos monstros. Os termos da proibição, no entanto, vão além da recusa oposta a Tocci: anunciam o destino que vai tocar aos fenômenos de parques de diversão em nosso século, seu

---

62. APP DA 126, Dossier Tocci, pièce 5.

desaparecimento próximo dos locais públicos de divertimento, a preocupação moral de que se tornam objeto, seu alojamento no espaço medicalizado da investigação científica.

Com efeito, a partir da década de 1880, todo um feixe de indícios confirma que o caso Tocci não é algo isolado, mas que aparecem por toda a parte, na Europa das diversões populares, sensibilidades novas diante da miséria anatômica e moral das curiosidades humanas. O caso de John Merrick é também exemplar: fica proibida em Londres, em 1883, a exibição do homem-elefante. A crueldade e o horror do espetáculo são insuportáveis para o Dr. Treves, médico e filantropo, quando põe nele pela primeira vez os olhos: "O exibidor – como se falasse a um cão – o interpelou brutalmente: 'De pé!' A coisa se levantou devagar e deixou cair a capa que escondia sua cabeça e seu dorso. Apareceu então o espécime humano mais repugnante que eu jamais havia contemplado"[63]. Vagando para lá e para cá, no Norte da Europa, pelos parques de diversão, proibido de permanecer na maioria dos locais de diversão popular, despojado de seu valor comercial, John Merrick será recolhido, graças aos cuidados de Treves, no Hospital Geral de Londres, onde encerrará serenamente a sua patética existência, a expensas da compaixão pública. Fim exemplar, com efeito, o desse homem-elefante: um exibidor de curiosidades e um médico disputam entre si um monstro, querendo ambos satisfazer dois tipos de curiosidade e dela auferir dois tipos de proveito. Apoiado pelo rigor das autoridades e amparado pelo interesse caritativo da opinião, o médico leva a melhor sobre o saltimbanco, o hospital suplanta o entra e sai, e o corpo do monstro, arrancado do teatro do disforme, torna-se com todo o direito tema de observação médica e objeto de amor moral. Acabava de se virar uma longuíssima página da história dos monstros humanos.

---

63. TREVES, F. *The elephant man...* Op. cit., p. 15.

III. Horrivelmente humanos

No entanto, essa página já começara a ser virada, sem que ninguém se desse verdadeiramente conta, ali onde se exibiam monstros para o prazer das massas: desde as primeiras décadas do século XIX, o monstro havia de novo encontrado o seu lugar nos trabalhos de Geoffroy Saint-Hilaire[64], tanto o lugar no seio da criação como seu sentido na lógica da ordem natural.

1. A ciência dos monstros

Ruptura decisiva, com efeito, na história das concepções da monstruosidade, é a invenção de uma teratologia científica, baseada nos progressos da embriogenia e da anatomia comparada[65]. Uma ciência autônoma das anomalias da organização reordena, de ponta a ponta, o modo de pensar o monstruoso. Abala o olhar posto sobre o corpo anormal, e formula respostas iné-

---

64. GEOFFROY SAINT-HILAIRE, É. *Philosophie anatomique des monstruosités humaines*. Paris, 1822. • GEOFFROY SAINT-HILAIRE, I. *Histoire générale et particulière des anomalies de l'organisation chez les animaux, ou Traité de tératologie*. Paris: Baillière, 1832-1836. Sobre os Geoffroy Saint-Hilaire e o contexto do trabalho por eles realizado, cf. particularmente CAHN, T. *La vie et l'oeuvre d'Étienne Geoffroy Saint-Hilaire*. Paris: PUF, 1962. • APPEL, T. *The Cuvier-Geoffroy Debate*: French Biology in the Decades before Darwin. Oxford: Oxford University Press, 1987. • BALAN, B. *L'ordre et le temps*: l'anatomie comparée et l'histoire des vivants au XIXe siècle. Paris: Vrin, 1979. • RUSSELL, E.S. *Form and Function* – A Contribution to the History of Animal Morphology. Londres: Murray, 1916. • DESMOND, A. *The Politics of Evolution* – Morphology, Medicine, and Reform in Radical London. Chicago: The University of Chicago Press, 1989. • LE GUYADER, H. *Geoffroy Saint-Hilaire, 1772-1844* – Un naturaliste visionnaire. Paris: Belin, 1998.

65. Sobre a história da teratologia nos séculos XIX e XX, cf. especialmente Ernest Nartin. *Histoire des monstres...* Op. cit. • WOLFF, É. *La science des monstres*. Paris: Gallimard, 1948: A gênese dos monstros. In: *Biologie*. Paris: Gallimard, Col. "Encyclopédie de la Pléiade", 1965. • FISCHER, J.L. *Monstres* – Histoire du corps et de ses défauts. Paris: Styros/Alternatives, 1991. • ANCET, P. Monstres. In: LECOURT, D. (org.). *Dictionnaire de la Pensée Médicale*. Paris: PUF, 2004. • ANCET, P. *Représentations communes et scientifiques...* Op. cit. • ANCET, P. & COURTINE, J.-J. "O desencantamento dos monstros". Art. cit., cujos termos este primeiro ponto retoma em parte. • BEAUNE, J.-C. (org.). *La vie et la mort des monstres*. Seyssel: Champ Vallon, 2004. • LEROI, A.-M. *Mutants* – On Genetic Variety and the Human Body. Nova York: Viking, 2003.

ditas a questões muito antigas. Acabou definitivamente a concepção, com efeito, da monstruosidade como manifestação diabólica ou divina, aberração curiosa, produto grotesco dos delírios da imaginação feminina, fruto incestuoso das relações entre o homem e o animal. "A monstruosidade não é mais uma desordem cega, mas uma outra ordem igualmente regular, igualmente subordinada a leis"[66]: o monstro obedece à lei comum que rege a ordem do ser vivo[67]. Nela se acha duplamente inscrito. Por um lado, o desvio monstruoso é relacionado com a normalidade da espécie por um nexo que, ainda por cima, vai explicar a sua gênese. Étienne Geoffroy Saint-Hilaire adivinhou o embrião sob o monstro: este outro não é senão um organismo cujo desenvolvimento foi interrompido. Está solucionado o antigo enigma, sem o socorro das fábulas da origem: o monstro não era, portanto, mais que um homem inacabado, um "embrião permanente", a natureza "parada no caminho"[68]. Por outro lado, cada monstro da espécie é concebido como a manifestação de um tipo monstruoso, reconhecível por sua estrutura: o acéfalo, o ciclope humano se caracterizam por traços de organização que permitem aproximá-los de outros monstros da espécie, apresentando desvios estruturalmente semelhantes. Só resta então a Isidore Geoffroy Saint-Hilaire concluir a obra de seu pai, dotando o universo das anomalias de uma classificação rigorosa e de um léxico racional. E a Camille Dareste a aportar para isso, um pouco depois no século, a prova experimental, aperfeiçoando a teratogênese que lhe permitiu, por uma manipulação sistemática de seus ovos, fabricar à vontade galináceos monstruosos[69]. O anormal vai permitir, dali em diante, compreender o normal, e confunde-se a fronteira que os manti-

---

66. GEOFFROY SAINT-HILAIRE, I. *Histoire générale et particulière des anomalies...* Op. cit., p. 18.

67. "As leis da anomalia são apenas corolários das leis mais gerais da organização" (Ibid., p. XI).

68. Ibid., p. 18.

69. DARESTE, C. *Recherche sur la production artificielle des monstruosités, ou Essai de tératogénie expérimentale.* Paris: Reinwald, 1891.

nha separados: passa a ser "impossível dizer onde acaba o estado normal e onde começa a anomalia, dado que esses dois estados não podem ter um limite bem claro"[70].

A história da teratologia convida, portanto, a avaliar muito bem o corte que foi instaurado pelo século XIX na representação científica da monstruosidade. Abala-se então uma longa história que permaneceu durante muito tempo praticamente imóvel: duplo grotesco, pai bestial, negação viva do homem, o monstro se inseria enfim na ordem. "A ordem era restabelecida no mundo da desordem aparente; [...] ficava demonstrado que até os fora da lei têm suas leis", comenta assim, em 1948, Étienne Wolff na *Ciência dos Monstros*[71], parafraseando quase literalmente as formulações de Isidore Geof- froy Saint-Hilaire mais de cem anos antes. Pois o século XX as confirmou em seu conjunto, conservando o quadro geral de descrição, a classificação e a nomenclatura dos Geoffroy Saint-Hilaire e de Dareste[72]. A medicina e a biologia em seguida se apoderaram do monstro. O desenvolvimento, no começo do século, da genética e da embriologia abriu um campo novo de questionamentos científicos: o monstro pode ser o produto de mutações provocadas em laboratório. A partir de 1932, Wolff funda a teratogênese experimental e decifra a ligação entre anomalias provocadas e deformidades hereditárias. E pode-se avaliar melhor, pelo final dos anos de 1940, os efeitos teratogênicos do meio ambiente, substâncias químicas e radiações ionizantes. A monstruosidade, consequência da poluição industrial ou dano colateral da guerra nuclear, não tardará a suscitar novos temores.

Assim, o período de um século que, de 1840 a 1940 aproximadamente, assiste ao apogeu, ao declínio e finalmente ao eclipse total da exibição do

---

70. Ibid., p. 376. Sobre este ponto e a história da teratologia até a década de 1950, cf. FISCHER, J.L. *Monstres*. Op. cit., p. 102-110.

71. WOLFF, É. *La science des monstres*. Op. cit., p. 13.

72. "Explicam a maioria das malformações existentes; respondem ainda, em suas grandes linhas, às atuais necessidades" (Ibid., p. 17).

anormal é da mesma forma o período que conhece a invenção e, a seguir, a formação de uma teratologia científica: a representação dos monstros humanos devia inevitavelmente tornar-se aí a ocasião de um conflito entre uma *cultura do voyeurismo* e uma *cultura da observação científica*. Isidore Geoffroy Saint-Hilaire soube dissipar a confusão entre o monstruoso e o anormal, classificar as anomalias segundo a gravidade da sua natureza e reservar o termo de "monstruosidade" para os desvios mais graves[73]. A teratologia vai igualmente impossibilitar uma outra confusão, aquela entre o monstro e o doente, e essa distinção é portadora de consideráveis consequências, como se verá quanto ao destino social e ao tratamento ético da deformidade humana[74]. Os Geoffroy Saint-Hilaire forçaram a percepção do corpo monstruoso a uma ascese racional do olhar. A perturbação perceptiva que se acha no fundo da fascinação pelas deformidades humanas é precisamente aquilo que o naturalista procura reduzir na classificação ordenada das espécies teratológicas: todas as formas inquietantes do espanto são por ele substituídas pelo distanciamento racional da observação. O cientista moderno "admira, também ele; mas, além disso, compreende, busca explicar a si mesmo o espetáculo que tem sob os olhos"[75]. A emergência de um olhar racional segue *pari passu* com a recusa do discurso que "explica" os fenômenos vivos na esfera da diversão comercial. Quando o "Museu gigante americano" de Barnum e Bailey percorre triunfalmente a Europa nos primeiros anos do século XX, seu *side show* pretende exibir, junto com feras de uma gigantesca coleção de

---

73. "Seguirei, nesta obra, o exemplo destes [...] anatomistas e distinguirei como eles [...] as monstruosidades dos outros desvios de um tipo específico [...], porque compartilho a repugnância que sentem de chamar de 'monstros' seres pouco diferentes do estado normal" (GEOFFROY SAINT-HILAIRE, I. *Histoire générale et particulière des anomalies...* Op. cit., p. 30-31).

74. Sobre este ponto, cf. a contribuição de STIKER, H.J. Nova percepção do corpo enfermo. In: CORBIN, A.; COURTINE, J.-J.; VIGARELLO, G. (orgs.). História do corpo, Vol. II, p. 347ss.

75. GEOFFROY SAINT-HILAIRE, I. *Histoire générale et particulière des anomalies...* Op. cit., p. 8.

animais, a mais importante coleção de monstros humanos jamais reunida no velho continente, "todos os fenômenos vivos, todas as anomalias humanas, seres maravilhosos, criaturas bizarras, os caprichos e as excentricidades da natureza"[76]. Acha-se então consumado o divórcio entre as representações comuns do monstro como desordem da natureza e a sua refutação científica pela teratologia: "Não há formação orgânica que não esteja submetida a leis; o termo de 'desordem' [...] não se deveria aplicar a nenhuma das produções da natureza [...]. Sabe-se perfeitamente, em zoologia, que essas espécies não têm nada de irregular, nada de bizarro"[77].

Os efeitos dessa racionalização dos olhares voltados para as curiosidades humanas vão aos pouquinhos se fazer sentir até no universo das diversões populares. Não que ela tenha esgotado de repente o fluxo dos curiosos, que irão acorrer em massa até os anos de 1920 ou 1930 à porta dos entra e sai. Mas vai progressivamente privar de legitimidade científica a exibição do anormal, que encontrará sempre maior dificuldade para inventar o álibi do saber e o apadrinhamento da ciência. Essa canalização racional da curiosidade vai, por outro lado, ao encontro, na segunda metade do século XIX, das preocupações morais e políticas que visam lutar contra a ociosidade e controlar o tempo livre das classes operárias, vigiar e organizar os prazeres das massas populares. Esse movimento, que conhece um desenvolvimento particularmente espetacular e precoce na Inglaterra, procura lançar os fundamentos de uma cultura pública do lazer, que favoreça os passatempos cultos em detrimento das distrações anárquicas e barulhentas que forneciam ainda ao povo das cidades boa parte de seus entretenimentos[78]. O espetáculo dos monstros e os estabelecimentos que os abrigam, herdeiros dos parques de diversão e do carnaval, acabarão sofrendo com a frequência em massa dos instrumentos de educação pública

---

76. APP DB 202. Prospecto do Circo Barnum & Bailey, 1903.

77. GEOFFROY SAINT-HILAIRE, I. *Histoire générale et particulière des anomalies...* Op. cit., p. 36-37.

78. Cf. de maneira especial PORTER, R. Os ingleses e o lazer. In: CORBIN, A. (org.). *L'avènement des loisirs*. Op. cit., p. 19-54.

abertos a todos, que são os museus: deste modo, a partir de 1857 o British Museum é dotado de um programa de eletrificação permanente, que permite a visitação noturna e recebe, até 1883, mais de quinze milhões de visitantes. Acabou então o tempo, proclama o *Illustrated London News*, desde meados do século, da credulidade das massas.

> Antigamente os museus abrigavam, sem dúvida, monstros artificiais, e eles assim contribuíram muito para propagar os erros populares; hoje, tais imposturas estão fora de questão, e todo exibidor de curiosidades faria bem em temer a polícia investigadora da opinião pública esclarecida[79].

É em nome dessa educação racional do público que se levantam vozes cada vez mais numerosas, até na América do Norte, onde, porém, os *freak shows* estão sempre apinhados de gente, para fustigar a natureza das distrações oferecidas por Barnum. "Uma coleção caótica, poeirenta, indecente [...], sem organização científica, sem catálogo, sem guardiães, e até muitas vezes sem etiquetas, nada senão um amontoado heterogêneo de curiosidades"[80]: eis o epitáfio publicado por *The Nation*, influente órgão de expressão das elites protestantes reformadoras, depois do incêndio que destruiu em 1865 o Museu Americano. "Os amantes de curiosidades [...] devem ter estado bastante satisfeitos com a existência das coleções agora destruídas, ou mesmo insultados por sua insuficiência, sua desordem, a negligência de seu estado, e sua importância evidentemente secundária"[81]. A comparação é cruel, continua o jornal, entre a ordem científica reinante no seio das coleções do British Museum e a monstruosa confusão que atravanca as galerias do American Museum. Barnum, pondo-se na defensiva, ofereceu então acrescentar a um Museu Americano reconstruído um estabelecimento de educação po-

---

79. *Illustrated London News*, 03/04/1847.

80. *The Nation*, 27/07/1865.

81. Ibid.

pular, gratuito, a fim de elevar o gosto do público do Novo Mundo[82]. Será necessário precisar, aqui, que esse museu jamais chegou a existir?

2. O aumento da compaixão

Um sentimento novo de compaixão vai surgir progressivamente no decorrer do século XIX: o destino do olhar contemporâneo sobre as deformidades do corpo vai ser jogado aí. O reconhecimento, pela teratologia dos Geoffroy Saint-Hilaire, do caráter indubitavelmente humano das monstruosidades constituiu certamente um fator importante nessa mutação das sensibilidades. Por isso é difícil seguir inteiramente a Michel Foucault em sua análise do caráter excepcionalmente irredutível do monstro humano.

Foucault vê, e nisso tem razão, aparecer a questão do monstro em um domínio que ele qualifica de "jurídico-biológico":

> Só existe monstruosidade onde a desordem da lei natural vem tocar, abalar, perturbar o direito [...]. A desordem da lei natural abala a ordem jurídica e aí surge o monstro[83].

De acordo com este duplo registro, o monstro constituiria uma infração das leis, infringiria ao mesmo tempo as regras da sociedade e a ordem da natureza. O monstro é "contra a natureza" e "fora da lei"[84]. Não se poderia dizer, contudo, que o desenvolvimento de uma teratologia científica teria vindo confirmar a parte "biológica" da interpretação: os princípios sobre os quais ela se fundamenta estabelecem que o monstro, antes de ser "contra a natureza", obedece integralmente às leis desta última. A teratologia constituiu um avanço crucial no conhecimento do ser vivo, pelo fato de ter mostrado pertencerem à espécie humana certas formas de vida que pareciam

---

82. *The Nation*, 10/08/1865.
83. FOUCAULT, M. *Les anormaux*. Op. cit., p. 59-60.
84. Ibid., p. 51-52.

manifestar diante dela a mais irredutível alteridade. Sua lição é clara e simples: o corpo monstruoso é um corpo humano.

Isto não poderia, fora de dúvida, permanecer sem efeito na própria esfera jurídica. O estabelecimento, pela ciência, do caráter humano das monstruosidades iria ter consequências fundamentais quanto à atribuição de personalidade jurídica aos monstros: assim como não era "contra a natureza", o monstro não estava fadado a permanecer "fora da lei". No entanto, os efeitos da invenção da teratologia só muito lentamente se fizeram sentir no domínio do direito. Foi necessário, para tanto, arrancar a monstruosidade de um universo de exclusão radical e de crueldades arcaicas, confirmado pela lei[85]. A maior parte dos tratados jurídicos do começo do século XIX, seguindo os passos de seus predecessores, negam aos monstros o gozo dos direitos civis, em particular o direito de transmissão e o de sucessão. Alguns sustentam ainda, contra qualquer evidência científica, a tese "adulterina" do comércio bestial, e até chegam a legitimar, em alguns casos, o infanticídio teratológico: "Não pode ser cometido homicídio nem sobre um morto nem sobre um monstro"[86], afirma o *Tratado do direito criminal francês* de Rauter, em 1835, no mesmo ano em que se concluía a publicação do *Tratado de teratologia* de Isidore Geoffroy Saint-Hilaire. É isso que os códigos civis vão progressivamente corrigir no decorrer do século: assim, na Alemanha, se os seres que nascem sem forma nem figura humana não podem desfrutar nem do direito de família nem do direito civil, não podem ser sacrificados sem que se tenha obtido autorização para isso de um magistrado. Na Inglaterra, a questão essencial continua sendo a da atribuição do caráter humano, que condiciona a inclusão do monstro no direito comum das pessoas. E esta questão se acha ainda no coração dos comentários de Eschbach sobre a legislação referente

---

85. Cf. COURTINE, J.-J. "O desencantamento dos monstro". Art. cit., p. 16-22.
86. Cf. MARTIN, E. *Histoire des monstres...* Op. cit., p. 144-171.

aos monstros na França[87], onde se faz sentir pela primeira vez, de maneira bem nítida, a marca das descobertas teratológicas. O jurista de Estrasburgo refuta em primeiro lugar o legado arcaico da tese adulterina, depois se empenha em definir a demarcação entre o ser normal e o monstro, que exprime deste modo: "Todo ser que sai do seio de uma mulher é humano; pode não ter personalidade civil, mas este fato não resulta de sua deformidade; pois esta não é senão a consequência de sua não viabilidade e de sua incapacidade. Ele é somente suscetível de tutela, é inviolável". A ciência havia de novo instalado o monstro em seu devido lugar na ordem da natureza; o direito o reintegra em seu lugar na ordem da lei.

A questão da viabilidade se tornou, deste modo, um elemento essencial da apreciação jurídica e colocou o direito na dependência da perícia médica. Caberá ao médico, daqui em diante, dar o parecer sobre a viabilidade de um monstro, conforme as categorias elaboradas em um quadro sinótico por Geoffroy Saint-Hilaire: seres natimortos, seres que nascem, mas sobrevivem só por instantes, que chegam aos trinta anos, tendo uma duração de vida normal. O domínio médico se estende então para além do corpo do monstro, à sua personalidade jurídica, às condições de sua geração, ao prognóstico de seu fim: o monstro se torna com todo o direito um tema de medicina legal. É ainda o médico legista que vai detectar as manobras criminosas no caso em que haja suspeita de um infanticídio teratológico. E sua intervenção, acrescenta o Dr. Martin, "será ainda exigida em questões que, embora menos graves que as precedentes, tenham no entanto o seu interesse social; pode assim acontecer que a autoridade que nega ou concede o direito de exibição dos monstros tenha necessidade de ser informada sobre a realidade do fenômeno, para que a curiosidade pública não seja enganada por alguma trapaça. Neste caso, a inspeção mais sumária bastará para dissipar a incerteza e

---

87. Eschbach, P.-L.A. "Notas sobre os pretensos monstros conservados em algumas obras de direito". *Revue de Législation et de Jurisprudence* [*Revue Woloski*], fev./1847, nova série, VII, p. 167-172.

fixar a administração sobre este ponto"[88]. No campo da exibição do anormal, o olhar médico está a ponto de adquirir força de lei.

E isso nos leva de novo à esfera da diversão. Pouco a pouco os olhares começaram a hesitar à entrada da festa, sentiram-se primeiro pouco à vontade, depois se desviaram. Pois se vão manifestando cada vez mais nitidamente sensibilidades novas diante das bizarrices anatômicas que arrastavam durante tanto tempo a sua existência precária nos teatros dos parques de diversão: a humanidade dos monstros vai ser reconhecida e seu sofrimento vai despertar compaixão.

Aparecem então formas inéditas de interesse. Por exemplo, na Inglaterra vitoriana, vão proliferar as representações romanescas da monstruosidade, renovadas por um compromisso poderoso e ambíguo estabelecido entre *voyeurismo* e compaixão. Viu-se até a Rainha Vitória, apesar de considerada tão pudica, afeiçoar-se ao "General" Tom Polegar, fabricado por Barnum. Alexandra, princesa de Gales, vai tomar chá com John Merrick, o homem-elefante, no Hospital de Londres, onde fora recolhido. Manda-lhe até uma foto com dedicatória, que ficará bem à vista na mesinha de cabeceira do coitado. E ele escreve à princesa para agradecer. Ei-los trocando correspondência. Sir Francis Carr Gom, diretor do hospital, preocupado em financiar a internação administrativamente injustificável de um monstro entre os doentes, avisa a imprensa[89]. Esta logo se apodera do assunto. As classes médias britânicas, comovidas até às lágrimas, fazem afluir suas doações, a tal ponto que em menos de uma semana o homem-elefante podia dispor de uma pensão para o resto da vida. A comiseração pelos infortúnios anatômicos se difundiu na alta sociedade e gerou novos circuitos financeiros: ganha então espaço uma *economia da compaixão*, que se distingue das práticas tradicionais da coleta de doações no quadro das antigas formas religiosas de administra-

---

88. MARTIN, E. *Histoire des monstres...* Op. cit., p. 158.
89. Carta ao *Times*, 04/12/1886.

ção da caridade ou no das instituições assistenciais do Estado para os doentes. Trata-se, agora, de um apelo direto que se dirige individualmente, por um meio publicitário de massa, a cada um daqueles que serão capazes, à distância, de reconhecer no monstro um semelhante. Aí está, com efeito, o paradoxo fundador da compaixão pelos monstros, que ganha sua fonte pelo final do século XIX e conhecerá um crescimento sem igual no decurso do século seguinte: trata-se de um estranho amor ao "próximo", *que vai crescer proporcionalmente ao afastamento de seu objeto*[90].

A literatura do século XIX representou nessa mutação das sensibilidades um papel essencial. Em autores como Baudelaire, Banville, Hugo ou Vallès, entre os cronistas da velha Paris, assim como Victor Fournel e muitos outros, percebe-se a constituição de uma galeria de saltimbancos dignos de compaixão, "pobres aves de arribação", e, entre estes, as curiosidades da rua, os "fenômenos vivos" dos parques de diversão, fantasmas das ruas parisienses. Romances, crônicas e gazetas contam a miséria sentimental dos monstros, as dores de amor da mulher gigante e os tormentos dos anões. Os monstros se veem aí despojados do mito de sua felicidade, que servia no terreno dos parques de diversão de pano de fundo para o seu infortúnio. Narra-se a história do destino trágico da mulher de barba, que de repente se apaixonou por um ator do Châtelet, ridicularizada pela turba quando apareceu ali com roupas de mulher, que morreu de paixão. O tema é apreciado por Vallès, sobremaneira sensível às formas precárias de existência dessas "celebridades da rua", às quais dedica longos desenvolvimentos biográficos, até conseguir transformá-las em personagens de romance, como o herói *Bacharel gigante* [*Bachelier géant*]. Ele os presenteia com dois tipos de biografias, a ascendente e a descendente, que percorrem de alto a baixo a escala social: existem alguns monstros, objetos de milagre ou de sorte, que escapam ao destino que lhes parecia prometido. E o contingente daqueles que inexora-

---

90. Tocamos aqui nas fontes contemporâneas daquilo que é descrito por Luc Boltanski em *La Souffrance à distance* – Morale humanitaire, médias et politique. Paris: Métailié, 1993.

velmente deslizam para a decadência vão engrossar as fileiras do exército de sombras da rua e acabam na calçada de sua miserável existência. É o caso do bacharel gigante de Vallès, o personagem do saltimbanco erudito, que havia estudado muitos anos, falando latim, fadado, porém, ao infortúnio por sua monstruosidade física.

Mas por que tantos monstros literários e, sobretudo, por que tantos monstros infelizes? Por que tantas queixas, tantas lamentações? A lamentação de Frankestein, monstro celibatário, que só quer estar "ligado à cadeia dos seres", mas cuja solidão congela a doçura natural e o arrasta aos mais abomináveis dos crimes. A de Quasimodo, quanta tristeza e doçura, espalhadas em uma careta! A de Gwynplaine, uma risada monstruosa colada ao rosto, cuja alma era adivinhada por Dea, a cega. A alma de um monstro... Talvez Théophile Gautier responda à pergunta em um artigo do *Moniteur universel*, onde narra um espetáculo de anões na sala Hertz:

> Quando faltam as peças, disso se aproveitam os monstros, os fenômenos e as curiosidades para se apresentarem. Na última quinta-feira, na sala Hertz, três seres fantásticos, o mais alto deles não medindo nem trinta polegadas, fizeram seus exercícios. Eles vêm da Alemanha, pátria dos gnomos e dos Kobolds [...]. Essa exibição divertiu muito, e os três anões talvez obtenham a fama de Tom Polegar: em todo o caso são mais vivos, mais engraçados, mais espirituais. Quanto a nós, sem dúvida, preferiríamos como espetáculo três lindas mulheres, três crianças bonitas ou três homens bonitos. A deformidade não é cômica, ela supõe sofrimento e uma espécie de vergonha. Nesses corpinhos disformes e encarquilhados, nesses homúnculos tirados do álcool há uma alma, afinal, uma alma angustiada no fundo de uma caixa malfeita e talvez cheia de amargura[91].

---

91. GAUTIER, T. "Os anões da Sala Hertz". *Le Moniteur Universel*, n. 9, 09/01/1860, p. 37.

Isso terá sido uma das descobertas científicas, literárias e estéticas essenciais do século XIX, cuja herança nos foi integralmente transmitida: os monstros têm alma. São humanos, *horrivelmente humanos*.

3. A polícia do olhar

A compaixão pelas deformidades humanas não era, todavia, compartilhada unanimemente. As autoridades administrativas, sacudindo uma longa indiferença, vão comover-se diante dos perigos a que a exibição delas expõe a ordem e a moral pública, vão procurar enquadrá-la e, mais tarde, eliminá-la.

O movimento é mais antigo, como se viu, na Inglaterra, onde as classes médias, reformistas, puseram-se na vanguarda do combate pela moralização das classes trabalhadoras, com o apoio da polícia, preocupada pela ordem urbana, e com apoio dos empresários capitalistas, inquietos pelo rendimento do trabalho. Na França, as tentativas de controlar a esfera do lazer se tornam mais insistentes a partir do segundo Império, e vão culminar nas duas últimas décadas do século e nas duas primeiras do século seguinte, instigadas pela cruzada sanitária e moral travada contra o perigo das degenerescências. Uma das respostas às ameaças sentidas diante do perigo venéreo e do depauperamento físico e moral da população tomou a forma de uma campanha de pasteurização moral da cultura visual que florescia nos espetáculos dos parques de diversão e nos museus de curiosidades.

Os entra e sai foram os primeiros alvos dessa polícia dos espetáculos. Uma enxurrada de textos administrativos vai, de 1860 a 1920, inundar de restrições o exercício da profissão de saltimbanco e a exibição das curiosidades humanas[92]. Procura-se impedir, a partir de 1863, a apresentação das mu-

---

92. Assim, só para a cidade de Paris, os textos (disposições de 28/02/1863, de 21/02/1906, de 10/08/1908, de 06/12/1912, de 13/01/1919, circulares do chefe de polícia dos dias 31/05/1859, 21/03/1860, 09/04/1914...), sem cessar repetidos até os anos de 1940, regulamentam o exercício da profissão nos parques de diversão, tornam obrigatória a posse de uma carteira de identidade e autorização para exibir curiosidades, supervisionam o trabalho de crianças, proíbem o aliciamento diante das barracas, limitam ou proíbem as exibições "indecentes" de curiosidades humanas, dedicam atenção particular aos museus anatômicos.

tilações e das enfermidades, proibindo o acesso da profissão aos "cegos, aos sem pernas, manetas, estropiados e outras pessoas doentes". Exige-se em 1893 uma vigilância toda especial das "exibições de fenômenos, museus de anatomia, sonâmbulos, charlatães"[93]. Proíbem-se enfim, em 1896, "as exibições de fenômenos vivos, os espetáculos que apresentem um caráter obsceno ou repugnante, as exibições de mulheres sob qualquer forma que seja e, de modo geral, os espetáculos conhecidos como *entra e sai*"[94].

Ainda existe, no entanto, uma distância enorme entre a regra e a prática[95]. Esses espetáculos fazem parte de uma cultura visual profundamente arraigada em hábitos de percepção muito antigos para serem facilmente erradicados. Mas a lembrança das proibições se faz, entretanto, cada vez mais insistente às vésperas da Grande Guerra: atingiu-se um limiar de tolerância administrativa à exibição do anormal.

> Constata-se através de queixas diversas e de informações que a mim chegaram que essas [proibições] são muitas vezes esquecidas ou desconhecidas. Os espetáculos oferecidos por um certo número de "museus anatômicos" constituiriam, particularmente, ultrajes caracterizados aos bons costumes; compreenderiam, entre outras coisas, repugnantes cenas de parto, exibições de órgãos sexuais, uns normais e outros disformes, ou portadores de doenças diversas. Tenho a honra de atrair muito particularmente vossa atenção para esses fatos, que parecem bastante generalizados[96].

---

93. APP DB 202. Comunicações do chefe de polícia aos comissários de bairro sobre a feira dos pães de mel, 1892-1929, p. 1.509.

94. Ibid.

95. As autorizações são concedidas de forma rotineira, e tende a reinar o *laisser-faire*. Assim o balanço da totalidade dos pedidos de exibição que chegaram à prefeitura do Ródano, na segunda metade do século XIX, não registra praticamente nenhum indeferimento (Archives Départementales du Rhône [ADR] II, 248).

96. APP DB 202. Circular n. 13, de 09/04/1914, do chefe de polícia de Paris.

É duplo o programa dessa polícia dos olhares. Trata-se, por um lado, de subtrair aos olhos do público o espetáculo ontem ainda banal do corpo desnudo, sexuado, disforme e enfermo, doravante apreendido somente no registro do obsceno e do imundo. A civilização dos costumes populares vai encontrar nas décadas de 1920 e 1930 um terreno privilegiado de cruzada na cultura visual dos passatempos, confundindo na mesma reprovação fenômenos vivos, museus anatômicos, exibições pornográficas e representações de violências e devassidão no cartaz dos cinemas dos parques de diversão[97]. Mas também se trata, por outro lado, de justificar a sanção moral concedendo exclusivamente à inspeção médica o direito de olhar legítimo sobre o espetáculo das anomalias corporais. Assim, os parques de diversão que acreditavam poder colocar suas atrações sob os auspícios das ciências anatômicas se viram pegos ao pé da letra: uma determinação do prefeito de Lyon, de abril de 1920, além da lembrança agora rotineira da proibição dos fenômenos vivos, determina uma visita médica prévia dos museus de anatomia.

> Esses museus serão, antes da abertura, visitados por médicos delegados pela administração do município; estes poderão, conforme a natureza das peças apresentadas ao público, mandar retirar aquelas que não tenham um caráter científico, ou pôr em um local reservado para serem vistos só pelos adultos, cuja idade determinarão, as que não poderiam sem inconveniente ser deixadas à vista de certas categorias do público[98].

O olhar médico reina agora com exclusividade sobre a exibição do corpo anormal. Ele já se havia aventurado, desde o fim do século XIX, para lá dos limites comumente admitidos do seu saber para esboçar uma história artística da deformidade[99]. Decide agora sobre o que pode e o que não poderia ser

---

[97]. AMI, 1273 WP 027. Vigilância dos parques de diversão. Determinação do prefeito de Lyon, de 19/04/1920, sobre os espetáculos em parques de diversão.

[98]. Ibid.

[99]. CHARCOT, J.M. & RICHET, P. *Les difformes et les malades dans l'art*. Paris: Lecrosnier & Babé, 1889.

visto nessa matéria. Ele enquadra a população dos parques de diversão, determinando, por idade e por sexo, os riscos inerentes à prática de frequentar os entra e sai. Seu poder não para de se estender. Pois o momento em que se ouviram exprimir em voz alta as primeiras condenações do espetáculo dos monstros humanos é também o mesmo em que se inventam formas inéditas de classificação psiquiátrica que tomam precisamente o olhar como objeto: os anos de 1880 são aqueles em que se nomeiam e se descrevem as perversões e, entre estas, as "pulsões parciais" que se baseiam sobre uma "erotização do olhar", o *voyeurismo* e o exibicionismo. O recurso à intervenção médica nas disposições jurídicas e administrativas de controle da cultura visual vai dali em diante estender o campo das anomalias *dos objetos aos sujeitos*, das deformidades expostas aos olhares postos sobre elas, da pulsão curiosa à qualificação psicológica da pessoa que a ela se entrega. A curiosidade pelos monstros humanos, quando exercida fora da esfera da medicina, será viciosa, doentia, perversa. Noutras palavras, uma infração repreensível aos olhos da lei e ao mesmo tempo um desvio psicológico em face da norma.

Poder-se-ia sublinhar, para concluir, que inversamente a genealogia da repressão legal e médica da exibição do anormal permite compreender que, no próprio princípio da classificação psicopatológica das perversões, acha-se decerto a tentação de uma criminalização do olhar. Esta se originaria tanto dos temores políticos e sociais suscitados pelo espetáculo do anormal ou pelo medo do degenerado como também das lógicas de um puro desejo de conhecimento médico[100]. Seria de admirar tal confusão? Charles Lasègue, autor em 1877 do primeiro grande tratado médico-legal dedicado ao exibi-

---

100. Quanto a este ponto, cf. NYE, R.A. The medical origin of sexual fetichism. In: APTER, E. & PIETZ, W. (orgs.). *Fetichism as Cultural Discourse*. Op. cit., p. 13-30. • MATLOCK, J. Masquareding women, pathologized men – Cross-dressing, fetichism and the theory of perfersion, 1882-1935. Ibid., p. 31-61. De um ponto de vista mais geral, NYE, R.A. *Crime, Madness and Politics in Modern France* – The Medical Concept of National Decline. Princeton: Princeton University Press, 1984. E a síntese de CORBIN, A. "Riscos e prejuízos da visibilidade do corpo". *História do corpo*. Op. cit., vol. II, p. 255ss.

cionismo, foi também o primeiro médico-chefe do depósito da "enfermaria especial" do Departamento de Polícia da Prefeitura de Paris.

4. A invenção do *handicap*

Censurado pela polícia dos espetáculos ou amparado pela compaixão pública, o corpo monstruoso se desvencilha aos poucos do universo das distrações populares. A percepção da deformidade humana, durante muito tempo identificada com a figura do monstro, tende a fragmentar-se: o corpo enfermo vai progressivamente se dissociar do corpo monstruoso e tornar-se o objeto da preocupação médica voltada à sua reeducação. Tendo surgido no final do século XVIII, no seio da medicina das Luzes consagrada aos surdos e aos cegos, este projeto vai estender-se no decorrer do século XIX à enfermidade física, multiplicar as instituições e as técnicas ortopédicas, favorecer a reinserção por meio do trabalho, secularizar e estatizar o dever de assistência aos que padecem infortúnios do corpo[101]. O projeto vai culminar na lei de 14 de julho de 1905, que prevê as formas de atendimento destinadas "aos que são atingidos por uma enfermidade ou uma doença reconhecida como incurável". Acha-se intimamente ligado ao desenvolvimento de um igualitarismo democrático que tem por objetivo reduzir doravante formas de exclusão consideradas há muito tempo irremediáveis, percebidas que são como consequências das desigualdades "naturais" entre os corpos.

Todavia, é depois da Primeira Guerra Mundial que o reconhecimento da enfermidade vai se fazer sentir mais nitidamente entre as normas sociais de percepção do corpo. A volta de um grande número de mutilados à sociedade civil, a experiência generalizada da amputação, o espetáculo do corpo desmembrado e a vista cotidiana do cadáver, a profundidade do trauma e do sofrimento psíquicos inscrevem a desfiguração e a vulnerabilidade do corpo

---

101. Sobre este conjunto de pontos, cf. STIKER, H.-J. "Nova percepção do corpo enfermo". Art. cit., p. 279-298.

no coração da cultura perceptiva[102]. A massa dos mutilados de guerra vai se juntar à multidão dos acidentados do trabalho, cujo atendimento a lei de 9 de abril de 1898 tinha organizado. Tanto em um caso como no outro, vai desenvolver-se um discurso de assistência que impõe a necessidade de uma reparação, o reconhecimento de uma responsabilidade e de uma solidariedade coletivas e o recurso ao Estado[103], cujo envolvimento cresce no decorrer da década de 1920 através de um conjunto de medidas de integração, de reclassificação e de reeducação[104]. A deficiência corporal [handicap] entra então simultaneamente em um universo de culpa e de obrigações morais, e em uma cultura médica e social da reparação. Reconhece a sociedade a sua dívida para com a pessoa que pagou o pesado tributo de seu corpo pela substituição protética do membro amputado e a reintegração social no lugar perdido. O século XIX tinha separado o monstro do enfermo e dado início à reeducação deste último. O período entre as duas grandes guerras vai substituir o enfermo pelo mutilado, e não ver mais na invalidez senão uma "insuficiência a compensar, uma falha que se deve fazer desaparecer. Dizer esse deslizamento será uma das funções da nova linguagem, a do *handicap*. Noção geral, enfim, que se vai estender a todos os deficientes físicos e a todas as formas de

---

102. Quanto a este ponto, cf. nesta mesma obra a contribuição de Stéphane Audoin-Rouzeau, III parte, capítulo 1, e o conjunto das referências bibliográficas aí contidas.

103. Sobre este conjunto de pontos, e também sobre tudo aquilo que se refere à enfermidade e ao *handicap*, este texto confessa sua dívida para com o trabalho pioneiro de STIKER, H.-J. *Corps infirmes et sociétés*. Paris: Dunod, 1997. Sua perspectiva se inscreve na de uma história do *handicap*, ilustrada particularmente na França por seus trabalhos e os de Zina Weygand. Tem-se desenvolvido também no mundo anglo-saxão uma importante corrente de *disability studies*. Pode-se encontrar um elenco desses temas e de seus principais atores em ALBRECHT, G.L.; SEELMAN, K.D.; BURY, M. (orgs.). *Handbook of Disability Studies*. Thousand Oaks (Calif.)/Londres: Sage, 2001.

104. Criação do Departamento Nacional dos Mutilados de Guerra (02/03/1916), lei sobre a reeducação profissional dos mutilados e reformados de guerra (02/01/1918), leis sobre o auxílio para a reclassificação profissional (mar./1919, abr./1924), lei que autoriza a entrada dos mutilados do trabalho nas escolas de reeducação dos mutilados de guerra (05/05/1924, 14/05/1930)... Desenvolvimentos semelhantes alhures na Europa e na América do Norte como, por exemplo, a fundação pela Cruz Vermelha nos Estados Unidos, em 1917, do Institute for Crippled and Disabled Men.

handicap. Nos anos de 1920 ocorre uma brusca mudança e se estabelece uma nova lógica[105].

Veremos esta lógica expandir-se irresistivelmente após a Segunda Guerra Mundial. Mas ela produz, a partir da década de 1920, efeitos sensíveis no universo da diversão de massa. Ela aprendeu a reconhecer na deformidade humana uma deficiência que se deve compensar, e algumas vezes até viu no monstro um semelhante em devir. O *voyeurismo* já não pode, deste modo, exercer-se com a inocência cruel e a indiferença lúdica que exibiam ainda há pouco tempo. Assim, a circulação dos cartões postais de curiosidades humanas vai rareando cada vez mais nos anos de 1920 e tende a tornar-se anedótica nos anos de 1930, com a notável exceção dos de aldeias e tropas de anões, cujo agrupamento periódico nada parece poder perturbar nem impedir o sucesso popular até a Segunda Guerra Mundial[106]. A cultura visual dos *freak shows* não se exauriu, particularmente nos Estados Unidos, onde, na falta de confronto massivo com os horrores corporais da guerra, sua expansão foi bem menos freada. Não é este o caso na Europa, onde é necessário inventar formas de compromisso entre as lógicas espetaculares da exibição do anormal e as exigências morais da compaixão assistencial. Vemos então acoplar-se em estranhos cartões postais enfermidades "complementares": cegos e paralíticos, "unidos pela desgraça" ou "vítimas do dever", palmilham as estradas da França em curiosos périplos que veem apresentações dos *freak shows* seguir as peregrinações laboriosas e redentoras do companheirismo e da peregrinação.

Deste modo, teria a ciência restabelecido o monstro em seus direitos à humanidade biológica, o direito o teria acolhido no seio das pessoas jurídicas, e o aumento de um sentimento de compaixão, secundado pelo desen-

---

105. STIKER, H.-J. *Corps infirmes...* Op. cit., p. 128.

106. Às vésperas da Segunda Guerra Mundial, cerca de 1.500 anões viviam na Europa da indústria do espetáculo. O número de seus empresários chegava a 71. Entre estes, Léo Singer, um dos mais prósperos, empregava 25 agentes que vasculhavam as cidades e as zonas rurais da Europa Central à procura de liliputianos (KOVEN, Y & NEGEV, E. *Nous étions des géants – L'incroyable survie d'une famille juive de liliputiens*. Paris: Payot-Rivages, 2004, p. 46).

volvimento de uma medicina restauradora e assistencial, teria levado a cabo a volta à comunidade dos humanos daqueles que haviam sido excluídos tanto tempo dela. Sem dúvida, pode-se aceitar as grandes linhas desta história da humanização dos monstros. Ela foi, no entanto, mais ambígua, muitas vezes mais sombria, às vezes trágica.

5. Os anões de Auschwitz

Do fim do século XIX até os anos de 1940, tanto na Europa como na América, desenvolve-se o eugenismo. O termo aparece em 1883 tendo como fundamento o medo, já evocado, da "degenerescência". A raça parece em perigo: enfraquecimento, qualitativo e quantitativo, da população, decadência dos homens, afrouxamento dos corpos, diminuição das energias. Assim na França, quando convém achar explicações para o desastre militar e a derrocada nacional de 1870, veem-se multiplicar "avariados" e "degenerados", e pulular taras onde os sinais mórbidos da tuberculose, da sífilis e do alcoolismo concorrem em número com as deformidades do corpo[107]. Francis Galton, seu fundador, vê no eugenismo o controle dos fatores "que podem elevar ou rebaixar as qualidades raciais das gerações futuras", programa que seu discípulo Karl Pearson tem o mérito de resumir em uma fórmula de brutal simplicidade: "Livrar-se dos indesejáveis, multiplicar os desejáveis". O primo de Darwin teve também seus êmulos e zelosos adeptos na França, todos dispostos a denunciar as ameaças abjetas da miscigenação e as desastrosas consequências do igualitarismo democrático. O programa simultanea-

---

107. Assim, a lista dos "degenerados típicos", em 1882: "microcéfalos, anões, alcoólicos confirmados, idiotas, criptórquidas, cretinos, com papeira, com paludismo, epilépticos, escrofulosos confirmados, tuberculosos, raquíticos" (DALLY, E. Dégénérescence. In: DECHAMBRE, A. (org.). Dictionnaire Encyclopédique des Sciences Médicales. Paris: G. Masson/P. Asselin, 1882, t. XXVI, p. 225. Apud CAROL, A. *Histoire de l'eugénisme en France* – Les médecins et la procréation, XIX-XXᵉ siècle. Paris: Du Seuil, 1995. Esta obra serve de inspiração para as páginas que aqui abordam o eugenismo na França).

mente médico e político de Charles Binet-Sanglé, Charles Richet, ou ainda Alexis Carrel[108] estigmatiza a preocupação sentimental pelos fracos e lamenta a assistência médica injustamente prestada aos frágeis e enfermos.

O vício da nossa civilização, lembra assim Charles Richet, é ter ignorado e até combatido a "lei sagrada" da desigualdade entre os indivíduos e da luta pela vida que prevalece no estado de natureza.

> Os que sucumbem merecem sucumbir [...], sua inferioridade explica, justifica e legitima o seu esmagamento. Da mesma forma, em nossas sociedades humanas, os mais inteligentes, os mais fortes, os mais bravos devem levar a melhor sobre os que são moles, efeminados e imbecis [...]. Mas nossas civilizações possuem tesouros de indulgência pelos medíocres, protegem os doentes, os poltrões, os miseráveis, os enfermos, e cercam de tocantes cuidados os fracos, os feios e os cretinos[109].

E Alexis Carrel acrescenta:

> Muitos indivíduos inferiores foram conservados graças aos esforços da higiene e da medicina. Sua multiplicação tem sido prejudicial à raça. Há um só meio de impedir a desastrosa predominância dos fracos. É desenvolver os fortes[110].

Os médicos, biologistas e antropólogos neomalthusianos que, entre as duas guerras, reconheceram-se nesse programa reinventaram uma teratologia. Vão nascer novos monstros, crescer e multiplicar-se, sob a pena de Charles Richet: o quadro das anomalias e das perdas corporais retoma, inconscientemente, as categorias antigas das monstruosidades "por excesso"

---

108. BINET-SANGLÉ, C. *Le haras humain*. Paris: Albin Michel, 1918. • RICHET, C. *La sélection humaine*. Paris: Alcan, 1912. • CARREL, A. *L'homme, cet inconnu*. Paris: Plon, 1935.

109. RICHET, C. *L'homme stupide*. Paris: Flammarion, 1918, p. 58.

110. CARREL, A. *L'homme, cet inconnu*. Op. cit., p. 359.

ou "por falta"[111], une-as aos sintomas mórbidos da sífilis hereditária, amalgama-as com as formas extremas do atraso e da loucura, confunde-as com as espécies da atividade criminosa. Sabe-se que na França a classe médica opôs de modo geral um conjunto de resistências éticas, políticas e religiosas à aplicação do duplo programa eugenista. Do ponto de vista "positivo", ele estimula a seleção e a criação de elementos racialmente sadios. Do lado "negativo", combate o "envenenamento do sangue" pela segregação sexual e pela esterilização em massa.

Do princípio do século XX até os anos de 1940, são promulgadas e aplicadas em alguns Estados norte-americanos, no Canadá, na Suíça e na Dinamarca[112], leis que preveem a esterilização dos indivíduos "disgênicos". Avaliam-se as populações esterilizáveis. Debate-se o problema na Inglaterra e nos países escandinavos. Mas o eugenismo de exclusão vai recuar nos anos de 1930. Na Alemanha, todavia, em julho de 1933, a lei prevê a esterilização de quem "se pode presumir, com grande probabilidade, que a sua prole

---

111. CAROL, A. *Histoire de l'eugénisme en France*. Op. cit., p. 149-150.

112. Assim, estima-se em 47 mil o número de esterilizações de pessoas que sofriam de doenças diversas ou de doença mental, realizadas entre 1907 e 1949 nos Estados Unidos, e favorecidas pelo direito reconhecido em 1927 pela corte suprema de praticá-las (sentença *Buck versus Bell*); sobre este ponto, cf. REILLY, P.R. *The Surgical Solution* – A History of Involuntary Sterilization in the US, Baltimore: Johns Hopkins University Press, 1991. Quanto à história geral do eugenismo, e do eugenismo nazista em particular, cf. especialmente, em uma literatura extremamente abundante, PROCTOR, R. *Racial Hygiene* – Medicine under the Nazis. Cambridge (Mass.): Harvard University Press, 1988. • WEINDLING, P. *Health, Race and German Politics between National Unification and Nazism, 1870-1945*. Cambridge: Cambridge University Press, 1989. • SCHNEIDER, W.H. *Quality and Quantity* – The Quest for Biological Regeneration in 20th Century France. Cambridge: Cambridge University Press, 1990. • BARKAN, E. *The Retreat of Scientific Racism* – Changing Concepts of Race in Britain and the US between the World Wars. Cambridge: Cambridge University Press, 1992. • GÖTZ, A.; CHROUST, P.; PROSS, C. *Cleaning the Fatherland* – Nazi Medicine and Racial Hygiene. Baltimore: Johns Hopkins University Press. • CONTE, É. & ESSNER, C. *La quête de la race* – Une anthropologie du nazisme. Paris: Hachette, 1995. • KEVLES, D.J. *Au nom de l'eugénisme* – Génétique et politique dans le monde anglo-saxon. Paris: PUF, 1995 [1. ed. norte-americana, 1985]. • PICHOT, A. *La société pure* – De Darwin à Hitler. Paris: Flammarion, 2000. • BURRIN, P. *Ressentiment et apocalypse* – Essai sur l'antisémitisme nazi. Paris: Du Seuil, 2004. • SCHAFFT, G.E. *From Racism to Genocide* – Anthropology in the Third Reich. Urbana: University of Illinois Press, 2004.

vai sofrer de graves defeitos hereditários, quer físicos, quer intelectuais"[113]. Calculam-se a partir de 1934 mais de 50 mil aplicações da lei, estendida nesse mesmo ano aos criminosos, loucos e fracos de espírito, seres enfermos e disformes: extermínios preventivos, prelúdio da solução final[114].

Em 1868, na aldeia de Rozavléa (Transilvânia), nasceu em uma família judia um menino anão. Shimshon Eizik Ovitz sofria de pseudoacondroplasia, uma forma de nanismo que afeta o crescimento dos membros[115]. O menino se tornou rabi itinerante, casou-se com uma moça de tamanho normal, que lhe deu dez filhos. Sete destes herdaram a característica genética de seu pai, o que fez dos Ovitz a mais importante família de anões jamais documentada. Quando faleceu o pai deles, seus filhos, músicos eméritos, fundaram uma "troupe liliputiana". A fama de sua "Jazz Band of Lilliput" cresceu a tal ponto que alcançaram um sucesso considerável nos anos de 1930, em países como a Romênia, Hungria e Tchecoslováquia. Seu número passou a ser um clássico do gênero burlesco teratológico, tão apreciado naquela época.

Em 1940 a Transilvânia ficou subordinada à autoridade húngara e passou ao controle do III Reich. Foram aplicadas nessa região as leis raciais dos nazistas. Abrigados na sua aldeia natal, os Ovitz foram capturados e enviados para Auschwitz, aonde chegaram na noite de 18 para 19 de agosto de 1944. Logo foi prevenido o Dr. Mengele, que foi a seu encontro na gare, e, quando os viu, exclamou, segundo testemunhos unânimes: "Agora tenho trabalho para vinte anos"[116]. Auschwitz era o maior laboratório de genética no mundo, todos os dias abastecido com cobaias humanas, e dirigido pelo

---

113. CAROL, A. *Histoire de l'eugénisme en France*. Op. cit., p. 177. É menos conhecido que a lei nazista foi concebida segundo o modelo do programa do Estado da Califórnia.

114. Estima-se em 400 mil o número de cidadãos alemães aos quais se aplicou essa legislação.

115. Cf. LEROI, A.M. *Mutants*. Op. cit., p. 149.

116. Sobre Mengele e os Ovitz em Auschwitz, cf. KLEE, E. *La médecine nazie et ses victimes*. Arles: Solin-Actes Sud, 1998, p. 325-356. • LEROI, A.M. *Mutants*. Op. cit., p. 147-153. • KOVEN, Y. & NEGEV, E. *Nous étions des géants*. Op. cit.

Doutor Mengele. Obcecado pela hereditariedade e pela raça, fascinado pela transmissão das deformidades corporais, seleciona, quando chegam ao campo de concentração, os gêmeos[117] e os anões – os "coelhos", na gíria do campo – e realiza neles experiências médicas causando-lhes um indizível sofrimento que só se equipara ao seu absurdo científico. Seus restos irão engrossar as coleções de patologia racial e de biologia hereditária do Instituto de Antropologia, de genética humana e de eugenia do Imperador Guilherme:

> Banhei os corpos de inválidos e de anões em uma solução de cloreto de cálcio, e os cozi em cubas para que esses esqueletos, preparados nas regras da arte, pudessem chegar aos museus do III Reich, onde deveriam servir às gerações futuras, às quais provariam a necessidade de exterminar as "raças inferiores"[118].

Os Ovitz conseguiram sobreviver, apesar da tortura das experiências. Provavelmente porque as inúmeras anomalias deles os fizessem objeto de experimentação insubstituíveis para a "genética" nazista. Ser judeus condenava os Ovitz ao extermínio; ser anões permitiu que sobrevivessem. Este é um dos macabros paradoxos de Auschwitz: ali onde aquilo que um ser contém de humanidade o condena inapelavelmente, aquilo que possui de monstruoso talvez o tenha salvado. Assim prosperou no campo de concentração Elias Lindzin, matrícula 141565, um anão demente e de força bestial, com o qual Primo Levi se encontrou: ele até suspeitou que o anão fosse feliz ali[119].

Os Ovitz reiniciaram, depois da guerra, o seu número musical, mas agora com um título diferente – *Totentanz*, a dança dos mortos. Quanto ao Dr. Mengele, morreu tranquilamente em uma praia do Brasil, em 1979.

---

117. O número de duplas de gêmeos, ao que parece, alcançou 350. Restavam ainda 72, quando da evacuação (KLEE, E. *La médecine nazie et ses victimes*. Op. cit., p. 354).

118. Testemunho de Miklos Nyiszli, assistente de Mengele, encarregado das dissecações (Ibid., p. 349).

119. LEVI, P. *Si c'est un homme*. Paris: Julliard/Presses-Pocket, 1987, p. 102-105 [1. ed. italiana, 1947].

IV. Monstruosidades, *handicaps*, diferenças

A exibição dos monstros humanos vai desaparecer após a Segunda Guerra Mundial. Se hoje são mais claras as causas desse eclipse, seus efeitos continuam sendo paradoxais: o espetáculo e o comércio da monstruosidade não podiam de verdade prosperar a não ser enquanto fosse fraco, ou quase inexistente, o vínculo de identificação do espectador com o objeto da exibição. Só a partir do momento em que se percebeu a monstruosidade como algo humano, ou seja, no instante em que o espectador do entra e sai pôde reconhecer um semelhante sob a deformidade do corpo exibido é que seu espetáculo passou a ser sumamente problemático. É o balançar histórico ambíguo e complexo da monstruosidade da ordem do outro para a ordem do idêntico, cujo desenvolvimento se viu no decorrer do século XIX e sua precipitação na primeira metade do seguinte, que condena ao abandono os dispositivos tradicionais da exibição do anormal. Mas o espetáculo da monstruosidade está assentado em uma base antropológica muito antiga e responde a uma necessidade psicológica muito profunda para desaparecer assim. Não poderá, todavia, conhecer prolongamentos no século XX a não ser que se instaurem, entre o espectador da deformidade humana e seu objeto, múltiplos distanciamentos. É a história dessas formas de distanciamento psicológicas, tecnológicas e sociais, que surgiram no decurso do século no campo do olhar posto na monstruosidade – e a da extensão de seus paradoxos – que se quer referir aqui para encerrar. A começar por uma inflexão do gosto e da composição dos públicos que se percebe, desde o princípio do século, no desapreço cada vez maior pelos entra e sai.

1. O fim dos entra e sai

Lendo os cronistas dos parques de diversão da época, adivinha-se o declínio dos espetáculos pela sensação do desgaste e da corrupção dos corpos exibidos. Na festa de Neuilly, em 1910, veem-se "três mulheres de traços fatigados, de carnes moles, em trajes de lutadoras"[120]. Um pouco mais longe, apresentam-se curiosidades humanas e "quadros vivos": por trás da caixa, vê-se uma anciã, toda encarquilhada, vestida de preto. No estrado, dobrado em dois, desfila um corcunda. Quanto às "belezas gregas", não passam de "pobres moças fatigadas, traços puxados, vestidas sem jeito [...], de olhar fixo, lânguido e mole"[121]. A percepção dos lugares tradicionais de diversão popular constitui apenas, entre as duas guerras, uma longa necrologia; a dos fenômenos vivos faz desfilar um cortejo fúnebre de atores esgotados e patéticos. Periodicamente a imprensa relembra o mísero fim das curiosidades humanas e dos velhos charlatões.

Esses olhares refletem, sem dúvida, o julgamento social daqueles que estão olhando o espetáculo. Assiste-se então, com efeito, a uma separação dos públicos que a curiosidade comum dos fenômenos dos barracões havia reunido durante tanto tempo. "Neuilly, que oferecia então aos parisienses a única festa mais ou menos limpa, é invadida pela ralé"[122]. "A gente-bem", a pequena burguesia honesta e o povo domingueiro "deixaram o lugar para uma escória sem qualificação, onde predominam os trabalhadores desempregados"[123]. Nos cronistas dos entra e sai, uma mudança de perspectiva o comprova então de maneira insistente: imperceptivelmente, seu olhar se afasta da cena para examinar a sala. Estratégia clássica do exercício da distinção no campo da visão: o "bom gosto" força o espectador burguês a tomar distância. Sente necessidade, se quiser gozar da diversão popular, de afastar-se ficticiamente, para distinguir-se, da multidão dos espectadores. O odor, a imundície, o barulho da multidão se tornam então objetos de espetáculo, da mesma forma que as esquisitices anatômicas expostas nos seus palcos. Resultado de um processo de repressão social da "vulgaridade" em

---

120. "À la fête de Neuilly". *Comoedia*, 15/06/1910.

121. Ibid.

122. *Comoedia*, 05/04/1920.

123. Ibid.

nome do "gosto", que arremata o dispositivo de controle da cultura popular das distrações, e cujas primícias se vê despontar desde a segunda metade do século XIX: "Paguei seis soldos na entrada, a fim de estar nas primeiras filas. O barracão está quase cheio [...]. Instalei-me em um canto: com um olho sou o espetáculo, com o outro estudo a sala"[124].

Assiste-se deste modo, até depois da Segunda Guerra, a um transtorno da cultura visual da diversão. Os teatros de parques de diversão vão fechando as portas, um depois do outro, os entra e sai veem seus pensionistas deixá-los um a um, seus espectadores vão rareando sempre mais. Essa mutação dos gostos visuais acompanha uma evolução econômica do entretenimento nesses parques de diversão: o parque se industrializa ao preço de uma transformação sem precedente. O número desses espetáculos presentes na feira do Trono está dividido, mantendo constante a receita, aproximadamente por quatro de 1880 a 1900[125], enquanto a mecanização e a eletrificação das atrações assumem o controle da festa. Mudaram também os prazeres do corpo: já não se vai tanto às corridas de Vincennes para satisfazer pulsões curiosas de espectador imóvel como para sentir o frisson da velocidade, a vertigem da queda, o impacto da colisão: "Levam-se nessa espécie de tonéis com rodas tais sacudidas que toda vez que se dá um esbarrão, os olhos saltam das órbitas. Alegria, qual o quê! Violência e patuscada! Todo o acordeão dos prazeres"![126]

Cessa a exibição do anormal sob as formas que dominaram a esfera dos espetáculos da segunda metade do século XIX até o começo dos anos de 1930.

---

124. CLARÉTIE, L. *Revue Générale, Littéraire, Poétique et Artistique*, n. 92, 01/09/1877, p. 379.

125. De 2.424 em 1880 para 667 em 1899. APP DB 202: levantamento realizado em 1900 por F. Gréard, encarregado do controle dos parques de diversão na Chefatura de Polícia.

126. CÉLINE, L.-F. *Voyage au bout de la nuit*. Paris: Denoël-Steele, 1932, p. 590. Carrosséis a vapor e montanhas russas desde o fim do século XIX, a seguir esteiras rolantes, "assiettes au beurre", lagartas, trens fantasmas, "autódromos" e enfim carros que se dão trombadas, a partir dos anos 1920 ocupam agora o essencial das atividades nos parques de diversão, modificam a escala das sensações e a gama dos prazeres.

Por volta de 1931-1932 desaparecem os zoológicos humanos, e o museu de anatomia do "doutor" Spitzner realiza sua última turnê em 1939. Dentre os cento e um empresários da indústria da diversão, presentes no festival de Saint-Cloud, em 1920, não se contam mais que uns dois entra e sai e um museu de anatomia perdidos na multidão dos picadeiros, dos tiros ao alvo, das confeitarias e das loterias[127]. Realiza-se ainda uma média anual nas diferentes "temporadas" lionenses, de 1935 a 1938, de quarenta espetáculos de fenômenos vivos, vinte e três de 1939 a 1942, dois ou três de 1943 a 1947[128]. Perde-se então a sua pista. Não se acha mais nenhum pedido de permissão para exibir, com exceção da inevitável dupla de anões em 1944[129] e, nos anos de 1950 e 1960, de uma "mulher com duas cabeças" mais surpreendente, vinda da Bélgica, sendo que um dos dois apêndices se verificou ser de papelão[130]. E, se os protestos dos ribeirinhos se multiplicam e se vão amontoando no *bureau* das autoridades municipais os pedidos de licença, quase não têm mais como objeto a "imoralidade" dos espetáculos, mas antes os transtornos urbanos ocasionados pelos festivais populares: o barulho dos "alto-falantes que berram a noite inteira", o mau cheiro da urina, o engarrafamento da via pública[131]. Os espetáculos dos parques de diversão deixaram de ser, por falta de objeto, um espaço de controle dos olhares, para se tornarem um problema de circulação urbana e de "saúde pública", como observa em 1955 um médico do bairro da Croix-Rousse[132]. As autoridades municipais limitam então, cada vez mais rigorosamente, o número e a duração dos festivais existentes, e os afastam para sempre mais longe do centro da cidade. Em Paris, o núme-

---

127. *Paris Forain*, n. 1, 01/10/1920.

128. AML., 343 WP 006.

129. AML., 1140 WP 083, dossiê 20.

130. AML., 806 WP 001, peça 13039.

131. AML., 086 WP 001, peças diversas.

132. AML., 806 WP 001, peça 5778.

ro dos espetáculos exibidos passa de aproximadamente quarenta, no começo dos anos de 1920, para apenas treze em 1929. Têm permissão para proliferar na euforia da Libertação, antes de se reduzir estritamente o seu número a partir de 1950[133]. Havia trinta e quatro temporadas anuais em Lyon, em 1899, vinte e seis em 1934, cinco temporadas e uma quermesse em 1956[134], menos ainda em 1971, quando o prefeito da cidade propõe aos empresários desses espetáculos que levem essas distrações para os habitantes das periferias difíceis[135]. Esses espetáculos agora se tornaram um lazer de pobres. "A persistência desse tipo de apresentação é um verdadeiro anacronismo, tinha concluído já em 1954 um relatório municipal que recomendava sua supressão[136]. Quanto aos entra e sai, já tinham desaparecido há tempo: os últimos parques de diversão a exibir ainda fenômenos vivos pelo fim dos anos de 1940 se haviam resignado a mudar o nome e a natureza de sua "indústria".

Esta evolução é coerente com aquela que se observa na pátria dos *freak shows*, e mostra que há fatores semelhantes atuando cá e lá. Os *dime museums*, onde os monstros ainda são o prato de resistência, e que perpetuaram, no coração das metrópoles norte-americanas, o legado de Barnum, conhecem o apogeu nos anos de 1880 e 1890, para principiar desde a primeira década do século XX um declínio que ainda vai se acelerar depois da Primeira Guerra Mundial. Veem-se então forçados a enfrentar a concorrência dos grandes circos itinerantes, todos dotados de monstruoso aparato, dos *carnivals* e das reuniões periódicas de curiosidades humanas ao longo do *midway* das Exposições universais, ou então instaladas de maneira permanente nos primeiros parques de atrações organizados, como Coney Island,

---

133. *Liaisons* [revista da chefatura de polícia], 14/12/1964.

134. AML., 807 WP 002.

135. AML., 806 WP 001. Correspondência do prefeito de Lyon de 20/07/1971.

136. AML., 806 WP 001. Algumas observações sobre as temporadas de espetáculos de Lyon (02/12/1954).

perto das grandes cidades. Assim como na Europa, essas diversões teratológicas vão ser cada vez menos apreciadas no decorrer dos anos de 1930 e 1940, para conhecerem um eclipse total depois da guerra, malgrado, aqui e ali, algumas formas residuais de sobrevivência[137]. O monstro, decididamente, não dá mais lucro.

2. Os últimos dos monstros

Ou, para falar mais exatamente, o monstro vai renascer em outros lugares e prosperar sob outras formas. O escritor Francis Scott Fitzgerald teve a esse respeito a dolorosa experiência em um dia de outubro de 1931, quando foi aos estúdios da Metro Goldwyn Mayer, a fim de negociar um roteiro. Tendo entrado na cantina desses estúdios, dali saiu precipitadamente, sem apetite[138]. Acabara de ficar frente a frente com a trupe dos atores de *Freaks*, o filme que Irving Thalberg, um dos diretores da MGM, pressentindo a chegada de "um ciclo de horror", tinha encomendado a Tod Browning: tudo aquilo que a América do começo dos anos de 1930 possuía ainda de fenômenos vivos fazia as refeições ali, entre duas sessões de filmagem.

Pois os monstros, a partir da invenção do cinematógrafo na virada do século, tinham deixado os entra e sai para invadirem as telas. Os parques de diversão foram incontestavelmente, antes mesmo de se multiplicarem nas duas primeiras décadas do século XX, os estabelecimentos cinematográficos itinerantes, um lugar destacado de metamorfose dos corpos monstruosos em sinais de sombra e de luz[139]. Uma observação atenta dos parques de diver-

---

137. BOGDAN, R. *Freak Show*. Op. cit., p. 62-68.

138. TAYLOR, D. *Joy Ride*. Nova York: G.P. Putnam's Sons, 1969, p. 247-248. Cf. SKAL, D.J. *The Monster Show* – A Cultural History of Horror. Nova York: W.W. Norton, 1993, p. 145-159.

139. Cf. MANONNI, L. *Le grand art de la lumière* – Archéologie du cinéma. Paris: Nathan, 1994.

são permite entrevê-lo desde o final do século XIX: começa a mudar o apetite visual do público, e a curiosidade, que já perdeu o gosto pela exibição teratológica, vai pouco a pouco cedendo à atração de ilusões de ótica, cujo número e diversidade não param de crescer. No momento em que os monstros humanos se dispõem a retirar-se do olhar público, dispositivos de espelhos e de engenhosos refletores projetam sobre as telas dos parques de diversão toda a gama de suas deformidades. Os corpos, despojados de sua espessura carnal, volatilizam-se em fantasmas luminosos: espectros invadem os barracões[140], esqueletos, revelados pelos raios X, surgem das sombras[141]. Essa transformação dos corpos em signos permite ao parque de diversão e aos museus de curiosidades oferecer, sob uma forma desmaterializada, ao mesmo tempo distanciada e realista, espetáculos cuja percepção direta e brutal as sensibilidades não suportam mais. Introduzem os seus espectadores em um universo de convenções visuais onde os simulacros substituem as exibições ofensivas, logo proscritas. Enquanto vão sendo aos poucos subtraídas ao olhar público as execuções capitais, parques e museus regurgitam de "decapitados que falam"[142], mulheres sem cabeças e cabeças sem mulheres. Enquanto os necrotérios vão fechar as portas às longas filas de curiosos que vinham se arrepiar à vista dos sinais da violência criminosa descarregada sobre o cadáver, os espetáculos dos parques de diversão oferecem todas as formas da obstinação ótica sobre o corpo feminino, serrado, traspassado, cortado na cena[143]. E os monstros ressuscitam nos bar-

---

140. *La Nature*, n. 1164, 21/09/1895.

141. *L'Illustration*, 10/08/1897. • *La Nature*, 12/06/1897. Sobre este ponto, cf. ROUGÉ, A. "As formas populares de vulgarização das ciências: raios X e radioatividade". Paris: Universidade de Paris XI/Orsay, 2001.

142. "A ciência dos parques de diversão: os decapitados que falam". *La Nature*, n. 493, 11/11/1882, p. 379-382.

143. Sobre a produção de época dessas ilusões de ótica, cf. ALBER. *Les Grands Trucs de la prestidigitation décrits et expliqués*. Paris: Mazo, 1904. • HOPKINS, A.A. *Magic Stage Illusions and Scientific Diversions, Including Trick Photography*. Nova York: Munn & Co./Scientific American Office, 1898.

racões: a "mulher-aranha"[144] espreita sua presa, anões "óticos" se agitam na tela. Os corpos, livres de toda coerção, veem multiplicar-se os seus membros: mulheres com duas cabeças, mulheres com três cabeças[145], monstros com três pernas... A desmaterialização dos cadáveres, dos suplícios e dos monstros autoriza ainda por cima conclusões afinal felizes: os decapitados narram à assistência o funesto destino que lhes coube, as caixas dos prestidigitadores devolvem, contrariamente à mala à Gouffé, os corpos milagrosamente intactos; dissipam-se as deformidades fantasmas quando se acendem novamente as luzes da sala. A morte, a mutilação, a monstruosidade não têm agora nada mais de irreversível.

O corpo se viu, deste modo, dotado de uma segunda vida, cuja presença, duração e complexidade o cinema das primeiras décadas vai intensificar ainda. O cinema prolonga e aperfeiçoa a arte das ilusões visuais dos parques de diversão. Georges Méliès, que faz de seu estúdio um laboratório primitivo dos efeitos especiais, vem do mundo dos parques de diversão, assim como Tod Browning, que vai garantir a passagem dos truques desses parques para os artifícios de Hollywood[146]. Ele havia conhecido todas as profissões do parque de diversões, imitador de latidos, clown, contorcionista. Chegou até a representar "o cadáver hipnotizado vivo" em um *travelling river-show* que percorria o Mississípi, enterrado toda noite para ressuscitar na manhã seguinte. Browning leva consigo alguma coisa da cultura circense quando desembarca em Hollywood, para ali realizar uma breve e sombria carreira. Marcada pela sua colaboração com Lon Chaney, ator proteiforme, "o homem das mil faces", esta pode ser concebida como uma experimentação

---

144. Cf. Alber. *Les Grands Trucs...* Op. cit., p. 128-130. • *La Nature*, n. 1293, 12/03/1898, p. 239-240.

145. "A ciência dos parques de diversão: a mulher com três cabeças". *La Nature*, n. 484, 09/09/1882, p. 257-258.

146. Cf. neste mesmo volume a contribuição de Antoine de Baecque, V Parte, cap. 2.

contínua com as metamorfoses cinematográficas da deformidade[147]. Browning vai prosperar à sombra dos filmes de terror, cujo desenvolvimento precoce entre os gêneros do cinema primitivo sublinha mais uma vez, nem precisa lembrar, a ligação deste último com a cultura do horror dos parques de diversão e a teatralidade sangrenta do *Grand-Guignol*. O choque provocado pelo filme *O gabinete do Doutor Caligari* (1919) e depois pelo *Nosferatu* de Murnau (1922), instala na cultura visual dos anos de 1920 um gênero que se abastece logo com seus monstros oficiais, que vão reaparecer sempre mais tarde, *"revenants"*, no sentido literal do termo [*revenant*, de *revenir*: o que vem de novo, o que retorna, o que aparece de novo; em português: aparição, fantasma: Nota do trad.], da tela grande e depois da telinha: Frankenstein, Doutor Jekyll e Mister Hyde, Drácula... Precisamente o sucesso de seu *Drácula*, rodado em 1931 para a Universal, com Bela Lugosi, valeu a Browning a incumbência de dirigir *Freaks*[148]. Ele prometeu então ao estúdio realizar "o filme de horror extremo". Escusa dizer que ele cumpriu a promessa.

---

147. Há dois elementos essenciais à forma de criação cinematográfica de Tod Browning, o *side show* e seus monstros, por um lado, a personagem de Lon Chaney, pelo outro, capaz de encarnar todas as desfigurações necessárias à visão de Browning com o qual rodou dez filmes entre 1919 e 1929: amputado em *The penalty* (1920), disforme em *Notre-Dame de Paris* (1923), desfigurado em *O fantasma da ópera* (1925), travestido como vovó ventríloqua em *O clube dos três* (1925), mutilado e escarificado em *O pássaro negro* (1926), e *A Estrada de Mandalay* (1926), sem braços em *O desconhecido* (1927), doente vingador arrastando de uma cena para outra o corpo hemiplégico em *A oeste de Zanzibar* (1928)... Talvez se deva pensar que o espantoso poder mimético de Chaney tenha retardado a introdução nos filmes de Browning de monstros reais. Estes só irromperão em massa em seus filmes com *Freaks*, isto é, depois que Chaney desapareceu, em 1930.

148. Sobre o cinema de Browning, cf. WERNER, A. *Freaks* – Cinema of the Bizarre. Londres: Lorrimer, 1976. • *Catálogo do ciclo Tod Browning*. Lisboa: Cinemateca Portuguesa, 1984. • SKAL, D.J. *The monster show*. Op. cit. • SKAL, D.J. & SAVADA, E. *Dark Carnival* – The secret world of Tod Browning. Nova York: Doubleday, 1995. • NORDEN, M.F. *The cinema of isolation* – A history of physical disability in the movies. New Brunswick (N.J.): Rutgers University Press, 1994. • BOCCHI, P.M. & BRUNI, A. *Freakshow* – Il cinema della difformità. Bologna: Puntozero, 1998. Cf. tb. *Les Cahiers du Cinéma*, n. 210, mar./1969; n. 288, mai./ 1978; n. 436, out./1990; n. 550, out./2000.

Não verdadeiramente, todavia, como o esperavam aqueles que lhe tinham encomendado o filme. "Eu queria algo horrível... Fui bem servido!" – lamentava-se Irving Thalberg quando leu o roteiro pela primeira vez[149]. *Freaks*, filme inclassificável, acontecimento singular na história do cinema, rompe de fato radicalmente com o horror tranquilizante das convenções dos filmes de terror. Mas é muito outra coisa ainda: um marco essencial na história das representações do corpo anormal, um limiar na genealogia das percepções da deformidade humana.

Mas a história do filme parece simples: um anão de circo se apaixona por uma bela amazona do circo. Ela pensa em aproveitar o ensejo para despojar o anão de sua fortuna, com a cumplicidade de um Hércules da trupe. O plano, entretanto, fracassa, graças à solidariedade impecável dos fenômenos do *side show*, o complô é desfeito, os culpados punidos. A lição do filme parece perfeitamente em sintonia com a mutação das sensibilidades que lhe é contemporânea: a beleza física pode dissimular uma feiura moral, e a deformidade do corpo abrigar sentimentos humanos. Mas as coisas logo se complicam e o filme derrapa, tal como esses carros de circo, que viram na lama, e servem de cenário para a sua alucinante sequência final. Pois o fato de ter reunido o mais numeroso elenco de monstros humanos jamais imaginado multiplicou os obstáculos materiais e artísticos. Excetuando Tod Browning, ninguém mais, em 1932, pensava em ver aparecer, cerrando fileiras na mesma tela, um conjunto de espécimes teratológicos digno de Barnum...

Certamente não Jean Harlow ou Myrna Loy, pois as duas recusaram o papel principal, pensando com toda a razão que as réplicas trocadas com Joseph-Joséphine, o hermafrodita, ou então o Príncipe Randian, "a lagarta humana", não seriam a mais segura das promoções para suas respectivas

---

149. SKAL, D.J. *The monster show*. Op. cit., p. 148.

carreiras[150]. Nem tampouco a direção dos estúdios, Louis B. Mayer em pessoa, que tentou mais de uma vez interromper as filmagens. Nem mesmo os técnicos, que se recusavam a tomar as refeições nessa estranha companhia, e multiplicaram as reclamações junto ao sindicato.

Mas a dificuldade essencial veio da natureza do próprio filme, portador de todas as contradições e ambiguidades de um momento de transição cultural: enquanto o cinema permite e as sensibilidades solicitam o mergulho dos olhares em um universo das deformidades corporais, mostrado de longe, *Freaks* constrói um mundo visual de extremo realismo teratológico, simula proximidades de *voyeurismo* de parque de diversão. A tela fica saturada de monstros; Browning tornou a instalar o espectador na sala do *freak show*. Nada de se admirar, então, dado que a compaixão obrigatória nos anos de 1930 deva ser lembrada em um longo prólogo, acrescentado posteriormente: "A repugnância com a qual contemplamos os anormais, os disformes e os mutilados é consequência de um longo condicionamento através de nossos ancestrais. Os próprios monstros, na sua maioria, são dotados de pensamentos e emoções normais. Sua sorte parte, na verdade, o coração"[151]. Proclamação que logo se anula em uma crepuscular cena final: os fenômenos rastejam inexoravelmente na lama para cercar suas vítimas, liquidar o Hércules, dar à bela uma aparência que reflete a escuridão total de sua alma, a de uma ave doméstica mutilada e grotesca, uma curiosidade de *freak show*. Os monstros são humanos porque sofrem, adverte o primeiro plano do filme. E são também humanos porque são cruéis, conclui o último plano.

---

150. Browning teve de oferecer o papel a Olga Baclanova, uma vamp do cinema mudo já em declínio, que recordou assim o dia em que o diretor lhe apresentou os parceiros de filmagem: "Ele então me mostrou uma mocinha parecida com um orangotango; depois um homem com cabeça, mas sem pernas, só cabeça e corpo, como um ovo... Ia me mostrando um depois do outro, e eu nem podia olhar, queria desmaiar, queria chorar" (KOBAL, J. People will talk. Nova York: Alfred A. Knopf, 1985, p. 52. Apud SKAL, D.J. *The monster show*. Op. cit., p. 152.

151. *Freaks* [1932]. "Prólogo", edição em DVD, Turner Entertainment Co. e Warner Bros Entertainment, 2005.

Sombria lucidez a de Tod Browning: *Freaks* permite discernir sob a maré montante da compaixão pelas enfermidades humanas o recalque ainda fresco do *voyeurismo* dos frequentadores dos parques de diversão, das curiosidades, dos medos e das repugnâncias inspirados ontem pelos fenômenos dos circos. Nisto se pode decerto ver *Freaks* – tal como o *Homem Elefante* de Lynch, mas, como se verá, com uma visada radicalmente diversa – como um relato de origem, obra genealógica que interroga a mutação dos olhares lançados sobre as deformidades humanas na formação das diversões de massa. Tod Browning no-lo recorda: os monstros humanos tiveram aí os primeiros papéis, o parque de diversão é o berço do cinema. Hollywood é o filho natural de Barnum.

Na América da Depressão, contudo, não convém mais dizer essas verdades. O filme foi um grande desastre de bilheteria, e isto foi o dobre de finados na carreira cinematográfica de Tod Browning. Produziu uma comoção visual considerável; conheceu a censura; desencadeou as críticas: "Não há desculpa para um filme desses. Foi necessário um espírito fraco para produzi-lo, e é preciso ter estômago forte para assistir a ele"[152]. Essas condenações, em uníssono com aquelas que se ouviram pedindo na mesma época, no cenário europeu, a proibição do espetáculo da deformidade, atestam uma homogeneidade sempre maior do espaço cultural do Ocidente em face dos produtos da indústria das diversões. A produção e a distribuição em massa das mercadorias culturais, a urbanização dos públicos, a sistematização das tecnologias de fabricação das imagens determinam as expectativas, padronizam os modos de recepção, homogeneizam as respostas emocionais: a "fábrica de sonhos" inventa o espectador moderno.

Nesta perspectiva, *Freaks* suscitou um duplo protesto. Por um lado, na América, como antes na Europa, os críticos repetem que um espetáculo desse gênero não poderia ser justificado a não ser sob a autoridade do olhar mé-

---

152. *Kansas City Star*, 15/07/1932.

dico: "A dificuldade, assim argumenta o *New York Times*, é dizer se esse filme deve ser mostrado no Rialto, ou, digamos, no Centro Médico"[153]. Por outro lado, os jornais deploram que a identificação do público com qualquer um que pertença a essa galeria dos horrores humanos seja simplesmente impossível: "Uma história que não provoca paixão e que, ao mesmo tempo, não agrada, dado que é impossível para o homem e a mulher normais simpatizar com as aspirações do anão"[154]. Frágil compaixão, esta que se sente pelas deformidades humanas. No melhor dos casos, ela só se exerce na ausência delas, a tal ponto que basta a imagem de sua presença física para anulá-la. O cinema terá que fabricar outras ficções, fixar outras distâncias, inventar monstruosidades sem monstros para livrar os olhares desse mal-estar: tranquilizar e comover as massas.

3. A tela monstruosa

Os excepcionais atores de Browning iriam dali em diante empreender uma longa hibernação da qual só sairiam muito mais tarde, quando o filme seria redescoberto em 1960. Seu fracasso é um eco do fim dos espetáculos de entra e sai, e encerra o capítulo da exibição do anormal aberto por P.T. Barnum ao inaugurar seu American Museum, um século antes.

O fato de certos olhares se terem tornado intoleráveis não implica, todavia, o eclipse total do espetáculo da monstruosidade: este continua uma constante e uma necessidade antropológicas. E não deixa de ser tentador, a este propósito, associar o fracasso cultural e financeiro de Browning ao sucesso público e comercial impressionante de um outro filme, lançado pela primeira vez em uma sala de Nova York, no ano seguinte, aos 2 de março de 1933. Sua estrela principal era um monstro, embora de natureza totalmente diversa: não mais um corpo humano "real" brandindo na tela sua esqui-

---

153. *New York Times*, 13/07/1932.
154. *Variety*, 12/07/1932.

sitice teratológica, mas um corpo-simulacro, o de um gigantesco gorila, de brutalidade inaudita, *King Kong*, "a oitava maravilha do mundo", imaginada por Merian Cooper e Ernest Shoedsack, e fabricada pelo mago dos efeitos especiais, Willis O'Brien[155].

Freaks, filme-testamento, celibatário e sem herdeiros, põe na tela pela última vez monstros humanos[156] de verdade, no mesmo momento em que um autômato inicia um longo reinado no reino das ilusões, que não parou de povoar, depois, com uma série ininterrupta de artefatos monstruosos. Pois há no destino cruzado dessas produções cinematográficas muito mais que mera coincidência de datas, o efeito de uma clivagem contemporânea das percepções da deformidade humana.

O desenvolvimento no período entre-guerras do pensamento do *handicap* inscreveu este último em um universo de sensibilidades e de práticas que não permitem dali em diante que se faça da deficiência física um objeto de espetáculo. Difunde-se agora o sentimento de uma obrigação moral que exige o controle dos olhares e a eufemização dos discursos. Tudo se passa então como se os traços monstruosos, não sendo mais reconhecidos em seu enraizamento corporal e humano, se desdobrassem na esfera do espetáculo para aí adquirir uma existência autônoma: impulsionados pelo desenvolvimento das tecnologias cinematográficas, vão desenvolver-se nesse espaço como formas hiperbólicas, ao mesmo tempo que se vai enfraquecendo o re-

---

155. O filme foi a única produção que estreou simultaneamente nos dois maiores cinemas da cidade, o *New Roxy* e o *Radio City Music Hall*, e lotou completamente as salas. Conheceu um sucesso financeiro excepcional, apagando de um só golpe todas as dívidas de sua companhia produtora, a RKO. Tinha sido preparado por dois filmes precedentes de Willis O'Brien, apresentando dinossauros e um macaco gigantesco, isto desde 1915 (*O dinossauro e o elo perdido*), a seguir, em 1925, *O mundo perdido*. Quanto a *King Kong*, cf. particularmente GLUT, D.F. *Classic movie monsters*. Metuchen (N.Y.)/Londres: Scarecrow Press, 1978, cap. VIII, p. 282-371.

156. "Nunca mais se filmará uma história como esta, enquanto a ciência moderna e a teratologia rapidamente eliminam da superfície da terra esses erros da natureza" (*Freaks*. "Prólogo". Op. cit.).

conhecimento da alteridade das monstruosidades humanas. A estranheza grandiloquente do monstro das telas – assim como as emoções que desperta: espanto, maravilha, terror, repulsa... – estão em função inversa do enfraquecimento das percepções da deformidade do corpo humano na vida coletiva, de sua disseminação crescente sob a forma de pequenas diferenças, dos "monstros pálidos" da anomalia corporal – e dos sentimentos e das práticas que constituem seu cortejo: sentimento de culpa, mal-estar, fugas... E é por isso que *King Kong* entra em cena justamente no momento em que os monstros de Browning a desertam. Vem, no sentido mais forte da palavra, *macaquear* aquilo cujo único suporte havia sido durante muito tempo a deformidade humana, e cujo espetáculo não mais poderia constituir.

Os simulacros monstruosos da tela nunca mais, desde então, desfizeram-se do seu papel de instrumentos de gestão emocional das massas. A multidão das deformidades fictícias vendidas pela indústria dos efeitos especiais é, no entanto, tão compacta, que não se poderia aqui entrar nos pormenores de sua história. Vamos assim limitar-nos a esboçar algumas de suas funções essenciais.

Os monstros, em primeiro lugar, metem medo. Indo ao encontro do destino que antigamente lhes cabia, encarnam os terrores coletivos, e permitem a sua liquidação catártica. Assim a descendência de *King Kong* vai prolongar a antiga tradição dos sinais proféticos apresentando uma lista mais ou menos exaustiva das catástrofes do século XX: guerras, epidemias, depressões econômicas e loucuras da ciência – todas elas geraram seus monstros. A partir da década de 1920, os inúmeros *remakes* de *Frankenstein* e do *Doutor Jekyll* [*O médico e o monstro*] ou então as adaptações de *A ilha do Doutor Moreau*, registrarão a ascensão da inquietude diante da onipotência médica. Godzilla surgiu do medo das radiações atômicas no Japão do pós-guerra, ao passo que os invasores marcianos dos anos de 1950 deslocavam para uma guerra dos mundos as angústias da Guerra Fria. A contaminação do sangue vai despertar, no decorrer dos anos de 1980, os vampiros que estavam adormecidos, justamente no momento em que a parte ameaçadora do incógnito que povoa o vácuo interestelar enche as naves espaciais com o desencadear orgânico de criaturas "outras". Precederão de pouco os dinossauros carnívoros gerados na década de 1990 pelo temor experimentado diante das manipulações genéticas da vida[157].

Embora os monstros tenham desaparecido, ainda prolifera o monstruoso: a irrupção ocasional dos corpos na cena do entra e sai foi progressivamente dando lugar à enxurrada contínua de signos cujo fluxo ainda se acelerou com a passagem da tela grande para a telinha. O espetáculo oferecido por esses rituais de catarse dos medos coletivos, conhecidos como filmes de terror, é agora permanente, mas o seu poder de desestabilização do olhar é bem menor do que aquele que, ainda ontem, surgia com a simples presença dos fenômenos vivos. Condenadas a um eterno retorno, as monstruosidades virtuais da tela só inquietam para tranquilizar melhor, sem jamais alcançar dissipar uma impressão persistente de *déjà vu*.

E este não é o último de seus paradoxos. Livres da sua cobertura carnal, dispostas em uma distância ótima, as mutações teratológicas das salas escuras oferecem uma superfície de projeção de uma plasticidade inédita: os monstros artificiais tranquilizam, mas também comovem. *Freaks* sentira a necessidade, em um longo prólogo, de lembrar que as atrações do *freak show* eram mesmo seres humanos. King Kong não precisou disso, pois ninguém se engana ali: trata-se com certeza de "um corpo de gorila e da alma de um homem"[158]. Agora é mais fácil a identificação do espectador, é maior a empatia com a representação do sofrimento expresso por um autômato simiesco do que com aquela confinada na monstruosidade de um corpo humano. "Vou fazer as mulheres chorarem pela sorte dele, antes de liquidá-lo", repetia Merian Cooper a propósito da criatura que tinha inventado[159]. A ilusão ci-

---

157. Sobre estes pontos, pode-se consultar SKAL, D.J. *Screams of reason* – Mad science and modern culture. Nova York/Londres: W.W. Norton, 1998.

158. Conforme a palavra de DE LAURENTIS, D. Apud GLUT, D.F. *Classic movie monsters*. Op. cit., p. 347.

159. Apud SKAL, D.J. *The monster show*. Op. cit., p. 175.

nematográfica veio sob medida para aliviar os olhares do peso, da deformidade humana, que se tornara indesejável, e instaurou o princípio da arbitrariedade do signo no universo da compaixão.

As representações monstruosas da tela, a partir de então, desempenharam cabalmente o seu papel de tranquilizante das massas. Assim King Kong foi perdendo, à medida que era refilmado, boa parte da brutalidade inicial, para acabar como inocente bicho de pelúcia na versão realizada em 1976 por John Guillermin[160]. Mas a verdadeira virada na história da edulcoração do monstruoso iria ocorrer com a criação dos estúdios Disney e com a produção, em 1938, do seu primeiro longa-metragem, *Branca de Neve e os sete anões*. Disney é sem sombra de dúvida o herdeiro de Barnum: mesmo gênio comercial, mesmo talento da organização, mesmo tino publicitário. Mas um Barnum que teria compreendido, cem anos mais tarde, que já era mais que tempo de fazer os sete anões descerem do tablado equívoco do *freak show* para os reciclar no universo esterilizado do desenho animado destinado ao público infantil. É necessário reconhecer a Disney o mérito de ter levado à sua última lógica um comércio do monstruoso que, hoje se vê muito bem, que Barnum só lhe entrevira o balbuciar. Percebeu já nos anos de 1940 o lucro que se podia tirar da indústria dos produtos derivados do cinema, e transformou as ficções monstruosas em artigos de consumo para todo tipo de público, comercializando esses objetos "sob todas as formas imagináveis: bonecas, bombons, pingentes, brinquedos de celuloide, barras de chocolate,

---

[160]. O filme foi edulcorado quase imediatamente após seu lançamento, em *O filho de King Kong* (1933). Quando a versão original é novamente lançada, em 1938, a censura elimina a sua violência original (King Kong esmagando com os pés um indígena ou mastigando seres humanos...), elimina o persistente perfume de zoo humano que pairava sobre as sequências "indígenas", e vela as ambiguidades eróticas (a Fera despindo a Bela...). O *remake* de John Guillermin (1976) desvelará ainda mais a humanidade que aflora sob a carapaça do gorila para o transformar, conforme a palavra de seu produtor, em "um amante romântico" (cf. GLUT, D.F. *Classic movie monsters*. Op. cit., p. 349).

álbuns de figurinhas, imagens, lenços, *lingerie*, gorros e bonés"[161], tema de parque de atrações.

O triunfo comercial da empresa Disney, na segunda metade do século XX, assinala o fim da separação do espetáculo da deformidade corporal de suas remotas origens carnavalescas, o recalque em escala industrial das sensibilidades que ainda ontem procuravam a exposição dos olhares ao choque perceptivo do corpo anormal, a entrada na fase terminal da pasteurização de massa da cultura popular. Os monstros se dividem agora entre bonzinhos extraterrestres e ogros benevolentes. Agora são eles, nas versões mais avançadas da literatura infantil e do cinema de animação, que têm medo das crianças[162].

4. O arquipélago das diferenças

Nessa grande empresa de diversão monstruosa, polida e familiar, *O Homem-Elefante* de David Lynch parece uma exceção. O filme encontra os monstros humanos na cena do *side show* onde Tod Browning os abandonara, para escrever a sequência de sua história: a chegada de uma medicina compassiva que, quando se mostra impotente para curar, sabe prestar socorro a quem se vê afligido pela pior das deformidades. "Caso se trate de um homem inteligente, aprisionado no corpo de um monstro – explica Frederick Treves –, vejo-me então submetido à obrigação moral de ajudar a libertar esse espírito, libertar essa alma da melhor maneira possível, ajudar esse homem a viver uma vida tão plena e satisfatória quanto possível"[163]. Através do trágico destino do homem elefante, o filme pretende esboçar uma genealo-

---

161. SADOUL, G. *Histoire du cinema mondial*. Paris: Flammarion, 1949, p. 296.

162. A domesticação dos monstros na literatura infantil se insere em um processo mais amplo e mais antigo de pacificação da violência narrativa dos contos do folclore (cf. DARNTON, R. "Peasants tell tales. The meaning of Mother Goose". *The Great Cat Massacre*. Nova York: Vintage Books, 1985, p. 9-71).

163. BERGREN, E.; DE VORE, C.; LYNCH, D. *The elephant man. Screenplay*. Hollywood Script City, 1980, p. 54.

gia dos olhares sobre a monstruosidade, quer recapitular o itinerário científico e moral que a leva da exploração circense à assistência médica. E, com a imagem final de John Merrick escapando de seu calvário terrestre, adormecido em seu leito do Hospital de Londres, Lynch ambiciona chegar a um final tranquilo do atormentado universo das ficções modernas do monstro. "A ciência pode gerar monstros" – havia profetizado Mary Shelley, ao escrever a primeira obra de ficção no começo do século XIX. Mas Lynch objetará, no fim do século seguinte, que ela também pode salvá-los.

Mas o fato de a história ser verdadeira, o monstro ser humano, o tratamento visual da monstruosidade ser realista e a adaptação histórica bem elaborada não deve, todavia, induzir a erro: a ficção leva mais a marca de seu tempo, ao redor dos anos de 1980, do que traduz as sensibilidades vitorianas que se pensa estar pondo em cena. "Senhor Merrick, o senhor não é de todo um homem elefante", exclama a senhora Kendall, seduzida pela delicadeza da alma enterrada sob a deformação das carnes. "Oh, não! ... Não! Você é um Romeu"[164]. A monstruosidade depende do olhar que se põe sobre ela. Não se acha tanto enraizada no corpo do outro quanto agachada no olhar de quem observa.

Essa ideia provém de uma mutação da amplitude do olhar lançado sobre a deformidade física, e de modo mais geral sobre as deficiências corporais, que se torna mais sensível no decorrer dos anos de 1960-1970. Ela é levada pelo movimento poderoso no sentido de igualar as condições que Tocqueville situou precisamente no coração e no princípio das sociedades democráticas. Foi favorecida e preparada pela multiplicação dos dispositivos legais e administrativos em prol dos portadores de deficiências após a Segunda Guerra Mundial[165]. Contemporânea das medidas que visam, entre o fim

---

164. Ibid., p. 90.

165. Assim, na França, a série de medidas para a reeducação e a reclassificação profissional de certos doentes e enfermos incluídos nos decretos-leis da Seguridade Social, seguida nos anos de 1950 pelo número crescente de textos que criam estabelecimentos especializados, medidas de apoio para as pessoas com algum *handicap*, obrigações impostas às empresas em vista delas. Mesma tendência na América, onde se multiplicam depois da guerra os esforços

dos anos de 1950 e o começo dos anos de 1980, redefinir o *handicap*, ampliar os meios alocados à sua reintegração, bem como criar numerosos grupos e ações que militam em seu nome, ela constitui o seu reflexo fiel e seu agente eficaz[166]. Ela vai levar ao imenso conjunto de leis que, com a intervenção crescente do Estado no decorrer dos anos de 1990, tanto na Europa como na América, ratificarão os direitos adquiridos pelos portadores de deficiências, punirão a discriminação contra eles, intensificarão as medidas de apoio[167].

Duas obras, uma de um sociólogo e a outra de um fotógrafo, mostram emblematicamente essa mutação do olhar sobre o corpo anormal, essa vontade de arrancar o disforme, o mutilado, o enfermo da alteridade monstruosa, e garantir a sua integração na comunidade dos corpos comuns. No começo dos anos de 1960, quando Ervin Goffman está concluindo a redação de *Estigma*[168], Diane Arbus descobre, fascinada, o *Freaks* de Tod Browning em um cinema de bairro em Nova York[169]. Arbus vai mostrar aquilo que Goff-

---

de reabilitação pelo trabalho (*Vocational Rehabilitation Act* de 1954, em que se organizam em vasta escala as associações de apoio aos deficientes, pais de crianças com necessidades especiais, que tendem já a se internacionalizar. Cf. STIKER, H.-J. *Corps infirmes...* Op. cit., p. 203-208. • BRADDOCK, D.L.; PARISH, S.L. An institutional history of disability. In: ALBRECHT, G.L.; SEELMAN, K.D.; BURY, M. (orgs.). *Handbook of disabilities studies.* Op. cit., p. 69-96.

166. Na França, a lei de 23 de novembro de 1957 define o trabalhador deficiente, cria um Conselho para a reclassificação profissional e social, impõe uma quota de portadores de deficiência nas empresas; nos anos de 1970 (leis de 1971 e 1975), incrementam-se os subsídios financeiros e a intervenção do Estado para chegar no começo dos anos de 1980 à classificação internacional dos portadores de *handicap*. Na mesma época, nos Estados Unidos, progride o reconhecimento dos direitos dos portadores de deficiência (a seção 504 do *Rehabilitation Act* de 1973) e desenvolvem-se as medidas educativas (*Education of All Handicapped Children Act*, de 1975).

167. *American with Disabilities Act* nos Estados Unidos, em 1990; lei similar na Inglaterra em 1995 (*Disability Discrimination Act*); texto semelhante nas Nações Unidas em 1994 (*Standard Rules on the Equalization of Opportunities for Persons with Disabilities*, que prolonga o *World Programa of Action Concerning Disabled Persons* de 1982), semelhante àquele adotado pela União Europeia em 1996; lei francesa de 2005 sobre o *handicap*.

168. GOFFMAN, E. *Stigma* – Notes on the Management of Spoiled Identity. Englewood Cliffs (N.J.): Prentice Hall, 1963 [Trad. francesa, *Stigmates* – Les usages sociaux du handicap. Paris: De Minuit, 1975.

169. BOSWORTH, P. *Diane Arbus* – A Biography. Nova York: Knopf, 1984, p. 189.

man vê, e analisa: o anormal é questão de percepção, o estigma reside no olho de quem observa[170].

Esse deslocamento do olhar tem consequências cruciais: o desvio, a deformação monstruosa são "des-naturalizados", extirpados do corpo anormal, para se tornarem uma propriedade perceptiva dos "contatos mistos, dos instantes em que normais e estigmatizados compartilham uma mesma situação social, noutras palavras, acham-se na presença uns dos outros"[171]. "Dessomatizada" a deformidade se transmuta então em um problema de comunicação, uma patologia social da interação com suas inevitáveis consequências: desconforto, evitar o outro, mal-estar, negação do outro, "desintegração das interações face a face ordinárias"[172]. Noutras palavras, degradação – ou mesmo negação – do direito de cada um à interação e à inclusão social[173].

Separada do corpo, a anomalia adquire assim um valor psicológico – "hoje o termo se aplica mais ao próprio infortúnio que à sua manifestação corporal"[174] –, difunde-se, dissemina-se e confere ao *handicap* alcance quase universal.

> Podemos distinguir, *grosso modo*, três tipos de estigmas. Há, em primeiro lugar, as monstruosidades do corpo, as diversas deformidades. Encontramos, em seguida, as taras de caráter que, aos olhos dos outros, assumem o aspecto de uma fraqueza de vontade, de paixões irreprimíveis antinaturais [...]. Exis-

---

170. "A palavra estigma quer, portanto, designar um atributo que lança um descrédito profundo [...]. Não se acham em causa todos os atributos, mas só aqueles que destoam com relação ao estereótipo que temos quanto ao que deveria ser uma série de indivíduos" (GOFFMAN, E. *Stigmates*. Op. cit., p. 13).

171. Ibid., p. 23.

172. Ibid., p. 30.

173. "Um indivíduo que facilmente poderia ter-se feito admitir no círculo das relações sociais ordinárias possui uma característica tal que ela pode impor-se à atenção daqueles dentre nós que o encontram, e afastar-nos dele, destruindo os direitos que tem em face de nós pelo fato de seus outros atributos" (Ibid., p. 15).

174. Ibid., p. 11.

tem, enfim, os estigmas tribais como, por exemplo, a raça, a nacionalidade, a religião[175].

Há consideráveis consequências nesse deslizamento quanto à definição das normas contemporâneas das formas corporais da identidade. Esbatem-se as distinções entre deformidades físicas, anomalias psíquicas, pertença a grupos sociais com traços minoritários: todos são estigmatizados. Além disso, vemos embaralhar-se a fronteira entre normal e anormal pela universalização das deficiências: "Caso se insista então em qualificar o indivíduo estigmatizado como desviante, melhor seria sem dúvida classificá-lo como *desviante normal*"[176].

A formação das sociedades de massa havia solicitado a instauração de uma norma corporal bruta, que encontrava na monstruosidade exposta o contramodelo que a legitimava. O aprofundamento do seu caráter democrático tende a reduzir os desvios do normativo, apagar as hierarquias somáticas, inserir na norma os traços identitários que dali se afastavam. Em uma sociedade de "desviantes normais", que não disponham a não ser de um *temporarily abled body*, a redefinição das normas corporais faz de cada pessoa um não deficiente provisório: "O problema não é mais saber se fulano teve a experiência do estigma, mas por quantas variedades ela passou"[177]. Segundo o National Council on Disabilities, 49 milhões de norte-americanos sofriam em 2001 de alguma deficiência física ou mental. O *handicap* vem a ser uma característica normal do curso da vida humana; confunde-se com a própria condição humana. O *handicap* tende a tornar-se a norma.

A redistribuição contemporânea dos limites entre normal e anormal produziu efeitos massivos no campo do olhar lançado sobre o corpo. Isso é verdade primeiramente no domínio das interações sociais: estas de fato são

---

175. Ibid., p. 14.
176. Ibid., p. 154 (grifo meu).
177. Ibid., p. 152.

cada vez mais nitidamente marcadas por um esforço de desatenção calculada, pelas formas de uma *não atenção polida*[178] que visa reduzir os contatos oculares, multiplicar os afastamentos, aliviar o peso dos modos e dos tempos de observação do corpo de outrem, prolongando assim o antigo processo de distanciamento dos corpos no qual Norbert Elias havia situado as primeiras formas modernas da sociabilidade. Isso vai também trazer com certeza consequências jurídicas: concebe-se que o aumento dessas exigências seja considerado inconciliável com a persistência das exibições da deformidade humana. Elas são agora submetidas a uma sanção legal, em nome do respeito que se deve à dignidade da pessoa: os espetáculos teratológicos são perseguidos[179], e agora se proscreve o anacronismo tenaz dos arremessos de anões[180]. Mas, além disso, a definição das formas de discriminação pelo olhar se estende às situações ordinárias e às suspeitas de *lookism*, de segregação pela aparência que podem ocorrer nesse contexto[181]. Sob suas formas mais extremas, essas tendências visam estabelecer uma correção do olhar que deixaria a pessoa cega para os aspectos exteriores do outro, bem como reivindicam uma proibição das palavras, que manda falar através de eufemismos e

---

178. Veja neste volume a notável leitura feita por Claudine Haroche das análises de Simmel e Goffman, entre outros, sobre as "maneiras de olhar" nas sociedades democráticas contemporâneas: SIMMEL, G. *Sociologie* – Étude sur les formes de la socialisation [1908]. Paris: PUF, 1999. • GOFFMAN, E. *Les rites d'interaction* [1967]. Paris: De Minuit, 1974. • HAROCHE, C. "Modos de ver, maneiras de olhar nas sociedades democráticas contemporâneas". *Communications*, n. 75, jan./2004, p. 147-168.

179. Cf. BOGDAN, R. *Freak Show*. Op. cit., p. 279-281, para o exemplo norte-americano.

180. Cf. sobre este ponto "Voo proibido", *Libération*, 04/12/1996, a propósito de Manuel Wackenheim, "anão voador". Entre 1990 e 1991, esse anão participa de uns sessenta espetáculos. Em novembro de 1991, o Ministro do Interior recomenda que se cancele a exibição. Em 1996, o Conselho de Estado ratifica por decreto a interdição. Sobre a mesma questão, cf. HAROCHE, C. Observações sobre as incertezas e ambiguidades do direito à dignidade. In: KOUBI, G. et al. (orgs.). *Le préambule de la Constitution de 1946* – Antinomies juridiques et contradictions politiques. Paris: PUF, 1996.

181. Quanto a isto, cf. o debate apresentado em POST, R.C. (org.). *Prejudicial appearances* – The logic of American Antidiscrimination Law. Durham: Duke University Press, 2001.

bane da linguagem qualquer traço de discriminação verbal[182]. A norma exige, nos dias de hoje, que o olhar renuncie a se demorar sobre a anomalia física, que o termo "monstro" já não se aplique mais a não ser metaforicamente a uma pessoa, que o anão principie uma segunda existência linguística, recebendo agora a denominação de "pessoa de baixa estatura"[183]: Onde quer que se pouse o olhar, a deformidade deve passar despercebida.

Isso vai ter certamente consequências políticas. As sociedades democráticas de massa quiseram transformar o corpo anormal em corpo ordinário. Tornaram-se deste modo o campo de um *conflito entre razão política e visão singular*: a primeira requer que se tratem de modo igual os indivíduos, seja qual for a sua aparência, enquanto a segunda registra a perturbação do olhar diante dos desvios do corpo. Os meios que elas aplicam para fazer do deficiente "um indivíduo como os outros", ou mesmo "um trabalhador plenamente capaz" – o discurso da readaptação, as tecnologias médicas de restauração protética, o arsenal dos regulamentos e das leis, a multiplicação dos serviços especializados –, só conseguiriam chegar a uma eliminação paradoxal do estigma corporal, simultaneamente percebido e apagado, lembrado e negado, reconhecido e recalcado[184]. Não deve haver, aqui, nenhuma ambiguidade: o acompanhamento médico e jurídico da compaixão sentida pelos

---

182. Cf. COURTINE, J.-J. "A proibição das palavras: a reescritura dos manuais escolares nos EUA". *Cahiers de Linguistique Slave*, n. 17, 2004, p. 19-32. Lausanne: Université de Lausanne.

183. Aqui haveria espaço para uma história, que ultrapassaria o quadro deste estudo, das transformações discursivas dos modos de se referir à deformidade humana. Ela veria como as palavras se modificam e como vão aos poucos se apagando, já faz mais de um século, os prefixos privativos e os termos considerados pejorativos no universo semântico da anomalia corporal. Teríamos então uma história onde o regime discursivo da monstruosidade cederia pouco a pouco diante do da enfermidade, onde este recuaria em benefício daqueles do *handicap* e da inadaptação, com estes últimos se disseminando, enfim, no imenso léxico das diferenças.

184. Henri-Jacques chamou a atenção para estes paradoxos: "Numa palavra, o deficiente é inserido – 're-inserido', como diz a expressão habitual – se e somente se o seu *handicap* é apenas um traço secundário, tal como a altura, a cor dos cabelos ou o peso. O portador de um *handicap* só é integrado quando o seu *handicap* é apagado. E, no entanto, a marca o segue [...]. Pesa, portanto, sobre quem está neste caso uma dupla coerção: são designados, apontados com o dedo [...] e devem comportar-se como se nada houvesse" (*Corps infirmes...* Op. cit., p. 156).

infortúnios e pelas deficiências do corpo e dos sentidos na maioria dos casos contribuiu para fornecer aos que deles sofrem um ambiente físico e humano cuja falta sentiam cruelmente. Foi, no entanto, necessário para isso que a razão velasse o olhar e que a anomalia do corpo, despojada da estranheza que a tinha durante tão longo tempo mantido na exclusão, viesse disseminar-se no arquipélago infinito das "diferenças". Pois é precisamente este o termo escolhido, nas sociedades democráticas, para proclamar – com a razão deliberadamente recalcando o olhar – *a igualdade entre os corpos*.

A dissolução da deformidade na multiplicação das diferenças tende assim a mergulhá-la em um universo de indistinção. Isto é verdade quando as formas burocráticas de tratamento social do *handicap* apagam as asperezas do corpo anormal, a fim de inseri-lo nas redes de readaptação. Mas é verdade também no que tange à confusão ao mesmo tempo visual e semântica que se instala às vezes no seio dos discursos que são, entretanto, formulados em seu nome.

> Com a diminuição das formas explícitas de racismo, a segregação por causa do peso [*sizism*], os preconceitos contra os obesos escondem a hedionda cabeça para se tornarem a forma mais aceitável e a mais comercializável de discriminação no mundo ocidental. A segregação por causa do peso se assemelha às ideologias e aos métodos de discriminação racial utilizadas nos Estados Unidos em um passado recente [...]. Os obesos são quase sempre tão machucados por serem tratados como gordos quanto os negros o eram quando tratados de negros[185].

Não há, no entanto, nenhuma equivalência perceptiva entre a obesidade e a etnicidade no olhar sobre o corpo, nenhuma similaridade histórica entre as formas de segregação racial e os preconceitos que estigmatizam a corpulência, senão um paralelismo entre o movimento dos direitos civis e aquele que levou à adoção do *American with Disabilities Act* de 1990, com o primei-

---

185. "Hold the slurs – fat is not a four-letter Word". *Los Angeles Times*, 04/03/1990.

ro tendo servido de modelo para o segundo. A multiplicação das diferenças pode eclipsar a diferença. Nossas sociedades, dado o seu caráter democrático, pedem igualdade; sendo, no entanto, sociedades de massa, buscam a uniformidade. Essa é a tensão que hoje perpassa as percepções, as representações, a experiência vivida do corpo anormal.

5. Epílogo: Welcome to Gibsonton, Florida

Que seja possível uma outra visão, que não desembarace os corpos da sua singularidade, é o que atesta, de modo espetacular, a obra de Diane Arbus. Seu olhar, com efeito, não devia sair indene do seu mergulho no universo de Tod Browning. Ela se pôs a frequentar o último *freak show* que ainda havia em Nova York, Hubert's Museum, na Rua 42, e a fazer desfilar diante da objetiva de sua câmera anões e gigantes, gêmeas e trigêmeas, engolidores de espada e homens tatuados, cabeças de parques de diversão, travestis de Times Square, mas também corpos marcados pelos estigmas da trissomia. Num momento em que a sensibilidade pelo *handicap* exigia de forma insistente que se cancelasse o espetáculo da anomalia, ela deixou de seus portadores retratos em que o choque perceptivo que ela provoca não é nunca recalcado, onde a alteridade do corpo disforme é admitida ao mesmo tempo que o olhar restitui a humanidade da pessoa: o equivalente visual, fora de dúvida, daquilo que Goffman denominava a aceitação[186].

Diane Arbus, no entanto, havia percebido outra coisa: em uma sociedade na qual os desviantes são considerados normais, é do lado da norma que se há de procurar algumas das formas contemporâneas do bizarro. Da mesma forma que os gigantes e os anões, captados por sua objetiva no ordinário da sua existência se humanizam, assim também o desfile dos corpos "normais", surpreendidos no espaço público, encerra algo de estranho: autômatos gelados em uniformes de coquetel, extravio alucinado de um jovem pa-

---

186. Goffman, E. *Stigmates*. Op. cit., p. 19.

triota, a América "normal" não passa praticamente, para quem sabe ter os olhos abertos, de um vasto *freak show* subterrâneo.

A intuição de Arbus era exata: no espaço político e cultural do Ocidente, o corpo anormal se vê preso a coerções paradoxais. Reclama-se tolerância e compaixão para com ele, proclama-se a sua igualdade entre os corpos, enquanto ao mesmo tempo se vê um fluxo contínuo de representações celebrar uma hierarquia das perfeições corporais e submeter deformidades reais ou imaginárias a uma estigmatização por defeito. Não vamos aqui insistir neste ponto, dado que diversos ensaios deste volume se ocupam com o tema: o século XX foi um momento de extensão sem igual do poder de normalização, de reforço sem precedentes das normas burocráticas, médicas e publicitárias de enquadramento do corpo individual. O corpo anormal foi aí o objeto de um *imenso esforço corretivo* que os desenvolvimentos da medicina levaram a seu estádio terminal. Isto é, a genética permite hoje detectar a monstruosidade em germe nas mutações que alteram o significado dos genes[187]; as técnicas de visualização *in utero* diagnosticam a sua manifestação precoce e programam a sua eliminação. A multiplicação e a sofisticação das próteses vêm remediar um número crescente de deficiências do corpo, e o domínio cirúrgico sobre a deformidade ganhou considerável reforço: as monstruosidades "pesadas", tendo chegado a termo, provenientes em geral de países pobres, constituem o objeto de cerimônias reparadoras, ruidosamente mediatizadas, que celebram, com a onipotência médica, as formas tecnológicas da compaixão do Norte pelo Sul[188]. Mas é principalmente a arte de eliminar as deformidades "leves" que está conhecendo uma expansão inédita. Já passou

---

187. LEROI, A.M. *Mutants*. Op. cit., p. 13-15.

188. Eis um dentre inúmeros exemplos: "Miracle twins go home as national heroines. Guatemala greets once-conjoined girls who were separated at Ucla" (*Los Angeles Times*, 14/01/2003), a propósito de duas irmãs siamesas guatemaltecas separadas em Los Angeles. "Deixaram a Guatemala há sete meses, minúsculas pacientes unidas pela cabeça, nascidas na pobreza e com um destino incerto pela frente. Voltaram para casa, segunda-feira, procedentes dos Estados Unidos, tiaras nas cabeças enfaixadas, seu sombrio futuro transformado pela perseverança de jovens pais e o auxílio de pessoas de boa vontade nos dois países". O Sul fornece os monstros e o sofrimento, o Norte o know-how e a compaixão", e Federal Express o avião da volta.

efetivamente o tempo em que a cirurgia plástica se contentava em ir corrigir as imperfeições corporais. Em certas formas de subculturas, particularmente difundidas no Sul da Califórnia, a intervenção cirúrgica ameaça tornar-se um rito de passagem das jovens à idade adulta, quer seja necessário ou não[189]. Essas modalidades pós-modernas de preocupação consigo, promovidas pelas lógicas da indústria da renovação corporal, tendem a universalizar-se. E há mais ainda: a cirurgia estética e a sua clientela *inventam* um sem-número de imperfeições à espera do bisturi, reescrevem a norma corporal injetando nela sem cessar novas "deformidades". Como se espantar então que se tenha recentemente desenvolvido todo um conjunto de sofrimentos e sintomas, de patologias da imagem do corpo – dismorfofobia, *Body Dysmorphic Disorder*, *Body Integrity Identitiy Disorder* –, que condenam o indivíduo, que julga seu corpo disforme, a uma procura incessante de intervenções cirúrgicas[190].

Essas patologias da hipernormalidade se detêm às portas de uma cidadezinha da Flórida, Gibsonton, situada bem ao sul de Tampa, na rodovia 41. Para lá, geralmente obrigadas ao desemprego técnico, retiraram-se as últimas das curiosidades humanas do *freak show*[191]. Ali podemos encontrar Grady Stiles III, "a lagosta humana", último espécime de uma linhagem de ectrodáctilos, ou Emmitt Bejano, "o homem-crocodilo". Ali também se via, faz pouco tempo, Jeanie Tomaini, a mulher-tronco, que ficou famosa nos anos '30 em companhia de seu gigantesco esposo, com o qual formava "o casal mais estranho do mundo". Uma cidadezinha como qualquer outra, sur-

---

189. Cf. BLUM, V.L. *Flesh Wounds* – The culture of cosmetic surgery. Berkeley: University of California Press, 2003.

190. Cf. PHILIPS, K.A. *The broken mirror* – Understanding and treating body dysmorphic disorder. Nova York/Oxford: Oxford University Press, 1996. Essas patologias do olhar dirigido ao próprio corpo levam às vezes a pessoa a requerer a amputação de um membro normal e sadio. Cf. BAYNE, T. & LEVY, N. "Amputees by choice. Body integrity disorder and the ethics of amputation". *Journal of Applied Philosophy*, vol. 22, n. 1, 2005, p. 75-86.

191. "The final stop for the side show". *Los Angeles Times*, 24/06/1997. • "In a politically correct world, Midway attractions endure". *Los Angeles Times*, 08/09/2000. • "The strange and wondrous case of the lobster boy". *GQ*, mai./2002, p. 96-100.

gida do nada, com suas casas alinhadas ao longo da rua principal, alguns supermercados, suas *mobile homes*. Ali, no coração dos Estados Unidos ordinários, entre uma reserva indígena e uma comunidade de aposentados, os monstros vão exalar seu último suspiro.

2
IDENTIFICAR
Traços, indícios, suspeitas
Jean-Jacques Courtine
Georges Vigarello

A sociedade democrática apaga os indícios físicos tradicionais, embaralha os velhos códigos da sociedade de ordem, banaliza a postura, mascara as hierarquias. Recompõe as inquietações também, desloca as ameaças, dá melhores chances às formas e aos rostos, uma vez que atitudes e hábitos se tornaram menos distintos. E isso alerta mais quanto às expressões, seu mistério, seu perigo. Daí o sucesso de "ciências" novas durante o século XIX, frenologia, antropologia criminal, programas que tentam medir a periculosidade de acordo com o impacto aparente das fisionomias, que relacionam a ferocidade concreta dos comportamentos à suposta ferocidade das morfologias. Uma forma de ressuscitar a antiquíssima correspondência imaginada ontem pela fisiognomonia entre o "exterior" e o "interior" do corpo: inserir em um discurso científico a apreensão de forças obscuras procedentes do interior da pessoa. Uma forma também, deve-se dizer, de se equivocar quanto à realidade das pessoas e das identidades.

Tinha-se necessidade de bases teóricas amplamente renovadas para responder a um problema igualmente contemporâneo, mas diferentemente preciso: reconhecer de imediato uma identidade, distinguir os indícios que autentificam uma pessoa, indicar sem erro "quem" é "quem", uma vez apagados os nomes e os primeiros aspectos. Curiosamente, é com o abandono de toda referência de periculosidade aparente que foi possível imaginar esse reconhecimento, cultivando a precisão do traço como a sua "neutralidade", preferindo a referência anódina à referência diabolizada. Esse reconhecimento inaugura, com um arsenal de indícios igualmente físicos, um testemunho inédito do corpo como uma visão nova da identidade: dispositivo que, estabelecido primeiramente para designar os suspeitos, pode estender-se para designar a todos. E isto pode igualmente despertar, de passagem, inquietantes vontades de controle e de suspeição.

I. O que "dizem" os crânios

Impossível durante um bom tempo escapar à insistência em perceber os indícios de ameaça: as inquietações do século XIX os tornam mais presentes enquanto os investigam "cientificamente. As sugestões de Gall a esse respeito são o primeiro exemplo. Ele se detém a examinar desde o começo do século as correspondências entre as localizações anatômicas e as tendências criminosas, apalpando o crânio dos condenados para melhor revelar a sua periculosidade: o instinto carniceiro do homicida, por exemplo, marcado pela saliência dos ossos situados acima do conduto auditivo externo, ou a inclinação viciosa do ladrão, marcada pelo osso frontal saliente. Ele localiza também os contornos e protuberâncias dos autores de violências ou de "abusos" sexuais: a "nuca", por exemplo, teria "perdido" Kinow, o homem preso em Berlim por "crime de pederastia", prisioneiro tanto mais observado por ser considerado de "notável" inteligência[1]. O criminoso se tornaria "identificável" para um olho treinado.

---

1. GALL, F.J. & SPURZHEIM, J.G. *Anatomie et physiologie du système nerveux en général et du cerveau en particulier*. Paris: [s.e.], 1818, t. III, p. 488. Sobre Gall, cf. RENNEVILLE, M. *Le langage des crânes* – Une histoire de la phrénologie. Paris: Synthélabo. Coll. "Les Empêcheurs de penser en rond", 2000.

As referências se estabilizam depois dos anos de 1820-1830 nessa procura de morfologias criminosas. Instala-se uma tradição, que se pode reconhecer nas alusões da *Gazette des tribunaux*, com seus apelos frequentes aos "craniólogos"[2] para estudarem cuidadosamente os crânios dos condenados, tradição que se percebe também nas insistências de Broussais ao descrever "nossas faculdades necessariamente associadas ao encéfalo, nascendo, crescendo, alterando-se, diminuindo, aumentando e reduzindo-se com este grande instrumento material"[3]. Bruyères confirma as conclusões de Gall em um livro de sucesso, em 1847: a importância de uma base craniana desproporcional para os casos de "destrutividade"[4], a importância de uma "nuca larga e saliente"[5], para os casos de "desordens" sexuais. Tudo isso é sistematizado ainda por Lauvergne, apalpando longamente os crânios do conjunto dos forçados de Toulon entre os quais exerce a medicina na década de 1830, anotando o "excesso dos relevos laterais" afetados das "paixões homicidas"[6], a excrescência do cerebelo afetado das paixões sexuais, a estreiteza e o arredondado da fronte afetada das paixões da devassidão[7].

Encontro novo entre o corpo e o crime, esse tipo de correspondência cruza uma análise inédita do orgânico: uma certeza, baseada na dos biólogos do começo do século, estabiliza nos pormenores das arquiteturas ósseas as

---

2. A *Gazette des tribunaux* insiste, no dia 12/02/1826, na importância de se observar o crânio de um homem condenado pela sétima vez.

3. BROUSSAIS, F.J.V. De l'irritation et de la folie. Paris: J.-B. Baillière, 1839. Apud LABADIE, J.-M. Corps et crime. In: DEBRUYST, C. et al. (orgs.). *Histoire des savoirs sur le crime et la peine*. Bruxelles: De Boeck, 1995, t. II, p. 309.

4. BRUYÈRES, H. *La phrénologie, le geste et la physionomie*. Paris: Aubert, 1847, p. 67.

5. Ibid., p. 30. Cf. tb. a tese de CHÂLES-COURTINE, S. *Le corps criminel* – Approche socio-historique des représentations du corps des criminels. Paris: EHESS, 28/02/2003.

6. LAUVERGNE, H. *Les forçats considérés sous le rapport physiologique, moral et intellectuel, observés au bagne de Toulon* [1841]. Grenoble: Jérôme Millon, 1991, p. 421.

7. Ibid., p. 175.

diferenças entre as espécies[8]. A leitura dos crânios prolonga a seu modo essas explorações de anatomia comparada[9], apesar de simplista e sem fundamento. Prolonga também uma muito antiga expectativa associando-a ao discurso científico: observar o indivíduo "interior" a partir do seu "exterior". O corpo que se torna legível como um mapa permitiria uma descoberta de sentido: o reconhecimento de paixões homicidas, a de forças subreptícias, desenhadas até nos ossos.

O resultado abre caminho para a primeira distinção "científica" entre os criminosos, discriminando até no desenho de sua cabeça o acusado que furta, aquele que estupra, aquele que mata. Continuam, sem dúvida, para além das seduções iniciais, as resistências, as expectativas de provas, as exigências de racionalidade. Mas nessa "leitura" sempre existe ainda alguma obscuridade, alguma ambiguidade. O *Dicionário das ciências* insiste, em 1861: "ainda estamos longe de fixar a opinião sobre a frenologia"[10]. O *Dicionário de medicina*, de Robin e Littré, sublinha a ausência de provas, denunciando uma argumentação "não verificada pela experiência"[11]. A *Enciclopédia Moderna*, de 1864, é mais peremptória: o conjunto, assim se pode julgar, poderia levar "à mais absurda e à mais detestável das doutrinas"[12].

---

8. Cf. LABADIE, J.-M."Corps et crime", art. cit., p. 313.

9. Cf., entre outros, o projeto de Georges Cuvier: "propor um sistema zoológico apto a servir de introdutor e de guia no campo da anatomia" (Le Règne animal distribué d'après son organisation. Paris: Fortin/Masson, 1816, t. I, p. 11).

10. BOUILLET, M.N. *Dictionnaire des Sciences, des Lettres et des Arts*. 5. ed. Paris: Hachette, 1861, p. 1.271.

11. NYSTEN, P.-H. Phrénologie. *Dictionnaire de Médecine, de Chirurgie, de Pharmacie, des Sciences Accessoires et de l'Art Vétérinaire*. 10. ed., refundida por Émile Littré e Charles-Philippe Robin. Paris: J.-B. Baillière, 1855.

12. RENIER, L. (org.). *Encyclopédie moderne* – Dictionnaire Abrégé des Sciences, des Lettres et des Arts, de l'Industrie, de l'Agriculture et du Commerce. Paris: Firmin Didot, t. XXIII, 1864, p. 751.

II. O homem degenerado

O projeto é totalmente redefinido na década de 1870, com o intuito de estabelecer relações entre diversos estigmas orgânicos e etapas primitivas da evolução. O exame não se limita mais ao rosto, mas se estende ao conjunto do corpo; o criminoso não é mais estudado como um acidente do aparelho craniano, mas como um gênero na história da humanidade. A influência do evolucionismo é determinante nesse paralelismo entre um comportamento "primitivo" e um organismo "primitivo"; a obsessão com o progresso também, com o receio dos obstáculos e dos retrocessos. Anomalias físicas e mentais trairiam comportamentos fixados em idades anteriores da espécie humana. Doenças e taras hereditárias poderiam inverter o rumo do progresso favorecendo os atos de transgressão. Seriam os criminosos "indivíduos que se atrasaram (na evolução)[13]; constituiriam uma "raça à parte", seriam aparentados com os animais superiores, objetos de "tendências regressivas transmitidas hereditariamente"[14], cujo estudo é inaugurado por Lombroso com seu livro *O homem delinquente*[15], de 1876.

Deslocamento importante, em que o interesse desliza da categoria do crime para a atitude e a pessoa do criminoso. Ladrões, estupradores, assassinos pela primeira vez se tornam territórios que convém serem compreendidos em sua ascendência, em sua história, com suas correspondências expressivas, seus gestos, seus efeitos. A figura de Jacques Lantier, por exemplo, dominada por uma longa herança de miséria e de alcoolismo, seus "maxilares fortíssimos"[16], sua cabeleira espessa, seus indícios de desordem escondi-

---

13. KALUZYNSKI, M. "Aux origines de la criminologie: l'anthropologie criminelle". *Frénésie* – Histoire, Psychiatrie, Psychanalyse, n. 5, primavera/1988, p. 19.

14. LOMBROSO, C. *L'anthropologie criminelle et ses récents progrès*. Paris: Alcan, 1891, p. 125.

15. LOMBROSO, C. *L'uomo delinquente, studiato in rapporto alla antropologia, alla medicina legale ed alle discipline carcerarie*. Milão: U. Hoepli, 1876.

16. ZOLA, É. *La bête humaine* [1890]. Paris: Le Livre de Poche, 1984, p. 49.

dos sob "um rosto arredondado e regular"[17], atravessado pelo "instinto do sequestro"[18] bem como pela "sede hereditária do homicídio"[19], transformado em "fera humana" por um Zola, leitor de Lombroso[20].

Um aspecto do rosto predomina, e então sugere a ferocidade nos traços: "reduzida capacidade craniana, mandíbula pesada e desenvolvida, grande capacidade orbital, arcadas dos supercílios salientes"[21], os estigmas dos humanoides. As cifras cobririam assim o conjunto do corpo: tamanho e peso, contornos da cabeça e ângulos faciais, lobos da orelha e sulcos das mãos, comprimento de membros e envergadura de espáduas. O "exterior" não traduz mais uma paixão que deforma os crânios, como em Gall, mas antes a pressão dos acidentes genéticos: uns que fixam o sujeito em uma idade primitiva do humano, e outros que prendem às violências e aos balbucios das origens. Uma forma de ilustrar corpos submetidos aos rudimentos das forças e dos instintos, impregnados pelos estigmas arcaicos das brutalidades. Daí ter surgido, por volta de 1880, uma disciplina com pretensões científicas: a "antropologia criminal"[22]. Daí a iniciativa de lhe conferir legitimidade, com revistas e congressos internacionais.

Sucesso frágil, sem sombra de dúvida: as medidas físicas logo se mostram ambíguas, bem como o projeto considerado capaz de caracterizar qualquer "criminoso nato". E isso é o que confirmam métodos e verificações: La-

---

17. Ibid. Cf. tb. KOEPPEL, B. "Les crimes de la 'bête humaine'". *Frénésie* – Histoire, Psychiatrie, Psychanalyse, n. 5, primavera/1988, p. 57.

18. ZOLA, É. *La bête humaine*. Op. cit., p. 73.

19. Ibid., p. 274.

20. Cf. igualmente LEPS, M.-C. *Apprehending the criminal* – The product of deviance in nineteenth century discourse. Durham: Duke University, 1992, mais particularmente "The production of proofs", p. 44s.

21. LÉTOURNEAU, C. "Prefácio" do livro de LOMBROSO, C. *L'homme criminel*. Paris: Alcan, 1887, p. V.

22. Cf. GUÉHO, C. *Les archives de l'anthropologie criminelle de 1886 à 1900*. Paris: Université Paris II, 1996 [Tese de doutorado].

cassagne ironiza, em 1899, "as afirmações do criminalista italiano"[23], que se aventura em uma análise do cérebro de Vacher, "estuprador de uma pastora", ao passo que o molde utilizado é claramente defeituoso. As "teorias anatômicas da escola italiana" são consideradas "estreitas"[24] demais, insuficientemente discriminantes, "mais barulhentas que sólidas"[25]. E a isso vem somar-se a hesitação sobre as medidas repressivas, evocadas por Lombroso, a "prisão perpétua" para o "criminoso nato", condenação ainda mais "contestável"[26] pelo fato de ser independente de qualquer julgamento.

Mas basta o que já se disse dessa antropologia, que conheceu um rápido triunfo, mas foi também rapidamente criticada[27]. A existência de estigmas físicos definitivamente identificáveis já não é considerada digna de crédito a partir dos anos de 1890, como também já não se dá mais crédito a uma velha indiferença para com as "causas sociais", os fatos que Lacassagne, o diretor dos *Archives de l'anthropologie criminelle*, considera determinantes, comparando o seu papel desencadeador ao do terreno orgânico para a virulência microbiana: "O micróbio só tem importância no dia em que encontra um caldo que o faz fermentar"[28]. O degenerado só se tornaria criminoso se fosse imperceptivelmente orientado pelo meio em que vive. Certeza social nitida-

---

23. LACASSAGNE, A. "Le cerveau de Vachet". *Archives de l'anthropologie criminelle*, 1899, p. 25.

24. "Compte rendu des séances du III⁰ Congrès d'anthropologie criminelle (Bruxelas 1892)". *Archives de l'anthropologie criminelle*, 1892, p. 485.

25. "Compte reudu des séances du IVᵉ Congrès d'Anthropologie Criminelle (Genebra, 1896)". *Archives de l'anthropologie criminelle*, 1897, p. 18.

26. Cf. LÉTOURNEAU, C. "Prefácio". Art. cit., p. VI.

27. O livro de Pierre Darmon (*Médecine et assassins à la Belle Époque*. Paris: Du Seuil, 1989), a obra dirigida por Laurent Mucchielli (*Histoire de la criminologie française*. Paris: L'Harmattan, 1995) e a tese de Christian Guého (*Les archives de l'anthropologie criminelle de 1886 à 1900*. Op. cit.) apresentam um panorama da irremediável perda de credibilidade e de prestígio de Lombroso a partir dos anos de 1890.

28. "Congrès d'Anthropologie Criminelle de Rome". *Archives de l'anthropologie criminelle*, 1886, p. 182.

mente mais afirmada, marcante mesmo, mas sem dúvida impotente para desenvolver uma sociologia criminal.

III. A exigência de identificação

Não que os indícios físicos percam o seu sentido nesses anos do final do século XIX. São, para dizer a verdade, completamente reorientados, no seu papel, no seu conteúdo: menos centrados em torno da pesquisa em busca de algum inapreensível "criminoso nato", por exemplo, e mais em torno da procura por um indivíduo anônimo, mas situado e preciso.

É necessário, para o compreender bem, fixar-se mais no peso crescente dado à recaída, depois de 1880, nessa necessidade considerada sempre mais urgente, no século XIX, de reconhecer o acusado mascarado sob uma falsa identidade: "Vagabundos", "mendigos das ferrovias", "andarilhos", aqueles que uma mobilidade nova na sociedade industrial torna mais difíceis de enquadrar, são também julgados mais suspeitos: inquietantes pela sua possibilidade de mudar "sem cessar" de ganha-pão e de lugar, objeto de suspeita por sua possibilidade de repetir crimes em regiões afastadas[29]. Esses indivíduos reforçam um medo difuso na sociedade moderna, ampliado pela imprensa e pela literatura policial ao denunciar um mal que se acredita "desenvolver-se de ano para ano": o aumento do número dos "condenados"[30]. Reinach multiplica os dados em um livro que fez sucesso em 1882: "dentre 6.069 indivíduos libertados em 1879, 1.138 (19%) foram detidos de novo ou novamente condenados no correr do mesmo ano"[31]. Cresce ainda mais a pressão com a lei que condena ferozmente a reincidência. Os deputados votam, no dia 12 de maio de 1885, um texto que envia "para a prisão perpétua

---

29. Cf. COLE, S.A. *Suspect identities* – A history of fingerprinting and criminal identification. Cambridge (Mass.): Harvard University Press, 2002: "Crimes of mobility", p. 9.

30. REINACH, J. *Les récidivistes*. Paris: G. Charpentier, 1882, p. 6.

31. Ibid., p. 20.

no território de colônias e possessões francesas" condenados que tenham sofrido duas condenações por crimes no intervalo de dez anos "sem levar em conta a duração de toda a pena sofrida"[32]. A reincidência no crime assusta a tal ponto que, no final do século, abala o mito recente da pena de prisão para favorecer o da "deportação".

Ela obriga, sobretudo, a reforçar as provas da identidade: desmascarar o condenado que dissimula a sua identidade, prevenir qualquer possibilidade de dissimulação, uma vez que o condenado seja detido[33]. E isto obriga, como nunca, a designar o indivíduo, distinguir seus sinais, fixar suas particularidades. Coisa que favorece, também, uma nova exploração dos traços. Conversão relevante: o olhar não sai ganhando muito buscando os perfis inquietantes, indícios difusos ou imprecisos, mas principalmente comparando identidades sucessivas, aquelas assumidas pelo mesmo indivíduo sob aspectos ou nomes diferentes. Isso obriga a deslocar o velho projeto que suspeita de algo interior manifestado exteriormente, para procurar de modo mais prosaico "na superfície" os sinais cifrados, "científicos", da identidade. Começa assim uma revolução na leitura de sinais: um caminho radicalmente diferente daquele que é seguido, nesse mesmo momento, pelos epígonos de Lombroso.

O alvo, deve-se repeti-lo, é justamente descobrir uma identidade que se suspeita mascarada. Para tanto de pouco adiantam, aliás, as antigas anotações dos passaportes: aí são muito numerosos os termos que qualificam cada traço de "médio" ou de "ordinário", muito numerosos os indícios que permitem "controlar uma identidade declarada, não de levar a descobri-la"[34]. Uma técnica, em compensação, parecia, por um tempo, renovar as preci-

---

32. Lei sobre a reincidência, 27/05/1885, 12ª série, B. 931, n. 15.503.

33. Cf. KALIFA, D. *Crime et culture au XIXe siècle*. Paris: Perrin, 2005.

34. BERTILLON, S. *Vie d'Alphonse Bertillon, inventeur de l'anthropométrie*. Paris: Gallimard, 1941, p. 85. Cf. tb. DENIS, V. "Des corps de papier – Fortune et infortunes du signalement, de Marc René d'Argenson à Eugène François Vidocq". *Hypothèses 2002* – Travaux de l'École doctorale d'histoire. Paris: Publications de la Sorbonne, 2003, p. 27.

sões: a fotografia. A chefatura de Polícia de Paris dispõe, em 1890, de mais de cem mil clichês de condenados, confirmando um estoque crescente de memória e de arquivo: a possibilidade "promissora", com o auxílio de um amplo universo de referências, de descobrir o delinquente dissimulado. A acumulação cresce ao máximo, multiplicando documentos e fichários. Não demora a revelar, em contrapartida, seus limites, sua confusão, sua heterogeneidade. Os fichários de fotografias "decepcionam". Como classificar o conjunto? Como reconhecer aí uma pessoa precisa se disfarçar seu nome e seus traços? A massa de documentos retarda a busca. A vertigem de imagens desafia a designação. A diversidade dos ângulos de fotografia aumenta ainda mais a confusão. Seja como for, aí se esboça um caminho: detectar a identidade no banal, e não tanto no selvagem, "perseguir os indícios nas fotografias anódinas, as de falsários que cultivam o ordinário, mais que nas "figuras ignóbeis"[35] ou os perfis repulsivos. Tarefa decisiva, embora inextricável ainda, a tal ponto se multiplicam retratos e dossiês.

IV. A identificação antropométrica

Um caminho, torno a insistir, afirmou-se, longe da busca dos sinais de horror ou de ferocidade. É o que proporciona Alphonse Bertillon, modesto empregado da chefatura, usando não a fotografia, mas a "antropometria". A isso se junta uma hipótese fundamental: a certeza de não se poder "encontrar dois indivíduos dotados de uma ossatura idêntica"[36]. Daí a ideia que medidas físicas corretamente obtidas permitiriam "singularizar" um suspeito ou um condenado. Daí a ideia, também, que cifras corretamente "afinadas" permitiriam ordenar qualquer fichário. É o que as curvas antropométricas de Quételet, construídas nos anos de 1870, podem, aliás, sugerir. O autor da *Física so-*

---

35. *Gazette des Tribunaux*, 18/12/1826.

36. BERTILLON, A. *Identification anthropométrique, instructions signalétiques*. Mélun: Impr. Administrative, 1893, p. XVI.

cial não mostra que "os indivíduos qualificados como grandes, ou seja, acima da média de um número determinado de centímetros[37], são tão numerosos como os qualificados como pequenos, que seriam inferiores à média de um mesmo número de centímetros?" A regularidade dos desvios da média concretiza uma distribuição: ela para uma ordem, perfila uma classificação[38].

É cruzando os dados numéricos que Bertillon se aproxima ao máximo da designação individual e ao mesmo tempo assegura essa classificação. É multiplicando os indícios identificáveis e independentes. Bertillon conhece de perto o método antropológico: seu pai foi um de seus atores[39]. E ele mesmo sabe, há muito tempo, manejar réguas, esquadros e compassos. Sua proposta é precisa: ter em conta onze parâmetros, entre os quais o comprimento e a largura da cabeça, o comprimento e a largura das orelhas, o comprimento do médio esquerdo, a altura da pessoa, a envergadura dos braços. Sempre números "impessoais", mas "individuais". Sempre cifras independentes umas das outras, para melhor distinguir o "singular". É pensada em seguida uma sucessão de encaixes: três categorias de estatura, primeiro, grande, média, pequena, no seio de cada uma das quais o comprimento da cabeça fornece uma segunda classificação, esta mesma subdividida em três séries de comprimento da cabeça, tudo construído em subdivisões sucessivas até a derradeira medida. Várias dezenas de milhares de fichas são assim distribuídas em subconjuntos distintos: uns e outros sempre mais fracionados até constituírem unidades últimas limitadas a uma dezena de indivíduos, em cujo interior se efetua a verdadeira comparação. Empenha-se a dinâmica de memória quando o suspeito é submetido ao "sumário de indicadores antro-

---

37. Cf. BERTILLON, S. *Vie d'Alphonse Bertillon*. Op. cit., p. 88. Cf. Igualmente QUÉTELET, A. "La loi de distribution des écarts". *La physique sociale*. Bruxelles: C. Muquardt, 1869, t. II, p. 38.

38. Sobre as implicações das estatísticas e o papel de Quételet, cf. BRIAN, E. "L'oeil de la science incessamment ouvert, trois variantes de l'objectivisme statistique". *Communications*, n. 54: Les débuts de la science de l'homme, 1992.

39. Louis-Adolphe Bertillon participa no *Dictionnaire d'Anthropologie* de 1886 e é um dos seus principais redatores.

pométricos"⁴⁰, base de um reconhecimento futuro caso o suspeito seja detido uma segunda vez.

O dispositivo, que começa a funcionar em 1883, não tarda a ganhar notoriedade no dia em que Bertillon, efetuando medidas em um certo Dupont, preso não fazia muitas horas, descobre sua identidade real: as dimensões físicas do suspeito são as mesmas de um certo Martin, detido alguns meses antes pelo roubo de "garrafas vazias"⁴¹. A coincidência de números não poderia designar dois indivíduos diferentes, mas um só. O interrogatório, desde o início, pode mudar de suporte e de objeto: Dupont confessa ser o ladrão de garrafas. O corpo entregou sua singularidade, onde Bertillon identificou um "sujeito", descobriu um criminoso.

Deve-se insistir sobre a novidade radical do programa antropométrico aplicado no corpo dos suspeitos, sobre seu rompimento com as crenças passadas: o privilégio concedido à neutralidade dos traços sobre a sua aparente perversidade por um lado, a busca da extrema singularidade de um sujeito nos traços menos moralizados, pelo outro. Há uma assinatura biológica, pela primeira vez afirmada e ilustrada. Uma certeza da única também, definida de forma muito material: o indivíduo seria mais "exclusivo" ainda quando pertencente a uma distribuição estatística, aquela, a mais lisa, subordinada à lei dos grandes números. Uma lei inscrita nos corpos, que permite designar de um extremo ao outro o indivíduo como sujeito singular.

O registro sistemático permite igualmente um reconhecimento com efeitos inéditos, passíveis de se estender a investigações variadas – por exemplo, o reconhecimento de cadáveres de delinquentes fichados por Bertillon. Um exemplo: o de F., descoberto no Marne, em fevereiro de 1893, cuja identificação leva a do assassino⁴². O dispositivo permite igualmente enriquecer o

---

40. Cf. BERTILLON, A. *Identification ahthropométrique*. Op. cit.

41. Cf. BERTILLON, S. *Vie d'Alphonse Bertillon*. Op. cit., p. 112.

42. Cf. ibid., p. 117.

imaginário com um "fichamento" em larga escala, com a penetração do controle no seio de uma população: identificar os indivíduos para melhor gerir as massas.

V. As impressões digitais

A solução do problema, no entanto, será encontrada em outro país. Um outro indicador, também físico, e da mesma forma singular, é experimentado na Inglaterra nos anos de 1890: o das impressões digitais. Elas também constituem uma assinatura biológica. Também podem servir como prova. Corretamente colhidas, legíveis, seu traçado revela uma relação direta com um indivíduo e um só. Têm a promessa de um grande futuro.

A história de sua descoberta e de seu sucesso é clássica, embora seja algumas vezes um pouco simplificada. Promovidas pelo interesse que Francis Galton, primo de Charles Darwin e fundador do eugenismo, encontrou para elas, abriram seu caminho nas práticas e nos arquivos policiais: adotado pela Scotland Yard na virada do século, o sistema de identificação pelas impressões digitais iria difundir-se um pouco por toda a parte no mundo e suplantar definitivamente o método de Bertillon nos anos de 1920 do século passado.

Esta história, no entanto, revela-se mais ambígua e complexa. Há, com efeito, uma história das impressões digitais anterior à identificação dos criminosos. A prática antiga de autenticar os documentos com o auxílio de um traço corporal considerado único – a impressão de um dedo na cera – parece ter nascido na China e, dali, teria-se difundido para o Japão, o Tibet e a Índia[43]. É lá que os ingleses, às voltas com o problema de ter que administrar imensas massas humanas, vão descobrir a sua utilidade. O sistema de identi-

---

43. Sobre a origem e a história primeira das impressões digitais, cf. HERSHEL, W.J. *The origin of finger-printing*. Londres: Oxford University Press, 1916. • BERRY, J. The history and development of fingerprinting. In: LEE, H.C. & GAENSSLEN, R.E. (orgs.). *Advances in fingerprint technology*. Nova York: Elsevier, 1991, p. 16-19. • COLE, S.A. *Suspect identities*. Op. cit. GINZBURG, C. Traces – Racines d'un paradigme indiciaire. In: *Mythes, emblèmes, traces – Morphologie et histoire*. Paris: Flammarion, 1989, p. 139-180.

ficação dos indivíduos pelas suas impressões não surgiu, portanto, na Inglaterra, mas no grande laboratório de controle e de gestão das populações "indígenas" que eram as colônias britânicas. E não foi tanto concebido, originariamente, para a identificação dos criminosos, e mais para a administração das populações civis. Assim William Hershel, funcionário da Coroa em Bengala, introduz-as na distribuição das pensões, a fim de identificar sem dúvida alguma os seus destinatários.

O desenvolvimento, a esta altura, de preocupações similares no Novo Mundo lhe traz a confirmação. As impressões digitais não são, com efeito, uma invenção exclusivamente britânica. Na América do Norte, como também na do Sul, a expansão demográfica, acelerada pelas sucessivas ondas de imigrantes, cria sociedades de estrangeiros à procura de identidades novas. E aí é bem menos possível que na Europa situar os indivíduos graças ao tecido dos laços familiares ou às proximidades geográficas tradicionais. Procedimentos inéditos de identificação graças às impressões digitais são implantados por iniciativa de Juan Vucetich em Buenos Aires, e de Henry Morse em São Francisco nas duas últimas décadas do século[44]. É particularmente significativo o exemplo norte-americano: o problema era como controlar a imigração chinesa que se esparramava pelo país através dos portos da Costa Oeste, desde a corrida do ouro e da construção das ferrovias, e traçar, tendo certeza das identidades, uma espécie de fronteira interior entre os nacionais e os outros[45]. E se esbarra, tanto na Índia colonial como nas margens do Rio

---

44. Cf., no que diz respeito à Argentina, RODRIGUEZ, J.E. *Encoding the criminal* – Criminology and the science of "self defense" in modernizing Argentina (1881-1920). Columbia: Columbia University Press [Tese de doutorado]. Sobre a Califórnia: SAXTON, A. *The Indispensable Enemy* – Labor and the Anti-Chinese Movement in California. Berkeley: University of California Press, 1971. • DANIELS, R. *Coming to America*: A history of immigration and ethnicity in American life. Nova York: Harper Collins, 1990.

45. Isto levanta a questão do "fichamento" dos cidadãos, que não abordamos diretamente aqui. Para o exemplo francês, cf. particularmente PIAZZA, P. *Histoire de la carte nationale d'identité*. Paris: Odile Jacob, 2004. • CRETTEZ, X. & PIAZZA, P. (orgs.). *L'encartement des individus* – Histoire et sociologie d'une pratique d'État. Paris: La Documentation Française/Inhes, 2005.

da Prata ou nas cidades californianas, com o mesmo problema: a semelhança das fisionomias de indianos ou de chineses, aos olhos dos ocidentais, parece desafiar qualquer possibilidade de identificação antropométrica. "A dificuldade que se pode sentir na identificação dos indianos – constata assim Francis Galton – pode experimentar-se quase de maneira ao menos equivalente na dos chineses que residem em nossas colônias e possessões, pois estes, aos olhos dos europeus, assemelham-se uns aos outros ainda mais que os indianos, e em seus nomes se tem ainda menos variedade"[46]. O mito da homogeneidade racial de hordas sem rosto alimentou poderosamente a sensação de uma deficiência do olhar europeu, perdido na multidão dos corpos anônimos. Mostrou-se crucial no desenvolvimento dos sistemas de identificação pelas impressões digitais e no declínio da antropometria.

Faltava ainda, no entanto, conceber um método de classificação das impressões digitais que permitisse categorizá-las, arquivá-las e encontrá-las de modo rápido, econômico e racional. Francis Galton põe mãos à obra no final dos anos de 1880, para chegar a um sistema de base com três termos (em arcos, anéis e volutas), que serviria de modelo para a maior parte das classificações ulteriores. Ele determina, no dédalo das cristas e dos sulcos, o detalhe dos pontos de comparação que permitem diferenciar, aproximar duas impressões; calcula e distingue a probabilidade ínfima que possivelmente levaria dois indivíduos a terem uma impressão semelhante. Um funcionário da administração colonial, Edward Henry, aperfeiçoa o procedimento: o "sistema Henry", introduzido em 1895 na polícia de Bengala, é adotado em todo o território da Índia em 1897, a seguir na Inglaterra na virada do século, onde coexiste desde então com os dados antropométricos arquivados nos fichários policiais. O sistema proposto por Bertillon não conseguirá sobreviver a essa irresistível expansão. O método Henry vai assim, na onda de seu sucesso, espalhar-se pelo mundo inteiro e afinal conquistar o monopólio quase universal que hoje desfruta. Descobre-se nos Estados Unidos, a

---

46. GALTON, F. *Finger prints*. Mcmillan & Co., 1892, p. 152.

partir de 1910, a possibilidade de utilizá-lo na coleta de impressões "latentes" em uma cena de crime, vantagem considerável de que dispõe em confronto com a antropometria, e que o levará a desempenhar papel determinante tanto em medicina legal como na administração da prova em juízo. O New York Police Department, como a maioria dos serviços de polícia norte-americanos e europeus, deixa assim no decorrer dos anos de 1920 de tomar as medidas antropométricas dos delinquentes que passam por suas mãos. A partir dos anos de 1930 e de 1940 é constituída uma corporação de técnicos em coleta e interpretação das impressões digitais, seus membros se profissionalizam e pretendem a condição de peritos. Suas técnicas se padronizam, e os tribunais, depois de algumas delongas, acabam admitindo o caráter irrefutável das provas que elas propiciam. Essa abertura é poderosamente acompanhada pelo sucesso popular, às vésperas e logo depois da Segunda Guerra Mundial, da literatura e do romance policiais, onde as impressões digitais, cuja presença é na origem discreta, vão desempenhar um papel cada vez mais central na representação da luta contra o crime: passam a ser pouco a pouco uma espécie de flagrante delito in absentia, a própria assinatura do criminoso.

VI. O corpo e seus traços

É necessário avaliar bem o que significaram os desafios e as consequências da substituição da antropometria de Bertillon pela "datiloscopia". Assim o retorno à Inglaterra das técnicas de identificação utilizadas nas colônias faz do criminoso britânico uma espécie de estrangeiro em via de domesticação. Mas, além do controle dos criminosos e do caso inglês, a adoção do "sistema Henry" em quase todos os países do mundo assinala uma transformação do modo de governo dos cidadãos comuns por Estados cuja burocratização ganha considerável reforço no decurso do século XX.

> Uma transformação em um modelo quase colonial de governo, uma transformação da relação entre o Estado e os cidadãos [...] que se tornaram comparáveis a súditos coloniais:

uma massa de estrangeiros, outros, perigosamente móveis [...], cujas identidades deviam ser controladas pelo sistema das impressões digitais[47].

Aí reside toda a ambiguidade da universalização do sistema das impressões digitais, instrumento útil de luta contra o crime e ao mesmo tempo instrumento potencial de enquadramento geral das populações. O triunfo das impressões digitais sobre a antropometria revela, no entanto, outra transformação, uma profunda mutação no campo do olhar lançado sobre o corpo criminoso e, mais longe ainda, sobre a identidade individual a partir daquilo que a singularidade do corpo permite apreender a respeito dele.

A antropometria, apoiada na observação e no cálculo, legitimada pela antropologia, gozava efetivamente do prestígio da ciência, inclusive entre aqueles que, como Galton, iriam ser os primeiros artífices de seu desaparecimento. Apresentava, no entanto, aos olhos daqueles que necessitavam detectar os criminosos e controlar as massas, inconvenientes graves: a relativa demora para sua aplicação e o tempo exigido para a formação dos operadores do sistema, as incoerências sempre possíveis entre estes últimos. Ela repousa, com efeito, sobre um exercício do olhar (a percepção do corpo no qual se fundam os cálculos) e da linguagem (a técnica do "retrato falado") na qual não se tem total possibilidade de eliminar a equação pessoal do operador. Logo se concebem as vantagens oferecidas pela identificação digital: a rapidez e o caráter mecânico da forma de proceder, a formação breve e de baixo custo dos operadores, a redução dos riscos de divergência entre as interpretações. Essa vitória da técnica sobre a ciência, de um procedimento mecânico que se assemelha à produção industrial de massa sobre uma forma de observação de inspiração científica é a consequência de uma restrição do campo e de um controle do exercício da percepção do corpo humano. "No método de Bertilon, a identidade humana ainda se via. Na técnica das im-

---

47. Cf. COLE, S.A. *Suspect identities*. Op. cit., p. 96, cujas análises são aqui aproveitadas.

pressões digitais, representa-se a identidade por uma imagem abstrata. A reprodução mecânica veio disciplinar a visão desordenada dos observadores humanos"[48]. É nisto que a vitória da tecnologia das impressões digitais constitui uma virada decisiva na cultura visual da identificação. Tratou-se aí, em primeiro lugar, de apagar a distração que representa ainda na antropometria manter uma percepção global do corpo restringindo-a à identificação de traços ínfimos. E, em um segundo momento, trata-se de reduzir ao estrito mínimo a mediação do olhar e da linguagem nos processos de identificação. "As impressões digitais de um indivíduo – assim afirmou o célebre criminologista John Henry Wigmore em 1923 – não são um testemunho acerca de seu corpo, são o seu próprio corpo"[49]. O exame das tecnologias de identificação do fim do século XIX até nossos dias revela assim uma fragmentação cada vez mais fina e um controle cada vez mais preciso das percepções do corpo humano: a identidade individual se destaca progressivamente da imagem concreta e dos indícios superficiais do corpo para mergulhar nas profundezas abstratas da codificação biológica do organismo.

VII. O "lamento de Galton" e as impressões genéticas

Mas voltemos um instante a Galton. Poderíamos hoje considerar o seu triunfo como total. O uso das impressões digitais universalizou-se, e não mais se questiona a força científica e jurídica das provas que elas fornecem. A extraordinária difusão do romance e do filme policiais cuidou para que se tornassem na opinião pública a promessa que nenhum crime poderia escapar sem punição, no universo da ficção pelo menos. Deste modo, equipes de técnicos do crime, com o subsídio de conhecimentos médicos e de próteses tecnológicas do olhar, substituíram na literatura e nas telas o golpe de vista incisivo e a luminosa intuição dos detetives do século XIX – Dupin ou Hol-

---

48. Ibid., p. 167.
49. Ibid.

mes – e em seguida a tenacidade pugnaz dos investigadores dos anos de 1940 e 1950 imaginados por Dashiell Hammett e Raymond Chandler. O heroísmo policial se transfere progressivamente do justiceiro urbano para o médico legista. A partir da década de 1980, os desenvolvimentos tecnológicos do laser permitiram aos novos peritos do crime colher, com uma precisão inigualável, simples esboços de impressões latentes. A informatização da classificação, da triagem e da comparação dos traçados acelerou ainda mais o tratamento da massa de dados coligidos em bancos e redes regionais ou nacionais, e desenvolveu os procedimentos de identificação à distância. O combate à criminalidade dispõe hoje de um arsenal tecnológico com o qual Galton jamais poderia sonhar.

Mas isto em nada teria diminuído a decepção que ele sentiu quando em vida. Seu programa de pesquisa era, com efeito, perpassado pela esperança pós-darwiniana de ver as impressões digitais cumprirem o papel de uma espécie de traço fossilizado da evolução das espécies e das raças. E alimentava mesmo a ambição de encontrar nesses traços indeléveis da individualidade marcadores da hereditariedade e da origem étnica, e não é difícil imaginar o papel que teriam sido chamados a desempenhar no programa do eugenismo. Seu grande pesar foi o de não ter chegado nesse domínio aos resultados que esperava[50].

Parece até que, com o passar do tempo, ficou um pouco esquecida a decepção de Galton. A correlação entre os tipos de impressões digitais e a raça suscitou alguns ecos quando, entre 1880 e a Grande Guerra, ia mais acesa a luta contra as "degenerescências". Essa preocupação se tornará, no entanto, marginal, durante a década de 1920, para declinar nos anos de 1930 e tor-

---

50. Ele alimentara, a este respeito, "grandes esperanças, que tinham sido frustradas, a saber, o uso [das impressões digitais] para indicar a raça e o caráter" (Ibid., p. 12). Essa passagem é citada por Paul Rabinow, ao qual ficamos aqui devendo a ideia do "pesar de Galton": Galton's regret – Of types and individuals. In: BILLINGS, P.R. (org.). *DNA on Trial – Genetic identification and criminal justice*. Plainview (N.Y.): Cold Spring Harbor Laboratory Press, 1992, p. 5-18.

nar-se confidencial no decorrer da década seguinte[51]. Com uma trágica exceção, como se sabe, da aplicação dessas pesquisas "morfológicas" à detecção racial pela "antropometria" nazista.

A ideia de pretender caracterizar impressões digitais como "criminosas" sem dúvida parece estranha hoje, mas não é certo que a esperança de descobrir um marcador biológico que possa predizer a criminalidade tenha sido definitivamente afastada: não foi possível evocar ainda, no começo dos anos de 1970, a presença de um duplo cromossomo Y como explicação do comportamento criminoso? Eis aí o perigo que espreita os derradeiros desenvolvimentos das tecnologias da identificação baseadas na pesquisa das "impressões genéticas".

A procura do ADN abriu efetivamente vastos horizontes à medicina legal. A presença de traços genéticos depositados na cena do crime é bastante mais difusa que a das impressões digitais, decuplicando assim as possibilidades de identificação. A constituição de bancos de dados genéticos permite por outro lado encarar a solução dos casos de crime que esperam pelo culpado, ou inocentar aqueles que tenham sido injustamente condenados[52]. Os riscos, no entanto, são maiores: ou os riscos de manipulação ou de incompetência policiais[53], sobretudo os de conservar na massa acumulada dos dados genéticos informações concernentes à raça ou ao histórico clínico do indivíduo, e de correlacionar esses dados com a criminalidade[54]. O desenvolvimento dos projetos de identificação biométrica, que visam controlar a "modernidade líquida", os fluxos constantes das pessoas e dos grupos, suscita

---

51. Quanto a este ponto, cf. COLE, S.A. *Suspect identities*. Op. cit., p. 97-118: "Degenerate fingerprints".

52. SCHECK, B.; NEUFELD, P.; DWYER, J. (orgs.). *Actual innocence* – Five days to execution and other dispatches from the wrongly convicted. Nova York: Doubleday, 2000.

53. Fato ilustrado de maneira espetacular pelo processo em Los Angeles de O.J. Simpson; cf., p. ex., MORRISON, T. & BRODSKY LACOUR, C. *Birth of a nationhood* – Gaze, script and spectacle in the Simpson Case. Nova York: Pantheon, 2000.

54. Cf. HAHN RAFTER, N. *Creating born criminals*. Urbana: University of Illinois Press, 1997.

problemas sérios de proteção à privacidade das pessoas e de defesa das liberdades individuais[55]. Esse risco aumenta ainda mais em vista da expectativa considerável tanto da parte das instituições políticas ou judiciárias como da parte do público. Há um certo fundamento no temor de ver desenvolver-se um determinismo genético subrreptício, que desperte a esperança de achar no patrimônio genético os marcadores biológicos do "homem criminoso". Melhor seria deixar adormecidos os lamentos de Francis Galton.

---

55. Quanto a esse ponto, cf. *Cahiers de la Sécurité*, n. 56. Paris: Inhes, 2005; de modo particular, a contribuição de Ayse Ceyhan, "La biométrie: une technologie pour gérer les incertitudes de la modernité contemporaine. Applications américaines". E, na França, o debate sobre projeto de carteira de identidade e de passaporte eletrônicos Ines (Identité nationale électronique sécurisée), *Le Monde*, 16/06/2005.

Parte IV

Sofrimento e violências

1
MASSACRES
O corpo e a guerra
Stéphane Audoin-Rouzeau

Toda experiência de guerra é, antes de tudo, experiência do corpo. Na guerra, são os corpos que infligem a violência, mas também são os corpos que sofrem a violência. Esta face corporal da guerra se confunde tão intimamente com o próprio fenômeno bélico que é difícil separar a "história da guerra" de uma antropologia histórica das experiências corporais induzidas pela atividade bélica.

Para nos restringirmos ao Ocidente e ao seu contato com outras áreas culturais, às quais exclusivamente nos ateremos aqui, observemos em primeiro lugar que no decurso da primeira metade do século XX poucos ocidentais puderam de todo subtrair seu corpo à experiência de guerra. Por ocasião dos dois conflitos mundiais, o combate assumiu assim o sentido de uma obrigação generalizada. Sem dúvida, as guerras revolucionárias e imperiais, ao lançar o princípio do levante em massa e a seguir, em 1798, o de uma conscrição progressivamente imitada pelos diferentes Estados europeus, tinham provocado uma primeira generalização da experiência corporal do combate. Mas, de fato, a mobilização dos homens tinha sido muito incompleta (1.600.000 mobilizados na França entre 1800 e 1815). Em seguida, após uma volta às normas pelo menos parcial, os anos de 1860 e as décadas seguintes foram marcadas, sob o impulso do modelo prussiano, por uma nova etapa da militarização das sociedades europeias. Mas, é com os dois conflitos mundiais que se produz verdadeiramente a transposição do limiar. De 1914 a 1918, 70 milhões de ocidentais foram assim convocados às armas. Na França, por exemplo, chega ao extremo a tensão de recrutamento: certas classes de idade são mobilizadas em mais de 90%, sendo as idades-limite para vestir o uniforme tanto fixadas em um ponto mais baixo (dezoito anos, ou mesmo dezessete no caso de voluntários com autorização dos pais) como elevadas (quarenta e oito anos para as classes mais velhas de reservistas). Os países que se mostravam menos propensos a tornar o serviço militar obrigatório devem finalmente admiti-lo: a Grã-Bretanha, a partir de janeiro de 1916, que recruta mediante conscrição 2,5 milhões de homens. Pouco mais de duas décadas depois, a Segunda Guerra Mundial vai mobilizar em escala maior ainda: 87 milhões de ocidentais envergaram o uniforme, em um conflito de duração mais longa, é verdade. Alguns países exercem uma pressão de recrutamento mais forte que na guerra precedente. Onde a Rússia mobilizara cerca de 17 milhões de homens entre 1914 e 1917, a União Soviética mobilizou mais de 34,5 milhões de homens a partir de 1939. Onde os Estados Unidos tinham mobilizado 4,2 milhões de homens em 1917-1918, mobilizam 16.350.000 a partir de dezembro de 1941. Quanto à Alemanha, chegou a passar de 13,2 milhões de mobilizados em 1914-1918 a 17,9 milhões em 1939-1945, à custa do recrutamento, no fim do conflito, de rapazes de dezesseis anos ou até menos, e de homens adultos até a idade de cinquenta e cinco anos. Sem dúvida, todos aqueles que integravam essas massas imensas, militarizadas, não conheceram na própria carne a experiência do combate: a complexidade sempre maior da logística e da administração das forças armadas contribuiu para o crescimento do número dos militares não combatentes, bem como para o aumento do número daqueles que não eram levados a combater na infantaria, arma em que as provas corporais continuam sendo, e de muito longe, as mais duras[1]. Feitas essas ressalvas, deve-se frisar que a prova física da guerra constituiu uma espécie de norma social para uma grande parcela dos homens do mundo ocidental entre 1914 e 1945.

Mas não foram só estes que se viram envolvidos na guerra. Jamais anteriormente, com efeito, a atividade bélica lançara tantas raízes, e a tal profundidade, no tecido social das nações beligerantes. Os corpos dos civis não foram poupados também às restrições das mobilizações econômicas e sociais, às quais as mulheres, de modo particular, pagaram pesado tributo, somaram-se os efeitos de uma totalização da atividade bélica surgida em grande escala com a guerra de 1914 a 1918, que transformou os civis em alvos privilegiados do fenômeno da guerra. Alvos indiretos através do esgotamento dos corpos mediante as privações materiais, alimentares em particular, ou ainda pelos longos deslocamentos ligados aos êxodos em massa e aos deslocamentos forçados. Alvos diretos através das matanças relacionadas com as invasões e ocupações, com os bombardeios estratégicos, com a fome (organizada ou não), com as deportações, enfim (com ou sem intenção exterminadora).

Em suma, a experiência corporal da guerra total entre 1914 e 1945 se traduziu antes de mais nada por uma mortalidade em massa: 8,5 milhões de ocidentais morreram durante a Primeira Guerra Mundial, quase exclusivamente combatentes, enquanto as perdas civis foram em comparação pouco numerosas. Já por ocasião do conflito seguinte, foram mortos 16 ou 17 milhões de combatentes ocidentais, mas também foram mortos 21 ou 22 milhões de civis, na Europa Central, balcânica e oriental, sobretudo. E a isto se somou uma enorme sobremortalidade indireta.

---

1. Deste modo os exércitos da Grande Guerra comportam mais de 70% de homens da infantaria no começo do conflito, mas estes não passam de 50% no final da guerra. Vinte e cinco anos mais tarde, calcula-se que apenas 700.000 soldados norte-americanos, dentre 8,8 milhões de mobilizados em 1945, compuseram as divisões combatentes, e menos de 40% das tropas dos Estados Unidos no Pacífico realmente conheceram o fogo, dos quais uma boa parte de maneira de fato acidental.

Por ocasião do "segundo século XX", no quadro novo da "revolução nuclear"[2], a experiência de guerra se torna nitidamente mais limitada socialmente, visto que certas classes de idade bem determinadas suportam, todavia, de maneira especial suas provas corporais. Os 1,2 milhão de convocados franceses que serviram assim na Argélia, entre 1954 e 1962, constituem a este respeito a última "geração de guerra" do século XX na Europa Ocidental. Em compensação, se 1,5 milhão de homens foram engajados sob a bandeira dos Estados Unidos para servir na guerra da Coreia, estes últimos só representavam uma pequena porcentagem do conjunto dos jovens de dezoito a vinte e um anos então obrigados a se registrarem. E se 3,4 milhões de norte-americanos foram ao Vietnã entre 1965 e o fim de 1972, somente 16% destes vinham do recrutamento (cujo ponto culminante se situa em 1966 com 382.000 homens e que forneceu 88% das tropas de infantaria e suportou 50% das baixas). Mesmo levando em conta as gerações de jovens soviéticos que lutaram no Afeganistão entre 1980 e 1989, ou os combatentes sérvios, croatas e bósnios, que se enfrentaram quando se fragmentou a ex-Iugoslávia, nos anos de 1990, parece bastante claro que, na segunda vertente do século XX, a experiência corporal da guerra perde o seu caráter de banalidade social para se tornar uma exceção. Além disso, tende a não ser mais compartilhada senão por voluntários, que lutam em teatros de guerra longe da metrópole. A experiência corporal do combate foi assim aos poucos se distanciando das sociedades ocidentais, ainda por cima amplamente desmilitarizadas em cotejo com a primeira metade do século. Ao final deste último tudo se passa como se a experiência do fogo se houvesse tornado inconcebível para a grande maioria. Malgrado a ameaça do terrorismo – muito difundida de fato –, parece que a possibilidade do atentado corporal induzida pela guerra, como combatente ou como civil, escapou definitivamente dos horizontes da nossa expectativa. Mesmo assim, isto não quer dizer que a violên-

---

2. DUFOUR, J.-L. & VAÏSSE, M. *La guerre au XXe siècle*. Paris: Hachette, 1993, cap. III.

cia extrema do século XX não incida pesadamente sobre o nosso presente, entre fascinação, vitimização e des-realização.

I. O combate moderno: uma nova experiência corporal

1. As heranças do corpo em pé[3]

O soldado do começo do século XX combate com o corpo ereto: ele encara o perigo em pé ou, mais rigorosamente, ajoelhado. Essa postura lhe é ditada pela sua arma: o fuzil de pólvora, capaz de projetar uma bala esférica, lenta, pouco penetrante, a uma distância útil de uma centena de metros ou pouco mais. Um soldado muito experiente pode recarregar essa arma uma, duas vezes por minuto, operação que só se pode efetuar de pé. E é portanto também de pé que o atirador descarrega sua arma, é de pé que a carrega com a baioneta contra o muro de balas que lhe é oposto. Essa "técnica do corpo", para usar aqui a célebre expressão de Marcel Mauss[4], está longe de constituir uma questão secundária. A posição vertical do soldado é não apenas imposta pelas condições tecnológicas do combate, mas é também altamente valorizada – e valorizadora – aos olhos dos próprios combatentes. Todo um *ethos* da batalha estigmatiza os comportamentos corporais instintivos que consistem em enfiar a cabeça nas espáduas e abaixá-la sob o fogo. Jean-Roch Coignet, em suas lembranças, recorda-se que em Montebello, no dia 9 de junho de 1800, quando de seu batismo de fogo que sofreu na terceira fila, abaixou instintivamente a cabeça à passagem da rajada dos tiros. Imediatamente recebe um golpe de sabre na mochila, desferido por seu sargento-major, com estas palavras: "Não se abaixa a cabeça"![5] No extremo perigo do campo de batalha, fica-se de pé. Fisicamente, mas, ao mesmo tempo, supõe-se, moralmente.

---

3. Aproveitamos aqui, certamente, a expressão de Georges Vigarello em *Le corps redressé – Histoire d'un pouvoir pédagogique*. Paris: Jean-Pierre Delarge, 1978.

4. MAUSS, M. "Les techniques du corps". *Sociologie et anthropologie*. Paris: PUF, 1997, p. 365-386 [1. ed., 1950].

5. COIGNET, J.-R. *Souvenirs de J.-R. Coignet*. Tours: Mame, 1965, p. 22 [1. ed., 1851].

Trata-se, por isso, de ficar perfeitamente *visível*, e não o contrário. A estética do uniforme ligava o exercício da violência de combate à beleza de uma roupa militar que atingira o apogeu sob as guerras napoleônicas. A cor viva dos tecidos tem como função não só representar um sinal de reconhecimento nos campos de batalha envoltos na fumaça que se desprende da combustão de pólvora negra. Como as partes brilhantes dos uniformes, a cor viva se destina a realçar o corpo do soldado, particularmente no combate. Os chapéus acentuam, aliás, o porte, realçando ainda mais as silhuetas. "O homem é animado pela necessidade de parecer grande, de levantar a fronte"[6], escreve Bachelard. Precisamente, não se deve subestimar, aqui, o terror que poderia ser ocasionado pela visão das altas silhuetas inimigas, montadas a cavalo, e cobertas de metal. Em Waterloo, um sargento britânico descreveu nestes termos a súbita aparição dos soldados franceses com couraças diante de sua própria linha: "Seu aspecto era aterrorizador – todos eles com dois metros de altura, usando capacetes de metal e couraças no peito, cortadas em furta-cor, para desviar o impacto das balas. Pareciam dotados de uma constituição formidável; pensei que não teríamos a menor chance diante deles"[7].

Os exércitos do começo do século XX conservavam muitos traços dessas exigências antigas em termos de postura ereta e de estética de combate. É bem conhecida a preferência pela manutenção das calças garança no exército francês antes de 1914. Mas não se conhece tão bem que, mesmo nos exércitos onde, na mesma data, a funcionalidade levara a melhor e onde se passara à cor cáqui, como na Grã-Bretanha, ou ao *Feldgrau*, como na Alemanha, estava-se longe de ter renunciado aos passamanes de cor viva, às peças decorativas brilhantes, ou mesmo às coberturas sem grande capacidade protetora, como o capacete de ponta de couro cozido, em uso no exército alemão.

---

6. BACHELARD, G. L'air et les songes. Paris: José Corti, 1943, p. 43. Apud VIGARELLO, G. *Le corps redressé* – Histoire d'un pouvoir pédagogique. Op. cit., p. 9.

7. Apud KEEGAN, J. *Anatomie de la bataille*: Azincourt, 1415; Waterloo, 1815; La Somme, 1916. Paris: Robert Laffont, 1993, p. 130.

Sua razão de ser se radicava em uma antiquíssima tradição de desenhar a silhueta do guerreiro.

Desde então, o "treinamento" duríssimo a que eram submetidos os conscritos de todos os exércitos ocidentais do começo do século – uma aprendizagem interminável da postura corporal ereta através das posições regulamentares, a rigidez imóvel da posição de sentido, os gestos de apresentação das armas (quanto aos quais não se pode esquecer que criam a intimidade do soldado com sua arma), a lenta aquisição da cobertura e do alinhamento, ordem unida – inscrevia-se na continuidade de muitas exigências do combate em uso havia menos de cem anos. Com efeito, os soldados do começo do século XIX combatiam ombro a ombro, pois o fraco poder de fogo exigia essa concentração dos homens, garantia da eficácia do tiro. Os oficiais mantinham seus homens ao alcance da voz e deveriam estar em condição de fazê-los manobrar sob o fogo. Em suma, é "costurados juntos", para repetir a forte expressão do General MacDonald, depois de Wagram (1809), que os soldados tinham de viver o terror do confronto, suportavam o fogo inimigo, recebiam a carga da infantaria ou da cavalaria inimigas. Esta rica herança ainda estava pregnante nas casernas anteriores a 1914. Como o frisa Odile Roynette, visto ser o corpo considerado como espelho da alma da tropa, "percebem-se a imobilidade e a rigidez como sinais do autocontrole e da impassibilidade que poderiam ser-lhes solicitadas no combate"[8].

Pelo que, os corpos dos soldados ocidentais estavam, nessa data, tão mal treinados para o combate moderno como se pretende muitas vezes, tendo em vista as hecatombes ulteriores do ano de 1914? Sublinhemos logo que, graças à "produção sistemática de um corpo militar"[9] em plena afirmação a partir do século precedente, jamais tinham sido eles tão cuidadosamente

---

8. ROYNETTE, O. *Bons pour le service* – L'expérience de la caserne en France à la fin du XIXe siècle. Paris: Belin, 2000, p. 273.

9. VIGARELLO, G. & HOLT, R. *História do corpo* – Vol. II: Da Revolução à Grande Guerra. Petrópolis: Vozes, 2008, p.458.

preparados para as imensas canseiras da guerra. No exército francês, por exemplo, que parece não ter sabido antecipar as exigências novas, não era mais uma altura mínima que, a partir de 1901, constituía o critério determinante quando do conselho de revisão, mas o peso (cinquenta quilos, no mínimo, a partir de 1908), e também o perímetro torácico. Achava-se que era este último que iria crescer mediante uma nova ginástica de inspiração sueca que se difundiu nos regimentos por volta dos primeiros anos do século, vindo a esgrima e a natação em apoio das práticas destinadas a fortalecer os corpos. A marcha, sobretudo, continuava sendo um aspecto central da formação física para a guerra, e com muita razão, dada a rusticidade da organização de todos os exércitos em campanha no começo do século. Ela se efetua com um carregamento que sem dúvida se torna mais leve a partir do fim do século XIX, mas que alcança ainda cerca de uns 30 quilos (mochila, roupa e arma), e que é necessário ser capaz de carregar por vinte e quatro a vinte e seis quilômetros ao final de um treinamento progressivo. Na cavalaria e na artilharia, a multiplicidade das tarefas e as exigências de domínio do cavalo induziam uma preparação física mais rígida ainda. Em suma, "os moços mais robustos se deitam todas as noites extenuados de cansaço durante os primeiros meses, seja qual for a arma a que pertençam", observa um médico em 1890[10]. Deve-se ressaltar principalmente que esta aprendizagem de uma nova cultura somática, "dando origem a um inegável sofrimento físico"[11], tornou-se menos abstrata, mais próxima das realidades da guerra antecipada. A marca do treinamento prussiano que levara às vitórias do processo de unificação alemã – particularmente a vitória sobre a França em 1870 – aproximou a formação dos soldados de condições de engajamento mais realistas: aprendizagem da dispersão e do desdobramento em atiradores, trabalho sempre mais desenvolvido em terreno variado, identificação dos acidentes do solo, procura de abrigos e escavação do terreno (treinamento bem menos

---

10. Apud ROYNETTE, O. *Bons pour le service*. Op. cit., p. 300.
11. Ibid., p. 314.

desenvolvido, todavia, na França que além-Reno), aprendizagem da abertura do fogo no terreno (não se limitando mais só ao tiro ao alvo) –, trata-se, como diz o Ministro da Guerra, em 1901, de realizar uma instrução que forme uma infantaria "ágil e capaz de realizar manobras" em vista do combate"[12].

Fica de pé que, em nenhum dos exércitos ocidentais, soube-se realmente fazer evoluir essa aprendizagem corporal em função das lições dos conflitos do começo do século (guerra dos Bôeres, guerra russo-japonesa, guerra dos Bálcãs), onde os novos armamentos utilizados iam desmentir muitas antecipações da guerra futura[13]. A avaliação por baixo dos efeitos dos tiros sobre os corpos é particularmente impressionante, como o mostra este texto de 1913 do Dr. Ferraton, que era considerado um dos grandes nomes da cirurgia de guerra europeia antes de 1914: "Os médicos sempre sonharam com projéteis humanitários, que ferem o bastante para deter o inimigo, mas bastante pouco para não produzir lesões muito graves [...]. Na realidade, com essas balas [de pequeno calibre] a dor sentida é fraca; as lesões produzidas são bastante mínimas para permitirem ao ferido ir sozinho ao posto de socorro; o projétil, menos bacterífero, raramente carrega consigo farrapos de roupa: os orifícios que corta são em geral nítidos e estreitos; a evolução dos traumas é via de regra mais simples e mais rápida que antes; as enfermidades subsequentes são mais raras"[14].

Na realidade, não é tanto a observação dos conflitos novos que está faltando, e sim a impossível interiorização dos dados da experiência, não coerentes com todo um sistema de representações daquilo que *devia ser* a guerra futura. Vai ser, portanto, a própria guerra que, por um poderoso efeito de re-

---

12. Circular do General André, Ministro da Guerra, 30/11/1901. Apud ROYNETTE, O. Ibid., p. 289. Este parágrafo deve tudo ao capítulo V de sua obra.

13. COSSON, O. Expériences de guerre du début du XXe siècle [Guerre des Boers, Guerre de Mandchourie, Guerre des Balkans]. In: AUDOIN-ROUZEAU, S. & BECKER, J.-J. (orgs.). *Encyclopédie de la Grande Guerre, 1914-1918*. Paris: Bayard, 2004, p. 97-107.

14. FERRATON, M. "Sur les blessures de guerre par les modernes". *Bulletins et mémoires de la société de chirurgie de Paris*, 1913.

torno, modificará profundamente o treinamento dos soldados durante o conflito, ao custo, aliás, de um considerável endurecimento da preparação deles. Foi o que se deu com todas as classes convocadas no decorrer da Grande Guerra[15], mas o "retorno de experiência" sobre o treinamento combatente atuou de novo por ocasião do segundo conflito mundial, assim como o mostra, por exemplo, o treinamento implacável, e muitas vezes mortal, das tropas alemãs levadas a combater na frente do Leste[16], ou o dos Marines treinados para combater no Pacífico[17] ou no Vietnã. Deste modo, nenhum treinamento preliminar pode substituir totalmente a cultura somática adquirida no próprio campo de batalha. Em todos os conflitos do século XX, os soldados noviços, mesmo com um treinamento prévio dos melhores, sofreram perdas consideráveis nos primeiros tempos de sua chegada ao teatro de guerra. Talvez por não saberem abaixar-se a tempo, nem se jogar ao chão bastante rápido.

2. As mutações das técnicas corporais

A partir dos anos de 1840, com efeito, e de modo mais nítido a partir da década de 1860, a evolução do armamento (o fuzil do soldado de infantaria particularmente) começou a fazer o combatente ocidental passar da posição ereta para a posição alongada, enquanto afastava os homens uns dos outros nos campos de batalha. Os novos patamares tecnológicos transpostos no decorrer dos anos de 1880-1890 confirmam essa evolução quando dos confli-

---

15. Para o exército alemão e, em particular, sobre a noção e os mecanismos do "retorno de experiência", remetemos às análises de DUMÉNIL, A. *Le soldat allemand de la Grande Guerre*: institution militaire et expérience de combat. 2 vol. Amiens, dez./2000 [Tese de doutorado].

16. À guisa de exemplo, poder-se-á ler o testemunho sobre o treinamento imposto por ocasião da incorporação na divisão Gross Deutschland, a partir da primavera de 1943, em SAJET, G. *Le soldat oublié*. Paris: Robert Laffont, 1967.

17. Para um testemunho sobre a dureza do *drill* nos Marines, no começo de 1943, poder-se-á ler o notável testemunho de SLEDGE, E.B. *With the old breed at Peleliu and Okinawa*. Nova York/Oxford: Oxford University Press, 1981.

tos do começo do século (guerra dos bôeres entre 1899 e 1901, guerra russo-japonesa de 1904 a 1905, guerras dos Bálcãs de 1912 a 1913), mas é principalmente a Primeira Guerra Mundial que vai transformar de modo definitivo a técnica corporal do combatente ocidental. De agora em diante, em face de uma periculosidade sem precedentes do campo de batalha, as exigências da proteção individual obrigam o soldado a se agachar ou, para maior segurança, ficar deitado.

A evolução tecnológica força a ocorrência dessa evolução. O fuzil de repetição dos exércitos do Ocidente do começo do século XX dispara então mais de dez projéteis por minuto sob a forma de balas cônicas, rápidas, giratórias – que causam, portanto, feridas muito graves – até uma distância útil de uns seiscentos metros. Estas "ferem e matam em silêncio"[18] em um campo de batalha aparentemente vazio. A esta nova eficácia do fuzil individual vem somar-se a da metralhadora, arma típica da guerra industrial, capaz de erguer à sua frente uma muralha de balas à razão de 400 a 600 projéteis por minuto. Do outro lado, o poder de fogo da artilharia se multiplicou por dez em comparação com o poder que tinha no começo do século XIX. Ela agora domina o campo de batalha em uma profundidade de vários quilômetros. Deu-se então uma ruptura capital desde o primeiro conflito mundial, em cujo decurso as sociedades ocidentais transpõem um limiar de violência decisivo em termos de atividade bélica. As perdas em combate se registram em níveis sem precedente histórico: as médias registradas no lapso entre 1914 e 1918 sobem a cerca de 900 mortos por dia para a França, a mais de 1.300 para a Alemanha; chegam a perto de 1.450 para a Rússia. Por ocasião do conflito seguinte, a Alemanha registra mais de 1.500 mortos por dia, e a Rússia mais de 5.400. Deste modo, os dias de batalha com maior número de mortos do século são os da Primeira Guerra Mundial: de 20 até 23 de agosto de 1914, o exército francês registra 40.000 mortos, dos quais 27.000 só no

---

18. MASSON, P. *L'Homme en guerre, 1901-2001*. Monaco: Du Rocher, 1997, p. 30.

dia 22. No dia primeiro de julho de 1916, o exército britânico conta 20.000 mortos e 40.000 feridos.

Depois de 1945, porém, baixam os níveis de perdas e de ora em diante não se comparam com as cifras alcançadas por ocasião dos dois conflitos mundiais. Durante a guerra da Indochina, entre 1946 e 1954, as forças francesas registram a perda de 40.000 homens, algo que representa o custo médio de um mês e meio de combate entre 1914 e 1918. No decurso dos 37 meses de combate na guerra da Coreia, os Estados Unidos perdem 33.629 homens e contam 103.284 feridos, para 1.300 milhão estacionados na península. Entre 1964 e 1973, no Vietnã, onde os combatentes usam colete à prova de balas, perdem um pouco mais de 47 mil homens no combate (56 mil contando acidentes e doenças), para 153.000 feridos, dentre um total de 2.300 milhões de homens que passaram pelo teatro do conflito. Ou seja, uma média de quinze mortos por dia, dez vezes menos que por ocasião da Segunda Guerra Mundial. As perdas em massa continuam, sem dúvida, acompanhando o fenômeno bélico, mas, nos conflitos dissimétricos do pós-1945, elas se registram agora do lado dos adversários dos combatentes ocidentais: cerca de um milhão e meio de combatentes chineses e norte-coreanos foram mortos e feridos entre 1950 e 1953; e foram certamente contados perto de um milhão e meio de mortos entre as forças norte-vietnamitas e vietcongs entre 1964 e 1973.

Por ocasião dos anos de 1930, Walter Benjamin exprimiu perfeitamente a mutação do combate que ocorrera no começo do século: "Uma geração que ainda fora à escola de bonde a tração animal se achava sem abrigo em uma paisagem em que nada era reconhecível, exceto as nuvens e, no meio, em um campo de forças atravessado por tensões e explosões destruidoras, o minúsculo e frágil corpo humano"[19]. Desde os anos de 1900, com efeito, a nova periculosidade dos campos de batalha impõe ao soldado ocidental ten-

---

[19]. BENJAMIN, W. Le conteur: réflexions sur l'oeuvre de Nicolas Leskov – Tomo III: Oeuvres. Paris: Gallimard, Col. "Folio", p. 115-116. Apud BECKER, A. *Maurice Halbwachs* – Un intellectuel en guerres mondiales, 1914-1945. Paris: Agnès Viénot, 2003, p. 153.

tar proteger o corpo agachando-se para se deslocar em toda área exposta, rastejar e deitar-se assim que ficava debaixo de fogo. Essas práticas corporais continuaram a se impor em seguida: as fotografias dos correspondentes de guerra americanos do Vietnã, que puderam chegar bem mais perto das zonas de combate que os jornalistas dos conflitos anteriores ou seguintes, mostram combatentes enroscados sobre si mesmos em uma cova individual, em uma trincheira, ou atrás do menor obstáculo natural, em posição quase fetal, utilizando um *know-how* somático no qual é difícil separar os gestos oriundos do treinamento prévio e aqueles que se devem aos reflexos elementares diante do perigo: em uma postura mais ou menos lateralizada, o tórax e o ventre são colados ao solo, uma perna fica dobrada para tentar proteger a parte exposta do ventre. O dorso – "este dorso coriáceo e abobadado como uma carapaça [...], [este] muro denso e encurvado contra e no qual se lançam nossas fraquezas"[20] (Michel Serres) – permanece oferecido aos impactos. Vê-se nitidamente que os soldados protegem a cabeça: com as mãos, alguns apertam o capacete contra o crânio, enquanto envolvem a nuca com um antebraço ou uma das mãos.

Essa posição corporal trai de modo todo particular o terror físico do bombardeio, que pode tornar-se incontrolável quando este último se torna demasiadamente forte ou se aproxima muito. Gabriel Chevallier, em *O medo* (1930), o descreveu retrospectivamente nos seguintes termos: "[Os obuses] nos atacaram com golpes intensos, bem ajustados sobre nós, caindo a menos de cinquenta metros de distância. Às vezes tão perto que nos cobriam de terra e respirávamos sua fumaça. Os homens que riam não passavam de animais acuados, animais sem dignidade, cuja carcaça só agia por instinto. Vi meus camaradas empalidecer, olhos esbugalhados, empurrando-se e amontoando-se para não serem atingidos sozinhos, sacudidos como fantoches pelos sobressaltos do medo, apertando-se contra o solo e enterrando o ros-

---

20. SERRES, M. *Variations sur le corps*. Paris: Le Pommier-Fayard, 1999, p. 30.

to no chão"²¹. Nesse momento de terror provocado pela intensidade do bombardeio, a perda de controle dos esfíncteres e das funções mais elementares é coisa comum. Um soldado canadense novato, atacado por ocasião da Segunda Guerra Mundial, evoca a experiência nestes termos: "[O sargento] tinha simplesmente urinado nas calças. Sempre urinava quando as coisas começavam, acrescentou, e depois se repetia. Mas tampouco se desculpava, e então me dei conta de que algo não estava totalmente em ordem comigo [...], algo de quente estava no chão e parecia escorrer pela minha perna... Disse então ao sargento: 'Sargento, eu também me urinei', ou alguma coisa assim. Ele esboçou um enorme sorriso e me disse: 'Boas-vindas à guerra'"²².

Muitos outros elementos inseparáveis do antigo *ethos* do combatente em pé desaparecem com ele. O cavaleiro, em primeiro lugar, cuja montaria aumentava tanto as possibilidades corporais: mais exposto ainda que o infante, deve se eclipsar. O desaparecimento do cavalo de guerra, elemento durante tanto tempo central no fenômeno bélico ocidental, só se realizou, aliás, ao preço de muitas lamentações: em 1916, e mesmo em 1917, os comandos aliados esperavam ainda uma oportunidade tática que permitisse utilizar os cavalos. O tanque, mas também o avião, serão agora percebidos por muitos dos cavaleiros como novas montarias que permitem reatar com a exaltação física e a eficácia da carga de cavalaria.

Uma evolução da mesma ordem ocorreria com os trajes do combatente. A rica herança uniformológica, que ligava o exercício da violência de batalha à estética do vestuário, desaparece definitivamente, em 1914-1915, diante das exigências do combate moderno. Este impõe, de ora em diante, a invisibilidade, e convém avaliar com todo o cuidado essa mutação, não somente

---

21. CHEVALLIER, G. *La peur*. Paris: Stock, 1930, p. 54.

22. BROADFOOT, B. (org.). Six war years, 1939-1945 – Memories of Canadians at Home and abroad. Toronto: Doubleday, 1974, p. 234. Apud FUSSELL, P. *À la guerre* – Psychologie et comportements pendant la Seconde Guerre Mondiale. Paris: Du Seuil, 1992, p. 389.

em termos de transformação da experiência de combate, mas também de representação desta no seio de nossas sociedades.

II. Sofrimentos corporais

1. Corpos esgotados

Violência de intensidade inédita, o combate moderno implica também uma prova física prolongada. O "modelo ocidental da guerra", bem destacado por Victor Davis Hanson[23], centrado na batalha, supunha durante muito tempo um confronto de violência extrema, mas breve – algumas horas, quando muito, suscetíveis, todavia, em algumas batalhas napoleônicas por exemplo, de ver posto fora de combate quase um terço do efetivo engajado –, uma concentração assim de violência tanto no tempo como no espaço com o objetivo precisamente de permitir um resultado decisivo de natureza a evitar todo prolongamento da guerra. Uma das características centrais da experiência do combate moderno consiste ao contrário na *duração* dos confrontos armados. Uma das primeiras "batalhas" modernas foi, deste ponto de vista, a de Mukden, entre russos e japoneses na Manchúria. Ela prefigura, em muitos aspectos, o fenômeno da "campanha contínua" característica dos grandes confrontos do século XX: nessa guerra, os combates se travaram de trincheira a trincheira, entre outubro de 1904 e fevereiro de 1905, antes que as tropas japonesas conseguissem fazer ceder a defesa russa, sem obter, no entanto, uma vantagem decisiva. As "batalhas" da Primeira Guerra Mundial levarão até o absurdo essa mutação ligada à superioridade da defensiva sobre a ofensiva. Estas só travaram batalha, de fato, nominalmente: trata-se mais de verdadeiros cercos em campo raso, aplicando, aliás, todas as técnicas (resgatadas e modernizadas) da guerra de sítio tradicional: linhas de trincheiras (muralhas escavadas, de certo modo), minas cavadas sob as posi-

---

23. HANSON, V.D. *Le modele occidental de la guerre* – La bataille d'infanterie dans la Grèce Classique. Paris: Les Belles Lettres, 1990.

ções contrárias, granadas, artilharia de tiro curvo etc. Deste modo, a "batalha" de Verdun dura dez meses, la Somme cinco meses, Ypres um mês em 1915 e cinco meses em 1917. A Segunda Guerra Mundial confirmou, em seguida, amplamente essa mutação. Poucos de seus combatentes conheceram a "guerra relâmpago". A imensa maioria só viveu "campanhas contínuas", como aquela que se impôs na frente oriental a partir do outono-inverno de 1941, e novamente entre o começo da batalha de Stalingrado e a queda de Berlim. Vamos também encontrá-la na Normandia, em junho-julho de 1944, no sul de Roma, na "linha Gustav", entre novembro de 1943 e maio de 1944, e depois na Itália do Norte a partir do verão, nas ilhas do Pacífico, conquistadas pelas tropas dos Estados Unidos após muitas vezes vários meses de combate (os combates em Okinawa se estenderam de primeiro de abril a 25 de junho de 1945), ou ainda na Coreia onde, tendo o adversário chinês sido rechaçado ao norte do paralelo 38, o conflito degenerou "em uma guerra de trincheiras comparável à da Primeira Guerra Mundial"[24]. Sabemos igualmente que Dien Bien Phu foi um "Verdun sem a Via-Sacra" (General de Castries), em cujo decurso os combates se estenderam ininterruptamente e sem possibilidade de tréguas por um período de dois meses. Este fenômeno de campanha contínua, sem dúvida, não se impôs em toda a parte. O Vietnã constitui, a este respeito, o melhor contraexemplo: um conflito de baixa intensidade, onde o serviço obrigatório se limita a um ano, e onde as operações *search and destroy* efetuadas por unidades pequenas, sem dúvida esgotantes, mesmo assim são interrompidas por constantes regressos para as bases na retaguarda, bem organizadas para a recuperação física.

Mas, excetuando esse exemplo, a campanha contínua constituiu a experiência primeira da maioria dos combatentes ocidentais, particularmente no decurso do período em que o combate foi precisamente uma experiência social de massa. Houve consideráveis consequências somáticas. Observemos em primeiro lugar o esgotamento físico dos combatentes mergulhados nes-

---

24. MASSON, P. *L'Homme en guerre*. Op. cit., p. 30.

sas fornalhas. Sabe-se, por exemplo, que em Dien Bien Phu, onde rapidamente, é verdade, não havia mais a menor oportunidade de repouso nem de evacuação sanitária, soldados de plena posse de seus recursos físicos caíam mortos, de repente, sem ferida alguma, sem sinais precursores[25]. A "batalha" moderna prolonga, com efeito, interminavelmente a duração do *stress* dos combatentes, reação ao mesmo tempo física, fisiológica e psicológica que tem por fim mobilizar todas as capacidades de um indivíduo em situação de perigo vital, mas que, prolongada além das possibilidades humanas, provoca um esgotamento irrecuperável. Os combatentes se viram deste modo diante de experiências corporais e psíquicas sem precedente algum na história da atividade bélica ocidental. Multiplicaram-se os casos de *stress* assim chamado "ultrapassado": combatentes se tornam então subitamente alheios à situação, com os corpos como que paralisados na posição onde o perigo os pegou. É à luz de solicitações tão extremas que se deve contemplar as fotografias de guerra que mostram soldados prostrados, alquebrados, olhar vazio, ou ainda arriados no chão, dormindo no posto em qualquer posição, depois de provas físicas indizíveis.

Mas não há somente o combate. Também se deve contar com as "fadigas da guerra" mais corriqueiras, e estas igualmente multiplicadas pelo modelo da "campanha contínua". A marcha, que se torna mais cansativa ainda pelo peso do armamento e da mochila, ficou sendo, nesta perspectiva, uma das grandes provas de combate do século XX. Sem dúvida, o século anterior tinha visto a afirmação do navio e, sobretudo, o triunfo do trem (este último entre 1859 e 1870) como instrumentos para o deslocamento e a concentração das tropas. A seguir, a Grande Guerra marcou o surgimento do caminhão, sem o qual a "nora" que alimentou a batalha de Verdun não teria sido possível. E a partir da guerra da Coreia, enfim, o helicóptero iniciou o seu reinado. Na Argélia, em seguida, e depois no Vietnã, permitiu espalhar as tropas por toda parte nas operações de limpeza com uma agilidade e eficácia

---

25. BRUGE, R. *Les Hommes de Diên Biên Phu*. Paris: Perrin, 1999.

sem precedentes, poupando ao mesmo tempo muitas das canseiras dos soldados da infantaria. Apesar disso, nenhum dos modernos meios de transporte do século XX pôde dispensar os combatentes da terrível prova das marchas intermináveis nas zonas de combate ou para chegar em suas imediações. Basta que se pense, assim, no esgotamento dos soldados da ala esquerda do corpo de batalha alemão, que tiveram, em 1914, de atravessar a Bélgica e todo o norte da França no início da "guerra de movimento", ou seja, quarenta quilômetros diários para os soldados do exército Von Kluck, durante um mês, em plena canícula do mês de agosto, e sempre combatendo! A derrota, grande fator de desmodernização das forças armadas, só deixa a marcha como solução para os soldados que procuram evitar serem capturados. As marchas dos soldados franceses batendo em retirada, em junho de 1940, aquelas dos soldados alemães da *Ostheer* a partir das grandes derrotas de 1943 constituíram imensas provas corporais para os soldados que as suportaram. Este foi também o caso das "marchas da morte", infligidas aos prisioneiros de guerra: os de Bataan em 1942, por exemplo, ou os de Dien Bien Phu em 1954.

A experiência de guerra também subverteu profundamente os ritmos ordinários do corpo. A relação ao tempo fica assim profundamente perturbada pela falta de sono e pela irregularidade das horas de repouso e das refeições. Apesar das novas possibilidades da logística, falta muitas vezes o reabastecimento. Não é mais possível então satisfazer as necessidades mais elementares, e a fome, e mais vezes ainda a sede, foram o quinhão comum dos combatentes do século XX. A campanha contínua perturba também todos os cuidados corporais, até os mais elementares. A sujeira do corpo, seu odor, os parasitas que o cobrem[26], tudo isso ligado à impossibilidade de tomar banho, de trocar de roupa de baixo, e mesmo de tirar os calçados durante longos períodos, registra-se como sofrimentos específicos sentidos de modo particu-

---

26. A presença dos parasitas foi, todavia, mais limitada durante a Segunda Guerra Mundial do que durante o conflito anterior, graças ao uso do DDT, eficaz também contra o paludismo.

larmente vivo entre os soldados urbanos habituados a uma higiene cotidiana. Em 1916, um jornal de trincheira narra como particularmente doloroso o fato de "nunca se lavar durante quinze dias, não trocar a roupa de baixo durante trinta e cinco dias"[27]. O *modus operandi* das tropas dos Estados Unidos no Vietnã, que voltavam a bases bem organizadas e bem equipadas entre duas operações de "buscar-destruir", constituiu uma exceção, e não a regra, entre os combatentes do século XX. Acrescente-se que as intempéries agravaram consideravelmente as provas do corpo assim que os soldados ficaram expostos ao longo de imensas frentes contínuas: a chuva se torna então uma inimiga em si (na frente ocidental em 1914-1918, mas também no Pacífico e no Vietnã), assim como o frio terrível nas frentes orientais europeias quando dos invernos de 1914-1918 e 1941-1945. As "campanhas de inverno", a lama, foram o pesadelo dos soldados do século XX.

2. Corpos feridos

O novo modo de combater multiplicou os traumatismos físicos. A bala moderna, impelida pelas pólvoras sem fumaça que apareceram no fim do século XIX, causou ferimentos de gravidade inédita em razão de sua força de penetração e do efeito de sopro que acompanha o impacto. Quanto aos estilhaços projetados em alta velocidade no momento da explosão dos obuses, sua força viva é tal que permite aos maiores dilacerar os corpos, arrancar qualquer uma das partes do organismo humano. A partir de 1914-1918 a artilharia é capaz de causar 70% a 80% do total dos ferimentos registrados nos exércitos ocidentais, cujo número (muito impreciso, de fato) se elevou certamente a mais de 21 milhões. A proporção não mudou muito por ocasião do segundo conflito mundial: a experiência de combate do século XX foi primeiro, em grande escala, uma vivência aterrorizante do bombardeio de arti-

---

27. L'Écho des marmites, 29/02/1916. Apud ROUZEAU, S.A. *À travers leurs journaux: 14-18 – Les combattants des tranchées*. Paris: Armand Colin, 1986, p. 43.

lharia, ao qual se deve acrescentar o dos bombardeios por morteiro e por lança-foguetes, bem como por avião. Quanto a este último, observava Marc Bloch em *A estranha derrota*, que ele "possui, este tipo de bombardeio, descido dos céus, uma capacidade de aterrorizar que na verdade lhe pertence exclusivamente"[28]. Como é que o sentido da própria vulnerabilidade corporal nos combatentes não se acharia prodigiosamente aguçado pela diversificação e eficácia cada vez maiores dos armamentos? Do ponto de vista de uma história da corporeidade, os tanques, cujo reinado se anuncia no decurso dos anos de 1918, merecem uma menção particular pela capacidade de esmagamento e de dilaceração dos corpos sob a ação de suas lagartas, às quais podem ficar colados farrapos de corpos humanos[29].

A nova violência permaneceu em ampla escala anônima. Este anonimato dos ferimentos e da morte infligidos está ligado ao alcance sempre maior das armas: você não sabe quem você mata nem quem mata você, ainda que uma parte da violência, mal conhecida e quantitativamente marginal, continuou sendo de tipo interpessoal, particularmente na forma de corpo a corpo. Esta despersonalização da morte infligida e sofrida foi ainda aguçada por novos tipos de armas, como as minas, capazes de matar e mutilar agora sem nenhuma presença inimiga, e que se afirmam como um dos grandes agentes causadores de ferimentos da Segunda Guerra Mundial e do meio século que lhe sucedeu (3% dos mortos do exército dos Estados Unidos entre 1941 e 1945, 11% no Vietnã).

A corrida de velocidade disputada entre os progressos dos serviços médicos e os meios de matar não foi ganha facilmente pelos primeiros. Sem dúvida, desde o começo do século não se morre, a não ser excepcionalmente, de doença na guerra, em vista da vacinação antitetânica e contra o tifo em particular. Mas a morte violenta triunfa em seu lugar. Alguns estudos comparativos refe-

---

28. BLOCH, M. *L'étrange défaite*. Paris: Gallimard, 1990, p. 87.

29. BELLAMY, D. Stress e traumatismos de combate de tanque: o exemplo da 4ª DCR na batalha de Abbeville (mai./1940). In: NIVET, P. (org.). *La Bataille en Picardie* – Combattre de l'Antiquité au XXe siècle. Amiens: Encrage, 2000, p. 239-248.

rentes às taxas de sobrevivência de feridos nos regimentos ingleses presentes em Waterloo em 1815, comparadas com as de la Somme em 1916, parecem indicar que este último se degradou, e não o contrário, de um século para outro. Os feridos internados nos postos de atendimento médico durante a Grande Guerra são atingidos, em 70% dos casos, nos braços e nas pernas. Não porque os membros estejam mais expostos que o resto do corpo, mas porque os ferimentos na cabeça, no tórax e no ventre provocavam em geral a morte imediata, antes mesmo de qualquer possibilidade de atendimento.

A presença de inválidos de guerra em grande número nas cidades e nas aldeias se tornou assim uma realidade pungente das sociedades europeias do entre-guerras. No princípio da Grande Guerra eram amputados em massa, com efeito, os membros feridos, para evitar uma gangrena que ocorria com tanto maior frequência dado que a massa dos feridos nos campos de batalha sobrecarregava as redes de atendimento, retardando os primeiros socorros. Prazos melhores de evacuação, técnicas mais eficazes de lavagem das feridas permitirão em seguida limitar o número das operações mutiladoras. Será também possível intervir cada vez mais no caso dos ferimentos no tórax e no ventre, quase sempre mortais anteriormente nos casos de ferimentos profundos. Da mesma forma, a Grande Guerra viu os primeiros enxertos que permitiam remediar, pelo menos uma parte e ao preço de muitas operações seguidas que se traduziam em hospitalizações intermináveis, as terríveis destruições do rosto provocadas pelas condições inéditas do combate moderno. As "caras quebradas" se tornaram então as vítimas emblemáticas do combate moderno. Uma delegação de ex-combatentes franceses, com os rostos horrivelmente mutilados, assistiu assim à assinatura do tratado de Versalhes em junho de 1919 e, na Alemanha, Otto Dix fez dos mutilados do rosto um tema central de sua obra gravada, e depois pintada, a partir de meados dos anos de 1920. Sofrimentos: o *handicap* facial impedia não somente diversas funções essenciais do rosto, mas a desfiguração destruía, além disso, os mecanismos de interação com outras pessoas e forçava à difícil, ou mesmo impossível, reconstrução de uma nova identidade. Quanto àqueles que tinham membros amputados, tiveram que viver com as dores, muitas vezes terríveis, provocadas pela extrema sensibilidade de seus cotos, por um lado, e pela de seus "membros-fantasmas", pelo outro. Mas nada ou quase nada foi dito, por aqueles que as suportaram, a respeito desses sofrimentos corporais de toda uma vida[30].

Se "a gama dos ferimentos não conheceu modificações radicais" no decurso do século XX[31], o atendimento aos corpos feridos conheceu uma primeira melhora quando do segundo conflito mundial, de maneira desigual e parcial, no entanto[32]. Os cuidados prodigalizados aos feridos no Exército Vermelho eram assim particularmente rudimentares, o que explica por um lado a imensa mortalidade soviética e a relação entre o número de mortos e o número de feridos (um morto para menos de dois feridos, contra três ou quatro nos outros exércitos, numa proporção inalterada entre o início e o meio do século). Do lado anglo-saxão, em contrapartida, a utilização da penicilina (produzida industrialmente a partir de 1943) permitiu o tratamento das feridas suturadas, a prevenção do envenenamento do sangue por septicemia, abriu o caminho para novos tratamentos ortopédicos dos membros atingidos. A gangrena por gases, que justificava a recomendação da amputação, desaparece no campo anglo-saxão, ao passo que grassava sempre no exército alemão, particularmente na frente do Leste. A melhora das transfusões de sangue e das possibilidades de conservação e de estocagem possibilitou transferências maciças de plasma para o teatro de operações. O desenvolvimento dos conhecimentos sobre o estado de choque e a reanimação, a possibilidade de anestesias prolongadas, o desenvolvimento da cirurgia do

---

30. Sobre todos esses pontos, cf. DELAPORTE, S. *Les gueueles cassées* – Les blessés de la face de la Grande Guerre. Paris: Noésis, 1996. • *Les médecins dans la Grande Guerre, 1914-1918*. Paris: Bayard, 2003.

31. MASSON, P. *L'Homme en guerre*. Op. cit., p. 118.

32. No exército dos Estados Unidos, onde a situação foi a mais favorável, a taxa dos mortos em consequência de ferimentos não vai além dos 4,5% entre 1941 e 1945, contra 15%-20%, em média, na segunda metade do século XIX. Além disso, 75% dos feridos são considerados "recuperáveis".

ção de regras muito estritas para poder dispará-las. Sentem por isso a impressão de não estarem nem na guerra nem combatendo, mas no centro de um "massacre" do qual se sentem as vítimas preferenciais[33].

A psique leva de volta, aqui, diretamente ao somático, na medida em que são precisamente as diversas formas de agressões sensoriais ligadas ao combate moderno que deram origem aos traumas de combate. Neste domínio tem a primazia o sentido da visão, em particular o choque visual representado pelo espetáculo de um cadáver, de um corpo ferido ou, pior, de um corpo desmembrado, cuja visão é então inseparável da antecipação daquilo que pode vir a acontecer a seu próprio corpo. Neste instante, o outro sou eu. De modo muito claro, Marc Bloch soube exprimir essa angústia do desmembramento na obra *Estranha derrota*, exemplo único de uma antropologia histórica da violência de combate por uma testemunha de duas experiências de guerra sucessivas: "O homem, que sempre teme morrer, não suporta jamais tão mal a ideia de seu fim do que quando se junta a esta a ameaça de ser todo estraçalhado o seu ser físico; o instinto de conservação não tem talvez uma forma mais ilógica do que esta; mas nenhuma, tampouco, que seja mais profundamente enraizada"[34]. A psiquiatria militar contemporânea indica-nos que, embora menos contundentes, outros espetáculos visuais podem ocasionar graves sofrimentos psíquicos: por exemplo, os cavalos feridos ou mortos, que facilmente evocam a sorte dos homens em vista da contiguidade antropológica entre os primeiros e os segundos; as ruínas, que também remetem à corporeidade dado que o habitat é o envoltório protetor do corpo humano; as florestas destruídas pelo fogo cerrado, com a árvore se tornando por sua vez metáfora do corpo humano. O ouvido é também solicitado, por exemplo, quando se ouvem, insuportáveis, os gritos dos feridos. O ouvido fica saturado com o estrondo das explosões, cuja vibração pode atravessar o

---

33. LEBIGOT, F. "Neuroses de guerra nos boinas azuis na ex-Iugoslávia". *Synapse*, n. 110, nov./1994, p. 23-27.

34. BLOCH, M. *L'étrange défaite*. Op. cit., p. 88.

corpo a tal ponto que cria depois de um certo tempo um torpor particular que induz muitos soldados ao sono, às vezes sem querer, sob o martelar dos tiros. O tato também fica comprometido: assim, quando não se pode evitar passar por cima do corpo de camaradas mortos ou feridos – situação frequente nas trincheiras e corredores estreitos da Grande Guerra. Ou quando são projetados sobre sua própria pele fragmentos de carne ou de ossos provenientes de camaradas feridos perto deles. "É horrível constatar que o corpo humano [...] que se alimenta, que se trata com cuidado, que se adorna com tantos cuidados, não é outra coisa de fato senão um frágil envoltório, cheio de matérias repugnantes", resume o tenente de Marines Philip Caputo[35]. O olfato, enfim, também se sente agredido, particularmente pelo atroz odor de putrefação dos cadáveres que começam a se decompor, visto que a própria periculosidade do campo de batalha impossibilitou qualquer forma de sepultamento: "É o olfato que nos torna odiosa a promiscuidade com nossos semelhantes depois que morrem, de sorte que não conseguimos habituar-nos com isso"[36]. Pelo ferimento voluntário, que os médicos dos serviços de saúde acompanham de perto, pelo suicídio também, muitos combatentes do século XX dirigiram contra o próprio corpo uma violência exterior que não podiam mais suportar.

Muitos distúrbios psíquicos, ligados a essas experiências sensoriais, inscreveram-se depois no longo prazo. Entre as tropas britânicas, que tomaram parte na guerra das Malvinas em 1982, foram registrados 50% de neuroses traumáticas cinco anos depois do fim dos combates. Os norte-americanos chamaram de PTSD (*post traumatic stress disorders*) as neuroses que surgiram depois do combate, geralmente após um período de latência de alguns meses; os franceses preferem falar de "trauma" para designar espetáculos – geralmente visuais – que "arrombaram" a psique dos combatentes. Muitas vezes um simples *olhar*, o de um inimigo que quis te matar ou que se quis

---

35. CAPUTO, P. *Le bruit de la guerre*. Paris: Albin Michel, 1975, p. 131.
36. Ibid., p. 172.

matar, e através do qual o sujeito "se viu morto", em um súbito desaparecimento da "ilusão de imortalidade"[37]. Seja como for, hoje se sabe que o custo da experiência do combate moderno não é apenas de ordem corporal. Tudo acontece como se as formas do combate no século XX houvessem ultrapassado as capacidades psíquicas de adaptação e de resistência dos soldados encarregados de executá-las.

4. Corpos humilhados, mito do guerreiro

Esse combatente, deitado sob o fogo, tão invisível quanto possível, de uniforme sujo e enlameado, impotente diante da intensidade do fogo, esgotado, traumatizado, é um homem que sabe o que o terror físico significa, e o que significa a humilhação provocada por seu próprio pavor. Suas habilidades ligadas ao treinamento, à experiência, à resistência, à coragem física, desempenham certamente um papel, mas agora têm pouco peso diante da eficiência do fogo anônimo e cego, característica do combate moderno. Como é que o campo de batalha do século XX não teria definitivamente deixado de ser aquele "campo de glória" evocado em suas lembranças pelos veteranos das campanhas do Primeiro Império? A experiência de combate é agora coisa feia, e são os termos "açougue" ou "matadouro" que acodem à pena de numerosas testemunhas, indicando assim a desumanização de um corpo combatente degradado à condição de carne de açougue. Ao mesmo tempo, toda significação tende a retirar-se da prática do combate, e a guerra então se torna um repugnante absurdo. E a tudo isso vêm somar-se as dificuldades do momento da baixa militar para homens muitas vezes inválidos física ou psiquicamente ou mais simplesmente desclassificados socialmente: a volta da guerra se tornou mais difícil ainda na ausência de toda economia moral do reconhecimento (pense-se nos soldados das potências centrais de 1918, nos soldados alemães

---

37. Agradeço ao Dr. François Lebigot, psiquiatra lotado no hospital militar de Percy, por todas as informações que me subministrou neste domínio. LEBIGOT, F. "A neurose traumática, a morte real e a falta original". *Annales Médico-Psychologiques*, vol. 155, n. 8, 1997, p. 522-526.

depois de 1945, nos soldados da Indochina e nos que voltaram da Argélia, ou mesmo nos soldados dos Estados Unidos que voltaram do Vietnã)[38]. Nestes termos, como encontrar no combate e na sua lembrança essa autoestima tão peculiar que se ligava antigamente a esse tipo de experiência? Os movimentos pacifistas do século XX procedem em larga escala dessa desvalorização de uma experiência corporal durante muito tempo altamente estimada.

Paul Fussell, veterano da Segunda Guerra Mundial, que veio a ser um professor de literatura particularmente atento à língua dos soldados, mostrou com muita finura até que ponto a linguagem combatente do século XX havia traduzido essa humilhação física profunda e sua interiorização. Desde a Primeira Guerra Mundial, a "linguagem vulgar" dos soldados anglo-saxões quer ser sistematicamente depreciativa para com seu próprio corpo bem como pelo corpo dos outros. A obscenidade e a escatologia são evidentes, contaminando tudo o que há no campo e aparentemente sem propósito a totalidade da linguagem. As palavras *shit* e *fucking*, em particular, tendem a se combinar com todas as palavras do vocabulário e todas as abreviaturas usadas na vida militar. *Fucking* se havia tornado tão banal e cansativo na época da guerra do Vietnã, observa assim o autor, que os americanos se limitavam a lhe fazer uma simples alusão, atenuando o termo graças ao uso moderno da abreviatura. Assim, um recém-chegado era um FNG ou *fucking new guy* [...]. A pulsão do aviltamento, conclui Fussell, alimentada ao mesmo tempo pelo ódio e pelo medo, parece convir exclusivamente às forças armadas[39].

Além do tom antimilitarista do discurso, talvez fosse necessário perguntar em que medida essa explosão de vulgaridade verbal vinha compensar uma miséria sexual generalizada no seio das forças armadas em campanha. Será que as frentes de batalha são o "lugar assexuado" de que fala Paul Fussell quando descreve os teatros de operações das tropas anglo-saxônicas por

---

38. CABANES, B. *La victoire endeuillée* – La sortie de guerre des soldats français (1914-1918). Paris: Du Seuil, 2004.

39. FUSSELL, P. *À la guerre*. Op. cit., p. 133-139.

roses de guerra], posta a circular desde 1907, ou ainda a de *Kriegshysterie* [histeria de guerra], percebem mais claramente que os distúrbios mentais dos combatentes têm como origem um sofrimento de ordem psíquica, e não neurológica. Deste modo, malgrado a hesitação dos tratamentos, é no decorrer da Grande Guerra e no quadro dos exércitos aliados que se elaboraram os primeiros princípios terapêuticos visando orientar toda a psiquiatria assim chamada "da frente" até nossos dias, a qual consistia particularmente em intervir de imediato e conservar o soldado atingido na proximidade dos locais de combate, favorecendo nele a espera da cura. Esses princípios são redescobertos pelos norte-americanos a partir de 1942-1943 na África do Norte e no Pacífico: terão de encarar a hospitalização de mais de 900.000 "baixas psíquicas", e mesmo certos picos espetaculares no decurso de 1944, ou mesmo 1945, como em Okinawa, onde as baixas desse tipo foram multiplicadas por dez. Devem, além disso, admitir a normalidade desse tipo de distúrbios. A quase totalidade dos soldados se vê atingida por ele depois de uma exposição prolongada ao perigo, como o confirmam as experiências da Coreia e do Vietnã (200 a 240 dias de presença em zona de operações, a se dar crédito às normas do exército norte-americano).

Os números de epidemiologia psiquiátrica se acham, no entanto, sujeitos a reservas. Não medem, sobretudo, a sensibilidade dos serviços médicos a esses tipos de danos, bem como a capacidade (crescente) dos combatentes para confessá-los? Seja como for, tudo indica um claro aumento das baixas psíquicas nos conflitos do fim do século: 30% das baixas do exército israelense, quando da guerra do Yom Kippur, foram do tipo psíquico (a ponto de suscitar uma completa reorganização dos meios de tratamento psiquiátrico israelenses, dali em diante centrados nos *debriefings* sistemáticos entre psiquiatras e combatentes mais perto das fases de combate). As forças de manutenção da paz, no final do século XX, devem também beneficiar-se com um atendimento psiquiátrico tanto mais intenso quanto com mais frequência surgem os distúrbios psíquicos entre esses "combatentes" de um novo tipo que podem servir de alvo, mas não podem usar suas armas, a não ser em fun-

tórax, enfim o desenvolvimento das evacuações por avião (na frente Leste, na África do Norte, no teatro de guerra do Pacífico) começaram a transformar a sorte dos feridos em combate. De 1950 a 1953, na Coreia, progride a reconstrução de vasos sanguíneos, mas são principalmente as 70.000 evacuações realizadas pelos helicópteros sanitários que desempenham um papel-chave na redução de metade do número dos "mortos em consequência de ferimentos". No Vietnã, o *dust off* das evacuações de feridos por helicóptero acentua ainda mais o processo (morre apenas 1% dos soldados depois de serem atendidos), diminuindo significativamente o número total de mortos em combate. Tudo acontece como se a medicina de guerra ocidental, superada no começo do século pelo avanço do poder de fogo, houvesse recuperado a vantagem a partir da década de 1940.

3. Do corpo à psique

Que a guerra pudesse provocar importantes desordens psíquicas é algo que os médicos militares do começo do século XIX já sabiam, embora dessem a essas realidades ainda mal conhecidas outros nomes que não os de hoje, como "nostalgia" ou "vento da bala de canhão", por exemplo. Mas foram os conflitos modernos que ao mesmo tempo aumentaram consideravelmente o número de "feridos psíquicos" e forçaram os serviços de saúde das forças armadas a levarem em conta o seu caso e aplicar medidas terapêuticas.

Se a guerra russo-japonesa de 1904-1905 vê surgirem os primeiros cuidados psiquiátricos de combatentes, é de novo a guerra de 1914-1918 que vai constituir a grande ruptura: do lado francês, por exemplo, as baixas psíquicas se elevam a 14% do total das indisponibilidades. A confusão do vocabulário mostra, no entanto, a das representações: os médicos franceses falam de "comoção", seus homólogos britânicos de *shell-shock*. Isto indica que tanto estes como aqueles imaginam que os distúrbios psíquicos, que devem tratar, estão ligados a desordens neurológicas provocadas pela violência das explosões. Já os médicos alemães, através da noção de *Kriegsneurosen* [neu-

ocasião da Segunda Guerra Mundial? "Nem a frustração sexual, nem o desejo irreprimível perturbaram em geral os combatentes de primeira linha" – afirma o autor. "Eles sentiam muito medo, tinham muito que fazer, estavam muito esgotados e desesperados para pensarem em sexo ainda que bem pouco"[40]. Talvez. Mas também se sabe, por outro lado, que desde a Primeira Guerra Mundial, o imaginário erótico que se originou da imprensa ilustrada "invadiu tudo, submergiu tudo; chega até a primeira linha, goteja nas barracas, cola-se às paredes e... faz o guerreiro presa de solitárias tristezas"[41]. O fenômeno se mostra com maior clareza ainda por ocasião do segundo conflito mundial: a circulação das revistas e dos livros eróticos foi um fenômeno de massa no seio das tropas norte-americanas. Sempre difíceis de documentar, as práticas sexuais nem por isso deixam de aflorar nas fontes: a masturbação, bem pouco mencionada nos círculos combatentes em 1914-1918, é muito mais abertamente evocada nos testemunhos relativos ao conflito seguinte. Sabe-se também que o recurso à prostituição se tornou um fenômeno de massa em todas as zonas da retaguarda por ocasião dos diferentes conflitos. Quanto à homossexualidade – que todos sabem ser inevitável em comunidades masculinas isoladas de toda presença feminina, e submetidas além disso a pressões de natureza que favorecem a transgressão das normas socioculturais em vigor – é sempre um tema em grande parte tabu no testemunho dos combatentes do século XX[42].

Sendo assim, não se trata de seguir aqui um protocolo misericordioso que optasse por escolher considerar a experiência combatente só na perspectiva da vitimização. Sem dúvida, houve historiadores que puderam afirmar, não sem razão, que o primeiro conflito mundial particularmente havia "desmembrado o homem", afetando de maneira crucial as formas da mascu-

---

40. Ibid., p. 150.

41. Tacatactetreuf, mar./1918. Apud AUDOIN-ROUZEAU, S. *Les combattants de tranchées.* Op. cit., p. 150.

42. LE NAOUR, J.-Y. *Miseres et tourments de la chair durant la Grande Guerre* – Les moeurs sexuels des Français, 1914-1918. Paris: Aubier, 2002.

linidade tradicional[43]. No entanto, enquanto a experiência do corpo do guerreiro moderno se insere bem em total contradição com o mito masculino, considerado adepto da atividade guerreira, um dos grandes paradoxos do século XX não seria o fato de que um modelo corporal – e também moral – do combatente tenha conseguido sobreviver à mutação da atividade guerreira ocidental iniciada por volta de 1900? Sem dúvida, o estereótipo do guerreiro ocidental estava ligado durante muito tempo – desde o fim do século XVIII, assim pensa George Mosse[44] – à concepção da virilidade moderna para sair tão facilmente de cena. Em uma espécie de exorcismo das novas realidades guerreiras, cuja dimensão compensatória e propiciatória mereceria ser questionada, o ideal corporal fascista não provém assim diretamente da experiência dos modernos campos de batalha? Desde 1917, o cartaz do sétimo empréstimo de guerra alemão, Fritz Erler, futuro retratista de Hitler, desenha os seus traços: o soldado, com a cabeça coberta com o famoso capacete de aço (*Stahlhelm*) emblemático dos combates das tropas de assalto em Verdun e em la Somme, levando granadas de mão e máscara contra gases, parece ter-se libertado do arame farpado da *no man's land* no último plano. Nos traços do rosto as marcas da determinação. O olhar, sobretudo, é essencial: os olhos brilham intensamente, sem que se saiba se estão olhando para a vitória, para a morte ou para uma forma de absoluto pessoal. Este soldado, cujo corpo e cuja alma se enrijeceram no fogo dos combates, já é o "homem novo" fascista, que se vai encontrar também nos monumentos aos mortos. O fascismo italiano e o nazismo alemão sistematizam o modelo, e ao mesmo tempo o libertam das realidades concretas do combate moderno: os guerreiros de músculos hipertrofiados e de ossatura rígida das esculturas e bai-

---

43. Cf. de modo particular BOURKE, J. *Dismembering the male men's Bodies Britain and the Great War*. Londres: Reaktion Books, 1996.

44. MOSSE, G.L. *L'image de l'Homme* – L'invention de la virilité moderne. Paris: Abbeville, 1997.

xo-relevos de Joseph Torak e Arno Breker estão nus e seguram a espada, em uma imitação "brutalizada"[45] do guerreiro antigo.

Na forma fascista, o modelo viril moderno procedente da leitura de extrema direita da experiência de combate da Primeira Guerra Mundial, e mais tarde radicalizada no decorrer da Segunda, não sobreviveu à derrota do Eixo. Isto não significa que não tenha continuado a sobreviver em outras formas, e isto até o dia de hoje. George Mosse frisa, aliás, sua persistência hoje, embora além dos meios militares: "O que está em questão, observa com razão, não é, por conseguinte, a morte do estereótipo, mas as modalidades da sua erosão"[46].

III. Corpo do inimigo, corpo dos civis, corpo dos mortos

1. A extensão da noção de inimigo

O novo contexto dos confrontos de guerra contribuiu para despedaçar planos inteiros de um edifício muito antigo: o das normas ocidentais do confronto militar. O direito da guerra supunha que se poupassem aqueles que são indefesos: soldados feridos, combatentes que caíam prisioneiros, civis. Essas diversas categorias haviam constituído o objeto, no século XIX e no começo do seguinte, de uma codificação internacional escrita que seguira as linhas de um *ius belli* não escrito muito mais antigo. Foi o objeto das convenções de Genebra de 1864 (completadas em 1929 e 1949) e das convenções de Haia de 1899 e 1907 (prolongadas em 1922-1923). Todavia, no século XX, a extrema violência da guerra não teve apenas por origem as mutações tecnológicas que frisamos. Suas raízes são também de ordem cultural, e devem ser buscadas nos sistemas de representações dos próprios beligerantes. Na brutalidade do

---

45. Usamos a expressão no sentido anglo-saxônico de "brutalizar". Cf. MOSSE, G.L. *De la Grande Guerre au totalitarisme* – La brutalisation des sociétés européennes. Paris: Hachette, Col. "Pluriel", 1999.

46. MOSSE, G.L. *L'image de l'Homme*. Op. cit., p. 193.

combate moderno, através do sentimento muitas vezes sentido de se defender e defender o próprio país de maneira perfeitamente legítima, muitos procedimentos de limitação da violência desapareceram assim.

Desaparecido no fronte. Desde o primeiro conflito mundial, a trégua dos padioleiros se apaga e não reaparece mais, salvo de maneira excepcional; os feridos agonizam no local dos combates e, na maioria dos casos, o inimigo atira sobre os que lhes prestam socorro. A antiga tradição do cativeiro sob palavra, reservada aos oficiais inimigos e mantida até os primeiros dias da Grande Guerra, também se apaga para dar lugar ao internamento nos campos de concentração.

Desaparecido longe do fronte. O bombardeio estratégico das cidades inimigas, e particularmente das capitais, assinala uma transgressão grave cujo primeiro exemplo se viu na Primeira Guerra Mundial, antes das radicalizações da guerra da Etiópia, da guerra da Espanha e, é claro, do segundo conflito mundial, concluído pelo bombardeio atômico de Hiroshima e Nagasaki. Sem dúvida, o bombardeio urbano era tido como lícito há muito tempo, desde que se tratasse de uma cidade cercada que se queria forçar a rendição. Mas o bombardeio de cidades sem a procura de qualquer vantagem tática mostra que se havia transposto um limiar de extrema importância: a fronteira entre a parcela armada da população inimiga e os civis indefesos se torna porosa, quase desaparece. De ora em diante, na sua *totalidade*, a população adversária encarna o inimigo. Está livre o caminho para as "atrocidades" que têm o corpo como alvo.

2. Atrocidades

A violência extrema dos campos de batalha se espalhou, portanto, sobre as populações civis, embora protegidas por um direito da guerra consuetudinário, que se tornara direito escrito quando das duas conferências de Haia (1899 e 1907). A partir da guerra dos Bôeres, estas se acham no centro de práticas de atrocidades. E o são mais ainda por ocasião das guerras balcânicas de 1912-1913, que dão origem ao primeiro grande relatório internacional sobre o tema, por iniciativa da Fundação Carnegie. As invasões do verão de 1914 dão lugar, por sua vez, a um surgimento de violência combatente da parte dos exércitos invasores, na Sérvia, e também na Bélgica bem como na França do Norte e do Leste, onde são assassinados cerca de 6.000 civis[47]. Os massacres relacionados à guerra no Leste a partir de 1941 se inscrevem, é verdade, em uma escala totalmente diversa. Sem mesmo evocar aqui o caso específico do extermínio dos judeus da Europa, e deixando de lado a imensa taxa de mortalidade de guerra ligada em particular ao trabalho forçado e à organização da fome pelo ocupante, calcula-se que cerca de quatro milhões de civis morrem na Europa Central e nos Bálcãs durante a Segunda Guerra Mundial, e cerca de 12 a 13 milhões na União Soviética. Fruto da "perversão da disciplina"[48] que caracteriza o comportamento do exército alemão no Leste, em particular no quadro de sua luta contra os guerrilheiros, 2.500.000 civis poloneses são mortos (sem contar as vítimas do genocídio, não se deve esquecer), 4 a 5 milhões de ucranianos e 1.500.000 bielo-russos[49].

Não se pode esperar narrar detalhadamente, em todas as suas dimensões corporais, massacres de tamanha amplidão. Em contrapartida, as práticas de extermínio das populações judias do Leste, pelos *Einsatzgruppen*, permitem concentrar um instante as lentes sobre a variedade dos face a face físicos

---

47. HORNE, J. & KRAMER, A. *German atrocities, 1914*: A history of a denial. New Haven: Yale University Press, 2001.

48. BARTOV, O. *L'armée d'Hitler* – La wehrmacht, les nazis et la guerre. Paris: Hachette, 1999.

49. A Bielo-Rússia foi o epicentro do morticínio em massa no Leste. De 9,2 milhões de habitantes, em 1939, não restam mais de sete em 1944. Foram assassinados 700.000 prisioneiros de guerra; 500.000 a 550.000 judeus, 340.000 camponeses e refugiados foram vítimas da luta contra os guerrilheiros, mais 100.000 outras pessoas pertencentes a outros grupos da população. Além disso, 380.000 pessoas foram deslocadas para trabalhos forçados no Reich. Sobre estes pontos, cf. GERLACH, C. Os interesses econômicos alemães, a política de ocupação e o assassinato dos judeus na Bielo-Rússia de 1941 a 1943. In: DUMÉNIL, A.; BEAUPRÉ, N.; INGRAO, C. *1914-1945, l'ère de la guerre* – Tomo II: 1939-1945, nazisme, occupations, pratiques génocides. Paris: Agnes Viénot, 2004, p. 37-70.

entre vítimas e carrascos. Enquanto em junho de 1941 estes últimos executam sobretudo homens adultos, poupando mulheres e crianças, a partir de meados de agosto estas são cada vez com mais frequência integradas nos massacres. Deste ponto de vista, é impressionante observar a distribuição das práticas em torno de dois polos distintos. Em certo número de casos, as execuções são acompanhadas de uma proximidade corporal entre os carrascos e suas vítimas, proximidade que permite em particular a realização de práticas de crueldade que levam os executantes ao êxtase: "No décimo veículo – escreve assim um policial vienense à mulher, no dia 5 de outubro de 1941, dois dias após a liquidação do gueto de Moghilev na Bielo-Rússia –, eu apontava calmamente e atirava com pontaria certeira sobre as mulheres, as crianças e os bebês [...]. Os bebês voavam ao céu descrevendo grandes círculos no ar e nós os abatíamos no voo, antes de caírem na fossa e na água"[50].

A esta altura, haviam também principiado os imensos fuzilamentos, chegando por vezes à morte de dezenas de milhares de judeus num só dia: 33.371 pessoas em Babi Yar, perto de Kiev, nos dias 29 e 30 de setembro de 1941, por exemplo. Assiste-se então a uma despersonalização do massacre e ao mesmo tempo a um distanciamento físico sistematizado: fuzilamentos coletivos diante das fossas previamente cavadas, vítimas executadas de costas para evitar qualquer face a face com os atiradores – às vezes militarização do tiro sob a forma de fogos de pelotões agindo sob comando, com regulamentação da distância de tiro, automatização dos gestos de recarga das armas e ausência de todo confronto dos carrascos com o espetáculo dos corpos nas fossas –, enfim, utilização eventual de milícias autóctones para exterminar mulheres e crianças. Estrita separação física, por conseguinte, destinada a evitar o tipo de cho-

---

50. Apud INGRAO, C., ao qual esta passagem deve tudo, em Violência de guerra, violência genocida – As práticas de agressão dos *Einsatzgruppen*. In: AUDOIN-ROUZEAU, S.; BECKER, A.; INGRAO, C.; ROUSSO, H. *La violence de guerre, 1914-1945*. Paris: Complexe, 2002, p. 231. Cf. tb. os artigos traduzidos da obra de HEER, H. & NAUMANN, K. (orgs.). *Vernichtungskrieg – Verbrechen der Wehrmacht*. Hamburgo, 1995. In: DUMÉNIL, A.; BEAUPRÉ. N.; INGRAO, C. *1914-1945, l'ère de la guerre* – T. II. Op. cit.

que psíquico que atingirá os homens do 101° Batalhão de Polícia, então noviços, após o massacre de Jozefov aos 13 de julho de 1942[51].

Por se inscrever em níveis e em um contexto igualmente muito diversos, não se há de esquecer que a pulsão de extermínio de populações civis se encontra facilmente no rol das práticas de combate praticadas no decurso dos conflitos da segunda metade do século. Neste sentido, ligar exclusivamente estas últimas ao período da Segunda Guerra Mundial pode levar a uma forma de desrealização das práticas guerreiras do pós-1945. O massacre da aldeia de My Lai pela Companhia Charlie, no dia 16 de março de 1968 – massacre absolutamente desligado de qualquer necessidade tática, dado que ali não havia a mínima ameaça militar – constitui, para a segunda metade do século XX um desses casos de dinâmica de violência "gratuita" mais bem documentados, violência acompanhada, ainda por cima, de práticas de crueldade mal imagináveis sobre uma população totalmente desarmada de mulheres, anciãos e crianças[52].

As atrocidades se referem igualmente às práticas executadas entre combatentes. O massacre dos prisioneiros, feridos ou não, seja no local da luta, seja pouco depois de sua captura, ou ainda quando vão caminhando para os cercados de reunião, aparece como uma constante das modalidades da guerra no século XX. Como no caso das populações civis, estas violências extremas vêm acompanhadas de práticas de crueldade. E a violência tende então a tornar-se um fim em si mesma. Não se trata mais só de destruir o inimigo pela ameaça que representa, mas de infligir a dor, profanar-lhe a humanidade, obter prazer infligindo essa dor ou praticando essa profanação[53]. Na

---

51. BROWNING, C. Des Hommes ordinaires – Le 101ᵉ bataillon de réserve de la police allemande et la solution finale en Pologne. Paris: Les Belles Lettres, 1994, p. 177.

52. BILTON, M. & SIM, K. Four hours in my lai. Nova York: Penguin Books, 1992.

53. Esta distinção deve muito aos trabalhos de Véronique Nahoum-Grappe. Cf. especialmente O uso político da crueldade: a limpeza étnica (ex-Iugoslávia, 1991-1995). In: HÉRITIER F. [seminário de]. De la violence. Paris: Odile Jacob, 1996, p. 273-323.

guerra de 1914 a 1918, ocorrem essas práticas de crueldade na frente Leste. Com frequência cada vez maior se reproduzem entre 1941 e 1945, inserindo-se assim em uma certa forma de continuidade. Sua ausência na frente ocidental, por ocasião de ambos os conflitos, mostra que os adversários, a despeito de uma hostilidade geralmente forte, compartilham um sentimento de pertença a uma humanidade comum.

O teatro do Pacífico foi o outro epicentro da crueldade[54]. Da parte dos norte-americanos contra os japoneses, topamos com os atentados ao rosto (corte das orelhas, em particular), atentados que podiam ir, mais raramente, é verdade, até as decapitações[55]. Testemunhos irrefutáveis atestam igualmente práticas escatológicas de profanação do corpo do inimigo[56]. Além do aspecto muito radical dessas práticas norte-americanas no Pacífico, a sua originalidade está ligada também à tentação, mais raramente encontrada alhures, de conservar as partes do corpo arrancadas do inimigo. Assim, escalpos e crânios inimigos são colocados em efígie sobre os tanques e os veículos, como o atesta, entre outras, uma foto de Ralph Morse tirada em Guadalcanal, e ingenuamente publicada na *Revista Life*[57]. E, se a conservação individual de crânios inimigos parece ter sido mais rara, frequentes em compensação parece terem sido as práticas de conservação das mãos, das falanges, das orelhas e, sem dúvida, dos dentes de ouro arrancados do inimigo[58]. Sendo assim, parece até que a essas partes tiradas do corpo inimigo são atri-

---

54. Vamos nos dispensar, aqui, de evocar as práticas japonesas, a fim de permanecermos no quadro ocidental. Todavia, é claro que existiu uma dimensão de contraviolência nas ações das tropas dos Estados Unidos. Limitamo-nos a remeter quanto a este ponto a DOWER, J. *War without mercy* – Race and power in the pacific war New York: Pantheon Books, 1987, que evoca em paralelo as atrocidades cometidas tanto num como no outro campo.

55. A decapitação com o sabre, mas também à baioneta (o sabre dos pobres dos soldados japoneses), foi em contrapartida uma prática frequente destes últimos contra seus prisioneiros ocidentais (DOWER, J. *War without mercy*... Op. cit.).

56. Assim atesta SLEDGE, E.B. *With the old breed...* Op. cit.

57. *Life Góes to war*. Phoenix, 1977, p. 137.

58. SLEDGE, E.B. *With the old breed...* Op. cit.

buídas, por aqueles que as possuem, uma virtude propiciatória em vista de combates futuros, no quadro de uma campanha ritmada pela sucessão de desembarques.

Deve-se atentar em todo o caso para não pôr essas práticas na conta de uma minoria de soldados desgarrados, ou classificá-las como psicopatologias ou "sadismo", em uma tentativa última de atenuar a sua gravidade e falar com eufemismos da violência da guerra. Os elementos de que dispomos comprovam, ao contrário, a sua banalização no seio das sociedades combatentes. Assim acontece com o jeito que se dá aos ossos dos inimigos, polidos e esculpidos em alguns casos, e enviados como presente à retaguarda: a *Revista Life* publica, no dia 25 de maio de 1944, a foto de um crânio japonês enviado por um soldado americano a sua namorada[59] e, ao que tudo indica, não se trata de um caso isolado. Quanto a Roosevelt, recebe no dia 9 de agosto de 1944 uma espátula enviada da maneira mais inocente por um soldado do teatro de guerra do Pacífico, objeto que evidentemente ele não pode aceitar de jeito algum[60]. Essas práticas se tornaram tão comuns que a partir de setembro de 1942, ou seja, menos de um ano após a entrada dos Estados Unidos na guerra, o comandante-em-chefe da esquadra do Pacífico baixava esta ordem: "Nenhuma parte do corpo do inimigo deve ser utilizada como souvenir. Devem os comandantes de unidade tomar medidas disciplinares estritas etc."[61]

Esse costume de cortar partes do corpo do inimigo ainda iria sobreviver à capitulação do Japão. Nós vamos encontrar essas práticas em formas bastante semelhantes na Coreia (o papel dos veteranos da guerra do Pacífico deve ter sido aqui determinante a partir de 1950), assim como no Vietnã, contra adversários facilmente vistos em uma continuidade racial e racista com o inimigo nipônico de 1941-1945. A tortura – "ato de guerra absolu-

---

59. *Life Góes to war*. Op. cit., p. 138.
60. DOWER, J. *War without mercy...* Op. cit., p. 65.
61. FUSSELL, P. *À la guerre*. Op. cit., p. 163.

to"⁶² –, aplicada ao corpo de um inimigo vivo, contrariamente às práticas descritas acima, pertenceria a um registro idêntico? Tudo aí se desenrola no "primeiro golpe", como o diz Jean Améry, torturado pelos SS em 1943: "O primeiro golpe faz o prisioneiro compreender que não tem defesa, que este gesto encerra já tudo o que vai se seguir no estado embrionário"⁶³. O que vai se seguir, pela variação dos maus-tratos e seu deslocamento pelas diferentes partes do corpo, é a impressão no torturado que "todo o seu corpo se torna sofrimento e que o torturador o domina absolutamente"⁶⁴. É total o aniquilamento do indivíduo e é neste sentido que essa "mortificação", no estrito sentido do termo, induzida pela tortura, poderia configurar-se como um prolongamento das desumanizações praticadas nos cadáveres dos inimigos. No entanto, como bem frisa Raphaëlle Branche, "a vitória não está completa, a não ser que a vítima reconheça diante de seu carrasco o que este dela espera: sua superioridade. Trata-se de um aniquilamento psíquico intencional, um abandono total da vontade, da liberdade, da personalidade; não se trata de um aniquilamento físico"⁶⁵. Sendo assim, se for necessário estabelecer um nexo com outras formas de atrocidades, é muito mais com o estupro das mulheres que conviria tentar lançar uma passarela, tanto é verdade que, na tortura, a dimensão sexual é central, tanto material como simbolicamente. O torturador é aquele que, tendo "possuído o outro" pela violência e pelas confissões obtidas, saiu vitorioso do "confronto entre os corpos"⁶⁶.

Precisamente, a agressão ao corpo das mulheres se registra como outra constante da guerra no século XX. Enquanto parece ter sido muito rara da

---

62. BRANCHE, R. *La torture et l'armée pendant la Guerre d'Algérie, 1954-1962*. Paris: Gallimard, 2001.

63. AMERY, J. *Par-delà le crime et le châtiment* – Essai pour surmonter l'insurmontable. Arles: Actes Sud, 1995, p. 60.

64. BRANCHE, R. *La torture et l'armée...* Op. cit., p. 331.

65. Ibid., p. 334.

66. Ibid.

parte do exército prussiano em 1870, as "invasões de 1914" foram de um extremo ao outro acompanhadas pelo estupro em massa[67]. Encontra-se este último (paralelamente ao corte dos cabelos das vítimas, é verdade) por ocasião da vitória dos nacionalistas na Espanha[68], quando da entrada dos alemães na União Soviética a partir de junho de 1941, por ocasião das operações das tropas francesas na Itália e em Wurtemberg. Vamos ainda topar com ele, mas em outra escala bem diferente, com a chegada das tropas soviéticas à Prússia Oriental e a Berlim em 1945 (algumas estimativas chegam a dizer que dois milhões de mulheres alemãs foram violentadas[69]), quando das ações das tropas norte-americanas no Vietnã ou ainda pelas tropas sérvias na Bósnia, que institucionalizaram o estupro como arma de guerra no seu projeto de "limpeza étnica". Assustadora invariante: tudo acontece como se tomar à força o corpo das mulheres do inimigo significasse apoderar-se do próprio inimigo. Mas é também uma prática de crueldade: o fato de não serem poupadas nem as mocinhas nem as mulheres idosas, de as esposas serem estupradas na frente dos maridos e dos filhos, mostra até que ponto os estupradores procuram atentar contra a filiação, esse marcador da crueldade. Mais perturbador talvez: o fato de que não estar em causa apenas o inimigo. Assim as tropas soviéticas violentaram, na zona ocupada e em Berlim, compatriotas suas que haviam sido levadas para o território do Reich pelos alemães[70]; os G.I. norte-americanos violentaram, aos milhares, mulheres inglesas e francesas, antes de violentarem em escala maior ainda mulheres na Alema-

---

67. AUDOIN-ROUZEAU, S. *L'enfant de l'ennemi, 1914-1918*: viol, avortement, infanticide pendant la Grande Guerre. Paris: Aubier, 1995. Sobre o estupro de modo mais geral, cf. tb. VIGARELLO, G. *Histoire du viol, XVIe-XXe siècle*. Paris: Du Seuil, 1998.

68. RIPA, Y. Armas de homens contra mulheres desarmadas: da dimensão sexuada da violência na guerra civil espanhola. In: DAUPHIN, C. & FARGE, A. (orgs.). *De la violence et des femmes*. Paris: Albin Michel, 1997.

69. NAIMARK, N.M. *The russians in Germany*: a history of the Soviet Zone of Occupation, 1945-1949. Cambridge: Belknap, 1995, cap. II.

70. BEEVOR, A. *La chute de Berlin*. Paris: De Fallois, 2002.

nha[71]. Tudo acontece como se a atividade de combate encontrasse no estupro das mulheres, fossem quais fossem, a sua significação mais profunda. Seu sentido verdadeiro, talvez.

3. Desumanização, animalização

É em termos de desumanização, ou até de animalização do corpo do adversário, combatente ou civil, que se deve tentar ler, em nossa opinião, a vasta gama das práticas e dos gestos. A radicalidade da atividade guerreira do século XX levou ao extremo os reflexos de desumanização e isto tanto mais facilmente quanto mais se proclamasse de antemão e se tivesse a firme convicção da inferioridade racial do inimigo. As piores atrocidades entre combatentes ocorreram assim nas frentes de combate onde toda pertença a uma humanidade comum fosse negada ao adversário: assim tanto na frente Leste como na frente do Pacífico por ocasião da Segunda Guerra Mundial (enquanto, nas frentes ocidentais, as "regras da guerra" permaneceram globalmente respeitadas). Idênticos mecanismos de desumanização do adversário atuaram na Coreia, na Indochina e no Vietnã, mas também na Argélia. Muitas filiações podem ser, aliás, detectadas, desde a guerra do Pacífico até a Coreia e ao Vietnã, desde a experiência indochinesa até a Argélia, desde os combates nos Bálcãs em 1912-1913 até as atrocidades que ensanguentaram os dez anos de conflito ligados à fragmentação da ex-Iugoslávia, sem esquecer as da Segunda Guerra Mundial na mesma região.

Martelando o rosto do adversário, desfigurando-o, o que se busca mesmo é desumanizar a parte mais humana do homem. Atacar a mão dele mos-

---

71. LILLY, J.R. *La face cachée des GI's* – Les viols commis par les soldats américains en France, en Angleterre et en Allemagne pendant la Seconde Guerre Mondiale. Paris: Payot, 2003. Um número estimado, pelo autor, acima de 17.000 estupros, dentre estes mais de 11.000 na Alemanha, 3.620 na França e acima de 2.400 na Inglaterra.

tra a mesma preocupação. Cortar as partes genitais é tomar de maneira mais particular como alvo a filiação, através de um tipo de profanação característica das práticas de crueldade[72]. Crucificar o corpo do adversário, pendurá-lo pelos pés, arrancar-lhe a pele, desventrá-lo é transformar o soldado inimigo em um animal abatido. Aqui se passa da desumanização à animalização pura e simples. Com a presença de dejetos sobre o corpo inimigo, não se trata mais de animalização e sim "coisificação", que nos perdoem o neologismo. Processos como estes se registram como lamentável evidência no caso das tropas norte-americanas do Pacífico, na luta contra um adversário imaginado em termos simiescos (*apes*)[73]. Seus gestos destacam perfeitamente o desejo de fazer coincidir o corpo do adversário com a representação zoológica que dele se faz. Vinte e cinco anos depois, em My Lai, é impressionante que os animais da aldeia tenham sido mortos simultaneamente com seus habitantes.

Poder-se-ia aplicar a mesma demonstração às práticas que tinham por meta particular o genocídio no Leste a partir de 1941, a cujo propósito trabalhos recentes tendem a afinar ainda a reflexão sobre os processos de animalização do corpo do Outro[74]. Às vezes os judeus são os animais de caça, e assim abatidos como se fossem animais selvagens. São acuados (como, aliás, também os *partisans*), à semelhança de uma atividade cinegética: a contiguidade antropológica é perfeitamente clara no caso dos policiais do 101º centésimo batalhão que patrulhava, desde o outono de 1942 até a primavera de

---

72. NAHOUM-GRAPPE, V. Guerra e diferença dos sexos: os estupros sistemáticos (ex-Iugoslávia, 1991-1995). In: DAUPHIN, C. & FARGE, A. (orgs.). *De la violence et des femmes*. Paris: Albin Michel, 1997, p. 159-184.

73. Em contrapartida, parece-nos que a coleta à faca, frequente e atestada, dos dentes de ouro na boca dos soldados japoneses mortos ou simplesmente feridos, não é afim de uma prática de crueldade, seja qual for a sua extrema violência quando as vítimas ainda estão vivas: trata-se mais, aqui, de uma forma de pilhagem no campo de batalha que se inscreve, a nosso ver, em um registro específico.

74. INGRAO, C. "Caça, selvageria, crueldade. A *Sondereinheit* Dirlewanger na Bielo-Rússia" [artigo ainda não publicado].

1943, as florestas polonesas da região de Lublin, sendo que eles mesmos falavam da sua *Judenjagd*. Como o escreve seu historiador, "a 'caça aos judeus' é uma chave perfeita para se penetrar a mentalidade dos assassinos [...]. Era uma campanha tenaz, sem descanso nem trégua, na qual os 'caçadores' acuavam e matavam sua 'presa' em um confronto direto e pessoal"[75]. Mas, ao lado da caçada a um inimigo-caça, o inimigo-gado, "domesticado" antes de ser abatido posteriormente, ou mesmo abatido imediatamente em grandes massas e de maneira sistematizada, como aconteceu a partir do outono de 1941, ainda é sem dúvida uma das dimensões mais significativas do tratamento corporal do Outro no decorrer do século XX. Não será, aliás, esta mesma tentação de domesticar que se vê atuando no modo de tratar os prisioneiros de guerra? Não será o sentido profundo de seus deslocamentos em imensos rebanhos, muitas vezes transformados em verdadeiras marchas da morte, como as dos prisioneiros romenos nas mãos dos alemães em 1916, dos prisioneiros norte-americanos de Bataan em 1942, dos prisioneiros franceses de Dien Bien Phu em 1954 (mais de seiscentos quilômetros transpostos em cerca de 40 dias, ao preço da morte da metade sem dúvida dos 9.500 marchadores, a começar pelos muitos feridos e doentes?) Não será essa vontade de domesticação – ainda ela – que se deve ler nas imensas massas humanas, militares e civis, confinadas atrás das cercas de arame farpado dos campos de concentração, que serão estudados em outro capítulo? O arame farpado, inventado nos Estados Unidos no século XIX para cercar os animais, e depois modificado a fim de se tornar mais perigoso ainda para a fina pele humana, tornou-se no século XX, e sobretudo na Europa, um dos meios simples para dar a entender aos seres humanos a sua transformação corporal em rebanho doméstico para o trabalho, a fome, a epidemia e, de modo geral, para a morte.

---

75. BROWNING, C. *Des Hommes ordinaires* – Le 101ᵉ bataillon de réserve de la police allemande et la solution finale en Pologne. Op. cit., p. 177.

4. Os cadáveres

A morte em massa na guerra, tão característica das duas guerras totais do século XX, terá suscitado, através da elevação dos limiares de sensibilidade, uma indiferença maior para com os restos mortais das vítimas? Quanto a isto, deve-se observar que o bombardeio estratégico tem muitas vezes o valor de profanação; as ruínas cobrem então cadáveres que se recolhem depois para identificação e para o sepultamento a seguir. Sepultamento às vezes impossível, como em Hiroshima e em Nagasaki, onde o número excessivamente alto de cadáveres na área de deflagração atômica forçou o desenvolvimento das práticas de incineração. No que tange às vítimas civis, deve-se aliás esperar pelas convenções internacionais de 1949, para se estenderem as exigências de identificação e de respeito devidas até aqui exclusivamente aos cadáveres dos soldados. Pois, no que se refere ao corpo destes últimos, e de forma paradoxal só na aparência, prevaleceu uma evolução capital no decorrer do século. Desde a Revolução Francesa, o morto em combate havia começado a ser enaltecido como um mártir que voluntariamente se sacrificara pela coletividade nacional, mas é a partir dos anos de 1850 (pela primeira vez na Crimeia, ao que parece) que se produz uma virada decisiva, que vai culminar em um verdadeiro culto ao *corpo* dos mortos na guerra. A partir de 1862, em plena Guerra da Secessão, um ato do Congresso dos Estados Unidos cria os cemitérios militares, em número de setenta e três, dezoito anos mais tarde. Pouco depois, na Europa, e sem a influência da nova prática que surgira além-Atlântico, o Tratado de Frankfurt, de maio de 1871, prevê localizações perpétuas para os soldados franceses mortos na Alemanha (mortos no cativeiro, de fato), assim como para os soldados alemães mortos na França. Ao longo da nova fronteira, alinham-se então cemitérios militares e ossuários que transformam os esqueletos dos combatentes em relíquias de santos mortos pela pátria. A seguir a Grande Guerra, pela primeira vez na história, e por toda a parte em formas comparáveis, dedicou túmulos individuais, perpétuos, aos soldados mortos em seus combates. Como escrevem

Luc Capdevila e Danièle Voldman: "Com variações nacionais, estabilizou-se um modelo ocidental para o modo de tratar os mortos da guerra por volta dos anos de 1914 a 1918"[76].

A morte a partir de agora tem nome. E é também igualitária. Uma vez mortos pela pátria, todos os corpos dos combatentes são iguais. Até oficiais superiores são assim sepultados sob uma simples cruz de madeira nos cemitérios da retaguarda. Mesmo assim, talvez essa igualdade das condições de sepultamento seja o resultado de uma construção ideológica em parte posterior à guerra. É inquietante observar que, nas raras escavações arqueológicas de túmulos de campos de batalha realizadas no decurso dos últimos anos, os oficiais e suboficiais tenham espontaneamente sido sepultados à parte dos simples soldados, ou que, no caso de valas comuns, os despojos dos graduados tenham sido enterrados primeiro, e com maiores cuidados que no caso dos homens das fileiras[77]. Da mesma forma, as lápides esculpidas pelos soldados alemães em memória de seus camaradas, em alguns cemitérios da retaguarda, dizem, num instante, a preocupação mais com a diferença do que com a uniformização.

A sacralização tende a estender-se também aos corpos dos inimigos: o Tratado de Versalhes prevê que a França mantenha as necrópoles alemãs em território francês, tomando por base planos de administração escolhidos pelo vencido. Essa dimensão sacral do cadáver combatente será de novo reforçada ao ensejo da transformação dos cemitérios provisórios da retaguarda em cemitérios definitivos assim como hoje os conhecemos. Mas ressal-

---

76. CAPDEVILA, L. & VOLDMAN, D. *Nos morts* – Les sociétés occidentaux face aux tués de la guerre (XIXe-XXe siècle). Paris: Payot, 2002, p. 95. Deve-se observar, porém: com a exceção da Rússia. Os soldados russos da Primeira Guerra Mundial são sepultados em túmulos coletivos sem referências e o mesmo se deu no conflito seguinte, com exceção de algumas grandes necrópoles, como a de Leningrado. Nos dois casos, não se destaca a presença de túmulos individuais com marcas distintivas. Há de se observar também a importante exceção constituída pelos marinheiros mortos em combate naval.

77. "A arqueologia e a Grande Guerra". *Heute*, n. 2, 1999.

te-se ainda que essa sacralidade do corpo do herói não é realçada da mesma maneira nos diversos países: os alemães, os franceses, os norte-americanos, os australianos, os sul-africanos, os canadenses ou os neozelandeses constroem imensas necrópoles que exigem o deslocamento dos corpos, às vezes por longas distâncias. Quanto aos britânicos, tornaram a sepultá-los no local exato de sua primeira inumação, mesmo à custa da multiplicação dos cemitérios[78]. O vínculo entre os vivos e os mortos se acha assim consideravelmente reforçado: continua atuante ainda hoje.

Mas nem todos tiveram a sorte da inumação e da morte nomeada: as condições do combate moderno multiplicaram assim os desaparecimentos de corpos e os corpos não identificados (cerca de 253.000 para o exército francês na guerra de 1914 a 1918, 180.000 para o exército alemão, enquanto se estima em mais de 70.000 o número de desaparecidos britânicos apenas no terreno das batalhas de la Somme!), e isto malgrado a nova preocupação, generalizada, das placas de identidade levadas pelos combatentes. O ossuário de Douaumont, em Verdun, primeiro provisório antes de se tornar definitivo em 1927, reúne assim milhares de ossadas, bem visíveis na cripta do edifício definitivamente concluído em 1932. Muitas famílias não ficaram satisfeitas por não poderem repatriar os corpos de seus parentes após a guerra. Antes que a lei francesa de julho de 1920 autorizasse esse retorno, muitos pais foram de noite aos antigos campos de batalha na tentativa de desenterrarem os restos mortais daqueles que haviam perdido. A fúria de Louis Barthou por não poder repatriar o corpo do filho, expressa diante da Comissão Nacional das Sepulturas Militares, no dia 31 de maio de 1919, fala de modo muito eloquente acerca do sofrimento de tantos enlutados por não poderem

---

78. Há uma considerável literatura sobre todos esses pontos. Poder-se-á ler MOSSE, G.L. *De la Grande Guerre au Totalitarisme* (Op. cit.) e uma síntese dos trabalhos de Annette Becker em Stéphane Audoin-Rouzeau et Annette Becker: *14-18*: retrouver la guerre. Paris: Gallimard, 2000, cap. III. Para uma síntese sobre o conjunto do século XX, cf. CAPDEVILA, L. & VOLDMAN, D. *Nos morts* – Les sociétés occidentales face aux tués de la guerre (XIXe-XXe siècle). Op. cit.

trazer de volta os corpos de seus entes queridos para os sepultarem na campa da família e, por ricochete, acerca da importância, nos mecanismos do luto, da presença de um corpo identificado e inumado perto: "Tenho meu filho que foi morto em 1914, faz cinco anos. Está em uma campa, sua mãe e eu o aguardamos; e como outros não foram achados, vocês vão me dizer que me proíbem de pegar meu filho e o levar de volta para o Père Lachaise? Ora, afirmo que vocês não têm o direito de fazê-lo"[79]. Outro lugar, outro momento no século: no decorrer dos anos de 1980, por ocasião das solenidades das festas da vitória em Moscou, foi possível ver uma senhora de idade levando um cartaz em torno do pescoço. Nele se podia ler: "Procura-se Thomas Vladimirovich Kulnev, dado como desaparecido em 1942, no cerco de Leningrado"[80].

Depois da Primeira Guerra Mundial, apenas os franceses e os norte-americanos puderam enfim repatriar legalmente os corpos dos combatentes; no caso dos primeiros, 30% dos despojos identificados serão requeridos pelas famílias. Esse processo deu lugar ao transporte, por trem, de 240.000 urnas funerárias (ou seja, 30% dos corpos então identificados) para as cidades e povoados da França entre 1921 e 1923[81]. E 45.000 urnas funerárias atravessaram por sua vez o Atlântico, visto que 70% das famílias norte-americanas haviam também solicitado o "retorno dos corpos". Este princípio de restituição dos corpos às famílias foi reiterado na França em 1946, e mais tarde novamente a partir de 1954 na Argélia, antes que o repatriamento se tornasse sistemático. Depois de 1945 os Estados Unidos decidiram repatriar todos os corpos inumados em lugares muito distantes ou muito pouco seguros:

---

[79]. Apud POURCHER, Y. *Les jours de guerre* – La vie des français au jour le jour entre 1914 et 1918. Paris: Plon, 1994, p. 469-470. Sobre esta questão da importância do corpo identificado e repatriado, cf. tb. AUDOIN-ROUZEAU, S. *Cinq deuils de guerre, 1914-1918*. Paris: Noêsis, 2001.

[80]. MERIDALE, C. War, death, and remembrance in Soviet Rússia. In: WINTER, J. & SIVAN, E. (orgs.). *War and remembrance in the twentieth century*. Cambridge: Cambridge University Press, 1999, p. 78-79.

[81]. JAUFFRET, J.-C. "A questão do translado dos corpos, 1915-1934". *Les oubliés de la Grande Guerre* – Supplément d'âmes, n. 3, p. 67-89.

enquanto os ingleses ou seus aliados da Comunidade Britânica deixaram os corpos do segundo conflito mundial na Ásia, os norte-americanos repatriaram os seus, como o fizeram em seguida na Coreia e no Vietnã, onde o primeiro féretro passou a ser então um simples saco de plástico verde, o *body bag*[82].

Para os outros, o cemitério militar se tornou com a Primeira Guerra Mundial o ponto focal da memória organizada e da rememoração coletiva. As formas do culto adotadas após 1918 determinaram assim amplamente aquelas que seguiram os conflitos posteriores: de modo quase geral, o corpo do combatente morto na batalha pela pátria é enterrado, depois de 1945, em formas diretamente herdadas do pós-1918, com os novos cemitérios britânicos, franceses, norte-americanos – e mesmo alemães em larga medida, malgrado algumas modificações significativas – inscrevendo-se na continuidade daqueles do entre-guerras.

Devemos observar, no entanto, que esta sacralidade do corpo do soldado esteve sujeita a numerosas vicissitudes em função dos tipos de conflito, sendo que a própria sacralização designa uma via nova para certas transgressões profanadoras. Assim, os soldados franceses que reconquistaram seu território a partir do verão de 1918 não hesitaram em destruir as pedras sepulcrais esculpidas por seus adversários. Igualmente as tropas soviéticas destruíram sistematicamente, a partir do grande refluxo de 1943, os cemitérios alemães edificados na União Soviética. Ficava assim purificado o solo pátrio da profanação representada pela presença de cadáveres de inimigos deitados no seu solo. Nenhuma sacralidade, tampouco, na coleta dos corpos vietcong pelos helicópteros norte-americanos, corpos suspensos por uma corda e depois jogados em um monte antes do *body count*. Além disso, até corpos "amigos" não constituíram o objeto de nenhum culto por ocasião de conflitos voluntariamente "esquecidos" pelo poder do Estado. Assim, por exemplo, os corpos dos soldados russos mortos entre 1914 e 1917, cujos túmulos são hoje quase invisíveis,

---

82. CAPDEVILA, L. & VOLDMAN, D. *Nos morts* – Les sociétés occidentales face aux tués de la guerre (XIXe-XXe siècle). Op. cit., p. 109s.

ou o dos soldados soviéticos enterrados da maneira mais discreta possível depois da sua morte no Afeganistão, na década de 1980[83].

O repatriamento do corpo de soldados desconhecidos que, conforme se julgava, coroaria o culto dos mortos – para encarnar particularmente as centenas de milhares de despojos jamais encontrados ou que permaneceram anônimos –, constituiu uma inovação importante do começo do século. E ela se generalizou quase por toda a parte: a cerimônia teve lugar no mesmo dia (11 de novembro de 1920) em Paris e em Londres, um ano depois em Washington no Memorial de Arlington, assim como em Bruxelas e Roma, em 1922 em Praga e em Belgrado, em 1923 em Sofia, e depois em Bucareste e em Viena. Na Alemanha vinte soldados desconhecidos foram sepultados no Memorial de Tannenberg, na Prússia Oriental, enquanto um outro desconhecido era enterrado em Berlim. Ali ainda esses cultos nacionais de um corpo anônimo ultrapassarão o quadro do pós-1918, orientando os ritos do luto coletivo quando terminarem outros conflitos. O memorial de Arlington acolheu assim os restos de um soldado desconhecido da Segunda Guerra Mundial, e depois os de soldados desconhecidos da Coreia e do Vietnã. Na França, a cripta de Nossa Senhora de Loreto, santuário comemorativo das batalhas de Artois de 1915, serviu de local para acolher o soldado desconhecido de 1939-1945, inumado em 1950, e depois também acolheu uma urna com os despojos de deportados desconhecidos (1955), antes de receber afinal os desconhecidos da África do Norte (1977) e da Indochina (1980). Prova que a sacralidade desta simbólica dos corpos desconhecidos não se esgotou ainda em nossos dias: bem antes do final do século XX, o Canadá decidia exumar, em la Somme, o corpo de um soldado, levado em seguida de volta em grandiosa cerimônia ao país natal. É no entanto possível que hoje a força dessa temática, típica do século XX, inverta-se ao preço de um processo de reindividualização: o teste de ADN praticado no "soldado desconhecido" do

---

83. MERIDALE, C. "War, death, and remembrance in Soviet Rússia", art. cit.

Vietnã em 1998 permitiu que se identificasse o corpo do piloto Michael Blassie, deste modo devolvido à sua família no Missouri.

Essa ostentação na dor ligada a tantos corpos desaparecidos não impediu de forma alguma a eufemização daquilo que os corpos haviam sofrido no decurso da Grande Guerra, e mais tarde ao ensejo dos conflitos seguintes: desde a Primeira Guerra Mundial, mesmo quando os mostram feridos ou expirando, os monumentos aos mortos do século XX descaracterizaram cuidadosamente a natureza das agressões corporais provocadas pela guerra moderna. A fotografia e o filme de modo geral fizeram a mesma coisa. Se a presença de cadáveres fotografados começa com a Guerra da Secessão e se, por ocasião da Grande Guerra, a imprensa ilustrada mostrou cadáveres inimigos, e às vezes também a sorte que poderia caber ao corpo humano sob os efeitos do combate moderno, ela o fez só de modo relativamente discreto: mesmo que fosse apenas por estar tentando, para os leitores, rebaixar a sorte dos corpos adversários em confronto com os de seus entes queridos então no fronte. Por ocasião dos conflitos seguintes, fora do caso de cadáveres fotografados ou filmados, com o intuito de denunciar a perversão dos inimigos, particularmente durante a Segunda Guerra Mundial, uma negação bastante generalizada continuou a prevalecer, tanto na revelação dos cadáveres de soldados como no dos civis, amigos ou inimigos. O Vietnã constituiu, neste aspecto, uma exceção importante, em vista de uma grande proximidade dos fotógrafos com os locais de combate e de uma censura que não tinha muito a ver com a dos conflitos precedentes: é conhecido o papel que desempenharam certas imagens de corpos de soldados norte-americanos feridos ou mortos, fotografados por Larry Burrows, ou ainda o impacto sobre a sociedade norte-americana do corpo inteiramente nu da menina Kim Phuc, fotografada por Nick Ut no dia 8 de junho de 1972, quando acabara de ser queimada pelo napalm. Foram tiradas as devidas lições dessas revelações atrozes. Vinte anos mais tarde, por ocasião da Guerra do Golfo (1991), os filmes e as fotografias da guerra, transmitidos à opinião pública do Ocidente, eram expurgados quase completamente de toda imagem capaz de sugerir o destino reservado aos corpos humanos pela ação do armamento mais moderno. Em vista da imensa desproporção de forças em presença, tratava-se no caso de corpos inimigos, de corpos iraquianos quase exclusivamente[84].

É evidentemente tentador encerrar este capítulo por algumas considerações de história imediata, debruçando-nos um instante sobre duas transformações da maior importância. A primeira diz respeito à presença, nova, do corpo das mulheres na atividade de combate. Sem dúvida, sobre as duas vertentes guerreiras do século XX a experiência de combate continuou sendo essencialmente masculina, pois os homens conservaram em massa o monopólio do porte de armas e da violência infligida. Neste sentido, a violência de combate ocidental continuou se inscrevendo no quadro desta invariante universal que, em todas as sociedades humanas, afasta o corpo das mulheres do porte de armas, isto é, de toda possibilidade de agressão à barreira anatômica que provoque o corrimento do sangue[85]. Todavia, onde o século XIX tinha visto a exclusão quase total das mulheres do meio militar, o século XX as leva de volta para a atividade guerreira. O batalhão de mulheres organizado por Maria Botchkareva (chamada Yashka), na Rússia, depois da revolução de março de 1917, e que foi efetivamente para a linha de guerra no verão de 1917, anuncia certamente uma mutação capital. Essas mulheres em armas, nós iremos encontrá-las quando da guerra da Espanha, nas redes de resistência da Segunda Guerra Mundial, entre os *partisans* soviéticos bem como nas fileiras do Exército Vermelho, no seio do Tsahal a partir de 1948. E, presentemente, nas fileiras de todos os exércitos ocidentais do fim do século XX e do começo do século seguinte. Certamente, ainda falta muito para que as funções de combate sejam equitativamente compartilhadas entre os dois sexos: o interdito antropológico de que já se falou continua fazendo

---

84. BLONDET-BISCH, T.; FRANK, R.; GERVEREAU, L. et al. *Voir, ne pas voir la guerre*. Paris: Somogy/Bcic, 2001.

85. Exigiria muito espaço desenvolver as questões relativas a este universal. Sobre a sua dimensão antropológica, cf. particularmente HÉRITIER, F. *Masculin-féminin* – La pensée de la différence. Paris: Odile Jacob, 1996.

sentir os seus efeitos sobre o funcionamento da barreira do gênero, mas tudo ocorre como se o século XX houvesse inaugurado aqui uma transgressão importante pela institucionalização de um corpo feminino doravante suscetível de infligir por sua vez a violência extrema.

É igualmente tentador propor um esboço de história virtual, evocando a mutação corporal combatente iniciada no seio das forças armadas norte-americanas, em torno do programa *Land Warrior* de modo particular, destinado a ser aplicado no conjunto das tropas terrestres em 2008[86]. O uniforme passa a ser um componente de verdadeiro sistema informatizado vestido pelos combatentes, graças a um computador-vestimenta que integra ao equipamento do infante toda a eletrônica necessária para compensar os limites encontrados pelo ser humano em um local de confronto. O soldado, que leva seu microcomputador na cintura, ele mesmo é assimilado a uma rede informatizada. Seu capacete interpõe entre a realidade exterior e o cérebro uma tela que reúne todos os dados úteis para o combate. Graças a um sistema de navegação GPS, pode particularmente visualizar sua posição em um mapa geográfico, bem como a de seus camaradas, com os quais permanece ligado por uma rádio numérica constituindo um feixe de comunicação completo: por microfone todos o escutam e ele escuta a todos, e pode lhes transmitir todas as imagens que desejar. Os soldados podem assim permanecer em contato a grandes distâncias, o que transforma profundamente os comportamentos corporais no combate. Sua periculosidade se acha, além disso, consideravelmente aumentada: poderão identificar amigos e inimigos, visualizar com antecedência o impacto de seus tiros (um laser com alcance de dois quilômetros calcula automaticamente a distância de qualquer objeto em linha de tiro projetando sobre ele seu ponto luminoso), olhar imagens de vídeo provenientes de um computador pessoal ou de câmeras de visão de noite e de dia. Enfim, microfones exteriores permitirão perceber o menor

---

86. Na grande imprensa ouviu-se um eco dessas inovações. Cf., p. ex., *Le Monde*, 12/09/2001, p. 23; 06/03/2003, p. 14.

som a uma distância de cento e cinquenta metros. São certamente as capacidades sensoriais combatentes que se acham multiplicadas consideravelmente – visão e ouvido, sobretudo – subtraindo em parte os soldados ao perigo, e ao mesmo tempo tornando-os infinitamente perigosos. E a tudo isso acrescem, por um termo desta vez indeterminado, certas pesquisas destinadas a dotar o combatente de um verdadeiro esqueleto exterior cujo funcionamento elétrico, autônomo, multiplicaria muitas vezes as possibilidades corporais (a marcha ou a corrida em particular). Através dessa pesquisa ocidental de um combatente-robô inteiramente inédito, de periculosidade extrema para qualquer adversário em condições de inferioridade tecnológica, não será mister discernir as primícias de uma nova versão – mais aterrorizantes que as precedentes, talvez – do "homem novo", este grande mito, tão amplamente corporal, do século XX?

2
EXTERMÍNIOS
O corpo e os campos de concentração
Annette Becker

Em 1997, o escritor Imre Kertész, sobrevivente de Auschwitz e vítima do regime comunista na Hungria, depunha assim sobre sua dupla experiência do totalitarismo: "A técnica mediante a qual podem os homens se metamorfosear totalmente sob uma ditadura. A maneira como deixam de ser, por exemplo, à imagem do homem do século precedente. É o que senti de maneira imediata, *na própria pele*. Auschwitz é a forma mais grave, mais dura, mais extrema, que jamais conhecemos de um totalitarismo até hoje. Quem é que sabe o que seremos ainda levados a descobrir"?[1] [...]. Kertész escolhe o seu invólucro corporal para dar a sua impressão "à flor da pele": no campo de concentração tudo se fez para o desumanizar, foi reprimido, torturado, sem cessar enfraquecido. Tal como uma minoria, Kertész sobreviveu à degradação e depois deu o seu testemunho, escolhendo o campo literário.

---

1. KERTÉSZ, I. O século XX é uma máquina de liquidar permanente. In: *Parler des camps, penser le génocide*. Paris: Albin Michel, 1999, p. 87 [Textos reunidos por Catherine Coquio].

É dos corpos quebrados, testemunhas dos dois sistemas concentracionários, o estalinista[2] e o nazista, que falaremos aqui. Os campos de concentração, herdeiros do século XIX colonial (Cuba e a guerra dos bôeres) e, mais tarde, da Grande Guerra, eram naquela época concebidos como um meio momentâneo de livrar-se dos civis "concentrando-os" atrás de cercas de arame farpado em período de guerra; a falta de alimentação e de higiene algumas vezes os transformava em lugares atrozes[3].

Totalmente diversos são os campos de concentração criados a partir de 1918 na Rússia e a partir de 1933 na Alemanha. Estes não se acham ligados à guerra, mas à luta interna contra os "opositores". Nesses campos são internados, para serem "reeducados", aqueles que parecem barrar a marcha para as sociedades novas que se pretende realizar. Mas, não tardou que os campos se tornassem prisões de uma dureza e de uma crueldade inauditas para esses "criminosos" não "reeducáveis": a eles se nega até a própria humanidade, em uma infâmia ontológica. Um engenheiro livre, em uma das minas de ouro da Kolyma[4], descobre detentos em um estado espantoso, e exclama: "Mas esses homens podem morrer!

---

2. O Gulag (*Glavnoe Upravlenie Lagerei*), ou direção principal dos campos, é a instância administrativa encarregada da gestão dos campos de concentração de 1930 a 1953. Havia, antes, outros campos de concentração, como os mosteiros das Ilhas Solovski, mas, por extensão, o sistema concentracionário soviético recebe desde então este nome. SOLJÉNITSYNE, A. *L'archipel du Goulag, 1918-1956* – Essai d'investigation littéraire. 2 vol. Paris: Fayard, 1991 [1. ed. russa, 1973].

3. O caso dos campos de concentração em barracas reservadas aos armênios, quando de seu extermínio durante a Grande Guerra, é evidentemente diferente. Esse morticínio é, com efeito, um caso paradigmático da violência de guerra transformada em violência na guerra, da passagem do crime de guerra ao "crime contra a humanidade" e ao genocídio antes até que o direito internacional pudesse raciocinar nesses termos e se criasse a palavra *genocídio*, em 1944, pelo jurista norte-americano Raphael Lemkin, quando tentou descrever o extermínio dos judeus europeus.

4. Região inóspita e isolada do nordeste da Sibéria, símbolo do Gulag por suas condições de detenção particularmente cruéis.

– Que homens? – pergunta, sorrindo, o representante da administração dos campos. Aqui só há inimigos dos homens"[5].

Em sua tese de medicina redigida ao ser libertado de Auschwitz, o Dr. Haffner chama tempo do "extermínio selvagem"[6] ao período anterior à construção das câmaras de gás no campo de concentração nazista. Melhor ainda que a expressão "campo da morte lenta", às vezes empregada, ela convém às condições dos campos de concentração de ambas as ditaduras: "*Missão do campo*: uma fábrica de extermínio [...]. Meios do extermínio: a fome, à qual se somavam os trabalhos pesados, os insultos, as pancadas e as torturas, as barracas incrivelmente abarrotadas e as doenças"[7]. Na União Soviética, fala-se de "execução seca" para esta morte em fogo brando[8].

Ainda que se possam comparar as condições de detenção nos dois sistemas concentracionários e seus efeitos sobre os corpos, a tentativa de extermínio dos judeus da Europa pelos nazistas, ao contrário, implicava tal especificidade que se forjou o termo genocídio. Para o período de funcionamento das câmaras de gás nazistas, o Dr. Haffner fala de "extermínio científico" – expressão que vai ser substituída pela de "extermínio industrial" –, para descrever a produção de mortes em série, principalmente de judeus[9], sequestrados e deportados da Europa inteira, para serem aniquilados nos centros de extermínio de Chelmno, Belzec, Sobibor, Treblinka, Jajdanek e, enfim, Birkenau. Aqui nos ateremos somente à reflexão de Primo Levi: "Até o momen-

---

5. Apud CONQUEST, R. *La grande terreur* – Les purges staliniennes des années trente. Paris: Stock, 1970, p. 326.

6. HAFFNER, D. *Aspects pathologiques du Camp de Concentration d'Auschwitz-Birkenau*. Tours: Union Coopérative, 1946 [Tese defendida em Paris no ano de 1946]. Agradeço a Yael Dagan, que me forneceu este notável documento.

7. Relatório de Eric Wood na abertura do campo Buchenwald. Washington: National Archives, p. 47.637.

8. ROSSI, J. *Le manuel du Goulag*. Paris: Le Cherche Midi, 1997, p. 113.

9. Em Birkenau foram também exterminados ciganos de todas as idades e prisioneiros de guerra soviéticos.

to em que escrevo, e malgrado o horror de Hiroshima e Nagasaki, a vergonha dos gulags, a inútil e sangrenta campanha do Vietnã, o autogenocídio cambojano, os desaparecidos da Argentina e todas as guerras atrozes e estúpidas a que assistimos depois, o sistema concentracionário nazista permanece como uma coisa única, tanto pelas dimensões como pela qualidade... jamais tantas vidas humanas foram extintas em tão pouco tempo, e com uma combinação igualmente lúcida de inteligência técnica, de fanatismo e de crueldade"[10]...

Refletiremos, simultaneamente, sobre os corpos em campos de concentração soviéticos e nazistas no tocante ao "extermínio selvagem". A fábrica nazista de cadáveres, que funcionou de 1941 a 1945, será estudada em separado.

I. O extermínio selvagem

A carne e a alma sofrem de maneira permanente com as violências exercidas para alterar as funções humanas: "Meu corpo não é mais meu corpo"[11], exclama Primo Levi. E Chalamov: "Se os ossos pudessem gelar, o cérebro também adormecer, como o pudesse também a alma [...]. Então sua alma estaria congelada, ficaria enrugada"[12].

O confinamento diminui o espaço em que o prisioneiro se move, seja qual for o seu tamanho real, e as extensões podem ser imensas: a floresta, a neve, os pântanos são guardas formidáveis. Nesse espaço que encolheu pela privação de liberdade, o corpo emagrece e também se encolhe, pela sobrecarga de trabalho, pela subnutrição, pela sede, pela falta de sono, o calor e a umidade do verão, do frio no inverno, sem contar os maus-tratos e o terror.

---

10. LEVI, P. *Les naufragés et les rescapés, quarante ans après Auschwitz*. Paris: Gallimard, 1989, p. 13.

11. LEVI, P. *Si c'est un Homme*. Paris: Julliard/Pocket, 1987, p. 37 [1. ed. italiana, 1947].

12. CHALAMOV, V. *Récits de la Kolyma*. Paris: Verdier, 2003, p. 38 [Prefácio notável do grande mestre da tradução francesa, Luba Jurgenson].

"Algumas vezes se ouve alguém que começa a rir de frio. É como se a sua figura se quebrasse [...]. O reinado do frio se estende silencioso e sem brutalidade. A pessoa não saberá logo se está condenada à morte [...]. O frio é mais poderoso que os SS"[13]. O corpo perpetuamente agredido se transforma no contrário daquele do homem novo que se pretende criar nas sociedades soviética e nazista. Mas se esses corpos de um novo tipo permanecem a maior parte do tempo na abstração dos cérebros daqueles que os concebem, em contrapartida os corpos de milhões de prisioneiros foram laboratórios da barbárie. Não é de se admirar que o "balanço" dos campos de concentração tenha sido a morte, que pode ir até uns 80% dos deportados. No conjunto, os prisioneiros soviéticos conheceram períodos mais longos de cativeiro, como se uma das torturas escolhidas fosse também prolongar o seu tempo de sofrimento: cuidar deles é o mesmo que lhes devolver um pouco de vida para continuar sua punição, seu castigo, visto que se trata, neste caso, de um sistema penitenciário[14]. O campo de concentração é, com efeito, o destino dos condenados a penas superiores a três anos: 15 ou 20 milhões de pessoas passaram pelos campos de concentração soviéticos entre 1920 e 1950[15]. Os prisioneiros que escaparam dos campos de concentração nazistas devem a sua sobrevivência ao fim da guerra, os dos campos soviéticos a uma absolvição ou a uma reabilitação. Neste caso, como também para a condenação inicial, a "justiça" faz o seu trabalho. É melhor ser libertado "por falta de *corpo* do delito" que "por falta de provas" na sociedade soviética do final da década de 1950[16].

---

13. ANTELME, R. *L'espèce humaine*. Paris: Gallimard, Col. "Tel", 1957, p. 83.

14. "Que adianta melhorar de saúde? Quando sair daqui, vão jogar você em um campo de concentração e numa semana você tornará a ser de novo o cadáver que era" (GUINZBOURG, E.S. *Le vertige*: chronique dês temps du culte de la personalité – Tomo I: Le vertige. Paris: Du Seuil, Col. "Points", 1997, p. 405 [1. ed., 1967].

15. WERTH, N. & MOULLEC, G. *Rapports sécrets soviétiques, 1921-1991*. Paris: Gallimard, 1994, p. 347.

16. GUINZBOURG, E.S. *Le vertige...* Op. cit. – Tomo II: Le ciel de la Kolyma, p. 571.

II. Ouvir, ver, sentir o campo de concentração

O novo ambiente do deportado o agride primeiro pelos sentidos. Nos campos de concentração nazistas, os gritos dos SS e os latidos dos cães, envolvidos pelo odor penetrante dos cadáveres em decomposição, pela fumaça das valas onde se queimavam os cadáveres e depois pela fumaça dos fornos crematórios. "Nesse momento, foi a nossa atenção atraída [...] pelo odor [...]. Ele se manifestou pouco a pouco, e não sei mais de que maneira, que essa chaminé, ali, bem à frente, não era na realidade a chaminé de um curtume, mas a de um 'crematorium', isto é, de um forno de incineração"[17]. O odor, o número de chaminés e a visão da magreza extrema dos internos faz rapidamente os recém-chegados compreenderem que se morre intensivamente no campo de concentração. O moço Kertész pensa que há uma epidemia, mas a epidemia é o próprio campo de concentração, que transforma em poucas semanas, ou mesmo às vezes em alguns dias, adolescentes em anciãos. "Nossa surpresa médica – surpresa atroz – foi constatar que é possível realizar em poucos dias por um conjunto de condições anormais de higiene, de alimentação, de alojamento, por um esforço físico sobre-humano e por uma tensão nervosa extrema, graves enfermidades [...], que poderiam parecer para um recém-chegado o resultado de privações de longa duração [...]. Somando a graves privações alimentares, qualitativas e quantitativas, um esforço físico continuado, violento, prolongado, é possível realizar uma síndrome completa de carência aguda e conseguir a morte de um indivíduo em poucos dias, de duas a três semanas"[18].

Os campos de concentração pareciam depósitos de imundícies, pois ali não se via mais um traço de vegetação, pisada ou comida, inclusive as raízes. No inverno e nas estações intermediárias os locais se tornavam cloacas com ou sem neve, que provoca queimaduras atrozes nos olhos seguidas de ce-

---

17. KERTÉSZ, I. *Être sans destin*. Arles: Actes Sud, 1998, p. 148-149 [1. ed. húngara, 1975].
18. HAFFNER, D. *Aspects pathologiques...* Op. cit., p. 12.

gueira temporária ou definitiva. No verão a seca da terra nua e a poeira que se infiltra por toda a parte. Somando a isto os parasitas da sujeira, as pulgas, a sarna, a verminose, os percevejos e os mosquitos, compreende-se que quase todos os deportados tenham sofrido de doenças da pele mais ou menos invalidantes, fleumões, furunculoses etc. As pulgas causam diversas formas endêmicas de tifo, entre as quais as epidemias de tifo exantemático, como em Bergen-Belsen em 1945. Se é real o medo das doenças nas sociedades devotadas ao higienismo triunfante e aos corpos dos heróis, as inscrições dos campos de concentração a esse respeito têm por meta aterrorizar um pouco mais os prisioneiros, em um cinismo propositai: ao "um piolho, a tua morte" de Buchenwald respondem os avisos de "lavem as mãos antes de comer" e "o cedro anão não protege do escorbuto" da Kolyma.

Quanto à fome, provoca a pelagra, devida à falta de vitaminas. "Era curioso ver a própria pele soltar-se da carne em placas inteiras, ver as costas se esfolhando, o ventre, as mãos. Eu era um pelagroso tão representativo que era possível me arrancar de um só golpe, dos dois pés e das duas mãos, verdadeiras luvas, verdadeiras meias soquetes"[19]. As autoridades do Gulag falam cientificamente de distrofia alimentar, provocando úlceras tróficas, úlceras causadas pela degenerescência irreversível dos tecidos. O marido de Eugênia Guinzburg, o médico encontrado e amado no campo de concentração – um milagre possível –, dizia que era a marca dos anciãos da Kolyma, "tatuada pela fome"[20].

Falta de higiene, aglomeração nos barracões, latrinas em número reduzido, sem contar a má qualidade da alimentação e os montões de sujeira mexidas e remexidas para encontrar algum traço de restos esquecidos. Odores nauseabundos vêm também da disenteria muitas vezes acompanhada da incontinência urinária. Fala-se, no Gulag, de "três Ds: disenteria, distrofia, de-

---

19. CHALAMOV, V. A luva. In: *Récits de la Kolyma*. Op. cit., p. 1.278-1.279.
20. GUINZBOURG, E.S. *Le vertige*. Op. cit., t, II, p. 345.

mência": isso se adapta perfeitamente aos campos de concentração nazistas. Não é de se espantar, neste contexto, que a expressão "mergulhar num rio de merda"[21] signifique morrer nos campos soviéticos, enquanto Georges Petit, evocando por seu turno Buchenwald, escrevia:

> Será que eu pressentia estar entrando no reino da merda? [...] Diante de mim apareceu, pela primeira vez, o espetáculo assustador das fileiras de prisioneiros cobertos de fezes, com desarranjo dos intestinos, ao "Scheisse-Kommando" onde eu assistia, incrédulo, ao zelo dos SS, olhando, sem nojo aparente, para os presos que chapinhavam em rios de merda [...]. Um dos prisioneiros foi forçado a comer seus excrementos [...]. Merda onipresente, espetáculo inesquecível para nós, franceses, escarnecidos por sua pretensa sujeira pelo regime nacional-socialista[22].

No campo de concentração tudo é coletivo, impossível estar só, nem para dormir, nem para trabalhar, nem para satisfazer a menor necessidade corporal: todos estão sempre juntos, sempre sob o olhar dos outros, promiscuidade e ultraje ao pudor, nos odores e nos gritos, sob a pancadaria. Todos os postos de responsabilidade, por menores que sejam, são procurados, pois a condição de *Prominent* protege um pouquinho, alimenta às vezes, permite tráficos diversos, tudo em concorrência entre os presos políticos e os do direito comum, sem contar aquela entre as diferentes nacionalidades. No Gulag misturam-se os criminosos, em número bem menor, aos outros detidos, de um lado os presos políticos, ou "58", do outro a massa de todos os outros, "os mujiques", um perfeito perfil da sociedade soviética. Os furtos, as brutalidades e até os assassinatos são cometidos pelos *urki* de apelidos significativos, "o piolho", "Hitler", ou o "knut", sob o olhar dos guardas que os utili-

---

21. ROSSI, J. *Le manuel du Goulag*. Op. cit., p. 59.

22. PETIT, G. *Retour à Langenstein* – Une expérience de la déportation. Paris: Belin, 2001, p. 28.

zam assim como aliados na humilhação dos outros[23]. Para o alojamento, utilizam-se todos os tipos de abrigo improvisados, antes que os próprios prisioneiros construam não só os seus barracões, mas também o sistema das cercas de arame farpado e portões triunfais que os isolam do mundo exterior macaqueando um habitat real: é um mundo às avessas, feito não para se viver, mas para morrer[24]. Procure imaginar esses homens e essas mulheres na temperatura invernal da Europa central e oriental, e sobretudo da Sibéria. No entanto, contrariamente às SS absolutamente livres para usarem os deportados como lhes aprouvesse, os responsáveis pelos campos soviéticos podiam ser punidos – inclusive condenados ao campo de concentração – por "desperdício", isto é, por terem ultrapassado a cota de mortalidade prevista para os presos.

Eugênia Guinzburg conta um episódio significativo a propósito do chefe do *sovkoze* situado bem no centro do campo de concentração de Elguen. Admirado ao ver um edifício desocupado, pede ele a um dos técnicos para o aproveitar como alojamento dos detidos:

> Camarada diretor, o que você acha? Nem os touros conseguiram resistir, caíram doentes.
>
> – Mas eu não estou falando tampouco de instalar touros aí. Não correremos esse risco, claro.

A testemunha conclui:

> Não se tratava de um sádico [...]. Simplesmente, ele não nos via, porque sinceramente não nos considerava como seres humanos. Um "surto de perdas" na mão de obra de presos era

---

23. CONQUEST, R. *La grande terreur*. Op. cit., p. 318. A extraordinária violência física exercida por esses bandidos sobre os outros prisioneiros, inclusive a antropofagia, é escrita em vários contos de Jacques Rossi, entre estes "A vaca" (*Fragments de vies*. Paris: Elikia, 1995).

24. PIRON, G. (org.). *Goulag, le peuple des zeks*. Gollion: Infolio/Musée d'Ethnographie de Genève, 2004, p. 40.

para ele um aborrecimento técnico como qualquer outro, comparável ao gasto definitivo de uma "tábua de forragem"[25].

III. Usar o corpo: o trabalho e a fome

Mas esses seres enfraquecidos pelos interrogatórios, pelas torturas e a viagem, e depois quase sempre doentes, deviam trabalhar enquanto eram vítimas de maus-tratos cotidianos da parte de seus guardas e do seu sentido cínico da civilização: nos dois sistemas, algumas vezes os presos iam para o trabalho, ou até trabalhavam, ao som de orquestras[26].

A produtividade de seres famintos, trabalhando aterrorizados, espancados, não poderia ser muito grande nessas estruturas econômico-repressivas da "indústria penitenciária"[27]. Todo o trabalho ao ar livre, o mais penoso, nas pedreiras ou nos pantanais, parece amplamente inútil e derrisório, uma vez que as únicas ferramentas são picaretas e carrinhos de mão[28]. O recurso quase único à força muscular dos homens é uma das formas de regressão do campo de concentração: depois do trem ou do caminhão que levaram os prisioneiros até o campo, tudo agora se faz à força dos braços: minas, cavar canais, assentar vias férreas, derrubada de árvores. Na União Soviética, os detidos dos campos de trabalho forçado têm um papel designado, a partir de 1929, no primeiro plano quinquenal, o de valorizar as terras setentrionais e orientais do país; seu número considerado infinito deve compensar a sua baixíssima produtividade. Presos atrelados a carroças ou a trenós substituem a força motriz dos animais ou dos tratores. São ferramentas – não está escrito

---

25. GUINZBOURG, E.S. *Le vertige*. Op. cit., t. II, p. 104.

26. LAKS, S. *Mélodies d'Auschwitz*. Paris: Du Cerf, 1991.

27. Título da primeira parte de *L'archipel du Goulag*. Op. cit.

28. Nos campos de concentração nazistas, como também no sistema do Gulag, muitas outras tarefas profissionais eram solicitadas aos detidos, algumas vezes relacionadas com a experiência deles. Milhares de pequenos comandos podiam efetuar toda espécie de tarefas industriais, agrícolas, e até científicas, à imagem da atividade econômica dos países em geral.

Sofrimento e violências

nos vagões onde os transportam "recursos especiais"?[29] Os outros vagões de deportação através da Europa nazista ou da União Soviética tinham sido destinados ao transporte de gado, e vamos encontrar a mesma lógica nos transportes por barca para Kolyma, por exemplo, onde as condições de navegação no porão lembram as dos navios negreiros do tráfico de escravos. Aliás, em Kolyma, recebem às vezes o nome de "árvores", assim como os escravos eram "madeira de ébano", e a "execução verde" qualifica o trabalho na derrubada das árvores, que leva a uma morte quase certa.

Este duplo sistema de escravismo teve com certeza suas ligações: deportados dos campos nazistas tiveram contato com soviéticos que já tinham conhecido, antes, a experiência dos campos de concentração em seu país[30]. Estes últimos lhes ensinaram certo número de técnicas de sobrevivência, de economia de suas forças no trabalho na marcha, denominadas *toufta*. Sem esses truques, nem teriam conseguido sobreviver ao campo, nem libertados para serem enviados ao front e deportados, desta vez pelos nazistas... o que não impedia de antemão, em caso de sobrevivência, ser mandados de volta para o Gulag. Contrariamente aos libertos da Antiguidade, "cada ex- ZK é ao mesmo tempo futuro ZK"[31], pois a escravidão no campo de concentração só termina com a morte.

"O mercado dos escravos. Os *Gummi* batem nas cabeças, nas costas. Os punhos batem com força nos rostos [...]. Seu álcool de manhã: bater, bater"[32]. Nos postos de trabalho os guardas exercem sua crueldade, empurrando os presos para que caiam debaixo da carga, batem neles até a morte, exe-

---

29. GUINZBOURG, E.S. *Le vertige*. Op. cit., t. I, p. 307.

30. Como, por exemplo, Margarete Buber-Neumann, que testemunhou sobre as duas deportações.

31. GUINZBOURG, E.S. *Le vertige*. Op. cit., t. II, p. 330. A palavra surgiu a partir da abreviatura ZK, preso soldado do Canal Mar Báltico-Mar Branco; passa a significar, depois, prisioneiro(a) comum.

32. ROUSSET, D. *L'univers concentrationnaire*. [s.l.]: Du Pavois, 1946, p. 27. Os *Gummi* são metralhadoras.

cutando-os com um tiro, sem esquecer os "acidentes de trabalho". A cerimônia da chamada antes e depois da jornada de trabalho faz parte da arrumação do inútil: essa espera prolongada para encontrar o número exato de prisioneiros, incluindo os mortos da véspera ou do tempo da chamada, essas contas feitas e refeitas, no frio ou no calor, constituem uma das formas da humilhação de seres para quem essa longa permanência em pé – que caracteriza o ser humano, todavia – torna-se insuportável.

Um tchekista citado por Nicolas Werth afirmava: "Não é de vosso trabalho que necessitais, é do vosso sofrimento". Nos campos de concentração nazistas, os prisioneiros incapazes de irem para o trabalho forçado são diretamente selecionados para a morte. Aliás, quanto menor a capacidade de trabalho, tanto menos comida se recebe, e assim o círculo vicioso se fecha sobre os mais enfraquecidos, condenados por isso: "Os mais infelizes eram os inválidos. Como não podiam trabalhar, tinham a ração reduzida. Totalizam 1.000 por bloco, mas como um bloco 'normal' só comporta 500 homens, mal e mal têm lugar para se mexerem. Tinham de se revezar para dormir: um grupo se levantava à meia-noite para dar o lugar aos camaradas"[33]. Igualmente no Gulag distribui-se o alimento gradualmente, em função da norma, isto é, da produção esperada. A burocracia do plano/alimentação previa dezenas de formas de rações ou de não rações possíveis respectivamente ao trabalho produzido ou conforme a interpretação da norma pelos guardas; inclusive se se tratasse de ir para o trabalho ou não abaixo de 35 graus Celsius"[34]. A norma é assim uma maneira de organizar a fome para que os detentos aumentem a produtividade. Mas o trabalhar mais não traz ao preso nunca alimento bastante, pelo contrário, a pessoa se esgota. "O *lager* é a fome.

---

33. Imec, HBW2.B2-O4.2, "Alguns fatos sobre Buchenwald e a morte de MM. Halbwachs e Maspero, por M. Mandelbrojt!

34. Para maiores detalhes em gramas e as terríveis porcentagens restritivas quanto à norma, cf. APPLEBAUM, A. *Gulag*: A history. Nova York/Doubleday, 2003, p. 206-215. "Não é o trabalho que mata, é a norma", diz Rossi, que contabiliza trinta e seis formas de normas. Cf. ROSSI, J. *Le manuel du Goulag*. Op. cit., p. 187 e 229.

Quanto a nós, nós mesmos somos a fome, a fome encarnada"[35]. Nos dois sistemas, como a dieta era constituída só de sopa muito rala e de pão, o escorbuto era inevitável, daí os dentes descarnados, e esta expressão que designa a fome na Rússia, que se deve tomar no primeiro grau: "Os dentes estão na prateleira"[36].

A forma de distribuir a comida participa da punição do campo: a espera no frio diante dos guichês na União Soviética, o problema constante do roubo dos utensílios, das panelas, pelos presos de direito comum ou pelos outros detidos "se organizando", as humilhações dos guardas. Assim, um guarda derrama a sopa de propósito, obriga o preso esfomeado a ficar de quatro patas, de rastejar e depois também lamber o chão, ou até usar a mão como colher. O objeto se tornou corpo, o corpo se tornou objeto, que se pode mandar para o refugo.

Enfim, em casos extremos, poucas vezes evocados, tendo em vista o tabu, a fome levou à antropofagia[37].

A falta de roupas ou o uso de roupas não adaptadas ao clima, farrapos que deixam à mostra a nudez, fazem parte do mesmo processo: tudo é uma afronta ao pudor, como os toaletes coletivos onde cada prisioneiro defeca no meio dos outros[38]. "Todo um povo nu, nu por dentro, desnudado de toda cultura, de toda civilização [...], um povo moído de pancadas, pensando obsessivamente nos paraísos e alimentos esquecidos; mordida íntima das desgraças – todo esse povo o tempo inteiro"[39]. David Rousset impõe aqui muito

---

35. LEVI, P. *Si c'est un Homme*. Op. cit., p. 79. Cf. tb. ANTELME, R. *L'espèce humaine*. Op. cit., p. 92.

36. ROSSI, J. *Le manuel du Goulag*. Op. cit., p. 87.

37. GUINZBOURG, E.S. *Le vertige*. Op. cit., t. II, p. 175-178. • CHALAMOV, V. *Récits de la Kolyma*. Op. cit.

38. Embora às vezes se tornem local de sociabilidade, ao abrigo dos guardas, onde uns aos outros contam seus sonhos de liberdade, de comida em particular.

39. ROUSSET, D. *L'univers concentrationnaire*. Op. cit., p. 13.

mais que metáforas, ele se entrega a uma verdadeira dissecação da ordem dos campos de concentração.

IV. Animalizar, coisificar, para cancelar a identidade

O campo de concentração é basicamente um espaço que visa a bestialização ou a coisificação dos prisioneiros, que recebem o nome de "pedaços" (*Stücke*), vermes, ratos. A fome, tal como o trabalho, tem primordialmente essa função. "Ele só via o jazigo por ricochete, através desses detritos, desses restos, dessas escórias de homens que o jazigo lançava de volta"[40]. A falta de vitaminas tornava muitos prisioneiros quase cegos. Fala-se em russo de "cegueira dos frangos" para se referir à hemeralopia. Uma das Zeks assim atingida cambaleia, deixa cair o prato, "ajunta punhados de serragem embebida em sopa e os enfia na boca"[41].

O nome da pessoa, marca da identidade, é substituído pelos números de matrícula. O desejo de segredo explica também as metonímias eufemizantes: uma fragata carregada de "formulários" leva, com efeito, prisioneiros que serão registrados na chegada[42].

Desumanizam-se os homens e as mulheres por marcas impostas a seus corpos: ou se tira alguma coisa do preso, raspando os cabelos e os pelos do púbis ou, no caso de Auschwitz, acrescenta-se algo, pela tatuagem do número no antebraço. Os deportados, com o humor negro que os caracteriza, dão-lhe o nome de número do céu, *Himmlische Telephonnummer*. O campo de concentração fica assim inscrito no próprio corpo.

---

40. CHALAMOV, V. *Récits de la Kolyma*. Op. cit., p. 191.

41. KERSNOVSKAIA, E. *Coupable de rien* – Chronique illustrée de ma vie au Goulag, 1994, p. 146.

42. ROSSI, J. *Le manuel du Goulag*. Op. cit., p. 119.

Sofrimento e violências

As marcas assumem também a forma de números de matrículas pintados em pano branco, costurados em todas as roupas dos prisioneiros soviéticos, de triângulos coloridos e de números nos campos nazistas: "Ele tinha igualmente um triângulo vermelho sobre o peito – isso mostrava logo que ele estava aqui não por causa de seu sangue, mas por causa do seu modo de pensar"[43]. Notável definição das categorias mentais que haviam provocado a deportação: as pessoas se encontravam no campo de concentração por causa do tipo de nascimento – judeu ou cigano, ucraniano, inguche ou polonês... – ou por causa do modo "como se tinham comportado" ao chegarem à idade adulta: resistente, trotskista, *kulak*.

Uma burocracia extremamente moderna – a ponto de usar fichas mecanográficas sofisticadas – é outra forma da dialética modernidade/regressão nos sistemas concentracionários. As diversas administrações dos campos de concentração produziram fichários ao infinito, compreendendo particularmente impressões digitais ou mãos completas[44] e fotografias antropométricas com as matrículas em anexo. Ao contrário, as fotos dos detentos são tomadas deles como todos os seus objetos pessoais, no mesmo processo de despersonalização. "Um guarda que devia atravessar o pátio nem se preocupou em contornar o montinho de fotos e pisou com o pé ali, bem no meio do rosto de nossos filhos"[45].

Assim, o corpo dos prisioneiros é marcado, classificado, arquivado: na chegada, ele têm um rosto, um corpo, uma alma. Depois, tudo os transforma: a fome, o trabalho forçado, as doenças. O campo, funcionando ao contrário do seu primeiro objetivo de classificação, só vai registrando aquilo

---

43. KERTÉSZ, I. *Être sans destin*. Op. cit., p. 143. A perda dos números mandava os soviéticos para o calabouço, a impossibilidade de dizer corretamente seu número para os prisioneiros dos campos nazistas rebeldes ao alemão podia levá-los à execução ou pelo menos serem brutalmente surrados.

44. No Gulag, isso permite aos guardas cortar a mão de um fugitivo capturado e executado no local para verificar sua identidade no fichário central.

45. GUINZBOURG, E.S. *Le vertige*. Op. cit., t. I, p. 301.

para que foi realmente concebido: a morte. O fato de se cancelar uma matrícula após a morte para dá-la a um novo chegado é sintomático: não há indivíduos, e sim números intercambiáveis.

Vive-se o tempo no campo de concentração no sofrimento de um corpo real que se tornou temporal: o tempo de morrer. O crime da desumanização é a etiquetagem como pacotes ou a marcação como animais de corte, a nudez, a promiscuidade, a violência, novas privações, mais violências ainda. O exemplo das tatuagens dos prisioneiros cortadas e utilizadas como um abajur ou como quadros decorativos é significativo: o corpo se torna mobiliário do campo, obra de arte para Ilse Koch, a mulher do comandante do campo de Buchenwald: "Ela adorava as tatuagens, e examinava os prisioneiros no hospital. Se um deles tivesse uma tatuagem original ela mandava matá-lo e despedaçar, e a tatuagem era curtida para fazer objetos extraordinários"[46].

V. O corpo para testemunhar, para resistir

O corpo pode igualmente tornar-se manifesto e sinal para os prisioneiros, evidentemente no registro de coragem extrema. Na taiga, lenhadores escravos preferiram cortar a própria mão para pôr fim à vida; parar de trabalhar em tais condições, parar de viver. Seus camaradas pregaram o membro em um dos troncos que seria transportado para o exterior, e – mito ou realidade, em todo caso a história apareceu no *Times* – a mão foi descoberta sempre pregada no tronco, no porto de Londres.

> E se eu cortasse
> A mão com o machado? [...]
> Mãos inchadas pregaram
> Minha mão no tronco.

---

46. Relatório sobre Buchenwald, à chegada do exército dos Estados Unidos no dia 11 de abril de 1945. Washington: National Archives, p. 47.628.

O tronco foi vendido
À branca Albion⁴⁷.

Outras automutilações, como pregar os testículos no chão, ou se cortar com a navalha visam, no sistema penitenciário soviético, retardar uma transferência, muitas vezes o equivalente a uma pena de morte.

O corpo é igualmente o lugar da resistência cotidiana: lavar-se, achar as roupas, a comida, cuidados, afeto, um sorriso, é manter vivos o corpo e a alma, seu ser, sua individualidade. Greves de fome, e do trabalho (as duas coisas, sobretudo no Gulag), sabotagens, fugas, são outros tantos meios de resistir apesar do risco da pena de morte. No Kippur de 1944, os judeus húngaros recusaram a ração do dia em Auschwitz, para a grande incompreensão dos guardas: esses animais tinham alma?⁴⁸

Eugênia Guinzburg, por seu lado, diz que é o próprio sofrimento que coisifica, "ele transforma você em um pedaço de madeira"⁴⁹. Quanto a Edmond Michelet, descreve a crueldade com que os guardas de Dachau maltratam um velho judeu "numa fúria tão bestial, que seria até ofensivo aos animais chamá-la de bestialidade"⁵⁰. Aqui se vê a coisificação como uma arma de resistência, a bestialização como a dos carrascos; os seres humanos são sempre com certeza os detidos, que às vezes só têm uma opção: renunciar a ser um corpo, para continuarem sendo um ser humano. "Eu procurava ser invisível [...]. Procurava não ver os cadáveres nus e os esqueletos amontoados na neve em posições grotescas, esperando serem queimados [...]. Procurava não escutar [...]. Eu parecia embriagado, era uma loucura mesmo querer viver"⁵¹.

---

47. *Le verbe et le mirador* – La poésie au Goulag. Paris: Éd. De Paris, 1998, p. 141 [Textos reunidos e apresentados por Elena Balzamo, Marie-Louise Bonaque e Jean-Marc Négrignat]. • SINIAVSKI, A. "Matériau à débiter". Introdução a Varlam Chalamov. *Récits de la Kolyma*. Paris: Fayard, 1986.

48. Agradeço calorosamente a Georges Snyders, que de bom grado me falou de seu tempo em Auschwitz e me contou esse episódio.

49. GUINZBOURG, E.S. *Le vertige*. Op. cit., t. II, p. 404.

50. MICHELET, E. *Rue de la liberte*. Paris: Du Seuil, 1955, p. 103.

51. SEGRE, L. *Un'infanzia perduta* – Voci della Shoah. Florença, 1996, p. 60.

Algumas mulheres resistem especificamente esfregando o rosto para avermelhá-lo, maquiagem no sentido primeiro: resistência de sua feminilidade calcada aos pés, ou procuram um pedaço de vidro para se olharem, apesar das proibições. Mas é extremamente difícil nesse mundo, e quase todas se tornam "seres assexuados [...], seres estranhos, espectros [...]. Talvez tivessem sido mulheres algum dia. Mas perderam tudo que se assemelha ao charme. Nada menos definido que mortos em *sursis*"[52]. No Gulag, como o número de homens é bem maior que o de mulheres, elas são violentadas, prostituídas, contaminadas com doenças venéreas[53]. O número de crianças nascidas de estupros ou de encontros amorosos mais ou menos ilícitos e desejados do Gulag – neste caso, engravidar é também uma forma de resistência – mostra que a amenorreia de fome ou de trauma – majoritária nos campos de concentração nazistas – não se desencadeia imediatamente em todas. A sorte das crianças é certamente o cúmulo do paradoxo dos campos de concentração soviéticos. Se a praxe é sempre tirar os filhos das presidiárias no momento em que são detidas, em compensação, quando engravidam no campo, chamadas "mãezinhas", têm o direito de dar à luz e de alimentar o bebê durante alguns meses na estrutura da parte do campo destinada às crianças antes de novamente perder o bebê, chegando algumas a enlouquecer de dor[54]. Eram consideradas como amas-secas, ou melhor, como seios, não como mães; as crianças eram, aliás, educadas em escolas especiais onde aprendiam a odiar seus pais "antissoviéticos".

---

52. GUINZBOURG, E.S. *Le vertige*. Op. cit., t. I, p. 440 e 448.

53. Cf. os testemunhos em *Commission internationale contre le regime concentrationnaire* – Tomo I: Livre blanc sur les camps de concentration soviétiques. Paris: Du Pavois, 1951.

54. Os gulags para mulheres foram transformados em verdadeiros "pouponnières" nos anos de 1947-1949, quando se deu um formidável afluxo de mulheres "ladras" (viúvas de guerra que vinham dos kolkozes reduzidas à "chapardage" e condenadas a sete ou oito anos de campo de concentração depois da "lei criminosa" de 4 de junho de 1947, que punia com seis a quinze anos de campo de concentração o "roubo da propriedade social"). Contaram-se no Gulag até 20.000 crianças de menos de quatro anos (nessa idade eram arrancados das mães). Cf. COURTOIS, S.; WERTH, N.; PANNÉ, J.L. *Le livre noir du communisme*. Paris: Robert Laffon, 1997.

VI. Da sobrevivência à morte

Os campos de concentração, quando não mataram, sempre transformaram jovens ou na força da idade em velhos; todos os observadores constataram esse envelhecimento acelerado: "A pele pendia flácida, enrugada, amarelada e ressecada, coberta com todo tipo de abcessos, manchas escuras, rachaduras, fendas, rugosidades e escamas [...]. Eu estava estupefato com a velocidade, o jeito desenfreado com o qual, dia após dia, diminuíam, morriam, afundavam e desapareciam a matéria que me cobria os ossos, a elasticidade, a carne. Todo dia eu era surpreendido por uma novidade, uma nova deformidade nessa coisa cada vez mais estranha e estrangeira que fora um dia meu bom amigo: meu corpo"[55]. "Tânia já não se parece de jeito algum com uma adolescente: é uma anciã. Mechas de cabelos brancos em desordem, rosto ossudo, pele seca e coberta de escamas. Que idade terá? Trinta e cinco anos, será possível? – Está espantado? Tenho trinta e cinco anos, sim! Some a isso os dois anos de Iaroslaw, que valem por vinte. Total: cinquenta e cinco. Some ainda um ano de instrução judiciária, que vale ao menos por dez... Somando tudo, sessenta e cinco anos"[56]. "Seu olhar... O olhar penetrante de um animal acuado, de um homem extenuado. O olhar que tantas vezes verei de novo *por lá*"[57]. Não é casual se as testemunhas insistem tanto no olhar e no rosto em geral, e no envelhecimento da pele: as duas características primeiras do ser humano, sua fronteira, aquilo que o diferencia do animal, são as primeiras coisas que racham. Eugênia Guinzburg, privada do espelho durante os anos que passou no campo de concentração, percebe de repente seu reflexo e julga ver sua velha mãe, mas tem somente quarenta anos. Ao contrário, uma criança cujos pais desapareceram no campo deles só terá uma imagem de pessoas jovens, fixada para sempre na memória ou em uma foto.

---

55. KERTÉSZ, I. *Être sans destin*. Op. cit., p. 228.

56. GUINZBOURG, E.S. *Le vertige*. Op. cit., t. I, p. 309.

57. Ibid., p. 58.

"Depois de ter visto o montão de corpos nus, fiquei profundamente impressionado pela aparência de muitos dos vivos que apresentavam o mesmo grau de magreza e a mesma expressão facial dos mortos. Dir-se-ia que se restituíra um sopro de vida aos cadáveres e eles se mexiam ou me seguiam com os olhos"[58]. Esse libertador norte-americano de Buchenwald descrevia aí os mortos-vivos, que foram chamados os muçulmanos. Ninguém sabe muito bem, aliás, por que os mortos em *sursis* nos campos de concentração nazistas receberam esse cognome: alguns evocam o fatalismo do Islã, o que é um tanto sumário. Nos campos de concentração soviéticos, fala-se de "mortos de fome", de "velas de cera" ou de "centelhas" com referência aos que "chegaram ao fundo", com a chama vital ameaçando extinguir-se. Geralmente, trata-se de seres mudos, pois entre a vida e a morte não há mais palavras. Nos desenhos de Zoran Music pode-se adivinhar seres que possuem ainda um corpo, mesmo descarnado ao extremo. Mas não mais compreendem aquilo que os cerca, ossos e depois o vazio. Sua extrema degradação física acarretou a de toda a sua personalidade. "Ela esqueceu o que era"[59]. É impressionante constatar que, em ambos os sistemas, todos os seus companheiros de prisão, ou quase todos, desprezam os que desistiram, que não resistem mais, que se abandonam à morte. Como se fosse impossível conservar um pouco de compaixão por aqueles que se achavam tão perto, e todavia agora tão longe, pois significaria aceitar implicitamente a perda visada pelos carrascos[60].

VII. O que fazer com os cadáveres?

Nos campos de concentração da União Soviética era normal o enterro, o mais simples possível, geralmente sem caixão. Para ter certeza de que a mor-

---

58. Relatório de uma visita ao campo de concentração de Buchenwald, 25/04/1945. Washington: National Archives, p. 47.602.

59. GUINZBOURG, E.S. *Le vertige*. Op. cit., t. II, p. 33.

60. Sobre esses "muçulmanos" a tentativa de reflexão filosófica de AGAMBEN, G. *Ce qui reste d'Auschwitz* – L'archive et le témoin (Paris: Payot-Rivages, 1999) é apaixonante, mas esquece algumas vezes os seres humanos por trás dos conceitos.

te não era uma simulação, para fugir, afundava-se o crânio com uma maça. Na morte, a pessoa continuava sendo um número, com a plaqueta do número de matrícula fixada na perna, e às vezes fixada também sobre o túmulo. Luba Jurgenson observou com muita propriedade que, nesse mundo de pedras e gelo, os campos de concentração, o homem se tornava "mineral", mas sempre lhe faltava a última pedra, a pedra sepulcral[61]. "Não é necessário que a morte possa servir-nos de sinal. É preciso que nossos mortos desapareçam [...]. Nossa morte natural é tolerada, como o sono, como urinar, mas não pode deixar traços. Nem em nossas lembranças, nem em nosso espaço. Não se deve poder achar mais o lugar onde o morto está"[62].

Nos campos de concentração nazistas, por razão de higiene e de mania de segredo, a praxe era usar os fornos crematórios: "A indústria de destruição dos corpos: a concepção dessa instalação era um exemplo impressionante da 'eficiência industrial alemã'. Tinha uma capacidade máxima de destruição de aproximadamente 400 corpos em uma jornada de trabalho de 10 horas"[63]. Aqui descrevemos o funcionamento do forno crematório de Buchenwald, campo de concentração. Em 1945 este é, aliás, o campo mais conhecido de todos, em parte por causa das fotografias de Eric Schwab, de Lee Miller ou de Margaret Bourke-White, que revelaram ao mundo o horror desses campos nazistas[64]. Na época surgiu até esta expressão: "magro como um sobrevivente de Buchenwald". Isso explica por que o forno crematório, e não a câmara de gás, tenha-se tornado então o símbolo do horror do sistema. Não se havia percebido a diferença entre o extermínio "selvagem" e o extermínio industrial dos judeus.

---

61. JURGENSON, L. *L'expérience concentrationnaire est-elle indicible?* Monaco: Du Rocher, 2003, p. 345.

62. ANTELME, R. *L'espèce humaine.* Op. cit., p. 97.

63. Inspecção do campo de concentração de Buchenwald, 16/04/1945. Washington: National Archives, n. 616-617, p. 47.

64. CHÉROUX C. (org.). *Mémoire des camps, photographies des camps de concentration et d'extermination nazis (1933-1999).* Paris: Marval, 2001.

VIII. O extermínio industrial: produção e aniquilamento dos corpos

A política racista, explicitada de modo muito claro em *Mein Kampf*, é executada a partir de 1933, mas há um longo caminho entre a judeofobia maníaca e a aniquilação. Hitler explica o mundo pela raça e pelo princípio de luta pela sobrevivência da raça superior, a raça dos arianos: toda violação de sua pureza, toda mistura, toda mestiçagem acarretaria a ruína. A biocracia nazista funciona graças a medidas "positivas", que encorajam a multiplicação dos racialmente puros. Isto se fará no *Lebensborn* de Himmler. Mas esse lado do programa teve muito menos êxito que o lado "negativo": o da esterilização, da marginalização e, depois, do extermínio dos elementos que poderiam envenenar o sangue alemão – "associais", deficientes físicos e doentes mentais, vítimas do programa T4 de "eutanásia", ciganos, homossexuais e, principalmente, judeus. Para estes, situados nos antípodas da pureza racial, era necessária a seleção, isto é, a eliminação, em nome do ideal social-darwinista da luta pela vida[65]. A essa ideologia biologizante, cientificista, análoga a reflexões similares nos diferentes países ocidentais nessa mesma época, juntava-se em Hitler uma visão apocalíptica do mundo, onde os judeus representavam o papel do demônio[66]. Os judeus apátridas, vivendo na mentira, visariam apenas destruir toda nação, toda cultura e, portanto, também a nação alemã, a mais pura de todas, aquela que lhes era mais contrária. Os argumentos políticos e religiosos ligados aos da cultura e da biologia compunham o ódio aos judeus, ao mesmo tempo parasitas e demônios, duplamente desumanizados. A tomada do poder por Hitler acarretaria a execução do programa por etapas, não necessariamente pensadas de antemão, mas que encontrariam facilmente a sua justificação. A sociedade alemã em seu conjunto logo assimilou essa ideia, como o mostra a pouca reação às primeiras discriminações, às leis de Nuremberg (1935), e mesmo à Noite de

---

[65]. De uma literatura muito abundante sobre o tema vou mencionar a notável síntese de BURRIN, P. *Ressentiment et apocalypse* – Essai sur l'antisémitisme nazi. Paris: Du Seuil, 2004.

[66]. Ibid., p. 47.

Cristal (1938): os judeus excluídos e discriminados podiam logicamente ser brutalizados de modo excepcional. Não é de se espantar que os médicos e antropólogos tenham sido os mais entusiastas defensores do regime e de suas leis. A saúde e a pureza do povo alemão estavam finalmente no coração da política, a política de um eugenismo radical que vinham defendendo há muito tempo.

A criação de centros para o extermínio de judeus em 1941 repousa, efetivamente, sobre uma lógica diferente daquela da reclusão em guetos ou em campos de concentração: já não se trata de punir os deportados, mesmo pela morte, mas de suprimir, erradicar o mais rápido possível, em grande quantidade, produzir o máximo de corpos e reciclar tudo o que fosse possível. É justamente uma guerra que se trava contra os judeus, guerra que tem como única meta a morte. A abertura da frente Leste concentra todas as violências exercidas antes e radicaliza a política racial de exclusão, de humilhação e de assassínios visados seguida a partir de 1933 e, sobretudo, 1939, tanto contra os "tarados" alemães mortos pelo gás como contra os poloneses deportados em grande escala e assassinados. Contra os judeus, essa radicalização permitiria a passagem ao extermínio na escala da Europa ocupada.

Dos assassinatos em massa "artesanais" de homens, e depois de mulheres e crianças dos *Einsatsgruppen*, passou-se aos caminhões de gás e em seguida às câmaras de gás, e dos agrupamentos em guetos feitos a pé ou em caminhão à deportação por trem de milhares de quilômetros. Cria-se uma verdadeira concentração industrial com organização planejada – agrupamento em estruturas adaptadas para o massacre, química do zyklon b, fornos crematórios – ao serviço do crime contra a humanidade. O trabalho na cadeia de produção faz passar, em uma plataforma técnica muito sofisticada, as vítimas da rampa de seleção, local de triagem, ao assassinato, operação de "desinfecção" industrial. Não se trata de bacilos, de vermes? As questões pessoais são exploradas da mesma maneira: tudo, no corpo, tem que ser rentabilizado. Aqueles que parecem ter características físicas interessantes – anões, gigantes, gêmeos etc. – são usados como cobaias para "experiências médicas" mutiladoras antes de alcançar o resto dos corpos para o "tratamento global": cabelos raspados – operação "higiênica" que precedia o extermínio na "sala de banho", dentes de ouro arrancados. Uma parte dos cabelos foi utilizada para fabricar agasalhos, e as próteses de membros recicladas para as necessidades do exército. Os SS e seus cúmplices viviam provavelmente em uma espécie de desconstrução do real: os seres humanos que eles assassinavam e "reciclavam" não eram mais seres humanos. No entanto, estavam bem cônscios de executarem as ordens da "solução final"[67], no sentido primeiro, um aniquilamento que implicava fazer desaparecer totalmente o corpo sem deixar rastros.

Em 1943, os nazistas forçaram os prisioneiros dos campos de concentração a exumar os milhares de fuzilados em Babi Yar em 1941: "Depois de terem permanecido muito tempo sob a terra, os cadáveres estavam soldados uns nos outros e era necessário descolá-los com a ajuda de barras de ferro [...]. Os alemães obrigaram os detidos a queimar os despojos. Punham-se até dois mil cadáveres sobre montes de lenha, depois eram irrigados com petróleo. Fogueiras gigantescas queimavam dia e noite. Os hitleristas mandavam triturar o que restava dos ossos com grandes pilões, misturá-los com areia e depois espalhar pelos arredores"[68]. Nas proximidades de Treblinka encontraram-se algumas das máquinas agrícolas usadas então para esse fim[69]. Claro que os membros dos *Kommandos* de exumação, assim como aqueles dos *Sonderkommandos* encarregados de evacuar os corpos das câmaras de gás, sofreram a mesma sorte das outras vítimas. No lugar de destruição, que era o campo de concentração, qualquer rastro devia ser também destruído: nada de corpos, nem testemunhas, nem arquivos.

---

67. LIFTON, R.J. *Les médecins nazis* – Le meurtre medical et la psychologie du génocide. Paris: Robert Laffont, 1989.

68. GROSSMAN, V. & EHRENBOURG, I. *Le livre noir*. Arles: Solin/Actes Sud, 1995, p. 80 [1. ed. russa, 1944-1945].

69. Uma delas se acha exposta em Yad Vachem, em Jerusalém, e uma outra em Paris, no Memorial da Shoah.

A produção principal dos dois sistemas concentracionários, sua finalidade, fixava-se em corpos. Os nazistas, com as câmaras de gás e os fornos crematórios aperfeiçoaram ao máximo o processo. Nos campos de concentração, as pilhas de cadáveres não queimados, à chegada dos libertadores, as pilhas de corpos, objetos abandonados, mostraram-no; mas nos campos de extermínio os corpos-objetos tinham desaparecido totalmente. No entanto, restavam os montões de cinzas, como em Majdanek, os calçados, as malas, os xales de oração, as roupas de crianças, os cabelos ou os dentes de ouro que não fora possível fundir a tempo. Traíram o segredo, como as valas comuns sempre de novo encontradas, décadas depois, no que fora o Arquipélago Gulag, na que fora a Europa nazista. Quanto aos sobreviventes, que S. Aaron chamou mais precisamente de subviventes[70], são as marcas que a morte deveria ter apagado, as cicatrizes do século dos campos de concentração: "A experiência que vivemos é indelével. Ela nos marcou para o resto de nossos dias. Guardamos as suas cicatrizes, nem todas aparentes. Nem sãos, nem salvos"[71].

---

70. AARON, S. *Le non de Klara*. Paris: Pocket, 2004.
71. MICHELET, E. *Rue de la Liberté*. Op. cit., p. 246-247.

Parte V

O olhar e os espetáculos

# 1
ESTÁDIOS
O espetáculo esportivo das arquibancadas às telas

Georges Vigarello

No coração dos primeiros esportes não se acha o espetáculo. O espaço do estádio continua sendo, durante muito tempo, contingente, atravancado, no meio de árvores ou de auxiliares diversos, cercado de linhas mal definidas, de natureza indeterminada. No entanto, a partir dos anos de 1900 começa a se impor uma ordem: locais geometrizados, tribunas calibradas, materiais sólidos. Cercados e cálculos orientam o olhar. Cartazes e cerimônias enobrecem o lugar. Com o avançar dos anos se difunde a forma unificada de grandes anéis maciços. Também se afirma um gosto em que a festa se mistura com as velhas prédicas morais.

Ainda será necessário que o esporte encontre o seu século: mobilidade de espaço, tempo disponível. Coisa que a sociedade industrial permite insensivelmente instalar. Será necessário ainda que muitos interesses façam um público crescer. Coisa que um mercado do espetáculo e do lazer também permite garantir de forma insensível. Tudo mostra a adequação deste cenário com seu universo econômico, político e social: o calendário festivo com novo tempo laicizado, o campeão esportivo com novo modelo de sucesso democrático, o resultado proclamado com um novo modo de identificação.

O esporte, com sua aparente valorização da vida saudável, sua efervescência, sua aparente demonstração do progresso também, torna-se um dos mais importantes espetáculos do século XX. Televisão e cinema, ainda por cima, acrescentam a tudo isso novas maneiras de ver depois de 1950, mais excitantes, mais variadas, dando definitivamente à encenação a sua dimensão planetária: seu valor de espetáculo total. Tudo mostra um desenvolvimento progressivo. Tudo mostra uma irresistível fascinação: uma maneira de contar histórias excepcionais, uma maneira principalmente de transfigurar o ideal em tema sempre mais visível e concreto.

Deve-se ainda destacar a parte de sombra que esse espetáculo pode comportar: desvios financeiros, abandonos sanitários, violências abertas ou mascaradas. O jogo em excesso não é algo próximo do risco? Uma ameaça, numa palavra, consubstancial ao projeto.

I. Multidões esportivas

A multidão não se acha presente quando se dão os confrontos entre os primeiros clubes na França, nos anos de 1870-1880. Nenhuma ideia de "grandes" aglomerações ainda, nenhuma ideia dessas assistências em massa que obrigam a separar fortemente os que assistem dos que jogam. Os espectadores praticamente se misturam aos jogadores nos primeiros encontros entre estudantes ingleses e franceses no *Bois de Boulogne* no dia 8 de março de 1890, algumas dezenas de homens de cartola, na companhia de umas duas ou três mulheres[1]. Os espectadores também quase ficam misturados com os corredores, com os lançadores, com os saltadores no espaço previsto para os esportes atléticos nas Tulherias em 1891, alguns homens ainda, alguns dos quais parecem simplesmente ter-se desviado de seu passeio, neste "quadro muito decorativo, digno de uma arena antiga"[2].

---

1. *L'Illustration*, 08/03/1890.
2. Ibid., 22/09/1902.

1. A expectativa moral

Os primeiros espaços esportivos não são pensados para grandes assistências. Os moralistas do esporte julgam, aliás, que o espetáculo é parcialmente contraditório com seu projeto: se fosse demasiadamente "admirado", o esportista seria mais pervertido que enaltecido, mais explorado que honrado. Juízo peremptório, com toda a certeza: as multidões invadirão os estádios do século XX, a ponto de suscitar verdadeiras revoluções arquitetônicas e, sem dúvida também, verdadeiras revisões de discurso. O espetáculo vai se apoderar do esporte quase sem que este o queira.

Aliás, Coubertin fala pouco dos espectadores nos milhares de páginas consagradas por ele às práticas físicas. Suas ideias, todavia, são claras. O espetáculo deixa-o inquieto: a exibição "consagra o esportista"[3], mas ao mesmo tempo o "defrauda", ela o legitima e ao mesmo tempo o ilude. Ela o faz agir por intenções perturbadoras, a aparência, a fatuidade, ao passo que o esportista deve agir visando um ideal: a edificação moral e a gratuidade. O espetáculo, noutros termos, seria ambíguo: importante e enganador, fascinante e suspeito. A multidão também inquieta o barão, segundo uma visão não confessada, mas quase explícita que opõe a elite ao popular, o seletivo ao massivo. A multidão é a massa barulhenta. É paixão imprevisível, amontoado confuso: o contrário da distinção individualista que a burguesia "competitiva" do fim do século XIX tende a valorizar[4]. Essa multidão que vai conquistando os espaços do lazer urbano com a sociedade industrial seria simplesmente "feia"[5]. Daí o temor de arquibancadas muito vastas, a angústia do número, essa recusa de recintos esportivos invadidos por um público demasiadamente numeroso: "Você pode tentar embelezar uma praça de esportes

---

3. COUBERTIN, P. "Os espectadores". *Revue Olympique*, 1910, p. 28.
4. Cf. LEQUIN, Y. Os espaços da sociedade citadina. In: LEQUIN, Y. (org.). *Histoire des français, XIXe-XXe siècle* – T. II: La société. Paris: Armand Colin, 1983.
5. COUBERTIN, P. "Os espectadores". Art. cit., p. 28.

por todos os meios e colocá-la em uma paisagem das mais encantadoras; uma vez repleta, desenhará quase sempre um bloco hediondo"[6].

Mas o problema é mais complexo, com certeza. Os primeiros Jogos Olímpicos da atualidade são o exemplo mesmo de cerimônias feitas para inflamar o entusiasmo e a admiração: "desfile com tochas em redor da praça da Constituição" em Atenas, em 1896, fanfarras, bandeiras de todas as nações estrangeiras "levantando à sua passagem as aclamações"[7]. Uma brochura especial da *Revue Olympique* narra em pormenores, a partir dos anos de 1910, aquilo que chama de "Decoração, pirotecnia, harmonias, cortejos"[8]. O leitor é informado sobre como dispor as bandeiras, as grinaldas, os troféus, segurar bem os estandartes apesar dos caprichos do vento, orientar as arquibancadas ou os pórticos, ordenar os deslocamentos ou reger a harmonia dos sons. Coubertin quer edificar. Quer transformar o esporte em exemplo. Quer atrair, cativar. Coisa que nem sempre é compatível com a atitude confidencial que está visando.

2. *Estádios e multidões*

O espetáculo, seja ele qual for, é o que predomina desde as primeiras décadas do século XX. As massas de espectadores aumentam inexoravelmente. A ascensão é visível na simples sucessão das gravuras daquele tempo: "os campeonatos mundiais de tênis", por exemplo, disputados em Saint-Cloud em 1913, desenrolam-se diante de arquibancadas casualmente arranjadas compreendendo algumas filas de espectadores; estes mesmos campeonatos em 1921 ficam cercados de arquibancadas solidamente instaladas, estreita-

---

6. Ibid. Cf. tb. MacALOON, J.J. *This great symbol*: Pierre de Coubertin and the origins of the modern olympic games. Chicago: The University of Chicago Press, 1981, p. 195: "Um espetáculo indescritível".

7. COUBERTIN, P. *Souvenirs d'Amérique et de Grèce*. Paris: Hachette, 1897, p. 155.

8. Cf. *Revue Olympique*. "Brochura especial": Décoration, pyrotechnie, harmonie, cortèges – Essai de ruskinianisme sportif, 1912, Paris.

mente unidas em torno da quadra, e com mais de vinte filas de espectadores; já o torneio da Taça Davis em Roland Garros em 1932 se desenrola diante das arquibancadas panorâmicas e bem altas com capacidade para "dez mil espectadores ofegantes"[9].

Depois de hesitações e tentativas examinadas de novo, os dispositivos, no entanto, sistematizam-se e se especificam com o tempo. O estádio de atletismo dos Jogos Olímpicos de 1900, em Paris, tolera ainda algumas árvores no seu centro, misto de natureza e de artifício. O estádio dos Jogos de 1908, em Londres, já é feito só para o olhar, enquanto mistura ainda diversos espetáculos: estádio "fantoche", possui uma pista coberta de cinza, um velódromo a seu redor, e uma piscina cercada de pedra e de madeira cavada no coração do gramado, para que ali se desenrolem corridas e mergulhos. Os organizadores então se orgulham por fazerem suceder à cerimônia de abertura provas que ocorrem todas no mesmo momento, em três áreas diferentes, com ginastas de reserva evoluindo no gramado, para melhor sublinhar a riqueza e a profusão do esporte: "Nunca se havia ainda assistido a uma semelhante simultaneidade de exercícios; a monotonia estava totalmente excluída desta grandiosa festa da cultura muscular"[10]. A vontade de ofuscar o olhar ainda leva a melhor sobre a de especificar o espetáculo.

Os olhares se focalizam, no entanto, com o passar dos anos: constatação evidente para os jogos mais populares de bolas e os estádios que suscitam nos anos de 1920. A organização se afinou, o objetivo se simplificou: somente uma pista em volta de um gramado para atividades, estas mesmas separadas. Aí só é tolerada uma prática para olhares, estes mesmos mais numerosos. *L'Illustration* narra em pormenores o comportamento dos espectadores aglomerados para a partida de futebol-rugby França x Inglaterra, no dia 11 de abril de 1925, multiplicando as imagens de formigueiro e de fervor: "O que chama

---

9. Cf. *L'Illustration*, 14/06/1913, 11/06/1921, 06/08/1932.

10. *Revue Olympique*, 1908.

acima de tudo a atenção são os assistentes. Chegam incansavelmente aos pacotes, como cachos [...], massa ao mesmo tempo trepidante e compacta; sombrio e vivo tapete, lançado sobre a imensidão das arquibancadas"[11].

O estádio de Colombes, construído para Os Jogos Olímpicos de 1924, é na França o primeiro modelo que combina o acesso das massas ao afinamento do olhar, "um dos maiores e mais bem organizados do mundo" com suas tribunas desenhando um "perfil parabólico"[12], seus "20.000 lugares sentados e 40.000 lugares descobertos": recinto construído na periferia urbana para melhor explorar o espaço, rede de transportes para facilitar o acesso, preocupação estética para valorizar ainda mais o local. Os guias de Paris insistem no êxito e na novidade do projeto a ponto de aconselharem sua visita aos leitores dos anos de 1920[13].

3. Excitar-se

É necessário demorar-se nas efervescências provocadas, apesar de sua aparência muito simples: tensão do embate, excitação da incerteza, fervor do recorde, do excepcional, brutal sentimento do progresso que se obtém com a *performance* ou com a marca fora de série. Aquilo de que o interesse pelos "homens fenômenos" já se tinha aproximado no final do século XIX: "com seus resultados extraordinários constituindo um dos ramos mais curiosos da fisiologia humana"[14]. O esporte põe em confronto com o imaginário do desenvolvimento e do progresso. Põe mais ainda em confronto com o extremo, com um "mais" sempre ultrapassado: esta "tendência para o excesso" em que Pierre de Coubertin identifica "nobreza e poesia"[15]. O que os pró-

---

11. *L'Illustration*, 11/04/1925.
12. Ibid., 23/02/1924.
13. Cf. *Paris-Guide*: le guide de la vie à Paris, 1926, p. 295.
14. GUYOT-DAUBÈS. *Les Hommes phénomènes*. Paris: Masson, 1885, p. 1.
15. COUBERTIN, P. "A psicologia do esporte". *Revue des Deux Mondes*, 01/07/1900, p. 67.

prios atores apresentam avivando o espetáculo e o empenho: "Eu mesmo me achei tão esgotado depois de uma competição de remo, que vomitava bílis e mal podia levantar-me do barco. Mas um quarto de hora depois, estava de novo em pé e ganhava uma nova corrida"[16].

A isso se soma, para o espectador, o prazer muito físico suscitado pela desenvoltura dos corpos observados, a velocidade ou a força dos aparelhos, o inesperado ou a distância das escapadas. Os espaços cruzam-se, multiplicam-se as naturezas. As máquinas principalmente, aquelas ilustradas por *La vie au grand air*, o principal jornal de esportes desde 1898, instalam no horizonte cotidiano o das distâncias e o do outro lugar. No momento em que se elabora a ideia da viagem e das férias, em que o Touring Club publica seus guias desde 1897[17], em que Adolphe Joanne termina sua série dos *Lugares e monumentos da França*, a apresentação de um esporte que atravessa as naturezas e os lugares provoca o imaginário.

As "massas" esportivas também se movem insensivelmente com o século: surgem tanto novos princípios de comunicação como novos princípios de internacionalização. Elas simbolizam definitivamente o fim dos terrenos baldios: regulamentos unificados, encontros distantes e acelerados. O esporte materializa o progresso da viagem dos seres humanos, o que fora iniciado com as exposições universais e com os congressos científicos da segunda metade do século XIX: "As grandes invenções, a estrada de ferro e o telégrafo encurtaram as distâncias e os seres humanos começaram a viver uma nova existência"[18], constatam os inventores dos primeiros jogos olímpicos modernos. O esporte materializa igualmente o lento acesso ao tempo livre,

---

16. MULLER, J.P. *Le livre du plein air*. Copenhague: H. Tillge, 1909, p. 110. Sobre o tema da superação, cf. o livro fundamental de Isabelle Queval: *S'accomplir ou se dépasser* – Essai sur le sport contemporain. Paris: Gallimard, 2004.

17. Cf. RAUCH, A. As férias e a natureza revisitada. In: CORBIN, A. (org.). *L'avènement des loisirs, 1850-1960*. Paris: Aubier, 1995, p. 100.

18. *Les Jeux Olympiques de 1896 – Rapport officiel*, 2ª Parte, p. 1.

aquele que autoriza o esboço de um turismo esportivo de repente mais sensível a partir da década de 1920[19].

4. Identificar-se

Não se poderia compreender essa excitação sem uma instância psicológica e social suplementar, uma dinâmica específica que lhe aumenta o impacto: a identificação com os atores. O vencedor grego da maratona, por exemplo, nos jogos olímpicos de Atenas, em 1896, ocupa o centro da devoção nacional: "uma senhora tira o relógio e o manda de presente ao jovem herói do dia; um hoteleiro patriota lhe dá um bônus de 365 refeições"[20]. A partida de futebol-rugby entre a França e a Alemanha, no dia 14 de outubro de 1900, nos jogos de Paris, constitui da mesma forma o objeto de um investimento até então jamais visto, mesmo que tivesse uma assistência limitada só a 3.500 pessoas: sentimento "exacerbado" no público, "com aperto no coração"[21] pelos jogadores, conflitos latentes que poderia inflamar-se ao menor incidente. Este resultado adquire um sentido: sinal de valor coletivo, forças e recursos plurais, prioridade concedida ao valor saúde. Um modo de confirmar força e progresso. E isso leva a imprensa a não dar tanto valor às vitórias obtidas por nações desde as primeiras manifestações olímpicas.

Tal como nos jogos do *Ancien Regime*[22], mais que nesses jogos porque o espetáculo não demora a ser claramente pensado, esta parte de identificação com o ator orienta e especifica a excitação. Confere-lhe profundidade e acui-

---

19. *L'Auto* dos anos de 1920 sugere "forfaits" para os grandes encontros: bilhetes de viagem, entradas para o estádio, cobrados junto com as diárias de hotel.

20. COUBERTIN, P. *Souvernirs d'Amérique et de Grèce*. Op. cit., p. 150.

21. MÉRILLON, D. *Exposition universelle de 1900* – Rapport sur les concours internationaux d'exercices physiques et de sports. Paris: Imprimerie Nationale, 1901, t. I, p. 65.

22. Os jogos antigos são aqui os jogos do *Ancien Régime*: cf. VIGARELLO, G. Exercitar-se, jogar. In: CORBIN, A.; COURTINE, J.J.; VIGARELLO, G. (orgs.). História do corpo – Vol. I: Da Renascença às Luzes. Petrópolis: Vozes, 2008.

dade. Confirma também a legitimidade que tem o esporte como objeto, seu lento sucesso na sociedade que a criou. Fabrica acima de tudo "heróis" – seres particulares, próximos e distantes ao mesmo tempo, inacessíveis e familiares. Aí está uma das novidades: *La vie au grand air*, desde o começo do século, publica uma "galeria das celebridades esportivas"[23], cujas imagens ocupam toda uma página, engrandecidas pelas gravuras, enaltecidas pelo comentário. A sociedade esportiva cria seus próprios modelos. "Precisa-se de heróis"[24], insiste já em 1903 o inventor do Tour de France (Volta da França), apontando uma das molas mestras imaginárias do espetáculo: a criação, real ou suposta, de uma "lenda", a construção de um espaço mítico. A "promoção" de Garin, por exemplo, o primeiro vencedor da Volta: "Conservei, a partir de então, por esse Maurice Garin, a mesma admiração de criança pelos heróis legendários"[25].

Outra característica atravessa esses personagens, paradoxal, mas decisiva: o "campeão", ainda que fosse excepcional, continuaria sendo "natural", ainda que a prova fosse aparentemente fora de qualquer medida, ainda seria "humana", esportiva, igualitária[26]. Simplesmente um engrandecimento que é exemplar na sociedade democrática. A atitude de Lapize atravessando o Aubisque coberto de neve, em 1910, diz-o à sua maneira. Esgotado, revirando os olhos, mas à frente dos concorrentes, carregando a bicicleta nas mãos, Lapize interpela Breyer, diretor da corrida, exclamando: "Assassinos"![27] O herói não é um homem como os outros?

A "promoção" do campeão seria, então, transparente, capaz de revelar suas singulares qualidades pessoais, sem ascendência nem herança. O ven-

---

23. Cf. *La vie au grand air*, 1904.
24. *L'Auto*, 27/07/1904.
25. Ibid.
26. Ibid., 15/07/1903.
27. Ibid., 13/07/1910.

cedor é próximo e ao mesmo tempo inacessível, igual e não igual. Não demora a surgir uma fascinação muito especial, um imenso sonho social através da identificação com este ser todo particular. A Volta da França, tal como o esporte, permitiria aqui pensar melhor a contradição das sociedades democráticas: cancela o conflito entre uma igualdade de princípio e uma desigualdade de fato[28], um "desejável" igualitário e um "real" mais prosaico. Algo que jamais chega a constituir nosso universo cotidiano. O esporte ajuda a crer: permite sonhar com uma perfeição social, sem levar em conta as cumplicidades obscuras, as proteções. Ilustraria a possibilidade de se chegar à vitória contando só consigo mesmo.

Será que assim se eliminariam as culturas tradicionais? Apagar-se-iam as convicções religiosas? Desbotar-se-ia a imagem dos heróis provenientes das velhas associações de terrenos baldios? Fato é que o esporte elabora, no fim do século XIX, uma coerência de representações totalmente novas, um repertório de atos e símbolos onde se reflete, ou mesmo com ele se identifica, o imaginário coletivo. Uma construção ligada às sociedades industriais e às democracias.

5. Narrar

A narração adquire, nestas circunstâncias, outra profundidade. Declina a lógica da igualdade nos mais diversos registros, segundo variam circunstâncias e acontecimentos. Isso reforça a identificação. Isso permite igualmente o nascimento de uma nova forma de imprensa, que não só relata, mas comenta as provas. *Le Velo, Tous les sports, La vie au grand air* se especializam em um modo de dizer e narrar as competições. Uma página da imprensa esportiva do começo do século se torna uma página de episódios sucessivos: a escalada de um "declive a pique" no "Crosscountry nacional" de 1904, por exemplo, os fracassos inesperados de alguns favoritos, a insensível arranca-

---

28. Cf. EHRENBERG, A. "Estádios sem deuses". *Le Débat*, mai.-set./1986.

da de Ragueneau[29] antes da sua vitória nesse mesmo *cross*, ou a infeliz pane de Notier, no mesmo ano, quase na chegada da corrida de lancha de Mônaco[30]. À nova organização dos jogos, o novo lugar que lhes é atribuído se associa uma nova arte de narrar e criar heróis.

Isso especifica ainda mais o estilo "literário" das reportagens: elas constroem um cenário dramático. Criam-no até algumas vezes em todos os elementos: a primeira etapa da Volta da França de 1904, Paris-Lyon, desenrolou-se sem fatos dignos de nota, por exemplo, mas o texto de Desgrange frisa incidentes, distingue aceleradas, armadilhas. Garin, primeiro vencedor em 1903, favorito em 1904, multiplicaria réplicas e exibicionismo: "A noite é uma verdadeira matilha, ataca-o sem tréguas, tenta-o, espreita suas falhas"[31]. Formigam os episódios reais ou supostos. O artigo orienta a admiração e, certas vezes, fixa-a. É ele que aponta a "façanha". Garin, nessa aventura lionesa, passa a ser um ente excepcional: o "pequeno limpador de chaminés italiano" que se naturalizou francês, e ganhou a corrida em 1903, é qualificado como "soberbo animal de combate", "ciclista hercúleo", um "gigante".

Daí a riqueza das figuras narrativas onde o "melhor" tranquiliza triunfando, onde o rival também pode se afirmar, onde toda a solicitude vai algumas vezes para o mais fraco e onde, na solidão dos grandes desfiladeiros, somente o mérito deveria permitir a vitória. Os perfis combinam-se entre si, contrapõem-se, ajustam-se para variar as linhas do drama e o prazer do espetáculo. O tom ditirâmbico se impõe mais ainda do que busca seduzir. A imprensa deve exaltar para melhor se difundir. Faz-se de tudo, frisa Jean Calvet num livro muito lindo, para que a corrida "se torne uma epopeia popular e dê origem a um mito"[32].

---

29. *La vie au grand air*, 1904, p. 165.

30. Ibid., p. 284.

31. *L'Auto*, 27/07/1904.

32. CALVET, J. *Le mythe des géants de la route*. Grenoble: Presses Universitaires de Grenoble, 1981, p. 164.

6. A moral e o dinheiro

O mecanismo da fabricação de heróis pode misturar, deve-se dizer, comentário e interesses financeiros. A imprensa esportiva conquista um público. Conquista-o principalmente porque é capaz, no caso do ciclismo, de narrar aquilo que os espectadores da beira da estrada não podem ver: episódios obscuros, dramas, o fio da história. E o conquista ainda mais se ela mesma organizar a corrida. Foi o que *Le Petit Journal* compreendeu ao realizar Paris-Rouen a partir de 1869. Foi o que Henri Desgrange compreendeu melhor que qualquer outro ao realizar a Volta da França de 1903. O projeto é claro: o diretor de *L'Auto*, antigo funcionário de cartório e recordista da Corrida Contra o Relógio, propõe uma competição "grandiosa", simplesmente para aumentar as vendas do diário e derrotar o concorrente, *Le Vélo*. A dureza e a extensão (2.460km) dessa primeira corrida por etapas são feitas para tocar a imaginação. A tentativa é bem-sucedida: a prova seduz um público, a tiragem do diário triplica em poucos dias (de 20.000 para mais de 60.000 exemplares), enquanto *Le Vélo* perde seus leitores. Sucesso amplificado, ainda, pelo jogo publicitário: a difusão maior reforça o valor de mercado dos anúncios do jornal.

A Volta da França supõe, como se vê, uma "modernidade" prévia, uma prática publicitária de grandes empresas industriais: a invenção de competições físicas que, antes mesmo de serem morais ou pedagógicas, estão integradas nas leis do mercado. Mas essa montagem financeira supõe igualmente, é bom repetir, uma aceleração das comunicações, uma quase instantaneidade das informações. A Volta da França implica a "quebra das barreiras" contemporâneas[33].

Não demora, porém, para que uma tensão oponha a moral dos profissionais ligando a façanha esportiva e seu preço à dos amadores que liga a faça-

---

33. Não é por acaso que o historiador da bicicleta, no caso Eugen Weber, seja também o de *La fin des terroirs* (Paris: Fayard, 1983).

nha e a gratuidade. O conflito se aguça ainda mais quando o amadorismo foi capaz de reivindicar uma certa "nobreza". As grandes vozes esportivas do fim do século XIX adotaram um raciocínio sistemático: ganhar músculos para ganhar dinheiro é tornar servil a sua força, é aceitar eventualmente "trair", depender do pagador e não de si mesmo. Multiplicam-se as imagens pejorativas sobre esse tema, as do campo de corridas, as do circo antigo, entre outras, na pena sempre colorida de Pierre de Coubertin: "o atleta profissional se parece com um cavalo puro sangue"[34] ou com um "miserável gladiador"[35]. O corpo do atleta profissional é um corpo mercenário: não se pertence. Pode-se ver bem como nessas primeiras práticas é difícil associar culto "verdadeiro" do corpo e dinheiro, aquisição "verdadeira" de força e profissionalização: estas competições, ainda mal conhecidas, no começo do espetáculo esportivo deixam imaginar algo de perversão se não são controladas de ponta a ponta.

Pode-se ver, mais ainda, como a vontade de fundar a prática sobre uma moral, aquela que constituiria toda a sua especificidade, tem incontornáveis consequências: uma tendência ao dogma. Coisa que é confirmada pelas diversas "cartas do amadorismo" regularmente editadas ou revisadas pela *Revue Olympique*, desde o princípio do século XX, exigindo que "a tendência de todos os esportes, sem exceção, vá para o amadorismo puro, já que não existe nenhum motivo permanente, em nenhum esporte, para legitimar os prêmios em espécie"[36].

Julga-se necessário, aliás, excluir a empresa esportiva, a partir do momento em que ela se declara "símbolo moral". Cabe-lhe confirmar a "excelência", concretizando as proibições. Cabe-lhe claramente circunscrever o seu criadouro, valorizá-lo, diferenciar premiados e banidos, puros e impuros. Sen-

---

34. COUBERTIN, P. "Conferência". *Les Sports Athlétiques*, 13/07/1893, p. 3.

35. Ibid.

36. "Carta do l'amadorismo", art. VI. *Revue Olympique*, jan./1902, p. 15.

te-se no dever de estabelecer fronteiras: a do amadorismo e a do profissionalismo, durante muito tempo esse papel no quadro do esporte olímpico.

Fronteiras ambíguas, sem dúvida alguma, visto que os profissionais reivindicam igualmente uma moral. Henri Desgrange, com seus corredores profissionais da Volta da França, não pretende compor um "batalhão sagrado do esporte"?[37] Um panteão onde pontifica Garin, o primeiro vencedor, mas também todos aqueles que o diretor da Volta quer ilustrar, os atletas considerados "excepcionais": Aucouturier, com seus "pulmões de fole de ferreiro"[38], Christophe, o "velho Gaulês", Faber, o "gigante de Colombes", Pottier, vencedor do campeonato de futebol da Alsácia em 1906, imortalizado por um monumento que Desgrange mandou erguer no alto do desfiladeiro dois anos depois. A multidão logo confirma a fascinação. O velódromo de Marselha, por exemplo, fica tão lotado em 1914, que suas portas devem ser fechadas duas horas antes da chegada dos corredores.

O heroísmo permanece, aliás, independente do conflito entre amadores e profissionais. O que mostra de passagem a especificidade desse conflito, ligado mais à necessidade para os atores de exibirem uma "pureza" que à de se mudarem as regras do jogo. O conflito sugere uma forma de competição: uma rivalidade quanto ao ideal, um gosto pela "papelada inquisitorial"[39], permanecendo ao mesmo tempo tão singular como um negócio de família. Nada capaz de mobilizar, de fato, o espectador, mais apegado à maquinaria competitiva que aos "detalhes do treinamento"[40]. Quem o confirma, aliás, é Pierre de Coubertin ao sublinhar a inevitável tolerância diante do "espírito profissional"[41].

---

37. *L'Auto*, 04/07/1907.

38. Ibid.

39. COUBERTIN, P. "Questão de amadorismo". *Revue Olympique*, fev./1907, p. 218.

40. COUBERTIN, P. "Novos aspectos do problema". *Revue Olympique*, nov./1913, p. 178.

41. Ibid.

O espetáculo, com sua incerteza, sua igualdade confrontada, leva a melhor sobre a imagem mais complexa de seus preparativos ou de seu custo.

II. O entusiasmo e o mito

A afirmação do lazer, a extensão da imprensa, a diversidade da informação dão a este espetáculo um peso definitivo no período entre-guerras. As figuras que ele gera ganham em densidade, as identificações que multiplicam ganham em desafios. Os heróis dos esportes jogam como nunca com as oposições nacionais e os investimentos coletivos, portadores de perfis mais complexos, quando não mais profundos. Jogam também com as grandes fraturas políticas, os totalitarismos, as valorizações obscuras onde propaganda e cinismo podem dar-se as mãos. "Sucesso", mais uma vez, mesmo que por caminhos tortos.

A visibilidade do campeão passa a ser como nunca a de uma nação que empenha vigor e saúde.

1. A "densidade" do herói

A penetração do esporte no tecido social aviva essas imagens. Georges Carpentier, por exemplo, encarna um dos primeiros pugilistas "símbolos". Sua luta contra Jack Dempsey em 1921 opõe de modo muito explícito valores nacionais, enquanto anteriormente mal havia transposto "as paixões do ringue"[42]: a França contra a América, sem dúvida, mas principalmente uma França, a de Verdun, aquela que pensa ainda em acreditar na aliança do modelo burguês e do modelo campesino, contra uma América, a da técnica e do dinheiro. Os norte-americanos fazem de Dempsey o símbolo da modernida-

---

42. RAUCH, A. *Boxe, violence du XXe siècle*. Paris: Aubier, 1992, p. 125. A análise sugerida por este texto tem aqui muita importância.

de; os franceses veem em Carpentier o símbolo da sutileza, da tradição renovada. Carpentier seria um "intelectual do esporte"[43], diz *Le Temps*, um "analista, senhor de seus reflexos", ao passo que Dempsey seria um homem intempestivo, sem escrúpulos, sem atenção. Toda a inquietude da velha Europa diante do Novo Mundo na defesa de um pugilista de silhueta longilínea e robusta: um jeito de aplicar uma retórica nacional, inventar uma lógica de confronto. É certamente o investimento no atleta que o exprime aqui: o fato, para Carpentier, de traduzir com tanta força o símbolo, o de uma França que quer encarar, perfilar um futuro diante da potência em ascensão. O herói assim promovido compõe um perfil mais rico e mais completo[44] que o das primeiras "celebridades esportivas" fixadas em 1900 em *La vie au grand air*[45].

O público que se acotovelava nos Boulevards para procurar se informar sobre o resultado da luta entre Carpentier e Dempsey em Jersey City, na noite do dia 2 de julho de 1921, o confirma a seu modo, e ao mesmo tempo confirma o novo lugar atribuído às informações "instantâneas". "Foguetes" de cores diferentes devem "dizer" o resultado do combate depois de sua comunicação por "ondas" ao jornal *Sporting*, situado no Boulevard Montmartre, 16. Cafés e restaurantes fizeram assinaturas com agências telegráficas para informarem sua clientela. Teatros e salas de cinema também prometem anunciar o resultado[46]. Esporte e sociedade da informação deram início à sua convergência decisiva.

Um sem-número de meios para a difusão das notícias. Muitos agentes para o reforço do Olimpo. É necessário insistir sobre esta dinâmica. André Leducq, campeão generoso e sorridente, símbolo do "bom-humor francês",

---

43. *Le Temps*, 01/07/1921.

44. Cf. tb. WHITELEY, J.H. (org.). *The Book of British Sporting Heroes*. Londres: National Portrait Gallery, 1998.

45. Cf. acima, p. 451 e 453.

46. O livro de RAUCH, A. (*Boxe, violence du XXe siècle*. Op. cit.) apresenta, deste ponto de vista, a informação mais preciosa.

vencedor da Volta da França de 1932, aumenta a vendagem de *L'Auto*, organizador da prova, para 700.000 exemplares[47]. Suzanne Lenglen ou René Lacoste, vencedores de "simples" no Torneio de Wimbledon, em 1925, satisfazem por sua vez uma expectativa frustrada: não apenas interrompem uma tradição de vitórias inglesas, mas também manifestam uma distinção, uma elegância que contribui para contestar a oposição, geralmente admitida na década de 1920, entre uma Inglaterra industrial e uma França rural. Erguem uma imagem, encarnam uma desforra coletiva. A isso acrescenta Suzanne Lenglen o símbolo de uma presença nova da mulher na vida pública: ela mesma é incomparável no seu esbanjar de gestos eficientes e graciosos, sem igual em uma mobilidade mais livre e segura. Daí o orgulho da imprensa francesa quando "até os ingleses só chamam a jovem campeã 'a formidável Lenglen' e a representam sob todos os aspectos"[48].

2. Desafios políticos

Objeto que se tornou universalmente visível, o esporte passa também a ser objeto sempre mais "cobiçado" pelos que "fazem" opinião, um suporte que atrai mensagens ou propagandas: um meio de focalização tanto mais poderoso quanto mais difundido. Daí essa permeabilidade acentuada ao político. Daí essas explorações heterogêneas, sempre mais numerosas, essas instruções de peso às quais o apoliticismo esportivo de princípio não é capaz de resistir. A emergência das grandes provas não é somente o sinal de um novo prazer do espetáculo, é também o sinal de um desafio muito preciso, como a atitude ambígua de um Maurras durante os jogos de Atenas em 1900: "Estou vendo que este internacionalismo não matará as pátrias, mas as fortale-

---

47. Cf. DURRY, J. "Um campeão popular: André Leducq, vencedor da Volta da França de Bicicleta". *Sport Histoire*, n. 1, 1988.

48. *L'Illustration*, 11/07/1925.

cerá"⁴⁹. Os valores profundos das coletividades aqui se acham bem comprometidos. E mais que nunca o serão com os totalitarismos dos anos de 1930.

Os gestos e os rituais dos Jogos Olímpicos de Berlim em 1936 são um exemplo dessa tendência. O órgão de esportes do Reich, o *Reichssportblatt*, o diz à sua maneira em um número de 1935: "Com estes jogos, foi posto em nossas mãos um inestimável meio de propaganda"⁵⁰. As equipes alemãs são praticamente profissionalizadas para melhor garantirem as vitórias nacionais, demonstrar recursos coletivos de carne e sangue⁵¹. A organização dos encontros é quase militar, para melhor demonstrar o mesmo poder mobilizador. Tudo, nesses jogos, lembra uma ordem: multidões contínuas, onipresença dos oficiais, fórmulas codificadas a todo instante repetidas. Tudo aí é símbolo: uniformes e insígnias, bandeiras e cruzes gamadas. Cada momento da cerimônia esportiva é confiscado pelo signo político. Cada referência olímpica se vê afogada na referência nazista⁵². Eis uma consequência entre outras: o hino nazista *Horst Wessel Lied* é tocado 480 vezes no estádio, o hino alemão 33 vezes.

A Copa do Mundo de futebol, conquistada pela Itália dois anos antes, já revelava a amplidão possível de uma politização: o time italiano já entrava em campo fazendo a saudação fascista, a mesma ilustrada pelo jogador símbolo do cartaz, jogadores e oficiais alemães vestiam um uniforme com o escudo do Reich. O Duce, onipresente, multiplicava palavras de ordem e declarações, a ponto de Jules Rimet, Presidente da Federação Internacional de Futebol (Fifa), confessar sua exasperação algumas semanas depois: "Tive a impressão, durante esta Copa do Mundo, que o verdadeiro presidente da

---

49. Apud COUBERTIN, P. *Souvenirs d'Amérique et de Grèce*. Op. cit., p. 156.

50. Apud BLAIZEAU, J.-M. *Les jeux défiguré*: Berlin 1936. Biarritz: Atlantica, 2000, p. 120.

51. Cf. (ibid.) o regime diário nas equipes alemãs preparadas "em tempo integral" a partir de um ano antes dos jogos.

52. Cf. HACHE, F. *Jeux olympiques*: la flamme et l'exploit. Paris: Gallimard, Col. "Découvertes", 1992.

Fifa era Mussolini"[53]. Nada mais claro, aliás, nas declarações dos responsáveis pelo futebol italiano em 1934: "O objetivo último da manifestação será mostrar o que é o ideal fascista"[54].

Mostram a politização, ainda, as tentativas de criar jogos paralelos aos considerados demasiadamente ameaçados pelo perigo fascista: os jogos organizados em 1936 em Barcelona pelo Comitê Catalão para o Esporte Popular, por exemplo, previstos para o dia 18 de julho e inviabilizados pela revolta dos militares no Marrocos Espanhol a 17 de julho[55]. Os Jogos de Berlim se impuseram, no fim das contas, enquanto a Carta Olímpica excluída da maneira mais formal: "Qualquer forma de discriminação de um país ou de uma pessoa, quer por razões raciais, religiosas, políticas, de sexo ou outra"[56]. Estranho e sombrio fascínio do esporte...

3. Festas

Mas além dessa identificação com o grupo, com a nação, além da exploração claramente política, o espetáculo esportivo é também, mais que antes, objeto de festa, jubilosa celebração coletiva, mistura de distensão, de efervescência e de mercado. O episódio chega até a criar seus rituais: o engajamento na sociedade do divertimento, com suas referências publicitárias, seu esbanjamento de imagens, seu ludicismo reinventado, fermento principal dos fervores coletivos de nossos dias.

A caravana da Volta da França, instalada na prova no começo dos anos de 1930, é o melhor exemplo do que se disse: imagens de papel machê, cartazes

---

53. Jules Rimet, presidente da Federação Internacional de Futebol (Fifa). Apud HUBERT, C. *50 ans de Coupe du Monde*. Paris: Arts et Voyages, 1978, p. 34.

54. Ibid.

55. Cf. BOULONGNE, Y.-P. *Pierre de Coubertin: humanisme et pédagogie* – Dix leçons sur l'olympisme. Lausanne: CIO, 1999, p. 106.

56. Cf. HACHE, F. *Jeux olympiques*. Op. cit., p. 74.

coloridos, músicos ambulantes, distribuições à farta. O caminhão do chocolate Menier, por exemplo, vai à frente dos corredores, na caravana de 1930, repartindo 500.000 chapéus de papel levando o nome da marca. Seus agentes vão deixando pelos caminhos toneladas de barras de chocolate. Param no alto dos desfiladeiros, oferecem xícaras de chocolate quente aos espectadores e aos ciclistas[57]. A caravana enfatiza sem dúvida o aspecto festivo da "Volta"[58]. Por outro lado, as reportagens podem também afastar-se dos tons heroicos, jogar com o lazer, ousar referências sensuais até aí raríssimas: "Na Garonnette, diante de um grupo muito numeroso de lindas banhistas mais despidas que o ano passado como o serão mais ainda no próximo ano do que neste"[59]. A alusão à moral dá mais lugar ainda à evocação do prazer compartilhado.

Outra construção festiva são os Seis Dias: 15.000 espectadores no começo da década de 1930. *L'Illustration* distingue aí os "arrebatados" e os "mundanos". Os primeiros recorrem a uma folga no trabalho para assistirem à festa dia e noite, "com o pão, a salsicha e o vinho ao alcance das mãos"[60], gritando, apaixonados, comentando sem parar surpresas e incidentes. Os segundos se detêm na festa à noite, curiosos, consumidores diletantes e elegantes: "É de bom tom chegar à festa tarde da noite, ou até depois do teatro; os que vão cear sentam à mesa, o champanhe corre a rodos..."[61] Lugar de encontro e de visibilidade, mistura de grupos também, e de pertenças, o esporte certamente se impôs na paisagem social[62].

---

57. CHANY, P. *La fabuleuse histoire du Tour de France*. Paris: Odil, 1983, p. 245.

58. Quanto a este aspecto festivo, cf. GABORIAU, F. *Le Tour de France et le Vélo*: histoire sociale d'une épopée contemporaine. Paris: L'Harmattan, 1995. • SANSOT, P. "Tour de France: forma de liturgia nacional". *Cahiers Internationaux de Sociologie*, n. 86, 1989.

59. *L'Auto*, 20/07/1938.

60. "Os seis dias ciclistas de Paris". *L'Illustration*, 09/04/1932.

61. Ibid.

62. Quanto ao tema do cruzamento entre esportes, lazer e espetáculo entre as duas guerras, cf. WALKER, H. "The popularization of the outdoor movement, 1900-1940". *The British Journal of Sports History*, n. 2, 1985, p. 140.

4. Imagens e sons

Uma das provas desse impacto é a importância que se dá às imagens e aos sons, sua presença sempre maior na difusão das notícias cotidianas. As câmeras, por exemplo, introduzidas nos estádios nos anos de 1930, dão existência às corridas ou às partidas nas atualidades cinematográficas. Elas se empoleiram sobre os carros da Volta da França, instalam-se no alto das arquibancadas dos estádios, fixam-se na chegada do *cross*, na das corridas de automóveis, de barcos, de lanchas. Dão vida àquilo que, até então, só se prolongava graças à foto ou à narração.

O rádio faz mais nessas primeiras tentativas: fabrica a sensação do imediato, criando um laço direto entre o ouvinte e a competição "verdadeira". Os norte-americanos são os pioneiros nessa experiência, transmitindo pelo rádio a luta entre Jack Dempsey e Georges Carpentier, no dia 2 de julho de 1921, sonorizando a multidão e os gritos, difundindo ruídos e comentários por todo o continente[63]. Este tipo de reportagem, no entanto, ainda não tem muita agilidade: dificuldade para variar seus locais, dificuldade de lhe resgatar a duração. A Volta da França, entre outras, está neste caso: transmitida pelo rádio a primeira vez em 1929, sua reportagem se limita aos instantâneos fixos e não registrados. Logo, no entanto, as coisas vão mudar. A entrevista dos corredores na chegada da Volta da França dos anos de 1930, com as pesadas máquinas dos PTT, revela os rápidos progressos feitos pelas emissões radiofônicas. A ruptura data de 1932, ano em que Jean Antoine e Alex Virot transmitem as passagens registradas nos grandes desfiladeiros adornadas com entrevistas realizadas na hora da chegada[64]. A descoberta dos discos de celulose imediatamente reproduzíveis possibilitou o processo. A transmis-

---

63. Cf. RAUCH, A. *Boxe, violence du XXe siècle*. Op. cit., p. 145.
64. Cf. RAUCH, A. "O ouvido e o olho do esporte, do rádio à televisão (1920-1995)". *Communication*, n. 67, 1998: Le spectacle du sport.

são da noite mistura os testemunhos recolhidos "ao vivo" e os comentários efetuados depois das ocorrências. O ouvinte tem a sensação de estar mergulhado no coração da corrida, reconhecer as vozes, identificar os ruídos. O som permitiu que o esporte existisse de outro modo.

III. Dinheiro e desafios, o fascínio da tela

Inaugura-se com a televisão uma importante mudança: a imagem *ao vivo* instalada no espaço do lar completa a banalização do confronto esportivo. Mais profundamente, a telinha torna quase equivalentes as figuras esportivas e as figuras da mídia, privilegiando sistematicamente aparências e visibilidades. Joga com o *show*, com a apresentação do espetáculo contemporâneo, até transformar a própria prática, influenciar seus dispositivos, seus regulamentos. Joga com a sua faceta "excitante" para poder melhor "vendê-la", transformar a imagem em mercado, tal como o foi a imprensa esportiva a partir do fim do século XIX. E isso leva, de maneira mais velada, a recriar formas de apresentação, rituais: uns nacionais, considerados capazes de marcar as afirmações "locais", outros transnacionais, considerados como pretendentes a uma unanimidade "global", planeta que entra em comunicação em um grande sonho de progresso dos corpos e da saúde.

1. Fascínios e interesses

É necessário, em primeiro lugar, avaliar a importância desta imagem esportiva, sublinhar seu crescimento constante: a carga horária que a televisão francesa lhe consagra passou de 232 horas em 1968 para 11.000 em 1992 e 33.000 em 1999[65]. O peso do futebol profissional confirma-o, à sua maneira, pois atrai 10 milhões de espectadores em 2004, e 100 milhões de telespecta-

---

[65]. Cf. ANDREFF, W. A televisão e o esporte. In: VIGARELLO, G. (org.). *L'esprit sportif aujourd'hui*: des valeurs en conflit. Paris: Universalis, Col. "Le tour du sujet", 2004, p. 171.

dores⁶⁶. É necessário avaliar também o mercado dessa imagem. O velho princípio de uma imprensa patrocinadora das competições, para daí tirar lucros financeiramente, ou aquele mais recente, de mecenas de todos os tipos tentando aumentar uma celebridade, deslocaram-se, nas últimas décadas do século XX, para a exploração da imagem pelas cadeias de televisão. A transmissão esportiva atrai os lucros: o organizador é pago pela cadeia, e esta cobra pelas mensagens publicitárias intercaladas na imagem, e esta multiplica para mais outros patrocinadores as ocasiões de existir. O entrecruzamento dos lucros constitui um sistema.

A lógica do mercado chegou a transformar o crescimento em vertigem⁶⁷. A ORTF gastava 500.000 francos em 1974 com o futebol francês; em 1984, TF1, A2 e FR3 gastavam 5 milhões de francos; em 1990, as cadeias francesas gastaram 230 milhões⁶⁸; enquanto isso, o Canal+ e a Televisão por satélite (TPS) empenharam em 2000 para os cinco anos sucessivos uma soma de 8,7 bilhões de francos⁶⁹. Em poucos anos ficou quase impossível comparar os números. Investimento igualmente maciço para as cadeias estrangeiras: "A cadeia norte-americana NBC deve ter gasto 1,67 bilhão de dólares em oito anos para retransmitir sucessivamente os Jogos Olímpicos de Seul (1988), de Barcelona (1992) e de Atlanta (1996)"⁷⁰; os direitos exclusivos de transmissão por TV dos jogos olímpicos passaram, para o conjunto dos países, de 34.862 dólares em 1976 para 1.332 milhões de dólares em 2000 (Sydney) – dos quais 54 milhões somente para as redes francesas –, 1.498 milhões de

---

66. THIRIEZ, F. "Cinco verdades sobre o 'foot-business'". *Le Monde*, 27-28/02/2005.

67. Philippe Verneaux analisa a progressão do "mercado" de dez em dez anos a partir de 1960. Cf. *L'argent dans le sport*. Paris: Flammarion, 2005, p. 121-284.

68. MAITROT, É. *Sport et télé, les liaisons secrètes*. Paris: Flammarion, 1995, p. 358.

69. "O casamento do dinheiro, do esporte e da televisão..." *Le Monde*, 08/02/2000.

70. MAITROT, É. *Sport et télé, les liaisons secrètes*. Op. cit., p. 284.

dólares em 2004 (Atenas), 1.715 milhões de dólares em 2008 (Pequim)[71]. Da mesma forma, os direitos para a Copa do Mundo de futebol aumentaram 1.075% entre 1992 e 2002[72].

Isso impõe, em muitos casos, a televisão como a primeira fonte de financiamento do esporte[73]: os direitos de retransmissão representavam, por exemplo, 1% das receitas do futebol em 1980, mas hoje representam 30% destas, muito à frente dos patrocinadores, 13,6%, do público, 13,2%, e das coletividades territoriais, 7,9%[74]. Uma constatação numérica acentuou aqui o investimento na retransmissão: o medo de "esvaziar os estádios"[75] com a difusão das imagens logo se mostrou infundado: a frequência aos estádios aumentou 30% em quinze anos, enquanto as retransmissões se multiplicavam por dez[76]. Noutras palavras, o futuro dos grandes clubes passa em boa parte pelos direitos de retransmissão, reduzindo os torcedores a dinossauros vagamente incômodos.

O investimento dos patrocinadores está igualmente à altura das somas precedentes. Um só programa, o TOP III, permitiu ao Comitê Olímpico Internacional amealhar 600 milhões de dólares entre 1993 e 1996, com os dez parceiros mundiais compondo a elite desse programa (de modo especial IBM®, Kodak®, Visa®, Matsushita®, Xérox® e Coca-Cola®) pagando um *ticket* de entrada de 40 milhões de dólares para serem os patrocinadores privilegia-

---

71. Cf. ANDREFF, W. & NYS, J.-F. *Le sport et la télévision, relations économiques*: pluralité d'intérêts et sources d'ambiguité. Paris: Dalloz, 1987, p. 116. "O casamento do dinheiro..." Art. cit. Quanto aos jogos olímpicos e quanto ao "fenômeno de mercado", cf. JENNINGS, A. *The new lords of the ring* – Olympic corruption and how to buy medals. Londres: Simon & Schuster, 1996.

72. Cf. ANDREFF, W. "A televisão e o esporte". Art. cit., p. 172.

73. John Sugden e Alan Tomlinson falam de um "mercado universal": *Fifa and the contest for world football*. Cambridge: Polity Press, 1998, p. 98.

74. "O casamento do dinheiro..." Art. cit.

75. Cf. POISEUIL, B. *Canal+, l'aventure du sport*: entretiens avec Bernard Puiseuil. Paris: Éditoria, 1996, p. 274.

76. "O casamento do dinheiro..." Art. cit.

dos do mundo olímpico[77]. Mais modestos são os investimentos locais, mas igualmente reveladores, mais ligados também à fascinação social e aos fenômenos identitários que o esporte provoca. Limoges, por exemplo, recentemente sofrendo com seu basquete por causa de graves erros na administração encontra, sem demasiadas dificuldades, os patrocinadores capazes de salvar o clube: "Se o basquete tropeça, diz um deles, é toda a cidade que coxeia, um golpe muito ruim para o moral"[78]. Daí esta conclusão de Jean-Pierre Karaquillo, fundador do Centro de Direito e de Economia do Esporte na Universidade de Limoges, que é bem significativo das transformações da visibilidade do esporte: "O mais poderoso veículo de comunicação é o esporte. Apoiar o basquete é uma forma de patrocínio público. Quanto custa? Seria antes necessário perguntar: quanto isso rende?"[79] Conclusão idêntica para a equipe de futebol de Lyon, que multiplica os títulos no começo dos anos de 2000: "O time olímpico de Lyon constitui um vetor de irradiação insubstituível"[80], reconhece o prefeito da cidade em 2005.

Daí o prestígio real ou aparente investido na organização de grandes espetáculos internacionais, a extrema efervescência das cidades candidatas, a interminável campanha de que são objeto: "Treze desconhecidos chegam hoje a Paris [os "avaliadores" olímpicos], e uma visita de George W. Bush, do papa ou de um avião lotado de estrelas de Hollywood não despertaria maior excitação"[81]. A escolha definitiva executaria a metamorfose: a cidade transformada em "imagem mundial", transportada por um "impacto econômico" que "faz sonhar"[82].

---

77. MAITROT, É. *Sport et télé, les liaisons secrètes*. Op. cit., p. 284.
78. "Essas cidades que a bola põe em alvoroço". *Le Nouvel Observateur*, 10-16/02/2000.
79. Ibid.
80. Conversa com Gerard Collomb, prefeito de Lyon. *Le Monde*, 23/02/2005.
81. "Paris quer demonstrar sua chama olímpica". *Libération*, 08/03/2005.
82. "O impacto econômico dos JO faz sonhar". *Libération*, 11/03/2005.

Será também necessário avaliar as desigualdades, que logo dão na vista, provocadas apenas pela imagem televisada. Alguns esportes privilegiados (menos de dez) representam, só eles, de 90% a 95% das praias de antena esportiva[83]. Já entre os cinco esportes que têm a maior audiência, alguns deles, como a Fórmula 1, continuam sendo muito pouco práticos[84]. Quanto ao futebol, é de longe o esporte que ainda apresenta as maiores vantagens. É do futebol que o Canal+ tira a maior parte do seu sucesso[85]: os clubes de futebol que atraem a maior parte do dinheiro investido: seu orçamento é "sete vezes superior, para um mesmo nível de competição, ao de um clube de basquete e trinta e duas vezes superior ao de um clube de vôlei"[86]. Desigualdade, além disso, que divide os próprios clubes de futebol: o número de partidas transmitidas por equipes depois de vinte e sete dias de campeonato, em 1999-2000, pode ir de vinte e três a um[87]. O clube mais "retransmitido", Marseille, está longe de ser, naquele momento mesmo, o primeiro do campeonato[88]. Mas isso mostra, de novo, a estranha mistura de causas que levam à retransmissão, nem todas exclusivamente esportivas. Coisa que confirma também esta palavra do presidente de TF1 em 1991: "O Olympique de Marselha é uma estrela de TF1. E, como todas as estrelas de TF1, merece um tratamento particular"[89].

---

83. Cf. ANDREFF, W. O atleta e o mercado. In: *Sport et télévision* – Actes du Colloque de Valence. Valence: Crac, 1992, p. 60.

84. Cf. NYS, J.-F. Uma lógica capitalista. Op. cit., p. 65.

85. POISEUIL, B. *Canal+, l'aventure du sport*. Op. cit., p. 274.

86. "O 'sport-biz' mergulha na corrida atrás do lucro". *Le Monde*, 08/02/2000.

87. "Nem todas as equipes da 1ª D ganham a mesma cobertura da TV", *Le Monde*, 09/03/2000.

88. Depois de vinte e sete rodadas de competição, os jogos do Marseille foram transmitidos vinte e três vezes enquanto o clube se acha, no mesmo momento, na décima terceira colocação; os do Mônaco foram transmitidos quinze vezes, enquanto o clube ocupa, no mesmo momento, a primeira colocação (Ibid.).

89. MAITROT, É. *Sport et télé, les liaisons secretes*. Op. cit., p. 329.

2. O "show"

Resta uma imagem que focaliza todas as atenções: os efeitos de anúncio, os efeitos de show.

Um fenômeno particular assume mais importância com a presença das telas e sua difusão por todo o planeta: as cerimônias em torno das competições. De modo particular, a "abertura" dos grandes encontros se transforma em um show cuidadosamente pensado: um sem-número de quadros misturando festa e símbolo[90]. Festa, sem dúvida, para alegrar o olhar dos espectadores e dos telespectadores, daí a ênfase no efeito visual, o jogo das massas, das cores e dos movimentos. Esta é a impressão de muitas testemunhas entrevistadas, longe dos velhos discursos moralizadores: "Era a festa, simplesmente"[91]. E símbolo também, para traduzir melhor aquilo que pode valorizar o país organizador: ocasião para enaltecer sua história (a dos pioneiros, por exemplo, contada pelos organizadores das Olimpíadas de Los Angeles em 1984, a dos aborígenes, contada nas Olimpíadas de Sydney em 2000); ocasião para enaltecer também seu solo, seu território, sua geografia (a da Catalunha mediterrânea, por exemplo, encenada pelas cerimônias de Barcelona em 1992). A festa alcança uma ressonância maior ainda e talvez mais fundamental: ela deve ter um sentido para o público, por mais cosmopolita que seja, ela pretende ser um "símbolo" mundial. Daí a tendência que se observa, a partir de algumas olimpíadas, de criar rituais com vocação transnacional: imagens idílicas da paz, imagens idílicas da "confraternização", a "superação das barreiras", entre outras e, por exemplo, apresentados pela primeira vez pelos coreanos em 1988.

Sem dúvida, muita crença nesta vontade transnacional, muita miragem também, mesmo que tenham nascido com ela os primeiros balbucios de ri-

---

90. Cf., para uma ideia de conjunto das cerimônias de abertura dos Jogos Olímpicos, *1896-2004, d'Athènes à Athènes*. 2 vol. Paris: L'Équipe/Lausanne/Musée Olympique, 2004.

91. Entrevista com um espectador. *Le Monde*, 29-30/08/2004.

tos mundiais pensados para lá das nações e das religiões. Daí um sentimento de "magia", de fascinação um tanto complacente que podem exercer, um imaginário quase futurista igualmente: um ritual onde entraria em comunhão o conjunto das nações.

A cerimônia organizada para os jogos de Albertville em 1992 é sob este aspecto um exemplo canônico. Imensa ostentação formal onde se impõem uma inventividade e um jogo dinâmico de silhuetas, perfis surpreendentes concebidos pelo coreógrafo prolífico Philippe Decouflé. Alguns grandes temas coletivos e "federadores" são enunciados: diferenças e diversidade, arte do gesto, especificidade de cada esporte, este mesmo transformado em "prática artística", esforço indefinido à procura de *performances* para escapar à gravidade. Aí também se exibe, sem dúvida alguma, um imaginário do corpo contemporâneo, privilegiando aqui esbelteza e leveza, movimentos vertiginosos, erupções de agilidade e mobilidade. O contrário bem visível dos velhos valores de força e de robustez escultural. As cerimônias, em outras palavras, ilustram uma simbólica e uma vontade.

Os comentários dos resultados confirmam, no entanto, o vigor das sensibilidades nacionais, a dos investimentos locais. Os balanços procuram incansavelmente a classificação dos países, recuaram-se, avançaram-se: "O esporte francês perde mais uma posição"[92], diz a manchete de *Le Monde* depois dos jogos de Atenas em 2004, "a posição da França no concerto olímpico vai sofrendo uma erosão lenta, mas segura"[93]. Seguem-se os alertas sobre a preparação olímpica, os inevitáveis "questionamentos", as necessárias revisões... O grande espetáculo esportivo empenha, deve-se dizê-lo, a imagem de uma nação. O que confirma até que ponto a tela desempenha aqui um papel: consumo desenfreado e engajamento grupal, espetáculo de massas dispersas, separadas e manifestação coletiva. Nossa sociedade, que hoje descar-

---

92. *Le Monde*, 31/08/2004.

93. Ibid.

ta alguns impulsos federadores, encontraria no esporte o eco enfraquecido das pertenças? A imagem é central.

3. As recomposições do jogo

A imagem se torna original ainda quando, para ser melhor difundida, influencia o dispositivo material das práticas: os regulamentos, os espaços, os tempos. Fazer que o tênis possa tornar-se objeto de um espetáculo televisionado não significa poder melhor administrar a duração das partidas? Evitar, por exemplo, a disputa interminável dos dois pontos de diferença em um jogo. Daí a invenção do *tie-break* durante os anos de 1970, onde o jogo disputado se prolonga até o limite fixo de 10 pontos. Isso transforma, no fim de contas, as táticas, as qualidades, os cálculos. Solução idêntica no voleibol, adotada mais recentemente. Solução parecida ainda em atletismo, onde as sucessivas largadas em falso não são mais toleradas a partir do campeonato mundial em 2002. Acrescem a isso as modificações devidas às injunções publicitárias para multiplicar as áreas de difusão: os quatro tempos parciais impostos ao futebol americano ou os tempos mortos impostos ao basquetebol. Não resta dúvida: o jogo é transformado pela tela[94].

Os estádios norte-americanos oferecem o melhor exemplo de cenários que visam mais ainda o "grande espetáculo de variedades"[95]. Imagens nervosas, atores coloridos, gestos ou dispositivos arrumados para seduzir o olhar, atrair os curiosos para lá dos amadores apenas: "Os *cheer leaders*, claque masculina inicialmente, tornaram-se garotas bonitas, rechonchudas e saltitantes; o balé complexo das fanfarras, as *marching bands*, antigamente reservado ao futebol universitário, generalizou-se[96].

---

94. Cf. VIALLON, P., "A televisão como acelerador do movimento". *Commnication*, n. 67, 1998: Le spectacle du sport.

95. BERTRAND, C.-J. "Esportes e mídia nos EUA". *Esprit*, vol. 55, n. 4, abr./1987, p. 221: Le nouvel-âge du sport, abril de 1987, p. 221.

96. Ibid.

Interminável trabalho para administrar as horas e os minutos das provas, enfim, com o risco de prejudicar os próprios atletas: os horários de finais olímpicas "fixados para permitir, quanto possível, às cadeias norte-americanas e europeias transmiti-las em *prime time*, com a mais alta tarifa publicitária e isto, mesmo quando os jogos são disputados em Seul ou em Sydney"[97]. A tela impôs suas pressões, se não suas leis.

4. A tela e o código

A tela inventou códigos também: uma maneira de informar, uma maneira de mostrar.

É necessário alternar a visão de uma mesma corrida em duas situações diferentes – a da beira das estradas e a da imagem "televisada" –, para constatar como podem diferir os dois espetáculos, a ponto de se tornarem estranhos um ao outro. O universo de um maratonista seguido a partir do asfalto e o de um maratonista seguido a partir da tela não são os mesmos. Passar de um ao outro provoca uma impressão estranha, a de uma conversão obscura, incontrolável, aquela sentida pelo espectador local subindo alguns andares para pegar o controle da televisão depois de ter deixado os corredores: uma metamorfose do olhar.

Observar da beira da calçada é assistir a uma passagem e a uma sucessão, multiplicar situações em *degradé*, ir da destreza dos primeiros colocados às crispações dos que vêm atrás, distinguir atletas olímpicos inacessíveis e desconhecidos sofredores. Já observar da tela é nunca se atrasar, acompanhar os corredores e, de modo particular, os primeiros. A sucessão é aí de ponta a ponta diferente: não mais a renovação dos perseguidores, mas a renovação das posições, o desfilar sem fim de um avanço. A sucessão se torna progressão vista da tela, é regressão vista da rua. A imagem televisada se limita à ca-

---

97. ANDREFF, W. "A televisão e o esporte". Art. cit., p. 183.

beça da corrida, mantendo o telespectador perto do primeiro colocado, sublinhando o lento murchar dos dominados como as incessantes táticas dos dominantes. Ela apaga a emoção da passagem, a da fugacidade, a consciência de um sem-número de perseguidores. Ela anula também o estranho sentimento de fragilidade oferecido pelos corredores que se arriscam em um cenário superdimensionado. Perde em densidade para aquele que olha a calçada; multiplica as informações para aquele que assiste à transmissão.

Deste modo a tela e a logística que a acompanha fabricam uma outra dimensão da corrida: criam uma prova dentro da prova. Um suspense acentuado pelas perguntas dos comentaristas: a esperança dos perseguidores merece algum crédito? Os corredores daqui vão mais depressa que os do outro lugar? Mais rápido que os de ontem? Seu tempo será o melhor? Cada número aviva as comparações e as curiosidades. Cada chamada renova e reforça o interesse. A expectativa se focaliza logo sobre o recorde da prova indefinidamente evocado pelo comentário, rua após rua, encruzilhada após encruzilhada. O telespectador não está mais mergulhado na multidão em movimento, mas em uma indefinida coorte de referências e de números. Está participando de um novo jogo codificado pelos *inserts* que correm ao fundo da imagem.

Com o comentário, o telespectador viaja para outras realidades: a das corridas anteriores ou das corridas concorrentes, a viagem de confrontos indefinidamente comparados. Evoca a "lenda", o espaço mítico dos melhores, os heróis que a memória esportiva deveria conservar, "os primeiros de todos os primeiros" dos quais o corredor precisamente acompanhado pela câmera poderia agora fazer parte. É até o comentário que valoriza mais ou menos as "boas" transmissões. Introduz o espaço e o tempo esportivos naquilo por que são feitos: o mundo do mito, o mundo da narrativa, aquele que induz a acreditar em histórias e valores. Introduz no imaginário como o faz tradicionalmente o jornal esportivo, acrescentando ao mesmo tempo uma vertente que a imprensa não tem: a do presente imediato. Insensivelmente, nossas telas criam assim novos jogos. Multiplicam o estado febril e os desafios multiplicando as comparações e os números.

Põem ainda diante de uma sofisticação intensa: correm na tela os tempos, acumulam-se as referências numéricas, a imagem se desdobra para criar a sensação de ubiquidade, a imagem é passada em câmera lenta para oferecer mais detalhes, repete-se a imagem para sublinhar melhor alguns momentos. Daí ter surgido uma nova competência televisiva, uma nova maneira de olhar o esporte e, no fim das contas, uma nova maneira de apreciá-lo. Os recursos da narração baseados em um recurso aos números também: o computador indica, no jogo de basquete, o número de cestas marcadas pelos jogadores no decorrer da partida, no decorrer de outras partidas, o número das faltas cometidas, o número dos lances livres. O computador indica, no tênis, a classificação do jogador, seus resultados no curso do torneio, a velocidade da bola no serviço, o número de *aces* obtidos, o número de faltas diretas, o número dos primeiros serviços passados. Indica, no futebol, o número dos escanteios, o dos tiros livres e dos impedimentos, o dos cartões aplicados aos jogadores que fazem faltas, o tempo decorrido e o tempo que falta. A tela não permite ver melhor, mas cria uma nova maneira de ver. Também mergulha diretamente o telespectador no mito, uma história construída para lá do jogo, feita para aquele que olha, excitante, sedutora, para a qual este mesmo telespectador é complacentemente convidado. Um mito infantil, sem dúvida. Mas será sempre irrisório, este mito, mesmo que o seu suporte, aqui, não seja muito diferente daquele dos videogames?

Seria por todas essas razões que as grandes competições esportivas não podem mais realizar-se sem a presença de um telão que ajuda os espectadores das pistas ou dos estádios a verem de outro jeito?

5. *A parte de sombra*

A imagem, todavia, tem uma parte de sombra que revela também a parte escura do esporte. O episódio lamentável e simbólico, por exemplo, que ocorreu no dia 29 de maio de 1985, em Bruxelas, no Estádio do Heysel, na final da Copa da Europa de futebol entre os times do Liverpool e do Juventus de Turim. "Torcedores" de Liverpool agridem nas tribunas, antes do jogo, torcedores de Turim. Ocorre a seguir um poderoso movimento da multidão brutalmente interrompido pelas grades, ao qual se sucedem quedas e corpos pisoteados. O balanço é muito triste: 38 mortos e 454 feridos. Mas igualmente lamentável a decisão tomada pelos responsáveis ordenando que a partida se realizasse. O jogo tem lugar, as imagens o transmitem para todo o mundo, ao passo que a poucos metros agonizam torcedores feridos. "É de se chorar, e por isso choramos"[98]: é só isso que L'Équipe do dia 30 de maio consegue dizer. A tela triunfou ignorando o horror.

A parte de sombra é feita dessas transgressões: desvios provocados pelos confrontos e a sua paixão enquanto o espetáculo e suas urgências tendem a dissimulá-los. Mas são conhecidos. E antigos: violências, *doping*, corrupções financeiras acompanham o esporte desde as suas origens. Já se perdeu a conta dos "abusos" na história do esporte, desde as violências de espectadores durante a realização das primeiras Voltas da França para atrasar alguns corredores[99] até os acidentes causados propositalmente nas partidas do final do século XIX, para ferir gravemente alguns jogadores[100], ou à cocaína consumida bem cedo pelos pugilistas para elevar os limiares de dor[101]. Risco de opacidade tradicional no universo esportivo, sem dúvida. E aumentou ainda hoje: as áreas de sombra se estenderam, tornaram-se mais trabalhadas, mais organizadas, proporcionais à grandeza do espetáculo e à diversidade dos desafios: os membros da sociedade esportiva e seu público tendem, logo, a proteger essas áreas de sombra para melhor protegerem o mito de perfeição do esporte, ou mesmo reforçá-lo. Os incidentes ganham com a notoriedade do esporte, exatamente como ganham os esforços maquiadores para salvaguardar a pureza sobre a qual o esporte pretende fundar-se.

---

98. THIBERT, J. "A horda assassina". *L'Équipe*, 30/05/1985.
99. Cf. CHANY, P. *La fabuleuse histoire du Tour de France.* Op. cit.
100. Cf. GARCIA, H. *La fabuleuse histoire du rugby.* Paris: Odil, 1974.
101. Cf. MONDENARD, J.-P. *Drogues et dopages.* Paris: Chiron, 1987, p. 67.

Instala-se a contradição no coração do sistema, mais acentuada que nunca pela ascensão do espetáculo, pela profusão das tensões e dos desafios. O mundo esportivo, para responder às expectativas deve ir até o extremo, a imagem esportiva para provocar excitação deve beirar o "excesso". É preciso preparar o corpo do campeão até o risco físico, beirar a violência, a ruptura. Deve-se pagar os atores até o risco financeiro, flertar com a trapaça, o abuso. Enquanto o esporte, para convencer, deve promover uma "limpeza", a da igualdade das oportunidades, a da saúde. Deve, para criar a adesão, fazer imaginar um mundo imparcial e controlado.

Esses três desvios, a violência, a corrupção e o *doping*, reaparecem hoje para lembrar até que ponto o direito e o poder público são atingidos e não somente a sociedade esportiva[102].

O trágico exemplo do Heysel ilustra muito bem a face da violência atual, como as arruaças de Marseille ou de Lens, por ocasião dos jogos da Copa do Mundo, em junho de 1998, onde muitas ruas foram perturbadas por esses *hooligans* que um ministro inglês qualificava de "brutos embriagados e descerebrados"[103]. Violência limitada, sem dúvida, mas complexa, espetacular, sustentada, segundo alguns, por um fundo de nacionalismo exacerbado, alimentada pelo álcool também, consumido em bruscos acessos festivos, violência de excluídos, segundo outros ainda, aqueles que sofrem do modo mais brutal a contradição entre necessidades solicitadas sem cessar e por uma sociedade da abundância e a impossibilidade também permanente para alguns de terem acesso a ela[104]. Essa violência mostra, de maneira definitiva,

---

102. Cf. QUEVAL, I. *S'accomplir ou se dépasser* (Op. cit.) ou ainda, em um número especial do *Le Monde* consagrado a "21 questões ao século XXI" (DALLONI, M. "Mais alto, mais rápido, mais forte? Os atletas ébrios de recordes e dinheiro", dez./1999.

103. *Le Monde*, 16/06/1998.

104. Cf. MIGNON, P. "O hooliganismo: problema social e pânico moral". *La passion du football*. Paris: Odile Jacob, 1998, p. 141.

a vulnerabilidade possível do esporte, exposto a excessos favorecidos pelo seu próprio sucesso.

As investigações sobre as partidas com resultados arranjados, sobre as arrecadações falsificadas, sobre as "compras" de votos nas instâncias internacionais do esporte ilustram o outro desvio, o das corrupções financeiras. Daí tantas suspeitas repetidas: aberturas de processos diversos, multiplicidades de acusados, arquivos que pegam fogo em Nagano depois dos jogos de 1996, para apagar qualquer pista de processo[105], sessão do Comitê Olímpico Internacional excluindo, nos dias 17 e 18 de março de 1999[106], alguns dos seus membros por ato de corrupção passiva. A mudança dos desafios colabora simplesmente para uma profissionalização dos desvios: os dezenove inquéritos promovidos em fevereiro de 2005 com relação "aos cinco grandes clubes de futebol franceses, as cadeias de televisão, a liga, a Federação de Futebol e algumas sociedades de publicidade"[107] sobre possíveis fraudes financeiras são primeiramente um sinal claro, o de um aumento das somas em jogo que agravam o risco de malversação e abusos. A natureza desses gastos é também envolvida: "As operações de transferência dos jogadores, por exemplo, seriam as mais propícias às manobras fraudulentas, tendo em vista o caráter imaterial do preço do jogador"[108].

Quanto ao *doping*, este se impõe como a maior disfunção na década de 1980-1990: recurso para o atleta a produtos largamente inéditos, hormônios sintéticos, anabolizantes musculares, excitantes nervosos, riscos igualmente inéditos de doenças no longo prazo, cânceres, doenças cardiopulmonares, desequilíbrios hormonais, males de uma população onde se misturam cam-

---

105. *Libération*, 17/01/1999.

106. *Le Monde*, 19/03/1999. Vários membros do COI teriam obtido favores após a votação que indicou Salt Lake City por esmagadora maioria por ocasião da 104ª sessão de 16 de junho de 1995 realizada em Budapeste (cf. *Sunday Morning Herald*, 24/02/1998).

107. "Operação Futebol mãos limpas". *Le Point*, 24/02/2005.

108. Ibid.

peões novatos e campeões consagrados. Apenas um dos lados mais inquietantes da prática, não porque desvela alguma trapaça e causa danos a uma certa igualdade entre competidores, mas porque prejudica a integridade do corpo, infiltrando a doença justamente onde deveria triunfar a saúde. Faceta inquietante ainda pelo fato de prolongar a certeza, que se tornou banal em nossa cultura, de um corpo considerado indefinidamente maleável, capaz de novos arranjos sempre mais diversificados, aqueles prometidos pela medicina ou pela química. Alguns títulos de revistas científicas destacam a evolução recente dessa certeza: corpo comparado a uma "máquina aperfeiçoada indefinidamente"[109], em *Science et vie* de 1968, associando "centelha nervosa" e "reações químicas", corpo comparado a um "aparelho codificado" em *Science et avenir* de 2002, visando um "atleta geneticamente modificado"[110], onde novas fibras poderiam ser "fabricadas" segundo a escolha de um programador. A imagem acompanha a cultura do tempo, mudança de modelo, confirmando o tema de metamorfoses "pensáveis", mesmo que para muitos ainda fossem atualmente inalcançáveis.

Existe ainda o risco conhecido das práticas de *doping*, o mercado novo que geram, o questionamento de "estrelas do esporte"[111] que revelam.

Noutras palavras, se o espetáculo foi lentamente se instalando no mundo esportivo, é inegável que triunfou aí, misturando uma sutil dosagem de fascinação pela *performance*, de investimento identitário, de invenção de mercado. O gigantismo ininterrupto do esporte, sua visibilidade em todas as latitudes, sua onipresença na mídia inevitavelmente suscitariam, em contrapartida, uma tendência à transgressão. Nenhuma surpresa quanto a isto: a paixão é necessariamente, aqui, a do excesso, como a única resposta possível é necessariamente a da lei. Resposta que tira toda a sua força do recurso ao poder público muito mais que à própria instância esportiva.

---

109. *Science et Vie*, nov./1968.

110. *Science et Avenir*, ago./2002.

111. "Doping, a América vai à guerra". *L'Express*, 14/03/2005.

2
TELAS
O corpo no cinema
Antoine de Baecque

Enquanto procura definir uma "apresentação" própria da sétima arte, Eric Rohmer, redator-chefe dos *Cahiers du cinéma*, fala sobre "aquilo que restará do cinema" e lança a hipótese seguinte: "A própria matéria do filme é o registro de uma construção espacial e de expressões corporais"[1]. Registrar, com o auxílio de uma câmera, corpos que se relacionam em um espaço, eis a definição dessa organização formal chamada cinema. Eis aí uma pista para uma história do corpo tal como é ajeitado para aparecer na tela: seguir as principais evoluções do corpo posto em cena no século XX, esta trama tecida graças aos cruzamentos contínuos dos diferentes corpos de cinema. Tal representação oferece um novo horizonte imaginário, feito de fantasmas, de identificações, de pedagogia, de temores, de adesões às representações do corpo e a suas sucessivas mutações. E não é possível compreender as principais representações do corpo neste século a não ser encontrando a sua fonte ou seu meio de transmissão, tanto sua origem como sua vulgarização, sobre a tela do espetáculo de massa. Não se trata, em última instância, senão de encarnar mais ainda um dos objetos faróis da história cultural contemporânea: recolocar o cinema e o modo de suas aparências no contexto das ideias su-

---

1. *Cahiers du cinéma*, n. 86, ago./1958.

cessivas veiculadas sobre o corpo no século XX e assim compreender um dos fenômenos mais notáveis da história das representações[2].

I. O monstro e o burlesco: o corpo espetáculo da Belle Époque

É próprio do cinema registrar corpos e com eles contar histórias, o que resulta em torná-los doentes, monstruosos e, às vezes simultaneamente, infinitamente amáveis e sedutores. O registro bruto, tal como a obra de ficção, passa por essa doença e essa beleza, enquanto estas assumem a forma da desfiguração aterradora ou da representação ideal. Frankenstein, de certo modo, é para a ficção cinematográfica aquilo que *L'Arroseur arrosé* é para os irmãos Lumière: o acidente corporal que dá origem à história[3]. Os parques de diversão logo o compreenderam, antes mesmo das grandes companhias de produção do cinema mudo: o basbaque vem ver um corpo na tela, portanto, se possível, estranho, assustador, impressionante, magnífico, perverso, prazeroso. Existe uma relação ao mesmo tempo imediata e obrigatória: o corpo exposto no cinema é o primeiro traço da crença no espetáculo, portanto o lugar onde o espetacular se investe de maneira privilegiada.

Encontra-se, nas origens do cinema, um sem-número de testemunhos dessa forma de exposição dos corpos. Para atrair o público era preciso apresentar-lhe corpos excepcionais: filmes sobre os monstros, sobre os grandes criminosos e suas vítimas, sobre os estragos causados pelo alcoolismo, e ainda filmes pornográficos, imagens de atletas culturistas – todos esses organismos excepcionais ocupam o essencial da produção francesa, norte-america-

---

2. AMIEL, V. *Le corps au cinéma*. Paris: PUF, 1998, e também o número especial "Le corps expos" é da revista *Vertigo*, dirigido por Antoine de Baecque e Christian-Marc Bosséno, n. 15, jul./1996.

3. FLORESCU, R. *In Search of Frankenstein*. Boston: Graphic Society, 1975. • SPARK, M. *Mary Shelley*. Nova York: E.P. Dutton, 1987 • MELLOR, A.K. *Mary Shelley: Her Life Her Fiction, Her Monsters*. Nova York: Routledge, 1988.

na ou italiana do cinema primitivo[4]. Este fenômeno se insere na linha dos grandes espetáculos corporais da Belle Époque, momento em que as exposições de monstros humanos atraíam um público enorme, em que famílias e classes inteiras visitavam as cabines de higiene pública que apresentavam reproduções de corpos doentes e de cadáveres. A cultura cinematográfica de massa se impõe em Paris, no final do século XIX, em uma sociedade urbana, ávida de espetáculos do corpo, de experiências visuais "realistas". E dois lugares de distração notáveis vão ilustrar esse fenômeno popular, encarnando o cinema de antes do cinema: o Museu Grévin, inaugurado em 1882, e o necrotério. No primeiro, as multidões vão ver figuras de cera, corpos numerosos, esculpidos, enrugados, vestidos, instalados e visíveis "parecendo de verdade", contando histórias, compondo sainetes, reconstituindo cenas históricas. A multidão frequenta o segundo, onde alguns cadáveres servem para reformar e para exibir "casos" de crimes famosos. Assim, em abril de 1886, 150 mil pessoas desfilam diante do corpo de uma menina, "a criança da rua do Vert-Bois", vestido e sentado em uma cadeira de veludo vermelho, exibição de um cadáver que conta sua história, que se tornou célebre, como um fato do dia em carne e osso[5].

O cinema se inscreve nesta continuidade da cultura espetacular dos corpos na Belle Époque. Quase todos os artistas burlescos dos primeiros tempos, por exemplo, são acrobatas, e a maioria das primeiras salas de cinema de Paris se instalaram no mesmo local onde havia esses espetáculos do corpo excepcional, em teatros de café-concerto reformados, em cabines de figuras de cera, às vezes em bordéis ou ginásios. Este vertiginoso desejo de contem-

---

4. ADRIEN, P. *Le Cirque au cinéma*: le cinéma au cirque. Paris: Éd. Science illustrée, 1984. • RITTAUD-HUTINET, J. *Le Cinéma des origines*. Seyssel: Champ Vallon, 1985. • DALL'ASTA, M. *Un cinéma musclé* – Le sur-homme dans le cinéma muet, 1913-1926. Liège: Yellow Now, 1992. • SHOWALTER, E. *Sexual Anarchy*: Gender and Culture in Fin-de-Siècle France. Nova York: Viking, 1990. • WILLIAM, L. (red.). *Porn Studies*. Durham: Duke University Press, 2004.

5. SCHWARTZ, V. *Spectacular Realities* – Early Mass Culture in Fin-de-Siècle Paris. Berkeley: University of California Press, 1998. E também a coletânea dirigida por Leo Charney e Vanessa Schwartz: *Cinema and the Invention of Modern Life*. Berkeley: University of California Press, 1996.

plar corpos excepcionais habita os olhares na Belle Époque. Sem dúvida porque os espectadores sentem confusamente que esses corpos vão desaparecer, quer sejam monstruosos, *virtuosi*, ou fora das normas, sob o efeito dos progressos da ciência, da modernização da sociedade, e porque encarnam humores e pulsões de outros tempos aos quais, mesmo que a época tenha fé no progresso, o público permanece muito apegado. É, de certa maneira, o papel histórico confiado ao cinema: prolongar na tela os corpos extraordinários do circo, do palco, dos parques de diversão, reconstituí-los, manter a sua imagem, a fim de que sejam sempre visíveis, mesmo que desapareçam dos espetáculos ao vivo[6]. O cinema mudo é, por conseguinte, essencialmente uma arte fantástica: corpos que desapareceram, que estão desaparecendo, mas ainda são visíveis na tela. Desde as primeiras projeções do cinematógrafo, este laço entre a imagem e o fantástico se estabeleceu. O cinema registrava a vida de corpos que iam, inevitavelmente, morrer mais cedo ou mais tarde. E, por isso mesmo, tornava-se um imenso jazigo de fantasmas. Essa sensação é percebida pelos primeiros espectadores segundo um modo espiritual e místico. Eis uma técnica simples, mas terrivelmente eficaz, de mumificação e de ressurreição dos corpos. Ainda por cima, o preto e branco da imagem, a velocidade do desfilar das imagens, o silêncio representaram um papel determinante nessa visão. Os corpos do presente se tornavam imediatamente, na imagem, corpos do passado. Em preto e branco, andando em um ritmo irreal, percorrendo o mundo em silêncio, esses corpos pertenciam a um outro mundo[7]. A projeção pública igualmente não tardou muito a se ligar à vida dos fantasmas: o escuro da sala, o feixe de luz rompendo a escuridão, o ritual do espetáculo, todos esses elementos reconstituíam as condições de uma sessão de espiritismo onde a tela da sala se assemelhava logo ao estado mental de cada espectador, como um estado de devaneio permanente onde podiam se projetar os corpos.

---

6. SKAL, D. *The Monster Show* – A Cultural History of Horror. Nova York: W.W. Norton, 1993.

7. LEUTRAT, J.-L. *Vie des fantômes* – Le fantastique au cinéma. Paris: Cahiers du cinéma, 1995.

Os corpos do cinema nasceram na França, fecundados pelo olhar das massas e os espetáculos ao vivo da Belle Époque, mas foram fabricados em série na América do Norte, em primeiro lugar na Costa Leste (nesta categoria, um dos grandes mitos corporais do cinema surge de maneira exemplar a partir de 1910: a primeira série dos Frankensteins[8], lançada pela empresa Edison, seguida por outras em 1915, e a seguir em 1920), e depois em Hollywood quando, por exemplo, Tod Browning aclimata com um sucesso absolutamente notável a criatura, no entanto tipicamente europeia, do vampiro, já ilustrada pelo *Nosferatu* de Murnau ou pelo *Vampiro* de Dreyer. O *Drácula* de Browning, em 1931, é ao mesmo tempo um filme fascinante – de modo particular no prólogo[9] – e o melhor exemplo da grande "formatação" dos corpos que Hollywood vai praticar em grande escala a partir dos anos de 1930, fabricando em série terror e *glamour* dos corpos, quer as estrelas sejam monstros ou lindas mulheres. As criaturas, sob todas as suas formas, das mais repulsivas às mais desejáveis, são desde então como que domesticadas: aprendem as regras do *savoir-vivre* hollywoodiano (não olhar para a câmera, ser bastante aterrorizadoras, mas não demais para alguns, suficientemente apetecíveis, sem porém ultrajar as poderosas ligas da virtude para os outros, filmar rápido e bem, passar pelas mãos dos maquiadores, das figurinistas e dos chefes operadores do estúdio, respeitar os códigos da narração) e ganham glória e notoriedade. O corpo que os espectadores vêm ver na tela encontrou suas regras, suas estrelas, e logo seus clássicos.

---

8. FORRY, S.F. *Hideous Progenies*: Dramatizations of Frankenstein from the 19th Century to the Present. Philadelphia: University of Pennsylvania Press, 1990. • MANK, G.W. *"It's Alive!"* The classic cinema saga of Frankenstein. Nova York: Barnes, 1981.

9. SKAL, D.J. *Hollywood Gothic*: The Tangled Web of Dracula from Novel to Screen. Nova York: W.W. Norton, 1996. • SKAL, D.J. & AUERBACH, N. *Dracula: A Norton Critical Edition*. Nova York: W.W. Norton, 1991. • FRAYLING, C. *Vampyres*. Londres: Faber and Faber, 1991. • LEATHERDALE, C. *Dracula: The Novel and the Legend*. Londres: Desert Island Book, 1993. • BECK, T.C. *Heroes of the Horrors*. Londres: Mc Millan, 1975.

Aí está o último eco do espetáculo dos corpos da Belle Époque, em um cinema que, por suas regras e seus códigos, procura sanear a tela substituindo a "verdade" do corpo pela maquiagem, os grunhidos pelos diálogos, a exposição pela narração. Hollywood nutre seus corpos com artifício. Esta passagem (do corpo espetáculo da Belle Époque ao artifício hollywoodiano) se vê extremamente bem ilustrada pelos filmes de Tod Browning, que se mantêm precisamente sobre esta fratura na história das representações do corpo[10]: Browning exagera muitas vezes no artifício, particularmente teatral, mas segundo uma ética autenticamente realista. Filma assim com sua própria trupe de "verdadeiros" monstros. No mesmo momento, Lon Chaney, seu ator fetiche, torna-se uma estrela internacional, extremamente popular. Ora, trata-se de um virtuose da comédia, mas também de um homem de plástica degenerada. Esta é a única vez que um monstro adquire no cinema o *status* de vedete no pleno sentido: é o único que assim combinou o espetáculo Belle Époque e o artifício hollywoodiano.

O outro grande registro corporal que nasceu com o cinema é o burlesco[11]. Na França ele encontrou seu lar, ainda que depois tenha de ser retomado e desenvolvido pelo cinema norte-americano. Ali o corpo age por sobressaltos, ou, antes, pelos sobressaltos da ação. O burlesco introduz uma das grandes tradições corporais do cinema, pois o gênero não funciona através da linearidade da história, mas graças a uma narração dos corpos por camba-

---

10. SKAL, D.J. & SAVADA, E. *Dark Carnival* – The Secret World of Tod Browning. Nova York: Doubleday, 1995 • BOGDAN, R. *Freak Show*. – Presenting Human Oddities for Amusement and Profit. Chicago: The University of Chicago Press, 1988. • JENSEN, P.M. *The Men who Made the Monsters*. Nova York: Twayne Publishers, 1996 • OFSHE, R. & WATTERS, E. *Making Monsters*. Nova York: Scribner's Sons, 1994 • WERNER, A. *Freaks. Cinema of the Bizarre*. Londres: Lorrimer, 1976 • BILGER, N. *Anomie empirique, anémie sociale*. Paris: L'harmattan, 1999 • ODDOS, C. *Le cinéma fantastique*. Paris: Guy Authier, 1977.

11. COURSODON, J.-P. *Keaton et Cie*: les burlesques américains du "muet". Paris: Seghers, 1964 • KRAL, P. *Le burlesque, ou morale de la tarte à la crème*. Paris: Stock, 1984 • KRAL, P. *Les burlesques, ou parade des somnambules*. Paris: Stock, 1986 • *Art press*, n. 24, número especial "Le burlesque, une aventure moderne", out./2003 • MILLER, B. *American Silent Film Comedies*. Londres: McFarland, 1995.

lhotas sucessivas, descabeladas, onde os fragmentos fazem a confrontação. Esta heterogeneidade remete por outro lado a uma polifonia dos gêneros convocados pela encenação (a acrobacia, a mímica, o teatro, a dança, o desenho) que, em ritmo de espetáculo onde a interrupção, a pausa, o interlúdio, o tombo fazem explicitamente parte do jogo e do prazer. Assim, os heróis burlescos fazem de modo vivamente corporal a experiência de uma "elasticidade narrativa": o corpo do personagem passa por todos os momentos possíveis de uma ideia. Trata-se aí do princípio fundador dessas séries: o acúmulo das situações nascidas de uma função predefinida. Calino, uma das figuras mais populares do burlesco francês primitivo com Onésimo, sendo as duas séries realizadas por Jean Durand, é assim ora advogado, ora toureiro, bombeiro, *cowboy*, polígamo, arquiteto, domador, guarda de presídio. Está colocado, por momentos fugidios, em todos os estados corporais possíveis de uma mesma condição. Quando Calino "endurece a postura", por exemplo, o palhaço estroina Clément Migé, insensível, oferece primeiro seu rosto ao grande plano do cinema, antes de o dar em seguida a todos os passantes: estes são convidados a lhe dar palmadas, depois um ferreiro também se mete aí, dando marteladas, logo um trabalhador em aterros e sua niveladora, enfim um enorme boxeador que se esfalfa em bater na face do herói[12]. Este final é quase invariável nas séries cômicas, obedecendo a uma mesma lógica de desintegração, de implosão sob os efeitos das acumulações de fragmentos de corpos: os móveis rebentam o cenário, os corpos se esgotam e desmaiam, a destruição final explora o rito burlesco. Neste cômico destruidor, desestabilizador, o herói habita um corpo-catástrofe[13].

Neste sentido, a passagem para a tela é uma espécie de teste aplicado a um corpo-catástrofe preexistente ao cinema. Na cena das Folies, das Varie-

---

12. LACASSIN, F. À la recherche de Jean Durand. Paris: Éd. de l'AFRHC, 2004.
13. MICHAUD, P.A. & RIBADEAU DUMAS, I. (reds.). *L'horreur comique* – Esthétique du Slapstick. Paris: Centre Georges-Pompidou, 2004 • SIKOV, E. *Laughing Hysterically* – American Screen Comedy. New York: columbia University Press, 1994 • SENNETT, T. *Lunatic and Lovers* – The Years of the Screwball Movie Comedy. New York: Arlington House, 1973.

dades, dos cafés-concerto, os burlescos do cinema previamente aprenderam as acrobacias do *nonsense*, os tombos cômicos, os equilíbrios grotescos, e a passagem para a tela parece oferecer-lhes a possibilidade de testar esse poder devastador no mundo real e diante do imenso público da cultura de massa. Não mais em cena, mas na rua, não mais para algumas centenas de espectadores, mas para centenas de milhares. O gênero burlesco fez rir esses inumeráveis espectadores, pois soube tomar o corpo de seus personagens ao pé da letra, de acordo com um absoluto efeito de sinceridade corporal: a câmera registrava os saltos e cambalhotas dos corpos contra a realidade da vida.

Através dessas duas "duplas" exemplares, Tod Browning/Lon Chaney e Jean Durand/Onésimo, percebe-se que o cinema se desenvolveu em boa parte em torno da relação que liga um diretor de cinema a um corpo exposto. Mais ainda, a própria noção de diretor de cinema se tornou então inseparável da exposição do próprio corpo, e a tradição burlesca ilustra esse ponto de vista de maneira esplêndida: Max Linder, Charles Chaplin, Buster Keaton, Harold Lloyd encarnam o uso do corpo e a sua exposição ao perigo pelo cineasta, corpo que se tornou o exclusivo e único instrumento de espetáculo. O lugar da obra se tornou o próprio corpo do artista.

II. O *glamour* ou a fabricação do corpo sedutor

O cinema, como o santuário corporal, foi depois bastante sistematicamente normalizado pelo sistema dos estúdios hollywoodianos, que constitui a época clássica do cinema norte-americano, e pelo realismo corrigido de artifício que dá sua forma à "idade de ouro" do cinema francês. Poderíamos comparar isto a uma domesticação geral dos corpos do cinema. O ficar fechado no estúdio é a condição primeira de uma remodelação dos corpos em obediência aos cânones de uma beleza mais padronizada, de uma estetização das aparências para a qual concorrem, por todos os seus efeitos, as técnicas cinematográficas (iluminação, cenários, e logo jogo de cores), de um controle dos efeitos e das atitudes que é estabelecido pelos vigilantes e pudicos códigos de censura de ambos os lados do Atlântico. O cinema para "o grande público" concentra assim a maior parte dos seus meios corporais em torno da fabricação de um *glamour* padrão, novo horizonte do sonho sensual internacional[14].

Ícone e fetiche desse *glamour*, eis a mulher fatal, assim como é esculpida por Hollywood, arrastando por sua beleza, pelo desejo de vida e morte que inspira, os homens para a fonte divina, mas na maioria das vezes ainda, para o mal e a desgraça. Seu corpo não é animado por razão alguma: flutua na aura da mera aparência. Desde suas origens, o cinema acolhe esse ícone sensual e cerca com um escrínio incandescente essa mulher que oscila entre a inocência e o escândalo. Um homem barbudo roça de leve o rosto pálido da estrela, a primeira da história do cinema. Um frisson sacode o público: o beijo na tela, imensa, mistura os lábios da mulher com os pelos da barba e dos bigodes do homem. Em 1896, em Nova York, o público entra na história no espetáculo do primeiro beijo cinematográfico. Jones C. Rice beijou May Erwin, intérpretes imediatamente célebres de *The Widow Jones*. O cinema deve esse achado capital – o beijo em grande plano – a um cientista famoso, de reputação mundial, que não hesitava no entanto em filmar cenas picantes e mulheres sem roupa: Thomas Edison. Essa mulher, para muitos espectadores, exprime de imediato e radicalmente esta faculdade: ser a própria encarnação do desejo de cinema da massa. "Sacudindo o torpor dos espectadores que permaneceriam para sempre fechados na solidão que deixa os homens cegos, as mulheres da tela os preparam para o amor pelo desejo de ídolos. As mulheres no cinema, algumas delas, são o sonho erótico, a premonição, o início de um laço indissolúvel", assim escreve Ado Kyrou, papa do surrealismo crítico, dando explicitamente ao aparecimento das personagens femininas o poder de encarnar os fetiches da sociedade moderna. Ídolos, elas logo o são, absoluta-

---

14. GARDNER, G. *The censorship papers*: Movie Censorship Letters from the Hays Office, 1934-1968, Nova York: Dodd/Mead, 1987 • PAGLIA, C. *Sexual Personae* – Art, Glamour, and Decadence in Hollywood. New Haven: Yale University Press, 1990 • DOUIN, J.-L. *Les écrans du désir*. Paris: Du Chêne, 2000 • MORDDEN, E. *Broadway Babies* – The People Who Made the American Musical – Nova York: Oxford University Press, 1983.

mente, e o cinema ilustra este desejo vital de fetiches que já vinha da Belle Époque. Como se uma "corrente magnética" mantivesse ligados a "mulher da tela" e o "espectador", pois, escreve André Breton em meados dos anos de 1920, "o que há de mais específico nos meios do cinema é, com toda a evidência, sua capacidade para concretizar os poderes do amor"[15].

A *vamp* cinematográfica[16], que encarna este magnetismo erótico possui, no entanto, uma data de nascimento. Ela aparece, em 1915, sob os traços de Theda Bara, em um filme norte-americano de Frank Powell, *Beija-me, idiota*. Trata-se da primeira estrela criada inteiramente pelo cinema e para o cinema. Até então, os filmes seguiam principalmente processos de estrelato inaugurados na cena do teatro, do vaudeville, do café-concerto ou do circo. Theda Bara, ao contrário, é inventada pelo seu primeiro filme: atriz de terceira categoria, Theodosia Goodmann é agraciada com um novo nome e uma identidade inédita, e pela primeira vez se emprega a palavra *vamp* a propósito de uma mulher do cinema por essa campanha publicitária. A ideia tinha sua origem no título original do filme, *A fool there was*, primeiro verso da peça de teatro de Rudyard Kipling adaptada para aquela ocasião, *The vampires*. O filme fixa para sempre as características da vamp: olhar fascinante, efeito de olheiras, atuação nos antípodas do natural, vestuário luxuoso, sensualidade orientalista, exibicionismo das poses e magnificência das cerimônias, pérolas e bijuteria em abundância, culto do amor, destino fatal para as vítimas desse amor.

Durante os anos subsequentes, a vamp povoa o cinema norte-americano, e o personagem é retomado por Olga Petrova em *The vampires* (1915), Louise Glaum em *Idolators* (1917) e *Sex* (1920), Alla Nazimova em *O Ocidente*

---

15. Apud LO DUCA, J.-M. *Cahiers du Cinéma*. Natal de 1953 • KYROU, A. *Amours, érotisme et cinéma*. Paris: Eric Losfeld, 1966 • LO DUCA, J.-M. *L'érotisme au cinéma*. Paris: Jean-Jacques Pauvert, 1957 • BENAYOUN, R. *Érotique du surréalisme au cinéma*. Paris: Jean-Jacques Pauvert, 1965 • BERGALA, A.; DÉNIEL, P.; LEBOUTTE, P. *Une encyclopédie du nu au cinéma*. Crisnée: Yellow Now/Dunkerque/Studio 43, 1994.

16. BILLARD, P. *Vamps*. Paris: L'Art du Siècle, 1958.

(1918), a seguir em *A lanterna vermelha* ((1919) ou *Camille* (1921), Virginia Pearson em *The kiss of a vampire* ((1916), e ainda a sublime Póla Negri em *Madame Du Barry* (1919) e *Sumurun* (1920). A própria Theda Bara dá continuidade, durante algum tempo, à carreira de mulher fatal e roda sucessivamente, entre 1915 e 1918, *Carmen, Romeu e Julieta, Cleópatra, Camille* e *Salomé*. Os sortilégios da vamp tentam apagar as vivências e as recordações que lembram a guerra aos homens. Apenas uma mulher perfeitamente fatal pode então comparar-se aos horrores da Grande Guerra. As vamps, invenção de uma América que se mantém longe do teatro das operações, invadem então o imaginário dos espectadores do mundo inteiro. Somente um país conhece fenômeno comparável, a Itália das divas[17]. Entre 1913, ano em que aparece esta figura encarnada por Lyda Borelli, e 1921, quando Leda Gys lhe oferece uma última vez seu corpo, seus gestos e uma incomparável maneira de traduzir em sedução o seu trágico destino, reina sobre o cinema transalpino a grande Francesca Bertini, cujas façanhas amorosas alimentam a crônica. A Diva é mais sofisticada, mais delirante, mais artista, mais literária, mais melodramática ainda que sua irmã do outro lado do Atlântico. Francesca Bertini, de olhos de diamante, lábios vibrantes, corpo sensual, ocupa então o primeiro papel entre os fantasmas da sedução que surgiram na tela imaculada das salas escuras, da Argentina ao Canadá, e da Europa ao Japão.

A América do Norte vislumbra o perigo. A indústria hollywoodiana, uma vez encerrado o conflito mundial – com seus sonhos de evasão erótica encarnados pelas vamps –, alinha as suas sedutoras em ordem de batalha. Boa parte da poderosa indústria cinematográfica dos estúdios hollywoodianos se concentra na produção dessas mulheres ideais e tentadoras. Sua aura se constrói segundo as regras muito bem-codificadas do glamour (um tipo de iluminação, maquiagem, gestualidade), suas vidas públicas e privadas são assumidas pelos diferentes estúdios concorrentes e elas são sempre também "fabrica-

---

17. AZZOPARDI, M. *Le temps des vamps, 1915-1965* – 50 ans de sex appeal. Paris: L'Harmattan, 1997.

das", como o comprovam até seus próprios nomes: três ou quatro sílabas, bem timbradas, com ressonâncias árabo-eslavo-escandinavas, memorizadas pelos espectadores de todos os países. Bárbara Chalupiec passa a se chamar Póla Negri, Gisele Schittenhelm se transforma em Brigitte Helm, Greta Gustafsson em Greta Garbo, assim como Harlean Carpentier em Jean Harlow, ou Catharine Williams, Myrna Loy. Da mesma forma, o alcance do seu sucesso é limitado no tempo, dez anos quando muito, segundo os gostos mutáveis dos espectadores: Mae Murray (1917-1926), Clara Bow (1922-1932), Louise Brooks (1926-1936), Jean Harlow (1928-1938), Mae West (1932-1937), e até Greta Garbo, que se aposenta voluntariamente em 1939, depois de treze anos de glória, quando a Divina sente que passara seu tempo.

Mas esta nova batalha de estrelas é totalmente pacífica: as mulheres fatais passam agora a encarnar mais as promessas do sonho norte-americano do que a evasão do conflito mundial que devastava a velha Europa. São muitas vezes, aliás, atrizes europeias que dão o pulo: mas, ao se tornarem estrelas, passam a ser norte-americanas, não necessariamente no estado civil, mas no imaginário cinematográfico. Ao se fazerem norte-americanas, essas mulheres escapam pouco a pouco da fatalidade, a dos meios de sua sedução, a de um destino melancólico e trágico. Com efeito, o sistema hollywoodiano transforma rapidamente vamp e diva. Em primeiro lugar, impondo uma profissão, pois, cada vez mais, as mulheres só conseguem despontar na tela com reais qualidades dramáticas como, por exemplo, Lillian Gish, Asta Nielsen, Mary Pickford. A seguir, os códigos de moral e a censura, pudibundos e normativos, limitam tanto a explicitação erótica quanto a tragédia do destino. As estritas regras do figurino, dos gestos, da conveniência, como também as do *happy end*, têm como duplo efeito uma certa uniformização e uma não menos certa neutralização dos afetos e dos desejos ligados à representação cinematográfica da feminilidade. Os anos de 1930 do cinema clássico constituem, por conseguinte, o reinado da *star*, menos melancólica do que sedutora, menos fatal do que sublimada. Entre elas se destaca Marlene Dietrich como o protótipo mais perfeito, encarnação da mulher cinematográfica (anjo, Vênus, loura, imperatriz, olhar lânguido, voz rouca e pernas fascinantes), apresentando ao mesmo tempo uma filmografia impressionante de quarenta e cinco filmes, com os maiores diretores de cinema daquela época[18].

A última progenitura da vamp da Grande Guerra, fabricada para fazer o mundo viajar na fantasia, é a *pin-up girl*. Mas agora se trata de um sucedâneo, concebido à medida dos desejos conformistas dos bravos soldados *yankees* do segundo conflito mundial. O sonho da primeira guerra foi uma mulher-diabo, mulher-desejo, fatal, exótica e sofisticada. O da segunda é uma boa mocinha bochechuda e de nádegas enormes, própria ao *American way of life*, nascida da saudável excitação dos estudantes e dos militares[19]. O pessoal feminino dos grandes estúdios é de ora em diante sistematicamente fotografado segundo as poses do pin-upismo codificado, maiô de banho, combinações propícias ao exibicionismo pré-fabricado dos anos de 1940 e 1950. Será necessária toda a loucura de Rita Hayworth, a mais célebre das *pin-up girls*, para escapar a essa fatalidade de criança bem-comportada e refugiar-se nos braços e no prato da balança de Orson Welles. Mais tarde, será necessário outro milagre ainda, perto da transubstanciação, para que Marilyn Monroe transforme seus inúmeros papéis de cativante loura idiota em uma verdadeira aura de *star*. A estrela clássica foi morta por seu próprio público, os espectadores de cinema. Esta mulher dominadora, devastadora, beleza triunfante e fatal, tornou-se impopular: entre os homens que ela doma e humilha, entre as mulheres que ela caricatura. Decaindo em relação às expectativas dos espectadores, a estrela *glamourosa* vai desfalecendo pouco a pouco e acaba caindo na obsolescência com a sociedade de consumo[20]. Pois essa mulher fatal é algo próprio de um tipo de civilização: ela tirava sua desforra – dominando pela sua poderosa aparência e sua sensualidade trágica – sobre o papel se-

---

18. SICLIER, J. *Le mythe de la femme dans le cinéma américain*. Paris: Du Cerf, 1956 • BRION, P. *La comédie américaine*. Paris: La Martinière, 1998 • GARDNER, G. *The censorship papers*: Movie Censorship Letters from the Hays Office, 1934-1968. Op. cit.

19. BAZIN, A. *L'Écran Français*, n. 77, set./1946.

20. MORIN, E. *Les stars*. Paris: Du Seuil, 1957.

cundário que o homem lhe atribuiu durante muito tempo em todos os assuntos importantes da vida. À medida que a evolução política, econômica, cultural do século XX permitiu à mulher conquistar seu lugar em pé de igualdade, ao lado do homem, a desforra do corpo se fazia menos necessária. Tendo acesso a essa dignidade social, o ídolo deixava de ser ídolo para ganhar o acesso à dignidade artística: a mulher cinematográfica com toda a simplicidade se tornava uma atriz.

O olhar lançado a esses corpos pelo público de cinema, tanto nos Estados Unidos como na Europa, é um olhar fogoso, que reforça o poder do cinema como arte de encantamento. A domesticação dos corpos não lhes tira o prestígio nem a aura, pelo contrário, reforça-os, pelo fato de partilhá-los. Os corpos, no cinema, continuam sendo o que circula de um país para o outro, de uma cultura para a outra, entre os públicos do mundo inteiro, enquanto as palavras, as referências, muitas vezes, marcam com maior rigor as fronteiras. Os corpos do cinema clássico constituem assim o fundo comercial da indústria cinematográfica, oferecendo a sua glória às novas estrelas, passada adiante ao infinito pelas revistas e pela produção de imagens visando os espectadores comuns[21]. O poder de encantamento do cinema está precisamente neste encontro: como os corpos convidam seus espectadores a entrarem no filme, tomam-nos pela mão, levam-nos a passear, como, graças a eles, a história se torna "a minha história" para cada um. O cinema clássico foi uma forma de exacerbar esse encantamento: uma imensa comunidade de sentimentos, uma sensibilidade de massa, que se ia construindo através da fascinação dos glamurosos vistos na tela.

III. Do cinema clássico ao cinema moderno: um corpo asselvajado

O cinema moderno abalou essa empreitada de domesticação e de encantamento dos corpos, cujos efeitos de fascinação dominaram por bem uns

---

21. TESSON, C. *Photogénie de la série B*. Paris: Cahiers du Cinéma, 1997 • PAGLIA, C. *Sexual personae*. Op. cit.

trinta anos de aparências (1930-1960) na história do cinema. Os corpos da tela, a certa altura, foram como que desfeitos da sua forma bem-comportada, de novo expostos, asselvajados, violentados, voltando ao primitivo de suas origens cinematográficas. Um certo tipo de encantamento das aparências se vê de súbito questionado[22].

Quando começa *Hiroshima, meu amor*, de Alain Resnais (1959), mulheres nos fitam. São japonesas, que parecem estar à nossa espera diante do seu leito de hospital, na soleira do quarto. Estão doentes, sem dúvida mortalmente contaminadas pelas radiações da bomba atômica que havia explodido sobre Hiroshima quatorze anos antes. Elas nos acolhem e nos fitam, tranquilamente, quase com serenidade. Como se fossem os guias que iam conduzir nosso próprio olhar para as terríveis imagens, que se podem ver no Museu de Hiroshima, registradas nas horas e nos dias que sucedem à explosão por Iwasaki, operador japonês cujas imagens, insuportáveis, foram logo sequestradas pelas autoridades norte-americanas ocupantes do arquipélago.

Essas imagens terríveis, que os olhares-câmera dessas mulheres introduzem, ninguém jamais as havia visto há quatorze anos, quando Alain Resnais as monta e as mostra na abertura de seu primeiro longa-metragem. "Você não viu nada em Hiroshima", diz marcando bem cada palavra o texto de Marguerite Duras, como uma ladainha desfilando sobre essas imagens insuportáveis. "Sim, eu vi", retruca a heroína do filme Emmanuelle Riva. Sim, ela viu. Mas graças aos olhares das mulheres japonesas. Passando por esse olhar, a heroína viu, cada espectador pode ver e, o filme, na sua ficção, pode começar. A ficção pode começar, porque mulheres martirizadas olharam para a câmera e, assim, cada espectador do filme. É a história que, de repente, nos fita[23].

---

22. *Vertigo*, n. 15, número especial: "O corpo exposto", jul./1996. • MACCABE, C. *The Eloquence of the Vulgar*. Londres: BFI Publishing, 1999 • ESQUENAZI, J.-P. *Godard et la société française des années 1960*. Paris: Armand Colin, 2004.

23. BOUNOURE, G. *Alain Resnais*. Paris: Seghers, 1962. • THOMAS, F. *L'atelier d'Alain Resnais*. Paris: Flammarion, 1989.

Alain Resnais já tinha visto esta cena, este olhar que o tinha fitado através do olho da câmera. Em 1952, Ingrid Bergman, que sua família quer internar como louca, entra em um hospital psiquiátrico, vai passando de quarto em quarto. Diante dos leitos estão postadas mulheres, loucas sem dúvida. Estas a olham. Mas o olho da atriz recobre o da câmera do cineasta. Roberto Rossellini: as loucas olham para a câmera, elas nos fitam. *Europa 51* institui o olhar-câmera como a forma por excelência do cinema que recomeça[24], exatamente sincronizado com *Monika* de Ingmar Bergman, onde Harriet Andersson sustenta por longo tempo o olhar da câmera enquanto seduz um homem que não é seu marido[25]. A loucura e a provocação nos fitam[26].

Mas de onde é que surge este olhar, esta intensidade frontal? Da história, diretamente. Não do cinema, mesmo que numerosos olhares-câmera tenham sido lançados aos espectadores da época do cinema mudo, quando os burlescos, pequenos e grandes, convocavam à parte a conivência do riso. Mas esse olhar cômico não é o das japonesas doentes de *Hiroshima* nem o das loucas de *Europa 51*. Esse olhar tão particular que sua frontalidade nos dá um nó na garganta, e essa emoção logo ganha o nome de "cinema moderno", vamos encontrá-lo em um outro filme de Alain Resnais, em 1955, *Nuit et brouillard*. Duas moças esfomeadas partilham uma tigela de sopa e olham para nós. A sequência tinha sido rodada dez anos antes, pelos britânicos, quando da libertação do campo de extermínio de Bergen-Belsen[27].

---

24. ROSSELLINI, R. *Le cinéma révélé*. Paris: Cahiers du cinéma, 1984 • RONDOLINO, G. *Roberto Rossellini*. Turim: Utet, 1989. • BERGALA, A. & NARBONI, J. (orgs.). *Roberto Rossellini*. Paris: Cahiers du Cinéma, 1989.

25. KAWIN, B.F. *Mindscreen*: Bergman, Godard, and First-Person Film. Princeton (N.J.): Princeton University Press, 1978. • COWIE, P. *Ingmar Bergman*. Paris: Seghers, 1986. • ASSAYAS, O. & BJORKMAN, S. *Conversations avec Bergman*. Paris: Cahiers du Cinéma, 1990.

26. BRENEZ, N. & LEBRAT, C. *Jeune, dure et pure! Une histoire du cinéma expérimental et d'avant-garde en France*. Paris/Milan: Cinémathèque Française/Mazzotta, 2001.

27. LINDEPERG, S. *Clio de 5 à 7 – Les actualités filmées de la libération*. Paris: CNRS, 2000.

Alain Resnais, utilizando esse documento do "depois", penetra no coração de um ponto cego da história do século XX, seu irrepresentável que, todavia, olha-nos. O extermínio, a Shoah. Existe um cinema depois do extermínio, depois das imagens dos campos de concentração, guiado por esses olhares de mulheres que nos fitam. Esses olhares-câmera em Belsen, em Hiroshima, em *Europa 51*, em *Hiroshima, meu amor*, dizem que o cinema deve mudar, mudou, porque ninguém mais pode permanecer inocente, nem os cineastas, nem os espectadores, nem os atores, nem os personagens. A história do século inventou o cinema moderno através dessa representação tão particular: um olhar que nos olha, remetendo a corpos traumatizados, torturados, executados, massacrados, eliminados[28].

Alguns anos mais tarde, impressionado profundamente por esse trauma, como ele mesmo o dirá, Jean-Luc Godard corta os corpos e os torna a enquadrar, quebra o seu movimento por uma falsa ligação, mutila-os de sua voz ao sincronizá-los depois ou os esmaga com sons, os subexpõe ou superexpõe à luz natural. Aliás, o processo revelador do olhar-câmera é sistematicamente resgatado pela *Nouvelle Vague*, até fazer dele um emblema: Jean Seberg no último plano de *Acossado* e Jean-Pierre Léaud, com a imagem parada, no final dos *Quatrecent coups*. Se o olhar-câmera é assim o efeito de estilo do cinema moderno, não é por acaso, com certeza: designado como "um olhar que olha e é olhado", o espectador se vê instado a se explicar sobre os corpos que considera. E se explicar quer dizer sair já da sala, fugir da negra concha dos porões escuros para se expor à luz do dia[29].

---

28. AVISAR, I. *Screening the Holocaust.* – Cinema and Images of the Unimaginable. Indianapolis: Midland Book, 1988. • INSDORF, A. *L'holocauste à l'écran.* Paris: Du Cerf, 1990. • *Cahiers du Cinéma*, número especial: "O século do cinema", nov./2000.

29. BRASSART, A. *Les Jeunes Premiers dans le cinéma français des années 1960*, Paris, Éd. du Cerf, 2004 • BAECQUE, A. de *La Nouvelle Vague. Portrait d'une jeunesse*, Paris, Flammarion, 1998 • ESQUENAZI, J.-P. *Godard et la société française des années 1960*, Paris, Armand Colin, 2004.

A irrupção da *Nouvelle Vague* se acha intimamente ligada a uma mudança de olhar lançado ao corpo, ilustrada pela chegada de Brigitte Bardot à cena cinematográfica. No outono de 1956, quando ela aparece no filme *E Deus criou a mulher*, um corpo real é mostrado, escapando aos estúdios, a suas iluminações e a suas convenções plásticas. Quatro anos antes, Harriet Andersson, em *Monika* de Bergman (o filme-corpo da modernidade no cinema), seguia um modo de aparecer mais ou menos semelhante, ou até mais chocante ainda, mais talentoso e mais anticonvencional. Mas ela não havia sido verdadeiramente "vista". O filme de Bergman havia provocado escândalo, havia conquistado audiência, mas, naquele momento, tinha sido mais colocado do lado das "excentricidades nórdicas" do que compreendido como o manifesto moderno de uma nova liberdade corporal no cinema[30].

Brigitte Bardot foi imediatamente "adotada" e "defendida" pelos futuros cineastas da *Nouvelle Vague*, os jovens turcos de *Arts* e dos *Cahiers*. Veem nela o mundo exposto: o real que deserta sempre mais evidentemente os filmes dos estúdios parisienses ressurge através de sua aparência. Por isso, enquanto a "vedete" é atacada pela grande imprensa em nome de uma estética da "jovem primeira" tradicional que ela coloca em perigo pelo escândalo de sua nudez, de sua voz, de seus gestos, François Truffaut procura explicar o que ele vê nesse corpo, o diário íntimo de seus gestos e de suas afeições:

> Quanto a mim, depois de ter visto três mil filmes em dez anos, não posso mais suportar as cenas de amor afetadas e mentirosas do cinema hollywoodiano, sujas e licenciosas, e não menos afetadas dos filmes franceses, Por isso agradeço a Vadim por ter dirigido sua jovem esposa fazendo que ela refaça diante da objetiva os gestos de todos os dias, gestos anódinos como brincar com a sandália ou menos anódinos como fazer o amor à luz do dia. Ó, sim, mas igualmente reais. Em lugar de imitar os outros filmes, Vadim quis esquecer o cinema para 'copiar a vida', a intimi-

---

30. BERGALA, A.; DÉNIEL, J.; LEBOUTTE, P. *Une encyclopédie du nu au cinéma*. Op. cit.

dade verdadeira, e, com exceção de dois ou três fins de cenas um tanto complacentes, alcançou perfeitamente sua meta.

Apoiando *E Deus criou a mulher* como um "filme documentário sobre uma mulher", sobre "uma mulher de minha geração", Truffaut considera de ora em diante Brigitte Bardot no mesmo nível de Marilyn ou de James Dean: uma presença corporal que torna os outros personagens informes. Assim, da mesma forma que James Dean condenava Gerard Philipe à careta do ator teatral, BB relega por suas aparições Edwige Feuillère, Françoise Rosay, Gaby Morlay, Betsy Blairs "e todos os primeiros prêmios de interpretação no mundo" em nível de "manequins senis". A descoberta conjunta de Vadim e Bardot foi primordial na estética da Nouvelle Vague. Não se deve ver aí uma influência direta e literal, mas antes uma tomada de consciência, uma geração corporal: a visão de um corpo moderno, a escuta da dicção anticonformista de Bardot revelaram um real que a qualidade francesa ocultava sob a adaptação em roupas, a psicologia, o jogo, as luzes ou os pseudofilmes de tese. Mais que um "autor", Vadim surge como um fenômeno, um revelador de crise: ele sozinho filma uma mulher de 1956, enquanto os outros filmam com vinte anos de atraso[31].

O corpo da mulher torna-se a prova de verdade do cinema, porque permite aos novos críticos denunciar o "pseudorrealismo" do filme de estúdio, a maneira de não mais saber filmar a realidade de um corpo, mesmo e principalmente sua realidade mais crua, a mais direta, a do comércio dos corpos, a prostituição. Não é casual que a prostituição seja um dos temas prediletos dos filmes *Nouvelle Vague* de Truffaut e de Godard, o primeiro abordando-o de viés, mas de maneira quase obsessiva (seus quatro primeiros filmes lhe consagram cada um uma ou diversas sequências), o segundo colocando a prostituição no coração de um de seus mais belos filmes, *Viver sua vida*. Esta integração do corpo real da mulher é essencial na estética da *Nouvelle Vague*, in-

---

31. BAECQUE, A. de & TOUBIANA, S. *François Truffaut*. Paris: Gallimard, 1996. • BAECQUE, A. de. *La cinéphilie* – Invention d'un regard, histoire d'une culture, 1944-1968. Paris: Fayard, 2003.

tegração que, se saúda a Bardot de Vadim, não para ali. A maneira como Rivette, em sua "Carta sobre Rossellini", exalta a encarnação, tece o elogio da viagem à Itália em nome do seu "escândalo carnal", a maneira como Rohmer defende e descreve a curvilínea Jayne Mansfield em *A loura explosiva* de Tashlin, vendo em seu "corpo curvilíneo" uma volta ao primitivismo que é também uma forma de ser moderno, essas tomadas de posição marcam bem a importância das expressões corporais no advento da *Nouvelle Vague*. Essa verdade da natureza corporal do cinema ressurge assim graças à própria Brigitte Bardot em *O desprezo* que, no decorrer da sequência pós-genérica, detalha o seu corpo, diz ela, com sua voz tão particular, da ponta dos pés à ponta dos seios. Existe algo de genial no equilíbrio entre a insignificância dos acontecimentos filmados e a densidade de sua realidade corporal. O realismo da *Nouvelle Vague* sobre essa insignificância e sobre esse corpo de mulher que, de maneira obsessiva, não cessa de se descrever. Assim, é justamente em nome dessa autografia do corpo que Jean-Luc Godard pode exclamar nas colunas de *Arts*, atacando com violência os antigos cineastas da qualidade francesa: "Seus movimentos de aparelhos são feios, porque vocês escolhem maus temas, seus atores representam mal, porque seus diálogos são nulos, em uma palavra, vocês não sabem fazer cinema, porque não sabem mais o que é cinema. Não podemos perdoar a vocês por jamais terem filmado moças assim como as amamos, moços com quem cruzamos todos os dias, pais como os desprezamos ou os admiramos, crianças como nos deixam espantados ou indiferentes, numa palavra, os corpos, assim como são"[32].

IV. O corpo do autor de filmes

O autorretrato tornou a lançar a exposição dos corpos no cinema moderno. Pois um dos papéis do cinema moderno consistiu precisamente em

---

32. MACCABE, C. *Godard* – A Portrait of the Artists at 70. Londres: Bloomsbury, 2003. • TEMPLE, M.; WILLIAMS, J.S.; WITT, M. (orgs.). *For Ever Godard*. Londres: Black Dog Publishing, 2004. • ESQUENAZI, J.-P. *Godard et la société française...* Op. cit. • BAECQUE, A. de. *La cinéphilie*. Op. cit.

repor esta questão fundadora do cinema dos primeiros tempos: como é que o corpo do cineasta pode ser o lugar mesmo do cinema? A linhagem de um cinema "autocorporal" resgata então o seu lugar, essencialmente marcado por autores cujo trabalho consiste em moldar uma singular aparência de si mesmos. Jacques Tati, Jerry Lewis, François Truffaut dão continuidade à obra de Keaton, Welles ou Guitry. Mais ainda, o corpo do cineasta aparece como a assinatura do autor, a marca indelével da sua autenticidade e de sua personalidade. É a *Nouvelle Vague* que, sem dúvida seguindo o modelo das aparições de Hitchcock em seus próprios filmes, introduz esse jogo corporal da marca de autor. Chabrol é um jovem aldeão magricela em *O belo Sérgio*, Truffaut aparece no rotor da festa no parque de diversão de *Quatre cents coups*, Godard é um transeunte delator em *Acossado*. O aspecto sistemático dessas aparições furtivas é mais que uma brincadeira de grupo, está ligado pelo contrário a um desejo de encarnar a principal invenção teórica dos críticos que formam a *Nouvelle Vague*, a "política dos autores". "O cinema é uma forma na qual e pela qual um artista pode exprimir seu pensamento, por mais abstrato que seja, ou traduzir suas obsessões exatamente como hoje acontece com o ensaio ou o romance. O que implica, bem-entendido, que o próprio autor dos cenários faça os seus filmes. Melhor, que não haja mais autor de cenários, pois nesse tipo de cinema a distinção do autor e do realizador já não tem sentido algum, pois a encenação não é mais um meio de ilustrar ou apresentar uma cena, mas uma verdadeira escrita", escrevia Alexandre Astruc já em 1948. Esse domínio do autor sobre seu filme só concerne à escrita. Implica igualmente o investimento corporal do cineasta em sua própria encenação. Os jovens turcos da *Nouvelle Vague* se limitaram a aplicar aqui o que podiam escrever antes a propósito dos realizadores admirados, esta concepção antropomórfica do cinema[33].

---

33. AMIEL, V. *Le corps au cinéma*. Paris: PUF, 1998.. • *Vertigo*, n. 15, 1996: "O corpo exposto".

Essa prova corporal do autor de filmes, através das aparições de John Cassavetes, Clint Eastwood, Woody Allen, Elia Suleiman, Philippe Gareel, Nanni Moretti, João César Monteiro, Danièle Dubroux e alguns outros, parece ser sempre a projeção de uma enfermidade da alma, oferecer uma encarnação depressiva ou cômica à melancolia. É ela que inscreve em todo corpo mostrado na tela a perda da inocência e o desejo, no entanto, de recomeçar tudo. Todos "aqueles desta área" parecem mais ou menos atingidos pelos sintomas clínicos da bílis negra, solitários, dilacerados, tendo a ironia como única arma, não tendo jamais "digerido" nem o seu cinema nem a sua história, sempre "trabalhados" se já não estivessem no trabalho. O melancólico é precisamente, de acordo com Aristóteles, "aquele que não digere". O cineasta moderno é o homem do corpo melancólico, que obriga a pensar a ligação entre o resíduo de uma memória não digerida, o humor de infância não cozido, a recusa da forma acadêmica e a criatividade do gênio, o devaneio da mistura dos tempos, das culturas e das aparências. Pois, se a forma desse cinema é, por essência, uma forma enfermiça, instável, existe uma "boa saúde" do melancólico, uma saúde fundamentalmente frágil, uma certeza feita de precariedade. E é esta criatividade de bílis negra que um Allen, um Eastwood, Moretti, Monteiro ou Garrel têm sempre o desejo de encarnarem.

V. O cinema contemporâneo como volta ao corpo primitivo

Enquanto a Europa sempre esperou da América do Norte uma imagem do amanhã, um futuro imediato, "cenas da vida futura", portanto a imagem de um corpo racionalizado, higienizado ou cibernético, uma das mais vigorosas tradições do cinema hollywoodiano manda de volta para o público europeu o espetáculo de corpos desolados, mortificados, primitivos, suturados e sangrando, que fizeram a experiência da morte. Essa tradição se apoia sobre gêneros integrados há muito tempo ao universo fantástico, precisamente em plena efervescência desde umas duas décadas, tendo revelado os jovens cineastas norte-americanos mais promissores. Tim Burton e suas máscaras mortuárias, Sam Raimi com a série dos *Evil Dead*, Wes Craven e seus pesadelos, Robert Zemeckis e *A morte lhe cai bem*, Todd Haynes e seu *Poison*, M. Night Shyamalan com seu *Sexto sentido*, Gus Van Sant e os assassinos mansos e diabólicos de *Elephant*, David Lynch seguido de suas criaturas, ou James Cameron e seu monstro mórbido e indestrutível, *O exterminador do futuro*. Hoje, o cadáver trabalha a película e a morte ronda o universo ficcional dos jovens cineastas norte-americanos. Paradoxalmente, é pois no seio dessa maquinaria integrada ao comércio hollywoodiano, mas cheia de furos e de fissuras, que se podem descobrir os recursos corporais de uma nova vanguarda, de um *New Experimentalism*: em torno da natureza dos corpos se efetua uma cerimônia de desaparecimento e de reaparição cujos rituais parecem apaixonantes. Pois os jovens cineastas norte-americanos não cessam de forjar conceitos a partir dos corpos perscrutados com obsessão. Não mais o mundo real, mas os corpos como reflexos, como metáforas, como lugares experimentais de representação[34].

Esses corpos, quase todos eles, trazem os estigmas de seu desaparecimento radical, da morte. Pois, para a maioria, cadáveres meio-animais, meio-humanos de *Batman, o desafio* [*Batman returns*], esqueletos e corpos esfolados de *O exército das trevas* de Sam Raimi, emparedados vivos do *Subsolo do medo*, mortos-vivos para toda a eternidade de *A morte lhe cai bem* de Zemeckis, robôs aparições em *O exterminador do futuro*, figuras mal-assombradas de *Lost highway* ou *Mulholland drive*, de David Lynch, os corpos filmados estão de volta vindo do outro lado do espelho. Não tanto aparições, e sim reaparições: desaparecidos, eles não podem de agora em diante mais viver, sobreviver, a não ser nessa repetição do traumatismo de sua própria

---

34. ARROYO, J. *Action/Spectacle/Cinema*. Londres: BFI Publishing, 2000. • BADDELEY, G. *Gothic.* – La culture des ténèbres. Paris: Denoël, 2004. • ATKINS, T.R. *Graphic Violence on the Screen*. Nova York: Monarch Press, 1986. • *Le goût de l'Amérique, anthologie des Cahiers du cinéma*, t. 1. Paris: 2001. • *Cahiers de la Villa Gillet*, número especial Doença e imagens da doença, 1790-1990. Lyon: Circé, 1995.

morte, retorno que, de modo muito significativo, torna-se a própria marca do filme. No segundo episódio de suas aventuras filmadas por Tim Burton, Batman não faz senão "retornar" (*returns*), ele só faz isso, mas traz no corpo todas as marcas desse fato – ou melhor, seus *alter ego*: o mofo que rói a face do Pinguim, as cicatrizes, sobretudo, que compõem o costume orgânico da Mulher Gato, cicatrizes que indicam sua morte recente por ocasião de uma queda trágica do trigésimo andar da *Shreck Tower*, e depois a sua reencarnação decisiva em morta-viva sob a dominação dos arranhões de gatos. Essa experiência traumatizante, o desaparecimento, de onde se "retorna" graças ao filme, é essencial nesses cineastas, pois revela um duplo princípio de gozo e de medo que constitui o fundamento de toda a construção ficcional[35]. Cada um desses seres improváveis (também se poderia falar dos Gremlins, versão decomposta, degenerada, putrefata e malcheirosa como um cadáver, do Gizmo inicial todo vestido de pelúcia) é dirigido por uma dupla linha de comportamento haurida na própria morte[36], em sua prova e, depois, em seu caráter (misteriosamente) efêmero: é simultaneamente uma bomba erótica (a primeira Mulher Gato) e uma aparência aterradora, cortada e recolada. O desaparecimento e depois a reaparição dos corpos permitem a esses filmes colar num só conjunto princípio de medo e princípio de prazer, fazer durar infinitamente o gozo de ter medo de seu próprio corpo. As cicatrizes, as marcas de feridas, os interstícios, o não acabamento, os traços de mutação aparecem assim como os emblemas desses filmes, efeitos perversos e repulsivos (e também fascinantes) da onipotência do cinema que permite colar as imagens umas às outras. Esse corpo cinematográfico não pode senão morrer, com efeito, não pode senão desaparecer e reaparecer, nutrido pelas lem-

---

35. SALISBURY, M. *Tim Burton par Tim Burton*. Paris: Du Cinéphage, 1999. • MERSCHMANN, H. *Tim Burton* – The life and films of a visionary director. Londres: Titan Books, 2000. • BAECQUE, A. de. *Tim Burton*, Paris: Cahiers du Cinéma, 2005.

36. KROHN, B. *Joe Dante, des Gremlins à Hollywood*. Paris: Cahiers du Cinéma, 1999.

branças, a memória, a herança das imagens, desfigurado igualmente por essas lembranças, essa memória e essa herança[37].

Este cinema do cadáver colocou assim a ênfase, singularmente, naquilo que não pode desaparecer, naquilo que resiste ao desaparecimento por mutações engenhosas, transformações curiosas ou reencarnações teimosas. Dotou-se até de um herói que se pode qualificar de "adesaparecido", literalmente "que não pode desaparecer": homem-animal ou homem-máquina, está destinado a se recuperar sempre das provas que seu corpo suporta, fabricado para isso[38]. Neste sentido, *O exterminador* de James Cameron é o mais interessante corpo conceitual inventado no decurso destes últimos vinte anos[39], gênio brutal do adesaparecimento construído sobre uma morte original realizada antes do começo do filme (Schwarzenegger é um corpo recomposto a partir de órgãos mortos e de objetos inertes) e sobre uma catástrofe final (as imagens do Último Juízo povoam todas as mentes). Da mesma maneira, quer pelo primitivismo (Burton, Raimi, Craven, Dante, Lynch), quer pela cibernética (Cameron), quer pelo poder visual (Zemeckis, Shyamalan), quer unindo ao infinito essas três forças, a maioria dos filmes desse novo cinema norte-americano acabam alcançando este conceito absoluto: o corpo não pode mais morrer completamente, dado que sua força vital, historicamente limitada, dá hoje a vez à plena consciência (e à onipotência) de filmar uma representação. Bazin definia a essência do cinema pelo registro do encontro do predador e de sua presa, pela morte atuando no plano. O novo cinema nor-

---

37. GODIN, M. *Gore* – Autopsie d'un cinéma. Paris: Du Collectionneur, 1994. • VON GUNDEN, K. *Flights of fancy*. Londres: McFarland, 1989. • PRAWER, S.S. *Caligari's children*. Nova York: Oxford University Press, 1990.

38. SKAL, D.J. *Screams of reason* – Mad science and modern culture. Nova York: W.W. Norton, 1998. • HAVER, G. & GYGER, P.J. (orgs.). *De beaux lendemains?* – Histoire, société et politique dans la science-fiction au cinéma. Lausanne: Antipodes, 2002. • DEKKERS, M. *Dearest Pet* – On bestiality in films. Londres: Verso, 1994. • YABLONSKY, L. *Robopaths* – People as machines. Indianápolis: Bobbs-Merrill, 1972.

39. TELOTTE, J.-P. *Replications* – A robotic history of the science fiction films. Urbana: University of Illinois Press, 1995.

te-americano não pode ser definido assim, dado que o desaparecimento chama, imediatamente, a reprodução e o reaparecimento, dado que a morte não é mais aí a prova decisiva do plano. Desprovido dessa prova, desse juiz supremo, está condenado a crer nos efeitos inalteráveis e virtuais da reprodução dos corpos: uma parábola chama sempre uma outra, uma imagem esconde sem cessar uma outra, e o corpo se levanta de novo, mesmo cadáver, teimosamente, como o admirável e cibernético Schwarzenegger.

Se este cinema está deste modo condenado a ser menos humano, talvez ele se salve sendo mais político. Essa experiência traumática dos corpos envolve, com efeito, um considerável desafio político em uma sociedade que sonha permanentemente com a estabilidade do tecido social. Esse tipo de cinema que funciona em primeiro lugar pela decomposição, o corte, a destruição, e torna depois a colar estórias, imagens e corpos, é um cavalo de Troia subversivo instalado por Hollywood no coração mesmo da alma adolescente. Porque aquilo que ele corta e depois recompõe é precisamente esse tecido social que se tornou, sob suas tesouras e suas agulhas, uma matéria profundamente instável. Por um lado, alimenta-se dos signos da estabilidade, dado que ali tudo nasce subterraneamente, da calma e da harmonia: as pequenas cidades em tons pastel, charmosas, que abrem *Beetlejuice* ou *Eduardo, mãos de tesoura* em Burton, o fofinho Gizmo em Dante, a casa da normalidade no começo de *Subterrâneo do medo* em Craven, as lantejoulas da comédia musical em *A morte lhe cai bem*. Para melhor, depois, desviar a estória de seu rumo tranquilo, desarranjar sua harmonia: logo percebemos que a limpeza e a paleta das cores dos vilarejos de Tim Burton só têm por alvo gerar o monstro negro, o cadáver reanimado que virá em seguida animá-los, fazê-los gozar aterrorizando-os da mesma forma que a casa de Wes Craven faz de tudo para ocultar a perturbação e o horror sob suas escadas ou que os Gremlins, exatos brinquedos de pelúcia dos quartos das meninas (mas ligados a elas por uma genealogia desviada), esforçam-se por fazer o mal social transgredindo, sistematicamente, os interditos e os modos de uso de todos os objetos que caem entre suas mãos. Colocam algo monstruoso ali onde a América gostaria de ver o seu reflexo sereno, fazendo desaparecer a harmonia, ingerindo-a e, depois, vomitando-a em outras tantas práticas maléficas e burlescas. Isto define uma atitude diante do mundo, bastante comum a todos os anti-heróis do cinema – uma bulimia de sinais – bem como um lugar: eles se situam exatamente entre os objetos de comunicação (a televisão, a cinefilia, os corpos) para atrapalhar suas emissões e as manifestações e filmar seu contracampo grotesco e terrificante. A televisão e também o cinema se acham assim vampirizados por dentro. Inversamente, assim como armam ciladas às emissões naturais das máquinas de comunicação, embaralham-nas e as distorcem, esses personagens constituem um elo entre o que não deveria comunicar de outro modo a não ser através de um código combinado e bem-comportado (a língua do *politically correct*): eles, por mutações sucessivas, misturam as diversas etnias, as diferentes minorias, abrem caminhos de passagem entre a infância e a morte, entre o limpo e o sujo, entre a higiene e a podridão, entre os vivos e os cadáveres. Embaralhando os signos naturais da harmonia e misturando pedaços de corpos e de cultura *a priori* incompatíveis, nascidos da heterogeneidade e da mutação, esses filmes propõem, em definitivo, uma parábola política eminentemente subversiva: o que fazem desaparecer, sem esperança de volta, é a própria forma do sonho social norte-americano[40], um pouco à maneira de *JFK* de Oliver Stone[41], grande filme paranoico, no qual o autor não esqueceu as lições de seus primórdios, aquelas de seus filmes de terror e dos cadáveres que travestiam em mortos-vivos[42].

---

40. LEGRAND, D. *Brian de Palma* – Le rebelle manipulateur. Paris: Du Cerf, 1995.
41. KAGAN, N. *The cinema of Oliver Stone*. Londres: Taylor Trade Publishing, 2001.
42. ATKINS, T.R. *Graphic violence...* Op. cit.

3
CENAS

O corpo dançante: um laboratório da percepção

Annie Suquet

Em 1892, Loïe Fuller apresenta pela primeira vez em Paris *A dança da serpente*, seguida alguns anos mais tarde por suas *Danças luminosas*. O encanto provocado pela artista americana é não somente imediato, mas duradouro. Durante mais de duas décadas, artistas, escritores e espectadores aparentemente irão se procurar no "milagre de incessantes metamorfoses"[1], cujo espetáculo Loïe Fuller constrói minuciosamente. O espetáculo teve uma recepção tão vasta, e teve também um poder tão vasto para suscitar a metáfora, que a dança da pioneira assume jeito de sintoma. Loïe Fuller toca e enfeixa efetivamente certos desafios dos mais vivos e perturbadores da experiência sensorial na virada do século XIX.

I. Do visual ao cinético

No auge de sua carreira, o que é que deixa ver então de tão intenso esta artista que vem da tradição composta do vaudeville norte-americano?[2] Ilu-

---

1. RODENBACH, G. "M. Jules Chéret". *L'élite*. Paris: Charpentier, 1899, p. 251.

2. Tendo surgido por volta de 1880, o vaudeville designa, nos Estados Unidos, um gênero de espetáculo de variedades que mistura números heterogêneos: matracas, canto, dança clássica, teatro, mas também ventriloquismo, cães amestrados etc.

minada por uma bateria de projetores elétricos[3], que tem sua luz modulada e matizada por filtros coloridos, uma forma móvel – verdadeiro "furacão de panos", encanta-se Edmond de Goncourt[4] –, rodopia em cima de uma plataforma, também giratória. A dançarina aparece mas, sobretudo, desaparece nas volutas borbulhantes de seus véus que, lançados no espaço, voltam a se enrolar em torno de seu corpo, como que aspirados por um vácuo, um vortex. "O corpo encantava não se deixando encontrar", comenta Georges Rodenbach em 1899. Não era, insiste Jules Lorrain, senão "um desmoronar de nuanças a se mover e a morrer"[5], uma fantasmagoria luminosa cujo poder hipnótico vai ser incessantemente celebrado pelos escritores. A onipresença da "linha serpentina", ondulação em espiral que liga todos os momentos da dança em uma contínua circulação, acaba criando a ilusão de um desencadear metamórfico onde cada forma nasce da aniquilação daquela que a precede. A percepção do tempo desempenha um papel-capital nos espetáculos da artista americana. Aguçam a consciência da fugacidade dos movimentos e da sua instabilidade, noção muito jovem ainda para a recepção da dança[6]. Nessas "visões esparsas assim que sabidas", das quais Loïe

---

3. Chegará a utilizar até uma centena deles. Nos teatros, a eletricidade substituiu o gás só por volta de 1880. Quando Loïe Fuller cria a *Serpentine*, os efeitos permitidos pela eletricidade são ainda muito novos, particularmente o fato, para o público, de estar sentado no escuro enquanto luzes focalizadas iluminam a cena.

4. Cf. GONCOURT, J. & GONCOURT, E. *Journal*. Paris: Robert Laffont, 1989, t. III, p. 1.006.

5. Cf. "Loïe Fuller". *Femmes de 1900*. Paris: La Madeleine, 1932, inicialmente lançado em 1897 em *L'écho de Paris*. Para uma análise da recepção de Loïe Fuller pelos escritores, cf. DUCREY, G. Loïe Fuller ou o reinado da ambivalência. In: PIDOUX, J.-Y. *La dance, art du XXe siècle?* – Actes du colloque organisé par l'université de Lausanne les 18 et 19 janvier 1990. Lausanne: Payot, 1990, p. 98s.

6. O tema da dança como arte efêmera é contemporâneo dos primórdios do balé romântico. Cf. FAGET, J. *De la dance et particulièrement de la dance de société*. Paris: L'Imprimerie de Pillet, 1825, p. 17. • SIEGMUND, G. "Para uma história alternativa da dança: o visual no balé de corte, no balé de ação e no balé romântico", comunicação no contexto do colóquio "Transformes", CND, 15/01/2005.

Fuller, segundo Stéphane Mallarmé[7], sobressai-se em suscitar a aparição, os espectadores projetam as imagens mais variadas. A referência naturalista é, todavia, dominante. A arte nova alcança o máximo, e Camille Mauclair lhe resume os motivos prediletos quando evoca, em 1900, a dançarina que "se tornou dos pés à cabeça rodopio, elipse, flor, cálice excepcional, borboleta, pássaro colossal, esboço múltiplo e rápido de todas as formas de faunos e de florações"[8].

As intenções artísticas de Loïe Fuller são, no entanto, apenas incidentalmente ilusionistas, e este não é o menor paradoxo de sua dança. Se nela existe alguma ilusão, decorre de processos físicos, e estes últimos requerem antes de tudo a atenção do artista. A interrogação que anima a dança da artista americana está próxima das experimentações daquela época sobre a natureza da visão e do movimento. Seus efeitos poéticos não passam de uma consequência ou de um desvio. Loïe Fuller sonda as propriedades do movimento – movimento dos corpos, mas também da luz. Com seus arremessos de véus, a dançarina procura antes de tudo visualizar a trajetória dos gestos no espaço. Noutras palavras, ela procura tornar visível a própria mobilidade, sem o corpo que a carrega. Algumas das cronofotografias de Étienne-Jules Marey não visam outra coisa, pois, ao registrarem somente o impacto luminoso de marcas brancas dispostas em locais precisos de um corpo em movimento, traduzem a "melodia cinética" ausentando o corpo. Loïe Fuller se debruça igualmente sobre as propriedades dinâmicas da cor, seus supostos efeitos sobre o organismo, os movimentos e as sensações que estimula[9]. É depois de ter assistido a um espetáculo da artista americana que os futuristas

---

7. Cf. MALLARMÉ, S. "Crayonné au théâtre". *Oeuvres complètes*. Paris: Gallimard, Col. "Bibliothèque de la Pléiade", 1945, p. 309.

8. Cf. MAUCLAIR, C. "Sada Yacco et Loïe Fuller". *La Revue Blanche*, vol. XXIII, set.-dez./1900, p. 277.

9. A bailarina se mantém a vida inteira à espreita das descobertas científicas. Ela se encontra com frequência com Camille Flammarion e Pierre e Marie Curie. Em 1898, ela funda seu próprio laboratório em Paris, onde realiza pesquisas sobre a luz elétrica.

Arnaldo Gina e Bruno Corra concebem, em 1913, os primeiros filmes abstratos com base na "música cromática"[10]. Enfim, o interesse da dançarina pela luz e, mais precisamente, sua exploração da eletricidade como fonte de animação energética têm analogia com as experiências dos fisiologistas e dos primeiros psicólogos da percepção que, nessa mesma época, tentam definir as consequências motoras e tácteis das sensações visuais.

Deste modo a dança de Loïe Fuller recolhe o eco das mutações conceituais sobre a natureza da luz, cada vez mais concebida como um fenômeno eletromagnético, rica em influências sobre o corpo humano[11]. Velocidade, luz, cor são os agentes da arte de Loïe Fuller. Põem o corpo da dançarina em movimento, participam da "força indefinida" cujos impulsos o artista procura traduzir através do corpo. Loïe Fuller concebe o movimento como "um instrumento pelo qual a dançarina lança no espaço vibrações e ondas de música visual"[12]. O corpo do artista é um ressonador. As ondas luminosas nele se transformam em ondas cinéticas segundo um processo de troca ininterrupto que a dança tem como vocação ritmar e converter, mediante a alquimia das sensações internas, em uma "música virtual – música dos olhos, precisa a dançarina[13]. Com Loïe Fuller vem à tona a ideia do corpo dançante como corpo vibrátil, confluência de dinâmicas sutis, mas essa concepção, tão capital para o futuro da dança no século XX, enrosca-se por assim dizer nos refolhos da experiência da visão. Esta conhece uma profunda reavalia-

---

10. Cf. LISTA, G. *Loïe Fuller, danseuse de l'art nouveau*. Paris: Reúnion des Musées Nationaux, 2002, p. 81 [Catálogo de exposição].

11. Segundo Jonathan Crary, a passagem das teorias emissivas e corpusculares para as teorias ondulatórias da luz exerceu impacto considerável sobre a cultura do século XIX. O estudo da luz separa-se, então, da ótica (à qual estava ligado nos séculos XVII e XVIII) para se inserir no campo da física, mediante o estudo de fenômenos físicos tais como a eletricidade e o magnetismo: cf. *L'Art de l'observateur* – Vision et modernité au XIXe siècle. Nîmes: Jacqueline Chambon, 1994, p. 128-130 [1. ed. inglesa, 1990].

12. Cf. FULLER, L. *Ma vie et la danse / Écrits sur la danse*. Paris: L'Oeil d'or, 2002, p. 172 [1. ed., 1913].

13. Ibid., p. 178.

ção no século XIX. A percepção do corpo e, mais precisamente, do corpo em movimento, achar-se-á por isso fundamentalmente modificada.

II. A eclosão de um sexto sentido: a cinestesia

Walter Benjamin analisou demoradamente a maneira como a fragmentação do campo visual, provocada pela modernização, contribuiu para moldar uma nova experiência da visão no decorrer do século XIX[14]. O observador exerce então, e sempre mais, suas faculdades perceptivas em uma paisagem urbana deslocada, percorrida por fluxos incontroláveis de movimentos, de signos e de imagens. Fica invalidada toda distância contemplativa, o morador da cidade participa da mobilidade ambiente, suas representações mentais são irrevogavelmente marcadas pela labilidade das formas. A convulsão, o choque são doravante os modos primeiros da experiência sensorial, arruinando qualquer possibilidade de apreensão global pelo indivíduo do próprio corpo e do meio em que evolui. Se a descontinuidade se torna o ordinário da percepção moderna, ela também separa as modalidades desta.

As experiências sobre os fenômenos de persistência retiniana[15] traçam o caminho para uma nova concepção da visão. Dado que cores e imagens podem continuar sendo percebidas pelo olho mesmo que qualquer referência exterior já tenha desaparecido, deve-se concluir que o corpo tem a capacidade fisiológica para produzir fenômenos que não têm correspondente no mundo material. Longe de ser um sistema de registro neutro das impressões produzidas pelos objetos do mundo exterior, a visão começa a aparecer

---

14. Particularmente em *Paris, capitale du XIXe siècle: le livre des passages*. Paris: Du Cerf, 1989 [1. ed., 1936]. • "A obra de arte na era de sua reprodutibilidade técnica" [última versão, 1939]. *Sur l'art et la photographie*. Paris: Carré, 1997.

15. Goethe foi um dos primeiros que se interessaram por isto, em seu *Tratado das cores* [1810]. Para um quadro histórico das experiências sobre os fenômenos de persistência retiniana, cf. CRARY, J. *L'art de l'observateur*. Op. cit., p. 105s.

como uma disposição ativa, tributária do corpo singular onde ela se exerce e, portanto, necessariamente subjetiva. Assim vem a visão pouco a pouco se "alojar [...] na fisiologia e na temporalidade instáveis do corpo humano"[16]. O funcionamento do corpo no ato perceptivo torna-se então um desafio fundamental para as ciências experimentais. Enquanto se torna indistinta a fronteira entre sensações interiores e sinais exteriores, o papel do movimento na construção da percepção suscita um interesse cada vez maior.

A visão vai aos poucos se impondo como "uma realidade física [...] que exige permanentemente o exercício ativo da força e do movimento"[17]. Mas, ao mesmo tempo que visão e movimento se mostram indissociáveis, vai aparecer um terceiro termo que os liga. Com efeito, o abalo sofrido pelo corpo no ato da percepção não é mecânico, mas é função da intenção, do desejo, que fazem o sujeito voltar-se para o mundo. Um componente afetivo filtra sem cessar o exercício da percepção. É esse componente que colore e interpreta o trabalho da sensação para organizá-la em uma paisagem de emoções[18]. Na virada do século XIX aflora a consciência nova de um espaço intracorporal, animado por uma diversidade de ritmos neurológicos, orgânicos, afetivos. Entre as numerosas experiências efetuadas, entre outras, no campo da psicofísica, as de Charles-Samson Féré, assistente de Jean Martin Charcot em la Salpêtrière pelo fim da década de 1880, assumem um interesse particular. Estudando os fenômenos de "indução psicomotora", o cientista descobre que toda percepção – antes mesmo da tomada de consciência de

---

16. Ibid., p. 109.

17. Ibid., p. 112.

18. A noção de pulsão libidinal em psicanálise, a de intencionalidade no campo da fenomenologia se inscrevem diretamente na linha dos questionamentos dos fisiologistas do século XIX sobre as relações entre emoção e movimento e sobre a maneira como estas modulam a percepção. No campo atual da neurofisiologia, ação e percepção se mostram indissociáveis: segundo Jean Berthoz, é a ação a realizar que orienta e organiza a percepção. Cf. PETIT, J.-L. (org.). *Les neurosciences et la Philosophie de l'Action*. Paris: J. Vrin, 1997.

uma sensação e, *a fortiori*, de uma emoção – provoca "descargas motoras", cujos efeitos "dinamogênicos" é possível registrar, tanto no nível da tonicidade muscular como da respiração e do sistema cardiovascular[19]. Percepção e mobilidade, portanto, estariam intimamente ligadas.

Para o pedagogo e músico suíço Émile Jaques-Dalcroze, em torno do qual se formarão diversos representantes dos mais ilustres da primeira geração da moderna dança alemã, a possibilidade do movimento tem sua fonte em "um intercâmbio contínuo de eflúvios psíquicos e de repercussões sensoriais"[20]. Isso não esclarece, no entanto, a natureza da percepção do movimento e essa questão se torna cada vez mais insistente, enquanto os dançarinos tateiam em busca de novas expressões. Que dispositivos possibilitam a sensação do movimento e a sua organização? Em outras palavras, em que é que consiste este "sentido interior do movimento" que Vassily Kandinsky identificará, em 1912, como a matéria e a finalidade da "dança do futuro"?[21] Jacques-Dalcroze lança a seguinte proposta: "O movimento corporal é uma experiência muscular, e essa experiência é apreciada por um sexto sentido – o 'sentido muscular'"[22]. Dele decorre a possibilidade de perceber as variações de intensidade do tônus muscular, constituindo estas de certo modo a paleta do dançarino. Mas a explicação é ainda insuficiente. Em 1906, o inglês Charles Scott Sherrington, um dos pais fundadores da neurofisiologia, reúne, sob o termo "propriocepção", o conjunto dos comportamentos percepti-

---

19. Charles-Sanmson Féré é o autor de *Sensation et mouvement* – Études expérimentales de psycho-mécanique. Paris: Alcan, 1887. Para a descrição de outras experiências de "indução psicomotora", cf. PIERRE, A. "A música dos gestos – Sentido do movimento e imagens motoras nas origens da abstração". *Aux origines de l'abstraction, 1800-1914*. Paris: Réunion des Musées Nationaux, 2003, p. 96-97 [Catálogo de exposição].

20. DALCROZE, E.-J. *Le rythme, la musique et l'éducation*. Paris: Fischbacher/Rouart/Lausanne/Jobin, 1920, p. 99. Esse livro reúne textos escritos pelo pedagogo entre 1898 e 1919. Émile Jacques-Dalcroze é o fundador do método chamado "euritmia".

21. KANDINSKY, V. *Du spirituel dans l'art*. Paris: Denoël, 1989, p. 188 [1. ed., 1912].

22. DALCROZE, E.-J. *Le rythme, la musique et l'éducation*. Op. cit., p. 164.

vos que concorrem para este sexto sentido que hoje recebe o nome de "sentido do movimento" ou "cinestesia"[23]. Muito complexo, ele trança informações de ordem não apenas articular e muscular, mas também táctil e visual, e todos esses parâmetros são constantemente modulados por uma motilidade menos perceptível, a do sistema neurovegetativo que regula os ritmos fisiológicos profundos: respiração, fluxo sanguíneo etc. É este território da mobilidade, consciente e inconsciente, do corpo humano que se abre para as explorações dos bailarinos no limiar do século XX. O sensível e o imaginário nele dialogam com infinito refinamento, suscitando interpretações, ficções perceptivas que dão origem a outros tantos corpos poéticos.

III. O movimento involuntário

Entre os temas que percorrem, sob diferentes configurações, toda a história da dança moderna e contemporânea, o do movimento involuntário ganha importância significativa. Seu motivo está presente já nas margens do século, a ponto de ser o objeto de preocupação inaugural da dança moderna. Não é casual, se Loïe Fuller conhece os seus maiores sucessos numa época em que a hipnose fornece o pretexto para uma forma de espetáculo muito apreciada. Em sua autobiografia, a bailarina conta que organizou suas primeiras danças de véu em 1891, para encarnar o papel de uma jovem mergulhada em um sono hipnótico, tema então muito popular nos palcos do vaudeville americano. Na Europa, longe de permanecerem limitadas só aos laboratórios em que, na mesma época, elaboram-se as mais sérias primícias da psicanálise, as experiências do sono hipnótico vêm alimentar toda uma moda de demonstrações

---

23. Cf. BERTHOZ, A. *Le sens du mouvement*. Paris: Odile Jacob, 1997, p. 31-59. A obra em que Sherrington desenvolve a noção de "propriocepção" se intitula *The integrative action of the nervous system*. New Haven: Yale University Press, 1906.

"ocultista-científicas"[24]. Em tal contexto, o corpo se torna um palco, fascinante, à medida daquilo que nele se manifesta de involuntário. Encara-se o corpo como o revelador de mecanismos inconscientes, de natureza tanto psíquica como física. Desde os seus inícios, a dança moderna procura uma entrada nesse mundo subterrâneo que parece ocultar o germe de toda mobilidade, emocional e corporal. Depois de Loïe Fuller, Isadora Duncan o atesta de maneira eloquente. Na sua autobiografia, ela conta assim a motivação primeira de sua dança, por volta de 1900: "Eu sonhava [...] descobrir um movimento inicial de onde iria nascer toda uma série de outros movimentos sem que a minha vontade tivesse que interferir, que fossem apenas a reação inconsciente do movimento inicial". E, um pouco acima: "Durante horas, eu ficava de pé, imóvel, de mãos cruzadas entre meus seios, na altura do plexo solar [...], e acabei descobrindo a mola central de todo movimento, o foco da potência motriz [...] de onde brota a dança toda criada"[25].

Convém lembrar, aqui, que Isadora Duncan foi uma das primeiras bailarinas que abandonou o espartilho. Este provocava, diz ela, "a deformação do esqueleto humano, tão belo, no entanto, o deslocamento dos órgãos internos e a degenerescência de uma boa parte dos músculos do corpo da mulher", bem

---

24. É assim que Arnauld Pierre designa, por exemplo, as demonstrações do Coronel Albert de Rochas por volta de 1900. Este é na época muito célebre por suas experiências de sugestões musicais transmitidas sob hipnose a um modelo profissional, a bailarina Lina: "As ondas sonoras entram nela e fazem agir inconscientemente os músculos e os nervos dessa estátua de carne vibrante, que realiza, assim arrebatada, nos campos do misterioso, atitudes sobre-humanas que ela seria incapaz de criar nas horas de consciência e de vida" (ROCHAS, A. *Les sentiments, la musique et le geste*. Apud PIERRE, A. "A música dos gestos..." Art. cit., p. 98). Na vertente da psicanálise, Jean-Martin Charcot estuda atentamente, em La Salpêtrière, as manifestações físicas das histéricas em estado de hipnose. Também se interessa pelos fenômenos de "automatismo ambulatório" e descreve às vezes a histeria como um estado de "semissonambulismo permanente". Esta concepção vai constituir o ponto de partida de novos desenvolvimentos teóricos em Pierre Janet, Josef Breuer, Sigmund Freud... Cf. ELLENBERGER, H.F. *Histoire de la découverte de l'inconscient*. Paris: Fayard, 1994, p. 154 e 177.

25. DUNCAN, I. *Ma vie*. Paris: Gallimard, 1932, p. 94 e 92 [1. ed. inglesa, 1927].

como lhe alterava a respiração²⁶. A importância que a bailarina confere ao torso como o cadinho das funções viscerais e de suas ressonâncias afetivas encontra, mais uma vez, ecos nas descobertas contemporâneas dos fisiologistas sobre o sistema nervoso autônomo, particularmente sobre os reflexos e a existência de "plexos viscerais" funcionando em sinergia²⁷. Seguindo as pegadas de Isadora Duncan, as primeiras gerações de bailarinos modernos americanos herdam a ideia de um centro fisiológico e emocional do movimento, situado no torso e considerado como o ponto de origem de todos os movimentos. Em 1918, Helen Moller, uma das primeiras professoras que ensinou a dança moderna, afirma categoricamente: "O centro gerador de toda expressão física autêntica se situa na região do coração [...]. Todos os movimentos que emanam de uma outra fonte são esteticamente fúteis"²⁸. A professora americana visa aqui, de modo muito explícito, a dança clássica e sua predileção pelos movimentos periféricos, com os membros desenhando de certa maneira figuras no espaço²⁹. O lugar atribuído ao "foco motor" viaja no torso, enquanto se transformam o imaginário e as técnicas da dança moderna. Para Martha

---

26. Apud DALY, A. *Done into Dance*. Middletown (Conn.): Wesleyan University Press, 1995 p. 31. Isadora Duncan é uma protagonista ativa do movimento de *dress reform* na virada do século XIX. Naquela época, muitos médicos forneciam provas da ação deletéria exercida pelo uso do espartilho sobre a saúde física e moral das mulheres. Para elementos históricos sobre a reforma do vestuário e suas ligações com a dança nos Estados Unidos, cf. THOMAS, H. *Dance, modernity and culture* – Explorations in the sociology of dance. Londres/Nova York: Routledge, 1995.

27. Cf. SHERRINGTON, C.S. *The integrative action of the nervous system*. Op. cit. Cf. tb. TALBOTT, R.E. Ferrier, the synergy concept, and the study of posture and movement. In: TALBOTT, R.E. & HUMPHREY, D.R. (orgs.). *Posture and movement*. Nova York: Raven Press. 1977, p. 1-12.

28. Apud SCHWARTZ, H. Torque: the new hinaesthetics of the twentieth century. In: CRARY, J. & KWINTER, S. (orgs.). *Incorporations, Zone 6*. Cambridge (Mass.): MIT Press, 1992, p. 73.

29. É a censura constante que os bailarinos modernos lançam à dança clássica. Assim como o demonstra a codificação dos passos e dos movimentos de braços a que ela recorre, a técnica clássica favorece o trabalho dos membros (segmentário) em detrimento do torso (encarado como uma globalidade). A dança clássica produz assim formas estilizadas, por assim dizer caligráficas, onde a dança moderna trabalha em primeiro lugar o movimento no nível de sua emergência, portanto aquém de toda figura.

Graham, a partir da década de 1930, a bacia se tornou o reservatório das forças motoras. Ela é, com efeito, o "centro de gravidade", isto é, o ponto de mobilização de toda a massa corporal e de seu transporte pelo movimento. O torso é sempre, com certeza, aos olhos da coreógrafa, aquela parte do corpo "onde a emoção se torna visível pela ação conjugada da mecânica e da química corporais – coração, pulmões, estômago, vísceras, coluna vertebral"[30]. O movimento propriamente dito é apenas a extrapolação dessa motilidade interna (em parte reflexa) a cuja percepção se trata de conectar.

A escuta dos ritmos fisiológicos desempenha nesta perspectiva um papel preponderante desde o início da dança moderna. O silêncio e a imobilidade são as condições primeiras dessa atenção nova aos "rumores do ser". "Ouçamos as batidas de nosso coração, o sussurrar e o murmurejar de nosso próprio sangue"[31], preconiza Mary Wigman, pioneira da moderna dança alemã. Quanto à respiração, é ela que "comanda silenciosamente as funções musculares e articulares", continua a bailarina. Da mesma forma, a amplitude e a velocidade dos movimentos do bailarino são o efeito da "potência dinâmica do fôlego que se revela no grau de intensidade e de tensão do momento"[32]. O alternar-se da inspiração e da expiração fornece aos bailarinos a matriz dos princípios de tensão/relaxamento, com a promessa de múltiplas interpretações e evoluções ao longo de todo o século XX. Abre igualmente o caminho para a tomada de consciência de um espaço intracorporal plástico, simultaneamente volumétrico e direcional: pela respiração, o corpo se dilata e se contrai, estira-se e encolhe-se. Deste modo se produz a relação encadeada e contínua entre o espaço interior e o espaço exterior. O fôlego tece o *osti-*

---

30. Apud DeMILLE, A. *Martha Graham*: The life and work of Martha Graham. Nova York: Vintage Books, 1991, p. 72. • HELPERN, A. *The technique of Martha Graham*. Nova York, Morgan & Morgan, 1994, p. 24-25.

31. WIGMAN, M. *Le langage de la danse*. Paris: Chiron, 1990, p. 17 [1. ed., 1963].

32. Ibid., p. 16. Para uma bela e fina análise da dança de Mary Wigman e de sua técnica, cf. LAUNAY, I. *À la recherche d'une dance moderne* – Rudolf Laban-Mary Wigman. Paris: Chiron, 1996.

nato de toda mobilidade. A oscilação, a ondulação o traduzem com movimentos reflexos. A "dança involuntária" de Isadora Duncan aspira ao fluxo e refluxo autônomo da onda. "Toda energia – escreve a bailarina em 1905 – exprime-se através dessas ondulações. Todos os movimentos naturais e livres parecem conformar-se a esta mesma lei"[33]. E a bailarina então extrapola: "Vejo ondas cobrindo todas as coisas. Quando vemos árvores submetidas aos caprichos do vento, não parece que elas também se conformam às linhas das ondas? [...] Aliás, os sons, e até a luz, não se propagam também como ondas? [...] E o voo das aves [...], e o salto dos animais"[34].

IV. O *continuum* do ser vivo

Despertar a percepção das pulsações fisiológicas tem como efeito tomar consciência do movimento como um *continuum*. Se nada lhe põe entraves, a mobilidade íntima do corpo como também sua projeção no espaço respondem a um princípio de propagação, de contágio reativo. Não existe imobilidade, somente gradações da energia, às vezes infinitesimais. Desde a virada do século XIX, Genevieve Stebbins cria exercícios para afinar a percepção dessa gama energética subjacente à própria ausência de movimento. Na confluência entre o teatro, a dança e a terapia, a norte-americana desenvolve então um método de "cultura psicofísica" que exerce considerável impacto sobre o campo da dança e do teatro[35]. Uma das intuições capitais de Stebbins é

---

33. DUNCAN, I. "O bailarino e sua natureza". *La dance de l'avenir*. Bruxelles: Complexe, 2003, p. 64.

34. Ibid.

35. Originário da aculturação das teorias do cantor francês François Delsarte nos Estados Unidos, o método de Genevieve Stebbins é um dos primeiros que tiram as consequências da ideia de um *feedback* psicocorporal no campo de uma prática expressiva. A noção de uma transitividade entre gesto e emoção se revelou crucial para as reformas do treinamento do ator no século XX. Cf. *Les fondements du mouvement scénique – Delsarte, Laban, Meyerhold, Vakhantagon, Taïrou, Grotowski, Barba, la C.N.V*. Atas do colóquio realizado em Saintes nos dias 5 a 7 de abril de 1991. La Rochelle/Saintes: Rumeur des Âges/Maison de Ploichinelle, 1993.

apreender a importância daquilo que se desenrola a montante do movimento. Ela elabora, neste sentido, uma prática do relaxamento, com base em uma arte complexa da respiração, impregnada de yôga e, indiretamente, de Qi Gong[36]. "O verdadeiro relaxamento, escreve ela em 1902, significa o abandono do corpo à gravidade, do espírito à natureza, e de toda a energia na respiração dinâmica e profunda". A imobilidade não indica, aqui, uma "ausência de energia vital", mas "um formidável poder em reserva"[37]. A qualidade, a carga expressiva do movimento encontram a sua fonte nesta latência. Tudo aí se fomenta, desde o colorido emocional do gesto até a amplitude do seu desdobrar-se no espaço. Essa consciência de um nível de organização invisível da expressão se acha no fundamento de inúmeros desenvolvimentos tanto do teatro como da dança no século XX[38].

Segundo Genevieve Stebbins, a energia pode dar lugar a infinitas modulações. A partir dos anos de 1890, a professora dirige a sua experiência através dos "exercícios de decomposição". Em uma lenta propagação que se torna consciente pelo aguçar-se da percepção cinestésica, o movimento de cada

---

36. Genevieve Stebbins a introduz em seu método via "ginástica sueca", pela qual se interessa vivamente. O fundador desse sistema de educação física, o sueco Per Henrik Ling, teria se interessado, no começo do século XIX, pelos relatórios elaborados por Jean Amiot, jesuíta francês do século XVIII, sobre o aspecto medicinal do Qi Gong, arte chinesa que se dedica ao controle do Qi, isto é, da energia ou do fluxo vital. Cf. PRADIER, J.M. *La scène et la fabrique des corps* – Ethnoscénologie du spectacle vivant en Occident: Ve-XVIIIe siècle). Bordeaux: Presses Universitaires de Bordeaux, 1997, p. 320. Os aportes mais ou menos diretos das abordagens somáticas orientais desempenham um papel muito importante em diversas correntes e técnicas da dança moderna e contemporânea. A própria Genevieve Stebbins exerceu uma influência determinante sobre o desenvolvimento da cinesiologia e dos métodos chamados de "educação somática" na Europa e nos Estados Unidos.

37. STEBBINS, G. *The Delsarte System of Expression*. Nova York: Edgar S. Werner, 1902, p. 401 e 407. • *Dynamic breathing and harmonic gymnastics*. Nova York: Edgar S. Werner, 1893.

38. No campo do teatro ela é mui claramente conceptualizada, por exemplo, em Eugenio Barba, sob o termo de "pré-expressividade". Cf. BARBA, E. Um amuleto feito de memória. A significação dos exercícios na dramaturgia do ator. In: PEZIN, P. *Le livre des exercices à l'usage des comédiens*. Saussan: L'Entretemps, 1999. No domínio da dança, Hubert Godard elaborou a noção de "pré-movimento". Cf., p. ex., O gesto e sua percepção. In: MICHEL, M. & GINOT, I. (orgs.). *La danse au XXe siècle*. Paris: Bordas, 1995.

parte do corpo arrasta o seguinte, conforme um "princípio de sucessão" que antecipa o motivo da onda, tão caro a Isadora Duncan. A coluna vertebral passa a ser o eixo e a correia de transmissão desse contágio cinético. Torna-se, portanto, crucial trabalhar para a disponibilidade das costas. De acordo com Ted Shawn, fundador em 1914, com sua esposa Ruth Saint Denis, da primeira escola de dança moderna nos Estados Unidos, "o objetivo é mobilizar cada vértebra, separada e conscientemente, de modo a livrar a coluna vertebral de toda rigidez capaz de travar o fluxo de uma sucessão pura"[39]. Se esta pode dar lugar a uma experiência da lentidão e da contenção, pode ser também convocada no registro da travessia fulgurante, do impulso inflamado. A coluna vertebral desempenha, assim, o papel de uma mola. Vaslav Nijinski, cujos saltos eram considerados prodigiosos, não afirmava que "saltava com as costas?"

Uma das expressões dinâmicas mais felizes do movimento sucessivo, uma também das mais exploradas pela dança no século XX, é a espiral. O movimento como um *continuum* e, nesta perspectiva, metáfora do princípio vital, aí se afirma de maneira plena. Antes mesmo que nasça a dança moderna propriamente dita, Stebbins propõe diversas formas de quedas e elevações em espiral, associadas a seu ver à espiritualidade de certas danças rituais do Oriente[40]. Os rodopiantes solos de Ruth Saint Denis se inscrevem nesse estilo. Em 1906, em Berlim, a bailarina americana deixa deslumbrado o poeta Hugo von Hoffmanstahl, que celebra "o encadeamento absolutamente inebriante de [seus] movimentos dos quais nem um só pode evocar uma única pose"[41]. Em Doris Humphrey, a partir dos anos de 1930, a dinâmica helicoidal assume uma dimensão quase metafísica. A técnica elaborada pela

---

39. SHAWN, T. *Every Little Movement*: A book about François Delsarte. Nova York: Dance Horizons, 1963 [1. ed., 1954].

40. Cf. RUYTER, N.L.C. *The cultivation of body and mind in nineteenth-century American Delsartism*. Wesport/Londres: Greenwood Press, 1999, p. 105 e 108.

41. HOFFMANSTAHL, H. "A bailarina incomparável". *Die Zeit*, 1906. Uma tradução francesa desse artigo, feita por Suzanne Wirtz, é proposta em *IO – Revue Internationale de Psychanalyse*, n. 5, 1994, p. 13-17.

bailarina repousa sobre um jogo permanente entre perda e recuperação do equilíbrio. O consentimento na queda, o abandono do corpo às leis da gravidade são ali assumidos como a condição do salto e do voo. A dança de Doris Humphrey é toda ela percorrida por saltos e quedas acrobáticos, e essa circulação encarna, aos olhos da coreógrafa, o próprio movimento da vida. "A dança forma um arco entre duas mortes – escreve a coreógrafa. Ela é a viagem, que está sempre recomeçando, pela qual o ser escapa à fixidez horizontal do cadáver e também à vertical, que é igualmente mortal, do corpo parado e ereto"[42].

Se a espiral é associada à vida, é porque ela procede por transformações. Ela transmuta continuamente as polaridades e as dimensões do movimento. O central e o periférico, o ascendente e o descendente, o anterior e o posterior aí se encadeiam sem cessar. A espiral constitui, em suma, um princípio de organização elementar dos organismos e dos tecidos vivos. No corpo humano, as fibras musculares, por exemplo, são assim construídas. Nos anos de 1970, a dança de uma Trisha Brown, por exemplo, torna-se um turbilhão. Nenhuma opacidade carnal parece opor-se à circulação do fluxo cinético que se escoa, ricocheteia, estremece, enrola-se e desenrola-se em torno de uma diversidade de eixos principais e secundários. A exploração desse tipo de movimento inaugura, na obra da coreógrafa norte-americana, o ciclo conhecido como o da "estrutura molecular instável", assim batizado pelo crítico de arte e escritor Klaus Kertess, referindo-se, precisamente, ao "movimento browniano"[43], que descreve o comportamento, ao mesmo tempo contínuo e errático, de partículas microscópicas em suspensão em um líquido ou em um gás. Da onda duncaniana à estrutura molecular browniana, para citarmos apenas esses exemplos, a metáfora naturalista se revela não só recorrente, mas também atuante, através de toda a história da dança no século XX.

---

42. Cf. HUMPHREY, D. *The art of making dances*. Nova York: Grove Weindenfield, 1959, p. 106.

43. Do nome do botânico britânico Robert Brown (1773-1859), que foi o primeiro a observar esse fenômeno.

Nos anos de 1990, a canadense Marie Chouinard torna a visitar ainda alguns desses aspectos da dança. O movimento-assinatura da coreógrafa é a ondulação da coluna vertebral. Este movimento nasceu da água onde ela, como diz, encontrou a sua dança. Imergido, o corpo revive a experiência intrauterina de um embalo da coluna vertebral. Sem a sensação do peso no líquido amniótico, a coluna "respira" e ondula então ao ritmo do lento fluxo e refluxo do líquido céfalo-raquidiano[44]. Mas essa ondulação tem outras conotações. Revela também afinidades reptilianas. Muitos dos movimentos coreografados por Marie Chouinard suscitam reminiscências animalescas. Muito influenciada pelas teorias de Bonnie Bainbridge Cohen[45], a coreógrafa pensa que a ontogênese recapitula a filogênese. O desenvolvimento motor do ser humano resumiria as fases da evolução das espécies, desde o organismo unicelular até o mamífero, passando pelo peixe, o anfíbio e o réptil. A cada uma dessas fases corresponderia o amadurecimento de um esquema neuromotor específico, com todos esses esquemas se integrando pelo final do primeiro ano da vida da criança para permitir a passagem à verticalidade. A dança de Chouinard procura desembaralhar esses fios da "memória motora". Assim, quando Marie Chouinard parece dobrar seus membros e lançá-los como um feixe a partir do ventre, diz ela que remonta ao vivido embriológico, mais precisamente ao período da vida intrauterina em que o movimento do feto se irradia e se organiza em torno do cordão umbilical. No reino animal, a estrela do mar apresenta esse tipo de funcionamento radial. No entanto, a coreógrafa está menos preocupada em fazer desfilar a evolução filogenética do que isolar o motivo cinético supostamente inerente a cada uma dessas eta-

---

44. Em algumas teorias de osteopatia, esse movimento é qualificado de "respiração primária". Surge no terceiro mês da vida intrauterina. "Neste ritmo fisiológico de base se enxertam todos os outros ritmos/movimentos [...], de modo particular o da respiração pulmonar". Cf. ROUQUET, O. *De la tête aux pieds*. Paris: Recherche en Mouvement, 1991, p. 15 e 90.

45. Bonnie Bainbridge Cohen é a criadora do método somático denominado "Body-Mind Centering". Cf. *Sentir, ressentir, agir*: l'anatomie expérimentale du Body-Mind Centering. Bruxelas: Contredanse, 2002 [1. ed. inglesa, 1993]. A obra reúne uma série de textos escritos por Bonnie Bainbridge Cohen entre 1980 e 1992.

pas, para o deslocar, dar-lhe outro encadeamento, tomá-lo como a matéria de uma metamorfose corporal, de uma hibridação imaginária, através das quais renova seu corpo e ao mesmo tempo interpreta o mundo. Como se, ao sondar as pulsações ínfimas de sua própria carne, o bailarino chegasse por fim inevitavelmente a outros ritmos, a outros estados da matéria.

V. A memória da matéria

Para Rudolf Laban, em meados da década de 1910, o primeiro dever do bailarino, como também do ator e do mímico, é desenvolver um "saber-sentir"[46], mas este não diz respeito somente "aos fatores biológicos da vida"[47], mesmo que este aspecto seja fundamental. O afinamento da percepção deve também conectar o bailarino aos fluxos rítmicos da vida moderna, a suas vibrações. Do elevador às montanhas russas, passando pelo filme ou pela fotografia, as tecnologias da era industrial suscitam experiências perceptivas inéditas[48]. Rupturas espáciotemporais, solavancos, acelerações induzem coordenações cinestésicas e novas modalidades de comportamento. Aos olhos de Laban, esse regime do instantâneo, próprio da vida moderna, comporta no entanto um perigo: oblitera a memória, não deixa que a experiência se sedimente. Daí um empobrecimento da vida sensorial e emocional, uma capacidade de relação ao mundo cada vez mais lacunosa.

Laban aborda a corporeidade do homem moderno como um palimpsesto. Toda a evolução da matéria estaria nela codificada, acessível sob a forma de traços e de vibrações que é preciso reavivar. Na visão de Laban se mes-

---

46. LAUNAY, I. *À la recherche d'une danse moderne...* Op. cit. p. 86. Ela mesma toma o termo emprestado de Rolf Tiedemann.

47. LABAN, R. apud LAUNAY, I. Ibid., p. 91.

48. Cf. a análise de Hillel Schwartz: "Torque: the new kinaesthetics of the twentieth-century". Art. cit.

clam teorias evolucionistas[49] e esoterismo. O tema da vibração a aproxima particularmente da teosofia, segundo a qual "a vibração é criadora de toda forma material"[50]. Vibrátil por essência, a mobilidade é, aos olhos de Laban, a via régia para despertar a "memória involuntária". É ela que liga o bailarino, o ator e o mímico à diversidade dos fenômenos. O teórico austro-húngaro exerceu uma influência capital sobre os desenvolvimentos da dança moderna alemã e americana, elaborando uma arte da improvisação. Laban inventou uma forma de abordar a improvisação que faz do esquecimento (dos saberes adquiridos, dos automatismos...) a condição *sine qua non* tanto de toda rememoração como de toda criação. Seu método visa desfazer os *habitus* corporais para suscitar um estado de receptividade que tem sem dúvida alguma afinidade com o estado alterado de consciência ao qual tendem as técnicas orientais. Assim como o arqueiro zen ou o ator de teatro nô, o improvisador segundo Laban desenvolve um estado de "presença-ausência" que o torna permeável a fluxos sensoriais sutis, aos quais reage com todo o seu ser e instantaneamente. Levada a suas consequências últimas, a improvisação abre a porta para uma perturbação proprioceptiva, uma embriaguez cinestésica onde se perdem as referências, reavivando disposições motrizes adormecidas. No limiar dos anos de 1960, as técnicas de improvisação de uma Anna Halprin, tão importantes para toda a geração dos bailarinos pós-modernos norte-americanos, tenderão para um objetivo semelhante. A reme-

---

49. O darwinismo exerceu grande impacto sobre as teorias da expressão defendidas pelos bailarinos e atores na virada do século XIX e mais tarde. Sua influência já se pode sentir em Genevieve Stebbins. Ela é reivindicada por Isadora Duncan, muito influenciada pela "filosofia pagã" do orador humanista Robert Green Ingersoll (que se apresentava como o "buldogue" de Charles Darwin nos Estados Unidos). As teorias monistas do naturalista Ernst Haeckel, livremente adaptadas de Darwin, não impressionaram apenas Duncan, mas exerceram influência determinante sobre os líderes do movimento "asconiano". É precisamente em Ascona, Suíça, no contexto da comunidade de Monte Verità, que Laban funda, em 1913, uma escola destinada a explorar o movimento sob todas as suas formas.

50. Quanto à importância dessa questão da vibração e suas ressonâncias esotéricas, cf. BAXMAN, I. Movimento, espaço e ritmo no imaginário comunitário moderno na Alemanha. In: ROUSIER, C. (org.). *Être ensemble* – Figures de la communauté en danse depuis le XXe siècle. Pantin: Centre National de la Danse, 2003, p. 129-130.

moração esperada por Laban nada tem a ver com lembranças pessoais. Segundo o teórico, se a improvisação pode "fazer surgir o salto do animal, sentir o balanço secreto da planta e o movimento íntimo de um cristal em formação"[51], ela também liga o bailarino ao saber gestual das gerações passadas. Laban considera, com efeito, os objetos como "condensados de memória corporal"[52]. Cada objeto conserva não somente a marca, mas também algo da frequência energética dos gestos que o moldaram. Aprender a perceber e a interpretar e energia oculta nas configurações da matéria seria, para Laban, a própria vocação da arte do bailarino. A dança se situaria deste modo, conforme a expressão de Rilke ao falar da poesia, "no cruzamento das formas e da imaginação das forças".

Se esta visão depende de uma espécie de esoterismo romântico, nela também ressoam certas preocupações da psicologia experimental, contemporâneas de Laban. Nelas se debate, com efeito, a questão da memória corporal. Em 1912, no momento em que o bailarino está em plena pesquisa, os trabalhos de Théodule Ribot lançam algumas hipóteses sobre o tema. Para esse pesquisador, "os fenômenos motores tendem, mais que os outros, a organizar-se, a solidificar-se". Deste modo, "aquilo que subsiste dos estados de consciência, das percepções, das emoções, é a sua 'porção cinestésica', a sua 'representação motora'". E os estados de consciência, sustenta o autor, "só revivem graças ao efeito das condições motoras que são o seu *substratum*"[53]. Daí decorreria que a memória involuntária, para a qual Laban procura um acesso, é ao mesmo tempo motora e psíquica. Desenterrando gestos ou ritmos, o bailarino encontraria necessariamente estados de consciência perdidos. Estados de matéria, estados de corpo, estados de consciência formariam apenas um só e o mesmo tecido.

---

51. LAUNAY, I. *À la recherche d'une danse moderne...* Op. cit., p. 157.

52. Ibid., p. 90.

53. Cf. PIERRE, A. "A música dos gestos..." Art. cit., p. 88 e 100. As citações de Théodule Ribot são tiradas do artigo "Os movimentos e a atividade inconsciente". *Revue Philosophique*, vol. LXXIV, jul.-dez./1912 [Reed.. Paris: Cariscript, 1991, p. 19 e 41].

A grande intuição de Laban, todavia, consiste em ter articulado a questão da memória corporal com a da relação às leis da gravidade. Com efeito, como o bailarino transporta seu corpo – a dança não é, na sua definição elementar, a transferência do peso do corpo no tempo e no espaço? –, ele desenvolve uma relação singular com a memória. A partir dos anos de 1920, Laban faz da questão do peso do corpo e do seu deslocamento o centro de seu modo de pensar o movimento. A maneira como cada um gerencia a relação com seu peso – ou seja, a maneira como cada um organiza sua postura para se manter de pé e adaptar-se à lei da gravidade – é eminentemente variável. É ao mesmo tempo tributária de pressões mecânicas, do vivido psicológico do indivíduo, da época e da cultura em que se inscreve. De acordo com Laban, essa gestão complexa da verticalidade e, portanto, da relação à gravidade, depende de "uma atitude interior (consciente ou inconsciente)", que determina as qualidades dinâmicas do movimento[54]. As modulações da transferência de peso definem, então, o ritmo dos movimentos, mas também o seu estilo[55]. São elas, enfim, que conferem a cada indivíduo, desde a primeira infância, a sua "assinatura corporal", a configuração cinemática de seus gestos. Não só as expressões materiais de uma civilização – sua arquitetura, seus objetos, as tecnologias que promove – traduzem opções ponderais, mas estas sedimentam representações do corpo que caracterizam uma época.

Tendo em vista que trabalha com o peso, a dança é um poderoso ativador de estados de corpo passados. Ela mobiliza, com efeito, uma memória

---

54. A princípio chamada "eucinética", essa gestão das dinâmicas do movimento será, a partir dos anos de 1940, conceituada por Laban sob o termo de "esforço", noção que constituirá o fundamento da teoria do *effort-shape*, desenvolvida pelos discípulos de Laban na Inglaterra, e a seguir nos Estados Unidos, a partir dos anos de 1950.

55. É assim que Laban pode comparar as escolhas ponderais que atuam na "dança lânguida [...] do Oriental, a dança [...] ardente do espanhol, a dança em círculos, medida, dos anglo-saxões". Nelas ele vê outras tantas "manifestações de esforço selecionadas e cultivadas até se tornarem a expressão da mentalidade de grupos sociais particulares". A atitude em relação ao peso torna-se, portanto, para Laban um critério de análise antropológico, bem como um material de criação. Cf. LABAN, R. *La maîtrise du mouvement*. Arles: Actes Sud, 1994, p. 40 [1. ed. inglesa, 1950].

fundamental. Sabe-se hoje que esta se acha inscrita, "não nos circuitos nervosos, mas na modelagem plástica dos tecidos que geram a organização tensional do corpo"[56]. As fibras nervosas, ou seja, o tecido conjuntivo que envolve e une entre si todas as outras estruturas do corpo (músculos, órgãos...) "fariam memória", aquém de toda consciência. Seriam literalmente esculpidas pelas vicissitudes que cada um encontra na história de seu acesso à verticalidade. As fibras nervosas constituiriam o seu registro corporal, moldando as particularidades posturais de um indivíduo[57]. No campo da psicobiologia, Henri Wallon demonstrou, por outro lado, na década de 1940, que as primeiras interações do bebê com seu meio ambiente passam por contrações dos músculos gravitários, chamados também músculos tônicos[58]. Essa teoria culminou, nos anos de 1960, no conceito de "diálogo tônico"[59]. Essa linguagem relacional de crispação e descontração assume, desde a origem, um colorido afetivo. O acesso progressivo à verticalidade pelo desenvolvimento da musculatura gravitária está assim indefectivelmente ligado à história psicológica do indivíduo e de sua relação ao outro. Não há modificação da tonicidade do corpo sem mudança do estado emocional e vice-versa. Ora, os músculos tônicos antecipam toda possibilidade de movimento, portanto, de transferência ponderal, enquanto o tecido conjuntivo mobiliza a globalidade da estrutura corporal.

Não só peso, afeto e movimento se fundem uns nos outros, mas o menor dos movimentos implica o indivíduo na sua totalidade funcional. Noutras

---

56. Cf. GODARD, H. "O desequilíbrio fundador". *Art press*, n. 13, 1993, p. 140: 20 ans, l'histoire continue, 1993, p. 140.

57. Cf. SCHULTZ, R.L. & FEITIS, R. *The endless web* – Fascial anatomy and physical reality. Berkeley: North Atlantic Books, 1996. A noção de tecido conjuntivo foi desenvolvida a partir do final dos anos de 1930 por Ida Rolf, criadora de um método de somática, o "Rolfing", apoiado sobre a ideia da plasticidade dos feixes e de seu papel de sustentação estrutural do corpo.

58. WALLON, H. *Les origines du caractère chez l'enfant*. Paris: PUF, 1970 [1. ed., 1945]. Os músculos gravitários/tônicos são os músculos paravertebrais profundos que governam a postura. Sua ação é essencialmente reflexa.

59. Desenvolvido particularmente pelo neuropsiquiatra Julian de Ajuriaguerra. Cf. BERNARD, M. *Le corps*. Paris: Du Seuil, 1995, p. 54-71.

palavras, a própria fibra do ser se vê atingida quando entra em jogo o peso. Rudolf Laban não se contentou em fantasiar nesse jogo o meio de uma rememoração, ao mesmo tempo difusa e global, dos estados da matéria. Viu também nisso o vetor de uma transformação profunda do indivíduo. Mergulhando na matéria corporal, inscrevendo nela ativamente o seu imaginário, o bailarino reconfigura, com efeito, suas disposições perceptivas. Para Laban, a dança não poderia depender de uma forma de expressionismo qualquer. Se a "moção" não é separável da "emoção", como é que poderia expressá-la? A dança não exprime nenhuma interioridade psicológica. Ela é fundamentalmente, segundo a expressão de Laban, o "poema do esforço"[60] pelo qual o ser não cessa de inventar a sua própria matéria.

VI. "A imaginação é o único limite à invenção do movimento" (Merce Cunningham)

Que os meios perceptivos sejam fundamentalmente maleáveis, isto é algo de que Merce Cunningham logo se convenceu. Que demonstrem uma tendência à rotina, isso também lhe parece incontestável. Os anos de formação do bailarino americano estão imersos em um clima cultural dominado pela moda do "automatismo". A procura dos comportamentos involuntários que, no limiar do século, participava de um impulso de emancipação, torna-se, nos anos de 1940, um clichê a serviço de uma mitologia do inconsciente[61]. Em todos os casos, é assim que Merce Cunningham e seu colaborador, o compositor John Cage, percebem então não só as práticas da escrita ou do desenho automático dos surrealistas, mas também o seu prolonga-

---

60. Apud LAUNAY, I. *À la recherche d'une danse moderne...* Op. cit., p. 114.

61. Merce Cunningham ensaia os primeiros passos de bailarino profissional com a coreógrafa Martha Graham, impregnada das teorias de Carl Gustav Jung sobre o inconsciente coletivo. Muitos artistas americanos foram então influenciados, quer pelas teorias de Jung quer pelas teorias de Freud, através do impacto dos surrealistas.

mento pictórico no expressionismo abstrato. Ora, entregue a "suas preferências instintivas", o indivíduo produz apenas, assim pensam Cage e Cunningham, o já conhecido, a tal ponto o "natural", e mesmo o inconsciente são culturalmente condicionados. Aos olhos do coreógrafo, as possibilidades do movimento são limitadas mais por aquilo que se imagina factível em uma época dada e em um certo contexto – portanto, por uma representação mental da "naturalidade" do corpo – que por coerções anatômicas reais. Cunningham pressente que o movimento é antes de tudo uma questão de percepção: para descobrir potencialidades cinéticas inéditas, deve-se em primeiro lugar subverter a esfera perceptiva.

Se Rudolf Laban e os modernos bailarinos alemães que o seguiram desencadearam esse movimento buscando uma embriaguez cinestésica[62], Cunningham opta por uma estratégia radicalmente diferente: recorre às operações aleatórias. Os surrealistas exploraram esse caminho antes dele, mas Cunningham em absoluto não os segue no modo como eles concebem um "acaso objetivo", revelador do desejo inconsciente do sujeito. A realização do aleatório se revela, no coreógrafo americano, como um relê essencialmente instrumental, reivindicado por sua impessoalidade. Cunningham utiliza, com efeito, sorteios para desconstruir a "maneira intuitiva cujo movimento é proporcionado pelo corpo"[63]. Ele põe de certo modo a "assinatura corporal" à prova, procurando conseguir desviar os movimentos da sua propensão a se organizar sempre segundo as mesmas escolhas inconscientes. As neurociências atuais confirmam essa intuição de Cunningham. O sistema nervoso central recorre apenas a "um número muito pequeno de estratégias motoras entre uma infinidade de estratégias teóricas compatíveis com as ca-

---

62. As práticas de improvisação são introduzidas nos Estados Unidos, no começo dos anos de 1930, por intermédio de uma aluna de Mary Wigman, a bailarina e coreógrafa alemã Hannya Holm.

63. CUNNINGHAM, M. "Espreitar o inédito: de Lifeforms a Character Studio". *Nouvelles de danse*, n. 40-41, outono-inverno/1999, p. 108.

racterísticas geométricas" do corpo. Para efetuar um movimento dado, todo indivíduo seleciona uma "combinação particular de unidades de movimentos [...], perfeitamente singularizada". As coordenações privilegiadas são sempre as mesmas, visto que o sistema nervoso procura "reduzir o número de graus de liberdade, o que lhe simplifica o controle de estruturas complexas"[64]. Cunningham convoca precisamente os jogos de azar para perturbar os circuitos perceptivos. Trata-se de impelir o sistema nervoso a inspirar-se em "graus de liberdade" latentes, a fim de atualizar potencialidades motoras não percebidas. O exercício exige grande rigor. Em um solo regulado, em 1953, o coreógrafo lança dados para ordenar o encadeamento de unidades ou de frases de movimento concebidas previamente para cada parte do seu corpo em separado: cabeça, torso, braços, mãos, pernas, pés... A descontinuidade e a complexidade decorrentes das sugestões do acaso são a tal ponto difíceis de dominar, que ele necessita de algumas semanas para conseguir dançar esse solo de alguns minutos. Mas ao final dessa prova, conta o coreógrafo, "o novo arranjo de seu sistema de coordenação nervosa estava completo"[65]. Haviam-se tornado acessíveis conexões e transições dinâmicas inimagináveis.

De coreografia em coreografia, Cunningham se entrega a uma verdadeira ascese da percepção[66], procurando espreitar seus sentidos para fazer surgirem aspectos inexplorados da estrutura corporal e de suas possibilidades cinéticas, virtualmente infinitas, uma vez que o sistema nervoso é suscetível de constante remodelação. O artista nunca deixou de insistir neste ponto, a dança desenvolve "a flexibilidade do espírito e ao mesmo tempo a do corpo"[67]. A partir de 1991, Cunningham desenvolve a coreografia com o auxí-

---

64. LESTIENNE, F.G. & GARFUNKEL, VS. Reflexões sobre o conceito de representação interna. In: PETIT, J.-L. (orgs.). *Les neurosciences et la philosophie de l'action*. Op. cit., p. 182.

65. Cf. *Le danseur et la danse*. Paris: Belfond, 1980, p. 83.

66. No sentido etimológico do termo "ascese", que vem do verbo grego "askein", "exercitar-se".

67. CUNNINGHAM, M. apud BROWN, C. In: KLOSTY, J. (org.). *Merce Cunningham*. Nova York: Dutton, 1975, p. 22.

lio de um software que simula o movimento em três dimensões, que só faz aumentar a complexidade das variáveis possíveis. No entanto, o coreógrafo constata que muitos encadeamentos que, dez anos antes, pareceriam de uma dificuldade quase insuperável são hoje facilmente assimilados por seus bailarinos. E ele também se convence cada vez mais de que "são ilimitadas as possibilidades do movimento"[68]. Embora a complexidade das coreografias de Cunningham pareça exponencial, ela se cristaliza em torno de escolhas proprioceptivas bem precisas, e daí a sua coerência poética. Verticalidade onipresente e predominância do sentido articular[69] concorrem para uma impressão de clareza distante, a despeito da exuberância da composição. Nenhuma complacência com o peso, nenhum efeito orgânico. Facetado, refletindo-se, o corpo cunninghamiano é uma arquitetura sensível, cujas linhas de força se projetam no espaço, pondo-o em tensão, muito para lá dos corpos.

VII. A dança como "diálogo ponderal"

Em Cunningham, o bailarino sempre controla o centro de gravidade de seu movimento, daí a impressão de um domínio, de uma autossuficiência. Em reação contra essa "autonomia gravitária" levada até o extremo, Steve Paxton, que integrou a companhia de Cunningham no começo da década de 1960, elabora dez anos mais tarde uma forma de dança fundada sobre a troca do peso entre parceiros: uma dança da "partilha gravitária". Chamada "contact improvisation" ou "dança-contato", essa técnica, que seu criador qualifica de "forma perceptiva", põe no seu coração o sentido do tato. Dos cinco sentidos tradicionais, o tato é, com efeito, o único que comporta uma reciprocidade imanente: não se pode tocar sem ser tocado. Se é necessário que haja um mínimo de duas pessoas para que se crie uma dança-contato, o nú-

---

68. Apud VAUGHAN, D. *Merce Cunningham, un demi-siècle de danse*. Paris: Plume, 1997, p. 60.

69. A coluna vertebral é o eixo organizador da dança de Cunningham. Cf. CUNNINGHAM, M. A função de uma técnica para a dança (1951). In: VAUGHAN, D. *Merce Cunningham...* Op. cit., p. 60s.

mero de participantes não é limitativo. Todas as superfícies do corpo, exceto as mãos, podem servir para tocar o parceiro e ser mobilizadas como apoio para abandonar seu próprio peso ou acolher o do outro. Daí decorre um "diálogo ponderal" em que, "pela própria essência do tato [...], ocorre uma interação que leva duas pessoas a improvisarem simultaneamente como em uma conversa"[70]. Da "troca das massas em movimento" decorrem variações de pressão e de força de impulsão que, por sua vez, modulam os ritmos, os acentos, as dinâmicas dos movimentos. As formas resultantes são complexas, fugazes, impossíveis de se premeditar, dado que nascem da ação como tal. Daí a noção de "composição instantânea", reivindicada por Paxton. Submetido a uma turbulência gravitaria fora do comum, o bailarino de contato acaba desenvolvendo novas modalidades adaptativas.

O consentimento na perda de equilíbrio, na queda, constitui o fundamento dessa dança. O centro de gravidade dos movimentos não cessa de flutuar enquanto o bailarino é projetado em configurações espaciais onde a verticalidade é somente questão de momentos. Nessas situações de desorientação rápida, dá-se um *black out* da consciência vígil, dando lugar aos comportamentos reflexos. Uma das ambições de Paxton com a dança-contato é inflectir esse funcionamento reflexo, ligado a mecanismos de sobrevivência. Controlar a queda – aprender a não encarquilhar o corpo, mas, pelo contrário, a desdobrá-lo para acolher e distribuir horizontalmente o impacto do choque – é, nesta perspectiva, um exercício fundamental da dança-contato[71]. Caso seja possível "treinar o consciente para permanecer aberto durante os momentos críticos em que se desencadeia o reflexo"[72], noutras palavras, caso se consiga dissociar o reflexo do medo, é com efeito todo o

---

70. PAXTON, S. *Mouvement*, n. 2, outono/1998, p. 31.

71. Todo o trabalho de Paxton sobre a queda, inaugural em sua elaboração da dança-contato, inspira-se nos exercícios do *aikido*.

72. PAXTON, S. "Esboço de técnicas interiores". *Nouvelles de Danse*, n. 38/39, primavera-verão/1999, p. 108.

comportamento do indivíduo que, segundo Paxton, vê-se rearranjado e enriquecido com possibilidades inéditas. A consciência aprende a ser uma "testemunha serena" do surgimento do desconhecido, em vez de o bloquear, daí uma capacidade de aprendizagem imensamente maior. A dança-contato procura novas alianças, novas circulações entre os níveis de organização conscientes e inconscientes que determinam a emergência do movimento.

A mobilização do peso, como se desenvolveu acima, é indissociável da textura afetiva do indivíduo, pois a ação reflexa dos músculos gravitários responde às mutações do estado emocional e vice-versa. Os pressupostos da dança-contato, portanto, estão longe de serem anódinos. Implicam uma visão poética, mas também política, da relação ao outro. O tato pode, com toda a razão, ser apresentado ali como "um sentido revolucionário"[73]. A dança-contato se desenvolve em uma época contemporânea da difusão da contracultura americana. Assim como outras expressões da dança americana, dos anos de 1960 e 1970, ela é animada por uma aspiração democrática[74]. O tato, este sentido bastante primitivo e culturalmente desvalorizado[75], passa a ser, na dança-contato, o vetor de uma "redistribuição dos códigos espaciais e sociais da distância entre as pessoas"[76]. Redistribuição igualitária, sem dúvida, visto que a dança-contato implica uma contínua troca dos papéis, cada parceiro sustentando e sendo por sua vez sustentado. A armadura muscular tende a se fazer mais flexível, os próprios tecidos do corpo amolecem, aprende-se a acolher e a ser acolhido, comenta a bailarina de contato Karen Nelson[77]. O corpo do *contacter*

---

73. Cf. NELSON, K. "A revolução pelo tato: dar a dança". *Nouvelles de danse*. Op. cit., p. 123.

74. Esta se acha presente no trabalho de Simone Forti, Yvonne Rainer, Trisha Brown e, de modo mais geral, em toda a movimentação da Judson Church em Nova York.

75. Os órgãos do tato se desenvolvem bastante cedo na maturação do feto. No nascimento, o tato seria um dos primeiros sentidos que é ativado. A reflexão de Steve Paxton sobre a importância do tato e seu papel cultural deve muito ao livro de Ashley Montagu, publicado em 1971: *Touching* – The human significance of the skin. Nova York: Columbia University Press.

76. NELSON, K. "A revolução pelo tato..." Art. cit.

77. Ibid.

atesta que ele não quer apoderar-se dos seres e das coisas, e essa atitude é emblemática de todo um setor da dança contemporânea[78].

Se a dança-contato ressoa tão fortemente com as utopias libertárias dos anos de 1960, é por induzir uma verdadeira transformação da vivência corporal. A dança-contato, com efeito, faz parte das formas de dança que, no século XX, reinventariam da maneira mais profunda a esfera perceptiva. Nessa dança do tato, o maior dos órgãos do corpo, que é a pele, desenvolve uma extrema sensibilidade que não tem nada de superficial. Não só os captores tácteis distribuídos sob o nosso envoltório cutâneo informam o cérebro sobre o estado do peso, da massa, da pressão e do esforço, mas podem, se necessário, funcionar como uma alternativa da visão[79]. E é o que em parte acontece nas trocas de dança-contato, onde as referências visuais sofrem abalos rapidíssimos para servirem de referência. Os movimentos do *contacter* são essencialmente orientados pelas informações tácteis despertadas pelo "toque do peso". Nenhuma dança neste século nega mais radicalmente a precedência cultural do olhar. Apenas a visão periférica continua sendo essencial, pois ela permite varrer um horizonte de formas em movimento. A dança-contato amplia essa modalidade da visão. De sua ampliação decorre a sensação de

---

78. Para uma linda análise dessa atitude, cf. o livro de Laurence Louppe *Poétique de la danse contemporaine*. Bruxelles: Contredanse, 1997.

79. Cf. BERTHOZ, A. "Ver com a pele". *Le sens du mouvement*. Op. cit., p. 93-96. O neurofisiologista expõe nesse capítulo exemplos de utilização das vibrações para criar "imagens tácteis" como "substituição visual nos cegos": "Fato notável, a percepção induzida por essas imagens tácteis possuía todas as propriedades da percepção visual" (p. 94). Haveria assim uma transferência possível entre as informações óticas e hápticas, tendo estas acesso, assim como o sugere Berthoz, aos mesmos centros do cérebro. Ora, sempre de acordo com Berthoz e contrariamente ao que se admitia ainda recentemente, "as representações corticais dos captores tácteis" não estão fixadas de uma vez para sempre: são ao contrário maleáveis e se reorganizam em caso de acidente (ibid., p. 37). Disto se pode inferir que a dança-contato induz uma reconfiguração sensorial efetivamente real, começando por ativar os captores tácteis em áreas do corpo onde não são geralmente quase nunca solicitados.

um espaço "esférico", tal como o descrevem os *contacters*[80]. As mensagens auditivas, enfim, mais rápidas que aquelas da percepção cinestésicas[81], ganham novo realce. Elas se revelam, nas trocas muitas vezes propulsivas da *contact improvisation*, localizações espáciotemporais de grande fineza, permitindo avaliar as velocidades e as distâncias, e sincronizar as reações. É com efeito, *in fine*, o "sentido do tempo" que se aguça pela dança-contato. "A que velocidade percebemos o nosso pensamento" – pergunta-se Paxton[82].

VIII. Ficções perceptivas

A *contact improvisation*, cuja influência continua se fazendo sentir no campo atual da coreografia, sintetiza muitos dos desafios da dança contemporânea. E ao mesmo tempo constitui para ela um ponto limite. A forma, a estrutura aí são radicalmente subordinadas ao processo. A *contact improvisation* permite que se veja a emergência do movimento: é a experiência que cria um espetáculo, aquém e além de toda representação mental. Se a dança-contato é, neste sentido, a grande base da noção de escritura coreográfica, pode também, em contrapartida, aparecer como a quinta-essência dessa aspiração a emancipar os recursos sensoriais do indivíduo que, sob diversas faces, fundou e perpassou todas as danças do século XX. A busca e, depois, o questionamento dos comportamentos motores reflexos, a apaixonada exploração da propriocepção acabaram culminando nas práticas da improvisação. Estas constituíram um cadinho onde a dança contemporânea experimentou e elaborou uma grande parte das suas técnicas.

---

80. Isto significa que as cenas teatrais clássicas não têm mais a menor pertinência para mostrar este gênero de dança, totalmente "des-frontalizada". O público de um encontro de *contact improvisation* pode indiferentemente colocar-se em torno dos bailarinos: não há mais ponto de vista privilegiado, o espaço cênico fica descentralizado.

81. Seriam "quatro milésimos de segundo mais rápidas que a nossa percepção do posicionamento relativo de nossos membros", precisa Steve Paxton, sem citar sua fonte ("A arte dos sentidos". *Mouvement*. Op. cit., p. 29).

82. Ibid., p. 28.

Através da exploração do corpo como matéria sensível e pensante, a dança do século XX não cessou de deslocar e confundir as fronteiras entre o consciente e o inconsciente, o "eu" e o outro, o interior e o exterior. E também participa plenamente na redefinição do sujeito contemporâneo. Ao longo do século, a dança contribuiu para desfiar a própria noção de "corpo", a tal ponto se tornou difícil ver no corpo dançante essa entidade fechada em que a identidade encontraria os seus contornos. Foi assim que se chegou aos poucos à ideia do corpo como o veículo expressivo de uma interioridade psicológica, enquanto a dança descobria a impossibilidade de se dissociar afeto e mobilidade. O bailarino contemporâneo não se acha destinado a residir em um envoltório corporal que o determinaria como uma topografia: ele vive a sua corporeidade à maneira de uma "geografia multidirecional de relações consigo e com o mundo"[83], uma rede móvel de conexões sensoriais que desenha uma paisagem de intensidades. A organização da esfera perceptiva determina os lances casuais dessa geografia flutuante, tanto imaginária como física. Assim os universos poéticos tão diferentes que a dança do século encaminhou poderiam ser descritos como outras tantas ficções perceptivas. Os arranjos coreográficos seriam apenas a sua extrapolação espacial e temporal.

Se o bailarino se inventa dançando, se não cessa de fabricar sua própria matéria, trabalha também o espectador para sentir o corpo. "A informação visual gera, no observador, uma experiência cinestésica (sensação interna dos movimentos do próprio corpo) imediata, e as modificações e as intensidades do espaço corporal do bailarino encontram assim a sua ressonância no corpo do espectador", analisa o cinesiologista Hubert Godard[84]. A ficção perceptiva elaborada pelo bailarino atinge assim o espectador, cujo estado corporal se encontra modificado. Trata-se, aqui ainda, de uma questão de peso. "No caso de um espetáculo de dança, continua Hubert Godard, essa distância eminentemente subjetiva que separa o observador do bailarino

---

83. GODARD, H. "O desequilíbrio fundador". Art. cit., p. 139.
84. GODARD, H. "O gesto e sua percepção". Art. cit., p. 227.

pode singularmente variar (quem é que se mexe realmente?), provocando assim um certo efeito de 'transporte'. Trans-portado pela dança, tendo perdido a certeza de seu próprio peso, o espectador se torna em parte o peso do outro [...]. É o que se pode chamar de empatia cinestésica ou contágio gravitário"[85]. Esta noção é tanto mais apta a explicar a percepção do corpo dançante quando se sabe que as neurociências atuais começam a admitir a existência de "neurônios-espelhos", quer se olhem quer se efetuem os movimentos, as estruturas cerebrais solicitadas são parcialmente as mesmas"[86]. Enfim, imaginar o movimento ou preparar-se para executá-lo produz efeitos comparáveis no nível do sistema nervoso. Os diversos métodos somáticos que cruzaram e, muitas vezes, irrigaram os desenvolvimentos da dança contemporânea reconhecem, já faz muito tempo, a capacidade da imagem mental do movimento para ativar e reorganizar os circuitos neuromusculares[87].

A intenção, a projeção dependem da vertente mental da ação. Compõem então a matéria da dança. A partir de 1999, Myriam Gourfink coreografa as trajetórias do pensamento no interior do corpo. Concebidas a partir de um programa de computador que retoma as categorias da análise do movimento de Laban (peso, direção etc.), as divisões coreográficas da bailarina francesa mostram com precisão os trajetos do pensamento, a viagem da concentração no interior do corpo. "Focalizar a atenção na unha do polegar, propõe a coreógrafa, encontrar um trajeto através do braço, deslocar-se para ir a um ponto acima da cabeça, encontrar um trajeto no corpo para de novo partir e [...] ir às carnes, verdadeiramente no interior da bacia, circular rumo ao piso [...]. Procurar como é que se veicula sua concentração sobre superfícies

---

85. Ibid.

86. Cf. JEANNEROD, M. "The representing brain: neural correlates of motor intention and imagery". *Behav. Brain. Sci.*, n. 17, 1994, p. 187-245. Cf. tb., para uma síntese sobre o estado atual das hipóteses sobre este tema: LIVET, P. Modelos da motricidade e teorias da ação. In: PETIT, J.-L. (org.). *Les neurosciences et la philosophie de l'action*. Op. cit., p. 343-348.

87. É o que se dá particularmente na ideocinese de Irene Dowd, inspirada por Lulu Sweigard, e no método elaborado por Moshe Feldenkrais.

ou sobre pontos diferentes: sentir como isso dá matéria ao corpo para se levantar, mexer-se, encontrar um desejo para ir em uma direção dada"[88]. Essa dança do ínfimo se desenrola com uma lentidão infinita que permite progredir "milímetro a milímetro", de modo a sentir cada micromodificação da textura corporal e psíquica. Confrontado com essa dança quase subliminal, o espectador que lhe dá o consentimento se percebe percebendo.

Na hora em que alguns bailarinos procuram, através da tecnologia eletrônica, o meio de uma hibridação dos sentidos que apontaria para o horizonte "pós-humano" de um "cibercorpo"[89], um outro setor da dança contemporânea centra mais que nunca a sua pesquisa no afinamento da percepção a partir somente dos recursos da presença. Silêncio, lentidão, aparente imobilidade são muitas vezes convocados. De Myriam Gourfink a Meg Stuart e Xavier Le Roy passando por Vera Mantero, esses coreógrafos parecem procurar, não tanto desdobrar um novo dado cinético, mas criar as condições de uma tomada de consciência pelo espectador do trabalho de sua percepção, verdadeira instância ficcionante. Faz-se uma grande exigência a esse espectador de dança de um novo gênero, tamanha é a sutileza e a flutuação dos níveis sensoriais solicitados. Se o filão da introspecção proprioceptiva continua abrindo caminho na dança atual, ele envolve de agora em diante, profunda e deliberadamente, o espectador.

---

88. GOURFINK, M. apud FONTAINE, G. *Les danses du temps.* Pantin: Centre National de la Danse, 2004, p. 132.

89. O australiano Stelarc talvez seja o coreógrafo atual que vai mais longe neste sentido. Na convicção de que o corpo é uma realidade obsoleta, recorre particularmente aos sistemas de realidade virtual e às tecnologias protéticas para "interfacear" seu corpo. Em busca do que poderia ser um corpo espetacular "pós-revolucionário", ele amplifica e diminui seus reflexos musculares, seu ritmo cardíaco e respiratório etc. Cf. STELARC. "Rumo ao pós-humano, do corpo espírito ao sistema cibernético". *Nouvelles de Danse*, n. 40-41. Op. cit., p. 80-98.

4
VISUALIZAÇÕES
O corpo e as artes visuais
Yves Michaud

Desde o Renascimento, a representação do corpo humano repousava sobre a morfologia, e esta sobre a anatomia e a dissecação, ainda praticadas nas escolas de arte pelo final do século XIX e mesmo um bom tempo durante o século XX. Desenhar, pintar, modelar os corpos, significava captá-los nus em sua verdade anatômica e, depois, vesti-los como o mandavam as circunstâncias da cena ou da ação.

I. O peso dos dispositivos técnicos
1. A mutação fotográfica

A partir dos anos de 1840-1860, a fotografia inaugura uma série de mutações técnicas que ainda estão se desenvolvendo e abalam a relação ao corpo.

Primeira observação que deverá nos acompanhar durante toda esta reflexão: a arte do século XX nos mostra do corpo aquilo que as técnicas de visualização permitiram ver umas depois das outras.

A fotografia de imediato permitiu apreender os modelos sem ter de recorrer à maquinaria de polias, correias e ganchos dos ateliês de pintura – coisa que transformou a pose, tornou-a mais natural, mas permitiu também apresentações mais complicadas.

A fotografia permite também isolar detalhes – o que possibilita fotografar o plano geral. Quase imediatamente, também, ela captou o instante, portanto o movimento que ela decompõe, com uma apreensão sempre mais fina do imperceptível e do fugidio.

Deste ponto de vista, o processo de decomposição e de recomposição formal que, nos últimos anos do século XIX, caracteriza a criação de artistas tão diferentes como Cézanne e Puvis de Chavannes, combina as pesquisas da fotografia científica e documentária, a de Muybridge ou de Marey. Seria incorreto atribuir a paternidade das distorções cubistas apenas ao raciocínio intelectual e visual de Cézanne ou à descoberta da escultura negra, ou até às especulações do fim do século sobre a quarta dimensão. É necessário contar também com a cronofotografia e com o nascimento do cinema. Entre 1907 e 1912, entre *Les Demoiselles d'Avignon* de Picasso e o *Nu descendant un escalier* de Duchamp, entre o cubismo e o cubo-futurismo, todos esses fatores se conjugam para possibilitar novos modos de representação. Uma nova lógica da representação fragmenta a figura que vai quase de imediato ser recomposta em um contínuo de formas em movimento. E isso põe também em questão a identidade das coisas e, mais profundamente, do próprio sujeito: o caráter substancial dos corpos se refletia na estabilidade da representação. De agora em diante, não há mais substância, mas fragmentos e sequências. Com seu *Nu* de 1912, Marcel Duchamp pinta um corpo cuja identidade é um *fondu* acorrentado.

O fator de novidade visual assim introduzido desempenha um papel decisivo na perda de influência e logo na desqualificação da pintura. Desde os anos de 1920, em Duchamp e seus herdeiros, o pictural identificado com o elemento "retiniano" desaparece para dar lugar a um novo elemento, fotográfico e cinematográfico. Pelo fim do século XX, esses novos meios acabarão se impondo totalmente e a pintura não passará senão de um gênero antigo ao qual se volta algumas vezes da mesma forma que se revisita uma tradição.

2. Conhecimento, exploração, vigilância

Seria uma ilusão acreditar que esses novos meios de observação foram logo de início postos a serviço da arte. Como toda técnica, esses recursos foram postos primeiro ao serviço do conhecimento e da utilidade. Estavam no coração da investigação científica do gesto humano para racionalizá-lo e melhorar-lhe as *performances*, no coração também do conhecimento documentário da doença e dos métodos de tratamento.

O conhecimento do corpo que aí se conquista é duplo: é o da eficácia do gesto produtivo (que se acha nesse mesmo momento no taylorismo e no fordismo), da eficácia do gesto esportivo e o das doenças, de seus sintomas e de seus remédios.

Mas a arte vai também apoderar-se desses novos recursos e ser capaz de aí se desenvolver em um duplo registro.

O primeiro é o da perfeição mecânica, tal como se encontra em produções tão diversas como as do futurismo, do construtivismo, um pouco mais tarde da Bauhaus, com seus prolongamentos nas artes e no *design* totalitários (o bailarino, o acrobata, o homem mecânico, o operário, o atleta, o homem de mármore, o tipo racial puro).

O segundo registro é o da doença e do estigma, seja qual for o significado simbólico (emblemas das devastações da guerra, sinais da decadência, anúncio dos últimos dias da humanidade).

Nos anos de 1910, esse novo conhecimento visual ensaia seus primeiros passos. Vai em seguida se desenvolver em numerosas direções, algumas previsíveis, outras mais surpreendentes.

A decomposição mecânica dos movimentos possui, além da sua função de conhecimento, um alcance cômico, logo explorado no cinema e, particularmente, em Lloyd, Keaton e Chaplin, cujos filmes mudos têm seu verdadeiro lugar ao lado do *Balé mecânico* de Léger[1], dos filmes de René Clair, Picabia e Duchamp[2], ou das produções construtivistas, por exemplo os cenários, os trajes de balé e cenografias da Bauhaus[3]. Nesta perspectiva, seria errôneo continuar dissociando o cinema das artes plásticas e visuais em geral: aí se manifesta a mesma visualidade.

Com o instantâneo de reportagem fotográfica se inaugura também a era dos "fatos do dia" e do ícone trágico, cujo mestre é o fotógrafo americano Weeger[4], a partir do final dos anos de 1920. Começam os tempos do foto-jornalismo e do tabloide, cuja posteridade vai ser imensa, não só na vida cotidiana, mas também na arte, a partir do uso surrealista do "fato do dia" até a transfiguração do banal pela pop art, inclusive em suas variantes europeias, sem esquecer nem o realismo popular da arte socialista ou fascista, nem a figuração europeia dos anos de 1960-1970.

Os raios-X, as fotografias em plano geral, a macrofotografia vão sem demora ser postos a serviço da arte. Obtidas por contato direto do objeto ou do órgão com o papel sensível, as schadografias são inventadas por um pintor realista, Christian Schad, e os raiogramas pelo surrealista Man Ray. Os manuais de pose para a radiografia médica, os documentos fotográficos sobre as doenças da pele, da face e da boca, sobre as monstruosidades e malformações, são utilizados também pelos artistas[5], desde os pintores alemães da

---

1. *Ballet mécanique*, 1924, 16 minutos, curta-metragem, realização de Fernand Léger, Dudley Murphy, Man Ray.

2. *Entracte*, de René Clair, 1924, com a colaboração de Jean Borlin, Picabia, Man Ray, Marcel Duchamp, Marcel Achard, Touchagues.

3. Particularmente em Oskar Schlemmer.

4. Weegee (apelido de Arthur H. Fellig), nascido em 1899, inicia a sua atividade de fotógrafo de atualidade por volta de 1927.

5. Cf. o artigo de Lawrence Gowing, "A posição na representação: reflexões sobre Bacon e a figuração do passado e do futuro". *Les Cahiers du Musée National d'Art Moderne*, n. 21, set./1987, p. 79-103.

nova subjetividade nos anos de 1920 até Francis Bacon trinta anos depois, passando por Eisenstein no *Encouraçado Potemkin*.

Do lado exterior, todas as opções fotográficas e cinematográficas serão exploradas: a pose e a encenação elaboradas, o plano aproximado, a montagem, a maquiagem e os artifícios visuais ou, pelo contrário, a filmagem dos corpos em seu estado natural ou espontâneo – Man Ray, Luis Buñuel, Florence Henri, Ingmar Bergman, Andy Warhol, John Cassavetes, John Coplans, Robert Mapplethorpe, Nan Goldin representam algumas dessas posições neste leque de escolhas.

Sempre no registro da exterioridade, é necessário frisar a contribuição mais recente do vídeo, com efeitos consideráveis e mesmo revolucionários em pouco tempo e sob todas as suas formas, desde o vídeo amador até as imagens fornecidas pelas câmeras de vigilância e aos meios de identificação biométrica. O vídeo abre um novo domínio à observação, o da filmagem das silhuetas, das fisionomias banais, dos rostos ordinários e dos gestos anódinos, dos deslocamentos de massas, e aquele, também, da auto-observação narcísica ou depressiva. O vídeo banaliza também um tipo de imagem frouxa, esverdeada ou acinzentada, saltitante, que faz parte do nosso universo visual.

No domínio da exploração interna, as mudanças foram igualmente espetaculares, sobretudo nos anos recentes.

O corpo feito em parte transparente pela radiografia vai tornar-se o corpo visitável pela microexploração médica (sondas miniaturizadas) ou o corpo de ora em diante visível sem invasão, graças ao scanner, à obtenção de imagens por ressonância magnética, à tomografia pela emissão de pósitrons. A viagem ao interior do corpo de torna possível e pode-se "ver" o funcionamento dos órgãos, inclusive o órgão do pensamento, mesmo que as "verdadeiras imagens" em questão sejam de fato imagens por convenção (em particular de coloração) de dados numéricos abstratos.

Este primeiro percurso sob o signo das técnicas perceptivas nada fala dos temas, mas revela a importância fundamental dos dispositivos: aparelhos fotográficos, cinematográficos, dispositivos vídeo (câmeras e monitores acoplados), dispositivos de exploração interna. Esses aparelhos permitem que se vejam novos aspectos do corpo. São poderosos: difundem imagens até aqui raras (imagens médicas, pornográficas, criminosas, esportivas). Tornam-se novas extensões, próteses ou órgãos do corpo, inclusive no sentido de corpo social: o aparelho fotográfico, a câmera de vídeo, inicialmente reservados ao repórter ou ao cineasta, passam às mãos do turista e, enfim, às mãos de todo o mundo. São olhos a mais para verem e se verem. No fim do século XX, o anel se fechará: o que vê e o visto estão constantemente em espelho e não há quase nada que aconteça que não tenha logo a sua imagem.

Considerando da maneira mais ampla possível não só a produção dos pintores, mas também a dos fotógrafos, o cinema experimental, o cinema, numa palavra, que acaba entrando também no museu, e as artes visuais em geral no decorrer de todo o século XX, o que impressiona é, portanto, uma grandíssima inventividade técnica, a experimentação e o uso de todos os instrumentos possíveis de visualização do corpo e do humano. Há sem dúvida, como se verá, constantes temáticas, mas existem ainda mais modos de visão renovados pelo desenvolvimento da aparelhagem tecnocientífica. Os artistas, testemunhas oculistas, para falar como Duchamp[6], empregam todos os meios de que podem dispor.

Essas técnicas de visualização, à medida que se vão tornando mais poderosas e indolores, tornam-se paradoxalmente também mais invasivas e agressivas. Põem o corpo a nu no sentido próprio e no figurado, inclusive no seu interior. Elas o perseguem até o mais íntimo. Usam de artifícios, desvelam e exibem o que era invisível, escondido ou secreto. O real é deixado sem véus nem possibilidade de abrigo, abandonado à pulsão de ver. Essas imagens do corpo, que se acredita a princípio serem apenas "novas", transformam de fato a relação ao corpo.

---

6. As "testemunhas oculistas" são personagens de *La Mariée mise à nu par ses célibataires, même*, intitulada ainda *Le Grand Verre*, de Marcel Duchamp, peça realizada entre 1915 e 1923.

II. Corpo mecanizado, corpo desfigurado, corpo de beleza

O que é que se mostra através desses instrumentos, dos quais os artistas não param de se apoderar?

Três grandes registros parecem organizar o imaginário do corpo na arte do século XX: o do corpo mecanizado, o do corpo desfigurado, o do corpo da beleza. E a tudo isso deve-se acrescentar uma importância sempre maior atribuída ao corpo nesse imaginário e nas práticas dos artistas, até se tornar a obsessão mais lancinante nos últimos anos do século.

1. Trabalhadores, atletas, bailarinos, máquinas

A imagem do corpo mecanizado reflete a cultura do esporte e da ginástica, a racionalização do trabalho no final do século XIX, as políticas de higiene das populações – e a política, numa palavra, com suas massas organizadas e seus desfiles.

A despeito das violências da Primeira Guerra Mundial, essa imagem continua dominando durante os anos de 1930, como se não tivesse ocorrido nenhum questionamento. Esse corpo mecanizado reaparece, enfim, nos últimos vinte anos do século XX, em uma versão fantasmática, a das próteses técnicas e biotecnológicas.

A arte, deste ponto de vista, assume as representações sociais dinâmicas e otimistas do corpo, e contribui por seu turno para difundi-las e mesmo para torná-las onipresentes através da publicidade e do mundo do espetáculo, ao qual está sempre mais associada.

Predomina a obsessão de um corpo feito para a *performance* e mecanizado. Ela é visível a partir deste soberbo emblema do século XX que é a *Cabeça mecânica*, conhecida também como *O espírito de nosso tempo*, de Raoul Hausmann (1919): trata-se de uma cabeça de manequim de madeira com um número de série na fronte, que não é ainda uma tatuagem de campo de concentração nem um código de barras de produto comercial, mas poderia vir a sê-lo, com um decímetro e diferentes próteses mecânicas. O futurismo, o construtivismo, Dada, a fotografia e a coreografia da Bauhaus, com suas montagens misturando corpos e partes de máquinas, suas fotografias depuradas, seus uniformes de trabalho e roupas de teatro na moda do produtivismo, celebram esse corpo norma e padrão, o corpo da civilização dos operários e dos produtores. O homem novo é daqui em diante o homem mecânico, o homem padronizado, o homem de Rodtchenko ou de Schlemmer, o bailarino do balé mecânico, o engenheiro do mundo novo ou o construtor do futuro.

Esta obsessão se acha evidentemente presente no coração das representações do homem novo na arte fascista, nazista ou mussoliniana, na arte soviética staliniana; mas também se encontra no muralismo mexicano, com seus heróis musculosos, atletas da liberdade, que se levantam para quebrar seus grilhões.

O tom é no mais das vezes de celebração, muito pouco de crítica. Até o dadaísmo é ambíguo na sua visão do homem mecânico, e assim não se sabe se ele o denuncia ou o celebra (por exemplo em Picabia). De fato, o final dos anos de 1920 e a virada dos anos de 1930 assistem ao multiplicar-se dos questionamentos sobre o homem novo e o paraíso (ou o inferno) climatizado das sociedades técnicas. As considerações sobre esse homem novo, criado pela ciência e pela indústria, muitas vezes alimentadas pelas esperanças depositadas na Revolução Soviética, estão longe de serem negativas: espera-se efetivamente por um amanhã que cantará, pelo melhor dos mundos, o mundo dos atletas, dos trabalhadores, dos semideuses da sociedade tecnocrática organizada. Deste ponto de vista, a produção das artes totalitárias prolonga uma visão voluntarista da cidade ideal – acrescentando-lhe os estereótipos de um passado mitificado e os cânones do academicismo, sobretudo na arte nazista.

2. Horror, estetização, fantasmas

Ao contrário dessa visão positiva do corpo, os horrores da guerra de 1914 a 1918, e mais tarde as revoluções e guerras civis que se seguiram, repercutiram sobre a produção de imagens nas artes. As colagens dadaístas (sobretudo de Dada Berlim, a mais marcada pela violência política e militar), as pinturas de guerra, a iconografia dos artistas alemães da Nova Objetividade, os desenhos e montagens dos anos de 1920 mostram corpos desmembrados, desarticulados, mutilados, e rostos desfigurados e massacrados.

O que é, no entanto, perturbador é que as repercussões na arte desses horrores não tenham sido nem qualitativa nem quantitativamente proporcionais à carnificina militar. A arte não está à altura da catástrofe.

Por diversas razões.

Por um lado, existem limites à estetização do horror, limites que se vão encontrar a propósito do fenômeno concentracionário, vinte anos mais tarde. O horror nunca é facilmente recuperável pela arte, sobretudo quando não tem vocação para ser documental[7]. A fotografia de guerra, tendo o *handicap* do peso dos aparelhos, não apresentou verdadeiramente um testemunho do horror das trincheiras e, quando o fez, foi censurada, tanto por razões políticas como pela compaixão para com as vítimas. Quanto aos "filmes de atualidades" rodados durante a Grande Guerra ou a Revolução Russa, foram sempre reconstituições cinematográficas, tanto por razões técnicas como de propaganda: não se filma no coração da batalha e o que se mostraria não seria forçosamente aceitável. Apenas talvez alguns pintores, na tradição dos pintores oficiais nos exércitos, apresentaram testemunhos fortes sobre uma guerra aliás bastante ausente da arte[8].

---

7. A ideia de uma arte com função documental se generalizou durante a última década do século XX, uma vez que as perspectivas modernistas críticas se esfumaram. Mesmo assim, não é inédita. A arte foi muitas vezes documental, quer no Renascimento, quando a pintura serviu o conhecimento das coisas e sua representação exata, graças à perspectiva, ou também, sem dúvida, com a iconografia cristã, quando a arte tinha uma função de doutrinação e de edificação, servindo particularmente para visualizar a Escritura. Quanto a essas questões, cf. BAXANDALL, M. *Painting and experience in fifteenth century Italy*. Oxford: Clarendon Press, 1973. DELSAUT, Y. *L'oeil del Quattrocento*. Paris: Gallimard, Col. "Bibliothèque des Histoires", 1985.

8. De modo especial um pintor como Stanley Spencer (1891-1959), que foi pintor nas forças armadas e lutou na Infantaria.

Em compensação, a violência sobre os corpos se encontrou presente indiretamente, ou seja, de maneira fantasmática, metaforizada e estetizada, nas obsessões do surrealismo, em Dali, Brauner, Bellmer, e mais ainda na sua dissidência "acéfala", em Masson particularmente[9].

Os horrores da Segunda Guerra Mundial não apareceram também com maior frequência na arte. Salvo através de alguns documentos fotográficos americanos que se tornaram ícones da carnificina e do horror[10]. Vai ser necessário aguardar certas produções cinematográficas recentes para que se tente mostrar o horror dos massacres (*O resgate do soldado Ryan*, de Spielberg, em 1998), mas permanece a estilização cinematográfica. É menor ainda o número de documentos artísticos sobre a deportação e o extermínio dos campos de concentração (o caso de Zoran Music é uma exceção[11]) e não é muito surpreendente: e é de se perguntar se a estetização seria simplesmente aceitável quando se tratasse de Auschwitz ou de Dachau.

Se os horrores infligidos aos corpos estão presentes é, neste caso ainda, de maneira indireta, ou seja, fora do contexto, de modo fantasioso – e em todos os casos de forma estetizada.

Neste registro da desolação não se deveriam esquecer os testemunhos muitas vezes alegóricos do realismo, este mal-amado dos historiadores da arte do século XX, bem viva, no entanto, dos anos de 1920 e 1930 até os anos de 1950 e mais adiante, da Nova Objetividade Alemã a Bem Shahn, do Fougeron ou Taslitzsky a Gruber e Buffet, de George Segal e Lucien Freud a Leon Golub ou Eric Fischl.

---

9. A revista *Acéphale* foi fundada em 1936 por Georges Bataille, em companhia de Pierre Klossowski e André Masson.

10. As fotos tiradas por Robert Capa em Omaha Beach, por ocasião do desembarque na Normandia no dia 6 de junho de 1944, são os documentos mais famosos.

11. Zoran Music, nascido em 1909 na Itália, foi deportado para Dachau em 1944. Morreu em 2005.

Na maioria das vezes, o horror e a violência são de fato inscritos no contexto simbólico de rituais a-históricos. É deste modo que se pode interpretar a "violência" da arte dos anos do pós-guerra, e particularmente a dos *happenings* e das ações dos artistas radicais do accionismo vienense dos anos de 1960 e 1970, ou a de certas obras fetichistas ou sadomasoquistas dos anos de 1980 e 1990 (por exemplo no fotógrafo norte-americano Robert Mapplethorpe).

Temos, sem dúvida, olhares diretos sobre o horror, particularmente o de Francis Bacon, um pintor que segue a grande tradição das *Paixões* e das *Crucificações*, e cuja mensagem "à la Goya" é que o mundo é um matadouro. Em 1946, ele pinta, na sequência de suas *Crucificações*, uma figura humana torturada, retorcida sobre si mesma, tendo ao fundo uma carcaça de boi pendurada em um gancho de açougue.

Mas, na maioria dos casos, os ultrajes infligidos aos corpos passam pela arte sem terem diretamente significação política: tornam-se ultrajes autoinfligidos no quadro de rituais religiosos ou sob o pretexto de afirmações existenciais.

3. *Body-builders, cyborgs, mutantes*

A partir do momento em que se desenvolvem não só a cirurgia estética, mas também as operações de modificação do corpo de todos os tipos, desde a dietética e o *body-building* até ao *doping*, e de fato tudo aquilo que se costuma denominar "engenharia biotecnológica", de novo aparece o tema do homem mecânico, mas sob a forma do homem "pós-humano"[12]. Os enxertos, as cirurgias para a mudança de sexo, as intervenções na reprodução, a melhora das *performances* através do *doping*, as perspectivas de modificação genética e de clonagem, as intervenções "biotech", tudo isso permite entrever o aparecimento de um homem mutante, filho de suas próprias opções e

---

12. *Post-human* é o título de uma exposição organizada em 1992, em Lausanne, e depois em Castello di Rivoli, pelo comissário norte-americano independente, Jeffrey Deitch.

de suas próprias técnicas, com esta ambiguidade que não se sabe se aqui se trata de um homem inumano por desumanização ou de um super-homem que ultrapassa a humanidade para levá-la mais alto e mais longe e levá-la à plenitude. Transplantam-se corações, rins, fígados e pulmões. Implantam-se artérias de plástico, próteses dos quadris, implantam-se de novo as mãos arrancadas e já se especula sobre a eventualidade de enxertar partes do rosto. Fazem-se diagnósticos das doenças genéticas do embrião e se intervém sobre elas. A tecnologia computadorizada permite visualizar fenômenos literalmente invisíveis e dirigir os gestos dos cirurgiões em um mundo onde ele se comporta como Gulliver em Lilliput. Fazem-se operações e diagnósticos à distância. Quanto às técnicas de computação, permitem criar os clones virtuais de um rosto ou de um corpo. Mediante algumas próteses visuais e tácteis, podemos viajar por mundos virtuais, inclusive aquele em que desfrutamos à distância por "teledildônica"[13] de uma Barbie loura tão verdadeira como se fosse natural.

Sem cair na ficção científica, sentimos que nossos corpos não têm mais exatamente os mesmos contornos que antigamente. Já não sabemos muito bem quais são os seus limites, o que é possível ou lícito, o que pode ser mudado no corpo sem que mudemos de identidade ou não.

Alguns artistas se arriscam por esses novos domínios. Alguns imaginam um mundo onde seriam diretamente implantados no corpo instrumentos de comunicação e lhe trariam informações e novos poderes. Alguns, como Matthew Barney propõem, a sério ou em imagem virtual, seres mutantes. Outros, como o artista australiano Stelarc, trabalham em um cybercorpo feito de próteses obtidas com as novas tecnologias: Stelarc pode, por exemplo, mover um terceiro braço robotizado e comandado à distância. Na mesma lógica do virtual-real, a artista francesa Orlan, veterana do *body art* dos anos

---

13. Traduzo assim o termo americano *teledildonics*, que designa as atividades de sexo virtual à distância.

de 1970[14], reconvertida às modificações corporais, decide submeter-se a partir de 1990 a uma série de intervenções de cirurgia estética filmadas em vídeo e transmitidas ao vivo, no decorrer das quais o seu corpo devia acabar segundo as normas estéticas dos grandes mestres, de Da Vinci a Ticiano. Essas iniciativas não se limitaram à "grande" arte. *Body-builders, performers* ou atores às margens do *underground* e do mundo da pornografia e da arte promovem práticas artísticas de modificações corporais mais ou menos radicais, que vão da tatuagem ou do *piercing* ao transexualismo, à produção de monstruosidades ou de anomalias[15]. O homem mecânico dos anos de 1930 parece estar de volta – mas sob formas e para tempos em que a norma de eficiência esportiva ou administrativa desapareceu, e onde só impera a lógica do espetáculo ou do fantasma individual. O monstruoso se torna a manifestação dessa perfeição sem norma.

4. A beleza, sempre, explosivo-fixa

Ao lado dessas imagens de corpos calibrados, monstruosos ou desfigurados, a arte do século XX nunca cessará, ao mesmo tempo, de se deixar habitar pela sedução e pela obsessão da beleza. Eis aí o terceiro espelho do século.

Essa afirmação poderá surpreender. De tanto se concentrar nas deformações do corpo na arte reconhecida dos Museus, quase todos os historiadores da arte se mostraram, com efeito, amplamente cegos a essa presença obsessiva da beleza no decorrer de todo o século. Obnubilados pelas transgressões das vanguardas, fixaram-se até a saciedade ao lugar-comum de uma

---

14. Orlan, que inicia desde os anos de 1965 *performances* corporais, ganha fama em 1977 pelo *Beijo da artista* por ocasião da Feira Internacional de Arte Contemporânea de Paris, onde a artista beija os visitantes que depositam uma moeda de 5 francos no dispositivo. As operações de remodelagem cirúrgica têm início em 1990.

15. Para uma documentação pormenorizada sobre essas práticas, cf. o livro de Laurent Courau: *Mutations pop et crash culture*. Rodez: Le Rouergue et Chambon, 2004.

arte moderna que não seria "mais bela" (H.R. Jauss)[16]. Efetivamente, enquanto se pensa apenas em Picasso, De Kooning ou Bacon, fica-se perguntando se existe ainda algum lugar para a beleza no século XX. No entanto, ao longo do mesmo século, o teatro da beleza ocupa um lugar igual, ou talvez até maior que o do horror e da *performance*.

A beleza, que parecia ter desaparecido com a decomposição da representação dos anos de 1910, retorna ao coração da arte a partir dos anos de 1920, que não são apenas os anos da volta à ordem, mas também os anos da beleza surrealista. É bem conhecido o imperativo de André Breton em *L'Amour fou* (O amor louco): "A beleza convulsiva será erótico-velada, explosivo-fixa, mágico-circunstancial ou não será beleza"[17]. A beleza vai estar presente em seguida, com uma difusão imensa no imaginário das massas, através da cultura e das artes populares, do sonho hollywoodiano, da arte dos ilustradores produtores de pin-up, das fotografias de estrelas, através do aporte multiforme e multiplicador da publicidade para os produtos de beleza, da maquiagem e da moda e, de modo geral, de tudo aquilo em que se espelha um mundo de sonho.

Essa obsessão da beleza foi tanto mais difícil de se reconhecer pelo fato de se manifestar principalmente naquilo que durante muito tempo passou como que ao lado ou ficou às margens da arte, antes de progressivamente passar a ocupar seu centro. Assim nos fotógrafos, desde Stieglitz e Steichen ou Berenice Abbott, passando por Callahan, Penn, para ir até Avedon. Mais ainda, há o mundo luxuriante do cinema, mundo do *glamour*, da sedução e do sonho. Essa beleza moderna, que surpreende em meio às distorções à la Picasso, ao lado dos rostos desfigurados da guerra e das abstrações modernistas, tão diferente também da beleza da arte das "Belas Artes" é, salvo nas

---

16. JAUSS, H.R. Die nicht mehr schönen Künste – Grenzphänomene des Ästhetischen. In: JAUSS, H.R. (org.). *Poetik und Hermeneutik III*. München: W. Fink, 1968, p. 143-168. É significativo, aqui, que Jauss tenha sido também oficial da SS em sua juventude.

17. BRETON, A. L'amour fou [1937]. In: *Oeuvres*. Paris: Gallimard, Col. "Bibliothèque de la Pléiade", t. II, 1992, p. 687.

artes totalitárias, separada dos cânones acadêmicos. Com o auxílio dos dispositivos fotográficos e cinematográficos e de seus artifícios, ela se situa do lado da fantasia e do sonho.

De modo mais espantoso, ela se acha também (e cada vez mais) dissociada do desejo, até culminar em uma espécie de frigidez, como no fotógrafo Helmut Newton que, no final do século XX, estiliza e estetiza as convenções da pornografia.

Após a Segunda Guerra Mundial, a pop art veio acrescentar a sua contribuição de duas maneiras.

De um lado, ela fez a iconografia popular da beleza (as estrelas, o *design* interior, os símbolos de luxo e do conforto modernos) entrar no mundo da grande arte, mas, por outro lado, introduziu a grande arte no reino da banalidade e do cotidiano. Esse movimento continua e se acelera com os avatares do neopop dos anos de 1980 e com a aliança cada vez mais estreita da arte e da publicidade. No fim das contas, já não se sabe se Marilyn Monroe é um ícone do cinema, da publicidade ou da arte – mas ela é a beleza "mágico-circunstancial", triunfante e frágil.

5. A *exibição da intimidade e a pornografia banal*

Outro elemento a levar em conta nestas mutações é a popularização e mesmo a democratização da pornografia, do exibicionismo e do voyeurismo.

A partir dos anos de 1980, a abundância dos meios técnicos de produção de imagens e o caráter desde então privado da realização graças à supressão da etapa do desenvolvimento, da reprodução digital facilitada e, mais ainda, os poderosos meios de difusão das obras possibilitam uma pornografia popular até então limitada não só pela legislação, mas também, e mais ainda, pela dificuldade da reprodução e a presença indispensável de intermediários no circuito. Já estimulada pela polaroide, pela pulsão do ver, segundo a expressão de Laura Mulvey[18], que é uma das dimensões essenciais tanto da produção como do consumo de arte, encontra possibilidades de satisfação sempre novas. Até as mulheres têm acesso ao *voyeurismo*. Os artistas recorrem por sua vez a essas práticas, nas quais podem enxertar preocupações de vanguarda, de transgressão, no contexto de um imaginário social mais banal.

Depois de ter estado na origem do modernismo artístico sob a forma do escândalo (Courbet, Baudelaire, Manet), depois de ter sido a marca da transgressão antiburguesa (particularmente nos surrealistas), a pornografia se acha por fim livre dos entraves à circulação e banalizada na arte e também na sociedade: torna-se uma das formas da arte, a da exibição da intimidade[19].

Não é fácil estabelecer a significação dessa "volta" de uma beleza que de fato nunca desaparecera totalmente, dada a pequena distância que temos dela. Mas se pode, evidentemente, falar de nostalgia da beleza como princípio da arte em geral, de uma forma de volta dessa beleza humilhada pela revolta de Rimbaud[20].

Pode-se também considerar o efeito da presença subterrânea persistente do desejo no seio de uma arte teoricamente movida pela frieza conceitual: a obra de Duchamp constitui, deste ponto de vista, soberbo exemplo de manutenção da pulsão do ver e da pulsão erótica mesmo no tempo da neutralização ou, ao menos, da desencarnação do desejo.

Pode-se também pensar em outras hipóteses em uma visão mais ampla de mutações vindas de longe e que provavelmente ainda continuam.

Em seu estudo das fontes éticas do eu moderno, o filósofo canadense Charles Taylor sublinhou a ascensão dos valores de filantropia e de benevo-

---

18. MULVEY, L. "Visual pleasure and narrative cinema". *Screen*, vol. 16, n. 3, outono/1975, p. 6-18.

19. Cf. a coletânea *L'Intime*, editado por Elisabeth Leibovici. Paris: Ensba, 1998.

20. "Certa noite, sentei a Beleza em meus joelhos/E a achei amarga/E a injuriei" (RIMBAUD, A. *Une saison en enfer*).

lência no decorrer da segunda metade do século XX[21]: esses valores acabaram se constituindo no coração do nosso ideal ético. O sociólogo e historiador Richard Sennett, por sua vez, diagnosticou o declínio e, depois, o fim do homem público[22]. Para explicar essa persistente obsessão da beleza e de sua dissociação de um desejo muitas vezes remetido à exibição impudica, talvez se devam evocar processos análogos.

Os valores do moralismo e da correção foram lentamente se infiltrando nos da estética. Nos últimos anos do século XX, esses valores estéticos ocupam o centro da vida social e se colorem em compensação de um valor moral: o belo toma a conotação do bem, inclusive sob a forma do valor que se reconhece ao hedonismo, e o bem deve então, para ser reconhecido e ter validade, assumir a figura do belo – e isto assume o rosto da "correção" política e moral.

É necessário também levar em conta os efeitos a princípio graduais, mas depois acelerados, do deslocamento dos limites entre o público e o privado e a substituição do privado pelo íntimo.

Na sua antiga significação, o privado era conceitualmente unido ao público. Não podia tornar-se público a não ser através de transgressões escandalosas ou de disposições jurídicas estudadas e negociadas. Quando o privado começa a ser pensado sob a categoria do íntimo, perde suas fronteiras. É tudo ou nada: ele se esconde ou se exibe, mas, quando se exibe, sua aparição é bem um outro espetáculo, o espetáculo encurralado pelos meios de visão onipresentes e onipotentes.

No final do século XX essas duas mutações se combinam: a estética triunfa e ao mesmo tempo a intimidade se exibe com uma tranquila despreocupação (*cool*). Em 1987, o artista neopop norte-americano Jeff Koons, artista *cool* por excelência, expõe *Made in Heaven*, uma série de painéis foto-

---

21. TAYLOR, C. *Source of the self*: The making of the modern identity. Cambridge (Mass.): Harvard University Press, 1989. MELANÇON, C. *Les sources du moi*. Paris: Du Seuil, 1998.

22. SENNETT, R. *The fall of public man*. Nova York: W.W. Norton, 1974. • BERMAN, A. & FOLKMAN, R. *Les tyrannies de l'intimité*. Paris: Du Seuil, 1979.

gráficos e de esculturas que o mostram com sua mulher, a ex-estrela do cinema pornô italiano e ativista política, a Cicciolina, fazendo amor. No paraíso sulpiciano que ele escolheu para cenário, a pornografia ganha um caráter tanto estético como sentimental e obsceno.

III. O corpo meio, o corpo obra

Ainda que essas três grandes categorias visuais do corpo técnico, do corpo ferido e do corpo de beleza, que sem cessar reaparecem na arte do século XX, digam já muita coisa sobre as vivências e experiências modernas do corpo, inclusive com suas contradições, até aqui deixei de lado o aspecto mais importante do assunto: o que faz a arte do século XX do corpo, não desta vez enquanto potencial de representação, mas como potencial de produção.

Pois a novidade capital reside no fato de que, na arte do século XX, o próprio corpo se torna um meio artístico: passa da condição de objeto da arte para a de sujeito ativo e de suporte da atividade artística. No decurso do século XX ocorre uma des-realização das obras em benefício do corpo enquanto veículo da arte e das experiências artísticas.

O movimento começa a partir dos anos de 1910. Uma vez levado a seu termo, transforma completamente a cena da arte e é significativo de transformações sociais também consideráveis.

1. *O artista como corpo*

A presença do artista como corpo e como vida permaneceu durante muito tempo invisível ou marginal. Fossem quais fossem a força e a visibilidade da expressão, a grandeza do gênio ou a ambição do trabalho, o corpo-artista sempre se mantinha aquém da obra e fora dela. Podia ser o seu tema, nunca o material como tal, e não aparecia como o corpo produtor que é. O artista era desencarnado, certamente prometido, um dia, às celebrações dos biógrafos: não se adivinhava que ele era um macho *voyeur* e libidinoso, a não ser por suas opções e seus enquadramentos. Basta pensar em Courbet e no sexo de mulher de *L'Origine du monde*, em Manet e o seu *Bal à l'Opéra*, que é de fato um mercado de carne fresca, em Rodin e em seus desenhos pornográficos.

Sem dúvida, trata-se de um tema já presente em Baudelaire ou em Kierkegaard: uma forma de vida pode ser, como tal, uma obra de arte. Kierkegaard fala desde os anos de 1840 da fase estética da existência; quanto a Baudelaire, vai falar do dandy. Essa substituição da arte pela vida encontra uma primeira realização no dandysmo do fim do século, mas a própria natureza do projeto dandy lhe dá uma leveza desenvolta que o encerra na aventura privada.

As coisas mudam a partir dos anos de 1910, com força espantosa e decisiva.

Todos os aspectos são, com efeito, simultaneamente abordados, com uma radicalidade que vai ser depois explorada, prolongada, elaborada superlativamente, ao longo de todo o século.

As vanguardas russas não se limitam a fazer quadros: montam peças e cenografias, praticam a poesia fonética[23] e a coreografia, abordam o vestuário e a moda. A arte se agarra às pessoas, a seus gestos, a sua voz, a suas vestes.

A tudo isso os dadaístas acrescentam sua virulência, sua violência, e uma intensidade fora do comum: as sessões de cabaré, as declamações aos berros de poesia fonética, os processos públicos de sumidades, os disfarces, as danças deslocadas, tudo isso agora é arte. Pense-se em Raoul Hausmann, Hugo Ball, Schwitters, em Dada Berlim ou Dada Paris, no fim da década de 1910[24].

---

23. A língua *zaoum* (o transmental) no culto-futurismo russo dos anos de 1912-1915.

24. Raoul Hausmann declama poemas fonéticos (por exemplo, "Seelen-Automobil", 1918), com a pretensão de inventar uma língua imaginária. Cf. ERLHOFF, M. (red.). *Texte bis 1933* – Tomo I. *Bilanz der Feierlichkeit*. Munique: Text und Kritik, Col. "Frühe Texte der Moderne, 1982. Hugo Ball também toma parte nesses concertos. Cf. *Courrier Dada*. Paris: Le Terrain vague, 1958. Quanto a Dada-Paris, pode-se lembrar as atividades de Pierre Albert-Birot, "Poème à crier et à danser", com o título "Pour Dada". *Dada 2*, dez./1917. • "La Légende". *SIC*, n. 37, dez./1918; n. 38, dez./1919. Quanto aos futuristas, cf. MARINETTI, F.T. *Les mots en liberté futuriste*. Milão: Futuriste, 1919 [Textos teóricos e repetições de obras mais antigas]. Kurt Schwitters dá sua *Ursonate* em 1922. Cf. LACH, F. (org.). *Kurt Schwitters: Das literarische Werk* – Tomo I: Lyrik. Köln: M. DuMont/Schauberg, 1973.

Aqui ainda é Duchamp quem formaliza, por assim dizer, e sistematiza, sem ter aparentemente essa intenção, um conjunto disperso de práticas. *Rrose Sélavy*[25] é o retrato e ao mesmo tempo o duplo do artista travestido, mas ele mesmo, Duchamp, é também portador de uma tonsura "artística", imagem de uma obra que enuncia o seu próprio duplo sentido (*With My Tongue in My Cheek*[26]), fabricando moeda falsa, mas uma verdadeira obra, jogador de xadrez emblemático, sujeito de uma vida que em suas ocupações é, ela mesma, arte, a mesma arte que o artista produz a conta-gotas sob a forma de objetos fundamentalmente "decepcionantes".

2. A arte como ação

Sem terem esse intelectualismo irônico, o fauvismo e o expressionismo do começo do século XX eram também formas de uma arte onde se deslocava o equilíbrio entre o objeto e o artista: o que conta é certamente ainda o quadro que recolhe a expressão, mas essa expressão anima a obra, confere-lhe a sua selvageria, seu primitivismo, sua inocência.

Da mesma forma que Dada, o expressionismo tem uma posteridade considerável. Essa posteridade se enriquece com a passagem para o automatismo surrealista com seu apelo ao inconsciente: ela se enriquece também com a descoberta das artes primitivas, e de modo particular dos indígenas, pelos artistas americanos.

A partir dos anos de 1940, os expressionistas abstratos americanos começam a pensar sua pintura como uma ação, ainda que sua empreitada não seja unicamente existencial, mas também (e talvez mais ainda) a busca de uma memória coletiva antiga e dos símbolos do mito. Daí vai nascer, todavia, em particular através dos comentários de Harold Rosenberg[27], uma in-

---

25. Retrato de Marcel Duchamp em *Rrose Sélavy*, por Man Ray, em 1920.

26. With My Tongue in My Cheek é também um autorretrato de Marcel Duchamp, realizado por ele em 1959 sobre um molde de pasta.

27. ROSENBERG, H. *La tradition du nouveau* [1959]. Paris: De Minuit, Col. "Arguments", 1962.

terpretação existencialista de sua pintura como *action painting*, "pintura de ação", na qual aquilo que o pintor faz, conta mais que os resultados efetivos do seu trabalho, onde o investimento gestual tem mais importância que a obra pronta.

Nos anos de 1950-1970, dá-se um desenvolvimento considerável das práticas corporais no cruzamento do expressionismo e do neodadaísmo. O ressurgimento do espírito Dada se traduz nos *happenings* e nas ações corporais que tomarão a seguir o nome de *body art*, na fusão da poesia (Fluxus), da coreografia (Cunningham, Brown, Rainer) e da música (Cage) em obras que agora dependem mais da *performance* que do objeto duradouro[28]. Nos anos de 1970, esse tipo de *performance* conquista o mundo do rock com músicos como Iggy Pop.

A dimensão expressionista se faz mais presente na Europa, sobretudo na tradição dos "acionistas" vienenses dos anos de 1960 e 1970 (Muehl, Brus, Schwarzkogler, Rainer), que invocam a dimensão da orgia, do excesso, das transgressões da arte, organizando cerimônias dionisíacas onde reinam a violência, o sexo, a regressão e a destruição[29].

Em muitos artistas, contudo, o recurso a Dada teve o sentido de um protesto contra os excessos de teatralidade do expressionismo e contra todo *pathos*. Não é um corpo expressivo que ocupa o primeiro plano da arte, mas um corpo mecânico e automático.

Warhol queria ser uma máquina fria e inexpressiva[30]. A esta mesma altura, artistas como Pinot-Gallizio ou Manzoni se transformam em máquinas produtivas, que chegam ao ponto de defecar merda artística. Buren, Mosset,

---

28. Quanto a essa evolução, cf. o livro de BERTRAND-DORLÉAC, L. *L'Ordre sauvage*: violence, dépense et sacré dans l'art des années 1950-1960. Paris: Gallimard, Col. "Arte et artistes", 2004.

29. A respeito do acionismo vienense, cf. os dois catálogos *Wiener Aktionismus* – Wien 1960-1971. Klagenfurt: Ritter-Verlag, 1988.

30. "As máquinas têm menos problemas. Eu gostaria de ser uma máquina. Você não?" (WARHOL, A. apud COLACELLO, B. *Holy Terror*: Andy Warhol close up. Nova York: Harper and Collins, 1990. A frase é de 1963).

Parmentier, Toroni, Viallat, Opalka, pelo fim dos anos de 1960, transformam-se, também, em máquinas de produção de obras permutáveis ou infinitamente repetíveis[31].

As duas últimas décadas do século XX não questionam esse primado do meio corporal, longe disso.

A confluência da onda de liberdade sexual dos anos de 1970 e do refluxo provocado pela Sida (Aids) suscita obras onde se misturam obsessão da sexualidade e angústia da morte. O trabalho de Mapplethorpe é um bom exemplo dessa ambivalência existencial. Chega, segundo o título de uma exposição de 1994, "o inverno do amor"[32]. Uma só angústia vem envolver o mundo da beleza – que se imuniza dessa angústia por um aumento de leveza ou de provocação.

Ao mesmo tempo, o desenvolvimento das tecnologias médicas, cirúrgicas e genéticas, e também o das tecnologias computadorizadas, permitem novos artifícios. Já se tratou desse homem pós-humano, que se esboça na arte. Essa perspectiva pós-humana põe em xeque e em crise as certezas em matéria de identidade e de autocerteza, abaladas por outro lado pela descoberta de outras vivências e de outras construções do corpo através dos trabalhos das artistas feministas (Nancy Spero, Judy Chicago, Cindy Sherman, Barbara Kruger) ou as contribuições dos artistas homossexuais e do pensamento *queer*.

3. O corpo, sujeito e objeto da arte

O resultado dessas evoluções é que o corpo "fim de século" é de agora em diante ao mesmo tempo sujeito e objeto do ato artístico. Torna-se oni-

---

31. O tema é tratado com profundidade por FRÉCHURET, M. *La machine à peindre*. Nîmes: Jacqueline Chambon, 1994.

32. Catálogo *L'hiver de l'amour, bis*. Paris: Arc-Musée d'Art Moderne de la Ville de Paris. Paris: Éd. Paris-Musées, 1994.

presente – onipresente nas imagens fotográficas e no vídeo. A partir dos anos de 1990, 80%, ou até 90% da arte tomam o corpo como objeto. Quando não o mostra, utiliza-o sob a espécie do corpo do artista produtor e *performer*, tendo-se tornado, ele mesmo, obra e marca bem mais que criador de obras. A síntese é levada a cabo por artistas como Bruce Nauman, Roman Opalka ou Cindy Sherman, que são simultaneamente sujeito e objeto da sua obra em um questionamento sobre a identidade que tem, ao mesmo tempo, uma dimensão social e uma dimensão artística.

Temos aí o sinal de evoluções complexas.

Por um lado, durante os últimos trinta anos, a arte foi progressivamente mudando de regime e de época. Morreu a dimensão especificamente moderna de uma arte quase vista como substituto da religião, e realizando-se em obras supremas. A arte moderna acabou. Deu lugar a uma arte que não é mais nem profética nem visionária, que faz precisamente parte dos inúmeros mecanismos da reflexão social (no sentido de reflexo como também no sentido de pensamento), que vem a ser um modo de reflexão e de documentação entre todos aqueles através dos quais a sociedade enquanto sistema apreende e reflete o que se passa em seu seio.

Por outro lado, sem que possa constituir uma surpresa, esse movimento de reflexividade generalizada é acompanhado por muitas dúvidas sobre identidades que se tornaram também múltiplas ou, em todo o caso, bastante instáveis ou flexíveis para parecerem múltiplas.

Enfim, os aparelhos de visão se tornaram onipresentes e invasivos e não deixam mais nada "fora da vista". Nada mais é escondido.

Conclusão: A alma que se tornou corpo e a vida sem a vida

O corpo parece, nestas condições, o último ponto de ancoragem a que é possível apegar-se.

É o ponto de ancoragem a que é possível referir-se para se apreender como sujeito, gerir-se, manipular-se, transformar-se, ultrapassar-se como pessoa ou indivíduo entre os outros – seja por cirurgia, terapias, drogas ou virtude estoica.

É também o ponto de ancoragem, a testemunha que permite constatar, registrar e medir com objetividade desencantada, sinistra ou indiferente, as mudanças, as transformações e as tensões induzidas pela reflexividade social, e o tempo que continua passando no eterno presente do atual.

Exceto que aí não se trata mais de novas representações do corpo, com aquilo que a ideia de representação comporta de distanciamento, pela boa razão de não haver mais representação em absoluto. As imagens nos colocam, brutalmente, diante de uma realidade nua e crua, da qual não somos mais capazes de nos apropriar, pois se volatilizou a dimensão simbólica e metafórica que permitia a representação. O corpo, de certo modo, coincide consigo mesmo sem que seja ainda possível subjetivá-lo ou objetivá-lo. Está diante de nós como uma peça de carne, uma careta, uma silhueta plantada sem razão no local onde está. Daí também a estranha onipresença do sexo, mas sem desejo nem fantasma nem paixão. Essa evolução vale tanto para as artes visuais como para o teatro e a dança.

Escrevia Michel Foucault, em 1976, no final de *A vontade de saber*[33], que o sexo se tornou "o ponto imaginário pelo qual cada um deve passar para ter acesso à sua própria inteligibilidade, à totalidade de seu corpo, à sua identidade". Inteligibilidade, totalidade, identidade: eis aí uma série de conceitos estranhamente humanistas, em um pensador que se pretendia anti-humanista, mas que dão testemunho ainda de um projeto de representação clássica.

Já se passaram uns trinta anos. Estamos doravante diretamente em face do corpo e do sexo, com sua aparência enigmática, ao mesmo tempo obsessiva e frígida, brutal e familiar, nua e indiferente. Prevalece um materialismo

---

33. FOUCAULT, M. *Histoire de la sexualité* – Tomo I: La volonté de savoir. Paris: Gallimard, Col. "Bibliothèque des histoires", 1976, p. 205-206.

gélido: onde havia consciências, almas, fantasia e desejo, só resta um corpo com suas marcas.

O face a face consigo se tornou um face a face com um corpo em relação ao qual não podemos tomar distância alguma. "O sexo se tornou – escrevia Foucault na mesma passagem – mais importante que a nossa alma, mais importante quase que nossa própria vida."

Para descrever a situação contemporânea, deve-se precisamente substituir "sexo" por "corpo" e suprimir o "quase": o corpo se tornou mais importante que nossa alma – tornou-se mais importante que nossa vida.

ÍNDICE DE NOMES PRÓPRIOS*

Aaron, Soazig, 441

Abbott, Berenice, 554

Abraham, Felix, 129

Achard (professor), 120

Achard, Marcel, 544n.

Adams, Bluford, 267n.

Adams, Rachel, 39n., 266n.

Adrien, Paul, 483n.

Agamben, Giorgio, 436

Agathon, 202n.

Aïach, Pierre, 36n.

Aimard, Gustave, 281

Ajuriaguerra, Julian de, 529n.

Albert (prestidigitador), 318n., 319n.

Albert-Birot, Pierre, 559n.

Albrecht, Gary L., 305n., 331n.

Alderson, William T., 266n.

Alexandra (princesa de Gales), 297

Allen, Woody, 502

Altick, Richard, 264n., 265n.

Amat, Jules, 212n.

Amar, Marianne, 234

Ambroise-Rendu, Anne-Claude, 152n.

Amery, Jean, 402n.

Amiel, Vincent, 482n.

Amiot, Jean, 177n., 521n.

Amiot, Patrick, 177

Ancet, Pierre, 278n., 288n.

Andersson, Harriet, 496, 498

André (general), 373n.

André, Géo, 226n.

Andreff, Wladimir, 466n., 468n., 470n., 474n.

---

* A letra "n" após os números de página indica nota de rodapé.

Andrews, Bridie, 30n.

Anouilh, Jean, 65

Antelme, Robert, 421n., 429n., 437n.

Antoine (cabeleireiro), 177

Antoine, Jean, 465

Anzieu, Didier, 81n., 278n.

Apollinaire, Guillaume, 114

Appel, Toby, 288n.

Applebaum, Anne, 428n.

Apter, Emily, 285n., 303n.

Aragon, Louis, 114

Arbus, Diane, 331, 337s.

Arden, Elizabeth, 161

Ariès, Philippe, 58

Aristóteles, 51, 502

Arnaud, Pierre, 200n., 226n.

Arron, Christine, 247n.

Arroyo, José, 503n.

Ascher (professor), 188

Assayas, Olivier, 496n.

Astruc, Alexandre, 501

Atkins, Thomas R., 503n., 507n.

Aucouturier, Bernard, 458

Aucouturier, Hippolyte, 241n.

Audouin-Rouzeau, Stéphane, 373n., 398n.

Auerbach, Nina, 485n.

Auffray, Charles, 83n.

Augé, Marc, 21n.

Augé, Paul, 223n.

Augustin, Jean-Pierre, 238

Auriol, Vincent, 232n.

Avedon, Richard, 554

Avicena [Ibn Sina], 51

Avisar, Ilan, 497n.

Aziza-Shuster, Évelyne, 82n.

Azouvi, François, 229n.

Azzopardi, Michel, 491n.

Bachelard, Gaston, 370

Bachimont, Jeanine, 38n.

Baclanova, Olga, 322n.

Bacon, Francis, 57, 58n., 544n., 545, 551, 554

Baddeley, Gavin, 503n.

Baecque, Antoine de, 319n., 482n., 497n., 499n., 500n., 504n.

Bailey, James, 291

Bailey, Peter, 264n.

Índice de nomes próprios

Bainbridge Cohen, Bonnie, 524

Bajos, Nicolas, 131n., 143n.

Balan, Bernard, 288n.

Ball, Hugo, 559

Balzamo, Elena, 433n.

Banville, Théodore de, 298

Baquet, Maurice, 232n.

Bara, Theda, 490s.

Barataud, Bernard, 92ss.

Barba, Eugenio, 521n.

Bardet, Jean-Pierre, 30n., 135n.

Bardot, Brigitte, 113, 498ss.

Bariéty, Maurice, 68n.

Barkan, Elazar, 309n.

Barney, Matthew, 552

Barnum, Phileas Taylor, 261, 264-268, 274, 276, 278s., 282n., 291, 293n., 297, 316, 321, 323s., 328

Bartov, Omet, 397n.

Bar-Zohar, Michel, 162n.

Bas, Frédéric, 117n.

Baszanger, Isabelle, 49n.

Bataille, Georges, 550n.

Bateson, William, 86

Batman, 503s.

Baubérot, Arnaud, 174n., 215n.

Baud, Jean-Pierre, 103, 104n.

Baudelaire, Charles, 28, 298, 556, 559

Baudry, Patrick, 116

Baxandall, Michael, 549n.

Baxman, Inge, 526n.

Bayne, Tim, 339n.

Bazin, André, 493n., 505

Beaune, Jean-Claude, 16, 288n.

Beaunis, Henri-Étienne, 222n.

Beaupré, Nicolas, 397n., 398n.

Beck, Calvin Thomas, 485n.

Becker, Annette, 376n., 398n., 408n.

Becker, Jean-Jacques, 373n.

Béclère, Antoine, 66n., 67

Beevor, Antony, 403n.

Bejano, Emmitt (o "homem-crocodilo"), 339

Béjin, André, 120n., 121n.

Bell, Daniel, 247n.

Bellamy, David, 384n.

Bellin du Coteau, Marc, 227, 228n.

Bellivier, Florence, 104n.

Bellmer, Hans, 550

Bellochio, Marco, 114

Ben Ytzhak, Lydia, 177

Benayoun, Robert, 490n.

Benjamin, Walter, 168n., 262n., 376, 513

Bennett, Tony, 261n.

Bergala, Alain, 490n., 496n., 498n.

Bergman, Ingmar, 496, 498, 545

Bergman, Ingrid, 113, 496

Bergren, Eric, 329n.

Berlivet, Luc, 21n.

Bernard, Claude, 39, 41, 51, 68

Bernard, Jean-Pierre Arthur, 262n.

Bernard, Michel, 529n.

Bernège, Paulette, 186

Berry, John, 353n.

Bertherat, Thérèse, 244n.

Berthoz, Alain, 536n.

Berthoz, Jean, 514n., 516n.

Bertillon, Alphonse, 349n., 350n., 352n.

Bertillon, Louis-Adolphe, 137n., 351n.

Bertillon, Suzanne, 349, 351s.

Bertin, Sylvie, 244n.

Bertini, Francesca, 491

Bertrand, Claude-Jean, 473n.

Bertrand-Dorléac, Laurence, 561n.

Bessy, Olivier, 245n., 246n.

Bilger, Nathalie, 486n.

Billard, Pierre, 490n.

Billings, Paul R., 359

Bilton, Michael, 399n.

Binet, Alfred, 42

Binet-Sanglé, Charles, 308

Bircher-Brenner, Maximilian (doutor), 163

Bjorkman, Stig, 496n.

Blairs, Betsy, 499

Blaizeau, Jean-Michel, 462n.

Blassie, Michael, 413

Blaufox, M. Donald, 68n.

Bloch, Marc, 384, 389

Blondet-Bisch, Thérèse, 414n.

Blöss, Thierry, 153n.

Bloy, Léon, 163

Blum, Léon, 156n., 227

Blum, Virginia L., 339

Bobet, Louison, 234

Bocchi, Píer Maria, 320n.

Bogdan, Robert, 266n., 268n., 269n., 275n., 279n., 317n., 334n., 486n.

Boigey, Maurice, 225, 227n.

Boisselier, Jackie, 187n.

Boltanski, Luc, 100n., 111, 112n., 298n.

Bonah, Christian, 42n.

Bonaparte, Marie, 121

Bonaque, Marie-Louise, 433n.

Bondeson, Jan, 268n.

Bonnefont, Gaston, 208

Bonnet, Géraud, 213n.

Borelli, Lyda, 491

Borlin, Jean, 544n.

Bosséno, Christian-Marc, 482n.

Bosworth, Patricia, 331n.

Botchkareva, Maria [chamada Yaska], 414

Boudou, Eugène Frédéric ["o homem com cabeça de bezerro"], 254

Boudouard-Brunet, Laurence, 104n.

Bouillet, Marie-Nicolas, 344

Boulogne (padre), 57

Boulongne, Yves-Pierre, 463n.

Bounoure, Gaston, 495n.

Bourcier, Marie-Thérèse, 150n.

Bourdallé-Badie, Charles, 56n.

Bourke, Joanna, 394

Bourke-White, Margaret, 437

Boutet de Monvel, André, 163n.

Bow, Clara, 492

Bozon, Michel, 131n., 143n.

Bozonnet, Jean-Jacques, 238n.

Braddock, David L., 331n.

Bradley, David, 29n.

Brady, Mathew, 279

Braga, Dominique, 222

Branche, Raphaëlle, 402

Brassart, Alain, 497n.

Brauner, Victor, 550

Bray, George A., 165n.

Breker, Arno, 230, 395

Brenez, Nicole, 496n.

Brenner, Sydney, 88n., 89

Brenot, Philippe, 121n.

Breton, André, 490, 554

Breton, Jules-Louis, 186

Breuer, Josef, 517n.

Breyer, Victor, 453

Brian, Éric, 351n.

Bringuier, Jean-Claude, 163n.

Brion, Patrick, 493n.

Broadfoot, Barry, 378n.

Broca, Alain de, 25n.

Brodsky Lacour, Claudia, 360n.

Brooks, Louise, 492

Broussais, François-Joseph-Victor, 343

Brown, Carolyn, 532n.

Brown, Louise, 128

Brown, Robert, 523n.

Brown, Trisha, 523, 535n.

Browne, Stella, 119

Browning, Christopher, 399n.

Browning, Tod, 317, 319-324, 326, 329, 331, 337, 406n., 485s., 488

Bruge, Roger, 381n.

Brus, Günter, 561

Bruyères, Hippolyte, 343

Buber-Neumann, Margarete, 427n.

Buffet, Bernard, 550

Bullock, William, 265

Bunker, Chang e Eng, 265, 275

Buñuel, Luis, 545

Burais, Auguste, 284n.

Buren, Daniel, 561

Burguière, André, 157n.

Burns, Stanley B., 284n.

Burrin, Philippe, 229n., 309n., 438n.

Burrows, Larry, 413

Burton, Tim, 502s., 505s.

Bury, Michael, 305n., 331n.

Cabanes, Bruno, 392n.

Cabrol, Christian (professor), 57

Cage, John, 530s., 561

Cahn, Théophile, 288n.

Caillavet, Henri, 58

Caillié, René, 26

Caillois, Roger, 234n.

Califa, D., 259n.

Calino, 487

Callahan, Harry, 554

Callon, Michel, 93n.

Calloux, Jean-Claude, 105n.

Calmette, Albert, 24

Caloni, Pierre, 187

Calvet, Jean, 455

Cameron, James, 503, 505

Camus, Albert, 36

Camus, Renaud, 30n.

Camy, Jean, 200n.

Canguilhem, Georges, 17, 84n., 260n., 273n., 284n.

Capa, Robert, 550n.

Capdevila, Luc, 408, 409n., 411n.

Caputo, Philip, 390

Cardon, Dominigue, 126n.

Carol, Anne, 307n., 309n., 310n.

Carpentier, Georges, 459s., 465

Carpentier, Harlean: cf. Harlow, Jean

Carr Gom, Francis, 297

Carrel, Alexis, 55, 80, 308

Carricaburu, Danièle, 37n.

Carrier, Claire, 247n.

Carton, Paul, 162

Caselli, Graziella, 23n.

Cassavetes, John, 502, 545

Cassel, Dana K., 165n.

Casta-Rosaz, Fabienne, 134n.

Castel, Pierre-Henri, 129n.

Castel, Robert, 98s.

Castorp, Hans, 66s.

Castries (general de), 380

Céline, Louis-Ferdinand, 314n.

Cerdan, Marcel, 233

Ceyhan, Ayse, 360

Cézanne, Paul, 542

Chabrol, Claude, 501

Chakrabarty, Ananda, 102

Chalamov, Varlam, 420, 423n., 429n., 430n., 433n.

Châles-Courtine, Sylvie, 259n., 343

Chalupiec, Barbara: cf. Negri, Pola, 492

Chandler, Raymond, 359

Chanel, Gabrielle [vulgo: "Coco"], 160, 173, 177

Chaney, Lon, 319, 320n., 486n., 488

Changeux, Jean-Pierre, 72n.

Chany, Pierre, 464n., 477n.

Chaperon, Sylvie, 122n.

Chaplin, Charles [Carlitos], 185, 488, 543

Char, René, 50

Charcot, Jean-Martin, 7, 302n., 514, 517n.

Charles-Roux, Edmonde, 160n.

Charney, Leo, 483n.

Charreton, Pierre, 222n.

Chauchat, Claudia, 66

Chauncey, George, 147n.

Chauvaud, Frédéric, 259n.

Chéroux, Clément, 437n.

Chevallier, Gabriel, 377s.

Chicago, Judy, 562

Chicotot, Georges, 65

Chilard, Colette, 129n.

Chouinard, Marie, 524

Chovaux, Olivier, 201n.

Christophe, Eugène, 458

Chroust, Peter, 309n.

Claessen, Alfred, 249

Clair, Jean, 258, 284n.

Clair, René, 185, 544

Claparède, Édouard, 222n.

Clarétie, Léo, 314n.

Clément, Jean-Paul, 225n., 235n., 237, 242n.

Coccinelle, 130

Cohen, Daniel, 93

Coignet, Jean-Roch, 369

Colacello, Bob, 561n.

Colbert, Charles, 267n.

Cole, Simon A., 348n., 353n., 357n., 360n.

Collard, Cyril, 30

Collomb, Gérard, 469n.

Colomby, Patrick de, 125n.

Coluzzi, Mario, 29n.

Combeau-Mari, Évelyne, 236n.

Connolly, Christopher, 241n.

Conquest, Robert, 419n., 425n.

Conrad, Joseph, 30

Conte, Édouard, 309n.

Cook, James W., 268n.

Cooper, Fenimore, 281n.

Cooper, Merian, 325, 327

Coplans, John, 545

Coppi, Fausto, 234

Coquio, Catherine, 417n.

Corbière, Martine, 190n.

Corbin, Alain, 18n., 118n., 119n., 171, 200n., 201n., 264n., 273n., 291n., 292n., 303n., 451n., 452n.

Corbin, Juliet, 81n.

Corra, Bruno, 512

Corvol, Pierre, 17n.

Cosson, Olivier, 373n.

Coste, Émile, 210n.

Costill, David L., 242n.

Coubertin, Pierre de, 199, 203, 205, 206n., 248n., 447s., 450, 452n., 457s., 462n.

Courau, Laurent, 553n.

Courbet, Gustave, 556, 559

Coursodon, Jean-Pierre, 486n.

Courtine, Jean-Jacques, 118n., 170n., 184, 200n., 260n., 266n., 273n., 274n., 275n., 276n., 288n., 291n., 295n., 335, 452n.

Courtois, Stéphane, 434n.

Coury, Charles, 68n.

Coussement, Alain, 67n.

Cowie, Peter, 496n.

Crary, Jonathan, 512n., 518n.

Craven, Wes, 503, 505s.

Crettez, Xavier, 354n.

Crick, Francis, 86

Crignon-De-Oliveira, Claire, 101n.

Crossman, Sylvie, 240n.

Cunningham, Andrew, 30n.

Cunningham, Hugh, 264n.

Cunningham, Merce, 530-533, 561

Curie, Marie, 65, 511n.

Curie, Pierre, 511n.

Cuvier, Georges, 344n.

Dagan, Yael, 419n.

Dagognet, François, 59n.

Dali, Salvador, 550

Dall'Asta, Monica, 483n.

Dalle, François, 162n.

Dalloni, Michel, 478n.

Dally, Eugène, 307n.

Daly, Ann, 518n.

Daniels, Roger, 354n.

Dante, Joe, 505s.

Dareste, Camille, 289s.

Darmon, Pierre, 347n.

Darnton, Robert, 329n.

Darwin, Charles, 307, 353, 526n.

Daudet, Alphonse, 263

Daudet, Léon, 42, 263

Dauphin, Cécile, 403n., 405n.

Dausset, Jean, 55, 92

Dauven, Jean, 234n.

Davidenkoff, Emmanuel, 190n.

Dawkins, Richard, 96n.

De Duve, Pascal, 30n.

De Laurentiis, Dino, 327n.

De Vore, Christopher, 329n.

Dean, James, 25, 499

Debay, Auguste, 258

Debouzy, Marianne, 165n.

Debru, Claude, 95n.

Debruyst, Christian, 343

Decouflé, Philippe, 472

Defrance, Jacques, 206n., 235n.

Degos, Laurent, 55n.

Deitch, Jeffrey, 551n.

Dekkers, Midas, 505n.

Delait, Clémentine, 271, 280

Delaporte, François, 93n.

Delaporte, Sophie, 386n.

Delaunay, Quynh, 186n.

Delbès, Christiane, 145n.

Delsarte, François, 520n.

Demartini, Anne-Emmanuelle, 259n.

Demenÿ, Georges, 209, 211

DeMille, Agnes, 519n.

Dempsey, Jack, 459s., 465

Déniel, Jacques, 490n., 498n.

Denis, Georges, 224n.

Denis, Vincent, 349n.

Derouesné, Christian, 56n.

Desbonnet, Edmond, 199, 203, 210n., 213

Descartes, René, 39, 51, 82

Désert, Gabriel, 111n., 223

Desgrange, Henri, 208, 455s., 458

Deslandres, Yvonne, 160n.

Desmond, Adrian, 288n.

Despentes, Virginie, 117

Desrosières, Alain, 43n.

Detmers, Maruschka, 114

Detrez, Conrad, 30n.

Deutsch, Hélène, 121

Didi-Huberman, Georges, 284n.

Diersch, Mandred, 229n.

Dietrich, Marlene, 492

Dillon, Michael, 129

Dior, Christian, 117, 178

Dirks, Nicholas B., 261n.

Disney, Walt, 328s.

Dix, Otto, 148, 385

Doan, Dominique, 186n.

Dobzhanski, Theodosius, 97

Índice de nomes próprios

Doinel, Antoine, 114

Doll, Richard, 20

Dorier-Apprill, Élisabeth, 181n.

Douin, Jean-Luc, 489n.

Dowd, Irene, 539n.

Dower, John, 400n., 401n.

Drácula, 320

Dreuilhe, Alain-Emmanuel, 30n.

Dreyer, Theodor, 485

Dreyfus, Catherine, 244n.

Drimmer, Frederick, 254n., 282n.

Drouard, Christine, 159n.

Dubroux, Danièle, 502

Duby, Georges, 136n.

Duchamp, Marcel, 542s., 546, 556, 560

Ducrey, Guy, 510n.

Duden, Barbara, 75n.

Dufestel, Louis, 209

Dufour, Jean-Louis, 368

Dufresne, Jacques, 163n.

Dugué, Jacques, 151

Duhamel, Georges, 45

Dumazedier, Joffre, 157, 234, 235n.

Duménil, Anne, 374n., 397n., 398n.

Duncan, Isadora, 517s., 520, 522, 526n.

Dupâquier, Jacques, 135n., 138n.

Dupin, Auguste, 358

Duquesnoy, Jacques: cf. Coccineelle

Durand, Jean, 487s.

Durand, Marc, 242n.

Duras, Marguerite, 495

Durif, Christine, 77n.

Durkheim, Émile, 51

Durry, Jean, 461

Durville, André, 218n.

Durville, Gaston, 218n.

Dutroux, Marc, 153

Duvert, Tony, 151

Dwyer, Jim, 360n.

Eastwood, Clint, 502

Edelman, Bernard, 102n.

Eder, Franz X., 114n.

Edison, Thomas, 485, 489

Ehrenberg, Alain, 249, 454n.

Ehrenfried, Lili, 243n.

Ehrenbourg, Ilya, 440n.

577

Eisenman, Charles, 279n.

Eisenstein, Serguei, 545

Eley, Geoff, 261n.

Elias, Maurice J., 190n.

Elias, Norbert, 10, 53n., 334

Ellenberger, Henri F., 517n.

Ellis, Havelock, 119s., 129

Emerson, Ralph Waldo, 214n.

Epstein, Steven G., 35n.

Erler, Fritz, 394

Erny, Philippe, 56n.

Erwin, May, 489

Eschbach, Prosper-Louis-Auguste, 295s.

Esquenazi, Jean-Pierre, 495n., 497n., 500n.

Essner, Cornelia, 309n.

Fabens, Raoul, 202n.

Faber, François, 458

Faget, Jean, 510n.

Farge, Arlette, 403n., 405n.

Fassin, Didier, 93n.

Faure, Jean-Louis, 46n.

Faure, Michaël, 152n.

Faure, Olivier, 18n.

Feitis, Rosemary, 529n.

Feldenkrais, Moshe, 240n., 241n., 539n.

Fellig, Arthur H.: cf. Weegee

Féré, Charles-Sanson, 222n., 514, 515n.

Fermanian, Jean, 56n.

Ferrand, Alexis, 143n.

Ferraton (doutor), 373

Ferro, Marc, 17n.

Feuillère, Edwige, 499

Fielder, Leslie, 254n., 282n.

Fischer, Alain, 94

Fischer, Jean-Louis, 288n., 290n.

Fischl, Eric, 550

Fitzgerald, Francis Scott, 317

Fitzgerald, William G., 266n.

Flammarion, Camille, 510n.

Flaubert, Gustave, 255

Fléchet, Anaïs, 182n.

Fleurigand, Charles, 206n., 210n.

Florescu, Radu, 482n.

Fontaine, Geisha, 540n.

Fontenelle, Bernard Le Bovier de, 36

Ford, Henry, 185

Forel, Auguste, 120

Forry, Steven Earl, 485n.

Forti, Simone, 535n.

Foucault, Michel, 9s., 19n., 21, 33, 64, 118n., 169n., 256, 257n., 260, 273n., 281, 294, 564s.

Fougeron, André, 550

Fouque, Antoinette, 9

Fournel, Victor, 258, 263n., 272, 274, 298

Fox, Daniel M., 284n.

Fox-Keller, Evelyn, 86n.

Frank, Robert, 414n.

Frankenstein, 320, 326, 482, 485

Frayling, Christopher, 485n.

Frears, Stephen, 114

Fréchuret, Maurice, 562n.

Frederick, Christine, 185, 186n.

Freeman, Leonard, 68n.

Freud, Lucian, 550

Freud, Sigmund, 7, 9, 121, 134, 517n., 530n.

Frot, Natacha, 165n.

Fuller, Loïe, 509, 510n., 511s., 516s.

Fussell, Paul, 378n., 391, 401n.

Gabolde, Martine, 60n.

Gaboriau, Philippe, 464n.

Gaensslen, Robert E., 353n.

Gaille-Nikodimov, Marie, 101n.

Gall, Franz Joseph, 342n., 343, 346

Galton, Francis, 307, 353, 355, 357ss., 361

Garbo, Greta, 492

Garcia, Henri, 477n.

Gardey, Delphine, 127n.

Gardner, Gerald, 493n.

Garfunkel, Victor S., 532n.

Garin, Maurice, 453, 455, 458

Garland Thompson, Rosemarie, 266n.

Garrel, Philippe, 502

Garrett, Laurie, 31n.

Garrigou, Alain, 200n., 223n.

Gately, Iain, 194n.

Gauchet, Marcel, 229n.

Gautier, Théophile, 299

Gaymu, Joëlle, 145n.

Gebhardt, Willibald, 212, 213n., 214n.

Gencé (condessa de) [Marie Pouyollon], 206n.

Gentile, Emilio, 229

Geoffroy Saint-Hilaire, Étienne, 288-291, 294

Geoffroy Saint-Hilaire, Isidore, 288n., 289-291, 292n., 294ss.

Gerbod, Paul, 177n.

Gerlach, Christian, 397n.

Germa, Aubine, 117n.

Gervereau, Laurent, 414n.

Giami, Alain, 121n., 125n., 126n., 143n.

Gide, André, 26, 147

Gidel, Henry, 160n.

Giffard, Pierre, 207n.

Gilbert, Steve, 175n.

Gilbert, Walter, 84n.

Gilman, Sander L., 166n.

Gina, Arnaldo, 512

Ginot, Isabelle, 521n.

Ginzburg, Carlo, 353n.

Gish, Lilian, 452

Giulano, François, 126n.

Glaum, Louise, 490

Glut, Donald F., 325, 327n., 328n.

Godard, Hubert, 499, 521n., 529n., 538

Godard, Jean-Luc, 497, 500s.

Godin, Henri (Abade), 163

Godin, Marc, 505n.

Godzilla, 326

Goethe, Johann Wolfgang von, 513n.

Goffman, Erving, 167, 331s., 334n., 337

Gohrbandt, Erwin, 129

Goldin, Nan, 545

Goldman, Emma, 127

Golub, Leon, 550

Goncourt, Edmond de, 510

Goncourt, Jules de, 510n.

Gonzalès, Jacques, 127n.

Goodmann, Theodosia: cf. Bara, Theda

Götz, Aly, 309n.

Goubert, Jean-Pierre, 19n., 156n.

Gouffé, Toussaint-Auguste, 319

Gould, George M., 266n.

Goulon, Maurice, 56n.

Gourfink, Myriam, 539s.

Gowing, Lawrence, 544n.

Goya, Francisco, 551

Graham, Martha, 518s., 530n.

Grateau, Marcel, 107

Gréard, E., 263n., 314n.

Greene, Maurice, 240n.

Grégoire, Menie, 125

Gremlins, 504, 506

Grossman, Vassili, 440n.

Grosz, Georg, 148

Gruber, Francis, 550

Guého, Christian, 346, 347n.

Guérin, Camille, 24

Guerrand, Roger-Henri, 156n.

Guibert, Hervé, 30n.

Guillermin, John, 328

Guinzbourg, Evguenia S., 421n., 422n., 426n., 427n., 429n., 431n., 433n., 434n., 435n., 436n.

Guitry, Sacha, 501

Gustaffson, Greta: cf. Garbo, Greta

Guyot-Daubès, 450n.

Gyger, Patrick J., 505n.

Gys, Leda, 491

Hache, Françoise, 462n., 463n.

Haeckel, Ernst, 526n.

Haffner, Désiré, 419, 422n.

Hagenbeck, Carl, 254

Hahn Rafter, Nicole, 360n.

Hainline, Brian, 248n.

Halken, Elizabeth, 166n.

Hall, Lesley A., 114n., 120n.

Hall, Radclyffe, 147

Halprin, Anna, 526

Hammett, Dashiell, 359

Hanson, Victor Davis, 379n.

Haraway, Donna J., 89n.

Hardy, Ed, 176

Harlow, Jean, 321, 492

Haroche, Claudine, 170n., 334n.

Harris, Neil, 266n.

Hausmann, Raoul, 547, 559

Haver, Gianni, 505n.

Haynes, Todd, 503

Hays, William, 115

Hayworth, Rita, 493

Hébert, Georges, 197n., 199s., 205, 219, 220n., 227

Heer, Hannes, 398n.

Hekma, Gert, 114n.

Helm, Brigitte, 492

Helpern, Alice, 519n.

Henri, Florence, 545

Henry, Edward, 355

Héraud, Guy, 163n.

Héricourt, Jules, 216n., 234

Héritier, Françoise, 399n., 414n.

Hermitte, Marie-Angèle, 54n., 102n.

Herr, Lucien, 232n.

Herr, Michel, 242n.

Herriot, Édouard, 234

Hershel, William J., 353n., 354

Herzlich, Christine, 21n.

Himmler, Heinrich, 438

Hipócrates, 51

Hirschfeld, Magnus, 119s., 128s., 134, 147

Hitchcock, Alfred, 501

Hite, Shere, 123

Hitler, Adolf, 394, 424, 438

Hoerni, Bernard, 63n.

Hoffmanstahl, Hugo von, 522

Holm, Hanya, 531n.

Holmes, Sherlock, 358

Holt, Richard, 234, 371

Hood, Leroy, 84n.

Hopkins, Albert A., 318n.

Horne, John, 397n.

Horney, Karen, 121

Houreau, Marie-José, 244n.

Houdard, Sophie, 276n.

Howard, Martin, 266n., 282n.

Hubert, Christian, 463n.

Hugo, Victor, 298

Humphrey, Donald R., 518n.

Humphrey, Doris, 522s.

Huntington-Whiteley, James, 90-92, 234n.

Husserl, Edmund, 51

Huxley, Aldous, 98

Iacub, Marcela, 75n.

Iggy Pop, 561

Illich, Ivan, 26, 27n.

Ingersoll, Robert Green, 526n.

Ingrao, Christian, 397n., 398n., 405n.

Insdorf, Annette, 497n.

Isherwood, Christopher, 148

Ives, George, 119

Iwasaki (operador), 495

Jacob, François, 86, 88n., 89n.

Jacobson, Edmund, 241n.

Jacotot, Sophie, 182n.

Jacques-Chaquin, Nicole, 276n.

Jaenisch, Rudolf, 95

Jameux, Dominique, 234, 234n.

Janet, Pierre, 119n., 517n.

Jaques-Dalcroze, Émile, 174, 515

Jardin, André, 126n.

Jauffret, Jean-Charles, 410n.

Jauss, Hans Robert, 554

Jay, Ricky, 266n.

Jeannerod, Marc, 539n.

Jekyll, Henry (doutor) [Edward Hyde], 320, 326

Jennings, Andrew, 468n.

Jensen, Paul M., 486n.

Joanne, Adolphe, 451

Johannsen, Wilhelm, 86

Johnson, Earvin: cf. Magic Johnson

Johnson, Henry "Zip" [vulgo "What-is-it?"], 265, 279

Johnson, Virginia, 124s.

Joliot-Curie, Frédéric, 68s.

Jones, Annie, 279

Jones, Dylan, 178n.

Jones, Ernest, 121

Joseph-Joséphine, 321

Jung, Carl Gustav, 530n.

Junghans, Pascal, 190n.

Jurgenson, Luba, 437n.

Kagan, Norman, 507n.

Kahn-Nathan, Jacqueline, 124

Kalifa, Dominique, 349

Kaluzynski, Martine, 345

Kandinsky, Vassily, 515

Karaquillo, Jean-Pierre, 469

Kaufmann, Alicia F., 36n.

Kaufmann, Jean-Claude, 112n.

Kawin, Bruce F., 496n.

Keaton, Buster, 488, 501, 543

Keegan, John, 370

Kendal, Madge, 330

Kergoat, Jacques, 217n.

Kersnovskaia, Efrosinia, 430n.

Kertess, Klaus, 523

Kertész, Imre, 417, 422, 431n., 435n.

Kevles, Daniel J., 84n., 309n.

Kickbush, Ilona, 18n.

Kierkegaard, Soeren, 559

King Kong, 325-328

Kinsey, Alfred (doutor), 122s.

Kipling, Rudyard, 490

Klee, Ernst, 310, 311n.

Klein, Melanie, 121

Klossowski, Pierre, 550n.

Klosty, James, 532n.

Kluck (General von), 382

Kluhn, F.J., 230n.

Knaus, Hermann, 137

Kobal, John, 322n.

Kobelkoff, Nicolai Wassilievitsch ["o artista-tronco"], 276, 278

Koch, Ellen B., 73n.

Koch, Ilse, 432

Koeppel, Béatrice, 346

Kolff, Willem, 37

Koller, Carl, 47

Kooning, William de, 554

Koons, Jeff, 557

Koubi, Geneviève, 334n.

Koven, Yehuda, 306n., 310n.

Kraakman, Dorelies, 114n.

Kracauer, Siegfried, 230n.

Krafft-Ebing, Richard von, 119n., 129

Kral, Petr, 486n.

Kramer, Alan, 397n.

Kriegel, Blandine, 117

Krohn, Bill, 504n.

Kruger, Barbara, 562

Kulnev, Thomas Vladimitovich, 410

Kunhardt, Peter W. Kunhardt, Phlip B. III, 266n.

Kwinter, Sanford, 518n.

Kyrou, Ado, 489, 490n.

La Cicciolina, 558

La Magdeleine, Paul de, 172n.

Labadie, Jean-Michel, 343n., 344n.

Laban, Rudolf, 525-528, 530s., 539

Labrusse-Riou, Catherine, 104n.

Lacassagne, Alexandre, 346s.

Lacassin, Francis, 487n.

Lacaze, Louis, 225n.

Lacoste, René, 461

Laget, Serge, 243n.

Lagrange, Fernand, 211n.

Lahy, Jean-Maurice, 188

Laisné, Napoléon-Alexandre, 200n.

Laks, Simon, 426n.

Lalanne, Claude, 67n.

Landsteiner, Karl, 52

Lang, Fritz, 185

Lantier, Jacques, 345

Lapize, Octave, 453

Laqueur, Thomas, 120n., 169n.

Lasch, Christopher, 193

Lasègue, Charles, 303

Latour, Bruno, 157n.

Laugier, Henri, 48n., 188

Launay, Isabelle, 519n., 525n., 527n., 530n.

Lautman, Françoise, 57n.

Lauvergne, Hubert, 343

Lawrence, Christopher, 284n.

Lawrence, David Herbert, 114

Le Boulch, Jean, 241n.

Le Breton, David, 175n., 183n.

Le Châtelier, Henry, 185, 186n.

Le Germain, Élisabeth, 224n.

Le Guyader, Hervé, 288n.

Le Naour, Jean-Yves, 393n.

Le Roy, Georges, 201n.

Le Roy, Xavier, 540

Leatherdale, Clive, 485n.

Léaud, Jean-Pierre, 497

Lebigot, François, 389n., 391n.

Leboutte, Patrick, 490n., 498n.

Lebrat, Christian, 496n.

Lecourt, Dominique, 25n., 78n., 288n.

Lederer, Susan, 41n.

Leducq, André, 460

Lee, Henry C., 353n.

Leech, Harvey ["o anão-mosca"], 265, 275n.

Leenhardt, Maurice, 51

Lefort, Madeleine, 271

Léger, Fernand, 544

Legrand, Dominique, 507n.

Leibovici, Élisabeth, 556n.

Lemagny, Jean-Claude, 284n.

Lemire, Michel, 258

Lemkin, Raphael, 418n.

Lenglen, Suzanne, 461

Léo-Lagrange, Madeleine, 217n.

Léonard, Jacques, 19n.

Leonardo da Vinci, 553

Lepicard, Étienne, 42n.

Leps, Marie-Christine, 346

Lequin, Yves, 214n., 233n., 447n.

Leriche, René, 18

Lerne, Jean de, 214n.

Leroi, Armand-Marie, 288n., 310n., 338n.

Lestienne, Francis G., 532n.

Létourneau, Charles, 346, 347n.

Leutrat, Jean-Louis, 484n.

Leveau-Fernandez, Madeleine, 161n.

Levi, Primo, 12, 311n., 420, 429n.

Lévy, Joseph, 30n.

Lévy, Michel, 209n.

Levy, Neil, 339n.

Lewis, Jerry, 93, 501

Lhermitte, Jean, 189

Lifton, Robert Jay, 440n.

Lilly, J. Robert, 404n.

Lincoln, Abraham, 279

Lindeperg, Sylvie, 496n.

Linder, Max, 488

Lindzin, Elias, 311

Ling, Per Henrik, 521n.

Lista, Giovanni, 512n.

Littré, Émile, 344

Livet, Pierre, 539n.

Livingstone, Frank B., 97

Lloyd, Harold, 488, 543

Lo Duca, Jean-Marie, 490n.

Lock, Margaret, 101n.

Lombroso, Cesare, 259n., 345ss., 349

Londe, Albert, 284n.

Lorde, André de, 42

Loret, Alain, 239

Lorrain, Jules, 510

Loti, Pierre, 213

Loudcher, Jean-François, 201n., 224n.

Louis, Pierre, 43

Louppe, Laurence, 536n.

Löwy, Ilana, 127n.

Loy, Myrna, 321, 492

Lugosi, Bela, 320

Lumière (irmãos), 482

Lupi, Giovanna, 79n.

Lyautey, Louis Hubert (marechal), 282

Lynch, David, 323, 329s., 503, 505

MacAloon, John J., 448n.

MacCabe, Colin, 495n., 500n.

Índice de nomes próprios

Macchi, Carlo, 79n.

MacDonald (general), 371

Macfadden, Bernart, 213

Machado, Nora, 58n., 189

Machet, Bertrand, 244n.

MacKormick, Katherine, 127

Mac Orlan, Pierre, 217

Magendie, François, 48

Magic Johnson, 34

Maître, Jacques, 57n.

Maitrot, Éric, 467n., 469n., 470n.

Mallarmé, Stéphane, 511

Malle, Louis, 113

Malnig, Julie, 181n.

Malraux, André, 26

Manceron, Louis, 234n.

Mandelbrojt, M., 428n.

Manet, Édouard, 556, 559

Mank, Gregory William, 485n.

Mann, Thomas, 66

Manneville, Philippe, 223n.

Manonni, Laurent, 317

Mansfield, Jayne, 500

Mantero, Vera, 540

Manzoni, Piero, 561

Mapplethorpe, Robert, 545n., 551, 562

Marbot, Bernard, 284n.

Marescaux, Jacques, 78n.

Marey, Étienne-Jules, 209, 511, 542

Margueritte, Victor, 114

Marinetti, Filippo Tommaso, 559n.

Marks, Harry, 43n.

Martin, Ernest (doutor), 282n., 295n., 296, 297n.

Martin, Teresa (Santa Teresa de Lisieux), 49

Martiny, Marcel, 67n., 352

Massis, Henri, 202

Masson, André, 344, 550

Masson, Philippe, 375, 380, 386n.

Masters, William, 124s.

Mastorakis, Monique, 35n.

Matard-Bonucci, Marie-Anne, 229n.

Mathieu, Lilian, 150n., 152n.

Matlock, Jann, 303n.

Matsushita (pintor), 30

Matthews, Stanley, 234

Matzneff, Gabriel, 151

Mauclair, Camille, 511

Maurras, Charles, 461

Mauss, Marcel, 8n., 105, 369

Mayer, André, 163

Mayer, Louis B., 322

McKeown, Thomas, 26, 27n.

McLaren, Angus, 136n., 139

Medawar, Peter, 40, 52

Meignant, Michel (doutor), 125s.

Méliès, Georges, 319

Meller, Helen Elizabeth, 264n.

Mellor, Anne K., 482n.

Memmi, Dominique, 93n., 104

Mendel, Gregor, 86s.

Meneghelli, Virgilio, 79n.

Mengele, Josef (doutor), 310s.

Mercader, Patrícia, 129n.

Meridale, Catherine, 410n., 412n.

Mérillon, Daniel, 211n., 452n.

Merleau-Ponty, Maurice, 7n., 8n.

Merrick, John [vulgo "o homem elefante"], 254, 272, 287, 297, 330

Merschmann, Helmut, 504n.

Meslé, France, 23n.

Mestadier (doutor), 172

Meyer, Gaston, 243n.

Michaud, Philippe-Alain, 487n.

Michel, Marcelle, 521n.

Michelet, Edmond, 433n., 441n.

Migé, Clément, 487

Mignon, Patrick, 478n.

Miller, Blair, 486n.

Miller, Charles Conrad, 166s.

Miller, Lee, 437

Milliat, Alice, 226

Milza, Pierre, 229n.

Miquel, André, 25n.

Mitchell, Michael, 279n.

Mitterrand, François, 103

Mollaret, Pierre, 56n.

Moller, Helen, 518

Moll-Weiss, Augusta, 199n., 210n.

Mondenard, Jean-Pierre de, 477n.

Monestier, Martin, 282n.

Monod, Jacques, 86

Monroe, Marilyn, 493, 555

Montagu, Ashley, 254n., 535n.

Monteiro, João Cesar, 502

Montherlant, Henry de, 216n.

Montignac, Michel, 163s.

Montmollin, Maurice de, 185n.

Moore, John, 102s.

Morange, Michel, 90n.

Mordden, Ethan, 489n.

Moreau, P., 207n., 208n.

Moretti, Nanni, 502

Morgan, Thomas H., 86, 89, 97

Morin, Edgar, 493n.

Morlay, Gaby, 499

Morley, Henry, 264n.

Morrison, Toni, 360n.

Morse, Henry, 354

Morse, Ralph, 400

Morse, Stephen S., 29n., 31

Mosse, George L., 229n., 230n., 394s., 409n.

Mosset, Olivier, 561

Mosso, Angelo, 209

Mossuz-Lavau, Janine, 139n., 142n.

Mougin, Nathalie, 224

Moulin, Anne Marie, 23n., 26n., 58n., 60n., 92, 128n.

Moullec, Gaël, 421n.

Mouret, Arlette, 67n.

Mucchielli, Laurent, 347n.

Muehl, Otto, 561

Muller, Hermann, 86

Müller, Joergen Peter, 206n., 210n., 214n., 451n.

Mulvey, Laura, 556

Münsterberg, Hugo, 188

Murnau, Friedrich Wilhelm, 320, 485

Murphy, Dudley, 544n.

Murray, Mae, 492

Murrell, Kenneth Frank Hywell, 188

Music, Zoran, 436n., 550

Mussolini, Benito, 229n., 463

Mutter, Didier, 78n.

Muybridge, 542

Nahoum-Grappe, Véronique, 399n., 405n.

Naimark, Norman M., 403n.

Narboni, Jean, 496n.

Nauman, Bruce, 563

Naumann, Klaus, 398n.

Navarre, Yves, 30n.

Nazimova, Alla, 490

Negev, Eilat, 306n., 310n.

Negri, Póla, 491s.

Négrignat, Jean-Marc, 433n.

Nelson, Karen, 535

Netter, Albert, 124

Neufeld, Peter, 360n.

Neuwirth, Lucien, 127

Newton, Helmut, 555

Nielsen, Asta, 492

Nietzsche, Friedrich, 18

Nijinski, Vaslav, 522

Nivet, Philippe, 384n.

Noël, Suzanne, 167

Norden, Martin F., 320n.

Nourrisson, Didier, 194n.

Nouss, Alexis, 30n.

Nouvel, Pascal, 95n.

Nye, Robert A., 303n.

Nyiszli, Miklos, 311n.

Nys, Jean-François, 468n., 470n.

Nysten, Pierre-Hubert, 344n.

O'Brien, Willis, 325

O'Neill, William, 22

Oddos, Christian, 486n.

Odell, George C., 266n., 282n.

Odin, Roger, 168n.

Ofshe, Richard, 486n.

Ogino, Kiasaku, 137

Ombredanne, Louis, 46

Onésimo, 487s.

Opalka, Roman, 562s.

Oppenheim-Gluckmann, Hélène, 56n.

Orlan, 552, 553n.

Orlic, Marie-Louise, 241

Ory, Pascal, 172n., 282n.

Ost, François, 105n.

Ottner, Sherry B., 261n.

Ovitz (família), 311

Ovitz, Shimshon Eizik, 310

Pagès, Michele, 153n.

Paglia, Camille, 489n.

Pálsson, Gísli, 101n.

Pancrazi, Jean-Noël, 30n.

Panné, Jean-Louis, 434n.

Paré, Ambroise, 41

Parish, Susan L., 331n.

Parmentier, Michel, 562

Passot, Raymond, 166

Pasteur, Louis, 22, 42, 101, 157

Pastrana, Julia, 265

Pasveer, Bernike, 65n.

Pavlov, Ivan, 49

Paxton, Steve, 533-535, 537

Pearson, Karl, 307

Pearson, Ned, 200n.

Pearson, Virginia, 491

Penn, Irving, 554

Perec, Georges, 189n.

Perrot, Michelle, 136n., 259n.

Perruche, Nicolas, 76

Petit, Georges, 424

Petit, Jean-Luc, 514n., 539n.

Petrova, Olga, 490

Pezin, Patrick, 521n.

Philipe, Gérard, 499

Philips, Katharine A., 339n.

Phuc, Kim, 413

Pianta, Jean-Paul, 244n.

Piazza, Pierre, 354n.

Picabia, Francis, 544, 548

Picard, Jean-Daniel, 66n.

Picasso, Pablo, 542, 554

Pichot, André, 309n.

Pickford, Mary, 492

Picq, Louis, 241n.

Pidoux, Jean-Yves, 510n.

Pierazzoli, Francesco, 79n.

Pierre (Abade), 234

Pierre, Arnauld, 515n., 517n., 527n.

Pietz, William, 285n., 303n.

Pincus, Gregory, 127

Pinell, Patrice, 31n., 93n.

Pinot-Gallizio, Giuseppe, 561

Pio XII, 50

Piron, Geneviève, 425

Piron, Sylvain, 229n.

Pitágoras, 162n.

Pizon, Christelle, 156n.

Planiol, Thérèse, 68n.

Plínio, 257

Pociello, Christian, 232n., 235n., 236n., 239

Poiret, Paul, 111, 160, 169

Poiseuil, Bernard, 468n., 470n.

Polignac (condessa de), 221

Porret, Michel, 190n.

Porter, Roy, 292n.

Portes, Louis, 43n., 44

Post, Robert C., 334n.

Postel-Vinay, Nicolas, 19n.

Pottier, René, 458

Pouchelle, Marie-Christine, 57n.

Poulet, Jacques, 67n.

Pourcher, Yves, 410n.

Powell, Frank, 490

Pradier, Jean-Marie, 521n.

Prawer, Siegbert S., 505n.

Prévost, Jean, 222

Prochiantz, Alain, 89n.

Proctor, Robert, 309n.

Pross, Christian, 309n.

Proust, Marcel, 147, 222

Pudor, Heinrich, 174

Pujade, Robert, 284n.

Puvis de Chavannes, Pierre, 542

Py, Christiane, 258n.

Pyle, Walter L., 266n.

Queneau, Patrice, 126n.

Quételet, Adolphe, 350s.

Queval, Isabelle, 451n., 478n.

Queval, Jean, 248n.

Quick, Harriet, 165n.

Rabeharisoa, Vololona, 93n.

Rabinow, Paul, 83n., 95n., 101n., 103n., 359

Raehlmann, Irene, 188n.

Ragueneau, Gaston, 455

Raimbault, Ginette, 64n.

Raimi, Sam, 503, 505

Rainer, Arnulf, 561

Rainer, Yvonne, 535n.

Ramain, Simonne, 241n.

Ramaznoglu, Caroline, 154n.

Randall, Peter, 190n.

Randian (príncipe) [vulgo "a lagarta humana"], 321

Randoin, Lucie, 163

Rauch, André, 203n., 451n., 459n., 460n., 465n.

Rauh, Frédéric, 212n.

Ray, Man, 544s., 560n.

Razman, David S., 188n.

Réaud, Louis, 112

Reeves, Steve, 183

Reich, Wilhelm, 121

Reilly, Philip R., 309n.

Reinach, Joseph, 348

Reiss, Benjamin, 266n., 268n.

Renard, Maurice, 61n.

Renier, Léon, 344

Renneville, Marc, 259n., 342

Resnais, Alain, 495-497

Retterer, Édouard, 211n.

Revault d'Allones, Georges, 212n.

Revson, Charles, 161

Ribadeau Dumas, Isabelle, 487n.

Ribot, Théodule, 527

Rice, Jones C., 489

Richardson, Ruth, 57n.

Richepin, Jules, 28

Richet, Paul, 219n., 302n.

Richet, Charles, 308

Ricoeur, Paul, 54, 72n.

Riefenstahl, Leni, 229s.

Rikkli, Arnold, 174

Rimbaud, Arthur, 556

Rimet, Jules, 462, 463n.

Ripa, Yannick, 403

Rittaud-Hutinet, Jacques, 483n.

Riva, Emmanuelle, 495

Rivette, Jacques, 500

Robin, Charles Philippe, 344

Rochas, Albert de, 517n.

Rodenbach, Georges, 509n., 510

Rodin, Auguste, 559

Rodriguez, Julia E., 354n.

Rodtchenko, Alexandre, 548

Roelcke, Volker, 42n.

Roentgen, Bertha, 65, 66

Roentgen, Wilhelm Conrad, 65s.

Rohmer, Éric, 113, 481, 500

Rolf, Ida, 529n.

Rolland, Janet, 154n.

Romains, Jules, 19

Romm, Sharon, 166n.

Rondolino, Gianni, 496n.

Ronsin, Francis, 136

Roosevelt, Franklin Delano, 401

Rosay, Françoise, 499

Rosenberg, Harold, 560

Rossellini, Roberto, 496, 500

Rossi, Jacques, 419n., 424n., 428n., 429n., 430n.

Roudès, Silvain, 214n.

Rougé, Anne, 318n.

Rouillé, André, 284n.

Rouquet, Odile, 524n.

Rousier, Claire, 526n.

Rousselet-Blanc, Josette, 246n.

Rousset, David, 427n., 429

Rousso, Henry, 398n.

Roynette, Odile, 371ss., 372n., 373n.

Rozenbaum, Willy, 35n.

Rozet, Georges, 207n.

Rubinstein, Helena, 161s., 217s.

Rudy, Jack, 176

Russell, Bertrand, 119

Russell, Edward Stuart, 288n.

Ruyter, Nancy Lee Chalfa, 522n.

Rybczynski, Witold, 217n.

Sadoul, Georges, 329n.

Saëz-Guérif, Nicole, 258

Saint-Denis, Ruth, 522

Saint Laurent, Yves, 178

Sajet, Guy, 374n.

Saleeby, Caleb W., 174

Salisbury, Mark, 504n.

Sandow, Eugene, 213

Sanger, Margaret, 127

Sansot, Pierre, 464n.

Sassoon, Vidal, 178

Savada, Elias, 320n., 486n.

Saxon, Arthur H., 265n.

Saxton, Alexander, 354n.

Schad, Christian, 544

Schafft, Gretchen E., 309n.

Scheck, Barry, 360n.

Scheper-Hughes, Nancy, 101n.

Schilder, Paul, 278n.

Schittenhelm, Gisele: cf. Helm, Brigitte

Schlemmer, Oskar, 544n., 548

Schneider, William H., 309n.

Schueller, Eugène, 162

Schultz, R. Louis, 529n.

Schwab, Eric, 437

Schwartz, Hillel, 518n., 525n.

Schwartz, Vanessa, 261n., 483n.

Schwartz Cowan, Ruth, 186n.

Schwarzenegger, Arnold, 183, 505s.

Schwarzkogler, Rudolf, 561

Schwitters, Kurt, 559

Scorza, Carlo, 229

Seberg, Jean, 497

Seelman, Katherine D., 305n., 331n.

Segal, George, 550

Segre, Liliana, 433n.

Sellier, Henri, 228

Selzer, Richard, 63

Sêneca, 162n.

Sennett, Richard, 557

Sennett, Ted, 487n.

Serres, Michel, 377

Seurat, Claude-Ambroise [vulgo "o esqueleto vivo"], 275n.

Seurin, Pierre, 232n.

Shahn, Ben, 550

Sharpe, Sue, 154n.

Shaw, Bernard, 119

Shawn, Ted, 522

Shelley, Mary, 330

Sherman, Cindy, 562s.

Sherrington, Charles Scott, 515, 516n., 518n.

Shoedsack, Ernest, 325

Showalter, Elaine, 483n.

Shyamalan, M. Night, 503, 505

Sicard, Monique, 284n.

Siclier, Jacques, 493n.

Siegmund, Gerald, 510n.

Sigaud, Claude, 211

Sikov, Ed, 487n.

Sim, Kevin, 399n.

Simmel, Georg, 334n.

Simon, Marie, 179n.

Simon, Pierre, 42, 123

Simpson, O.J., 360

Siniavski, Andrei, 433n.

Sivan, Emmanuel, 410n.

Skal, David J., 317n., 320n., 321n., 322n., 327n., 484n., 485n., 486n., 505n.

Sledge, Eugene B., 374n., 400n.

Snyders, Georges, 433n.

Sohn, Anne-Marie, 134n., 136n., 138n., 140n., 142n., 144n.

Solchany, Jean, 228n.

Soljénitsyne, Alexandre, 418n.

Solomon-Godeau, Abigail, 285n.

Sontag, Susan, 22n.

Soultrait, Gibus de, 238

Sournia, Jean-Charles, 67n.

Spark, Muriel, 482n.

Sparrow, Phil, 176

Spencer, Stanley, 549n.

Spero, Nancy, 562

Spielberg, Steven, 550

Spino, Dyveke, 239

Spira, Alain, 143n.

Spitzner, Pierre, 258n., 315

Spurzheim, Johann Gaspar, 342n.

Srecki, Éric, 242

Stallybrass, Peter, 264n.

Stanton, Jenifer, 60n.

Stearns, Peter N., 142n., 219n.

Stebbins, Genevieve, 520-522, 526n.

Steckel, Wilhelm, 134

Steelcroft, Framley, 266n.

Steichen, Edward, 554

Stelarc, 540n., 552

Stengers, Jean, 134n., 136n.

Stieglitz, Alfred, 554

Stiker, Henri-Jacques, 291n., 304n., 305n., 306n., 331n.

Stiles, Grady III [vulgo "a lagosta humana"], 339

Stone, Oliver, 507

Stopes, Marie, 119, 120n., 137

Stora-Lamarre, Annie, 114n.

Stratton, Charles [vulgo "o General Pequeno Polegar"], 276

Strauss, Anselm, 81n.

Strauss, Darin, 276n.

Stuart, Meg, 540

Studeny, Christophe, 169n.

Stulman Dennett, Andrea, 266n.

Sugden, John, 468n.

Suleiman, Elia, 502

Sweigard, Lulu, 539n.

Swift, Jonathan, 25

Syer, John, 241n.

Tabory, Marc, 199n., 226n., 228n., 232n., 233n.

Talbott, Richard E., 518n.

Tamagne, Florence, 147n.

Tarde, Alfred de, 202

Tardieu, Ambroise, 118n.

Taschen, Angelika, 229n.

Tashlin, Frank, 500

Taslitzky, Boris, 550

Tati, Jacques, 501

Taylor, Charles, 556, 557n.

Taylor, Dwight, 317n.

Taylor, Frederick, 185

Telotte, Jean-Pierre, 505n.

Temple, Michael, 500n.

Terret, Thierry, 226n.

Tesson, Charles, 494n.

Thalberg, Irving, 317, 321

Théry, Irène, 249n.

Thibault, Jacques, 226n.

Thibert, Jacques, 477n.

Thiesse, Anne-Marie, 201n.

Thiriez, Frédéric, 236n., 467n.

Thomas, François, 495n.

Thomas, Helen, 518n.

Thomas, Yan, 105n.

Thomass, Chantal, 179

Thompson, Charles J.S., 266n.

Thompson, Rachel, 154n.

Thooris, Alfred, 211n.

Thouvenin, Dominique, 80n.

Tichit, Philippe, 201n.

Ticiano, 553

Tiedemann, Rolf, 525n.

Tissié, Philippe, 199, 200n., 212n.

Tissot, Samuel-Auguste (doutor), 134

Tittmuss, Richard, 54

Titus, Edward, 161

Tocci, Battista, 254, 282, 285-287

Tocci, Giacomo e Giovanni, 258, 269, 283

Tocqueville, Alexis de, 330

Toepfer, Karl, 174n.

Tomaini, Jeanie [vulgo "a meia-mulher"], 339

Tomlinson, Alan, 468n.

Torak, Joseph, 395

Tordjman, Gilbert, 124

Toroni, Niele, 562

Toubiana, Serge, 499n.

Touchagues, Louis, 544n.

Toulouse, Édouard (doutor), 120

Travaillot, Yves, 199n., 226n., 228n.

Trémolières, Jean, 163

Treves, Frederick, 254, 272, 274, 287, 329

Truffaut, François, 498s., 501

Twain, Mark, 282n.

Twiggy, 165

Ungewitter, Richard, 174

Urbain, Jean-Didier, 111n., 281n.

Ut, Nick, 413

Vacher, Joseph, 347

Vadim, Roger, 113, 499s.

Vaïsse, Maurice, 368

Valentin, Michel, 187n.

Valéry, Paul, 78, 79n., 158

Vallès, Jules, 254, 271s., 274, 298s.

Vallin, Jacques, 23n.

Van Neck, Anne, 134n.

Van Sant, Gus, 503

Vaughan, David, 533n.

Vayer, Pierre, 241n.

Verneaux, Philippe, 467n.

Vesálio, André, 63, 71

Viallat, Claude, 562

Viallon, Philippe, 473n.

Viard, Marcel, 220n.

Vidart, Cécile, 258

Vigarello, Georges, 18n., 118n., 152n., 171n., 192, 200n., 273n., 291n., 369ss., 403n., 452n., 466n.

Vignes Rouges, Jean des, 215n.

Vigouroux, Hilarion-Denis, 219n.

Vincent, Léon, 211

Virot, Alex, 465

Vitória (rainha), 49, 297

Vivier, Christian, 201n., 224n.

Voldman, Danièle, 408, 409n., 411n.

Voltaire, 36

Von Gunden, Kenneth, 505n.

Voulquin, Gustave, 207n., 208n.

Vucetich, Juan, 354

Wackenheim, Manuel, 334n.

Wacquant, Loïc, 101n.

Wadler, Gary I., 248n.

Wahl, Alfred, 205n., 225n.

Waissman, Renée, 36n.

Waksman, Selman, 24

Walker, Helen, 464n.

Wallace, Amy, 276n.

Wallace, Irving, 276n.

Wallach, Daniel, 284n.

Wallon, Henri, 529

Walton, John K., 264n.

Walvin, James, 264n.

Wanrooij, Bruno P.F., 120n.

Warhol, Andy, 545, 561

Waser, Anne-Marie, 239n.

Washington, George, 268

Watson, James, 86

Watters, Ethan, 486n.

Weber Eugen, 202n., 456n.

Weber, Max, 229

Weegee, 544n.

Wegener, Einar, 129

Weindling, Paul, 309n.

Weissmuller, Johnny, 183

Welles, Orson, 493, 501

Welzer-Lang, Daniel, 145, 146n., 152n.

Werner, Adrian, 320n., 486n.

Werth, Nicolas, 421n., 428, 434n.

West, Mae, 492

Westwood, Vivienne, 176

Wexler, Alice, 91n.

Wexler, Milton, 91

Wexler, Nancy, 91

Weygand, Zina, 305n.

White, Allon, 264n.

Wigman, Mary, 519, 531n.

Wigmore, John Henry, 358

Willard, Elizabeth Osgood Goodrich, 120n.

Williams, Catharine: cf. Loy, Myrna

Williams, James, 500n.

Williams, Linda, 483n.

Wilmore, Jack H., 242n.

Wilmut, Ian, 95

Winter, Jay, 410n.

Withington, Paul, 208n.

Witt, Michael, 500n.

Wolff, Étienne, 288n., 290

Wood, Eric, 419n.

Yablonsky, Lewis, 505n.

Yashka, cf. Botchkareva, Maria, 414

Zafran, Marc, 19n.

Zavrel, B. John, 230n.

Zbinden, Véronique, 175n.

Zemeckis, Robert, 503, 505

Zins, Joseph F., 190n.

Zola, Émile, 345s.

Zygouris, Radmila, 64n.

OS AUTORES

Anne Marie Moulin, ex-aluna da Escola Normal Superior e professora concursada de Filosofia, fez carreira de médica e de historiadora das ciências na França e no exterior (Alemanha, Suíça, Estados Unidos e mundo árabe). Publicou particularmente *Le dernier langage de la médecine* (PUF, 1991), *L'Aventure de la vaccination* (Fayard, 1996) e, em colaboração, *L'Islam au péril des femmes – Sciences and Empires, Médecine et santé, Singular selves*... Especialista em medicina tropical, perita em saúde pública, dirigiu um departamento de pesquisa no Instituto de Pesquisa sobre o Desenvolvimento (Institut de recherche sur le développement: IRD). Atualmente é diretora de pesquisa CNRS no Cedej (Cairo), e preside o Conselho de administração do Departamento de Pesquisa sobre a Aids (ANRS).

Anne-Marie Sohn, professora de História Contemporânea na Escola Normal Superior de Letras e Ciências Humanas, especialista em história das mulheres e da vida privada, publicou, entre outros títulos, *Chrysalides. Femmes dans la vie privée (XIXe-XXe siècle)* (Publications de la Sorbonne, 1996); *Du premier baiser à l'alcôve. La sexualité des Français au quotidien (1850-1950)* (Aubier, 1996); *Age tendre et tête de bois. Histoire des jeunes des années 1960* (Hachette Littérature, 2001), e *Cent ans de séduction. Histoire des histoires d'amour* (Larousse, 2003).

Annette Becker, professora de História Contemporânea na Universidade Paris X-Nanterre, diretora do Centro Pierre-Francastel, codiretora do Centro de Pesquisa da Historiografia da Grande Guerra, trabalhou inicialmente pesquisando a memória da Grande Guerra, inserida de novo no quadro dos fervores ligados à pátria, à morte, às violências e ao luto. *Les Monu-*

ments aux morts, mémoire de la Grande Guerre (Errance, 1988); *La Guerre et la Foi, de la mort à la mémoire: 1914-1930* (Armand Colin, 1994); *Croire* (Historial de la Grande Guerre/CNDP, 1996). Enquanto publicava duas sínteses com Stéphane Audoin-Rouzeau, *La Grande Guerre* (Gallimard, "Découvertes", 1998) e *14-18. Retrouver la guerre* (Gallimard, "Bibliothèque des histoires", 2000), Annette Becker orientou seu próprio trabalho em duas direções, a dos civis e a das violências específicas de que são vítimas, em particular nos campos de concentração (*Oubliés de la Grande Guerre. Humanitaire et culture de guerre, populations occupées, déportés civils, prisonniers de guerre*, Noêsis, 1998), e a das representações da guerra, literárias ou artísticas. Agora está ligando as duas guerras mundiais em sua reflexão: *Maurice Halbwachs, un intellectuel en guerres mondiales, 1914-1945* (Agnès Viénot/Noêsis, 2003).

Annie Suquet, historiadora da dança, estagiou como "pesquisadora residente" na Mercê Cunningham Dance Foundation, Nova York, durante três anos, enquanto colaborava também na revista *RES: Anthropology and Aesthetics* (Universidade de Harvard). Em seguida, lecionou estética da dança contemporânea em relação com as artes visuais na Escola de Belas-Artes de Genebra, e também história e estética da dança moderna e pós-moderna americana na Universidade de Paris VIII. É pesquisadora independente e colabora regularmente nas atividades do Departamento para o Desenvolvimento da Pesquisa Coreográfica do Centro Nacional da Dança em Pantin.

Antoine de Baecque, crítico e historiador, trabalhou pesquisando a cultura das Luzes e da Revolução Francesa – *Le corps de l'histoire. Métaphores et politique* (Calmann-Lévy, 1993); *La Gloire et l'Effroi. Des cadavres sous la terreur* (Grasset, 1996); *Les Éclats du rire. La culture des rieurs au XVIIIe siècle* (Calmann-Lévy, 2000) – e escreveu a parte 1715-1815 da *Histoire culturelle de la France* (Seuil, "Points", 2005). Também especialista na história do cinema francês, da *Nouvelle Vague* e da cinefilia, publicou uma *Histoire des Cahiers du cinéma* (Éd. de l'Étoile, 1991), uma biografia de François Truffaut (Gallimard, 1996, com Serge Toubiana), dois ensaios, *La Nouvelle Vague. Portrait d'une jeunesse* (Flammarion, 1997), e a seguir *La cinéphilie. Invention d'un regard, histoire d'une culture* (Fayard, 2003, lançado de novo em livro de bolso pela Hachette-Pluriel), e dirigiu o recente *Dictionnaire Truffaut* (La Martinière, 2004). Leciona História das Imagens na Universidade de Saint-Quentin-en-Yvelines; foi redator-chefe dos *Cahiers du cinéma* e dirige, desde 2001, o caderno de cultura de *Libération*. Em novembro de 2005 vem a lume seu ensaio sobre o cinema de Tim Burton (Éd. des Cahiers du cinéma).

Frédéric Keck, ex-aluno da Escola Normal Superior da Rua Ulm, professor concursado de Filosofia, estudou Antropologia na Universidade de Berkeley e traduziu para o francês a obra de Paul Rabinow, *French DNA*, com o título *Le déchiffrage du génome. L'aventure française* (Odile Jacob, 2000). Elaborou uma tese de filosofia sobre a história da antropologia francesa, a ser lançada com o título *Contradiction et participation. Lucien Lévy-Bruhl, entre philosophie et anthropologie* (PUF, 2006), e publicou *Lévi-Strauss et la pensée sauvage* (PUF, 2004) e *Claude Lévi-Strauss, une introduction* (La Découverte, 2005). Está iniciando uma pesquisa etnográfica sobre a segurança alimentar como encarregado de pesquisas no CNRS.

Georges Vigarello, membro do Instituto Universitário da França, professor de História na Universidade de Paris V e diretor de estudos na École des Hautes Études en Sciences Sociales, é autor de trabalhos sobre as representações do corpo, entre os quais: *Le corps redressé* (Seuil, 1978); *Le Propre et le Sale. L'hygiène du corps depuis le Moyen-Âge* (Seuil, 1985, "Points Histoire", 1987); *Le Sain et le Malsain. Santé et mieux-être depouis le Moyen-Âge* (Seuil, 1993); *Histoire du viol, XVIe-XXe siècle* (Seuil, 1998, "Points Histoire", 2000); *Du jeu ancien au show sportif* (Seuil, 2002); *Histoire de la beauté* (Seuil, 2004).

Jean-Jacques Courtine, professor de Antropologia Cultural na Universidade Paris III-Sorbonne Nouvelle, ensinou durante quinze anos nos Estados Unidos, particularmente na Universidade da Califórnia (Santa Bárbara). Publicou muitas obras de linguística e de análise do discurso, entre as quais *Analyse du discours politique* (Larousse, 1981), em seguida trabalhos de antropologia histórica do corpo (*Histoire du visage. Exprimer et taire ses émotions du XVIe au début du XIXe siècle*, com Claudine Haroche, Payot-Rivages, 1988, 2. ed. 1994). Trabalha na pesquisa da exibição dos monstros humanos e reeditou a *Histoire des monstres* (1880) de Ernest Martin (Jérôme Millon, 2002) e vai publicar *Le crépuscule des monstres. Savants, voyeurs et curieux, XVIe-XXe siècle* pela Editora du Seuil.

Pascal Ory, professor de História Contemporânea na Sorbonne (Paris I), é autor de cerca de trinta livros sobre a história política e cultural das sociedades ocidentais contemporâneas: *Les collaborateurs* (Seuil, 1976, reed. "Points"); *Les intellectuels en France de l'affaire Dreyfus à nos jours* (com J.-F. Sirinelli) (Armand Colin, 1986, reed. "Tempus"); *La Belle Illusion. Culture et politique sous le signe du front populaire* (Plon, 1994); *L'aventure culturelle française, 1945-1989* (Flammarion, 1989); *Du fascisme* (Perrin, 2003); *L'histoire culturelle* (PUF, 2004). Publicou "A invenção do bronzeado", em Nicole Czerchowski e Véronique Nahoum-Grappe (orgs.), *Fatale beauté* (Autrement, n. 91, 1987).

Paul Rabinow, professor de Antropologia na Universidade da Califórnia, é o editor das traduções das obras de Michel Foucault nos Estados Unidos e particularmente publicou em francês, com Hubert Dreyfus: *Michel Foucault, un parcours philosophique* (Gallimard, 1984). Faz trabalho de antropologia do contemporâneo, particularmente em torno das biotecnologias e da genética. Acerca dessas questões publicou *Essays on the Anthropology of Reason* (Princeton, 1996); *Making PCR. A Story of Biotechnology* (Chicago, 1996); *French DNA. Trouble in the Purgatory* (Chicago, 1999); e *Anthropos Today. Reflections on Modern Equipment* (Princeton, 2003).

Stéphane Audouin-Rouzeau, diplomado em Ciências Políticas e professor concursado de História, lecionou nas universidades de Clermont-Ferrand e de Amiens; é diretor de estudos na Escola de Altos Estudos em Ciências Sociais (Paris). Desde 1989, com Annette Becker, é codiretor do Centro de Pesquisa da Historiografia da Grande Guerra (Péronne, Somme). Principais publicações: *14-18. Retrouver la guerre* (com Annette Becker) (Gallimard, 2000); *Cinq deuils de guerre, 1914-1918* (Noésis, 2001); *Encyclopédie de la Grande Guerre, 1914-1918* (com Jean-Jacques Becker) (Bayard, 2004).

Yves Michaud, membro do Instituto Universitário da França, professor de Filosofia na Universidade de Rouen, dirigiu a Escola Nacional Superior de Belas-Artes de Paris (1989-1996). Lançou *L'art à l'état gazeux, essai sur le triomphe de l'esthétique* (Stock, 2003, Livre de poche, 2004), *Critères esthétiques et jugement de goût* (Chambon, 1999 e 2002), *La crise de l'art contemporain* (PUF, 1997, "Quadrige", 2005), *L'art contemporain depuis 1945* (La Documentation française, 1998), bem como várias obras de filosofia política contemporânea.

ÍNDICE GERAL

Sumário, 5

Introdução (Jean-Jacques Courtine), 7

PARTE I: O ORGANISMO E OS SABERES

1. O corpo diante da medicina (Anne Marie Moulin), 15

   I. O corpo no século XX: nem doente nem são, 16

   II. A contabilidade dos corpos, 22

   III. A volta das doenças infecciosas?, 28

   IV. A Aids (Sida, em francês), 33

   V. A invenção das doenças crônicas, 36

   VI. O corpo e a máquina, 39

   VII. O corpo humano como objeto de experimentação ou a sociedade-laboratório, 41

   VIII. O corpo solitário – O indivíduo e a dor, 45

   IX. A singularidade do corpo reconhecida pela ciência, 50

   X. O espaço social dos corpos, 53

   XI. Ver através do corpo – A história da produção de imagens, 62

   XII. O corpo em sombras chinesas, 64

XIII. Corpos radioativos, 68

XIV. O corpo no radar, 73

XV. O corpo social sob imagem, 76

XVI. O corpo na internet, 77

Conclusão – No alvorecer do século XXI: "conhece-te a ti mesmo!", 79

2. Invenção e representação do corpo genético (Frédéric Keck e Paul Rabinow), 83

I. Da genética ao mapa do genoma humano, 86

II. As doenças genéticas e as associações de doentes, 89

III. Genética das populações e prevenção dos riscos, 96

IV. Os debates jurídicos e éticos sobre a propriedade do genoma, 101

PARTE II: O DESEJO E AS NORMAS

1. O corpo sexuado (Anne-Marie Sohn), 109

I. Mostrar os corpos, 109

    1. A erosão do pudor privado, 110

    2. Varrem-se as formas da decência pública, 113

    3. Pornografia e comercialização do corpo, 114

II. Discursos e intervenções sobre o corpo sexuado, 118

    1. A proliferação dos discursos científicos: protossexologia e "ciência sexual", 118

    2. Sexologia moderna e intervenções sobre o corpo, 122

    3. Medicina e gestão do corpo sexuado, 126

III. Libertar os corpos e as sexualidades, 132

    1. Libertar a palavra e os gestos, 132

    2. Dissociar sexualidade e reprodução, 135

    3. Rumo à sexualidade para todos e o direito ao prazer, 140

    4. Da sexualidade para todos a todas as sexualidades?, 146

    5. Direito ao prazer, consentimento e rejeição da violência, 151

Conclusão – Liberação dos costumes e libertação das mulheres, 153

2. **O corpo ordinário (Pascal Ory), 155**

    I. Modelagem ou modelização?, 158

        1. A eterna renovação da cosmética, 159

        2. Nascimento e triunfo da dietética moderna, 162

        3. Cirurgias plásticas, 165

    II. Novas regras do jogo dos corpos, 167

        1. Apresentação, representação, de si mesmo e dos outros, 168

        2. Novo higienismo, 171

        3. Novos adereços, 175

    III. Os corpos submetidos à prova, 179

        1. Despesa corporal, 180

        2. O corpo no trabalho, 184

        3. Violências corporais, 189

Conclusão – Qual tendência?, 192

3. **Treinar (Georges Vigarello), 197**

    I. Programas para corpos "atléticos", 198

        1. Profusão de práticas, 198

        2. O "treinamento", 203

3. Fascínio técnico, 205

4. Profusão de medidas, 209

5. Conversões do "treinamento" pessoal, 212

II. Lazeres, esportes, vontade, 215

1. O corpo do lado "de fora", 215

2. Manter a aparência, 217

3. O corpo do lado "de dentro", 220

4. Da organização dos espaços à criação dos certificados, 223

5. Desvios da vontade, 228

III. Entre "tônus" e corpo "íntimo", 231

1. A via esportiva, 231

2. Pluralidade ou convergência cultural?, 236

3. O progresso do sensível, 240

4. A crença no corpo "profundo", 243

5. Experiências últimas, 247

PARTE III: DESVIO E PERICULOSIDADES

1. O corpo anormal – História e antropologia culturais da deformidade (Jean-Jacques Courtine), 253

I. A exibição do anormal, 253

1. Prólogo: entra e sai e fenômenos vivos, 253

2. Diversões exóticas, prazeres mórbidos, 256

3. O poder de normalização, 259

4. O comércio dos monstros, 262

5. Barnum e o Museu Americano, 265

II. O crepúsculo dos monstros, 268

    1. A batida do olhar, 269

    2. Apresentações teratológicas, 273

    3. Castrações burlescas, 276

    4. *Voyeurismo* de massa, 278

    5. Pornografia do *handicap*, 282

III. Horrivelmente humanos, 288

    1. A ciência dos monstros, 288

    2. O aumento da compaixão, 294

    3. A polícia do olhar, 300

    4. A invenção do *handicap*, 304

    5. Os anões de Auschwitz, 307

IV. Monstruosidades, *handicaps*, diferenças, 312

    1. O fim dos entra e sai, 312

    2. Os últimos dos monstros, 317

    3. A tela monstruosa, 324

    4. O arquipélago das diferenças, 329

    Epílogo: *Welcome to Gibsonton, Florida*, 337

2. Identificar – Traços, indícios, suspeitas (Jean-Jacques Courtine e Georges Vigarello), 341

    I. O que "dizem" os crânios, 342

    II. O homem degenerado, 345

    III. A exigência de identificação, 348

    IV. A identificação antropométrica, 350

    V. As impressões digitais, 353

VI. O corpo e seus traços, 356

VII. O "lamento de Galton" e as impressões genéticas, 358

PARTE IV: SOFRIMENTO E VIOLÊNCIAS

1. Massacres – O corpo e a guerra (Stéphane Audoin-Rouzeau), 365

   I. O combate moderno: uma nova experiência corporal, 369

      1. As heranças do corpo em pé, 369

      2. As mutações das técnicas corporais, 374

   II. Sofrimentos corporais, 379

      1. Corpos esgotados, 379

      2. Corpos feridos, 383

      3. Do corpo à psique, 387

      4. Corpos humilhados, mito do guerreiro, 391

   III. Corpo do inimigo, corpo dos civis, corpo dos mortos, 395

      1. A extensão da noção de inimigo, 395

      2. Atrocidades, 396

      3. Desumanização, animalização, 404

      4. Os cadáveres, 407

2. Extermínios – O corpo e os campos de concentração (Annette Becker), 417

   I. O extermínio selvagem, 420

   II. Ouvir, ver, sentir o campo de concentração, 422

   III. Usar o corpo: o trabalho e a fome, 426

   IV. Animalizar, coisificar, para cancelar a identidade, 430

   V. O corpo para testemunhar, para resistir, 432

VI. Da sobrevivência à morte, 435

VII. O que fazer com os cadáveres?, 436

VIII. O extermínio industrial: produção e aniquilamento dos corpos, 438

PARTE V: O OLHAR E OS ESPETÁCULOS

1. Estádios – O espetáculo esportivo das arquibancadas às telas (Georges Vigarello), 445

　I. Multidões esportivas, 446

　　1. A expectativa moral, 447

　　2. Estádios e multidões, 448

　　3. Excitar-se, 450

　　4. Identificar-se, 452

　　5. Narrar, 454

　　6. A moral e o dinheiro, 456

　II. O entusiasmo e o mito, 459

　　1. A "densidade" do herói, 459

　　2. Desafios políticos, 461

　　3. Festas, 463

　　4. Imagens e sons, 465

　III. Dinheiro e desafios, o fascínio da tela, 466

　　1. Fascínios e interesses, 466

　　2. O "show", 471

　　3. As recomposições do jogo, 473

　　4. A tela e o código, 474

　　5. A parte de sombra, 476

2. Telas – O corpo no cinema (Antoine de Baecque), 481

   I. O monstro e o burlesco: o corpo espetáculo da Belle Époque, 482

   II. O *glamour* ou a fabricação do corpo sedutor, 488

   III. Do cinema clássico ao cinema moderno: um corpo asselvajado, 494

   IV. O corpo do autor de filmes, 500

   V. O cinema contemporâneo como volta ao corpo primitivo, 502

3. Cenas – O corpo dançante: um laboratório da percepção (Annie Suquet), 509

   I. Do visual ao cinético, 509

   II. A eclosão de um sexto sentido: a cinestesia, 513

   III. O movimento involuntário, 516

   IV. O *continuum* do ser vivo, 520

   V. A memória da matéria, 525

   VI. "A imaginação é o único limite à invenção do movimento" (Merce Cunningham), 530

   VII. A dança como "diálogo ponderal", 533

   VIII. Ficções perceptivas, 537

4. Visualizações – O corpo e as artes visuais (Yves Michaud), 541

   I. O peso dos dispositivos técnicos, 541

      1. A mutação fotográfica, 541

      2. Conhecimento, exploração, vigilância, 543

   II. Corpo mecanizado, corpo desfigurado, corpo de beleza, 547

      1. Trabalhadores, atletas, bailarinos, máquinas, 547

      2. Horror, estetização, fantasmas, 548

3. *Body-builders*, *cyborgs*, mutantes, 551

4. A beleza, sempre, explosivo-fixa, 553

5. A exibição da intimidade e a pornografia banal, 555

III. O corpo meio, o corpo obra, 558

1. O artista como corpo, 558

2. A arte como ação, 560

3. O corpo, sujeito e objeto da arte, 562

Conclusão – A alma que se tornou corpo e a vida sem a vida, 563

Índice de nomes próprios, 567

Os autores, 601

Conecte-se conosco:

facebook.com/editoravozes

@editoravozes

@editora_vozes

youtube.com/editoravozes

+55 24 2233-9033

www.vozes.com.br

Conheça nossas lojas:

www.livrariavozes.com.br

Belo Horizonte – Brasília – Campinas – Cuiabá – Curitiba
Fortaleza – Juiz de Fora – Petrópolis – Recife – São Paulo

EDITORA VOZES

VOZES NOBILIS

Vozes de Bolso

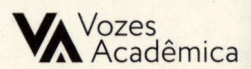

Vozes Acadêmica

EDITORA VOZES LTDA.
Rua Frei Luís, 100 – Centro – Cep 25689-900 – Petrópolis, RJ
Tel.: (24) 2233-9000 – E-mail: vendas@vozes.com.br